理论心理学刍论

张积家◎著

华中科技大学出版社
http://press.hust.edu.cn
中国·武汉

内容简介

张积家先生是我国著名的心理学家,其主要研究领域是心理语言学与民族心理学。他擅长用实验法研究语言心理、文化心理与民族心理,对心理学理论也有着浓厚的兴趣,一贯主张用心理学理论来指导实验研究,然后在实验研究基础上发展心理学理论。本书是他在心理学理论研究方面的文章荟萃,包括四编:第一编是心理学史篇,汇集了他从 20 世纪 80 年代末以来在中国心理学史方面的研究成果;第二编是认知篇,汇集了部分关于认知的理论文章;第三编是语言篇,汇集了 2016 年以来心理语言学方面的理论文章;第四编是民族文化篇,汇集了他关于民族心理学方面的理论文章。阅读本书,既可以掌握广泛的心理学知识,也可以领略先生的宽阔的学术视野和扎实的理论功力,还可以体会先生做学问的独到思路。

图书在版编目(CIP)数据

理论心理学刍论/张积家著. —武汉:华中科技大学出版社,2024.1
ISBN 978-7-5680-9572-3

Ⅰ.①理… Ⅱ.①张… Ⅲ.①心理学理论-理论研究 Ⅳ.①B84

中国国家版本馆 CIP 数据核字(2023)第 207976 号

理论心理学刍论 　　　　　　　　　　　　　　　　张积家　著
Lilun Xinlixue Chulun

策划编辑:张馨芳	
责任编辑:苏克超	
封面设计:孙雅丽	
版式设计:赵慧萍	
责任校对:张汇娟	
责任监印:周治超	

出版发行:华中科技大学出版社(中国•武汉)　　　电话:(027)81321913
　　　　　武汉市东湖新技术开发区华工科技园　　　邮编:430223

录　　排:华中科技大学出版社美编室
印　　刷:湖北新华印务有限公司
开　　本:787mm×1092mm　1/16
印　　张:32.25　　插页:2
字　　数:763 千字
版　　次:2024 年 1 月第 1 版第 1 次印刷
定　　价:168.00 元

本书若有印装质量问题,请向出版社营销中心调换
全国免费服务热线:400-6679-118　竭诚为您服务
版权所有　侵权必究

自序

一、何谓理论心理学？

本书冠名为"理论心理学刍论"。"刍论"即"浅陋的议论"。这并非自谦之辞,反映了著者对自己的文章持慎重态度,有求教于方家之意。那么,什么是理论心理学呢?

理论心理学是心理学的重要分支。它的任务是揭示心理现象之间及心理现象与客观现实之间相互联系、相互作用的规律,解释、预测人的心理活动和行为,指导心理学各分支学科的研究。理论心理学关注心理的实质、机制和过程,追求对心理现象的普遍解释,形成科学的心理学理论。理论心理学在心理学科群中处于基础与核心地位。

任何科学体系的形成总是离不开理论。缺乏理论的"科学"只是局部经验和具体经验的汇聚,缺乏推广和应用价值。缺乏理论指导的科学研究是尝试与错误式的探索,事倍功半。理论是科学研究的"灯塔"。在科学理论指导下的研究比尝试与错误式的探索更有效。科学理论可以具体化为科学研究范式,在一个时期内引领着科学家共同体的研究活动。因此,任何学科都存在专门从事理论研究的分支。例如,在物理学中,就有理论物理学。爱因斯坦就是一位理论物理学家。爱因斯坦从未在实验室中做过实验,他的"实验"都在他的脑海里进行。爱因斯坦提出光量子假说、狭义相对论、广义相对论、宇宙空间有限无界假说、受激辐射等理论。其中,相对论的提出是物理学领域的一次革命:它否定了经典力学的绝对时空观，深刻揭示了时间和空间的本质属性。在化学中亦有理论化学。理论化学是运用量子化学的计算方法研究有机分子静态和动态性质的学科。在生物学中，亦有理论生物学。理论生物学利用数学及计算机来对生物现象进行解释，涉及生物数学、计算机建模、计算生物学等方法。理论学科不同于实验学科或应用学科，它们不以观察、实验等经验方法来研究，而以数学演绎和逻辑推理等非经验或思辨的方法来探讨。在各学科中，理论学科是学科发展的基础和前提，其也为学科发展做出重要贡献。

与重视实验法在研究中的作用的实验心理学比，理论心理学从非经验、非实验角度通过理性思维对心理现象进行探索。人是有理性思维的动物。理性思维包括分析、综合、比较、分类、抽象、概括、具体化、系统化、类比、假设、演绎、推理等多种思维方式。因此，就学科性质而言，理论心理学是理论学科而非实验学科。从研究范围看，理论心理学的研究内容包括心理学的研究对象与学科性质，心理活动范畴及各心理活动范畴之间的关系，心理学的基本任务，心理学研究的方法论与具体研究方法，身心关系与心脑关系，心理与意识的起源，心理现象的主观性与能动性，客观现实与心理的因果关系，心理与行为的关系等理论问题。

理论心理学也面临在心理学理论研究与理论心理学研究之间做出适当区分。心理学理论研究属于心理学历史研究范畴，研究对象是历史上的心理学理论，很少直面心理本体。理论心理学研究必须直面心理本体，对实际心理现象做出基本理论阐释，反映人对心理本质的理解。这种差异也是心理学史研究与理论心理学研究之间的差异。但在研究实践上，二者又相互联系、不可分割：历史上的心理学理论研究是理论心理学研究的基础，当代理论心理学研究的实践和成果亦将成为今后心理学理论研究的对象。

二、理论心理学的功能

论及理论心理学的功能，首先要明确理论心理学与实验心理学的关系。广义的实验心理学包括一切以观察和实验等方法为基本研究方法的各心理学分支。理论心理学与实验心理学不是相互对立的，而是相辅相成的。理论心理学为实验心理学提供理论指导，实验心理学为理论心理学提供研究素材。一切实验心理学研究皆以一定的理论和假设为基础，任何心理学理论也必须建构在一定心理学事实之上。离开实验心理学的证据支持，理论心理学就会成为无源之水、无本之木，成为研究者的纯粹主观臆测；离开理论心理学的指导，实验心理学家就容易只见树木不见森林，实验研究也就成为没有思想的操作。任何科学心理学理论的产生都建立在对观察事实的积累和深度思考的基础上，是研究者对经验事实理性思维的结果，这是科学研究中的归纳过程；而科学的心理学理论一经产生，就能够预言新的经验事实，指导研究者发现新的经验事实。这是科学研究中的演绎过程。因此，理论心理学与实验心理学相互依存、不可分割，两者的分工只是为了心理科学的发展和深化。

长期以来，在我国心理学界，存在着"重视实证，轻视理论"的倾向。一些人认为，理论心理学空泛无物，不能做出任何科学发现。这主要是受实证主义哲学影响的缘故。实证主义哲学强调研究者应该把问题局限于经验范围内。科学哲学出现以后，实证主义在哲学中已经消亡，但在心理学中还有市场，是实验心理学的重要方法论基础，证实性原则成为衡量是否科学问题的重要标准。实证主义哲学认为，一切科学知识来自观察和实验的经验事实，经验是知识的唯一来源和基础。科学讨论的问题只局限在经验的范围内。凡是能够以经验证实或证伪的问题就是科学问题，否则是没有意义的形而上学。实证主义哲学的方法论具有极端性。科学哲学否定了实证主义哲学的狭隘经验主义观点，承认非经验的逻辑证实的科学性。就好比物理学也需要理论物理学，爱因斯坦不做实验也是物理学家一样，科学哲学的发展使现代心理学家认识到，科学研究的范围比经验大得多。语言学家乔姆斯基的言语产生理论已经为现代心理学所接受，将人与计算机类比、与人脑类比的认知心理学和认知神经科学亦成为指导实验心理学的重要理论。虽然，相对于研究具体问题的实验心理学而言，理论心理学确实具有"空泛"的特点。理论心理学重视整体概念、逻辑思辨、抽象综合，不像实验研究那样重经验观察、实验取证、分解检测。但这仅是科学分工的不同，两者各有所长、各有偏重。实验研究的长处是客观感性和分析细微，能够精益求精、察微知著；理论研究的长处是高屋建瓴和理性抽象，能够举一反三、以一驭万。两者的歧异不形成根本的对立，两者相互补充和相互依存才是心理学的统一之路。心理学研究者应该既有对理论的偏好，又有对经验事实的重视，用科学的理论指导研究，又根据研究结果检验理论，证实或证伪理论，或者提出新的理论以替代旧理论，或者修正、补充、发展已有的旧理论，使之焕发出新的活力。

一般来说，理论心理学对心理科学的发展有以下功能。

（一）提出假设和做出预测

理论心理学研究能够为实验心理学研究提出假设和做出预测。波普认为，科学并非始于经验，而是始于问题；理论先于经验观察，指导经验观察。科学家总是以一种预想的理论去观察事物，观察与实验都在一定理论的指导下进行。理论心理学提出理论或假设，或者对实验结果做出预测，这些假设和预测正是实验研究的课题。研究的结果或者证实理论，或者证伪理论，这又成为新理论的生长点。

（二）判断和鉴别概念、命题、理论的真伪

理论心理学采用逻辑分析法判断和鉴别概念、命题、理论的真伪。马克思主义认为，实践是检验真理的唯一标准。但是，对概念、命题、理论的判断与鉴别并非总是需要实验验证和实践检验，也可以采用逻辑分析的方法。例如，若某一理论体系中既包含命题A，也包含命题非A，这个理论体系就自相矛盾，就通不过逻辑检验。又如，从一个理论前提出发，得出了两个对立的结论，这只能说明这一理论前提就是错的。在科学史上，伽利略正是先通过逻辑检验证伪了亚里士多德关于重物下落比轻物快的看法，后来才通过实验发现了重力加速度定律。劳丹认为，对一个理论体系的逻辑检验可以从两方面来

进行：一是理论内部的逻辑一致性；二是理论内部命题与该理论赖以建立的外部命题的逻辑一致性。违反了这两种一致性，就是错误的理论，根本不必经历科学实验和实验检验。

（三）抽象和综合

抽象和综合是寻求真理的重要方法。心理现象具有复杂性、多样性、情境性和易变性的特点。对心理本质的了解不能仅靠零碎的经验，必须对经验进行去粗取精、去伪存真、由此及彼、由表及里的制作和改造，舍去次要、表面、偶然的因素，发现心理现象的本质和规律，这种抽象和综合过程是理论心理学的重要功能。在中国历史上，古代先哲往往都有系统的思想，如对人性的看法，有孟子的性善说，荀子的性恶说，董仲舒的性三品说，王充的性有善有恶说，张载和朱熹的性二元论。但到了近代，特别是心理学进入中国后，心理学研究者多了，产自中国的心理学理论却少了。重要原因之一就是对心理学理论和理论心理学的轻视。中国心理学家做了大量的心理学实验研究，却很少提出有影响力的心理学理论，这不能不说是一个重要的缺憾。

三、理论心理学的发展

理论心理学的发展大致经历了以下四个时期。

（一）哲学心理学时期

理论心理学的历史由来已久。在实验心理学创立之前，哲学心理学以理论思维探讨心理现象，试图发现心理的本质。因此，西方近代的哲学心理学本质上可归于理论心理学的范畴。但是，哲学心理学尚不能称为理论心理学，因为理论心理学有自己的研究对象、任务和体系，它是心理科学的一部分，不是心理科学的全部，它与实验心理学并存。哲学心理学虽然在方法上与理论心理学类似，但它不是一门独立的学科。在当时，哲学心理学是心理学的全部，不是心理学学科体系的有机组成部分。

（二）心理学派林立期

从19世纪末至20世纪前期，理论心理学的研究成果体现在学派体系和大型理论的建构上。联想主义心理学已经成为历史，构造主义、机能主义、行为主义、格式塔心理学和精神分析学等学派相继涌现，各学派之间既百家争鸣，又相互承认和相互吸收，共同丰富了对心理现象的理解。这些理论体系对心理学的产生、繁荣与发展均起到了积极的作用，但它们都由某个局部领域的理论过分扩张而形成，只适用于局部领域，不适用于整个心理学科。

（三）分支学科理论建构期

从20世纪中期开始，学派进入了晚期，心理学体系的理论研究趋于衰退，理论研究集中于局部领域。心理学分支学科的理论或小型理论有了较大的发展，如学习理论（联结论、认知论、联结-认知论）、感知觉理论、记忆理论、情绪理论、人格理论、动机理论、社会行为理论等纷纷出现，推动了心理学各分支学科的出现和发展。

（四）大型心理学理论建构期

20世纪70年代以来，人们日益重视探讨理论心理学，这一时期既有小型理论的发展，更有大型理论的整合。理论研究转向较大的领域，如从行为主义的学习理论转向信息加工的认知理论，从精神分析的动机理论转向人本主义心理学，从心理的脑生理基础转向认知神经科学，从符号认知转向具身认知，等等。1984年，《理论心理学年鉴》出版，《理论心理学与哲学心理学》杂志、《理论与心理学》杂志、《哲学心理学》杂志相继出版。1985年，理论心理学国际协会在英国建立，这个协会成功主办了多次理论心理学国际研讨会。目前，理论心理学正在蓬勃发展，展现出较强的生命力。

四 关于本书的结构和内容

本书是我与合作者从20世纪80年代末以来发表的理论文章的荟萃。从20世纪80年代初起，我就对心理学理论和理论心理学研究有着浓厚的兴趣。1985年，我考入北京师范大学师从张厚粲先生读研究生，虽然专业方向是实验心理学，但一直对理论有较多的关注。彼时，张厚粲与荆其诚两位先生联袂将认知心理学引入了中国，我在阅读认知心理学文献时也写了一些综述，这些文章后来均相继发表了。1988年从北京师范大学毕业后，我回到烟台师范学院工作，由于没有心理学专业的学生，无法从事系统的实验心理研究，受燕国材、杨鑫辉等先生启发，他们研究中国古代心理学思想，我就研究中国近代心理学思想，相继写了有关康有为、梁启超、谭嗣同、章太炎等人心理学思想方面的论文。1995年，我与赵璧如先生就心理学用"认知"取代"认识"的问题进行了争论，在国内引起了较大的反响。有研究者称这场争论为"改革开放以来心理学界的第一场理论之争"。争论的结果是"认知"概念为中国科学界广泛接受。

2000年，我调入华南师范大学工作，有了自己的硕士生和博士生，实验心理研究成为我的主要研究领域。但我仍然对理论心理学保持着一定兴趣。心理语言学理论是关注的焦点，我与学生发表了许多心理语言学方面的理论文章，这些文章大多收集在《心理语言学：研究及其进展》一书中。此后的许多年，我对其他方面（智力、心理健康、民族心理）的心理学理论仍然保持关注。我每年给研究生开设"心理学基本原理"课程，第一讲是"心理学与哲学"，介绍现代西方哲学对心理学的影响。在实验研究中，我也总是试图用理论指导实验心理学研究。

回顾约四十年的研究生涯，几个大的理论一直指导着我们团队的研究。一是认知过程中整体和部分关系的理论，其指导着我们的汉字认知心理研究。最终的理论成果是"汉字认知过程中整体与部分关系论"；二是语言关联性假设，主张语言影响认知，指导了我们团队的大量研究，在研究的基础上，我提出了新的语言关联性理论；三是马林诺夫斯基的功能主义文化论，它指导了我们团队的民族心理研究，在研究的基础上，对这一理论也进行了修正。我对我自己的定位是"理论研究与实验研究两栖"，对理论的兴趣使我受益匪浅。由于"两栖"，我对理论心理学与实验心理学没有学科偏见；与实验心理学比，理论心理学研究更需要思想、逻辑、才华，更需要独具慧眼，也更加辛苦。中国实验心理学家应该对心理学理论和理论心理学有浓厚的兴趣和执着的追求。只有这样，才能够形成有中国特色的心理学话语体系，中国心理学家才能够对心理学科发展做出较大的贡献，中国心理学才能够对中华民族伟大复兴做出更大的贡献。

本书分为四编，第一编为"心理学史篇"，包括13篇文章，主要是对中国古代和近代心理学思想的研究；第二编为"认知篇"，包括15篇文章，部分文章属于介绍性的，部分文章属于争鸣性的；第三编为"语言篇"，包括10篇文章，是2016年后有关语言心理的理论文章；第四编为"民族文化篇"，包括18篇论文，主要是关于民族心理的理论思考。已经收入《心理语言学：研究及其进展》一书中的理论文章本书没有再收录。本书是集体创作的结果。在收录时注明了作者和文章出处。收录时统一了格式，并且对个别文字作了修订。华中科技大学出版社张馨芳编辑对本书出版给予很多帮助，在此向她表示衷心的感谢。

马克思说过：批判的武器当然不能代替武器的批判，物质的力量只能用物质力量来摧毁；但是理论一经群众掌握，也会变成物质力量。这句话说明了理论对实践的指导作用。歌德说过：理论是灰色的，而生命之树常青。这句话说明了实践和实验对理论发展的作用。只有将理论与实验二者有机地结合起来，心理学之树才能够常青。

我有幸学习与工作于改革开放的时代，使我能够有机会为中国心理学的发展贡献了绵薄之力。约四十载的时光倏忽而过，如今已奔向"从心所欲不逾矩"之年。"江山代有才人出，各领风骚数百年"。就以此寄语中国心理学青年吧。

张积家

2023年2月9日于励耘书屋

目录

第一编 心理学史篇 001

康有为人性论思想研究	002
我国古代心理教育思想论要	009
比较、鉴别、发展：康有为对孟荀人性论的比较研究	019
论孟子的品德心理学思想	026
马克思的需要心理学思想	036
论中国古代的仁寿心理学思想	045
谭嗣同心理学思想新探	058
《管子》心理卫生思想研究	062
章太炎心理学思想初探	071
梁启超个性心理学思想试探	078
康有为情欲心理学思想探要	087
激将法及其心理机制	097
中国古代作家的成就动机与文学创作	106

第二编 认知篇 113

论"认知"与"认识"的分野	
——兼与赵璧如先生商榷	114
再论"认知"与"认识"的分野	122
评现代心理学中的智力概念和智力研究	132
现代认知发展心理学述评	140

记忆的加工水平说
　　——由来、发展和面临的挑战　　146
注意资源理论及其进展　　153
具身理论分歧：概念隐喻与知觉符号观　　160
文化生活脚本理论及其研究进展　　170
证人证言中的虚假记忆　　177
为什么和声能诱发音乐情感？
　　——音乐协和性的作用及其认知机制　　186
无意识：信仰置换和实践的进路　　209
自尊结构研究的发展趋势　　217
试论责任心的心理结构　　224
论终极责任及其心理机制　　231
论公民意识的结构及其形成　　246

第三编　语言篇　　255

语词遮蔽效应的研究及其理论　　256
语言影响人格：研究证据与理论解释　　265
非直义性语言理解的神经心理机制　　278
语言在情绪理论中的作用：
从基本情绪观到心理建构观中的概念行为模型　　289
论手语对聋人认知的影响　　298
从新的语言关联性理论看语言对听障人群认知的影响　　310
自然语义元语言理论和基本情绪研究　　316
语义原词和"心"　　328
语言间词序差异的来源：相关理论和研究进展　　335
闲聊行为及其亲社会功能　　347

第四编　民族文化篇　　359

加强民族心理学研究，促进中国心理科学繁荣
　　——民族心理学专栏前言　　360
亲属结构理论及对摩梭人亲属关系研究的启示　　369
论民族心理学研究中的十种关系　　382
充分发挥民族院校优势，积极开展民族心理研究　　393
中华民族共同体认同的心理建构与影响因素　　403

中国民族心理学百年流变与前瞻　　　　　　　　　　　　　　417
容器隐喻、差序格局与民族心理　　　　　　　　　　　　　434
集体记忆与国家认同
　　——以推进铸牢中华民族共同体意识为视角　　　　　　446
种植小麦培育了中国北方的个人主义文化？
　　——结合作物种植史和移民史对中国南北方文化差异的思考　452
族群边缘：中华民族共同体心理发展研究的最佳视角　　　　464
应重视多民族共同心理研究　　　　　　　　　　　　　　　486
民族共同体意识如何产生与发展　　　　　　　　　　　　　488
浅谈文化适应的中国特色　　　　　　　　　　　　　　　　490
应重视少数民族学生的民族社会化　　　　　　　　　　　　492
重视培养学生的跨文化敏感性　　　　　　　　　　　　　　494
文化类型影响个体基本认知范畴　　　　　　　　　　　　　496
民族意识与中华民族共同体意识之关系　　　　　　　　　　499
开展民族群体艺术活动　铸牢中华民族共同体意识　　　　　503

第一编

CHAPTER 1

心理学史篇

康有为人性论思想研究

张积家

[摘　要]　康有为的人性论思想包含三个部分：① 自然人性论，它是康有为人性论思想的核心；② 情欲合理论，它是康有为人性论思想中重要的和颇具特色的组成部分；③ 变化气质论，它是康有为人性论思想中具有实践意义的内容，也是康有为的自然人性论与中国古代的自然人性论的区别所在。康有为的人性论思想汲取了我国古代人性论思想的精华，并有新的发展，批判地继承康有为的人性论思想，对于我国心理学思想的发展和当前的教育实践具有重要意义。

[关键词]　康有为；人性论；情欲；气质

[原　载]　《心理学报》1996年第1期，第97—103页。

康有为（1858—1927），原名祖诒，字广厦，是中国近代史上著名的资产阶级维新运动领袖，杰出的政治家、思想家和教育家。康有为对人性问题进行过大量的研究，建树颇多。本文是对康有为人性论思想的初步探讨。

一、自然人性论

中国古代思想家所探讨的人性的概念，有两个方面的含义：一是指人生而具有的天然素质，如孟子的"生之谓性"，荀子的"生之所以然者谓之性"；二是指人的习性，它是人的先天素质与后天影响相互作用的结果，如明代王夫之提出"习与性成说"，认为性不定型于初生之际，而是日生日成[1]。康有为在讨论人性时，也是交替使用这两种不同的含义的。

在人的先天禀赋方面，康有为对人性的看法是自然人性论。他说："凡论性之说，皆告子是而孟非，……天生人为性。""夫性者，受天命之自然，至顺者也。……若名之曰人，则性必不远，故孔子曰'性相近也'。"[2] 即性是人生而具有的天赋禀性，人类的天赋禀性是相似的。康有为发挥了孔子的"性相近"思想，为他宣扬资产阶级民主、平等的思想张目。

康有为还从其他儒学经典中找论据来证明自己的观点。他说:"孟子言忍性,则性不尽善可知。"[3] "《系辞》又曰:'穷理尽性,以至于命。'既当穷理,乃能尽性,以至于命,则孩提之性不能遂谓其善明矣。"[4] "若子思既有性善之说,则必无'修道之谓教'语,此性字乃人之质也,方为确估。"[5] 又说:"仲尼'知天命',文王'纯亦不已',此就既至圣人之境言之,不然,则孩提时岂能'知天命',能'纯亦不已'乎?天固无专生恶物之天,天亦不能生一人,使其全无所学,遂能止于至善也。正惟性者生之质,人皆具有一气质,故相近。"[4]

由此可见,康有为摒弃了中国古代关于性之善恶和理气有异的观念,认为人初生时仅是中性的个体,主张"性只有质,无善恶"[2]。他从本体论与认识论的角度来阐明这一观点。

他认为"气"是万物的本原,而"理"是人对事物发展规律的认识。没有受气之前,便没有理和性,所以"理与性皆是人理人性"。他说,古人多言道,宋人多言理,"但以理为性不可"。宋儒以"三纲五常"为理,这些理"非天之所为,乃人之所设,故理者,人理也"。"朱子以为理在气先,其说非"。善恶也非人的天性,因为社会的道德规范不能脱离人和人的社会生活而存在,是对社会生活和社会发展需求的反映,因此善非天理,乃人理,"入至人界始有善,不入至人界,无善恶"[5]。从认识论的角度看,他认为理与人的认识活动分不开,理是认识的结果与产物。他说:"有人形而后有智,有智而后有理。理者,人之所立";"学、问、思、辨是穷理","穷理自然魂强"[8]。他进一步指出:"善、礼者,孔子所立者也。如备六礼以娶妇,当礼矣,善矣;喻东家墙而搂其处子,非礼矣,不善矣。若以为一者出自性,一者不出自性,为伏羲以俪皮制嫁娶之前,人尽无性欤?……性也是人人当成之者,既曰成之,则人为在焉,非谓性即善也。"[4] 应当承认,康有为的上述观点是对自宋以后的唯心主义理学的有力批判,闪烁着唯物论的光辉,也符合科学心理学的原理。现代心理学认为,人的遗传素质(也即康有为所讲的"性")只是人的能力和品德发展的生物前提,只是为人的社会化提供了可能性,这种可能性不具有社会评价的意义。

既然人初生时仅是中性的个体,那么为什么后来会有善有恶呢?他认为这是后天影响与学习的结果。他把性比作"丝帛",说"善则冕裳也,织之、染之、练之、丹黄之,又复制之,冕裳成焉,君子是也。弗练,弗织,弗文,弗色,中人是也。污之粪秽,裂为缙结,小人是也"[6]。他提出了"富以养其生,教以养其性,二者备矣"的观点,认为人习恶"皆由失养所致"[7]。用现代的术语来说:"富以养其生"指的是物质文明的建设,"教以养其性"指的是精神文明的建设。康有为认为只要抓好这两方面的建设,培养人的问题就解决了。康有为的这一思想在今天看来仍具有重要的意义。

康有为十分重视学习在人性发展中的作用。他说:"良材美质,遍地皆有,成就与否,则视学与不学。"[8] 他从孔子的"性相近也,习相远也"的观点出发来论述学习的作用,说:"夫相近,则平等之谓,故有性无学,人人相等,同是食味、别声、被色,无所谓小人,无所谓大人也。有性无学,则人与禽兽相等,同是视听运动,无人禽之别也。"[4] 学习不仅是个体掌握知识、技能的途径,也是品德与态度形成的途径,是造成人有善有恶的原因。他说:"善者,非天理也,人事之宜也,故以仁义为善,而别于爱恶之有恶者，非性也，习也。"[6] "性是天生，善是人为'，二句最的。其善伪也，非诈伪之伪，谓善是人为也"[5]。他认为学习是人的本质特点。动物"顺而率性"，故愚蠢而"为人贱弱"；人"逆而强学"，故智慧而独贵于万物[2]。心理学的研究表明，动物虽具有一定的学习能力，但本能行为仍占主导地位，而且个体经过学习得来的经验也无法相互传递。人有语言，并在社会生活中通过同其他人的交往进行学习，这就大大提高了人的适应能力，同时也形成了人类社会历史经验的继承。大量的事例表明，动物不经过教育与学习，由于成熟与本能的作用仍能成长为属于某一物种的动物；人如脱离人类社会，不经过社会学习，就不能成为人。

应当指出，康有为的自然人性论继承了孔子的"性相近"的思想，同时也深受近代资产阶级"平等"口号的影响。洛克说过："人是生而平等的。"1776年，杰克逊在美国《独立宣言》中将人皆生而平等作为不言而喻的真理和资产阶级民主政府的基础。康有为是近代中国较早接受西方思想影响的人之一。为了给资产阶级改良运动制造理论根据，他自然地便将西方的平等思想与孔子的"性相近"的思想联系起来。既然人性是相近的，人初生时仅是中性的个体，无善恶之分，无贵贱之别，所以人与人也是平等的。他说："天生之人，并皆平等，故孔子谓'四海之内皆兄弟也'。"[9] "众生原出于天，皆为同气故万物一体，本无贵贱"[8]。因此，正如董仲舒提出"性三品说"是为封建等级制度制造理论根据一样，康有为的自然人性论也为他所倡导的资产阶级改良运动做了理论上的准备，这在当时具有很大的进步意义。

然而，令人遗憾的是，康有为并没有将他的自然人性论思想贯彻到底。他虽然反对孟子的"性善说"，但在许多场合又自相矛盾。例如，他认为"仁义乃人性固有之自然"，"人性兼有仁、义、礼、智四端"[7]；"盖仁为己有，非由外铄，……近取诸身，至易至简乎？"[8] 即仁在人自身中存在，达于仁不必外求，在人自身中就可以发现。特别是戊戌变法失败以后，他鼓吹"重仁而爱人"的博爱派哲学，认为人与动物皆有"仁"的爱质，爱质是一切生物的天性"[10]。这些观点与孟子又是一致的，显示了他思想中的矛盾与动摇。

二、情欲合理论

康有为人性论思想的另一方面是"情欲合理论"。这是他的人性论思想中的重要的和颇具特色的内容。在中国思想史上，性情关系一直是争论不休的问题。孟子与荀子都主张情欲在人性之中，他们都反对禁欲主义，主张导欲与节欲。《管子》主张，人的欲求的满足是产生道德行为的基础。老子与庄子主张情欲有害于德性。在中国历史上，唐代李翱首先提出了"性善情恶说"，认为性是善的，情是恶的，性与情相对立，他的这种观点对宋代理学影响很大。例如，朱熹认为，"天理"与"人欲"势不两立，"天理存则人欲亡，人欲胜则天理灭"，人的道德修养的目的就是"去人欲，存天理"。从宋代始，理学的发展使儒学开始走向反动，成为人们思想与行为的桎梏。虽然后世的一些思想家如李贽、王夫之和戴震等都批判过宋儒的观点，但是一直到清末，宋儒的观点仍然占统治地位[1]。

和宋儒的观点相反，康有为提出了"情欲合理"的观点。他认为情欲是人性不可少的一部分。他说："人生而有欲，天之性哉！"[10]"人有天生之情，……喜怒哀乐爱恶欲之，感物而发。"[11]"夫人生而有耳目口鼻之体，即有视听言动之用，男女之欲，必不能免。"[12] 这就是说，人的情感欲望是人性中固有的，是人的感官的特性，它们与生俱有并在环境的刺激下产生。他认为情绪产生的基础是事物同人的需要之间的关系，说："人禀阴阳之气而生，能食味、别声、被色，质为之也，于其质宜者则爱之，于其质不宜者则恶之。"[6] 他看到了人的情感与欲望的丰富性，指出人具有耳、目、口、鼻、居、身、性等生理的欲望，有希图健康与长寿的安全的欲望，有"交美男妙女"的交往的欲望，有"彰微大行"的名誉的欲望，有使用"灵捷舟车"的"行之欲"，有喜"学问图书"的"知识之欲"，有喜"美园林山泽"的"游观者之欲"，有"预闻预议"的"公事大政之欲"，有"无牵累压制而超脱"的"身世之欲"，有探求真理的"精义妙道之欲"。这些欲望都是人的"大愿至乐"，应当得到合理的满足[10]。康有为对人的欲望的看法与当代人本主义心理学家马斯洛的需要理论类似。

康有为认为，人的情绪与欲望虽然纷繁复杂，但就本质而言，只有好恶。他说："性之发虽有六体，而其实原为两端，盖好恶也。"[5] 他认为古代的"六情说"或"七情说"对情绪的理解并不正确，因为喜、欲、乐、哀是由爱派生出来的，惧和怒是由恶派生出来的。他认为，人的情欲是由人的本性决定的，"人之始生，便具有爱恶二质"[18]。天有阴阳二气，人性也分为"德性"与"气质之性"，即人的社会属性与自然属性。德性的表现是仁、义、礼、智，气质之性表现为"视听言动"和情感欲望，德性与气质之性都是天之所予，都是人性必要的组成部分。他说："若朱子之说，有阳而无阴，不能该人之性，即不能尽人之道也"[12]。这样，康有为将情欲视为人的本性，情欲的天然合理性就有了坚实的基础。

康有为认为，德性与气质之性在人性中的作用是不同的。其中，"人之贵于万物，其秉彝之性独能好懿德，……此人独得于天也"[7]。近年来的研究表明，人的某些社会性品质的确具有遗传的因素，如婴儿早期的人面偏爱和社会性微笑，它们是人的社会性发展的最早的内因。康有为认为，社会属性是人的本质属性，是人与其他物性相区别之处。然而人性并不仅仅是社会属性，人还有自然属性，是社会属性与自然属性的统一。康有为也认识到这一点。他说德性与气质之性"合之双美离之两伤"，"失性者谓之狂，缺体者谓之痾"[14]，皆是不完备的。康有为的上述观点与古代告子只重视人的自然性的自然人性论观点形成了鲜明对照。

受进化论思想的影响，康有为对人的情欲的探讨得出了和宋儒不同的结论。他认为情欲作为人的自然心理现象，绝不是恶的和无作用的；相反，情欲在个人及社会的发展中具有十分重要的功能。情欲具有动力的功能。他说"凡人作事，皆由情出"，"凡百学问皆由志趣"[15]。情欲具有教育的功能。他说："夫善教者必先使人兴，振举之而后能植，鼓舞之而后不倦，不自菲薄而后教，乃可为也"[18]。情欲具有感染的功能。母亲的情绪能感染胎儿，教师的情绪对学生也具有感染作用，因为儿童性情未定，"举动、謦笑、言语、行为"皆以教师为转移，"熏陶濡染，其气最深"[10]。情欲更具有进化的功能，是社会进步与文明发展的动力。他说："人之欲无穷，而治之进化无尽，虽使黄金铺地，极乐为国，终有愁怨，未尽善美。"他举例说，像几席易为床榻、豆登易为盘碗、琴瑟易为筝琶这些古今的变化，都是为了使人便利。物质文明的发展是如此，精神文明的发展也是如此。他说："礼乐皆本于人情之所不能已"。"孔子感列国之争，哀民生之艰，于是发愤改制"[5]。情欲也具有创造的功能。如情感在文学创作中就有十分重要的作用。他说："故志深厚而气雄直者，莽天地而独步，妙万物而为言，悱恻其情，明白其灵，正则其形，玲珑其声，浓华远情，中永和平。"作家的情感与作品的关系是"情深而文明，气盛而化神"[18]。康有为对情欲功能的论述为他的"情欲合理论"提供了有力的证明。

既然情欲是人的本性，而且具有重要的功能，那么宋儒的"存天理，灭人欲"的口号就是完全错误的了。为此，康有为提出人的情欲只可顺之、不可逆之、更不可绝之的思想原则。他说，情感欲望是"凡人之同"，"不能禁而去之，只有周而行之"[11]。"人之欲，以礼法制而寡之则可，绝而去之不能也"[12]。他对宋儒逆人情、悖人性、提倡绝人欲的观点进行了有力的批判。他说："盖施仁大于守义，救人大于殉死，宋儒乃不知此义，动以死节责人，而不施仁望天下。立义狭隘，反乎公理，悖乎圣意，而世俗习而不知其非，宜仁义之日微，而中国之不振。"[11]

更为难能可贵的是，康有为还将是否合乎人情作为是否"人道"的标准。他认为人情的本质就是"求乐免苦"，人道与否也应以人身心的各种欲望是否获得满足为标准。如能增加人的快乐，则"其道善"；如只是使人更加痛苦，则"其道不善"[10]。是否符合人情也是判断一切政教的好坏和一切公理的是非的标准：如能"令民乐利"，则政教就文明进化，如"令民苦怨"，则政教就野蛮退化；公理也必须根据这一标准来判定，"凡有害于人者则为非，无害于人者则为是"[10]。这样，康有为就将封建理学中的"天理"与"人欲"的关系完全颠倒过来，承认人追求幸福与完美的正当性与合理性，把"人"摆到了至高无上的地位。在中国近代史上，这是一个了不起的突破与进步。

然而，康有为也并不主张纵欲。他所主张的是一种对于情欲的宽容的态度。他认为情欲是人正常的心理现象，虽身为圣人，也"不能无声色之举，无宫室衣服之设"[6]。他认为宋儒的"存天理，灭人欲"的口号是错误的。因为理与欲的关系是欲在理先。他说："夫有人形而后有智，有智而后有理"，而"婴儿无知，已有欲焉"，理并非"天之所为"，"乃人之所设"，即欲属天赋，理由人设[10]。宋儒的口号也是行不通的。他说："古之敷教在宽"，所以"人皆欢愉而乐于为善"，"自宋儒后，敷教在严"，使"中人惮而不勉，适以便小人"，为学者"必一蹴而为圣人然后可，于是人皆其难也，相与遁于教外，乐纵其身，而操攻人之柄，教乃大坏，不可复振"[19]。另外，他主张对纵欲也应作具体的分析，是否纵欲要看欲望的目标是什么。他主张，若是为己，则"以无欲为贵"，若是为民，则以有欲为贵[10]。但就人的肉欲而言，康有为主张"贵寡欲，恶多欲"[7]。这种区别对待的情欲观是可取的。

三、变化气质论

中国古代的自然人性论（如告子的人性论）对人性的发展持顺其自然、无所作为的态度。康有为则根据他对人性的探讨提出了"变化气质"的理论，使他的人性理论更趋全面。他认为气质是人生而具有的先天素质,而性是气质的表现。人的先天素质虽无善恶之分,但亦各有长处与短处。他说:"凡人气质,各有所偏,毗柔毗刚,鲜能中和";"人性各有长短,各有能不能"[8];"以气质言之,太过,不及,不中者也"[5]。不仅一般人是如此,杰出人物也不例外,"缓急、刚柔、静躁、宽猛,毗阴毗阳,各有所偏"[19]。康有为所讲的"气质"的概念包括现代心理学所讲的气质的概念,还包括人的自然的情感欲望。他说:"人欲之蔽,亦由气质所拘"[20]。康有为认为,人的气质和自然的情感欲望都属人的自然属性,它们虽无善恶之分,但有偏正、粗精之别,必须加以改造,方能符合社会生活的要求。他的"变化气质论"即由此引出。

康有为认为,在中国儒家中,"荀子言变化气质最多"。从孟子到陆九渊到王阳明,专言心学,专讲扩充。"故陆子弟子某云:'今日闻道,明日便饮酒骂人。'"[3] 康有为认为这是不讲变化气质之故。他认为变化气质、达到人性的自我完善是治学与修身的最高境界:"无私之上,更有变化气质在"[3];"学既成矣,及其发用,犹有气质之偏,极当磨砻浸润,底于纯和"[2]。与此同时,他也认识到变化气质的长期性与艰巨性。他说:"薛文清云'非二十年,治不得一怒字',谢上蔡三十年治不得一矜字。"[3]

如何变化气质?康有为认为应重视学习的作用。他认为学之要在"逆",即节制人的天然禀性。他说:"凡言乎学者,逆人情而后起。人性之自然,食色也,是无待于学也;人情之自然,喜、怒、哀、乐无节也,是无待于学也。学所以节喜、怒、哀、乐也。"很明显,康有为这里讲的学习主要是指情感、态度与品德的学习。他认为变化气质的目标是使人性达到"中和"。他说:"其爱恶均而魂魄强者,中和之美质也。""隐括之,揉化之,以变于中和,此则学之事也,是故圣人贵学。"[6]

康有为还十分重视音乐在变化气质中的作用。他说:"思矫其患,防其偏,计无有出于声乐也。"因为音乐可以使人动志有律,发言有谐,举足有节。人在音乐中漫之濡之,涵之润之,就可以"焕然释,怡然顺,体与乐和,志与气平",达到"蔼然而中和,琅然而清明,刚柔缓急,悉剂其称"的效果[19]。人如经常演练音乐,可以"涵养其性情,调和其血气,节文其身体,越发其神思"[10]。康有为的这些看法已被现代心理学的研究证实,好的音乐的确有益于人的心理健康。康有为说,乐教在中国古代是非常受重视的。然而,汉代以后,"乐学专之属倡优,……为庄士所不道",是一大奇事[19]。

就个人而言,康有为认为变化气质还应加强自身的道德修养。他鼓励他的学生做事应"志于道""据于德""依于仁"[4];要学会控制自己的情感欲望,做到"魂为主,魄次之,魂为君,魄为臣"[5];对圣人之学应身体力行,"内之变化气质,外之砥砺名节"[4]。康有为的这些见解,符合心理与教育的规律,对于我们今天的教育实践仍有重要的指导意义。

与中国古代的人性论相比,康有为的人性论思想是很有特色的。它以自然人性论为核心,对人性持公允、客观的态度,既肯定人性的天然合理性,又主张对人性加以改造,以符合社会生活的需要。它不是空谈人性,而是致力于从思想上打破封建理学对人的思想与行为的束缚,为铸造国民的新个性而努力,因而具有很强的实践性、革命性和战斗性。它汲取了中国古代的人性论思想、西方的资产阶级民主思想和进化论思想的精华,因而具有鲜明的中国特色与时代气息。尽管康有为的人性论思想还存在着某些矛盾和不足，但就整体言之，是精华多于糟粕，是一份不可多得的文化遗产。我们应批判地继承这份遗产，让它为建立我国的心理学思想体系和精神文明建设服务。

〔参考文献〕

[1] 高觉敷．中国心理学史［M］．北京：人民教育出版社，1985．

[2] 康有为．长兴学记［M］．北京：中华书局，1988．

[3] 康有为．南海师承记［M］．康有为全集（2）．上海：上海古籍出版社，1990．

[4] 康有为．与朱一新论学书牍［M］//康有为全集（1）．上海：上海古籍出版社，1987．

[5] 康有为．万木草堂口说［M］．北京：中华书局，1988．

[6] 康有为．康子内外篇［M］//康有为全集（1）．上海：上海古籍出版社，1987．

[7] 康有为．孟子微［M］．北京：中华书局，1987．

[8] 康有为．论语注［M］．北京：中华书局，1984．

[9] 康有为．康有为日本变政考［M］．北京：紫禁城出版社，1998．

[10] 康有为．大同书［M］．上海：上海古籍出版社，1956．

[11] 康有为．礼运注［M］．北京：中华书局，1987．

[12] 康有为．康有为政论集：下册［M］．北京：中华书局，1981．

[13] 康有为．实理公法全书［M］//康有为全集（1）．上海：上海古籍出版社，1987．

[14] 康有为．中庸注［M］．北京：中华书局，1987．

[15] 康有为．桂学问答［M］．北京：中华书局，1988．

[16] 康有为．与峰琴学士书［M］//康有为全集（1）．上海：上海古籍出版社，1987．

[17] 康有为．请励工艺奖创新折［M］//康有为政论集（上册）．北京：中华书局，1981．

[18] 钟培贤．康有为思想研究［M］．广州：广东高等教育出版社，1988．

[19] 康有为．民功篇［M］//康有为全集（1）．上海：上海古籍出版社，1987．

[20] 康有为．万木草堂讲义［M］//康有为全集（2）．上海：上海古籍出版社，1990．

我国古代心理教育思想论要

张积家

> [摘　要] 我国古代具有丰富的心理教育思想。主要包括：① 将培养完美人格作为教育的最重要目标。我国古代的理想人格是"君子"，"中和"是我国古代理想人格的又一表述，我国近代的理想人格为"完全之人物"；② 我国古代思想家认为，心理教育是人性发展的需要；③ 心理健康是心理教育的重要目标；④ 我国传统心理教育的方法包括提高受教育者心理素质的方法和维护受教育者心理健康的方法。我国传统的心理教育思想是民族的重要教育资源，值得认真总结和汲取。
>
> [关键词] 我国古代；心理教育思想
>
> [原　载] 《教育研究》2000年第4期，第70—75页。

心理教育亦即心理素质教育。20世纪90年代以来，随着素质教育的不断深入，心理教育也引起了我国教育界的广泛重视。

我国是文明古国，有着十分丰富的心理教育思想。这些心理教育思想对于今天的心理教育也有重要的启发作用。

一、将培养完美人格作为教育的最重要目标

培养至善至美的人是我国历代教育家和思想家所追求的崇高境界。我国传统的教育理论以人的塑造和提高为核心，十分重视人的心理素质培养。我国古代的教育目的，主要是为了培养完美的人格，充满了人文精神。例如，《大学》中开宗明义就指出："大学之道，在明明德，在亲民，在止于至善。""大学"是治国平天下的学问，这种学问的目的，就是要把生来就有的光明之德发扬光大，就是要爱民，就是要达到至善境界。这种至善境界就是完美人格。对这种完美人格，我国教育家和思想家提出了十分丰富的解释，主要有以下几个方面。

（一）君子——我国古代的理想人格

在我国古代，君子是一种理想人格。如《易经》中就有许多关于君子人格特点的描

述,这些描述包含着丰富的心理教育内容,如君子"自强不息",具有不断进取的精神;君子"居上位而不骄,居下位而不忧",能以辩证的观点看问题和保持良好心态;君子能够严以律己,宽以待人,除恶扬善,好学上进,行为符合道德规范。

孔子也将理想人格规范为君子。在《论语》一书中,记载了多处孔子对君子人格特点的描述。

1. 君子有与常人不同的需要结构,有更高层次的价值追求

孔子认为,"君子义以为上",即君子认为仁义是崇高的品德;"君子怀德","君子喻于义";"君子上达",即君子追求高层次的通达;君子谋求学道而不谋求衣食,担心学不成道而不担心贫穷。

2. 君子的人际关系和谐

孔子说:"君子周而不比","泰而不骄","贞而不谅","矜而不争",即君子合群而不勾结,安详舒泰而不骄傲凌人,固守正道而不偏听偏信,洁身自好而不争出风头;"君子成人之美,不成人之恶"。

3. 君子严格要求自己

"君子求诸己",就是这个意思。孔子还认为,君子能"博学于文,约之以礼",即君子广泛地学习文献,用礼来约束自己;君子"敏于事而慎于言","耻其言而过其行";君子修养自己以敬重别人、安抚别人、使百姓快乐;君子以义作为做人的根本,依礼法去做事,说话谦逊,做事诚实。

4. 君子在认知、情感和意志方面追求完善

"仁者不忧,知者不惑,勇者不惧",是君子在情绪、理智和意志方面的特征。"仁、智、勇"被后世儒家称为"三达德"。

5. 君子注重行为举止

君子的举止庄重而有威严,说话谨慎而行动敏捷,做事认真,对人恭敬有礼貌。君子有九件事要认真思考:看要想着看明白,听要想着听清楚,面色要想着温和,容貌要想着庄重,说话要想着忠诚,做事要想着谨慎,疑惑时要想着问别人,忿恨时要想着是否带来灾难,见到财利时要想着是否合于义。孔子说:"质胜文则野,文胜质则史。文质彬彬,然后君子"。

(二)中和——我国古代理想人格的又一表述

与君子类似,中和是我国古代理想人格的又一表述。所不同的是,君子是我国古代理想人格形象化的表述,而中和是我国古代理想人格理论化、哲学化的表述。"致中和"是我国古代心理教育的目标。"中"与"和"是我国传统哲学的重要概念。"中"是不偏不倚、无过无不及的意思;"和"主要是指和谐,它本来自音乐,后来演变成宇宙万物的

生成法则，演变成天人关系的最佳状态，演变成社会治理的理想境界。最早运用中和的概念来描述人格的是《易经》。在《易经》中，有"圣人感人心而天下和平"，"与天地相似故不违；知周乎万物而道济天下，故不过；旁行而不流，乐知天命，故不忧"等对圣人人格特点的描述。孔子也曾运用"中"的概念描述人格。他说："不得中行而与之，必也狂狷乎！狂者进取，狷者有所不为也。"其意思是说，假如找不到"中行"的人做朋友，那就一定会交上"狂者"和"狷者"。"中行"的人既不过分进取，也不过分拘谨。将"中"与"和"合在一起，明确提出中和的概念并将它作为理想人格和个人修养的最高准则的是《中庸》。《中庸》中说："喜怒哀乐之未发，谓之中；发而皆中节，谓之和"。"致中和，天地位焉，万物育焉"。即喜怒哀乐这些情绪存于人的内心时能够做到不偏不倚，这些情绪表现于外能够做到合乎节度，达到和谐。天地能达到中和，万物就能各得其所；人能达到中和，就能形成完美人格。一直到近代，教育家中将中和作为理想人格的标准和心理教育目标者仍不乏其人。例如，康有为就认为教育和学习的目标是使学生达到中和。中和的标准就是认识与情绪平衡、喜怒哀乐和谐稳定、人格完美。他说："其爱恶均而魂魄强者，中和之美质也"；"隐括之，揉化之，以变于中和，此则学之事也，是故圣人贵学"。

（三）完全之人物——我国近代的理想人格

虽然心理教育思想在我国古已有之，但明确提出心理教育概念的却是我国近代学者王国维。在《论教育之宗旨》一文中，王国维指出，人的心理分为知、情、意三个方面，相应地教育也应一一与之对应。他说："教育之事亦分为三部：智育、德育（意育）、美育也。"三育都可以划入心理教育的范畴。教育的目的，是培养"完全之人物"。他认为，"发达其身体而萎缩其精神，或发达其精神而罢敝其身体，皆非所谓完全者也。完全之人物，必不可不为调和之发达。而精神之中又分为三部：知力、感情及意志是也。对此三者有真美善之理想：'真'者知之理想，'美'者感情之理想，'善'者意志之理想。完全之人物不可不备真美善三德，欲达此理想，于是教育之事起。"这是说完全之人物身体与精神两方面都有良好的发展，精神与心理内部的知、情、意各方面都有良好的发展，达到真美善的境界。培养这样的人，是教育的重要任务。与王国维类似，著名教育家蔡元培提出了健全人格教育。他说："所谓健全的人格，内分四育，即：（一）体育，（二）智育，（三）德育，（四）美育。这四育是一样重要，不可放松一项的。"他认为智育、德育、美育统属于心理教育。在《对于教育方针之意见》一文中，他将健全人格的教育分为五个方面：体育能培养学生的意志，智育能丰富学生的知识，德育"兼意志情感二方面"，美育能培养人美好的情操，世界观教育能把知情意三者结合起来培养。可以看出，蔡元培的"健全的人格"与王国维的"完全之人物"本质上是一致的。

二、心理教育的重要性——人性发展的需要

我国古代思想家十分重视探讨人性，在探讨人性的过程中表达了丰富的心理教育思想。我国古代思想家认为，教育的目的不仅是传授知识，更重要的是促使生命的觉醒，

提高生命的质量、层次和价值，一句话，就是要培养受教育者良好的人性。要培养良好的人性，就离不开心理教育，就必须加强人的品德和心理品质的修养。例如，《大学》中提出的格物、致知、诚意、正心、修身，为的就是形成人的良好的心理素质。人有了良好的心理素质和高尚的品德，才可能去齐家治国平天下。与《大学》类似，《中庸》中提出了教育的指导原则，即对人的教育要符合人的本性，符合人的心理，对心理教育给予了足够重视。《中庸》中指出："天命之谓性，率性之谓道，脩道之谓教。"这是说人的本性是上天赋予的，循着人的本性就是"道"，教化就是实行"道"。《中庸》中还提出了"道不远人""远人不可以为道"的命题，即任何政教、任何伦理的和道德的准则都应有利于人的本性的实现和人生幸福的达成，而不是压抑人的本性。

《大学》与《中庸》重视心理教育的思想在我国教育思想史上不断得到充实和发展。这种发展的重要特点是对心理教育的探讨与对人性的探讨紧密相联。我国的人性论思想源远流长，其中也不乏争论，但异途同归，最终都落实到对人的心理教育上，都强调对人的心理教育的重要性。

孔子主张"性习论"。由于重视性习，所以孔子重视教育与学习在人的心理发展中的作用。孔子还提出在人生发展的不同阶段有不同的心理教育内容。他说："少之时，血气未定，戒之在色；及其壮也，血气方刚，戒之在斗；及其老也，血气既衰，戒之在得。"

告子主张"自然人性论"，认为人性不是人的道德性，而是人的自然素质。人的自然本性没有善恶之分，人的道德性是在后天环境下培养起来的。这实际上蕴含了对人进行心理教育的必要性。

在我国思想史上，孟子的"性善说"是影响最大的人性论学说。孟子认为，人性是人的天性，它表现在两个方面：一是生命本能；二是人的良知良能。孟子认为，人不同于禽兽，在于人有智慧，有道德良心，即良知良能。良知良能是天生的，是善的，是人性的本质，是人类后天道德的善端。善端每一个人生来都有，只要把它们加以扩充发展，使仁义礼智发展到完善的程度，"人皆可以为尧舜"。孟子十分重视教育在人性发展中的作用，他认为人的善性良心得到培养，便可以为善为美；得不到培养，便会为恶为丑。要使人为善为美，就应对人进行心理教育。这种心理教育的目标是"尽心知性"，即认识人性善的道理，自觉保持善心，培养善性。孟子认为，人如能保持自己善良的本心，培养自己内在的善性，坚持不断地修养身心，就能使自己的道德符合天道，就能找到安身立命之所。这便是尽心、知性、知天。

荀子是"性恶论"的鼓吹者。他也十分重视心理教育。他从"性恶论"的立场出发，强调要对人进行心理教育。荀子认为："人之性恶，其善者伪也。"即人的生性、自然本性是恶的，其表现为善是人为的结果。荀子的"性恶论"主要着眼于人的"饥而欲饱，寒而欲暖，劳而欲休"的生理本能和"好利""好声色"的感官欲求。正因为人性恶，所以荀子认为必须有"师法之化"和"礼义之道"对人进行规范和教育。在此基础上，"涂之人可以为禹"。荀子认为，人的自然本性没有什么不同，只是后天环境和教育才造成人的差异。他说："人无师法则隆性矣，有师法则隆积矣。"隆性，指扩大人的本性；隆积，指扩大人的积学。荀子又说："不富无以养民情，不教无以理民性。""养民情"和"理民性"都是心理教育。

汉代董仲舒认为，性是与生俱来的自然素质，而善则是教育培养的结果。没有可以向善的内部基础，教育就培养不出善性；同样，缺乏教育的外部条件，人也不可能为善。因此，教育的根本目的就在于发展人的善性。这符合心理教育的目标。

东汉唯物主义哲学家王充认为，性有善有恶，但无论是善是恶，人性都可以转变。他认为人性的转变，关键在于"教化"和"教育"。他说："患不能化，不患人性之难率也"；"亦在于教，不独在性也"。

对人性的探讨也是宋明理学的重要内容。北宋以来，对人性的看法仍然各异，但主张心理教育却很一致。如张载和朱熹都认为，人性可以分为"天地之性"和"气质之性"。天地之性善，气质之性则具有两重性，有善与不善的区别。人的天地之性相同，差异由气质之性造成。气质之性一方面与遗传有关，另一方面与后天的教育与学习有关。这种人性二元论中的"天地之性"属唯心主义和先验论，"气质之性"则具有合理的内核。难能可贵的是，他们提出了"学以变化气质"的命题。张载说"为学大益，在自求变化气质，不尔皆为人之弊，卒无所发明，不得见圣人之奥。故学者先须变化气质，变化气质与虚心相表里。"他认为学习的意义就在于变化人的气质之性，摒除其粗恶的部分，充分发展真正的人性。他进一步提出了"学所以为人"和"学至于成性"的命题。朱熹也认为，教育应起到"变化气质"的作用。他说："人性皆善，而其类有善恶之殊者，气习之染也。故君子有教，则人皆可以复于善，而不当复论其类之恶也。"张载与朱熹的这些思想肯定了心理教育的作用，对于纠正今天片面的教育观与学习观也有借鉴意义。

明代思想家王夫之主张"性日生日成论"。他认为人性并不是受之于天就完成了，而是天天在发展。他认为人的命和性既得之于初生之顷，也得之于整个生命的过程。他十分重视教育与学习在人性发展中的作用，提出了"习与性成论"。他说："习与性成者，习成而性与成也。"这是说随着习的形成与发展，性也就形成与发展了。王夫之强调后天生活环境和教育对人性发展的影响，为心理教育提供了理论依据。

在我国近代，康有为重视心理教育，也与其人性论思想分不开。他认为人性分为"德性"和"气质之性"，无论"德性"还是"气质之性"都是天之所与，无善恶之分。他认为人的气质虽无善恶之分，但有粗精之别，其粗处必须加以改造，方能适应社会生活的需要。他说："凡人发于气质，必有偏处"，"以气质言之，太过，不及，不中者也"。因此，人必须变化自己的气质，才能产生高尚情操和完美个性。如何变化气质？康有为认为要靠心理教育。他认为变化气质、达到人性的自我完善是治学与修身的最高境界。因此，应将变化气质的心理教育作为教育的重要目标。

从以上的讨论中可以看出，尽管我国古代思想家对人性的看法纷繁复杂，但他们都认为心理教育为人性发展所必需，都主张对学生进行心理教育，以使其形成完美的人性。这是我国古代心理教育思想的一大特色。

三、心理健康——心理教育的重要目标

在我国的心理教育思想中，心理教育一方面是为了培养完美人性，另一方面在维护心理健康上也有重要功能。

（一）重视心理健康的作用

《管子》十分重视人的心理健康，认为消极情绪对人的心理有损伤作用，如能排除消极情绪，保持安定和宁静，人的心理和精神就可以达到和谐完满的状态。心理健康是正确认识事物的前提，人只有修身正意，才能认识事物发展的规律。心理健康是行为端正的保证。人先要做到意气安定，然后才能使行为端正。心理健康是保持身体健康的重要条件。人心如能达到正和静的境界，形体上就会表现为皮肤丰满，耳聪目明，筋骨舒展强健。

（二）认为人是生理与心理的统一体，生理因素与心理因素相互影响和相互作用

《黄帝内经》中提出，人是生理与心理的统一体，"人有五脏化五气，以生喜怒悲忧恐"；"魂魄毕具，乃成为人"。《左传》中提出，情绪会像饮食等因素一样，影响人的健康。人的心理状态和生理状态之间密切联系、相互影响。所以心理不健康往往会导致生理疾病，如"明淫心疾"，即白天思虑烦多，会由于心劳生疾。孟子认为，环境因素和生理因素对于人的心理素质的形成与发展有重要影响。他说："无恒产者无恒心"。"苟无恒心，放辟邪侈，无不为已"。"今也制民之产，仰不足以事父母，俯不足以畜妻子，凶年不免于死亡。此惟救死而恐不赡，奚暇治礼义哉？"物质文明是精神文明的基础，当人连吃饭都成为问题时，欲使人形成良好的心理素质、有高尚的品行是不现实的。庄子认为不仅有生理上的"瞽与聋"，也有心理上的"瞽与聋"，这已经接近现代心理卫生学的心理疾病概念。

（三）提出了心理健康标准

我国古代的思想家不仅重视心理健康，也提出了心理健康的标准。如孔子提出的"三达德者"，孟子提出的内心充满浩然之气的人，就是心理健康的表现。荀子提出了心理教育的具体目标，他认为，心理教育的目标是志意修、德行厚、知虑明，即志意美好、德行高尚、聪明智慧。这同时也是心理健康的标准。

四、我国传统心理教育的方法

我国古代的思想家不仅提出了许多有价值的心理教育思想，而且提出了一系列进行心理教育的方法。这些方法主要包括下述方面。

（一）提高受教育者心理素质的方法

1. 知识教育法

王守仁主张，读书不仅是知识教育，也是心理和道德教育，应将心理和道德教育寓

于知识教育之中。他说：读书"非但开其知觉而已，亦所以沉潜反复而存其心、抑扬讽诵以宣其志也。凡此皆所以顺导其志意，调理其性情，潜消其鄙吝，默化其粗顽，日使之渐于礼义而不苦其难，入于中和而不知其故"。

2. 兴趣教育法

孔子十分重视兴趣在学生心理发展中的作用。他说："知之者不如好之者，好之者不如乐之者。"张载认为："'乐则生矣'，学至于乐则自不已，故进也。"王守仁也主张对学生的教育要重视学生的年龄特点和学习兴趣。他说："大抵童子之情，乐嬉游而惮拘检，如草木之始萌芽，舒畅之则条达，摧挠之则衰痿。今教童子必使其趋向鼓舞，中心喜悦，则其进自不能已。"

3. 榜样示范法

孔子说："见贤思齐焉，见不贤而内自省也。"韩愈十分重视教师对于学生的榜样作用，提出"道之所存，师之所存"。

4. 因材施教法

《礼记》中提出，教师在教学中要很好地了解学生的心理特点和个性倾向，然后才能有效地对学生进行学习指导，纠正学生在学习方面的过失，即"知其心，然后能救其失也。教也者，长善而救其失者也。"

5. 艰苦磨炼法

孟子强调，人应当意识到自己的历史使命，要在艰苦生活中锻炼自己。他说："故天将降大任于是人也，必先苦其心志，劳其筋骨，饿其体肤，空乏其身，行拂乱其所为，所以动心忍性，曾益其所不能。"艰苦磨炼的方法对于今天的学生来说就更显得必要和重要。

6. 理义悦心法

孔子说："志士仁人，无求生以害仁，有杀身以成仁。"孟子说："生亦我所欲也，义亦我所欲也。二者不可得兼，舍生而取义者也。"人有感官欲求，人莫不好生而恶死，但人亦有理性与道德性，当理与义和人的生理欲求相冲突的时候，人应当用理义来取悦自己的心，服从理性与道德性的要求。千百年来，无数志士仁人之所以能不避千辛万苦，甚至牺牲自己的生命去追求自己的人生理想，理义悦心是他们重要的心理调节方法。

7. 求放心法

孟子认为，学问之道，关键在于"求放心"。所谓"求放心"，就是专心致志于个人的心理修养，不为物欲所蔽。孟子认为，"求放心"就是求其在我者，而不要求其在外者，在我者即人的良知良能，在外者即物欲的引诱。事实上，"求放心"既是一种个人修养的方法，也是个人修养的目标。

8. 养浩然之气法

孟子认为，浩然之气，"至大至刚，以直养而无害，则塞于天地之间"。这种浩然之气，是人的一种主观精神状态，是人修养的最高境界。如何养浩然之气？孟子认为，其一，应对学生进行道德知识的教育，使其明白道理和有正义感；其二，要养成正义的行为的习惯；其三，"存夜气"，即白天人心容易受外物的干扰，引起种种欲念，到了夜间，除去白天的纷扰，人心反而容易达到纯洁的境界，使心复归于本来的面目。

9. 行为训练法

孔子认为，"学而不行"同"弗知"、"知而不学"一样有害，是君子的三忧。当樊迟问"仁"的时候，孔子说"爱人"；当樊迟另一次问"仁"时，孔子说："居处恭，执事敬，与人忠。"讲的都是人的行为。王守仁重视学生道德行为习惯的培养。他认为习礼既是行为习惯的培养，又是品德的培养和心理素质的形成过程。

10. 环境熏陶法

孔子十分重视环境因素在心理素质形成中的作用。他说："里仁为美，择不处仁，焉得知？"意思是说，住在讲仁义的地方是美好的，选择不讲仁义的地方，怎能算是聪明人呢？康有为也十分重视环境刺激对于人的心理发展的作用，主张要优化育人环境。

11. 自我激励法

孔子说："为仁由己，而由乎人哉？"《大学》中提出的"修身、齐家、治国、平天下"，张载的"为天地立心，为生民立命，为往圣继绝学，为万世开太平"都是自我激励的典范。

12. 诗歌、音乐教育法

孔子重视诗歌与音乐在心理教育中的作用，他说："《关雎》乐而不淫，哀而不伤"；《韶》乐，"尽美矣，又尽善也"。他要求学生"兴于诗，立于礼，成于乐"。荀子认为，音乐会对人的情感意志和性格产生重大影响，音乐"可以善民心"，可以移风易俗，"入人也深，其化人也速"，能收到神奇的教育效果。康有为认为音乐能"和其血气，动其筋骸，固其肌肤，肃其容节"，使人"动志而有律焉，发音而有谐焉，举足而有节焉。漫之濡之，涵之润之，待其焕然释，怡然顺，体与乐和，志与气平，蔼然而中和"。

（二）维护受教育者心理健康的方法

1. 顺应自然法

如《黄帝内经》中主张人应"提挈天地，把握阴阳"，"四时调神"，顺应自然。这样才能"积精全神"，"益其寿命"。老子也主张，人应"道法自然"，以天地为榜样，保持心理上的和谐与自然。

2. 清心寡欲法

孟子认为，虽然人性本善，但是物欲可以诱人为恶，所以，要养心就要寡欲。寡欲不是无欲，而是不为物欲所驱使。寡欲才能明辨是非。《管子》中认为人的身体是精气存留的场所，称之为"精舍"，要使精气存于心，就要去其嗜欲，不然的话，人的认识就要受主观好恶的影响。

3. 开导劝慰法

《黄帝内经》中主张可以用开导劝慰法使人心理健康，具体要求是"告之以其败，语之以其善，导之以其所便，开之以其所苦"，这与现代心理咨询十分相似。

4. 情志相胜法

利用人的情志的相互影响和相互制约的关系，用一种情志纠正另一种失常的情志，如以悲胜怒，以怒胜思，以思胜恐，以恐胜喜，以喜胜悲。

5. 强化内力法

老子强调人应"自知""自胜"，不断加强自身的内力，维护心理健康。《黄帝内经》中指出"正气存内，邪不可干"，主张通过"呼吸精气，独立守神，肌肉若一"的意念控制，达到"内外调和，邪不能害，耳目聪明，气立如故"的效果。

6. 音乐调节法

《管子》中强调诗歌与音乐在维护人的心理健康中的作用，指出"止怒莫若诗，去忧莫若乐"，重视音乐在维护人的心理健康方面的作用。

与西方文化相比，我国传统文化的特点是向内、向自身的。我国的传统教育是启发人自觉、鼓励人自我超越的。我国的传统教育富有素质教育思想和心理教育的色彩。我国的传统教育不是简单地传授给学生知识，而是教学生做人；不仅教学生如何待物，而且教学生如何待人和如何自待；不仅教学生如何治物，而且教学生如何治心；不仅强调人的他律，而且强调人的自律。因此，我国传统的心理教育思想是民族的重要教育资源，值得我们认真总结和汲取。

〔参考文献〕

[1] 高觉敷. 中国心理学史 [M]. 北京：人民教育出版社，1985.

[2] 潘菽，高觉敷. 中国古代心理学思想研究 [M]. 南昌：江西人民出版社，1983.

[3] 燕国材. 中国心理学史资料选编 [M]. 北京：人民教育出版社，1988.

[4] 冯友兰. 中国哲学史新编 [M]. 北京：人民出版社，1989.

[5] 孔令河，李民. 论语句解 [M]. 济南：山东友谊出版社，1988.

[6] 张清华. 道经精华 [M]. 长春：时代文艺出版社，1995.
[7] 张怀承，岑贤安，徐荪铭，等. 心 [M]. 北京：中国人民大学出版社，1993.
[8] 岑贤安，徐荪铭，蔡方鹿，等. 性 [M]. 北京：中国人民大学出版社，1996.
[9] 陈来. 宋明理学 [M]. 沈阳：辽宁教育出版社，1991.
[10] 姚浚铭，王燕. 王国维文集 [M]. 北京：中国文史出版社，1997.
[11] 蔡元培. 蔡元培美学文选 [M]. 北京：北京大学出版社，1983.
[12] 张积家，王惠萍. 大学心理教育导论 [M]. 北京：高等教育出版社，1999.

比较、鉴别、发展：康有为对孟荀人性论的比较研究

张积家

[摘　要]　孟子的"性善说"与荀子的"性恶说"是中国历史上影响最大的两种人性论学说。在中国近代史上，康有为率先对孟子的"性善说"和荀子的"性恶说"进行了系统的比较研究，并有所发展。他对孟子和荀子两种人性论思想的看法颇有见地，达到了相当高的科学水平，对于我们今天的品德教育也具有重要的启发意义。

[关键词]　康有为；孟子；荀子；人性论思想

[原　载]　《华南师范大学学报》（社会科学版）2001年第1期，第100—104页，第109页。

人性的善恶，是中国思想史上争论不休的问题。孔子对人性问题论述不多，只提出"性相近也，习相远也"的论断，对人性的善恶并未表示明确的意见。孔子以后，在战国时期出现了两种影响很大的人性论思想：一是孟子的"性善说"[1]；二是荀子的"性恶说"[2]。两种学说相互对立，开始了人性善恶的争论。后世学者或主性善，或主性恶，或主性无善无不善，或主性有善有恶，众口异词，莫衷一是。其间虽有告子的"自然人性论"[3]、董仲舒的"性三品说"[4]、李翱的"性善情恶说"[5]等人性论学说出现，但仍以"性善说"与"性恶说"影响最大。宋代以后，理学家抬高孟子，"性善说"占了优势地位，"性恶说"则被视为异端，对人性的看法出现了大一统的局面，就连让童子讽诵的《三字经》，一开始也冠以"人之初，性本善"之语。然而，到了近代，在列强瓜分中国的形势下，人们痛感政府之腐败，国民之愚昧与落后，便重新对人性问题进行反思，以探讨铸造国民新精神、培养国民新个性的途径。一些学者开始接触西方的自然科学与人文科学理论，开始以近代人的眼光重新审视人的本质，对中国传统文化中不同的人性论思想进行客观的比较研究，以吸取其精华、剔除其糟粕，力求全面而准确地理解人性。康有为是中国近代的国学大师，又是较早接受西方思想的人，是中国近代史上著名的资产阶级启蒙思想家。他率先对孟荀人性论思想进行了系统的比较研究，他对孟荀人性论思想的看法颇有见地，达到了相当高的科学水平，在此基础上又提出了自己对人性的看法。康有为对孟荀人性论的比较和他对人性的看法对于我们今天的品德教育具有重要的启发意义。

一、孟子"性善说"与荀子"性恶说"对人性的理解不同,首先是因为它们的出发点不同

康有为认为,孟子与荀子对人性的理解不同,首先是因为它们的出发点不同。他说:"荀子言性以魄言之,孟子言性以魂言之,皆不能备。"[6] 这里,"魄"是指人的形体,"人生始化曰魄"[7],而"魂"则是指人的精神。意思是说,荀子的"性恶说"主要是立足于人的自然本性和生理机能,立足于人的"目好色""耳好声""口好味""心好利""骨体肤理好愉佚""饥而欲食""寒而欲暖""劳而欲息""好利而恶害"的感官生理欲求,这些感官生理欲求是"生而有"和"无待而言"的。荀子说:"凡性者,天之就也,不可学,不可事;……不可学、不可事而在人者谓之性。"[8] 因此,荀子所讲的人性不是别的,正是人与生俱有、天然形成的生物本能,这些生物本能是人不学而能的。人的这些不学而能的生物本能就是康有为所说的"魄"。康有为认为,与荀子不同,孟子的"性善说"所讲的人性则主要是强调人的道德属性和精神追求的作用,认为人性主要是"人之所以异于禽兽者",强调人的先天禀赋中道德素质与社会性的胚芽(即仁、义、礼、智的"善端")的作用。孟子认为,吃喝性色等生物本能固然为人所具有也为人所必需,但它们不是"人之所以异于禽兽者",而是人同于禽兽的方面,因此不是人的本质,不能谓之为"性"[9]。孟子认为,如果将人的吃喝性色等生物本能视为人性,那么岂不是"犬之性犹牛之性,牛之性犹人之性"?孟子说:"无恻隐之心,非人也;无羞恶之心,非人也;无辞让之心,非人也;无是非之心,非人也。"[10] 又说:"心之官则思,思则得之,不思则不得也。此天之所与我者。"[11] 孟子认为,人与禽兽的区别在于是否有"恻隐""羞恶""辞让""是非"之心,即是否具有道德意识,是否有意志、会思维,而这些都属于人的精神活动,康有为认为可以概括为"魂"。这样,将荀子的人性论的出发点归结为"魄",将孟子的人性论的出发点归结为"魂",康有为就抓住了孟荀人性论的根本差异,即出发点不同和对人性的规定不同:荀子主要从人的自然本能和感官生理欲求出发并将它们定义为"性",而孟子则是从人的道德属性和精神追求出发并将它们定义为"性"。出发点和对人性的规定不同,所得出的结论当然也不会一样。在对孟荀人性论比较的基础上,康有为提出了自己的人性理论。他认为,人性是复杂的。人不仅有自然属性,他称之为"气质之性",而且有社会属性,他称之为"德性"。德性与气质之性都是天之所与,都是人性的必要的组成部分。他认为,人性是德性与气质之性的统一,是社会属性与自然属性的统一,德性与气质之性"合之双美离之两伤"[12]。从这一立场出发,他认为孟子的"性善说"与荀子的"性恶说"都是不全面的,"皆不能备"。他说:"从荀子说,则天下无善人;从孟子说,则天下无恶人"[13];"孟子但见人有恻隐辞让之心,不知人亦有残暴争夺之心";"荀子言性恶,义理未尽,总之,天下人有善有恶,然性恶多而善少,则荀子之言长而孟短,然皆有为而言也"[14]。就人的先天禀赋而言,康有为主张"自然人性论"。他认为"天生人为性"[15],人初生时只是一个中性的个体,其性是无所谓善恶的。他说:"性只有质,无善恶","善恶圣人所主也"[16]。即善与恶不是人的先天禀性,而是圣人所制定的社会生活的道德标准。现代心理学的研究表明,不仅人的吃喝

性色等生物本能是遗传而来的，人的社会性也具有遗传的因素。如新生儿的大脑具有某种语言获得装置，使他们一生下来对语言信号就特别敏感；新生儿出生不久就会出现"人面偏爱"，十几天后就出现"社会性微笑"，作为对照顾他的成人的积极反应。心理学家认为这种"社会性微笑"是儿童社会性发展的最早的内因[17]。但是，犯罪心理学的研究也表明，犯罪行为具有某些生物和遗传的因素。例如，犯罪的性染色体说认为，有些人之所以犯罪，是因为性染色体数量异常。正常人有两个性染色体，男性的性染色体为XY，女性的性染色体为XX，但有些男性性染色体不正常，出现XYY和XXY的情况。研究表明，性染色体异常的人容易出现自我抑制能力差、易激怒等心理特征，从而容易实施暴力犯罪和性犯罪行为[18]。从这些意义上讲，孟子与荀子的人性论都有某种合理性。但是，人的遗传特性只是为人的能力和品德发展提供了物质前提和自然条件，只为人能够发展为人提供了可能性，这种可能性不等于人的心理品质的现实性，也不具有善恶等社会评价的意义。不仅如此，康有为还对荀子从自然本能和生理欲求的角度出发来阐明性恶以及宋儒的"性善情恶"说进行了批判，提出了"情欲合理论"的思想。他说："人生而有欲，天之性哉！"[19]"人有天生之情，人有天定之义，……就一人言之，喜怒哀乐爱恶欲之，七情受天而生，感物而发"[20]；"夫人生而有耳目口鼻之体，即有视听言动之用，即有声色臭味，男女之欲，必不能免"[21]；"盖天地既生一男一女，则人道便当有男女之事"[22]。情欲不但不是恶的，而且还具有重要的功能。他说"凡人作事，皆由情出。"[23]这就是情欲的动力功能。情欲还具有教育功能（如教育中的准备与感染的功能）、评价功能、进化功能、创造功能[24]。在情欲的评价功能方面，他认为人的本性就是"求乐免苦"，因此，"求乐免苦"就是判断是否"人道"和一切政教的好坏、一切公理的是非的标准。他认为人道与不人道的标准不在于是否符合天理，而在于是否符合人情。圣人所制定的礼乐政教，不过是"求乐免苦"的工具。如能"令民乐利"，其政教则文明进化；如"令民苦怨"，则其政教就野蛮退化[25]。他说，"引天性之所好，而压其情之所憎"，这样的政教才能"唱而民和，动而民随"，才能收到良好的社会效果[26]。

（二）孟子的"性善说"与荀子的"性恶说"侧重点不同，塑造人性的方法也不一样

康有为说："孟子重于心，荀子重于学"[27]；"孟言扩充，是直出，荀言变化，是曲出"[28]；"孟子讲养气，荀子讲治气"[29]；"孟子独得功夫，在知言养气"；"孟子直指本心，即心即佛也"[30]。孟子重视发挥人心的作用，重视自我修养、自我反省的功能。孟子认为，人的仁义礼智四种善端存于人心之中，只要反求诸己，尽心知性，将四端扩充之，就能体现人性。孟子说：仁义礼智四端"非由外铄我也，我固有之也"[31]；"人之有是四端也，犹其有四体也"；"凡有四端于我者，知皆扩而充之矣，若火之始然，泉之始达。苟能充之，足以保四海；苟不充之，不足以事父母"[32]。而荀子由于对人的自然生理欲望持否定态度，所以重视学习的作用，主张通过教育培养、社会约束、师长示范和

个人的主观努力化性起伪，使人限制自己的自然欲望，服从社会的共同需要。荀子说："人之性恶，其善者伪也"；"今之人，化师法，积文学，道礼义者为君子；纵性情，安恣睢，而违礼义者为小人"。何以矫性？曰礼。礼者不出于天性而全出于人为，故曰："积伪而化谓之圣。"[33] 人要知礼必须重于学，所以荀子十分重视学习的作用，主张"学不可以已"，"不可须臾舍"，"舍之，禽兽也"[34]。孟子重视人的主观精神状态的培养，提倡养"浩然之气"[35]；而荀子主张以师法之化、礼义之道对人性加以治理。因此，孟子是在动机论的意义上论证人性本善的，而荀子是在结果论的意义上论证人性本恶的；孟子认为道德是先验的、绝对的，道德是人的义务而不是为了服从外界的压力；荀子则认为道德是社会需要的产物，一切道德都是人制定的，其目的都是为了抑制人性的"恶"。康有为在一百多年前就认识到孟子的人性论和荀子的人性论的这种差异，分别用"重于心"对"重于学"、"直出"对"曲出"、"养气"对"治气"来描述孟荀两种人性论的特点和差异，概括、形象、准确、中肯，是十分难能可贵的。

三、孟子的"性善说"与荀子的"性恶说"虽然对人性的看法不同，但殊途同归，目的都是教人从善，使人达到理想的道德境界

康有为说："孟子性善之说，有为而言；荀子性恶之说，有激而发"[36]；"孟子言性善，是天下有生知安行而无困勉也；荀子言性恶，是天下有困勉无生知安行也"[37]。即孟子性善之说，鼓吹人具有良知良能，只要充分发挥之，"人皆可以为尧、舜"[38]，因此它是从正面激励人奋发向上的。他说"孟子所谓'性也，有命，命也，有性'，深知之矣！其云性善，不过引人进过之词。孟子尝曰：'乃若其情，则可以为善也。'岂谓性之本然为善哉？"又说："孟子言忍性，则性不尽善可知"[39]。即孟子的"性善说"只是揭示了在人的先天禀性中就有道德等社会属性的胚芽和种子，就有极大的从善的可能性，只要人将这些胚芽和种子发扬光大，平民百姓也可以成为圣人。因此，孟子言性善的本意并非指善即性的本质，而是鼓励人们一心向善，努力提高自己的道德修养。而荀子的"性恶说"，认为只有矫正其自然倾向，才能形成社会生活所必需的道德品质，在此基础上，"涂之人，可以为禹"[40]，因此，它是从反面激励人进取的。康有为说："是以荀子与孟子辩者，盖深恐人之任性而废学，而所谓性恶者，以质朴之粗恶而言之，非善恶之恶也。"[41] 即荀子所说的性恶，不是社会伦理道德意义上的恶，而是指人的先天素质的质朴与粗糙，其中含有许多低级的动物性的东西，如果缺乏后天的学习与教育，人就不可能形成完美的人性。人只有通过教育、训练与学习，通过道德的训导、礼法的约束，才能对质朴、粗糙的先天素质加以改造，才能成为合格的社会生活的成员。因此，康有为认为，荀子的本意并非认为人性本恶，而是提醒人们认识到自己先天素质中的粗劣之处，经常给自己敲警钟，莫放松自身的修养与改造，通过教育与学习形成良好的个性。康有为的这一观点与清代学者钱大昕有类似之处。钱大昕说："孟子言性善，欲使人尽性而乐于善；荀子言性恶，欲使人化性而勉于善。立言虽殊，其教人以善则一也。"[42] 康有为也认为，无论孟子的主性善、重尽性还是荀子的主性恶、重化性，其目的都是教人

自觉地遵从社会的道德规范，自觉为善。应当承认，康有为的上述观点深得孟荀人性论学说的真谛。

（四）虽然孟子"性善说"与荀子"性恶说"各有优点，又各有其不足，但从理论的深刻性、丰富性和系统性上看，荀子的"性恶说"优于孟子的"性善说"

康有为认为，虽然孟子的"性善说"与荀子的"性恶说"各有优点，又各有其不足，但从总体上看，荀子的"性恶说"要优于孟子的"性善说"。理由如下。第一，荀子的学说比孟子的学说深刻。他说："荀理较精于孟"；"荀言穷理，多奥析；孟言养气，故学问少"；"孟子之道近于'广大'而不精微"；《荀子》文佳于《孟子》，《孟子》天分高；《荀子》功夫深"[43]。与孟子相比，荀子重学，而康有为本人也十分重视学习在人性发展中的作用。他说："良材美质，遍地都有，成就与否，则视学与不学。"[44] 学习是造成人与动物、人与人差别的根本原因。他说："故有性无学，人人相等，同是食味、别声、被色，无所谓小人，无所谓大人也。有性无学，则人与禽兽相等，同是视听运动，无人禽之别也。"[45] 学习是掌握知识的途径。他说："学、问、思、辨是究理"，"穷理自然魂强"[46]。学习也是人的品德和态度形成的途径，是造成人有善有恶的原因。他说"善者，非天理也，人事之宜也，故以仁义为善，而别于爱恶之有恶者，非性也，习也"[47]；"'性是天生，善是人为'，二句最的。其善伪也，非诈伪之伪，谓善是人为也。"[48] 第二，荀子的学说比孟子的学说具有更强的应用价值，具有更强的实践性。他说："荀子言治心养气之术，言变化气质，古今论变化最精，孟子言养气，无治气功夫"；"孟子言性善，扩充不需学问，荀子言性恶，专教人变化气质，……天下惟中人多，故知荀学可重"[49]；"孟子不甚讲礼，专讲扩充，细针密缕，功夫尚少"，而荀子的学说，"内之于己，变化气质，外之于人，广开智识，故二千年学者皆荀子之学也"[50]。康有为的这些论述，一反宋代以来崇孟抑荀的传统观念，重新确立了荀子学说在中国思想史上的重要地位，在当时具有极大的思想解放意义。康有为自己就是在荀子学说基础上，吸取宋代哲学家张载"为学大益，在自永变化气质"的思想，进而提出了自己的"变化气质论"。他认为，人的气质就是人与生俱有的生理需要和与生俱来的心理活动特点。气质虽无善恶之分，但有粗精之别；虽无社会评价的意义，但其粗处必须加以改造，方能符合社会生活的需要。他说"人欲之蔽，亦由气质所拘"[51]；"凡人发于气质，必有偏处"[52]；"凡人气质，各有所偏，毗柔毗刚，鲜能中和"，"人性各有长短，各有能不能"[53]；"以气质言之，太过，不及，不中者也"[54]。人必须变化自己的气质，才能产生高尚的情操和完美的个性。他认为，变化气质、达到人性的自我完善是治学与修身的最高境界。他说："无私之上，更有变化气质在"，"学既成矣，及其发用，犹有气质之偏，极当磨礲浸润，底于纯和"[56]，主张将变化气质作为教育与学习的重要目标。他说："其爱恶均而魂魄强者，中和之美质也"，"隐括之，揉化之，以变于中和，此则学之事也，是故圣人贵学。"[57]

五、孟荀人性论学说并非完全独立，而是相互补充

康有为认为，孟子与荀子的人性论学说并非完全对立，而是相互补充的。他说："孔门后学有两大支：其一孟子也，其一荀子也，太史公以孟子、荀子同传，又称'孟子、荀卿之徒以学显于当世。'自唐以前，无不二子并称，至昌黎少抑之。宋人以为荀子言性恶，乃始抑荀而独尊孟。然宋儒言变化气质之性，即荀子之说，何得暗用之而显辟之？……圣学原有此二派，不可偏废。"[58] 他认为，宋儒崇孟而抑荀，主要是由于佛教的影响。他说："宋儒之学，全本于禅学"；"孟子性善之说，所以大行于宋儒者，皆由佛氏之故。盖宋儒佛学大兴，专言即心即佛，与孟子暗合，乃反求于儒学，得性善之说乃极力发明之。……然既以性善立说，则性恶在必所攻，此孟子所以得运两千年，荀子所以失运两千年也"[59]。因此，要准确地理解人性，必须将孟子的观点与荀子的观点结合起来考察，取其合理的因素，而不可全面地否定或全面地肯定。对人性的理解要做到先天与后天的统一，自然属性与社会属性的统一，个人的自我修养与社会教化法制约束的统一，在此基础上，建立新的人性论理论。康有为本人也正是这样做的。

毛泽东曾经说过：有比较才有鉴别。比较研究是现代科学研究经常采用的方法。这种方法只是在近代才被引入哲学和社会科学领域。然而，正如冯友兰先生所指出的，互相比附是中国近代维新时期的时代特点，他称之为"格义"。即在两种文化接触的初期，接受外国文化的人们总是喜欢把所接受的外国文化比附于中国文化。虽然有时显得肤浅，但其中已包含了重要的比较的方法。所不同的是，康有为将这种方法又应用到传统思想的研究方面。康有为能在一百多年前就对孟荀两种人性论思想进行比较研究，并有重要的发展与创造，实属难能可贵。笔者认为，康有为对孟荀两种人性论思想的评价是准确的，他的比较研究达到了很高的水平，是孟荀人性论比较研究的重要的先驱者。他的这些研究成果对于我们当代的心理学研究和品德教育也有重要启发。品德教育必须将道德知识的教育、道德动机的启迪、道德行为的引导与训练、纪律与法制建设诸方面有机地结合起来，将社会教化和法制约束与个人的自我修养有机地结合起来，方能收到良好的效果。

〔参考文献〕

[1][3][9][11][31] 杨伯峻. 孟子译注 [M]. 北京：中华书局，1960.

[2][8][33][40] 梁启雄. 荀子简释 [M]. 北京：中华书局，1983.

[4] 燕国材. 中国心理学史资料选编：第 2 卷 [M]. 北京：人民教育出版社，1990.

[5] 燕国材. 中国心理学史资料选编：第 2 卷 [M]. 北京：人民教育出版社，1990.

[6][13][15][16][29][50] 康有为. 万木草堂口说 [M] // 康有为全集（1）. 上海：上海古籍出版社，1987.

[7] 左丘明．左传［M］．郑州：中州古籍出版社，2009．

[10]［32］［35］杨伯峻．孟子译注［M］．北京：中华书局，1960．

[12] 康有为．中庸注［M］．北京：中华书局，1987．

[14]［23］［28］［30］［37］［43］［46］［48］［49］［54］［59］康有为．万木草堂口说［M］．北京：中华书局，1988．

[17] 张春兴．现代心理学［M］．上海：上海人民出版社，1994．

[18] 罗大华．犯罪心理学［M］．北京：中国政法大学出版社，1997．

[19] 康有为．大同书［M］．上海：上海古籍出版社，1956．

[20] 康有为．礼运注［M］．北京：中华书局，1987．

[21] 康有为．康有为政论集：下册［M］．北京：中华书局，1981．

[22] 康有为．实理公法全书［M］//康有为全集（1）．上海：上海古籍出版社，1987．

[24] 张积家．康有为情育心理学思想研究［J］．四川心理科学，1997（4）：25-30．

[25]［26］康有为．春秋董氏学［M］．北京：中华书局，1984．

[27]［28］康有为．桂学答问［M］．北京：中华书局，1981．

[34] 梁启雄．荀子简释［M］．北京：中华书局，1983．

[36]［45］［52］［56］康有为．长兴学记［M］．北京：中华书局，1988．

[38] 杨伯峻．孟子译注［M］．北京：中华书局，1960．

[39] 康有为．南海师承记［M］//康有为全集（2）．上海：上海古籍出版社，1990．

[41] 康有为．与朱一新论学书版［M］//康有为全集（1）．上海：上海古籍出版社，1987．

[42] 钱大昕．潜言堂集［M］．上海：上海古籍出版社，2009．

[44]［53］［55］康有为．论语注［M］．北京：中华书局，1984．

[47]［57］康有为．康子内外篇［M］//康有为全集（1）．上海：上海古籍出版社，1987．

[51] 康有为．万木草堂讲义［M］//康有为全集（2）．上海：上海古籍出版社，1990．

论孟子的品德心理学思想

张积家

[摘　要] 孟子的品德心理学思想主要包括：① 内外因统一的品德形成论，认为人有形成良好品德的内因，有为善的可能性，但要使可能性转化为现实性则取决于环境和教育；② 充满主动和自觉精神的品德结构论，重视道德动机，认为它是道德行为的最重要的内因，在道德知识转化为道德行为中起中介作用；③ 注重观察的品德鉴定论，主张从人的外貌、言论和在各种场合下的行为去观察，以了解人的品德；④ 因性育德、全方位切入的品德培养论，主张德育应顺应人的本性，应从品德的诸要素入手，全方位地培养人的品德。

[关键词]　孟子；品德；心理学思想

[原　载]　华南师范大学学报（社会科学版）2002年第2期，第103—110页。

　　孟子名轲，是战国时期著名的思想家和教育家。他的德育思想对后世影响极大。孟子继承了《大学》的"大学之道，在明明德，在亲民，在止于至善"的思想，认为德育是教育最重要的组成部分。他说："学则三代共之，皆所以明人伦也。""明人伦"是教育的目的，古代的"明人伦"教育相当于今天的德育。孟子看到良好品德对个人和社会的重要性。具有良好品德是个人修养的目的，也是社会文明发展与进步的根本。只有大部分人都具有良好品德，才能做到个性完美、家庭稳定、国家发达、社会进步。良好品德对领导者就更重要。他认为，夏、商、周三代之所以得天下是因为它们的开国君主有美德、施仁政，之所以失天下是因为其后代君主有恶德、施暴政。道德是人类社会生活必须遵循的准则。正如不以规矩无以成方圆一样，人不遵循道德准则，社会生活就会失序。他认为，一个社会只有物质文明是不够的，还需要有精神文明。他说："君不行仁政而富之，皆弃于孔子者也。"不仅如此，孟子还对品德的形成、品德的心理结构、如何鉴定和培养品德等一系列问题作了详尽探讨，这些探讨对今天的德育亦有重要的启发意义。

一、内外因统一的品德形成论

人的品德是从哪里来的？在中国思想史上，一直有"生知"与"学知"、"内求"与"外铄"之争。孔子既主张"生知"，又主张"学知"[1]。孟子将孔子的"生知说"扩展成"良知说"。孟子认为，人的社会性是品德形成与发展的内因。天地之性至真至善至美，而体现天地之性的人性也是善良的。他认为，人性不是人的饮食男女之类的生理本能，人之所以为人，在于人有先天的道德观念。如果将人性理解为人的生理本能，那岂不是"犬之性犹牛之性，牛之性犹人之性"？他说："君子所性，虽大行不加焉，虽穷居不损焉。分定故也。君子所性，仁、义、礼、智根于心。"即人性本善，善的内涵是仁、义、礼、智，它们是先验的、分定的，为人所固有，不因穷达而改变。每个人都可能为善，这种为善的可能性就是人的"良知良能"。他说："乃若其情，则可以为善矣，乃所谓善也。若夫为不善，非才之罪也。"即按照人的本来性情都可以为善。如为不善，那也不是本性不好的缘故。人生来就有恻隐、羞恶、辞让、恭敬之心，所以可以推测人生来就有仁、义、礼、智的善性。人的仁、义、礼、智的品质就其起源而言非受外界影响而获得，而是人生来固有的。人的恻隐、羞恶、辞让、恭敬之心是人的"善端"，有无"善端"是人和动物的根本区别，是否将"善端"加以扩充是圣人与小人的根本区别。他说："凡有四端于我者，知皆扩而充之矣，若火之始然，泉之始达。苟能充之，足以保四海；苟不充之，不足以事父母。"而扩充人的"善端"、发扬光大人的善性，则是德育的重要任务。

孟子认为，虽然人都有形成良好品德的内因，都有为善的可能性，但是，要使这种可能性转化成现实性，则取决于环境和教育。他认为，环境是品德形成的外部条件，对品德形成有重要影响。环境可以分为自然环境和社会环境。自然环境对品德有一定影响。他说，同是子弟，丰年和灾年表现就不同，不是他们的天性有异，而是环境影响不同所致。水的本性是就下，但"搏而跃之，可使过颡；激而行之，可使在山"。此非水的本性所致，而是情势逼它如此。人所以为不善，也是这个道理。社会环境对品德形成有更重要的影响。他举例说，一个楚国人学齐语，在楚地学就难，在齐地学就易。国王身边的人的品行对国君有重要影响。如身边人皆善，"王谁与为不善？"如身边人皆恶，则"王谁与为善？"

孟子认为，生理需要的满足是品德形成与发展的基础。要使人民形成良好品德，必先满足人民的基本生理欲求。他说："民之为道也，有恒产者有恒心，无恒产者无恒心。苟无恒心，放辟邪侈，无不为已。""今也制民之产，仰不足以事父母，俯不足以畜妻子，乐岁终身苦，凶年不免于死亡，此惟救死而恐不赡，奚暇治礼义哉？"（《梁惠王上》）所以，他告诫统治者"民事不可缓"；要"恭俭礼下，取于民有制"；要"不违农时"，使谷和鱼不可胜食，材木不可胜用；要使"黎民不饥不寒"，"养生丧死无憾"。人的生理需要满足后，就会追求高层次需要。他说："易其田畴，薄其税敛，民可使富也。……圣人治天下，使有菽粟如水火。菽粟如水火，而民焉有不仁者乎？"孟子这一思想与当代人本主义心理学家马斯洛的需要层次论有相通之处，马斯洛认为人有高层次的认知、审美和自我实现的需要,也有低层次的生理、安全的需要,他主张要使人产生高层次追求先要满足人的生理需要[2]。

孟子认为,在影响品德形成的外部因素中,教育最为重要。他认为,道德教化乃人性发展之必需。在这方面,他继承了《中庸》"天命之谓性,率性之谓道,脩道之谓教"的思想[3]。他说:"仁言不如仁声之入人深也,善政不如善教之得民也。善政民畏之,善教民爱之。善政得民财,善教得民心。"他以牛山上的树木为喻:牛山上也曾长有茂盛的树木,但因地处城郊,常被砍伐,又有牛羊糟蹋,所以就变得光秃了。人们只见它光秃,便误认为它不曾长过树木,这难道是山的本来面目吗?人之所以失去善心,也是由于环境使然。他得出结论说:"故苟得其养,无物不长;苟失其养,无物不消。"这里的"得其养"与"失其养",对人而言,就是能否受到良好教育。孟子的主张虽以林木为喻,但真理性不容置疑。

过去一般认为,孟子关于品德形成的"良知说"是唯心主义的先验论。因为人的道德观念不是天生的,而是后天形成的。道德是社会的产物,道德的社会性必然会在品德上有所反映。但我以为,孟子的品德形成论有其"合理的内核"。如孟子的"性善论"和"良知说",着眼于人的社会本性,认为人性就是人的社会性,就有其合理之处,比告子和荀子将人的生理本能和感官欲求视为人性要高明。马克思指出:自由自觉的活动恰恰是人类的特性[4];人的本质并不是单个人所固有的抽象性。在其现实性上,它是一切社会关系的总和[5]。这些论述都强调社会性是人的本质。人的品德形成也有先天基础。不然,就很难说明为什么所有物种中只有人才能形成品德。当代心理学的研究表明,人的社会性发展(包括品德形成)有内在原因。出生一天的新生儿就对有意义的语言信号特别敏感,这表明人一生下来就有准备成为语言社会的一员;出生几天的婴儿即对人的面孔表现出明显偏爱,这表明人对出生后的社会生活有一定的遗传上的准备;出生后3周的婴儿则会对人的声音和人的面孔发出微笑;儿童在1周岁前就出现了明显的亲社会倾向[6]。这些新的发现表明,"良知说"有一定的科学依据。另外,对"性善论"和"良知说"也应作具体分析。孟子虽然从绝对意义上认为人性本善,但其本意并非认为善就是人的现实性。人的"良知良能"只是人为善的可能性,并未包含必然性,更谈不上现实性,并非说人生下来不经学习就可以形成良好品德。燕国材指出,孟子的性善论实质上是潜能论。现代人本主义心理学认为人有优秀的潜能,孟子的"性善论"与之类似[7]。后世有不少人指出,孟子言性善,是"有为而言",即鼓励人奋发向上。由于孟子主张性善和良知良能,所以重教化,重启发人的道德自觉。可见,将孟子的品德形成论说成是彻头彻尾的唯心主义并不符合事实。实际上,孟子主张内外因统一论,其中有唯物主义和辩证法的因素。

(二) 充满主动和自觉精神的品德结构论

人的品德由哪些心理因素构成,在心理学中一直有争议。"二要素说"认为人的品德由道德认识和道德意向构成,"三要素说"认为人的品德由道德认识、道德情感和道德行为构成,"四要素说"在"三要素"说的基础上增加了道德意志,"五要素说"又增加了道德信念。上述观点是普通心理学"二分法"或"三分法"的延伸,是品德心理结构的静态描写。有人认为,把普通心理学中的心理过程直接用于品德心理研究,难以揭示品德的本质。品德是稳定的需要、动机和相应的行为方式的统一体,其主导方面是动机。因此,近年来我国有更多的心理学家对品德的心理结构持"多要素说",主张在知、情、意、行的基础上还应考虑动机、信念、智慧、才能和自我评价[8]。孟子关于品德心理结构的理论本质上是一种多要素说。孟子除论述过知、情、意、行、信在品德中的作用外,还增加了"道德智慧"、"道德能力"和"道德动机"等心理成分。如孟子主张"心之官则思",这里的"思"即人的道德思考能力,即道德智慧。孟子主张"反求诸己",强调自我评价在品德形成中的作用。更为重要的是,孟子十分重视道德动机。他认为,道德动机是品德形成与发展的动力。人能否形成良好品德,关键在于有无道德的需要和动机,有无向善的愿望,是否愿意去发现和扩充他的善性。他说:"仁、义、礼、智,非由外铄我也,我固有之也。"人后天的品德发展,取决于人是否内求。因此,孟子的品德结构理论充满了主动和自觉精神。

孟子重视道德动机,与他对道德原则的理解有关。孟子继承了《中庸》的"道不远人"[3]的思想,认为道德不是抽象的信条,更不是虚无缥缈的理念,而是和社会生活息息相关的践行。他认为,仁的实质是侍奉父母,义的实质是顺从兄长,智的实质是明仁义之礼而信守不离,礼的实质是调节修饰仁义。因此,仁、义、礼、智非"远人之道",行仁、义、礼、智也非苛求于人。他说:"仁,人心也;义,人路也。舍其路而弗由,放其心而不知求,哀哉!"因此,形成良好品德,贵在有求,即有道德动机。他说:"求则得之,舍则失之,是求有益于得也,求在我者也。"孟子"求在我者"的思想是孔子"为仁由己,而由人乎哉"思想的继承和发展。他认为,一个人放着良好的本性而不知求,是不智的表现。他说:"苟为不畜,终身不得。苟不志于仁,终身忧辱,以陷于死亡。""仁则荣,不仁则辱。今恶辱而居不仁,是犹恶湿而居下也。"所以,人应该加强自己的品德修养,一心向仁。

人的道德动机有许多表现形式,从浅层次的做好事的愿望、效法榜样到深层次的道德理想、道德信念,其实质是社会责任、人生价值和意义在人头脑中的反映。孟子十分重视道德理想、道德信念和人生价值对人的激励作用,他对人的道德完善充满信心。他认为,只要努力去做,从理论上说,"人皆可以为尧、舜"。他说:"万物皆备于我矣。反身而诚,乐莫大焉。强恕而行,求仁莫近焉。"不仅如此,孟子还区分了"不为"与"不能"。他认为,对多数人而言,不能行于仁,不是道德认识不足,也不是缺乏道德才能,而是没有道德动机,缺乏道德理想。因为道德并非高不可攀,道德符合人的本性,只要努力就可以做到。因此,对多数人而言,能否形成良好品德不是"能不能"的问题,而是"为不为"的问题。他说:"奚有于是?亦为之而已矣。……夫人岂以不胜为患哉?弗为耳。……尧、舜之道,孝弟而已矣。……夫道,若大路然,岂难知哉?人病不求耳。"他认为梁惠王对动物尚能有恻隐之心,却不能对百姓行仁政,是"不为也,非不能也"。因为仁义不是别的,只是将爱亲敬长的行为加以扩大而已。他说:"老吾老,以及人之老;幼吾幼,以及人之幼,天下可运于掌。……言举斯心加诸彼而已。故推恩足以保四海,不推恩无以保妻子。古之人所以大过人者无他焉,善推其所为而已矣。"也就是说,这种将心比心的移情,这种"己所不欲,勿施于人"的类推,是每个有理性的人不难做到的,做不到非"不能"的缘故,而是"不为"的缘故。孟子认为,许多人以"不能"为理由原谅自己的不道德行为属自暴自弃,而这是最可悲的。他说:"有是四端而自谓不能者,自贼者也。"又说:"言非礼义,谓之自暴也;吾身不能居仁由义,谓之自弃也。"他认为,人亦不可以世风不好为理由而原谅自己的不道德行为。他说:"待文王而后兴者,凡民也。若夫豪杰之士,虽无文王犹兴。"

在心理学史上,唯智派强调道德认识,认为品德取决于道德知识的掌握;行为派则认为品格是人习惯系统的产物,因而强调道德行为习惯的培养[9],二者都没看到道德动机在认识转化为行为中的中介作用。孟子看到了这一点,十分难能可贵。孟子重视道德动机的思想对于我们今天的德育和反腐败斗争也有重要启发。党的一些干部之所以走上了违法犯罪道路,不是因为他们不懂得什么是道德的、合法的,什么是不道德的和不合法的,而是缺乏道德和守法的动机,觉得做好人和当好干部吃亏,放松对自己的要求,从而走上违法犯罪的道路。许多缺乏公德的人,其原因也不是由于他们不知道什么是公德,而在于缺乏按公德行事的愿望。因此,德育必须启发受教育者的道德需要和道德动机,方能收到事半功倍的效果。不重视道德动机的启迪,只重视道德知识的教育,人的品德发展就会失去动力,就会缺乏主动性和自觉精神,道德知识就不能转化为实际的道德行为。这样,理论学习再多,对学习者而言也是外在的东西,是空洞的说教,由于流于空谈而收不到实际效果。

三、注重观察的品德鉴定论

孟子认为,为了使品德教育有的放矢,应鉴定人的品德。他认为,鉴定人的品德,主要应通过观察。应从如下几个方面去观察。

(一)观察人的外貌表现

孟子认为,品德是内在的心理品质,一旦形成,在外貌上就会有所表现。他说:"君子所性,仁、义、礼、智根于心。其生色也睟然,见于面,盎于背,施于四体,四体不言而喻。"意思是说,君子的本性是仁、义、礼、智深植心中,表现于外则神色润泽和顺,流露于面,充溢于背,遍及人的四肢,四肢动作不必言说就能使人了解。他认为,观察人没有比观察眼睛更好的地方了。他说,眼睛不能掩盖人内心的丑恶。人心胸正直,眼睛就明亮;心胸不正,眼睛就昏花。听其谈吐,观其眼神,人的内心又怎么隐藏得了呢?

(二)观察人的言论

他说:"人之易其言也,无责耳矣。"即如果一个人轻易地发表言论,那就是没有责任感的缘故。

（三）观察人在各种场合下的行为表现

他说："故士穷不失义，达不离道。……古之人，得志，泽加于民；不得志，修身见于世。穷则独善其身，达则兼善天下。"因此，观察人在得志与不得志时的表现就可以鉴定人的品德。他又说："富贵不能淫，贫贱不能移，威武不能屈，此之谓大丈夫。"

在当代，随着品德心理研究的深入，问卷法和测验法在品德鉴定中有了广泛应用。但是，观察法仍然不失为品德鉴定中最常用又最切实际的方法。

四、因性育德、全方位切入的品德培养论

研究品德是为了培养品德。如何培养人的良好品德？孟子有十分珍贵的思想。

（一）因性育德，按德育规律办事

孟子认为，品德发展是不断扩充人的善性的过程。因此，德育欲收到良好的效果，必须因性育德，顺应人的本性，使"道不远人"。他认为，天下万物的情性，当顺其故，这样才有利；改变其性，则不利。他说："如智者若禹之行水也，则无恶于智矣。禹之行水，行其所无事也。如智者亦行其所无事，则智亦大矣。"即如作事循理，不妄改作，像大禹治水那样顺水性之自然，就是大智了。那么，什么是人性之自然呢？他说："口之于味也，目之于色也，耳之于声也，鼻之于臭也，四肢之于安佚也，性也。"这些都是人的生理需要和感官欲求。要使人形成良好品德，就应设法满足人的这些需要。但人毕竟不同于动物。人性中还有更高层次的需求，如仁、义、礼、智的善端。他认为，人皆有所爱，不忍加恶，如能将此爱心推广到自己不爱的人，就是仁的表现；人都有不喜为的事情，如能抑情止欲，推广到所喜为的事情上，就是义的表现。人皆有不害人、无奸利之心，如能充而大之，则仁义不可胜用。人都不愿为人轻贱，如能充而大之，就可以自强不息。相反，如果道德要求不从人的本性出发，"远人"，既缺乏心理基础，又是人所做不到的，这种德育就收不到好的效果。

孟子认为，因性育德，德育就应循序渐进。应由亲及疏，由近及远，由易到难。他以流水作比喻："流水之为物也，不盈科不行；君子之志于道也，不成章不达。"即流水满坎乃行，君子学必成才仕进。他说："事，孰为大？事亲为大。守，孰为大，守身为大。不失其身而能事其亲者，吾闻之矣；失其身而能事其亲者，吾未之闻也。""道在迩而求诸远，事在易而求诸难。人人亲其亲、长其长，而天下平。"他认为，人的品德修养应按明善、诚身、悦亲、信于友、获于上、治民的顺序前进。孟子的这一思想与《大学》的思想一致。

孟子认为，因性育德，还应及时而教。他说："饥者易为食，渴者易为饮。……当今之时，万乘之国行仁政，民之悦之，犹解倒悬也。此事半古之人，功必倍之，惟此时为然。"一国之教化如此，对个人的品德教育也应如此。因性育德，还应平等待人。他说："人之患在好为人师。"这种态度容易引起受教育者的反感。应以德服人。他说："以德服人者，中心悦而诚服也，如七十子之服孔子也。"应重视宣传和舆论的作用，创建良好的

德育氛围。孟子说，孔子作《春秋》，他自己宣传孔子之道，目的都是纠正邪说。因为"邪说诬民，充塞仁义"。他说："仁义充塞则率兽食人，人将相食。吾为此惧，闲先圣之道，距杨墨，放淫辞，邪说者不得作。"

（二）从品德心理结构诸要素入手，全方位地培养人的品德

由于人的品德结构具有多维性，所以孟子主张从诸多品德因素入手进行培养。

1. 启发道德动机，使人有志于德

孟子说："羿之教人射，必志于彀；学者亦必志于彀。"他认为，人性皆善，圣人与凡人同类，形成品德的心理条件也类似，区别只是先得与后得之分。因此只要善教，人都可以达到很高的道德水平。他说："故凡同类者，举相似也，……口之于味也，有同耆焉；耳之于声也，有同听焉；目之于色也，有同美焉。至于心，独无所同然乎？心之所同然者何也？谓理也，义也。圣人先得我心之所同然耳。"他又说，人对义的向往大于生，对不义的厌恶大于死，"非独贤者有是心也，人皆有之，贤者能勿丧耳"。因此，应教育学者有志于德，有向善之心，有道德的动机和志向。他说："夫志，气之帅也；气，体之充也。夫志，至焉；气，次焉。"即气充盈人体，而志是气的统帅。受教育者坚定自己的道德信念，明确努力方向，有道德的动机，这是形成良好品德的前提。他说：古人修身为的是有良好的品德，今人修身为的是谋取做官的资本，做官后就不再重视品德修养了。这种本末倒置的做法极不聪明，最终要失败。因此，他主张应让受教育者明白良好品德对个人乃至社会的重要性，启发受教育者的自觉。同时，对受教育者应满怀希望。他说：有道德的人应当教育熏陶没有道德的人。对受教育者满怀希望的目的也是启发他们的道德动机。

2. 引发道德思考，增进人的道德智慧

孟子认为，要形成良好品德，还要启发受教育者的道德思考，增进人的道德智慧。既然人皆同类，其性相近，何以有大人小人之分？孟子认为这是由于他们有不同的道德智慧的缘故。大人"从其大体"，小人"从其小体"。大体，即心思礼义；小体，即纵恣情欲。孟子说："心之官则思，思则得之，不思则不得也。此天之所与我者。先立乎其大者，则其小者弗能夺也。此为大人而已矣。"因此，孟子十分重视道德思考在品德形成中的作用。他说："尽信《书》，则不如无《书》"；"始条理者，智之事也"。即凡事要动脑筋思考。他说：做了仁义之事却不明白为什么这样做，习以为常却不去问个所以然，这样的人就是平庸的人。孟子自己也为后世树立了善于思考的典范。如按礼男女授受不亲，但嫂溺时孟子认为应援之以手。理由是："嫂溺，援之以手者，权也。"又如有人问汤放桀、武王伐纣是否属臣弑君，孟子回答说："贼仁者谓之贼，贼义者谓之残，残贼之人谓之一夫。闻诛一夫纣矣，未闻弑君也。"从这些例子中可以看出，孟子反对人死守僵化的道德教条，主张通过思考把握道德的实质。孟子认为，行为是否正当，关键在于是否符合"道"。要是不合道理，一碗饭都不能受之于人；要是合乎道理，舜接受了尧的天下都

不觉得过分。男婚女嫁，出仕做官，都要"由其道"，不由其道，钻穴相窥，逾墙相从，人必贱之。人的行为应以仁义为本。"非礼之礼，非义之义，大人弗为。"

3. 寡欲养心，培养道德情感

孟子认为，道德情感对人的道德行为有重要的推动作用。要培养人的道德情感，就要养心。养心就是炼养健康的心态，使心能正常思维；心有善德，人就不为物欲所累，用现代术语说就是心理健康。他说："饥者甘食，渴者甘饮，是未得饮食之正也，饥渴害之也。岂惟口腹有饥渴之害？人心亦皆有害。人能无以饥渴之害为心害，则不及人不为忧矣。"意思是说人不仅有饥渴之害，人心也有类似的危害。要是能不把饥渴之害发展为心害，人也就不会因自己一时不如人而忧愁了。

孟子认为，要养心，首先应寡欲。他说："养心莫善于寡欲。"他认为物欲是妨碍人接受道德教化的主要障碍。寡欲之人，善性失去的少；多欲之人，善性保留的少。但寡欲不等于无欲。欲求是人正常的心理现象，人之有欲，在所难免，关键在于是否合理。人应适当抑制自己的生理欲求，扩充道德欲求。他说："人皆有不忍人之心。先王有不忍人之心，斯有不忍人之政矣。以不忍人之心，行不忍人之政，治天下可运之掌上。"他还鼓励人要"乐民之乐""忧民之忧"。养心还要形成高尚的志趣和健康的心理。他说："君子有三乐，……父母俱存，兄弟无故，一乐也。仰不愧于天，俯不怍于人，二乐也。得天下英才而教育之，三乐也。""伯夷隘，柳下惠不恭。隘与不恭，君子不由也。""大人者，不失其赤子之心者也。"养心还应善养"浩然之气"。他认为，浩然之气，"至大至刚，以直养而无害，则塞于天地之间"。即浩然之气是一种强烈的道德情感或主观精神状态，它伟大、刚健、正直，如能不断加以培养而不妨害它，就可以充塞于天地之间。这种浩然之气后世也称为"正气"。如何培养人的浩然之气？孟子说："其为气也，配义与道；无是，馁矣。是集义所生者，非义袭而取之也。行有不慊于心，则馁矣。……必有事焉而勿正，心勿忘，勿助长也。"即一要对人进行道德知识的教育，使其明白道理和有正义感。二要养成正义行为的习惯。正义行为要经常积累，只有随时都做正义的事，养成正义的品格，才能形成强烈的正义感。如人对自己的行为都感到不安，那就不可能理直气壮、一往无前。三要持之以恒，勿中途停止，勿一曝十寒，勿急功近利，长期坚持不懈，才能形成大无畏的正义感。应当指出，孟子对"浩然之气"的描述尽管有些夸张，但绝非神秘主义。浩然之气这种高尚而坚定的道德情操，也不是封建士大夫的专利，任何时代和社会的人都应着力养成这种至大至刚的天地正气。

4. 有忧患意识，磨炼道德意志

孟子认为，意志锻炼是形成良好品德的重要途径。人只有经过苦难洗礼，艰苦磨炼，才能形成高尚的德行，成为有作为的圣贤。他认为，人所以有德行、智慧、学术、才能，往往是因为他们经常想到灾难。那些孤臣、孽子所以通达天人之道，是因为他们具有强烈的忧患意识，为国家、社稷担忧。他说："故天将降大任于是人也，必先苦其心志，劳其筋骨，饿其体肤，空乏其身，行拂乱其所为，所以动心忍性，曾益其所不能。"他认为，要磨炼人的道德意志，做事还要有恒心，能持之以恒，坚持不懈。他说："五谷者，种之美者也；苟为不熟，不如荑稗。夫仁，亦在乎熟之而已矣"；"有为者辟若掘井，掘井九轫而不及泉，犹为弃井也"。良好的品德只有臻于成熟才能稳定，所以修德者必须有恒心，而"一日暴之，十日寒之"，不专心致志，则不可得。磨炼意志还要有抗拒诱惑的能力，用意志驾驭情绪，做到对功名利禄"不动心"。

5. 加强道德的自我评价，对自己严格要求

孟子认为，要有良好品德，人应厚责于己。他说："爱人不亲，反其仁；治人不治，反其智；礼人不答，反其敬。行有不得者皆反求诸己，其身正而天下归之。"即对人仁爱得不到回报，应反问自己仁爱是否充分；治理民众无业绩，应反思自己有无才智；礼贤下士，别人却不理睬，应反思自己态度是否恭敬；凡行为没有达到预期效果，就应从自身找原因。他以射箭为比喻：行仁如同射箭，射者必须先端正姿势然后发箭，箭发不中，不要埋怨胜过自己的人，应从自身找原因。这种虚心的态度，是形成良好品德的前提条件。与反求诸己相一致，孟子主张人应闻过即改，与人为善。他说："子路，人告之以有过，则喜；禹闻善言，则拜。大舜有大焉：善与人同，舍己从人，乐取于人以为善。"他鼓励人要有从善如流的胸襟。他说："舜之居深山之中，与木石居，与鹿豕游，其所以异于深山之野人者几希。及其闻一善言，见一善行，若决江河，沛然莫之能御也。"正是这种精神造就了舜的高尚品格。孟子认为，加强道德的自我评价，还应存夜气，求放心。他认为，人在白天由于受种种欲念干扰，引起种种欲念；到了夜里，除去了白天的纷扰，人心反而易于达到纯洁的境界。这种心理状态，孟子称之为"夜气"。因此，"存夜气"实际上是一种内省的自我修养方式。"求放心"是另一种个人修养方式。他说："学问之道无他，求其放心而已矣。""求放心"，就是要"专心致志"地"存心养性"，专注于内心修养，不为物所蔽，这样才能尽心知性。

6. 发挥榜样作用，引导人的道德行为

孟子说："圣人，百世之师也。……故闻伯夷之风者，顽夫廉，懦夫有立志；闻柳下惠之风者，薄夫敦，鄙夫宽。奋乎百世之上，百世之下，闻者莫不兴起也。"领导者和教育者的榜样作用就更为重要。他说："君仁，莫不仁；君义，莫不义。""枉己者，未有能直人者也。""贤者以其昭昭，使人昭昭。"

总之，孟子的品德心理学思想十分丰富。他的品德形成论，具有唯物论和辩证的因素；他的品德结构论，充满了主动和自觉精神；他的品德培养论，对后世的品德教育有诸多启迪。后世思想家如张载、朱熹和王阳明等都深受其影响，许多志士仁人也以孟子思想作为个人修养的座右铭。汲取孟子的品德心理学思想的合理成分，对于改进我们的德育，纠正当代教育中重智轻德的倾向，克服德育中的片面性和教条主义倾向，全面推进素质教育，具有重要的启发意义。

〔**参考文献**〕

[1] 高觉敷. 中国心理学史 [M]. 北京：人民教育出版社，1985.

[2] 叶浩生. 西方心理学的历史和体系 [M]. 北京：人民教育出版社，1998.

[3] 梁海明. 大学·中庸 [M]. 太原：山西古籍出版社，1999.

[4] 马克思.1844年经济学-哲学手稿 [M]. 北京：人民出版社，1979.

[5] 马克思，恩格斯. 马克思恩格斯选集：第1卷 [M]. 北京：人民出版社，1972.

[6] 张春兴. 现代心理学 [M]. 上海：上海人民出版社，1994.

[7] 燕国材. 中国心理学史 [M]. 杭州：浙江教育出版社，1998.

[8] 曾欣然. 德性培育心理学 [M]. 北京：警官教育出版社，1998.

[9] 潘菽. 教育心理学 [M]. 北京：人民教育出版社，1980.

马克思的需要心理学思想

张积家　陈栩茜

[摘　要] 马克思的需要心理学思想有很高的科学价值。马克思认为，需要是人的本性。人的需要具有存在的必然性和合理性。需要的最重要的特点是对象性、社会性、个体性、多样性和发展性。马克思对需要进行了分类，这种分类对研究人的需要结构有启发。马克思还论述了需要的发展，这些论述对我国的现代化建设和素质教育有重要启示。

[关键词] 马克思；需要；心理学思想

[原　载]《华南师范大学学报》（社会科学版）2004年第2期，第95—101页，第138页。中国人民大学报刊复印资料《心理学》2004年第1期全文复印。

一、引言

马克思作为思想家，在哲学、经济学和科学社会主义领域为人类做出了杰出贡献。他在心理学领域也有重要成就。从青年时代起，马克思就开始探究人的本质。此后，他开展了一系列以人为核心的研究工作。因此，心理学与马克思的研究有共同的对象，这就是人和人的心理。心理学因此可以从马克思的著作中汲取必要的营养。

在马克思的著作中，值得注意的是他关于需要的思想。这方面，冯文光曾从哲学角度归纳。卡罗拉·勃雷德等也从心理学角度论述，他们将一切社会问题都归结为需要满足，从而将资本主义剥削合理化[1]。因此，如何从心理学角度研究马克思的需要思想是一个有价值的课题。学者们认为，《1844年经济学-哲学手稿》（以下简称《手稿》）在马克思需要理论中有重要地位。因此，本文将以《手稿》为基础，结合马克思的其他著作，对他的需要心理学思想作进一步探讨。

二、需要是人的本性

马克思认为，需要是人的本性。人的需要具有存在的必然性和合理性。他说：任何人如果不同时为了自己的某种需要和为了这种需要的器官而做事，他就什么也不能做，他们的需要即他们的本性。[2] 马克思关于需要是人的本性的命题对理解需要的本质有重要意义。

马克思认为，需要是人为了求得生存和发展而产生的。他说：我们首先应当确定一切人类生存的第一前提也就是一切历史的第一个前提，这个前提就是：人们为了能够"创造历史"必须能够生活。但是为了生活，首先就需要衣、食、住以及其他东西。因此第一个历史活动就是生产满足这些需要的资料，即生产物质生活本身。马克思称这第一个历史活动是"一切历史的基本条件"，产生这一基本条件的是"有生命的个人的存在"，"是由他们的肉体组织所决定的"[3]。恩格斯高度评价马克思的这一观点。他说，正像达尔文发现有机界的发展规律一样，马克思发现了人类历史的发展规律，即历来为繁茂芜杂的意识形态所掩盖的一个简单事实：人们首先必须吃、喝、住、穿，然后才能从事政治、科学、艺术、宗教等。所以，直接的物质的生活资料的生产，从而一个民族或一个时代的一定的经济发展阶段，便构成基础，人们的国家制度、法的观点、艺术以至宗教观念，就是从这个基础上发展起来的，因而，也必须由这个基础来解释，而不是像过去那样做得相反。[4]

马克思认为，人的本性不是抽象的，而是具体的。人既有自然本性，也有社会本性。在自然本性方面，人与动物有连续性。马克思和恩格斯指出，人来源于动物的事实已经决定人永远也不可能摆脱兽性，所以问题永远只能在于摆脱得多一些或少一些，在于兽性和人性的差异。[5] 由于人有自然本性，所以在讨论人类历史活动时，第一个需要确定的事实就是，个人的肉体组织，以及受肉体组织制约的他们与自然界的关系[3]。由于需要反映了个体对环境的需求和依赖，因此应重视研究人的需要。

马克思认为，需要不仅具有存在的必然性和合理性，而且有重要的功能。他说：人们通过每一个人追求他自己的、自觉期望的目的而创造自己的历史。[6] 需要是社会生产的原动力。没有需要，就没有生产。而消费则把需要再生产出来。[7] 不仅物质生产靠需要推动，精神生产也受需要推动。马克思说：通过实践创造对象世界，证明了人是有意识的类存在物。人和动物的生产有本质不同：动物只生产直接需要的东西，只在肉体需要支配下生产，产品同肉体相联系；人不受肉体需要支配也生产，人能自由地对待自己的产品，能按照美的规律来创造。[8] 他认为，人精神生产的工具——语言也是需要的产物：语言也和意识一样，只是由于需要，由于和他人交往的迫切需要产生的。[3] 正因为需要是人的本性，而且具有重要的功能，所以，马克思就对"把工人变成没有感觉和没有需要的存在物"[8] 的禁欲主义观点进行了批判，主张把满足人的需要作为社会主义生产的目的。他说：我们的目的是要建立社会主义制度，这种制度将给所有的人提供健康而有益的工作，给所有人提供充裕的物质生活和闲暇时间，给所有人提供真正的充分的自由。[9] 这一思想为后来的马克思主义者继承。斯大林指出：社会主义生产的目的不是为了利润，而是人及其需要，即满足人的物质和文化的需要。[10] 作为一种主观的心理现象，需要成为科学的对象，这一点首先应归功于马克思。

三、需要五性

马克思认为，需要具有以下五种特性。

1. 需要的对象性

需要必须有一定条件才能满足。马克思说,人是自然存在物。一方面,人有自然力、生命力,这些力量作为才能和欲望存在于人,使人成为能动的;另一方面,人作为自然的、感性的存在物,又是受动的、受制约的。人欲望的对象不依赖于人,存在于人之外,却是人所需要的,是表现和确证人的本质力量不可缺少的。如饥饿是人的自然需要,人为使自己得到温饱,需要在他之外的、自然界的对象,这种对象是人为了充实自己、表现自己的本质所不可少的。他强调说:人只有凭借现实的、感性的对象才能表现自己的生命;一个存在物如果在自身之外没有自己的自然界,就不是自然存在物,就不能参加自然界的生活。[8]

2. 需要的社会性

马克思认为,机体的生理状况是需要产生的基础。他说:人们之所以有历史,是因为他们必须生产自己的生活,而且是用一定方式来进行的。这和他们的意识一样,也是受他们的肉体组织所制约的。[3] 因此,自然性是需要最原始的特性,自然需要的满足是其他需要产生的前提和基础。马克思的这一观点与马斯洛类似。马斯洛认为,需要有层次结构,处于底层的是生理需要,由低到高,依次是安全、归属与爱、尊重和自我实现。生理需要的满足是其他需要产生的前提和基础。只有当生理需要满足以后,人才有可能追求高层次的需要,直至追求"自我实现"。[11]

马克思认为,需要虽有生理基础,但社会性是其本质。他说:人的本质并不是单个人所具有抽象物。在其现实性上,他是一切社会关系的总和。[3] 由于社会性,人和动物的需要才有区别。他说:吃、喝、性行为等等,固然也是真正的人的机能。但是,如果这些机能脱离了人的其他活动,并使它们成为最后的和唯一的终极目的,那么,在这种抽象中,它们就是动物的机能。[8]

需要之所以有社会性,首先是因为人满足需要的内容和方式是社会的。马克思说:活动和享受无论就其内容或就其存在方式来说,都是社会的,是社会的活动和社会的享受。[8] 动物和人的某些需要虽表面相同,其实有很大区别。人的需要必须通过社会才能满足,满足需要的方式也是社会的。他说:饥饿总是饥饿,但是用刀叉吃熟食来解除的饥饿不同于用手、指甲和牙齿啃生肉来解除的饥饿。[12]

需要之所以有社会性,还因为人的感官和身体已在社会中得到改造,是社会的产物。马克思说:不言而喻,人的眼睛和原始的、非人的眼睛得到的享受不同,人的耳朵和原始的耳朵得到的享受不同,社会人的感觉不同于非社会的人的感觉。他说:只是由于人的本质的客观地展开的丰富性,主体的、人的感性的丰富性,如有音乐感的耳朵、能感受形式美的眼睛,总之,那些能成为人的享受的感觉,即确证自己是人的本质力量的感觉,才一部分发展起来,一部分产生出来。所以,五官感觉的形成是以往全部世界历史的产物。[8] 马克思指出:个人是社会存在物;他的生命表现即使不采取共同的、同其他人一起完成的生命表现这种直接形式,也是社会生活表现和确证。[8] 如性欲是人的天性,但人的性欲绝不等同于动物。马克思指出:男女之间的关系是人和人之间最自然的关系,因此，这种关系表明人的自然的行为在何种程度上成了人的行为。[8]

需要之所以有社会性，还因为人有特殊的心理结构，这种心理结构也是社会的产物。马克思说：甚至当我从事科学之类的活动，即从事一种我只是在很少情况下才能同别人直接交往的活动的时候，我也是社会的，因为我是作为人活动的。不仅我的生活所需的材料，甚至思想家用来进行活动的语言本身，都是作为社会的产品给予我的。[8]

需要之所以有社会性，还因为需要的满足取决于社会生产的发展水平。马克思指出：工人作为工人而生活所需要的生活资料，在不同的国家，不同的文明状况下当然是不同的。衣、食、住和取暖这些自然需要本身的多少，取决于不同的气候。同样，因为所谓的第一需要的数量和满足这些需要的方式，在很大程度上取决于社会的文明情况，这就是说，它们本身就是历史的产物。[13]

正因为马克思看到了需要的社会性，所以他就从需要角度对资本主义进行了深刻批判。他说：私有制不能把粗陋的需要变成人的需要。[8] 如劳动本是人的高层次需要，但是，在资本主义社会，劳动对工人说来却是外在的、不属于自己本质的东西；他在劳动中不是肯定自己，而是否定自己；不是感到幸福，而是感到不幸；不是自由地发挥自己的体力和智力，而是使自己肉体受折磨、精神遭摧残。他指出：工人只有在劳动之外才感到自在，而在劳动中则感到不自在，他在不劳动时觉得舒畅，而在劳动中就觉得不舒畅。因此，他的劳动不是自愿的劳动，而是被迫的强制劳动。因而，它不是满足劳动需要，而只是满足劳动需要以外的需要的一种手段。[8] 这样，就造成了一种十分奇怪的现象：人（工人）只有在运用自己的动物机能——吃、喝、性行为，至多还有居住、修饰等等的时候，才觉得自己是自由活动，而在运用人的机能时，却觉得自己不过是动物。动物的东西成为人的东西，而人的东西成了动物的东西。[8] 就连性生活也受到污染。马克思说：拿妇女当作共同淫乐的牺牲品和婢女的牺牲品来对待，这表现了人在对待自身方面的无限的退化。[8] 在对资本主义深刻批判的同时，马克思对共产主义社会的需要满足状况充满憧憬。他认为，在共产主义社会，人会以一种全面的方式，也就是说，作为一个完整的人占有自己的全面的本质。[8] 他说：私有财产的扬弃，是人的一切感觉和特性的彻底解放；但这种扬弃之所以是这种解放，正是因为这些感觉和特性无论在主体上还是在客体上都变成人的。[8] 他还说：共产主义是私有财产即人的自我异化的积极的扬弃，因而是通过人并为了人而对人的本质的真正占有；因此，他是人向自身、向社会的（即人的）人的复归，这种复归是完全的、自觉的而且保存了以往发展的全部财富的。[8]

3. 需要的个体性

马克思认为，需要具有个体性。个体性有以下两方面含义。其一是需要的主体性。由于人的社会地位不同，从事的社会活动不同，所以，同一个事物对不同的人就有不同的意义，它反映了事物同人的需要的不同关系。他指出，从主体方面看：只有音乐才能激起人的音乐感；对于没有音乐感的耳朵说来，最美的音乐也毫无意义。他还说：忧心忡忡的穷人甚至对最美丽的景色都没有什么感觉；贩卖矿物的商人只看到矿物的商业价值，而看不到矿物的美和特性；他没有矿物学的感觉。[8] 其二是需要以个体的形式表现。马克思认为，需要首先表现为个人需要。个人需要有两种表现形式：一是作为自然主体的需要；二是表现为社会需要的个人需要。两种需要都应该得到满足。斯大林曾评论说：马克思主义的社会主义，不是要缩减个人需要，而是要竭力扩大和发展个人需要；不是要限制或拒绝满足这些需要，而是要全面地充分地满足有高度文化的劳动人民的一切需要。[14]

4. 需要的多样性

马克思认为，需要还具有多样性。他指出：在现实世界中，个人有许多需要。[2] 在《手稿》中，他提到人的多种需要，如肉体生存所需资料、吃的需要、衣服和住宅的需要，交往的需要，捕猎活动的需要，劳动以外的需要等。他认为，在自然需要方面，人的需要范围远比动物广阔。人靠无机界生活，人比动物越有普遍性，人赖以生活的无机界的范围就越广阔。人在肉体上只有靠这些自然产品才能生活，不管这些产品是以食物、燃料、衣着的形式还是以住房等等的形式表现出来。[8] 在社会需要方面，不同社会的人，需要也不相同。他说，在社会主义的前提下，人的需要的丰富性，从而某种新的生产方式和某种新的生产对象具有何等重要的意义：人的本质力量的新的证明和人的本质的新的充实。在私有制范围内，这一切却具有相反的意义。[8] 可见，社会制度的多样性是造成需要多样性的重要原因。

5. 需要的发展性

马克思认为，人的需要具有发展性，需要满足无止境。他指出，当共产主义者联合起来时，就会产生一种"新的需要，即交往的需要"，而作为手段的东西成了目的[8]。他认为，在共产主义社会，劳动将不再是谋生手段，而是人的第一需要。那时，随着个人的全面发展，生产力也增长起来，集体财富的一切源泉都充分涌流，社会实现各尽所能、按需分配[15]。每个人都可以实现自己的自由个性和全面性需要，任何人都没有特定的活动范围，每个人都可以在任何部门内发展，社会调节着整个生产，因而使我有可能随我自己的心愿今天干这事、明天干那事，上午打猎，下午捕鱼，傍晚从事畜牧，晚饭后从事批判，但并不因此就使我成为一个猎人、渔夫、牧人或批判者[3]。

（四）需要的分类和结构

为了理解人的需要，心理学家对需要作过许多分类。如莫瑞将人的需要分为原始的和从属的、集中的和弥漫的、反应性的和前反应的、显露的和潜伏的、效应过程的和活动方式的。马斯洛将人的需要分成生理的、安全的、归属和爱的、尊重的和自我实现的需要。在苏联和我国的心理学教科书中，一般将需要分为自然需要和社会文化需要、物质需要和精神需要[11]。

马克思对需要也进行过分类。在《手稿》中，他将人的需要分为自然需要（肉体需要）和社会需要，人的需要和动物的需要，工人的粗陋的需要和富人的考究的需要，劳动的需要和劳动需要以外的需要，对货币的需要和现实的需要等[8]。在展望社会主义制度的优越性时,马克思指出:通过有计划地利用和进一步发展现有的巨大生产力,在人人都必须劳动的条件下,生活资料、享受资料、发展和表现一切体力和智力所需的资料,都将同等地、愈益充分地交归社会全体成员支配。[16] 这里,马克思实际上将人的需要划分为三类。三类需要既与生理性、心理性的因素有关,也与生物性、社会性的因素有关。三类需要随层次提高,生理与生物因素渐减,心理与社会因素渐增,在低层次的生存需要中,生理和生物因素占优势,而在高层次的发展需要中,心理和社会因素占优势。三类需要及其关系,燕国材先生曾用图1示之[17]。

图1 生存、享受和发展需要的关系

然而,通过对马克思《手稿》的仔细分析,发现马克思的需要理论还有另外的结构。

首先,马克思将人的需要分为两个层次,两个层次的内容并非一成不变,而是随具体情况变化。他认为,有史以来,人的需要可分为以下两种。① 第一需要,即基本需要,这是人赖以生存的基础。② 新的需要。马克思说:已经得到满足的第一个需要本身,满足需要的活动和已经获得的为满足需要用的工具又引起新的需要。这种新的需要就是人的心理和社会需要,就是创造的需要。这种新的需要的产生是第一个历史活动[3]。马克思说:宗教、家庭、国家、法、道德、科学、艺术等等,都不过是生产的一些特殊的方式,并且受生产的普遍规律支配。[8] 人类的思想、文化、科学研究等是创造历史,通过这些过程,人证实了自己的存在。然而,在共产主义社会,由于物质生活已极大丰富,人的第一需要就发生了转移,它不再是吃、喝、住和性行为等,而是劳动和创造。劳动和创造成了人的第一需要。

马克思认为,动物在满足需要时,手段与需要相对应,需要和满足之间没有中介物。然而,在人的需要与满足之间却存在中介物。这样,人的需要就表现为以下两种性质。① 表面需要,即对中介物的需要,如对劳动和货币的需要,这是一种满足人类真正需要(如生理需要、尊重需要等)的中介和手段。马克思认为,在资本主义社会,满足劳动需要,只是满足劳动需要以外的需要的手段。② 本质需要,是存在于表面需要之下的指导人类行为的真正动力。马克思认为,在现实社会,货币是需要和对象之间、人的生活和生活资料之间的牵线人。[8] 人通过获得货币满足各种需要。货币决定需要能否得到满足。货币最初是为了实现第一需要而产生的。然而,在不断异化的过程中,它有了新职能,成了万能的中介物,不仅第一需要的满足需要货币,人的心理需要和社会需要(如旅行、科学研究等)的满足也需要货币。这样一来,货币的力量有多大,我的力量就多大。货币的特性就是我——货币持有者的特性和本质力量。因此,我是什么和我能够做什么,这绝不是由我的个性来决定的。[8] 人通过货币获得了他想要的一切,货币创造了历史,这就是马克思所说的货币的异化。马克思需要理论中表面需要和本质需要之间的关系可以用图2表示。在图2中,驱使人劳动的原动力是人的本质需要,而通过劳动,人得到了能满足本质需要的中介物(货币),这种中介物可用来满足人的本质需要,这就是马克思所说的劳动需要是满足劳动以外的需要的手段的真正含义。

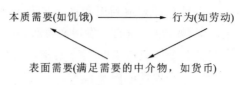

图 2　人的表面需要和本质需要之间的关系

马克思认为，并非人的每种需要都能够得到满足，有的需要可通过努力得到满足，有的需要却可望而不可即，这就出现了需要满足的两种状态。根据这一特点，马克思又将需要分成以下两种。① 有效的需要。这是一种通过努力能得以满足的需要，在它的驱使下，人能够将自己的愿望从观念的东西，从想象的、表象的、期望的存在，转化成感性的、现实的存在[8]。因此，这是一种现实的需要，它既有相应的内部状态，又有能够满足需要的对象和手段（心理学上称之为诱因）。这种需要可以成为人的活动动机，对人的行为具有推动作用。② 无效的需要。这是一种不能得到满足的需要。如在资本主义社会，没有货币的人也有需要，但他的需要只是一种观念的东西，这种需要对个体和他人不起任何作用，因而是非现实的、无对象的，这种需要只存在于人的愿望和幻想之中。缺乏相应的诱因，对人的行为也无推动作用。马克思认为，以货币为基础的有效的需要和以我的需要、愿望为基础的无效的需要之间的差别，是存在和思维之间的差别[8]。因此，综合起来，可以将马克思关于需要的种类和结构的思想用图3表示。

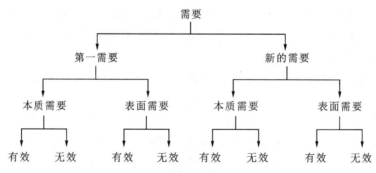

图 3　马克思关于需要的种类和结构的思想

五、需要的发展

马克思认为，人的需要具有无限性。原有的需要满足了，又产生了新的需要，这个序列无止境。他说，在文化初期，已经取得的劳动生产力很低，但是需要也很低，需要是同满足需要的手段一同发展的，并且依靠这些手段发展的。[18] 我们认为，需要同满足需要的手段一同发展并依靠这些手段发展是马克思需要理论最重要的命题之一。它意味着，生产发展和科技进步是影响人的需要发展的最重要的因素。随着生产发展和科技进步，人的需要将越来越具有新的、创造的、人的性质。同时也意味着，在现实社会中，发展生产和科技创新是满足和发展人的需要的最根本的途径，也是推动社会的物质文明和精神文明向前发展的最根本的动力。

马克思认为，需要具有永不满足性，不满足是指人的所有需要不能同时得到满足。

不满足有多种原因。一与社会生产水平有关。社会生产水平低，就不能充分满足所有人的所有需要。二与社会文明程度有关。文明程度低，需要满足的水平亦低。三与人的社会地位有关。如在中世纪，生产主要满足生产者及其家属的需要。在有人身依附关系的地方，生产还满足封建主的需要。[19] 马克思说，资本主义社会的劳动异化表现在：一方面所发生的需要和满足需要的资料的精细化；另一方面产生着需要的牲畜般的野蛮化和最彻底的、粗糙的、抽象的简单化，甚至对新鲜空气的需要在工人那里也不再成其为需要了，光、空气等等，甚至动物的最简单的爱清洁习性，都不再成为人的需要了。[8]。产生这种状况的原因是阶级压迫。

马克思认为，需要的发展是先天因素和后天因素的共同作用。不断寻求需要满足，是人的天性。但是，通过货币为中介物来满足需要，却是学习的结果。原始的生存需要人天生就有，即使不能实现，它依然存在。但是随着成长，人接触到越来越多的社会规范，从而形成价值观，这些价值观就成为人的行为准则，进而指导需要的发展。马克思说，货币作为现存的和起作用的价值概念把一切事物都混淆和替换了，把工人变成没有感觉和没有需求的存在物[8]。如在一般情况下，人们会在第一需要满足后寻求发展需要的满足。但是，在资本主义社会，两者产生严重分歧，人们便会在两者之间权衡，决定何为第一需要，并把这种需要的满足作为人生的终极目标。一旦该需要得不到满足，创造的需要就不复存在。

马克思认为，资本主义价值的教育最初无疑是有效的。工人在劳动后获得了货币，满足了自身及家人的生存需要。但是，人们在不断的超时劳动中发现了矛盾：他们（指工人）越想多挣几个钱，他们就越不得不牺牲自己的时间，并且完全放弃一切自由来替贪婪者从事奴隶劳动。这就缩短了工人的寿命。[8] 他还说，私有制使人变得如此愚蠢而片面，以至一个对象，只有当它为人拥有时，才是自己的，一切肉体和精神感觉都被这一感觉的单纯异化即拥有的感觉代替[8]。即使工人发现了这一矛盾，但结果是工人寿命的缩短。马克思指出：食物总是能够购买或多或少的劳动量，并且总是有人愿意为获得食物去做某种事情。[8] 直到他们发现这是一种动物的满足而非人的满足。他说：工人的需要不过是维持工人在劳动期间的生活的需要，而且只限于保持工人后代不致死绝的程度。[8] 这并非人的生活。此时，工人便开始寻求另一种方式的生存——摒弃私有制，以人的方式生存。因此，马克思认为，要满足和发展人的需要，就要进行社会变革，其中包括：① 建立社会主义制度；② 废除私有制；③ 人人参加劳动；④ 培养和造就"新人"。马克思认为，一个人要有多方面的享受，就必须具有享受能力。要满足由社会发展所产生的新的需要，就需要培养社会的人的一切属性，并且把他作为具有尽可能丰富的属性和联系的人，因而具有尽可能广泛需要的人生产出来[20]。这样，社会变革调节需要发展，需要发展影响社会变革，二者相互促进，推动社会向前发展。

总之，马克思的需要心理学思想十分丰富。他将需要作为科学的研究对象，肯定了需要的合理性和历史作用，科学地论述了需要的性质，对需要的分类和结构作了精辟阐述，论述了影响需要产生和发展的因素。他的思想对需要心理研究已经产生了并将继续产生积极的影响。马克思的需要心理学思想对我国的现代化建设和素质教育也有重要指导意义。它指出了社会主义生产的目的，指出了发展生产和科技创新在需要满足中的作用，同时也指出了培养共产主义新人的必要性和重要性，这种新人有着良好的需要结构，各方面都得到全面发展。

〔参考文献〕

[1] 冯文光. 马克思的需要理论 [M]. 哈尔滨：黑龙江人民出版社，1986.
[2] 马克思，恩格斯. 马克思恩格斯全集：第3卷 [M]. 北京：人民出版社，1960.
[3] 马克思，恩格斯. 马克思恩格斯选集：第1卷 [M]. 北京：人民出版社，1972.
[4] 杨春贵，等. 马克思主义著作选编 [M]. 北京：中共中央党校出版社，1994.
[5] 马克思，恩格斯. 马克思恩格斯全集：第20卷 [M]. 北京：人民出版社，1960.
[6] 马克思，恩格斯. 马克思恩格斯全集：第4卷 [M]. 北京：人民出版社，1972.
[7] 马克思，恩格斯. 马克思恩格斯全集：第12卷 [M]. 北京：人民出版社，1962.
[8] 马克思，恩格斯. 马克思恩格斯全集：第42卷 [M]. 北京：人民出版社，1959.
[9] 马克思，恩格斯. 马克思恩格斯全集：第21卷 [M]. 北京：人民出版社，1965.
[10] 斯大林. 苏联社会主义经济问题 [M]. 北京：人民出版社，1952.
[11] 彭聃龄. 普通心理学 [M]. 北京：北京师范大学出版社，2001.
[12] 马克思，恩格斯. 马克思恩格斯全集：第42卷 [M]. 北京：人民出版社，1960.
[13] 马克思，恩格斯. 马克思恩格斯全集：第47卷 [M]. 北京：人民出版社，1979.
[14] 斯大林全集：第13卷 [M]. 北京：人民出版社，1956.
[15] 马克思，恩格斯. 马克思恩格斯选集：第3卷 [M]. 北京：人民出版社，1972.
[16] 马克思. 1844年经济学-哲学手稿 [M]. 北京：人民出版社，1979.
[17] 燕国材. 普通心理学概论 [M]. 上海：东方出版中心，1998.
[18] 马克思，恩格斯. 马克思恩格斯全集：第23卷 [M]. 北京：人民出版社，1972.
[19] 马克思，恩格斯. 马克思恩格斯全集：第19卷 [M]. 北京：人民出版社，1963.
[20] 马克思，恩格斯. 马克思恩格斯全集：第46卷 [M]. 北京：人民出版社，1979.

论中国古代的仁寿心理学思想

张积家 马利军

[摘　要]　"仁者寿"是中国古代珍贵的心理学思想。品德高尚的人，不仅心理健康，身体也健康，因而长寿。"仁者寿"是中国古代先哲对心身关系特别是对心理健康和身体健康关系的理论概括，是中国传统人文思想的精华。研究和发扬中国古代的仁寿心理学思想，对弘扬中华民族优秀传统文化，强化人的道德动机，引导民众的养生实践，弥补片面追求物质文明造成的精神缺失，确保中国梦顺利实现，具有重要意义。

[关键词]　仁者寿；中国古代；心理学思想

[原　载]　《中国临床心理学杂志》2018年第3期，第603—609页。

　　长寿是人类的共同心愿，是个体社会生活的重要诉求，更是医学发展的终极目标之一。随着社会医学和临床心理学发展，人们逐渐认识到精神生活对身体健康具有重要影响，从而导致寿命的差异。在中国，孔子很早就提出"仁者寿"思想，认为道德修养使人健康长寿，精神健康促进身体健康和生命延续。当前，我国正处于经济和社会发展的转型时期，各种社会矛盾和冲突逐渐增多，价值观和世俗文化出现多元化，使现代人的生活压力剧增，生活品质下降，主观幸福感增长和物质文明发展不相对应，人际冲突加剧，影响社会发展的更高目标实现。此外，在温饱问题基本解决后，人们关心如何延长寿命，养生增寿的愿望日益强烈。一些不法之徒打着"弘扬养生文化"的幌子，以"大师""专家"的面目出现，欺世惑众，聚敛钱财，使养生领域出现鱼龙混杂的局面。因此，重温经典，梳理中国古代的仁寿心理学思想，以期对现代人的精神生活有所指导，有助于共建和谐社会、实现中华民族伟大复兴的中国梦。

一　仁与仁者

　　"仁"是儒学的核心概念，是儒学理论的基石。孔子把仁作为最高的道德原则、道德标准和道德境界。他以仁为核心，把道德规范集于一体，形成儒学的伦理思想体系，包括孝、悌、忠、恕、礼、智、勇、恭、宽、信、敏、惠等。其中，孝悌是"仁之本"（《论语·学而》）。对于仁，历代儒家都有论述。仁代表人类在社会生活中不断追求的精神境界。孔子说："克己复礼为仁"（《论语·颜渊》）；"仁者先难而后获"（《论语·雍也》）；"能行五者（恭、宽、信、敏、惠）于天下为仁矣"（《论语·阳贺》）。孟子提出"四德说"（仁、义、礼、智），将仁列为首位，认为"恻隐之心，仁之端也"（《孟子·公孙丑上》）。韩愈对仁作了高度概括，指出："博爱之谓仁"[1]。谭嗣同认为，"仁为天地万物之源，故虚心，故虚识"[2]。总之，中国古代先哲认为，仁是人类最重要的精神诉求，是人之为人的根本属性。

中国古代先哲在阐述人类社会伦理关系时，注重人的社会性。仁的概念提出，正是出于维护社会伦理的需要。仁是人类社会关系的准则和标准，它细化了人与他人、家庭、社会的关系标准，强化了人作为社会人的本质。中国古代先哲意识到精神建设的重要性——克服人类的物质欲望，弘扬人类的精神欲求。因此，不断地丰富和发展着仁的内涵。

"仁者"是具备良好道德水平的人，在道德水平上高于君子。孔子宣称"若圣与仁，则吾岂敢。"（《论语·述而》）可见，仁者不是能轻易做到的。儒家对仁者有许多具体要求。首先，仁者充满慈爱之心。"樊迟问仁。子曰'爱人。'"（《论语·颜渊》）。孟子说："仁者爱人，有礼者敬人。爱人者，人恒爱之；敬人者，人恒敬之。"（《孟子·离娄下》）由于爱人，仁者能将心比心，推己及人。孔子说："夫仁者，己欲立而立人，己欲达而达人。能近取譬，可谓仁之方也已。"（《论语·雍也》）由于爱人，仁者能"修己以安人""修己以安百姓"（《论语·宪问》）；能做到忠恕，"己所不欲，勿施于人"（《论语·卫灵公》）。其次，仁者真诚地待人。孔子说："刚毅木讷近仁"（《论语·子路》）。又说："巧言令色，鲜矣仁"（《论语·学而》）。康有为认为，刚者无欲，毅者果敢，木者朴行，讷者慎言，故近仁[3]。冯友兰认为，"刚毅木讷"的人就是凭着真性情、真实情感做事的老老实实的人，"巧言令色"就是做事讲话专以讨别人喜欢的虚伪的人；前者接近"仁"，后者"鲜矣仁"[4]。托马斯·潘恩也说过："当一个人已堕落到宣扬他所不信奉的东西，那么，他已经做好了干一切坏事的准备。"[5] 仁者有良好的行为。孔子说："入则孝，出则弟，谨而信，泛爱众而亲仁。行有余力，则以学文。"（《论语·学而》）"居处恭，执事敬，与人忠。"（《论语·子路》）"仁者，其言也讱。"（《论语·颜渊》）即仁者言语谨慎，不说假话、空话、大话。总之，仁者是中国古代理想人格的综合，囊括了几乎所有的优秀品质，是道德内化的结果，是精神境界高度发展的结晶。

二、"仁者寿"思想的滥觞

"仁者寿"最早见于《论语》。孔子说："知者乐水，仁者乐山。知者动，仁者静。知者乐，仁者寿。"（《论语·雍也》）程颐说："知者乐水，仁者乐山。乐者，好也。知者乐于运动，如水之流通；仁者乐于安静，如山之定止。知者得其乐，仁者安其常也。"[6] 朱熹认为："智者达于事理而周流无滞有似于水，故乐水；仁者安于义理而厚重不迁有似于山,故乐山。动静以体言,乐寿以效言也。动而不括故乐,静而有常故寿。"[7] 智者,即聪明人。智者明白事理,反应敏捷,思想活跃,性情好动就像水不停地流一样。仁者,即仁厚的人。仁者静而乐山,是因为安于义理,以德行为基,仁慈宽容而不容易冲动,性情好静就像山一样稳重不迁。动与静是从形质而言,乐与寿是就功效而言。水动就畅通,因而使智者快乐;山静就永恒,因而使仁者长寿[8]。李泽厚认为,用山、水类比仁与智,非常聪明和贴切。作为最高生活境界的仁,可靠、稳定、长久如山;作为学习、谋划、思考的智,灵敏、快速、流动、变迁如水。以山水形容仁者和智者,形象、生动又深刻。聪明人快乐,不仅是因为能解决各种问题,而且因为了解人生的方向与意义。仁者更高一层,心思平和宁静、无所变迁,故长寿。他还指出:"乐山""乐水"是一种"人的自然化","人的自然化"使人恢复和发展被社会和群体扭曲、损伤的人的素质和能力,使身体、心灵与自然融为一体,尽管有时只是短暂的,但对体验生命极有价值:流动不居(水)而又长在(山),动亦静,静含动;生活情境如同山水,有此意象,合天人矣。主客同一,仁智并行,此岂道德?乃审美也,亦宗教,亦哲学[3]。这些评价十分中肯。

《韩诗外传》记载:"问者曰:'夫智者何以乐于水也?'曰:夫水者,缘理而行,不遗小间,似有智者;动而下之,似有礼者;蹈深不疑,似有勇者;障防而清,似知命者;历险致远,卒成不毁,似有德者。天地以成,群物以生,国家以宁,万事以平,品物以正。此智者所以乐于水也。'……问者曰:'夫仁者何以乐于山也?'曰:'夫山者,万民之所瞻仰也,草木生焉,万物植焉,飞鸟集焉,走兽休焉,四方益取与焉,出云道风,嵷乎天地之间。天地以成,国家以宁。此仁者所以乐于山也。"《中庸》引用孔子的话:"故大德必得其位,必得其禄,必得其名,必得其寿。"而且,"富润屋,德润身,心广体胖"(《大学》)。《孔子家语》亦记载:"哀公问于孔子曰:'智者寿乎?仁者寿乎?'孔子对曰:'然。人有三死,而非其命也,行己自取也。夫寝处不时,饮食不节,逸劳过度者,疾共杀之。居下位而上干其君,嗜欲无厌而求不止者,刑共杀之。以少犯众,以弱侮强,忿怒不类,动不量力者,兵共杀之。此三者,死非命也,人自取之。若夫智士仁人,将身有节,动静以义,喜怒以时,无害其性,虽得寿焉,不亦可乎?'"(《孔子家语》)即生活无规律,作息、饮食缺乏节制,逸劳过度,会伤及生命;生活规律,作息、饮食节制,劳逸适度,善于调节情感,这样的"智士仁人"就长寿。孟子也说:"君子所性,仁、义、礼、智根于心。其生色也睟然,见于面,盎于背,施于四体,四体不言而喻。"(《孟子·尽心上》)即君子本性是仁、义、礼、智深植心中,表现于外是神色润泽和顺,流露于面,充溢于背,遍及四肢,四肢动作不必言说就使人了解。这样的人岂能不长寿?

三、"仁者寿"的心理现实性

孔子早于《黄帝内经》几百年提出"仁者寿"思想,即养生从养德开始,要修身、齐家、治国、平天下,就要与自然、社会和谐共处。怡情、养性、修德是长寿的根本,明确提出"德润身"思想。明代吕坤说："仁者寿，生理完也。"[9] 即仁者在形、神诸方面都非常完全，具备生命延续的全部积极因素；对仁的追求，使身心协调一致，具备长寿的基础。荀悦说："仁者，内不伤性，外不伤物，上不违天，下不违人，处正居中，形神以和，咎征不至，而休嘉集之，寿之术也。"[10] 那么，仁者为什么长寿？

1. 仁者注重道德修养。

明代龚廷贤指出："善养生者养内；不善养生者养外。养内者，以恬脏腑，调顺血脉，使一身之流行冲和，百病不作，养外者恣口腹之欲，极滋味之美，穷饮食之乐，虽肌体充腴，容色悦泽，而酷烈之气内蚀脏腑，精神虚矣，安能保合太和，以臻遐龄。"[11] 养内，就是修炼心性。"正气存内，邪不可干"，"精神内守，病安从来？"(《黄帝内经·素问》)。《荀子·致士》中说："得众动天，美意延年。"情志舒畅，积极乐观，可以使人延年益寿。"仁者寿"和"美意延年"，都强调善养生者，要把心性修养放在第一位，良好的道德操行和心境情趣促成身心安泰。唐代孙思邈认为，"道德日全，不祈善而有福，不求寿而自延。此养生之大旨也"。否则，"德行不克，纵服玉液金丹，未能正寿"[12]。《左传》说"多行不义必自毙"，也含有这方面的意思。

中国古代先哲认为，养生必先养德，养德必先养性。《大学章句》中说："富则能润屋矣，德则能润身矣，故心无愧怍，则广大宽平，而体常舒泰，德之润身者然也。"吕坤认为："仁可长寿，德可延年，养德尤养生之第一要也"；"无价之药，不名之医，取诸身而已"[9]。道德修养是最好的药物，最好的医生。清代石天基认为："善养生者，当以德为主，而以调养为佐，二者并行不悖，体自健而寿命自可延年。"[13] 龚廷贤说："德为福寿之本，若其刚恶，不肯好德，柔弱而怠于修养则祸及随之，而绝福寿根源矣。"[11] 明代王文禄对"仁者寿"作了更详细的解释："存仁完心也，志定而气从；集义顺心也，气生而志固。致中和也，勿忘助也，疾安由作？"[14] 总之，"仁者寿"的本质就是修心养性、养德，调节内在心理状态，以积极心态应对外界纷扰，做到取舍有节，喜怒有度，通过"修身以道，修道以仁"，达到大德必得其寿的目的（《中庸》）。

马斯洛将人的需要划分为高级需要和低级需要。高级需要包括归属与爱的需要、尊重的需要和自我实现的需要[15]。仁者倡导和践行的恰恰是人的高级需要。仁者"爱人"，首先"爱其身"，珍重自己的身体和名节。《孝经》引用孔子的话："夫孝，德之本也，教之所由生也。……身体发肤，受之父母，不敢毁伤，孝之始也。立身行道，扬名于后世，以显父母，孝之终也。"其次爱他人，明确自己的社会人角色，"老吾老以及人之老，幼吾幼以及人之幼"（《孟子·梁惠王上》）。仁者懂得自尊和尊重他人。孔子说："爱亲者，不敢恶于人；敬亲者，不敢慢于人。爱敬尽于事亲，而德教加于百姓，刑于四海。"（《孝经》）最后是自我实现需要的完成，成为"仁者"。对低级需要，孔子认为，应用礼来规范，不要过分关注。他说："君子食无求饱，居无求安"（《论语·学而》）；"饭疏食饮水，曲肱而枕之，乐亦在其中矣。不义而富且贵，于我如浮云。"（《论语·述而》）。即吃粗粮、喝生水，弯着胳膊做枕头，快乐就在其中了，不正当的财富和官位对我而言就如天上的浮云一般。因为"祸莫大于不知足，咎莫憯于欲得"（《道德经·四十六》）；"五色令人目盲，五音令人耳聋，五味令人口爽，驰骋畋猎令人心发狂"（《道德经·十二》)。因此,应该"见素抱朴,少私寡欲"(《道德经·十九》);"甘其食,美其服,安其居,乐其俗"(《道德经·八十》);"处其实,不居其华"(《道德经·三十八》);最后"知足不辱,知止不殆,可以长久"(《道德经·四十四》),甚至达到圣人的境界,"被褐而怀玉"(《道德经·七十》)。

高级需要也包括社会需要。中国古代先哲意识到人的社会本质,大力提倡内修道德,不被外物奴役,激发人的社会动机,强调礼乐建设,最终达到"仁者寿"目标。他们对德性的强调具有超前性。进入 21 世纪后,西方学者开始重视德性的重要性。他们提出"德商"(MQ)的概念。德商即道德商,指人的德行水平或道德人格品质。Coles 认为,德商就是人在生活中表现出来的道德行为。Hass 认为,德商包括依照道德标准做事的能力及做出道德推理和道德决策的能力[16]。Borba 将德商分为同情、良心、自控、尊重、善良、宽容、公正七大美德[17]。"德商"与"智商",是生命之舟的双桨,对人的成长、发展,德商比智商更重要;对身体与心理健康,德商也比智商更重要。

2. 仁者具备积极的人格

Peterson 和 Seligman 倡导的积极心理学重视积极人格培养。在积极力量行为分类评价系统中,六种良好品德(智慧、勇敢、仁爱、正义、节制、卓越)是核心,是积极力量产生的源泉[18]。这六种良好品德和孔子提出的仁者标准不谋而合。孔子说:"知者不惑,仁者不忧,勇者不惧。"(《论语·子罕》)智即智慧和卓越,仁即仁爱和正义,勇即勇敢和节制。要修养成完美人格,智、仁、勇三者缺一不可。《中庸》说:"知、仁、勇三者,天下之达德也。"仁为体,智、勇为用。智者、勇者必须同时具备仁者的优点,方才完美。孔子说:"有德者必有言,有言者不必有德。仁者必有勇,勇者不必有仁"(《论语·宪问》)。因为言与智通,智者必有言。智者不失言,一言既出,即知是否为智。故孔子说:"知者不失人,亦不失言。"(《论语·卫灵公》)"君子一言以为知,一言以为不知。"(《论语·子张》)。勇要发乎仁,适乎礼,止乎义。孔子说:"好勇疾贫,乱也。人而不仁,疾之已甚,乱也。"(《论语·泰伯》);勇要用礼乐来修饰。"勇而无礼则乱"(《论语·泰伯》);勇要接受义的约束,"君子义以为上,君子有勇而无义为乱,小人有勇而无义为盗。"(《论语·阳货》) 在孔子看来,仁的品质中包含了勇和智,仁者高于智者,智者高于勇者。仁者比智者和勇者品位和境界更高。孔子不仅这样说,也这样做。在学生中,颜渊被评价为德行第一,属于仁者;宰我、子贡能言善辩,冉有、季路精于政事,子游、子夏富有文才,属于智者;子路武功高强,属于勇者。孔子对颜渊的评价远高于其他学生。他说:"回也,其心三月不违仁,其余则日月至焉而已矣。"(《论语·雍也》) 又说:"贤哉,回也!一箪食,一瓢饮,在陋巷,人不堪其忧,回也不改其乐。贤哉,回也!"(《论语·雍也》) 孔子对颜回的赞赏显示出他对物欲的节制态度和对精神世界的向往。对子路和其他弟子,他说:"由也,千乘之国,可使治其赋也,不知其仁也";"求也,千室之邑,百乘之家,可使为之宰也,不知其仁也";"赤也,束带立于朝,可使与宾客言也,不知其仁也。"又说:"由也好勇过我,无所取材。"(《论语·公冶长》) 这些学生能力都很强,可以做军事家、宰相和外交家,但离仁还差很远,需要不断地修身,不断地追求卓越才行。孔子的思想为孟子和董仲舒所发展,孟子提出仁、义、礼、智四种积极人格品质，董仲舒提出仁、义、礼、智、信五种积极人格品质，是谓"五常"。

仁者是具备积极人格的个体。他们谦虚谨慎，勤奋正直，行动有节，不追求外在奖励，更关注内心体验，行为由个人兴趣和价值引导，更容易产生积极情绪。由于行为有节制，使个体的知、情、意、行和谐，从而减少情感和精神内耗。积极人格与环境是良性互动关系，他们能经常关注人的积极品质。由于具备良好的心态和社会支持系统，仁者对压力能采取积极的应对方式和防御机制。《史记·孔子世家》记载，孔子在郑国与弟子走散，郑人向子贡描述孔子"东门有人，……累累若丧家之狗"，子贡以实告之，孔子欣然笑曰："形状，末也。而谓似丧家之狗，然哉！然哉！"可见，对他人的负面评论，孔子并不在意，他客观地看待他人的评论，不过多地产生负面情绪。孔子一生都追求仁政，重建礼乐。但是，历次实践都以失败告终。仕途失意和抱负落空未过分地挫伤孔子，这是仁者的积极人格的充分体现。

3. 仁者善于营造积极的内外环境

古代先哲认为，修德的目的在于合于道，克己复礼，懂得节制，减少个体与社会的冲突。仁者所以长寿，还因为仁者能有意识地营造积极的内外环境。仁者重视自己的外部环境。孔子说："里仁为美。择不处仁，焉得知"（《论语·里仁》）。人最好与仁者住在一起。因为"近朱者赤，近墨者黑"。"孟母三迁"表明仁者择邻的重要性。同时，仁者"能好人，能恶人"（《论语·里仁》），即能用仁的标准对周围人分类，真心地喜欢好人，厌恶恶人，睿智地选择朋友。孔子说："益者三友，损者三友。友直，友谅，友多闻，益矣。友便辟，友善柔，友便佞，损矣。"（《论语·季氏》）即结交正直、诚信、知识广博的朋友有益；结交谄媚逢迎、阳奉阴违、善于花言巧语的人有害。"居是邦也，事其大夫之贤者，友其士之仁者"（《论语·卫灵公》）即要和国家的精英、赞同仁的士建立良好的人际关系。

仁者更重视内部心理状态建设。孔子说："不仁者不可以久处约，不可以长处乐。仁者安仁，知者利仁"（《论语·里仁》）。不仁的人，不能长期坚持在困苦环境中，也不能长期居处在安乐环境中。仁爱的人会自然地实行仁，聪明的人会敏锐地追求仁。孟子说："富贵不能淫，贫贱不能移，威武不能屈，此之谓大丈夫"（《孟子·滕文公下》）。李泽厚认为，孔子与孟子的话异曲同工，均强调内部心理状态建设的重要，只不过孔子说得委婉诚挚，孟子说得刚健高亢，时代有异，风格不同而已[3]。孔子还说："富与贵，是人之所欲也；不以其道得之，不处也。贫与贱，是人之所恶也；不以其道得之，不去也。君子去仁，恶乎成名？君子无终食之间违仁，造次必于是，颠沛必于是。"（《论语·里仁》）即富裕和显贵，人人都想得到，不用正当方法得到，就不去享受；贫穷与低贱，人人都厌恶，不用正当方法摆脱，就不摆脱。君子如果离开仁德，又怎能称为君子呢？君子没有一顿饭时间背离仁德，就是在最紧迫时刻、在颠沛流离之时，也一定会按仁德办事。君子爱财，取之有道。因为取财而舍弃仁，一旦舍弃仁，则丧失了人之为人的基础。庄子亦认为，"今世之仁人，蒿目而忧世之患；不仁之人，决性命之情而饕贵富。故意仁义其非人情乎！"（《庄子·骈拇》）即仁者为社会造福、担忧；不仁之人，不顾性命地去谋取私利，享受私欲。仁者与不仁者对社会贡献和索取态度高下立判，由此引发的积极情绪和消极情绪，奉献与竞争的态度形成鲜明对比。

中国古代先哲认为，名、利、位、寿之类的目标，你追求仁，它们就如影随形。内在道德修养造就个体的名、禄、位、寿。因此，内修就可以解决一切问题，不需过分关注名利等外物。况且，"甚爱必大费，厚藏必多亡"（《道德经·四十四》）愈是让人喜爱的东西，获得它就要付出很多；珍贵东西收藏越多，失去时就愈难过。只有勘破名利，虚名假利就不会影响和伤害仁者。因此，善良品行、淡泊心境和良好人际关系是仁者创设出的积极内外环境，这种内外兼修方法使人心理平衡，从而改善人体的神经内分泌功能，协调机体各器官组织的活动和代谢，增强机体的免疫功能和抗病力，自然就健康长寿。反之，紧张、焦虑等负性情绪如影随形，使机体长期处于应激状态，必然导致身体消耗，因而减损寿命。

4. 仁者静

仁者乐山，山性静。中医认为，心神乃生命之本，万物万事，感传于心，心神日理万机，易于动而难于静。躁扰过度，必耗损精气，伤及脏腑，于长寿不利。若心神致虚守静，意志平和，心旷神怡，精气内敛充盈，形体日渐强壮，从而抗邪防病，颐养天年。《道德经》提出"心静"思想，"致虚极，守静笃"，"清静为天下正"，"深根固柢，长生久视之道"。世上万物纷繁复杂，最终还是要回复到本原，那就是静，静是它们的本性。养生也要遵循这一规律，只有回复本性，深根固柢，生命才长久，否则，"轻则失本，躁则失君"（《道德经·二十六》）。《黄帝内经》指出："恬淡虚无，真气从之；精神内守，病安从来？""愚者不足，智者有余。有余则耳目聪明，身体轻强，老者复壮，壮者益治。是以圣人为无为之事，乐恬淡之能，从欲快志于虚无之守，故寿命无穷，与天地终。"（《黄帝内经·素问》）。《管子》也认为，"人能正静，皮肤裕宽，耳目聪明，筋信而骨强。乃能戴大圆而履大方，鉴于大清，视于大明"（《管子·内业》）。又说："精存自生，其外安荣，内脏以为泉原，浩然和平，以为气渊。渊之不涸，四体乃固，泉之不竭，九窍遂通。……心全于中，形全于外……谓之圣人。"（《管子·内业》）因此，内心和平中正是长寿的条件。《淮南子》指出："静漠恬澹，所以养性也；和愉虚无，所以养德也。……若然者，血脉无郁滞，五藏无蔚气。"董仲舒提出，"仁人之所以多寿者，外无贪而内清净，心和平而不失中正，取天地之美，以养其身，是其且多且治"。元代罗天益提出："心乱则百病生，心静则万病息。"可见，中国古代先哲都强调"静"的修身作用。

5. 仁符合社会运行的规律

孔子说："苟志于仁矣，无恶也"（《论语·里仁》。即有心求仁，不会招人妒忌；一心向善，就不会引发社会冲突。"好勇疾贫，乱也。人而不仁，疾之已甚，乱也"（《论语·泰伯》）即不安其贫，好勇斗狠，或为富不仁，不拿穷人当人，都会引发大乱。又说："人而不仁，如礼何？人而不仁，如乐何？"（《论语·八佾》）即人如不追求仁，"礼乐"还有何用？因为仁义为体，礼乐为用。孟子也说："仁者无敌"（《孟子·梁惠王上》）即施行仁政的人是没有敌人的。

哀公问孔子："智者寿乎？仁者寿乎？"对这一问题，孔子没有就事论事，而是分析其他三种损耗生命的行为，不注重生理规律，不符合人伦礼节，不符合社会法则，都使个体短命（病杀，刑杀，兵杀）。因此，仁者行动有节，合乎道义，喜怒适时，立身行事有操守，懂得培养高尚性情，行为符合社会发展规律，依时而动，与时俱进，减少不必要的冲突和矛盾，因而身心健康，自然长寿。

基于人的社会和生理两重属性，中国古代先哲意识到人类的生理欲望——物质欲求和身体诉求将导致更大范围的混乱，因此从社会人角度来重建人类文明。文明既是人类社会不断发展的基石，也是减少人类精神和物质内耗的手段。人类自由是有限的，个体发展必须符合社会运行规律，如孔子的"礼"，老子的"道"。否则，必然受挫败。在生理需要之外，人还强烈地追求高质量的精神生活。仁是在对社会需要充分把握基础上提出的精神目标，它有高度的概括性和适应性，符合社会运行规律。

6. 仁者较少消极情绪的困扰

人要长寿，心理健康是关键。仁者之所以长寿，还因为心理健康，较少受消极情绪困扰。如孟子主张"养心"。养心就是炼养健康心态，使心能正常思维；心有善德，人就不为物欲所累。他说："饥者甘食，渴者甘饮，是未得饮食之正也，饥渴害之也。岂惟口腹有饥渴之害？人心亦皆有害。人能无以饥渴之害为心害，则不及人不为忧矣。"（《孟子·尽心上》）即人不仅有饥渴之害，人心也有类似危害。要是不把饥渴之害发展为心害，人就不会因自己一时不如人忧愁了。养心还要形成高尚志趣和健康心理。要"乐民之乐"，"忧民之忧"（《孟子·梁惠王下》）。孟子还提出"三乐"说："君子有三乐……父母俱存，兄弟无故，一乐也。仰不愧于天，俯不怍于人，二乐也。得天下英才而教育之，三乐也。"（《孟子·尽心上》）他还说："伯夷隘，柳下惠不恭。隘与不恭，君子不由也。"（《孟子·公孙丑上》）"大人者，不失其赤子之心者也。"（《孟子·离娄下》）。他主张，养心应善养"浩然之气"。浩然之气，"至大至刚，以直养而无害，则塞于天地之间"。浩然之气是一种强烈的道德情感或主观精神状态，它伟大、刚健、正直，如能不断地加以培养而不去妨害它，就可以充塞于天地之间。这种浩然之气后世称为"正气"。要养心，还应"存夜气""求放心"。人在白天由于受种种欲念干扰，到了夜里，除去白天的纷扰，人心易于达到纯洁境界。这种心理状态，孟子称之为"夜气"。因此"存夜气""求放心"是一种内省的自我修养方式。他说："学问之道无他，求其放心而已矣。"（《孟子·告子上》）"求放心"，就是要"专心致志"地"存心养性"，专注于内心修养，不为外物所蔽，这样才能尽心知性。

人类品德具有先天的遗传基础。道德有一定自然属性[19]。孟子认为，人有仁、义、礼、智的"善端"。张载认为，人性分为"天地之性"与"气质之性"。朱熹认为，人性分为"天理之性"与"气质之性"。"天地之性"或"天理之性"是人的先天本性，也是善的来源。美国生物哲学家恩斯特·迈尔认为，结群而居的生物的利他倾向是人类道德开端的坚实基础。人类从亲代遗传了采取道德行为的先天性，具有习得道德规范的遗传素质，这种能力允许个体采取他所从属社会中由文化继承下来的规范[20]。在道德进化中，有采取道德行为先天性的个体更易于与其他个体合作,更易于避免两败俱伤的冲突,在进化竞争中处于有利地位,渐渐地在种群中占有压倒性的优势,使整个种群都表现出采取道德行为的先天性。具有这种能力的生物种群,群体利益就能得到更好的保护,从而成为优势群体。为此,生物体分别用愤怒、仇恨、嫉妒、害怕、恐惧和悔恨等不愉快情绪的痛苦驱动机制和轻松愉快情绪的快乐驱动机制来规范行为。在痛苦驱动机制和快乐驱动机制控制下,人们如果以符合道德的方式生活,就会感觉到愉快与幸福,而以违反道德的方式生活,就会感觉到无奈与怛丧、痛苦与压抑。心理痛苦损害身体健康,使人生病,进而影响寿命。

孟子认为,夏、商、周之所以得天下,是因为它们的开国君主有美德,施仁政;之所以失天下,是因为其后代君主有恶德,施暴政。因此,良好的品德对领导者就更加重要[19]。在中国历史上,许多志士仁人,他们以仁为宗,以德为邻,严格要求自己,不做昧良心的事,心胸坦荡,无怨无悔。于谦任晋豫巡抚十八年,卸任时写下"清风两袖朝天去,免得间阎话短长"的诗句。与之相反,贪官污吏将民脂民膏攫为己有,总担心一朝东窗事发,心理上顾虑重重,夜不安寝,食不甘味,身体自然多病,往往短命[21]。洪昭光统计了1100余名贪官和清官的健康状况后发现,患脑血管疾病比率,贪官为60%,清官为16%。李洪福发现,贪官在押以后均患有程度不等的高血压病,不少人并发冠心病、脑中风等心脑血管疾病。巴西医生马丁斯调查583名犯有腐败罪行的官员,并与583名廉洁官员对照,发现腐败官员中60%的人患病,患癌症者占53%,患心肌梗死、心绞痛、心肌炎者占27%,患脑梗塞、脑溢血等其他疾病者占30%。廉洁官员中只有16%的人生病[22,23]。贪官生活情趣低下,声色犬马,生活节奏和饮食习惯紊乱;贪官处心积虑地算计他人,导致人际关系紧张;贪官长期处于焦虑与恐惧中,身心处于高度紧张状态;有的贪官良知并未完全泯灭,他们熟知善恶标准,因而长期受到良心拷问;贪官在受到法律制裁时,情绪波动大,羞耻、悔恨、恐惧、悲伤各种消极情绪一并袭来,它们都会成为致病因素,最终必然危及健康乃至生命。

"仁者寿"思想也有前提:不以"寿"伤"仁"。中国古代先哲认为,健康长寿是生命的重要目标,但不是唯一目标,也不是最高目标。健康长寿的目的是追求有价值的生活,获得永恒。人生的最高价值为立德、立功、立言[24]。"大上有立德,其次有立功,其次有立言,虽久不废,此之谓不朽"(《左传·襄公二十四年》)。因为人的肉身不可能永存,道德风范却可永垂后世。当生命与道德原则发生冲突、无法两全时,儒家主张杀身成仁、舍生取义。孔子说:"志士仁人,无求生以害仁,有杀身以成仁。"(《论语·卫灵公》)孟子说:"生亦我所欲也,义亦我所欲也。二者不可得兼,舍生而取义者也。"《(孟子·告子上》)。王守仁说:"是其以吾心为重,而以吾身为轻,其慷慨激烈以为成仁之计者,固志士之勇为,而亦仁人之优为也。"因为仁是"天理","寿"是"私欲",为了天下苍生的福祉,即使牺牲生命也值得。另外,人的寿命也有个体差异。"仁"益寿,但不必寿。即使仁如颜回,也只活到四十岁,但这不是由于仁的缘故。影响人的寿命的原因很复杂,如基因、生活环境、医疗条件。道德对寿命有影响,但不是唯一因素。民间有"好人不长寿,祸害一千年"的说法,但这话更多的是感慨语。事实上,坏人短命的亦很多,如秦二世。这种说法亦有宣传的原因。媒体喜欢宣传短命或命运坎坷的好人,而人们对好人早逝又格外惋惜。而祸害长命引起人们愤慨,这种愤慨加深了"祸害长命"的错觉。

(四) "仁者寿"的二个案例——文天祥与吴伟业

文天祥的《正气歌》是对"仁者寿"和"德润生"思想的极好诠释。他说:"予囚北庭,坐一土室,室广八尺,深可四寻。单扉低小,白间短窄,污下而幽暗。当此夏日,诸气萃然:雨潦四集,浮动床几,时则为水气;涂泥半朝,蒸沤历澜,时则为土气;乍晴暴热,风道四塞,时则为日气;檐阴薪爨,助长炎虐,时则为火气;仓腐寄顿,陈陈逼人,时则为米气;骈肩杂遝,腥臊汗垢,时则为人气;或圊溷,或毁尸,或腐鼠,恶气杂出,时则为秽气。叠是数气,当之者鲜不为厉,而予以孱弱,俯仰其间,於兹二年矣。幸而无恙,是殆有养致然尔。然亦安知所养何哉?孟子曰:'吾善养吾浩然之气。'彼气有七,吾气有一,以一敌七,吾何患哉?况浩然者,天地之正气也。"

从这段文字可见,狱中的环境不可谓不恶劣,狱中的生活不可谓不困苦。然而,由于他内心中充满大义凛然的浩然正气,艰难困苦、恶劣环境不仅未损害他的机体、夺去他的性命,反而使他很健康。他说,人心中如果充满浩然之气,就可将生死置之度外;人心中如果洋溢着浩然之气,就可视酷刑如甘饴;恶劣的环境、难熬的孤独都不能奈何他。他感叹说:"如此再寒暑,百疠自辟易。哀哉沮洳场,为我安乐国。岂有他缪巧,阴阳不能贼?顾此耿耿存,仰视浮云白。"即在恶劣环境中生活了两年,种种致病因素都退避了,低洼之地成为我的乐园。难道有什么巧办法能防彼百害么?回顾自身,只不过有耿耿丹心、浩然正气而已。文天祥就义后,人们从衣服上发现了他的绝笔:"孔曰成仁,孟曰取义,惟其义尽,所以仁至。读圣贤书,所学何事,而今而后,庶几无愧。"在这里,"无愧"很重要。在就义之时,他觉得对得起祖国和人民,觉得自己做到了"仰不愧于天,俯不怍于人"。因此,古今人们读《正气歌》,汲取的往往是"至大至刚"的精神,领略的是惊天地、泣鬼神的爱国主义情怀。事实上,从《正气歌》中,还可以悟出"仁者寿"的道理,领略"德润生"的神奇。因此,《正气歌》是心理健康教育的极好素材。

明代吴伟业是相反的案例。吴伟业,号梅村,1631年以会试第一、殿试第二荣登榜眼,历任翰林院编修、东宫讲读官、南京国子监司业、左中允、左庶子等职。明亡后,绝意仕途,辞官归里,写下不少悯时伤世的诗篇。1653年,在灵与肉、道德操守与生命保存之间,吴伟业选择了苟全性命、出仕降清,从此堕入了失节辱志的痛苦深渊,也让他的自赎灵魂的悲歌沉挚缠绵,哀伤欲绝。辞官还乡后,他依然为自己降清出仕深感悔恨。他写道:"忍死偷生廿余载,而今罪孽怎消除?受恩欠债应填补,总比鸿毛也不如。"对失足,他毫不原谅自己:"山非山兮水非水,生非生兮死非死!""浮生所欠只一死,尘世无繇拾九还。"康熙十年,一代诗人在家乡病逝,留下遗言:"吾一生际遇,万事忧危。无一刻不历艰难,无一刻不尝辛苦。实为天下第一大苦人。吾死后,敛以僧袍,葬于邓尉,灵岩相近,墓前立一圆石,题曰诗人吴梅村之墓。"吴伟业在最后时刻心情依然矛盾,敛以僧袍,是无奈的选择,他可能更愿意以明朝官服入殓,但这在当时绝无可能。

墓前题字也是一样的心态："误尽平生是一官，弃家容易变名难。"在病危时刻，他还赋有《贺新郎·有感》一词："万事催华发，论龚生、天年竟夭，高名难没。吾病难将医药治，耿耿胸中热血。待洒向、西风残月。剖却心肝今置地，问华佗解我肠千结。追往恨，倍凄咽。故人慷慨多奇节。为当年、沉吟不断，草间偷活。艾灸眉头瓜喷鼻，今日须难决绝。早患苦、重来千叠，脱屣妻孥非易事，竟一钱不值何须说。人世事，几完缺？"从词中可见，在临终之际，他的心还在流血。有如此痛苦之心情，又岂能长寿？

五、如何成为仁者？

如何成为仁者？孔子及其弟子认为，第一，要树立良好态度和坚定决心，要不畏艰难，不思索取，甘于寂寞，志存高远。孔子说："博学而笃志，切问而近思，仁在其中矣。"（《论语·子张》）。又说："我未见好仁者，恶不仁者。好仁者，无以尚之；恶不仁者，其为仁矣，不使不仁者加乎其身。"（《论语·里仁》）意思是说，我没有见过爱好仁德的人，也没有见过厌恶不仁的人。爱好仁德的人，是不能再好的了；厌恶不仁的人，在实行仁德时，不让不仁的人影响自己。据记载："子曰：'参乎！吾道一以贯之。'曾子曰：'唯。'子出，门人问曰：'何谓也？'曾子曰：'夫子之道，忠恕而已矣。'"（《论语·里仁》）即一定要追求仁，舍弃不仁，要不遗余力，终究会成为仁者。孔子说："仁远乎哉？我欲仁，斯仁至矣"（《论语·述而》）。即仁很难实现吗？只要愿意实行仁德，仁治就实现了。曾子认为："士不可以不弘毅，任重而道远。仁以为己任，不亦重乎？死而后已，不亦远乎？"（《论语·泰伯》）即追求仁任重道远，但士一定要坚强应对，死而后已。孔子还说："当仁，不让于师。"（《论语·卫灵公》）即老师也不能阻挡自己对仁的向往。他还提出："志士仁人，无求生以害仁，有杀身以成仁。"（《论语·卫灵公》）在追求仁的道路上，要不避艰险，甚至不惜牺牲生命。

第二，应明辨是非，了解什么是仁，什么是不仁。孔子说："人之过也，各于其党。观过，斯知仁矣。"（《论语·里仁》）观过知仁，就是从他人或自己的失误中认识人性，认识人生，认识自己。做到"四勿"："非礼勿视，非礼勿听，非礼勿言，非礼勿动"（《论语·颜渊》）。他说："恭而无礼则劳，慎而无礼则葸，勇而无礼则乱，直而无礼则绞。君子笃于亲，则民兴于仁，故旧不遗，则民不偷。"（《论语·泰伯》）因为君子不断追求仁，百姓就会接近仁；不抛弃熟人，百姓就不会人情淡漠，而是充满仁爱。应"志于道，据于德，依于仁，游于艺"（《论语·里仁》）。

第三，应结交道德水平高的朋友。孔子说："君子以文会友，以友辅仁。"（《论语·颜渊》）交往道德高尚的朋友，可以促进人向仁德靠近。

第四，要保持健康的情绪。孔子提出"益者三乐"和"损者三乐"，即"乐节礼乐，乐道人之善，乐多贤友，益矣。乐骄乐，乐佚游，乐宴乐，损矣。"（《论语·季氏》）即节制行为，常讲别人的好话，喜欢多交好朋友，有益；喜欢纵情享乐，喜欢闲游闲逛，喜欢吃喝玩乐，有损。孔子还提出"三戒"和"三畏"。"少之时，血气未定，戒之在色；及其壮也，血气方刚，戒之在斗；及其老也，血气既衰，戒之在得。"（《论语·季氏》）即年轻时戒惕好色，壮年时戒惕好斗，老年时戒惕贪求。"畏天命，畏大人，畏圣人之言。"即君子敬畏天命，敬畏高尚的人，敬畏圣人的话。"小人不知天命而不畏也，狎大人，侮圣人之言。"（《论语·季氏》）天命、大人、圣人之言，是真、善、美的象征，也是人内在的良知。对天命、大人和圣人之言表示恭敬，就是对自然、对他人、对真理的敬畏，也是对良心的敬畏。

六、"仁者寿"思想的现实意义

"仁者寿"思想得到诸多思想家认同。养生之道在于养德。道德健康是长寿的保证。当前，各种新思潮、新文化不断涌动，剧变的社会环境带给人类生存以巨大压力，急需有精神主线来引领人类寻找生存的意义，而健康长寿正是人类亘古不变的追求。以此为切入点，依托"仁者寿""德润生"思想开展精神文明建设，不仅可以提高全民族的身体素质，更可以实践和谐社会理念。同时，仁代表对民众的关心和爱护，是人类解放的终极关怀；仁的内涵有普遍性，小到理想人格的形成，大到和谐社会的建设，都可以通过实践仁来实现。若人人内心向仁，中华民族伟大复兴的中国梦何愁不实现？

在学校道德教育中，"仁者寿"思想亦有重要价值。要使受教育者形成良好品德，贵在有道德动机。道德动机是推动人产生和完成具有道德意义的行为的内在动因和内部动力，是人维护道德原则、追求道德品质的心理倾向。在品德心理结构中，道德动机最具动力性。道德动机源于道德需要。道德需要与社交、归属、尊重和自我实现的需要紧密联系。道德需要被人意识到，就转化为道德动机。道德教育必须启发受教育者的道德需要和道德动机，变"要我道德"为"我要道德"。而"仁者寿"思想，就是对人的道德需要的激发，是对人的道德动机的启迪。人如果能够做到仁，寿就如影随形；人如果道德高尚，心理就健康，身体就强壮，疾病就远离，长寿就不言而喻。

〔参考文献〕

[1] 刘宁. 韩愈"博爱之谓仁"说发微——兼论韩愈思想格局的一些特点 [J]. 中国典籍与文化，2006（3）：89-95.

[2] 谭嗣同. 谭嗣同全集 [M]. 北京：中华书局，1990.

[3] 李泽厚. 论语今读 [M]. 北京：生活·读书·新知三联书店，2004.

[4] 冯友兰. 中国哲学史新编 [M]. 北京：人民出版社，1980.

[5] 托马斯·潘恩. 常识 [M]. 何实，译. 北京：华夏出版社，2004.

[6] 程颢，程颐. 二程集 [M]. 北京：中华书局，1981.

[7] 朱熹. 四书五经（上）[M]. 北京：民族出版社，2004.

[8] 田有成. "乐山乐水"解读 [J]. 榆林学院学报，2007（1）：79-81.

[9] 吕坤. 呻吟语·卷三 养生 [M]. 北京：北京燕山出版社，1996.

[10] 荀悦. 申鉴·俗嫌 [M]. 成都：巴蜀书社，1991.

[11] 龚廷贤. 寿世保元 [M]. 太原：山西科学技术出版社，2006.

[12] 孙思邈. 药王千金方 [M]. 北京：华夏出版社，2004.

[13] 熊经浴. 大德必寿, 美意延年 [N]. 人民日报 (海外版), 2005-01-08 (6).

[14] 燕国材. 以德养生 [N]. 中国医药报, 2001-3-25.

[15] 张积家. 普通心理学 [M]. 广州: 广东高等教育出版社, 2004.

[16] 仲理峰. 德商与领导德行力开发 [J]. 经济管理, 2007 (1): 49-51.

[17] 王彦波. 德商 (MQ) ——儿童健康成长新标准 [J]. 中小学教师培训, 2005 (2): 55-56.

[18] 陈浩彬, 苗元江. 积极人格研究概述 [J]. 北京教育学院学报, 2008 (2): 14-17.

[19] 张积家. 论孟子品德心理学思想 [J]. 华南师范大学学报 (社会科学版), 2002 (2): 103-110.

[20] 之相. 贪官短命析 [J]. 中外文摘, 1994 (7): 32.

[21] 许道敏. 贪官为何多短命 [EB/OL]. http://www.jcrb.com/n1/jcrb827/ca378570.htm.

[22] 谢广宽. 仁者寿、德润身: 儒家视野中健康的道德前提 [J]. 中国医学伦理学, 2016 (5): 744-746.

[23] 翟英范. 社会与生物意义上的道德选择 [J]. 河北师范大学学报 (哲学社会科学版), 2013 (2): 145-149.

[24] 刘海龙. 进化论视阈中的道德——恩斯特·迈尔的道德进化思想研究 [J]. 自然辩证法通讯, 2011 (2): 71-75.

谭嗣同心理学思想新探

张积家

[摘　要]	谭嗣同是中国清末维新派政治家、思想家、"戊戌六君子"之一。他所著的《仁学》是维新派的第一部哲学著作，也是中国近代思想史中的重要著作，其中蕴含了丰富的心理学思想，包括纷繁复杂的认知心理思想、充满批判精神的情欲心理思想。谭嗣同的心理学思想是一份值得珍视的心理学遗产。
[关键词]	谭嗣同；心理学思想
[原　载]	《心理科学》2002 年第 2 期，第 246-247 页，第 239 页。

谭嗣同（1865—1898），字复生，号壮飞，戊戌变法时期激进的理论家。他思想深刻，在许多领域都颇多建树，其中也包括心理学。本文是对谭嗣同心理学思想的探讨。

一、纷繁复杂的认知心理思想

谭嗣同在大量吸收自然科学知识的基础上，对人类认知的思考有更多的科学成分，其认识论具有反映论色彩。例如，他认为，脑是心理的器官。脑有复杂的结构。脑活动的本质是电活动，脑气筋像电线遍布全体。一旦物与人体相切，电线即传信息于脑，脑产生感觉。脑还是思维的器官。人的意识是"大脑之用"。谭嗣同的这些观点已经接近现代心理学的概念。他还认为，外界事物刺激是感觉的来源。他说："香之与臭，似判然各有性矣，及考其成此香臭之所以然，亦质点布列微有差池，致触动人鼻中之脑气筋，有顺逆迎拒之异，故觉其为香为臭。苟以法改其质点之聚，香臭可互易也。"这是唯物主义的反映论。谭嗣同还运用反映论和自然科学知识对知觉现象进行研究。如他认为水蒸气所造成的空气透视和观察角度是引起"太阳错觉"的原因。时间知觉是经验的产物。这些思想都符合科学心理学的原理。

谭嗣同对名与实的看法也具有反映论色彩。他认为，要正确认识客观现实，必须务实而不拘泥于"名"。他说："事何以治，治于实"，"耳目之所觐接，口鼻之所摄受，手足之所持循，无往而非实者。"中国纲常名教的要害是只讲名，不讲实，分裂名实，控制人心。

他说:"名忽彼而忽此,视权势之所积;名时重而时轻,视习俗之所尚。"例如,就道德范畴而言,"仁"之外有"智勇义信礼"和"忠孝廉节"之名。他又说:"又况名者,由人创造,上以制其下,而不能不奉之,则数千年来,三纲五伦之惨祸烈毒,由是酷焉矣。"如君以名桎臣,官以名辅民,父以名压子,夫以名困妻。"名"成了统治阶级分别等级、上制其下的工具。一旦触犯名教,就当被诛戮,被放逐。"伦常"之名亦如此。他说:"而今君臣一伦,实黑暗否塞,无复人理。"封建统治者以伦常制人身,并制其心。他说:"君臣之祸亟,而父子、夫妇之伦遂各以名势相制为当然矣。此皆三纲之名之为害也。名之所在,不惟关其口,使其不敢昌言,乃并锢其心,使其不敢涉妄想,愚黔首之术,则莫以繁其名为尚焉。"他说:"吾是以痛夫世之为名蔽也,将以实救之。以实,则一切不为其名,惟择其于今可行者著焉。"谭嗣同对于名教的批判是戴震对于"理"的批判的继续和发展。他的批判特别注重一个"名"字,这就更击中了名教的要害,非常具有战斗性。

在"道器"关系上,谭嗣同继承了王夫之"道不离器"的观点,认为器为体,道为用,"体立而用行"。他认为,"道"并非空洞概念,必有所丽而后见,必依于器而后有实用。因此,要探讨客观规律"道",必须依据客观事物"器"。他批评俗儒"以道为体",将道"虚悬于空漠无朕之际",是"惑世诬民"。他说天下亦是一大器,器变道必须变,所以必须变法。他又说:"衣食足则礼让兴,故圣人言教必在富之之后。孟子谓:'救死不赡,奚暇治礼义?'言王道则必以耕桑树育为先,无其器则无其道,圣贤之言道未有不依于器者。"从唯物论的反映论出发,谭嗣同得出了变法势在必行的结论,这是他的可贵之处。

谭嗣同提出了很有价值的语言心理思想。他认为语言和文字的出现是人类心理发展史上的大事件。"尝论人为万物之灵,所以能著其灵者,于语言声音著之"。他说,生民之初无语言文字,在长期历史发展中,各民族根据所习知的声音创造了语言,来标记事物、交流思想。由于语音不能久存,传播过程中难保不出错,于是人们又创立了文字。他认为汉语言文字有两大缺点:一是为方隅风气所囿,千里而近,都不相通晓;二是中国语言、声音,变既数千年,而犹诵写二千年以上文字,造成语言与文字分离。一个人从小学习口语,十岁就完成了;然后又开始学二千年以上的文字、声音,如此繁苦疲顿,造成读书识字者少、民众文化素质低的状况。而要改变这种状况,就要使文字合乎语言声音,改象形字体为谐声,易高文典册为通俗。他的这些观点为后来的"白话运动"、汉字改革和普通话运动张目。

谭嗣同十分重视思维的作用。他说:"脑之形有量而思无量。"在知行关系上,他贵知不贵行。他说:"知者,灵魂之事也;行者,体魄之事也";"行有限而知无限,行有穷而知无穷";"记性之所至,必不及悟性之广"。由于感官的局限,人认识事物必须重视"思"与"悟"。谭嗣同将知识分为两类:其一是"辨对待",核心是逻辑思维,它告诉人们彼此和是非,是"学者之始基";二是"破对待",核心是辩证思维,它告诉人们对待是相对的,可以相互转化。人认识到这一点,就前进了一大步,是"学者之极诣也"。

然而,令人遗憾的是,谭嗣同并没有把唯物论、反映论贯彻到底。受佛教影响,加之不了解实践的作用,谭嗣同从许多生理学实事出发,最终却得出了唯心主义的结论。这使谭嗣同的认知心理思想具有精华与糟粕并存的特点。例如,谭嗣同看到了客观事物的变化,人对事物的认识相对于客观事物变化具有滞后性。他说:"夫目能视色,追色之至乎目,则色既逝矣;耳能听声,追声之至乎耳,而声既逝矣;惟鼻舌身亦复如是。"但是,他从事物的变化却得出了客观事物不可知的结论。他认为,客观事物纷繁复杂,事物性质多种多样,而人只有五种感官,人的感官又具有局限性,因而很难认识客观事物的真面目。他说:"且眼耳所见闻,又非真见闻也。眼有帘焉,形入而绘其影,由帘达脑而觉为见,则见者见眼帘之影耳,其真形实万古不能见也";"耳有鼓焉,声入而肖其响,由鼓传脑而觉为闻,则闻者闻耳鼓之响耳,其真声实万古不能闻也";"鼻依香之逝,舌依味之逝,身依触之逝,其不足恃,均也。"谭嗣同这些观点与19世纪德国生理学家J. Muller的"神经特殊能力说"如出一辙。谭嗣同看到了感觉器官的依赖性,并准确地描述了感觉产生过程和感觉的外周神经机制,但他夸大了感觉对感觉器官的依赖性,把感觉同客观存在相分离,故而得出不正确的结论。他看到了感觉的相对性,指出人的主观状态不同,生活经历不同,知觉与认识自然会不同。他说:"自有众生以来,即各各自有世界;各各之意识所造不同,即各各之五识所见不同。小而言之,同一朗日皓月,绪风晤雨,同一名山大川,长林幽谷,或把酒吟啸,触境皆虚,或怀伤远离,成形即惨,所见无一同者。大而言之,同一语言文字,而仁者见仁,智者见智;同一天下国家,而治者自治,乱者自乱",所见更无一同者。但是,由于夸大了这种相对性,他得出了错误的结论。他说:"三界惟心,万法惟识,世界因众生而异,众生非因世界而异。"而事实上,造成感觉相对性的根本原因还是人生活于其中的客观世界。

(二) 充满批判精神的情欲心理思想

与半唯物、半唯心、纷繁复杂的认知心理思想不同,谭嗣同的情欲心理思想是他思想中的光辉部分。它是对封建礼教的批判,同时也是对个性解放的呼唤。

首先,谭嗣同对历史上的"性善情恶说"进行了批判。他认为性是人生而具有的自然属性,是以太的功能。以太有相成相爱能力,所以性是善的。既然性善,情就不会恶。说情恶,是由于人将情名之为"恶"的缘故。他认为,性与情都是自然心理现象,本身无所谓善恶。妄喜妄怒,人称不善,但七情中不能没有喜和怒。他批判说:"世俗小儒,以天理为善,以人欲为恶,不知无人欲,尚安得有天理!""天理,善也;人欲,亦善也。"他认为善恶都是名而非实。而名系人造,实却是客观存在。如男女构精,名之为"淫",这一名称沿习既久,所以人们才称淫为"恶"。谭嗣同的这些观点肯定人的情欲的合理性,从而肯定人有追求人生幸福、个性自由与解放的权利。

谭嗣同说,封建礼教为了防淫,耻淫语,禁淫书,锢妇女使之不出,严男女之际使不相见,做法的过分和不合理,已达到召人于淫的地步。他说:"夫男女之异,非有他,在牝牡数寸间耳"。过分重视男女差异,"锢之,严之,隔绝之",使他们相见若鬼物,若仇人,是"重视此数寸之牝牡,翘以示人,使知可贵可爱,以艳羡乎淫",这样反而造成人的逆反或变态心理。男女间严相防范的结果是轻易不能相见,一旦相见,"其心必大动不可止"。只要打破"男女授受不亲"的羁绊,冲破封建礼教的樊篱,男女之间"导之使相见,纵之使相习",反而不容易有淫。他认为,人的性行为是正常的生理和心理现象,"平澹无奇,发于自然"。"今悬为厉禁,引为深耻,沿为忌讳,是明诲人此中之有至甘焉"。正如逆水而防，防愈厚而水力愈猛，终必溃决一样，淫祸亦是由禁、耻、讳激成。他认为，正当的性活动不仅无羞丑，还应讲求方法与技巧，应进行性教育。谭嗣同的这些看法在当时是难能可贵的。

谭嗣同还对封建社会在性伦理上的双重标准进行了深刻批判，揭露了封建礼教的虚伪，对广大妇女受礼法摧残表示了极大同情。他说："故重男轻女者，至暴乱无理之法也。男则姬妾罗侍，纵淫无忌；女则一淫即罪至死。"他说，穿其耳为美饰，"为缠足之酷毒"，这类摧残妇女的行为与习俗，极不人道。他认为，男女同为天地之精华，都是血肉聚成，应平等相均。这些思想是近代资产阶级平等思想的反映，具有重要的反封建意义。

谭嗣同认为，情欲是人正常的心理现象，对情欲应有科学态度。他说："盖圣人之道，莫不顺天之阴骘，率人之自然"，"非有矫揉于其间。由之而吉，背之而凶，内反之而自足，叛去之而卒无所归"。即圣人之道是因人的自然本性而发的，其目的是人的潜能能够发挥，人生幸福能够实现，而不是违背和压抑人的本性。他认为需要是人情感产生和发展的基础。人在社会中生活，不可能无需要，亦不可能无喜怒忧惧。他说，人非木石，要使其冥而无私、无情无欲，是"本所无而强致之"，是"人而木石之"，"是人固不能也"。谭嗣同的这一思想，是《中庸》的"天命之为性，率性之为道，脩道之谓教"的人本思想的发展。

谭嗣同还对老子的崇俭思想进行了批判，进一步强调满足需要的合理性。他认为，人有各种需要，这是人性的表现。人的需要应该通过发展生产来满足，满足需要是生产目的，也是生产发展的动力。在这方面，崇俭的思想是错误的。他认为，俭至于极，莫如禽兽。俭与奢本是相对的，不能以日用多寡定奢俭，而应量入为出定奢俭。而老子立教"黜奢崇俭"。于是，凡开矿成物，励才奖能，通商惠工，皆当废绝；"铢积寸累，力遏生民之大命而不使之流通"。节食缩衣，由节俭到吝啬："坐视赢瘠盈沟壑，饿殍蔽道路"；"宁使粟红贯朽，珍异腐败，终不以分于人"；"一闻兴作工役，罔不动色相戒惧，以为家之索也"。他说："愈俭则愈陋，民智不兴，物产凋窳"。物质生活发达了，人人可奢，物物可贵，人与人"无所用其歆羡畔援，相与两忘，而咸归于淡泊"。反之，"遏之塞之，积疲苦反极，反使人欲横流，一发不可止"。谭嗣同对奢与俭的看法是他的情欲合理理论的自然延伸，是中国近代资产阶级对资本主义与生活方式的呼唤，对于我们今天的两个文明建设仍有一定的启发意义。

谭嗣同十分赞赏《中庸》的"中和"思想，认为人情绪的理想状态是"中和"："中"指情绪的心理状态，"其未发也，不滞于喜，不滞于怒，不滞于哀，不滞于乐"，内心不为一种强烈情绪所占据；"和"指情绪的外部表现，"无过不及之喜，无过不及之怒，无过不及之哀，无过不及之乐"，情绪表现得体恰当，种类与强度与事件和场合相当。他认为，要达到"中和"，要"善养气"。养气并非仅是"吐纳屈伸"的呼吸的调节，而是"惩忿窒欲固其体，极深研几精其用"，即通过调节和适当控制自己的情绪和欲望来巩固自己的本体，通过增加知识、明白事理升华自己的情欲。他说："惩与窒，则不忧不惧继之矣；极与研，斯尽性至舒继之矣"；"善养气者，喜怒哀乐视听言动之权，皆操之自我者也。操之自我，而又知言以辨其得失，于是无有能惑之者，而不动心之功成矣"。这样，人便能够自主自己的情欲，成为自己情绪与欲望的主人。

《管子》心理卫生思想研究

张积家

[摘　要]　《管子》是我国古代一部著名典籍，蕴含着丰富的心理学思想，主要包括：① 重视心理卫生的作用；② 认识的心理卫生思想；③ 情欲的心理卫生思想；④ 行为的心理卫生思想。《管子》的心理卫生思想是一份值得认真继承的宝贵遗产，对当代的心理卫生学研究与心理卫生运动开展具有重要指导意义。

[关键词]　《管子》；心理卫生；思想

[原　载]　《烟台师范学院学报》（哲学社会科学版）1993年第2期，第13—19页。中国人民大学复印报刊资料《心理学》1993年第8期全文复印。

　　《管子》是我国古代一部著名典籍，其中蕴含着丰富的心理学思想。本文是对《管子》心理卫生思想的初步研究。

一　重视心理卫生的作用

　　心理卫生，又称心理健康。它的含义十分广泛，不仅指预防各种精神病患与身心疾病，更重要的是指导人们培养健全的人格，排除消极情绪的影响，使人们更加健康地生活，以便能够很好地适应和驾驭高度紧张的社会环境。人们往往注重自己的身体健康，而忽视心理健康，不知道心理卫生的重要性。《管子》十分重视人的心理卫生。例如："凡心之刑，自充自盈，自生自成。其所以失之，必以忧乐喜怒欲利。能去忧乐喜怒欲利，心乃反济。彼心之情，利安以宁。勿烦勿乱，和乃自成。"（《内业》）这里，《管子》指出了消极情绪对人的心理的损伤作用，指出如能排除消极情绪，保持安定和宁静，人的心理和精神就可以达到和谐完满的状态。

　　心理卫生是认识事物的前提。《管子》将事物的发展规律叫作"道"。心理不健康，就不能认识"道"。"不见其形，不闻其声，而序其成，谓之道。凡道无所，善心安爱，心静气理，道乃可止。……被道之情，恶意与声，修心静意，道乃可得"（《内业》）。即道是没有固定的停留场所的，但是碰到善心就藏居下来。心静而气不乱就可以留居在这里。人只有修身正意，才能得道，即认识事物发展的规律。

心理卫生是行为端正的保证。人的行为是在心理的调节下进行的。心理健康，行为才能端正。《心术》中说："是故意气定然后反正。气者，身之充也，行者，正之义也。充不美则心不得，行不正则民不服。"即先要做到意气安定，然后才能使行为端正。气是充实身体的内容，行是立身持正的仪表。又说："圣人裁物，不为物使。心安，是国安也。心治，是国治也。……治心在中，治言出于口，治事加于民。故功作而民从，则百姓治矣。"（《心术》）这些论述都充分肯定了心理卫生对行为的重要作用。

心理卫生又是保持身体健康和长寿的重要条件。因为"心"与"身"是相互作用的。现代心理卫生学的研究表明，心理不健康，不仅可以导致一些心因性疾病，而且可以减损一个人的寿命。对于这一点，《管子》有着深刻的认识。例如，"人能正静，皮肤裕宽，耳目聪明，筋信而骨强，乃能戴大圆而履大方，鉴于大清，视于大明。敬慎无忒，日新其德，遍知天下，穷于四极。"（《内业》）即人心如能达到正和静的境界，形体上就会表现为皮肤丰满，耳目聪明，筋骨舒展强健。他进而就能够顶天立地，目视如同清水，观察如同日月，德行将与日俱新，并且遍知天下事物。这段论述表明人的心理健康可以影响身体健康，而身体健康反过来也可以促进心理健康。又说："精存自生，其外安荣。内脏以为泉原，浩然和平，以为气渊。渊之不涸，四体乃固，泉之不竭，九窍遂通。……心全于中，形全于外……谓之圣人"（《内业》）。"平正擅匈，论治在心，此以长寿"（《内业》）。这段话的意思是说精气存于心，人就自然生长，表现在外表上就仪态安闲而且容貌清新。藏在身体内部的是一个浩大而和平的泉源，形成气渊。渊源不枯竭，四肢才坚强；泉源不淤塞，四肢才通达。心在内部保持健全，体在外部保持康健，就可以称得上圣人了。同时，内心和平中正也是长寿的诀窍。

二、论认识的心理卫生

《管子》中有许多关于认识的心理卫生的论述，《内业》中将人的心理健康称为"心治"，认为心治才能使认识正确而不虚妄。"我心治，官乃治；我心安，官乃安"。"心无他图，正心在中，万物得度"（《内业》）。即心能平定安静，五官才会平定安静。心别无所图，对待万物才会有一个正确的标准。既然心治与否会影响到人的感官的工作和认识事物的标准，那么只有心治才是达到认识正确的根本途径。怎样才能达到认识事物时心治呢？《管子》提出了如下要求。

（一）虚心平气，节制人的欲望

《管子》认为人的心是思维的器官。"心以藏心，心之中又有心焉"（《内业》）。这第一个心指思维器官，第二个心指心理，而心理按照《管子》的理解又是精气所致。这种精气充塞于天地之间，也充满于人的心中。人不可以用强力留住它，但可以德性来安顿它；不可以用声音来呼唤它，却可以用心意来迎接它。恭敬地守住它而不失掉，就叫作"成德"，德有成就会产生出智慧，对万事万物就能够理解了。《管子》认为有形的身体只是精气存留的场所，称之为"精舍"，"定心在中，耳目聪明，可以为精舍"（《内业》）。真正发挥思维功能的不是"精舍"，而是充实于其中的精气，"精之所舍，而知之所生"（《内业》）。精气存留于心中，才产生智慧。所以精气充实于心是重要的。在这里，《管子》将心理与生理的关系作了机械唯物主义的理解。现代心理学的研究表明，人的思维器官和思维之间的关系不是"住"与"舍"的关系。思维器官即人脑是思维的物质基础，而思维则是脑的机能。所以，《管子》的"精舍"观点是不足取的。

然而，《管子》指出人的嗜欲对认识的消极影响并进而提出认识的心理卫生的观点则是可取的。《管子》认为，欲使精气存留于心，必须将精舍打扫干净。精舍不净，则精气不存。为此，必须"洁其宫，开其门"。"宫"即心，它是智慧之舍，要打扫干净，就要去其嗜欲，"洁之者，去好过也"（《心术》）。因为如果不去掉心中的嗜欲，人的认识就要受主观好恶的影响。"夫心有欲者，物过而目不见，声至而耳不闻也"。"心处其道，九窍循理；嗜欲充益，目不见色，耳不闻声"。"虚其欲，神将入舍；扫除不洁，神乃留处"（《心术》）。即心的活动如能符合正道，感官就能正常工作。心充满了嗜欲，眼就会看不到颜色，耳就会听不到声音，当然更谈不到获得正确的认识了。因此，人如排除了欲念，神（道）就会来到心里；扫除欲念，神（道）才会留处。

《管子》指出欲念影响认识是符合现代心理学的原理的。例如，如果一个人带着功利的观点去审查美的事物，就会看不到事物的美的特性；饥肠辘辘，普通的食物也会觉得香气扑鼻；口干舌燥，一杯清水也会感到甘甜可口。正如马克思所说：忧心忡忡的穷人甚至对最美丽的景色都没有什么感觉，贩卖矿物的商人只看到矿物的商业价值，看不到矿物的美和特性。

《管子》将排除私欲后的心理状态叫作"虚"与"静"，认为"虚"与"静"是认识事物的重要条件。例如，"心术者，无为而制窍者也……'毋先物动'者，摇者不定，趮者不静，言动之不可以观也"（《心术》）。即心的功能就是用虚静无为来管理九窍的。不要先物而动，因为摇摆就不能镇定，躁动就不能平静，这样就不能很好地观察事物了。又说："安徐而静，柔节先定，虚心平意以待须。"（《九守》）即人在认识事物时应该安定沉着而保持沉默，和柔克制而保持镇定，虚心平意地准备着和等待着。这实际上是认识事物时的一种最佳的心理境界。《管子》认为，"虚者无藏也"，"无求无设则无虑，无虑则反复虚矣"（《心术》）。即虚就是无所保留、无忧无虑，对事物不作任何主观臆测，按事物本来面目去反映事物。要做到"虚"和"静"，就必须"去欲"，然后才能认识事物的真谛。因为"去欲则宣，宣则静矣。静则精，精则独立矣。独则明，明则神矣"（《心术》）。

《管子》的"虚心静气"的思想与庄子的"心斋"有类似之处。"心斋"是庄子的一种排除思虑与欲望的精神修养方法。庄子说："惟道集虚，虚者心斋也"。即只有保持心的虚静，方能得妙道，所以"虚"就是"心斋"。

（二）勿骄勿躁，杜绝消极情绪

人在认识事物的时候，焦躁、狂喜、愤怒、骄傲等消极情绪是有不良影响的。《管子》对此有精辟的论述。例如，"静则得之，躁则失之。灵气在心，一来一逝，………所以失之，以躁为害。心能执静，道将自定"（《内业》）。即人心虚静就能得道，为急躁情绪左右就会失道。骄傲对认识也有消极的影响，人一骄傲，就不能"虚其心"，难免自以为是。"人心之变，有余则骄，骄则缓怠"（《重令》）。这样的人是不能认识客观真理的。"矜物之人，无大士焉。彼矜者，满也；满者，虚也。满虚在物，在物为制也"（《法法》）。即骄傲的人是成不了大人物的。骄傲就是自满，自满就是空虚。人如果自满空虚，事情就会被限制。现代心理学的研究表明，人在认识事物的时候，消极情绪的确有很大的干扰作用。例如，心境不佳，会使人无往而不悲；骄傲会松懈人的斗志，烦躁会使人失去明察，而狂怒会使人意识狭窄，甚至丧失理智。因此，《管子》指出认识时应排除消极情绪的影响是有其积极意义的。

（三）感而后应，避免先入为主

人在认识事物时难免受个人已有观念的影响，从而使认识发生偏差。《管子》认为，要消除先入为主的倾向的影响重在坚持"感而后应"的反映论立场。例如，"心不为九窍，则九窍治"（《九守》）；"耳目者，视听之官也，心而无与于视听之事，则官得守其分矣"（《心术》）；"感而后应，非所设也；缘理而动，非所取也。过在自用，罪在变化。自用则不虚，不虚则仵于物矣"（《心术》）。即不以先入之见干预感官的感知过程，感官就可以准确地反映客观事物。人应该在感知事物后再去适应，按照事物的道理去采取行动，而不是出于自己的主观策划和择取。为纠正主观同客观的偏差，《管子》主张"静因"之道和按实定名，"因"就是"无益无损""非吾所取"，按照事物的本来面目去反映事物，这样才能做到不颇；按实定名就是"应"，"应"即"舍己而以物""非吾所设"，使事物名实相符，"言不得过实，实不得延名"，这样才能做到不偏。因此，《管子》的"静因"之道和按实定名，就是实事求是的认识态度，闪烁着唯物论的光辉，也符合科学认识论的原理。

（四）专心致志，发挥思维的作用

《管子》认为，为了得到正确的认识，光靠感官反映正确还不行，还必须专心致志，精于思考。《心术》中说："专于意，一于心，耳目端，知远之证。能专乎？能一乎？能毋卜筮而知凶吉乎？能止乎？能已乎？能毋问于人而自得之于己乎？故曰，思之思之，不得，鬼神教之。非鬼神之力也，其精气之极也。""执一之君子。执一而不失，能君万物，日月之与同光，天地之与同理。"讲的都是专心致志和积极思考对认识的作用。现代心理学的研究表明，人在高度集中注意时，感知清晰，思维敏锐，思维聚焦在所思考的对象上，此时大脑工作效率极高。同时，《管子》讲的专一也有排除杂念之意，与"虚"的精神一致。《管子》认为，不仅要思，而且要问。"一曰天之，二曰地之，三曰人之，四方上下，左右前后，荧惑之处安在？"（《九守》）。同时，在听到人们的议论时，不要急于轻信或下结论。"人言善亦勿听，人言恶亦勿听。持而待之，空然勿两之，淑然自清。无以旁言为事成，察而征之，无听辩，万物归之，美恶乃自见"（《白心》）。"听之术：曰勿望而距，勿望而许。许之则失守，距之则闭塞"（《九守》）。还应充分发挥感官的作用。"一曰长目，一曰飞耳，三曰树明"（《九守》）。

（五）博采众议，以他人为戒

《管子》认为，一个人的认识能力是有限的。即使是明君，距离在百尺之外，也照常听不到；隔上一堵墙，也照样看不见。因此，必须听取他人的意见，才能不受蒙蔽。《九守》中说："目贵明，耳贵聪，心贵智。以天下之目视之则无不见也，以天下之耳听则无不闻也，以天下之心虑则无不知也。辐凑并进，则明不塞矣。"一个人的认识能力是有限的，但合天下之人的认识能力又是无限的。领导者只要集中众人的智慧，其聪明就不会被蒙蔽了。但听取他人意见也应遵循一定的原则，其一是有选择地听。"明主与圣人谋，故其谋得"，"乱主与不肖者谋，故其计失"（《形势解》）。其二是不因人废言，"毋曰不同生，远者不听；毋曰不同乡，远者不行；毋曰不同国，远者不从。如地如天，何私何亲？如月如日，唯君之节"（《牧民》）。"明主者，兼听独断，多其门户。群臣之道，下得明上，贱得言贵"（《明法解》）。即只要意见正确，即使提意见者是外姓人、外乡人、外国人、下级或低贱者，都应认真听取。其三是君主应建立专门的咨询机构。应像尧、舜、禹和周武王等先王那样，有"明台之议"，"衢室之问"，有"告善之旌"，"立谏鼓于朝"，开"总街之庭"，"有灵台之复"（《桓公问》）。最后是不自以为是。"任圣人之智"，"以众人之力"，这样才能做到"身逸而福多"（《形势解》）。应当承认，《管子》的这些见解都是十分精辟的。

在认识的心理卫生方面，《管子》还提出一个十分重要的思想，这就是"过知失生"。例如，《内业》中说："凡心之形，过知失生。"《白心》中说："思虑精者明益衰……知周于六合之内者，吾知生之有为阻也。"《内业》中说："思之而不舍，内困外薄，不蚤为图，生将巽舍"。即大凡心的形体，求知过多则失其生机，思索愈精细的人明智愈加不足，智慧遍及天地四方的，他的生机就要受到阻碍了。《管子》的"过知失生"的观点与祖国医学的观点是一致的。如《素问》中指出："思则气结。"《医学入门》中指出："过思伤脾。"《丹溪心法》中指出："惟过于思者，多成痨瘵，今之痨瘵多起于脾肾之劳，忧思之过者也。"从现代心理卫生学的观点看，一个人思虑过度，又不辅之以适当的休息，的确会导致身体孱弱，引起神经衰弱或其他病症。

三、论情欲的心理卫生

情欲的心理卫生是心理卫生工作的重点。保持健康的情欲，消除各种不良的情欲，是心理卫生的核心内容。《管子》对情欲的心理卫生的看法，是合理的、辩证的。

首先，《管子》肯定人的正常的生理需要和情欲的合理性，认为满足人的正常需要和情欲是道德教化的基础。如《轻重甲》中说："今为国有地牧民者，务在四时，守在仓廪。国多财则远者来，地辟举则民留处，仓廪实则知礼节，衣食足则知荣辱。"《治国》中说："凡治国之道，必先富民。民富则易治也，民贫则难治也。"《牧民》中还提出民有"佚乐""富贵""存安""生育""四欲"，有怕忧劳、怕贫贱、惧危难、恐灭绝"四恶"。"从其四欲，则远者自亲；行其四恶，则近者叛之。"君主如能满足人民的"四欲"，人民就能为他承受忧劳、忍受贫贱、承当危难、流血牺牲。《管子》的"四欲四恶"论与现代心理学家马斯洛的需要层次论有类似之处,其中佚乐属生理需要的范畴;存安属安全需要的范畴;富贵属尊重需要的范畴;而生育则类似于马斯洛的自我实现的需要。马斯洛认为,高级需要的出现要以低级需要的相对满足为基础。《管子》也认为衣食的需要不满足,人民就不可能知耻守礼、报效国家。《侈靡》中指出:"饮食者也,侈乐者也,民之所愿也。足其所欲,赡其所愿,则能用之耳。今使衣皮而冠角,食野草,饮野水,孰能用之。伤心者不可以致功。故尝至味而罢至乐。"即饮食侈乐是人民的欲求和愿望,满足他们的欲求和愿望,就可以使用他们。所以要吃最好的饮食,听最好的音乐。假使只让他们披兽皮,戴兽角,吃野草,喝野水,又怎能使用他们呢?

《管子》认为,人的某些情欲是人本性中所固有的。例如,"民之情,莫不欲生而恶死,莫不欲利而恶害"(《形势解》)。"凡人之情,见利莫能勿就,见害莫能勿避。……故善者势利之在,而民自美安"。"凡人之情,得所欲则乐,逢所恶则忧,此贵贱之所同有也"(《禁藏》)。"民,利之则来,害之则去。民之从利也,于水之走下,于四方无择也"(《形势解》)。《管子》对人性的看法类似于西方管理心理学理论中的"经济人"假设,不乏片面之处,但它承认人的需要的合理性的态度是可取的。

虽然《管子》承认人的正常的生理需要与情欲的合理性,但从心理卫生的立场出发,《管子》是主张适当节欲的,并以节欲为美德。如《心术》中说:"是以君子不怵乎好,不迫乎恶,恬愉无为,去智与故。""人迫于恶则失其所好,怵于好则忘其所恶,非道也"。"恶不失其理,欲不过其情,故曰'君子'"。《内业》中说:"心能执静,道将自定。得道之人,理丞而毛泄,匈中无败。节欲之道,万物不害"。"节其五欲,去其二凶,不喜不怒,平正擅匈"。这里"五欲"指耳、目、口、鼻、心五种情欲,"二凶"指喜与怒。

为什么要节制情欲呢?《管子》认为,第一,人的欲望无穷,而满足欲望要受社会生产力发展水平的限制。《权修》中说:"地之生财有时,民之用力有倦,而人君之欲无穷。以有时与有倦,养无穷之君,而度量不生于其间,则上下相疾也。"所以历代无道之君,往往"大其宫室,高其台榭……进其谀优,繁其钟鼓,流于博塞,戏其工瞽,诛其良臣,敖其妇女,獠猎毕弋,暴遇诸父,驰骋无度,欢乐笑语"(《四称》),最后民怨沸腾,国破身亡。而有道之君,则"量民力","不强民以其所恶","不偷取一世",故"诈伪不生","民无怨心","事无不成"(《牧民》)。第二,人如纵欲,则礼义廉耻失。即人如果只沉溺于生理需要的满足,就会抑制其对高层次的社会需要的追求。《立政九败解》中说:"人君唯无好全生,则群臣皆全其生,而生又养生。养何也?曰:滋味也,声色也,然后为养生。然则从欲妄行,男女无别,反于禽兽。然则礼义廉耻不立,人君无以自守也。故曰:'全生之说胜,则廉耻不立。'"即人如果沉溺于声色与肉欲之中,就谈不上礼义廉耻了。《牧民》中说:"上无量,则民乃妄。文巧不禁,则民乃淫;不璋两原,则刑乃繁。"即君主挥霍无度,人民就胡作妄为,不禁止奢侈,人民就放纵浮荡,不堵住这两个根源,犯罪的人就多了。"故圣人之制事也,能节宫室、适车舆以实藏,则国必富、位必尊;能适衣服、去玩好以奉本,则用必赡、身必安矣。能移无益之事、无补之费,通币行礼,而党必多、交必亲矣"(《禁藏》)。第三,欲望过度会影响人的身心健康。现代心理卫生学的研究表明,人的某些消极情绪如过分渴望、焦虑、憎恨、忧愁、悲伤、惊恐、抑郁、痛苦和浮荡等，一方面会使人的整体心理活动失衡，影响神经系统的功能；另一方面还能引起身体器官及生理的一系列变化，给人的心血管系统、消化系统带来不良影响。因此，这些情绪的持续作用，会损害人的身心健康。人如果贪饮食、纵性欲、酗酒，也会给身心健康造成损害。《管子》也有类似的思想，如"凡人之生也，必以其欢。忧则失纪，怒则失端。忧悲喜怒，道乃无处"（《内业》）。"思索生知，慢易生忧，暴傲生怨，忧郁生疾，疾困乃死"（《内业》）。"邪气入内，正色乃衰"（《形势》）。讲的都是纵欲对人的身心健康的影响。

那么，怎样做才能达到情欲的心理卫生呢？《管子》有许多珍贵的思想。一是禁末产。末产就是与奢侈品有关的工商业，它是产生纵欲的根源，"末产不禁则野不辟"（《权修》）。二是起居有时，饮食有节。《形势解》中说："起居时，饮食节，寒暑适，则身利而寿命益。起居不时，饮食不节，寒暑不适，则形体累而寿命损。"《内业》中说："凡食之道，大充，伤而形不臧，大摄，骨枯而血冱。充摄之间，此为和成。精之所舍，而知之所生。饥饱之失度，乃为之图。"即吃得太多就会伤胃而身体不好，吃得太少就会骨枯而血液停滞，食量适中，人体才能舒和，使精气有所寄托，智慧能够生长。饥饱失度，就应设法解决。可见，《管子》并不主张禁欲而主张适度。《禁藏》中说的"故立身于中，养有节。宫室足以避燥湿，饮食足以和血气，衣服足以适寒温，……游虞足以发欢欣"也是这个意思。三是发挥诗歌与音乐的作用。《内业》中说："止怒莫若诗，去忧莫若乐。"现代医学心理学的研究表明，音乐可以影响人的情绪。如节奏鲜明的音乐使人振奋，旋律优美的音乐使人情绪安静和轻松愉快。不同节奏、旋律、速度、谐调的乐曲可以对人的身心表现出镇静作用、兴奋作用、镇痛作用、降压作用等不同效果，可以改善人的大脑皮层、边缘系统和植物性神经系统的功能，增进人的各种内脏器官系统的活动。《管子》能在两千多年前就认识到诗、乐对情绪的调节作用是难能可贵的。四是用教化与法律加以引导。《侈靡》中说："为国者，反民性然后可以与民戚。民欲佚而教以劳，民欲生而教以死。劳教定而国富，死教定而威行。"即通过道德教化和法律制度使人的需要层次提高，而不是一味地满足人的情欲。

（四）论行为的心理卫生

《管子》中有许多关于行为的心理卫生的论述。如"言辞信，动作庄，衣冠正，则臣下肃。言辞慢，动作亏，衣冠惰，则臣下轻之"（《形势解》）。

那么，怎样才算是行为的心理卫生呢？《管子》认为就是要做到礼义廉耻，称之"四维"，即"礼不逾节，义不自进，廉不蔽恶，耻不从枉"（《牧民》）。即遵循应守的规范，不妄求自进，不掩饰过错，不趋从坏人。具体说，就是做君主的"能宽裕纯厚而不苛忮"，做父母的"能慈仁教训而不失理"，做臣下的"能尽力事上"，做子妇的"能孝弟顺亲"，又说"为主而惠，为父母而慈，臣下而忠，为子妇而孝，四者，人之高行也。高行在身，虽有小过，不为不肖"（《形势解》）。可见，封建的礼义乃是《管子》对人们行为的核心要求。

《管子》中有许多关于怎样达到行为端正的论述。其中有许多是合乎心理卫生的原则的。《管子》认为要使行为端正，必须做好如下几点。

（一）克己修身

《管子》认为修身乃人的"终身之计"（《权修》）。《小称》中说："修恭逊、敬爱、辞让、除怨、无争，以相逆也，则不失于人矣。尝试多怨争利，相为不逊，则不得其身。大哉！恭逊敬爱之道。……泽之身则荣，去之身则辱。"强调修身的重要。"吴王好剑而国士轻死"，君主的行为对臣下的影响如此之大，焉得不慎！

（二）出于公心

《管子》认为，出于公心的行为才能算是好的行为。《形势解》中说："明主之虑事也，为天下计者，谓之谶巨。谶巨则海内被其泽。泽布于天下，后世享其功，久远而利愈多"；"举一而为天下长利者，谓之举长。举长则被其利者众，而德义之所见远"。由于办事出于公心，所以也没有什么可以隐瞒的，没有什么可恐惧的，因此就可以"毋蔽汝恶，毋异汝度"，可以"言室满室，言堂满堂"（《牧民》），理直而气壮了。《管子》的这一看法与孟子有类似之处。孟子说：浩然之气，"至大至刚……行有不慊于心，则馁矣。"

（三）审时度势

《管子》认为，人在行动之前，先应动脑筋想一想，不能盲目行动。"圣人择可言而后言，择可行而后行。偷得利而后有害，偷得乐而后有忧者，圣人不为也"（《形势解》）。指的是行为前必须考虑后果。"圣人之求事也，先论其理义，计其可否。故义则求之，不义则止。可则求之，不可则止"（《形势解》）。讲的是行为前应考虑行为的正确性和行为成功的可能性。

（四）谦虚谨慎

《管子》说："天之道，满而不溢，盛而不衰，明主法象天道，故贵而不骄，富而不淫，行理而不惰"（《形势解》）。它将谦虚视为人的美德，将谨慎作为立家治国的根本，指出："海不辞水，故能成其大。山不辞土石，故能成其高。明主不厌人，故能成其众。士不厌学，故能成其圣。"（《形势解》）"是故其所谨者小，则其所立亦小。其所谨者大，则其所立亦大。"（《形势解》）即人的成就大小是与他能否谦虚谨慎息息相关的。

（五）积小善，杜微恶

《管子》认为，欲使行为端正不越轨，必须不忽视细微处和小事。《权修》中说，治理国家的人欲使人民禁大邪、行大礼、行大义、行大廉、去大耻，必须禁微邪、谨小礼、行小义、修小廉、饰小耻，认为这是"治之本"。《管子》的这一思想对于我们今天的社会主义精神文明建设也是有启发的。为了培养人民的社会主义精神与文明行为习惯，我们也必须从细微处抓起。

（六）善罪己身

善罪己身即自我批评。自我批评是使行为端正的重要手段。《管子》很推崇自我批评的精神。《小称》中说："善罪身者，民不得罪也；不能罪身者，民罪之。故称身之过者，强也；治身之节者，惠也；不以不善归人者，仁也。"即善于责备自己的人，人们就不会责备他，只有不肯责备自己的人，人民才去谴责。承认自己的过失是有力量的表现，修养自己的节操是明智的做法，而不将过错归于别人是仁义的体现。这些观点在今天看来仍是至理名言。

（七）重教化，省刑罚

《管子》重视道德教化在端正人的行为中的作用，认为"教训习俗者众，则君民化变而不自知也"（《八观》），"教训成俗，而刑罚省"（《权修》）。

总之，《管子》的心理卫生思想是十分丰富的。它是一份值得我们认真继承的宝贵遗产，对于当代心理卫生学的研究与心理卫生运动的开展具有重要的指导意义。

章太炎心理学思想初探

张积家

[摘　要]　章太炎是中国近代史上著名的资产阶级革命家，也是著名的思想家和通古博今的学者。在他的论著中，具有丰富的心理学思想。他的心理学思想分为前、后期，前期具有鲜明的唯物主义倾向，后期唯心主义倾向明显，但更加精细。认真研究章太炎的心理学思想，汲取其精华，剔除其糟粕，对我国心理科学的发展具有重要的意义。

[关键词]　章太炎；心理学思想

[原　载]　《烟台师范学院学报》（哲学社会科学版）1989年第4期，第56—61页。中国人民大学报刊复印资料《心理学》1990年第4期复印。

章太炎（1869—1936），名炳麟，字枚叔，浙江余杭人，中国近代史上著名的资产阶级革命家，著名的学者、思想家。章太炎生活在一个新旧交替、激烈变革的时代。他的思想因此也充满矛盾。在心理学思想方面，他既不乏唯物主义的真知灼见，也有许多唯心主义的论点。同他的哲学思想一样，他的心理学思想也可以分为前期和后期。他早期的心理学思想具有唯物主义的倾向，但1903年被捕入狱后，开始受佛教唯识宗和西方资产阶级主观唯心主义的影响。旧民主主义革命失败之后，其唯心主义倾向更为明显。在中国心理学思想发展史上，章太炎是一位承上启下的人物。他是最后一位经验论心理学家。在他晚年，科学心理学开始兴起。因此，认真研究他留给我们的心理学思想，汲取其精华，剔除其糟粕，对于我国心理科学的发展，具有重要的意义。

一　章太炎早期心理学思想

章太炎曾钻研过经学，醉心于荀子的学说。戊戌变法失败后，他由改良转向革命，与孙中山等革命人士交往。此时，他的思想具有唯物主义的倾向，这种倾向集中体现在他的《訄书》这一著作中。

（一）论感知

在《訄书》中，章太炎在继承我国古代唯物主义者荀况思想的基础上，吸收近代自然科学知识，提出了唯物主义的感觉论。他说："黄赤碧涅修广以目异，徵角清商叫啸喁于以耳异，酢甘辛咸苦涩隽永百旨以口异……温寒熙湿平棘坚疏枯泽以肌骨异，是以人类为公者也。"[1] 即红、黄、绿、黑各种颜色和形状的高、宽要用眼睛去辨别，徵角、清商这些乐器的声音以及人的高声呼喊、低声说话要用耳朵去感知，酸、甜、辣、咸、苦、涩、美味要用口去品尝……冷热、燥湿、软硬、平皱、坚疏、枯泽要用皮肤去觉察。在这里，他明确指出人要认识客观世界必须通过感觉，感觉是人们认识世界的根本途径。同时，他也指出了感觉器官是专门化的，不同的感官接受不同的信息，具有不同的功能。由于人们的感官是相同的，所以感觉正常的人对相同的外部事物可以得到相同的感觉。

章太炎认为，虽然事物的性质要经过人的感官才能为人所认识，但事物及其性质不依赖于人的感觉而存在。因此，在感觉和感觉对象的关系上，他坚持了物是第一性的、感觉是第二性的唯物论的反映论的观点。他说："虽然，以黄赤碧涅之异，缘于人的眸子可也。以目之眚者，视火有青炎，因是以为火之色不恒，其悖矣。取歧光之璧流离，蔽遮之于白日，而白者为七色。非璧流离之成也，日色固有七，不歧光则不见也。火之有青炎，火者实射之，不眚目则亦不可见也。……虽缘眸子以为艺极，有不缘者矣。"[2] 即虽然眼睛正常的人可以感知各种颜色，但眼睛有毛病的人却将火光看成青色，但如果以此来怀疑火光的颜色不定那就错了。三棱镜可以将日光分离成七种颜色，但七色是日光固有的，只不过通过三棱镜显示出来而已。人的感官对外界事物的反映也是一样。任何颜色的感觉都不是自生的，而是客观刺激作用的结果。青色是火光固有的，眼睛有毛病的人看不到其他颜色，只看到其中的青色。虽然人们对颜色的感觉以到达眼睛为标准，但也有达不到感官的。有些颜色眼睛看不到，这是由于视觉器官的局限。

他又说："故钟大不出钧，重不过石，过是则听乐而震，观美而眩。声一秒之动，下至于十六，高至于三万八千，而听不逮。日赤之余炎，光力万然蒸，而视不逮。"[3] 即人对听觉刺激的感知是局限在一定的频率和响度范围之内的，频率过高或过低人耳都感觉不到。声音响度过大，引起振动觉，人耳也难以承受。人对视觉刺激的感知也是有局限性的，超过了限度人眼就感觉不到。他引用周代单穆公的话说："目之察色，不过墨丈寻常之间；耳之察清浊，不过一人之所胜。"[4] 许多事物人的感官感觉不到，但感觉不到不等于不存在。"以不闻见言其灭没，其厌人乎？"[5] 即以不闻见就说它们不存在是错误的。

他还用感觉适应现象进一步阐明他的这一观点。他说："大鱼始生，卵割于海水，久渍而不知其咸。苟以是论咸味之无成极，而坐知咸者以舌噱之妄缘。夫缘非妄也。虽化合亦有受化者也。且人日茹歔于酸素之内而不觉其酢，及其食醶梅，则酢者觉矣。苟日寝处于醶梅而嚊之，虽醶梅亦不知其酢也。乃酢于醶梅者则知之。是故分剂有细大，而淡咸无乱味。以忘微咸者而欲没咸之达性，固不厌也。"[6] 即咸鱼类在海里生活久了，已经适应了海水的咸，故不再感觉到咸；人如经常吃酸的食物，时间长了也不再会感觉到酸，如吃更酸的梅子，仍然会感到酸，但如天天吃梅子，也会适应。但酸和咸毕竟是客观存在的事物的属性，它不以人的感觉为转移。如果以感觉适应现象来否认客观世界的存在，认为它依赖于感觉而无客观的标准，那就大错特错了。酸咸这些味道有程度上的差异，人的感觉可以适应它们，但不能因此改变事物的本性。章太炎的这些看法闪耀着唯物主义的光辉，符合唯物主义反映论的原理。

应当指出，在章太炎之前，我国古代唯物主义者（如荀况）就有过不少唯物主义反映论的思想。然而，这些思想大多出自思想家们天才的直觉。对比之下，章太炎则是在吸收了近代自然科学知识的基础上建立自己的感觉论的，因而更富有说服力。

（二）论思维

章太炎看到了感觉的局限，所以他强调理性认识即思维的作用。宇宙是无限广大的，人要认识客观世界，不能仅局限于感官经验，还必须借助于思维进行判断和推理。在《訄书》中，章太炎论述了感性认识上升为理性认识的过程。他说："夫物各缘天官所合以为言也，则又譬称之以期至于不合，然后为大共名也。虽然，其已可譬称者，其他非无成极，而可恣脬腹以为拟议者也。"[7] 即由感官同外界事物接触（所合）而产生感觉，这些感觉经过推理（譬称）上升为概念（大共名），概念与具体事物相去已远，但概念推理也有客观标准（成极），并非人主观随意推测的。

在《颜学》中，他批评我国清初唯物主义思想家颜元重视实际经验而轻视理论的倾向。颜元曾将理论比作琴谱，将实践比作弹琴，认为只精通琴谱而不弹琴，那么和弹琴仍相差万里。章太炎肯定了颜元注重实践的一面，但也指出了他的不足。他说："独恨其学在物，物物习之，而抽象概念之用少"。"夫不见物器而习符号，符号不可用。而算术之横纵者，数也。数其矣，而物器未形，物器之差率，亦即无以跳匿。何者，物器丛繁，而数抽象也。今夫舍谱以学琴，乃冀其中协音律，亦离于抽象，欲纤息简而数之也。算者、谱者、书者，皆符号也"[8]。他认为虽然物器是第一性的，符号是第二性的，不见物器只学理论是行不通的，但也不应轻视理论的作用。学了数学知识再进行计算就容易得多。为什么？因为物器繁杂，而数抽象。人如果离开符号去学计算，离开琴谱去学弹琴，就会事倍功半，甚至一事无成。这些论述体现了章太炎对理论的重视。

在《原名》中，他探讨了人类知识的起源。他说："凡原物者，以'闻'、'说'、'亲'相参伍，参伍不失，则辩说之术奏；未其参伍，因无所用辩说。"[9] 即要认识事物，听人传授（闻）、亲身经验（亲）和推理（说）都是不可缺少的，都是知识的重要来源。因此，那种一味强调经验，以为"说"不如"亲"的看法是片面的，因为宇宙无限，人生有限，想任何事情都去亲身经验是不可能的。而且"就智者观之，'亲'亦有相绌"，耳闻目见的经验并不全部可靠。例如表演魔术，顷刻之间便可种瓜得瓜并剖食之，眼见口食，仿佛是真的，但经过推理，便知是虚妄不可信的，从这里可以看出思维的重要。他还指出，那种认为"闻不如说"的观点也是片面的，推理也有局限性。必须将三者结合起来，方能得到全面的认识。章太炎的这种看法是正确的[10]。

在《原名》中，他还对概念（名）的形成过程进行了分析。他吸收了中国古代荀、墨两家关于名的思想，结合西方逻辑学和佛教因明的合理成分，提出了他自己的"受、想、思"理论。他认为，名的形成，可以分为"受""想""思"三个阶段。"名之成，始于受，中于想，终于思"。他引用《荀子》和《墨经》的观点对名的形成过程作了进一步的说明。荀子曾有过"心有征知"的说法,"征知"指在感觉之后的进一步认识,相当于思维和理解等心理活动。章太炎认为,"受"就是领受,"接于五官曰受",即五官对客观现实的反映过程,这是概念形成的第一阶段。"传于心曰想,想者谓之征知"。在"受"之后,心理就对客观事物发生了识别和理解的作用,并由此产生概念(名),这是概念形成的第二个阶段。第三个阶段是"思","思"不依赖于感官的直接经验而依赖于人的过去经验,"思非征召不形","思"能将过去的经验加以综合、改造、抽象,从而产生"造作",认识事物的本质[11]。章太炎的这些论述突破了我国古代朴素唯物主义的局限,具有某些辩证法的特点。

(三)论心理发展

章太炎是近代中国较早接受西方某些先进思想和自然科学知识的人之一。作为一个资产阶级民主革命的先驱人物,救国救民的强烈历史责任感驱使他对人才的成长给予十分的重视,从富国强民的高度思考人的心理发展和人才成长的规律。进化论传入中国后,他毅然成了进化论的拥护者。于是,他采用用进废退的观点来解释人的心理发展。他说:"人谓紫脱华于冰层,其草最灵。紫脱非最灵也,寒过于款冬而已。鼠游于火,忍热甚也。海有象马,嘘吸善也。物苟有志,强力与天地争,此古今万物所以变。"[12] 紫脱是生长在北极的苔藓类植物,性极耐寒,古人看见紫脱能在冰天雪地里生长,便认为它有灵性,其实不过是比款冬更耐寒的植物罢了,长期的环境影响使它适应了寒冷的气候,正如火鼠游于火而不觉其热,海马、海象能在水中生活一样。任何生物的任何功能都是长期适应环境的结果。他又说:"竞以形,昔之有用者,皆今之无用者也。……下观于深隧,鱼虾皆瞽,非素无目也,至此无所用其目焉。鲸有足而不以仐,羖有角而不以触,马爵有翼而不以飞,三体勿能用,久之则失其三体。"[13] 任何生物身体器官的功能都是用进废退。生活在水中的鱼虾皆盲目,这是因为在黑暗的深海中生活用不着眼睛的缘故;鲸鱼虽有足,但后来转入水中生活后,足就退化了;羊成为家畜之后,其角就失去了自卫的作用;鸵鸟在沙漠中奔跑,其翅膀也不能用于飞翔了。物皆然,人也不例外。他说:"冰期,无茸毛不足以与寒气格哉,至于今,须发为无用,遂无短毳也。"[14] 人由猿进化到今天,由于生活环境的变化,身上的毛就褪掉了。除了自然环境对人的影响外,社会环境对人的发展具有更大的影响。他说:"沧热燥湿之度变,物与之竞争者,其体亦变,且万族之倾轧,非直沧热燥湿之可比也。"[15]

由此,他认为人的智力也是用进废退的。"故知人之怠用其智力者,萎废而为獶㹎(猿猴)。人迫之使人于幽谷,夭阏天明,令其官骸不得用其智力者,亦萎废而为獶㹎。"[16] 即如果将人禁闭于山林之中,使其感觉认识能力受到摧残,得不到正常的发挥,人就会退化成猿猴。现代心理学研究表明,章太炎的这一看法并不是危言耸听,因为许多由野兽哺育大的孩子如狼孩就是明证。尽管这些孩子有着人类的大脑和人的遗传素质,但由于他们在生命的早期脱离了人类的社会环境,与兽为伍,其智力没有得到正常的发挥与使用,当人们发现他们时,已经很难从他们身上找到人类的特性了。我国辽宁省有一女孩,名叫王显凤,父哑母愚,从小与猪在一起生活,九年之后,成了"猪孩"。因此,"浸益其智,其变也侗长硕岸而神明;浸损其智,其变也跛鳖而愚"[17]。人的智力如果能充分开发利用,就会高度发展;如果不开发或摧残它,人就会变得愚蠢。他认为,为了强国富民,必须开发民智,兴办教育。这些见解在今天看来,仍有重要的意义。可以说,章太炎是主张智力开发的先驱之一。

关于在心理发展中遗传与环境的作用,章太炎也有十分精辟的论述。章太炎具有在当时说来是十分丰富的遗传学和优生学的知识。他从提高全民族的素质的立场出发,对遗传因素十分重视。但他并没有因此否认后天学习的重要性,并将它作为"强种"的主要措施。在《菌说》中,他引用了英国唯物主义经验论者洛克的"白板说",认为"人之精神,本为白纸"[18],否认人具有天赋的或先验的知识。他强调一个人应当受教育,认为"学可以近变一人之行,又可以远变千世之质"[19]。教育与学习不仅可以改变一个人的品行,而且可以改变一个民族千百年来形成的特质。正因为他重视后天的环境与教育,所以他对孟子的"性善说"持批评态度。他说:"孟子固大儒,然如性善之说,……偘乎不如荀子矣。"[20] 因为如认为人性本善,就会削弱后天的学习和教育的重要性。他说:"见闻之习,师友之导,情状万端,甚非殊族,其异于亲也固移"。"不移者由于胚珠,可移者由于所染"[21]。这就是说,人的才性固然受来自父母遗传的影响,但也受后天学习与教育的影响。只要努力学习,就可以改变固有的遗传特性,求得智力的发展。"啮蹄在銜,驯良从御,泛驾不同,此固染致移之说也。"[22] "性犹箭也,括而羽之,镞而弦之,则学也。不学,则遗传虽美,能兰然成就乎。"[23] 即马只有经过驯化才能成为好马,箭只有经过加工制作才能锋利,人只有经过学习才能求得发展。不学习,即使遗传再好,也等于虚有。章太炎的这些见解是符合现代心理学原理的。

总之,章太炎的早期思想的主要倾向是唯物主义的。他的心理学思想,扎根于荀子的学说,又吸收了近代资产阶级思想的合理成分和自然科学的知识,是很值得我们今天借鉴和学习的。

二、章太炎后期的心理学思想

1903 年,章太炎由于从事反清活动,尤其是为邹容的《革命军》作序,又作《驳康有为论革命书》,在上海被捕入狱。在三年的监狱生活中,他研读了大量的佛教典籍,其思想深受佛教唯识宗的影响,思想逐渐转向唯心主义。辛亥革命失败后,其思想日趋消沉,唯心主义色彩更为明显。如他明确地否认世界万物的客观存在,将一切归于意识的变幻。他说:"宇宙本非实有,要待意想安立为有。若众生意想尽归灭绝,谁知有宇宙者。"[24] 这已经和明代王阳明"天下无心外之物"[25] 的观点如出一辙了。他对空间知觉和时间知觉的理解也不正确,他认为时间知觉和空间知觉之所以发生,都是由于心的作用,时间观念之所以发生,是因为"心法生灭,相续不已",如果心不生灭,时间也就无法建立了;空间观念之所以发生,是因为人的"吾慢"心而有"界阂",亦即由于人的主观意识所制造的关于事物的界限[26]。这种意念一旦消除,空间也就不复存在了。他还极力反对人脑是心理的物质基础,认为佛教的"阿赖耶识"[27] 是人体的主宰,并称之为"原型观念""种子",认为人的一切高级的范畴如时间与空间、原因与结果、主体与客体、存在与虚无等,都藏在此识之中。因此,章太炎的感觉论可分为前期和后期。在前期,他强调感觉、经验的重要,从而将我们引向唯物主义;在后期,他强调心的作用,从而落入唯心主义的泥潭。

在章太炎后期的心理学思想中,唯物的成分少了,但辩证的成分多了。虽然就其主要倾向而言是主观唯心主义的,但其中仍具有某些合理的因素。他对于感觉相对性的探讨和对于语言心理的研究就是这方面的例子。

(一)论感觉相对性

章太炎认为,人的感觉是相对的,它因时因地因主体而异。同样的客观刺激,所引起的感觉可能很不相同。他说,就寒热的感觉而言,人和款冬、火鼠就不一样。"冰寒火热,世以为尘性必然。然款冬华于冰层,火鼠游乎赤焰","则知冰未必寒,火未必热"。再就人的味觉而言,蚁卵之酱,"古人以为至味",燔鼠肉,"粤人以为上肴",然而易时易地,很少会有人这样认为。即使同时同地,只要口味所适,即使是酸腐的食物,有人将它作为上肴;只要钟情,丑女也会有人将她视为美人[28]。他还指出人的时间知觉也受主观因素的影响,处在不同的情况下,人的时间知觉会大不一样。童年以前,觉时去迟;中年以后,觉时去速。辛苦劳作,觉时去迟;游戏欢乐,觉时去速。"觉时去迟者,其觉日星漏壶之变亦迟;觉时去速者,其觉日星漏壶之变亦速"。即使使用标准的计时工具计时,"强为契约,责其同然",还是无法改变人的主观感觉[29]。这些论述都是十分精辟的。现代心理学的研究表明,人的心理(包括感觉和意识)是对客观现实的主观反映,心理反映的性质不仅取决于客观刺激的性质,而且取决于人的已有经验和机体状况。用苏联心理学家鲁宾斯坦的话来说,心理反映不是反射,而是"折射"。章太炎先生的错误在于过分强调了感觉的相对性,从而陷入不可知论。他说:"能觉者既殊,则所觉者非定",即认识的主体不一样,所认识的对象也就不确定。于是,"时非实有","时由心造"[30]。就这样,章太炎从感觉相对论滑向不可知论。正如列宁所指出的:任何真理,如果把它说得"过火",加以夸大,把它运用到实际所能运用的范围以外去,便可以弄到荒谬绝伦的地步。[31]

(二)关于语言心理

章太炎是中国近代史上较为系统地研究语言心理的人。他对语言心理研究的最大贡献是他的"语言缘起说"。他认为,语言的形成过程和概念(名)的形成过程是相通的,因为语言与思维是不可分的。在《语言缘起说》中,他对于荀况语言之初"缘天官"的理论予以充分的肯定,认为"语言之初,当先缘天官","物之得名,大都由于触受","语言者,不冯虚起,呼马而马,呼牛而牛,此必非恣意妄称也。诸言语皆有根,先证之有形之物则可睹也"[32]。这就是说,语言并非凭空捏造,语言之所以产生,必定有它所依据的实体;语言对于实体的表述不是任意的,其间必定有规律可寻。为了寻求语言形成的规律,章太炎独辟蹊径,将语言发展同概念发展联系起来考察。他认为名(概念)有三大要素,相应地语言也有三类。名的第一要素是"实",即具体事物,相应地,必然有一类词是表示实体的,如"人马金火";名的第二要素是"德",即事物的属性,相应地也有一类词是表示事物属性的,如"仁""武";名的第三个要素是"业",即事物的作用和功能，相应地也有一类词是表示作用和功能的，如"禁""毁"。语言的发展和认识的发展是一致的，都是由具体到抽象，"名言者，自取象生"，"上世先有表实之名，以次扩充，而表德表业之名因之"。即在语言发展初期，是先有表实的词，然后才有表属性、表功能的词。但当语言发展到一定程度之后，就会出现从抽象到具体的情况，"后世先有表德表业之名，以次扩充，而表实之名因之"[33]。如有了"青黄赤白坚咸香臭坚苦"之类抽象的词之后，便可依据它们再创造一些表实之名，如青布、黄马、赤焰等。应当承认，章太炎从思维和语言相互联系的角度来探讨语言的发展，是符合心理学原理的真知灼见，在中国心理学史上和语言学史上是具有一定地位的。

综上所述，可以看出，章太炎留给我们的心理学思想是十分丰富的。他的思想的合理成分，我们应当汲取，他所犯的错误，我们应引以为戒。

〔参考文献〕

[1] [2] [3] [4] [5] [6] [7] 章太炎. 訄书·公言 [M] //章太炎全集（3）. 上海：上海人民出版社，1984.

[8] 章太炎. 訄书·颜学 [M] //章太炎全集（3）. 上海：上海人民出版社，1984.

[9] [10] [11] 章太炎. 原名 [M] //章太炎全集（3）. 上海：上海人民出版社，1984.

[12] [13] [14] [15] [16] [17] 章太炎. 訄书·原变 [M] //章太炎全集（3）. 上海：上海人民出版社，1984.

[18] [19] 章太炎. 菌说 [N]. 清议报：第28—30册，1899.

[20] 章太炎. 春秋左传读叙录 [M] //章太炎全集（2）. 上海：上海人民出版社，1984.

[21] [22] [23] 章太炎. 訄书·族制 [M] //章太炎全集（3）. 上海：上海人民出版社，1984.

[24] [25] [26] 侯外庐. 中国思想史纲 [M]. 北京：中国青年出版社，1980.

[27] 阿赖耶识，佛教术语，意译为藏识，又称根本识，佛教唯识宗认为它是精神的主体，具有主宰一切、发号施令的作用。

[28] [29] [30] 章太炎. 齐物论释定本 [M] //章太炎全集（6）. 上海：上海人民出版社，1984.

[31] 列宁. 共产主义运动中的左派幼稚病 [M] //列宁选集：第四卷. 北京：人民出版社，1972.

[32] [33] 章太炎. 语言缘起说 [M] //章太炎. 国故论衡 [M]. 上海：上海古籍出版社，2003.

梁启超个性心理学思想试探

张积家

> [摘　要]　梁启超是中国近代的资产阶级改良主义政治家、启蒙宣传家、杰出的思想家、学贯中西的学者和大师。他一生著作等身，几乎在所有社会科学领域都有所建树，在许多领域起到了开风气之先的作用。梁启超的心理学思想亦十分丰富，其中就包括个性心理学思想。主要包括：① 论个性对心理反映的影响；② 论个性组织；③ 论个性的研究方法；④ 论影响个性的因素。
>
> [关键词]　梁启超；个性；心理学思想
>
> [原　载]　《烟台师范学院学报》（哲学社会科学版）1991年第3期，第68—75页。中国人民大学报刊复印资料《心理学》1991年第12期全文复印。

梁启超（1873—1929）是一位著名的资产阶级改良主义政治家、启蒙宣传家，同时又是杰出的思想家、学贯中西的学者和大师。他一生勤奋，才思敏捷，其著述几乎涉及了人文科学的各个方面，其中也包括心理学。他目光敏锐，学识渊博，其思想言论也"惊心动魄，一字千斤"[1]。尽管其思想错综复杂，见解也"流质易变"，常常"不惜以今日之我，难昔日之我"[2]，但还是给我们留下了许多可以借鉴的东西。本文是探索梁启超个性心理学思想的初步尝试。

一、论个性对心理反映的影响

人的心理是对客观现实的反映。这种反映不像机械唯物主义者主张的那样是镜子式的反射，而要受人的个性的影响。正如光线通过不同的介质产生不同的折射一样，客观现实作用于具有不同个性的有机体，也会产生不同的反映。因此，个性使人对客观现实的反映具有主观性。对于这一点，梁启超有着深刻的认识。他说："山自山，川自川，春自春，秋自秋，风自风，月自月，花自花，鸟自鸟，万古不变，无地不同。然有百人于此，同受此山、此川、此春、此秋、此风、此月、此花、此鸟之感触，而其心境所现者百焉；千人同受此感触，而其心境所现者千焉；亿万人乃至无量数人同受此感触，而其心境所现者亿万焉，乃至无量数焉。"[3]

为什么会如此呢？梁启超认为主要是由于个性的下述因素的影响所致。

1. 人的职业兴趣和爱好的影响

人的职业兴趣和爱好不同，对同一事物的反映也不同。他说："同一书也，考据家读之，所触者无一非考据之材料；词章家读之，所触者无一非词章之材料；……经世家读之，所触者无一非经世之材料。同一社会也，商贾家入之，所遇者无一非锱铢什一之人；江湖名士入之，所遇者无一非咬文嚼字之人；……怀不平者入之，所遇者无一非陇畔辍耕、东门倚啸之人。"[4] 这是因为人的职业兴趣和爱好往往导致人对现实中的某些事物或事物的某些方面优先知觉，并根据自己的经验加以理解，因而得到不同的认识。因此，同一事物，"仁者见之谓之仁，智者见之谓之智，忧者见之谓之忧，乐者见之谓之乐"[5]。

2. 人的需要满足与否和心境的影响

人对客观事物的认识是受需要是否获得满足和心境好坏的影响的。需求状态不同、心境不同的人，对同一事物的反映不同；即使是同一个人，其需求状态和心境在不同的时间上不同，对同一事物的反映也不会一样。对于这一点，梁启超有着精辟的见解。他说："同一月夜也，琼筵羽觞，清歌妙舞，绣帘半开，素手相携，则有余乐"，这是爱与交往的需要得以满足的缘故；而"劳人思妇，对影独坐，促织鸣壁，枫叶绕船，则有余悲"，这是爱与交往的需要没有满足的结果。[6] 心境也给人对事物的认识渲染上不同的色彩。他说："'月上柳梢头，人约黄昏后'与'杜宇声声不忍闻，欲黄昏，雨打梨花深闭门'，同一黄昏也，而一为欢愁，一为愁惨，其境绝异；'桃花流水窅然去，别有天地非人间'与'人面不知何处去，桃花依旧笑春风'，同一桃花也，而一为清静，一为爱恋，其境绝异。"[7] 这些都是人的心境的作用所致。

3. 经验和心理定向的影响

人在认识事物的时候，经验构成了接受的背景和基础。所以，经验不同，对事物的认识也不一样。梁启超说："三家村学究得一第，则惊喜失度，自世胄子弟视之何有焉？乞儿获百金于路，则挟持以骄人，自富豪家视之何有焉？飞弹掠面而过，常人变色，自百战老将视之何有焉？"[8] 心理定向对人的认识也有深刻的影响。他举中国古代寓言的例子，一名齐国人白天在市场上偷钱被捉，官吏诘问他说："众目共视之地，汝攫金不畏人也？"其人曰："吾彼时只见有金，不见有人。"[9] 梁启超认为，其实世上所谓聪明睿智之人，其看法与盗金人也相去无几。由于心理定向的作用，即使李白、杜甫满地，那些衣褐襆、扶锄犁、辛苦劳作的人也不会知道；计然、范蠡满地，那些摩禹行、效舜趋、崇仰先王之道的人也不会知道。即使这些人日日环集于其旁，仍会视之为无有。这是由于人的心理定向对客观刺激的选择作用所致。

从科学心理学的观点来看，梁启超的上述思想是十分深刻的，在当时也是难能可贵的。人的心理是对客观现实的主观反映，反映受主体个性的影响，这是科学心理观的重要内容,人们认识到这一点却经历了漫长的历程。在心理学史上,与梁启超同时代的美国心理学家华生根本否认人的心理主观性,甚至否认人的心理的存在,他将人的心理等同于行为,认为人的行为公式是 S→R(即刺激→反应)。20 世纪三四十年代,美国心理学家托尔曼提出"中间变量说"(即将 S→R 公式改成 S→O→R,O 为中间变量,即主观因素)之后,人们才对影响人的心理的内部因素开始重视。直到 20 世纪 50 年代末,苏联心理学家鲁宾斯坦在其著作《存在与意识》中才最终科学地解决了这一问题。鲁宾斯坦指出,人的心理是"主体同客体相互作用的结果","外因要通过内部条件起作用","任何外部影响都要通过受到这一影响的物体和现象的内部特性而折射出来",人的内部本性(即个性)就是反映客观物质现象的"棱镜"[10]。梁启超关于个性影响心理的看法与科学心理学的看法是一致的。

梁启超认为,对个人来说,"惟心所造之境为真实"[11]。梁启超所讲的"心境",类似于美国心理学家勒温的"心理生活空间"的概念,即个人认识到的客观现实;相对于"心境"的外在现实,梁启超称之为"物境"(勒温称之为"物理生活空间")。"心境"与"物境"是不同的,但人们往往以为"心境"就是"物境",所以常常"知有物而不知有我"。这种情况,梁启超称之为"我为物役"或"心中之奴隶",他主张应破除心中之奴隶[12]。另一方面,如果人们了解了人的心理的主观性,就应当学会"善观"。他说:"故学莫要于善观,善观者观一滴而知大海,观一指而知全身,不以其所已知蔽其所未知,而常以其所已知而推其所未知。"[13] 梁启超的这些思想闪烁着理性和辩证法的光辉。

然而,也不能不指出,梁启超对心理主观性的论述中也存在着唯心主义和不可知论的倾向。尽管他没有否认客观物质的存在,没有否认客观事物对心理的影响,但他认为"一切物境皆虚幻",崇尚佛教的"三界惟心"[14],这是他思想的消极方面。

二、论个性组织

个性又称人格。对于人格的组织,心理学家的看法并不一致,主要有特质派与动力派之争。特质派认为,人的个性或人格,是由许多人格特质构成的。特质是人格的最小分析单元,它们是相对稳定的、持久的、具有概括性的内在行为倾向。每一特质同其他特质的关系是相对独立的,并具有两极性的特点。属于这一类的人格理论有阿尔波特的人格特质理论、卡特尔的人格因素理论等。而动力派则认为,人的个性由相互依赖、相互作用的几个部分组成。弗洛伊德的人格动力学就是动力派的代表。弗洛伊德认为人格由本我(生物我)、自我(现实我)和超我(道德我)三部分组成。梁启超对个性组织的看法,本质上属于特质论,但也具有动力论的某些特点。

梁启超将人格特质称为德性。他认为德性具有两极性。他说:"凡人类之智德,非能完全者也。虽甚美,其中必有恶者存;虽甚恶,其中必有美者存。"[15] 例如,在《过渡时代论》中,梁启超论述了过渡时代的英雄所应具备的三种德性:"冒险性",对立面是"保守恋旧";"忍耐性",对立面是半途而废;"别择性",对立面是盲目性[16]。在《为学与做人》一文中,他根据人类心理有知、情、意三个部分,提出个性的三达德说,三达德即"智""仁""勇","三件俱备,才能成为一个人"[17]。三达德的圆满发达状态即孔子讲的"知者不惑,仁者不忧,勇者不惧"[18]。他认为,为了做到"不惑",必须养成我们的判断力,丰富我们的知识,养成细密踏实的思维习惯。为了做到"不忧",必须辩证地看待成败得失,使生活趣味化、艺术化。为了做到"不惧",一是要"心地光明"[19]。他引用孟子的话说:浩然之气"至大至刚……行有不慊于心,则馁矣"[20]。二是"不为劣等欲望所牵制"[21]。他主张为了培养人这三种德性,教育应分为知育、情育和意育。"知育应教到人不惑,情育应教到人不忧,意育应教到人不惧"[22]。在《教育应用的道德公准》一文中,他进一步提出培养有道德的个性的四条公准:同情—反面是嫉妒;诚实—反面是虚伪;勤劳—反面是懒惰;刚强—反面是怯懦。他认为这四条便是衡量人的个性优劣的"尺斗"[23]。

但是,梁启超的德性论也有自己的特色。由于受中国古代儒家的"中庸"思想和道家的辩证法思想的影响,梁启超不像西方特质论者那样认为每一特质同其他特质之间都是相互独立的,而认为它们是相互联系、相互影响、相互制约的,因此又具有动力论的色彩。例如,在论述智、仁、勇三达德时,他就看到了三者之间的相互依赖,认为"有了不惑、不忧的功夫,惧当然会减少许多了";"一个人若是意志力薄弱,便有丰富的智识,临时也会用不着,便有优美的情操,临时也会变了卦"[24]。在《十种德性相反相成义》中,他把这种观点更发挥得淋漓尽致。他说:"……凡百之道德,皆有一种妙相,即自形质上观之,划然立于反对之两端;自精神上观之,纯然出于同体之一贯者[25]"。如同数学中的正与负、电学中的阴与阳、生活中的轻与重、冷与热一样,各种德性之间也是"互冲而互调","相薄而相剂"[26]。他提出有"十种德性,其形质相反,其精神相成,而为凡人类所当具有缺一不可者"[27]。这十种德性是独立与合群、自由与制裁、自信与虚心、利己与爱他、破坏与成立。独立与合群两种德性是相反相成的。独立是指"不依赖于他力",而合群是"合多数之独而成群"[28]。相当于卡特尔人格理论中的乐群性。独立是文明人的重要标志,它的反面是依赖。合群是人的本性之一。"人之所以贵于他物者,以其能群耳"[29]。合群就是"以一身对一群,常肯细身而就群;以小群对大群,常肯细小群而就大群"[30]。合群的反面不是独立,而是营私。他认为独立与合群互相依赖。好比打仗一样,虽然人自为战,但由于指挥统一而整齐协调,这是以独扶群;好比机器运转,虽是全机运动,但轴轨各分其劳,这是以群扶独。倘若能做到这一点,就可以称之为"合群之独立了"[31]。独立、合群是如此,其他四种德性也一样。如自由与制裁"不可须臾离"[32],世界上最尊自由权的民族,也即最富制裁力的民族;文明程度愈高,法律就愈严密。自信与虚心是另一个对子。自信的反面是自卑,虚心的反面是骄傲。自信与骄傲异,"自信者常沉着,骄傲者常浮扬",人愈自信"愈不敢轻薄天下人",愈坚韧"愈不敢易视天下事","海纳百川,经重致远",能做到这一点,可谓"虚心之自信"[33]。至于利己与爱他,破坏与成立,也存在着类似的关系。

因此,和西方形而上学的特质论不同,梁启超的德性论充满了辩证法思想。他不仅看到了德性之间的相对独立,而且看到了它们之间的相互作用和相互依赖,因而显得更为灵活,具有更大的适应性和解释力,更符合个性组织的实际,对于了解和培养人的个性具有更大的指导意义。

三、论研究个性的方法

梁启超没有专门讨论研究个性的方法的著作。他对个性研究方法的看法散见于他的一些著作中,体现在他自己关于个性研究的实践上。梁启超认为,个性研究可采取下述方法。

1. 外貌观察法

个性是人的内在心理特征,但它可以通过人的外貌表现出来。因此,观察人的外貌可以了解人的个性。梁启超说:"人常欲语胸中之秘密,……胸中之秘密,决不长隐伏于胸中,不显于口,则显于举动,不显于举动,则显于容貌。……盖人有四肢五官,皆所以显人心中之秘密,即肢官者,人心之间谍也,告白也,招牌也。述怀何必三寸之舌?写情何必七寸之管?乃至眼之一闪,颜之一动,手之一触,体之一运,无一非导隐念述幽怀之绝大文章也。"[34]

2. 行为评定法

行为评定法即通过观察人的言语和行为对其个性进行评定。这是中国古代思想家们常用的方法。如孔子说:"视其所以,观其所由,察其所安。人焉廋哉?"[35] 讲的正是这种方法。梁启超在其个性研究中,也经常使用这种方法。例如,在《新大陆游记》中,他曾比较了中、西人的走路方式,以说明其个性的不同:"西人行路,身无不直者,头无不昂者。吾中国则一命而伛,再命而偻,三命而俯。……西人行路,脚步无不急者,……中国人则雅步雍容,鸣琚佩玉,……西人数人同行如雁群,中国人数人同行如散鸭。"[36]

他还比较了中国人与西方人的讲话方式:华人开会时,咳嗽声、喷嚏声、欠伸声、拭鼻涕声,"如连珠然,未尝断绝";西人虽数千人集会,却极肃穆无哗[37]。"西人讲话,与一人讲,则使一人能闻之,……与百人、千人、数千人讲,则使百人、千人、数千人能闻之。其发声之高下,皆应其度";"中国则群数人坐谈于室,声或如雷","聚数千演说于堂,声或如蚁"[38]。"西人坐谈,甲语未毕,乙无儳言";"中国人则一堂之中,声浪希乱,京师名士,或以抢讲为方家"[39]。梁启超认为,像这样的事情,都可以体现人的不同个性,"斯事虽小,可以喻大也"[40]。

3. 优缺点列举法

这是梁启超在研究民族个性时常用的方法。列举某个国家或民族的人们的优点和缺点,最能看出不同国家或民族个性的优劣。梁启超学贯中西,一生曾数次游历国外,几经事变沧桑,因此对中华民族和欧美民族的特性有着深刻的了解。他说:"凡一国之能立于世界,必有其国民独具之特质,……有宏大高尚完美,厘然异于群族者。"[41] 他认为中国人的优点在于"勤、俭、信"、"冒险耐苦"、诚实正直、不畏强暴等,而缺点在于缺乏政治能力、组织能力,保守恋旧,冷漠旁观,缺乏公德,无国家思想,无市民资格,缺乏进取心与独立意识，缺乏独立能力与自由精神，夜郎自大，盲目排外，愚昧落后，浑浑噩噩等。应当指出，梁启超对中国人的缺点的列举与批评不无偏颇之处，但在当时对于唤起人民的觉醒与变革意识有着振聋发聩的力量。他的优缺点列举法也不失为一种研究个性的有效方法。

（四）论影响个性形成的因素

和国外的个性理论不同，梁启超不是从纯理论的角度去研究个性的，而是从改造国民的劣弱个性、培养国民的良好个性的立场出发去研究个性及其形成规律的。梁启超对半殖民地半封建的中国国民身上的劣弱特性深恶痛绝，而对祖国和人民的挚爱又使他对中国人的未来充满希望。为了开民智、铸国魂、重建民族精神，他汲汲于探讨影响个性形成的因素，孜孜于寻求培养个性的规律。尽管他阐明影响个性形成的因素，时而强调物的影响，时而强调心的作用，常常徘徊于唯物论与唯心论之间，但本质上他是一位多因素论者。他认为影响个性形成和发展的因素主要有以下几种。

1. 遗传素质

人的遗传素质是个性形成的自然前提和物质基础。梁启超具有丰富的遗传学和优生学知识，因此对遗传素质在个性形成中的作用有着深刻的认识。他说："畴昔立于无外竞之地，优胜劣败，一在本族……，其奈膨胀而来之者日日肉薄于吾旁也。故自今以往，非淘汰弱种，独传强种，则无以复延我祖宗将绝之祀。"[42] 他主张为了提高国人的遗传素质，必须实行优生优育。优生就是"淘汰弱种，独传强种"；优育就是使后代体魄健壮，教养得益[43]。为此，他坚决反对早婚，认为早婚会降低人的遗传素质。早婚者生的孩子废者、疾者、夭者、钝者、犯罪者居多，"此秀而不实之种，其有之反而不如其无之之为愈也"[44]。

2. 社会环境

梁启超十分重视社会环境对个性形成的影响。他所讲的社会环境包括社会制度、社会文化和社会心理。他认为中国人的柔弱、旁观、自私、保守等弱点，其主要原因是几千年的君主专制制度。"造成今日之国民者，则昔日之政术也"[45]。封建统治者为保护一姓之私产，"愚其民，柔其民，涣其民"，"挫其气，窒其智，消其力，散其群，制其劲"，采用驯之之术，役之之术，餂之之术，监之之术，使人失其本性，就彼范围。因此劣性虽表现在国民身上，其孕育者仍在政府[46]。他认为造成中国私德堕落的首要原因便是"专制政体之陶铸"，认为生息于专制制度之下，"苟欲进取，必以诈伪，苟欲百全，必以卑屈"；由于君主专制，"主权者以悍鸷阴险之奇才，行操纵驯扰之妙术"，使百炼钢化为绕指柔[47]。因此，欲救危亡求进步，开民智新民德，"必取数千年横暴混浊之政体，破碎而齑粉之……"[48]。其次是社会文化。他认为文化对人的个性的影响是通过个人的有意识模仿和无意识熏感而实现的。创造者在创造之后，会熏感别人，而被熏感的人会将别人的创造吸入自己的"识"之中，成为他"心能"的一部分[49]。最后是社会心理。梁启超认为，社会心理就是"前此全国全社会既死之人，以不死者贻诸子孙也"[50]。它也是通过熏习而实现其作用的。他认为，不仅人的有形肢体的特性可以遗传，就是无形之性也可以通过长期的心理积淀而传给后人[51]。

3. 生计

梁启超很推崇管子"仓廪实则知礼节，衣食足则知荣辱"[52]和孟子"民无恒产，斯无恒心。既无恒心，放辟邪侈，救死不赡，奚暇礼义"?[53]的思想，认为生计好坏对人的个性形成有很大影响。梁启超的"生计"相当于现代心理学中的生理需要的满足。他说："多数之人民，必其于仰事俯蓄之外，而稍有所余裕，乃能自重而惜名誉，泛爱而好慈善，其脑筋有余力以从事于学问，以养其高尚之理想，其日力有余暇以计及于身外，以发其顾团体之精神。而不然者，朝饔甫毕，而忧夕飧，秋风未来，而泣无褐，虽有仁质，岂能自冻馁以念众生，虽有远虑，岂能舍现在以谋将来。……故贪鄙之性，褊狭之性，凉薄之性，虚伪之性，谄阿之性，暴弃之性，偷苟之性，强半由于生计憔悴造之。生计之关系于民德，如是其切密也。"[54] 在《论私德》中，梁启超制了一张"中国历代民德升降原因表"，将"生计"一项列为重要原因。如秦代生计"大窭"，其民德"卑屈浮动"；东汉生计"复苏"，其民"尚气节，崇廉耻，风俗最美"[55]。梁启超的这一思想与美国人本主义心理学家马斯洛的需要层次论有类似之处。马斯洛认为，人有低级的生理、安全的需要和高级的社交、尊重和自我实现的需要。高级需要的出现有待于低级需要的满足。

4. 地理环境

梁启超个性理论的一个十分重要的特色，就是重视地理环境对个性形成的影响。他认为影响个性的地理环境方面的因素有四。一曰温度。他说："夫酷热之时，使人精神昏沉，欲与天然力相争而不可得；严寒之时，使人精神憔悴，与天然力相抵太剧，而更无余力以及他。"[56] 二曰物产。他说："热带人得衣食太易，而不思进取；寒带人得衣食太难，而不能进取。惟居温带者，有四时之变迁，有寒暑之代谢，苟非劳力，则不足以自给，苟能劳力，亦必得其报酬"[57]。三曰海拔高度。高原人以畜牧为业聚水草而居，忽聚忽散，缺乏凝聚力；平原人从事农业，生活稳定，易生凝聚力；山地之人，孤陋寡闻，易生保守心；濒海人民，活气较胜，富有进取心。四曰交通。亚洲东南西北各成一小天地，交通不便，缺乏竞争，故易"生反对保守之恶风，抱惟我独尊之妄见"[58]；中国"环蛮族而交通难"，周围蛮夷，"其文明程度，无一不下我数等，一与相遇，如汤沃雪，纵横四顾，常觉有上天下地惟我独尊之慨，始而自信，继而自大，终而自画"[59]。他感慨说："地理之关系于文明，有更大于人种者矣！"[60] 在《近代学风之地理分布》序中，他进一步指出了地理环境对人的重大影响。他说："气候山川之特性，影响住民之性质；性质累代之蓄积发挥，衍为遗传；环境对于'当时此地'之支配力，其伟大乃不可思议。"[51]

5. 战争

梁启超认为，"国家之战乱与民族之品性最有关系"。战争中内战为"最不祥之物"，"凡内战频仍之国，必无优美纯洁之民"[62]。内乱时，民易生六种恶性：侥幸性，残忍性，倾轧性，狡伪性，凉薄性，苟且性。内乱之后，民易生恐怖性和浮动性。对外战争则不同，它使人民易生功名心、敌忾心、自觉心、谋敌心、敢死心、自保心[63]。梁启超指出战争影响人的个性是正确的，然而不加分析地否认内战崇尚对外战争是其思想中的糟粕。

6. 学术思想与教育

梁启超十分重视学术思想与教育在个性形成中的作用。在《论进步》中，他认为封建专制思想"使全国思想界消沉极矣"，给人的个性发展以极大的摧残。因此，"必取数千年腐败柔媚之学说，廓清而辞辟之"，才能使人耳目一新[64]。在《论私德》中，他将"学术匡救之无力"视为养成国民恶德之源泉[65]。在"中国历代民德升降原因表"中，他也将学术列为重要原因，指出东汉时儒学最盛，明代王学大兴，其民德也好于其他时代[66]。在《论学术之势力左右世界》中，他将学术视为"天地间独一无二之大势力"，并以哥白尼、培根、卢梭、达尔文等人的学说对世界的影响为证。在《近代学风之地理分布》序中，他指出学术思想与教育的影响要甚于地理环境。地理环境在数十年间变化不大，但学术与教育却可以在短时间内改变人的个性[67]。在《论湖南应办之事》中，他将开民智、办新学视为第一要务[68]。这些都表明了梁启超对学术与教育在个性形成中的作用的重视。

7. 个人的主观努力

个性的形成是主客观相互作用的结果。在个性形成的过程中，外部条件要通过内部因素起作用。梁启超认为，欲形成良好的个性，离不开个人的自我修养和主观努力。那么，个人怎样进行自我修养才能形成完美之个性呢？梁启超提出许多切实可行的建议。例如，在《湖南时务学堂草约》中，他将立志、养心、治身、读书、穷理、学文、乐群、摄生、经世、传教作为学生的十条准[69]。在《新民说》中，他号召人们应自破除心中之奴隶，勿为古人、世俗、境遇、情欲之奴隶[70]。他鼓励人们积极从事变革社会的实践活动，自负起其责任，在变革社会的同时也改造自己[71]。同时也要处理好继承与发扬、学习与创新的关系，吸取我国传统道德的优点和近代西方道德的长处，即"淬厉其本所有而新之"，"采补其本所无而新之"，最终形成新的个性[72]。

总之，梁启超的个性心理学思想是十分丰富的。它是我国心理学思想宝库中的一颗璀璨的明珠，是一份值得我们批判地继承的宝贵的文化遗产。

〔参考文献〕

[1] [2] 吴嘉勋，李华兴. 梁启超选集 [M]. 上海人民出版社，1984.
[3] [5] [6] [7] [8] [11] [12] [14] 梁启超. 自由书·惟心.

[4][9][13] 梁启超. 自由书·慧观.

[10] A.A. 斯米尔诺夫. 苏联心理科学的发展与现状 [M]. 李沂, 张世英, 杨德庄, 等译. 北京: 人民教育出版社, 1984.

[15] 梁启超. "国风报" 叙例.

[16] 梁启超. 过渡时代论.

[17][18][19][20][21][22][24] 梁启超. 为学与做人.

[23] 梁启超. 教育应用的道德公准.

[25][26][27][28][30][31][32][33] 梁启超. 十种德性相反相成义.

[29] 梁启超. 新民说·论国家思想.

[34] 梁启超. 自由书·烟里披士纯.

[35] 梁启超. 论语·为政.

[36][37][38][39][40] 梁启超. 新大陆游记.

[41][72] 梁启超. 新民说·释新民主义.

[42][43][44] 梁启超. 新民议·禁早婚议.

[45][46] 梁启超. 中国积弱溯源论.

[47][53][54][55][62][63][65][66] 梁启超. 新民说·论私德.

[48][59][64] 梁启超. 新民说·论进步.

[49] 梁启超. 什么是文化.

[50][51] 梁启超. 余之生死观.

[52] 《管子·轻重甲》。

[56][57][58][60] 梁启超. 地理与文明之关系.

[61] 梁启超. 近代学风之地理分布序.

[67] 梁启超. 论学术之势力左右世界.

[68] 梁启超. 论湖南应办之事.

[69] 梁启超. 湖南时务学堂草约.

[70] 梁启超. 新民说·论自由.

[71] 梁启超. 呵旁观者文.

注: 梁启超的论文均引自《饮冰室合集》, 中华书局1989年版。

康有为情欲心理学思想探要

张积家

[摘　要]　本文探讨了康有为的情欲心理学思想。主要包括：① 批判封建的纲常名教，指出人的情欲的天然合理性；② 从阴阳中和论的观点出发，论述了情欲的产生和组织；③ 从庸俗进化论的观点出发，论述了情欲的重要功能。这些思想不仅有较高的科学价值，在当时也有极大的思想解放意义。我们应认真地从这份宝贵的文化遗产中吸取营养。

[关键词]　康有为；情欲；心理学思想

[原　载]　《烟台师范学院学报》（哲学社会科学版）1992年第2期，第73—81页。中国人民大学报刊复印资料《心理学》1993年第1期全文复印。

康有为是中国近代史上著名的资产阶级维新运动领袖，他不仅以救亡图强为己任，倡导变法改革，而且在许多人文科学中也颇多建树。他思想敏锐深刻，言论惊心动魄，被称为晚清思想界的"大飓风""大地震""火山大喷发"[1]。本文是对康有为情欲心理学思想的初步探索。

一、批判封建的纲常名教，指出人的情欲的天然合理性

康有为生活在中国封建社会向半殖民地半封建社会过渡时期。清朝统治者对外屈膝投降，在学术思想上，泥古不化，死抱着宋儒的"存天理，灭人欲"的封建礼教不放。康有为对此状况痛心疾首。为了给变法提供理论依据和解放人们的思想，他在吸收西方资产阶级人性论和中国儒家"爱民""仁政""民本"思想的基础上，率先对千百年来的封建礼教进行批判，指出人的情欲的天然合理性．他说："人生而有欲，天之性哉！"[2]人有天生之情，人有天定之义……就一人言之，喜怒哀乐爱恶欲之，七情受天而生，感物而发[3]。"夫人生而有耳目口鼻之体，即有视听言动之用，即有声色臭味，男女之欲，必不能免"[4]。"人怀阴阳之性，即有好恶之情"[5]。

这就是说，人的情感与欲望是人的固有属性，是人的感官的特性，它们与生俱有并

在环境的刺激下产生。人的情感与欲望是极丰富的。他说："生人之乐趣，人情所愿欲者何？口之欲美饮食也，居之欲美宫室也，身之欲美衣服也，目之欲美色也，鼻之欲美香泽也，耳之欲美声音也，行之欲灵捷舟车也，用之欲使美机器也，知识之欲学问图书也，游观者之欲美园林山泽也，体之欲无疾病也，养生送死之欲无缺也，身之欲游戏登临，从容暇豫，啸傲自由也，公事大政之欲预闻预议也，身世之欲无牵累压制而超脱也，名誉之欲彰微大行也，精义妙道之欲于心耳也，多书、妙画、古器异物之欲罗于眼底也，美男妙女之欲得我意者而交之也，登山、临水、说海、升天之获大观也"[6]。"盖天地既生一男一女，则人道便当有男女之事"[7]。康有为对人的欲望的看法与当代人本主义心理学家马斯洛有类似之处，其中耳、目、口、鼻、居、身和男女之欲类似于马斯洛的生理需要，体和养生送死之欲相当于马斯洛的安全需要，交美男妙女之欲即马斯洛的交往与爱的需要，名誉之欲属马斯洛的尊重需要，行之欲、用之欲、知识之欲、游观之欲、公事大政之欲、精义妙道之欲同马斯洛的自我实现的需要。这些需要乃人之"大愿至乐"[8]，是应该得到合理满足的。

那么，人为什么会有如此多的情欲呢？康有人认为，这也是由于人的本性所致。"人之始生，便具有爱恶二质"[9]。天有阴阳二气，而人性也分为"德性"与"气质之性"[10]。德性即人的社会属性，而气质之性即人的自然属性，前者表现于外即"仁义礼智信"，后者表现于外即"视听言动"，情感欲望。但无论德性还是气质之性，都是天之所与，无善恶之分。他说："夫性者，受天命之自然，至顺者也"[11]。"今善善恶恶，好荣憎辱，非人能自生，此天施之在人者也"[12]。这样，康有为将人的情欲视为人的本性，其天然合理性就有了坚实的基础。

既然情欲是人的本性，那么宋儒"存天理，灭人欲"的口号就不能不令人怀疑了。"若朱子之说，有阳而无阴，不能该人之性，不能尽人之道也"[13]。由此，康有为提出了人的情欲只可顺之、不可逆之、更不可绝之的思想原则。他说，情感欲望是"凡人之同"，"不能禁而去之，只有周而行之"[14]；"人之欲，以礼法制而寡之则可，绝而去之不能也"[15]；"夫天生人必有情欲，圣人只有顺之而不绝之"[16]。他对宋儒和佛教逆人情、悖人性、提倡绝人欲进行了有力的批判。他说："盖施仁大于守义，救人大于殉死。宋儒乃尚不知此义，动以死节责人，而不施仁望天下。立义隘狭，反乎公理，悖乎圣意，而世俗习而不知其非，宜仁义之日微，而中国之不振"[17]。佛教也是如此，"自六根六尘三阴二十五有，皆人性之具，人情所不能免者。佛悉断绝之，故佛者逆持人性之至也。……圣人之教，顺人之情，阳教也，佛氏之教，逆人之情，阴教也"[18]。又说："故佛氏欲断烦恼，首除爱根。由爱生缠，缠缠相缚，而父子夫妇之亲，人所难去，而强欲出家破爱根，岂人情之所能从哉！不即人情者，其道不行，则人类爱恋之苦终莫由拔也"[19]。因为只具人形而无人情，"身若槁木，心若死灰，是避世之地，灭绝之果也，非大道也"[20]。他说："宋儒言理深，然深之至则入佛。绝欲则远人也。"[21] 佛仙之道因其"不即人情"，"故非圣者之至道"[22]，同时也是不足取的。

受资产阶级人道主义思想影响，康有为在中国历史上首次提出"人道"问题。他认为人道与不人道的区别在于是否符合天理，而在于是否符合人情。"道者人人所共行，本乎天理，协乎人情，无贵无贱无亲无束，而不能离之者也"[23]；"以道者为人之道，非鬼神之道……人可同行,则为大道;人人不可行,则为非道"[24];"无他谬巧,无他高奇,而切于人事,不可须臾离,故曰'道不远人'远人不可道也"[25]。那么,什么是作为"道"的标准的人情呢?他认为人情就是"求乐免苦"。他说:"普天之下,有生之徒,皆以求乐免苦而已,无他道矣";"人道只有宜与不宜,不宜者苦也,宜之又宜者乐也,故人道当依人以为道,依人为道,苦乐而已,为人谋者,去苦求乐而已,无他道矣。"[26]这就是说,人的本性就是趋乐避苦,人道与否也就应以人身心的各种欲望能否得到满足为唯一标准。如果能增加人的快乐,减少人的痛苦,则"其道善",如果只是使人更加痛苦,则是"其道不善"[27]。这样,康有为就用自然人性论代替了封建礼教的"天理",人们追求幸福完满的欲望的正当性和合理性就被揭示出来。

不仅如此,康有为还把能否"求乐免苦"作为衡量、判断一切政教的好坏和一切公理的是非的标准。在他看来,圣人所制定的礼乐政教,不过是为了求乐免苦的工具。"礼者,圣人所以安人,非苦人也"[28];"孔子创教,自本诸身,征诸民,因乎人情以为道,故曰道不可离"[29]。即他认为孔子讲的礼教,是合乎人情而发的。由于合乎人情,所以令人可行,因此才会收到良好的社会效果。他说:"引天性之所好,而压其情之所憎。率性谓之道不可离,既不可离,故唱而民和,动而民随"[30]。他认为如能"令民乐利",其政教则文明进化,如"令民苦怨",其政教则野蛮退化。"公理"也必须根据这一标准来加以确定,"凡有害于人者则为非,无害于人者则为是"[31]。这样,康有为就把封建理学中的"天理"与"人欲"的关系完全颠倒过来,把"人"摆到了至高无上的地位。在中国近代思想史上,这是一个了不起的突破与进步。

从资产阶级自然人性论的立场出发,康有为对封建统治下压制人的情欲的非人性、非人道的状况进行了深刻的揭露和鞭挞。他说:"中国之俗,尊君卑臣,重男轻女,崇良抑贱……男之得有数十之姬妾,而妇人不得有二夫。……习俗既定以为义理,至于今日,臣下跪服畏威而不敢言,妇人卑抑无学而无所识,臣妇之道,抑之极矣。"[32]他认为父母包办婚姻,男为女纲是"无益之道",认为"禁人有夫妇之道","不惟无益人道,且灭绝人道矣",认为"跪足不便于筋络,叩首则脑血倒行",应当废止[23]。他指出在封建礼教的统治下,最受摧残的是妇女。她们根本不能为人,而是"为囚""为刑""为私""为玩具""不得自主""不得任公事""不得为仕宦""不得事学问""不得发议论",甚至"不得出室门"。之所以出现这种"可惊、可骇、可嗟、可泣"的惨况,不是由于妇女在生理和才智上不及男子,而是由于"上承千万年之旧俗,中经数千年之礼教,下获偏酷之国法……日筑之使高,凿之使深,加之使酷"[34]。封建宗法制以男性传宗,女子于是"全失独立之权",成为男子的"私属",几乎与"奴隶、什器、产业同";封建礼教提倡"从一而终""烈女不事二夫""饿死事小,失节事大",使得"孀守之寡妇遍地矣……贫而无依,死而无告……藁砧独守,灯织自怜,冬寒而衣被皆无,年丰而米菽不饱……茹粥而抚童孙,解衣而衣弱子……穷巷凄惨,寒饿交迫,幽怨弥天"。他认为男女虽异形,但同为天民而共受天权,因此这种压制妇女的做法,"于理不公,于事失用,不独非仁人之心,亦非时势所宜也",是"夺人权、背天理"的行为[35]。康有为的这些论述是刺向封建礼教的利剑,是昏沉的华夏大地上空的惊雷,十分富有战斗性。

那么,康有为是否就主张纵欲呢?非也。康有为主张的是一种对于人的情欲的宽容的态度。他十分欣赏董仲舒的"圣人制民,使之有欲,不得过节;使之敦朴,不得无欲"的观点,说:"使得有欲,顺天性也,不得过节,成人理也"[36]。他认为人的情欲是天赋予人的正当的心理现象,"惟众人为形质,则有欲,斯亦天之所予,无可禁也"[37]。虽身为圣人,也"不能无声色之举,宫室衣服之设""以文其体,以事其身"[38]。他认为宋儒的"存天理,灭人欲"的口号是错误的,因为"理"与"欲"的关系是"欲"在"理"先,"夫有人形而后有智,有智而后有理",而"婴儿无知,已有欲焉","理"并"非天之所为,乃人之所设。故理者,人理也"[39]。即欲属天赋,理由人设。他认为宋儒的口号也是行不通的,说:"古之敷教在宽",所以"人皆欢愉而乐于为善","自宋儒后,敷教在严",使"中人惮而不勉,适以便小人,"为学者"必一蹴而为圣人然后可,于是人皆其难也,相与遁于教外,乐纵其身,而操攻人之柄,教乃大坏,不可复振"[40]。此外,他主张对"纵欲"也应做具体分析,是否纵欲应看欲望的目标是什么。他说:"凡为血气之伦,必有欲,有欲则莫不纵之,若无欲则惟死耳。"他认为佛者是"纵其保守灵魂之欲",而圣人则是"纵其仁义之欲"[41]。因此,他主张,若是为己,则"以无欲为贵",若是为民,则以"有欲"为贵[42]。康有为自己认为他有一种"不忍人之欲",但因为它"合于义","因而纵之"[43]。但就人的肉欲而言,康有为主张"贵寡欲","恶多欲"[44],因为人生于社会之中,"若听任一人之自由必侵犯众人之权限,不可行也,故不能不治之"[45]。这种区别对待人的情欲的观点是可取的。

更为难能可贵的是,康有为对人的情欲的探讨得出了变革势在必行的结论。他认为他所生活的世界完全是一个非人性、非人道、痛苦悲惨的世界。"人道之苦,无量数不可思议",可概括为"人生之苦""天灾之苦""人治之苦""人性之苦""人所尊尚之苦"凡三十八种,苦的根源是"国界""级界""种界""形界""家界""业界""乱界""类界""苦界"等"九界"。这"九界"实际是对封建统治下的各种不平等现象的高度概括。为拯救人类的苦难,他主张破除"九界":"吾救苦之道,即在破除九界而已。"[46] 然而,他并没有找到能破除"九界"的道路,期望通过自上而下的改良去实现他的理想,这是他的历史局限。

(二) 从阴阳中和论的观点出发,论述了情欲的产生和组织

康有为从中国古代"元气说"和"阴阳"的概念出发,去论述情欲的产生与组织。他认为宇宙万物都是由"元气"组成的[47],这些元气为本体的天地万物,无不具有"阴"和"阳"两个方面,无不由"阴"和"阳"相互作用而运动变化。他自称"其道以元为体,以阴阳为用"[48],认为阴阳可以"括天下之物,理未有能出其外者"[49],人的情欲也是如此。从情绪的产生来看,境为阳,情为阴,是"心物交感"的结果。他说:"情者阴也,境者阳也;情幽幽而相袭,境婀娜而相发,阴阳愈交迫,变化而旁薄。"[50] 以人的美感而论,它是由审美事物所引起的,而且人在审美时的悲哀乐喜的情绪性质也是由审美事物的性质决定的。他说:"天日昏黄,群星无光,搏夜茫茫,则人为之凄然。天晴日丽,风和雨霁,登高而四眺,则人情为之畅然。断山童童,流沙漠漠,草木不生,涧谷皆涸。吾自埃及跨骆驼游萨哈拉大沙漠,极目无睹,一日而返。游于瑞士阿尔卑士,

岩壑千重，湖陌千百，白雪在上，繁花在中，绿波在下，浓华苍绿，尺寸异态，过者左顾右盼，耳目接之不尽，心魂赏而无暇。"[51] 他认为正是由于自然景物的性质，才使人产生了不同的美感。他认为情绪产生的基础是事物与人的需要之间的关系，说"人禀阴阳之气而生也，能食味、别声、被色，质为之也。于其质宜者则爱之，其质不宜者则恶之"，并以小儿见乳和光明则乐，无乳、暗则不乐为证[52]。他看到了情绪的两极性，认为情绪千种万种，就本质言之，只有好（爱）与恶，指出"人之生也，惟有爱恶而已"[53]，"性之发虽有六体，而其原实为两端，盖好恶也"[54]，"道理无不是两端，故性只有阴阳，情只有好恶"[55]。他认为中国传统上的"七情说"（即认为人有喜、惧、哀、乐、爱、恶、欲七情）[56]和"六情说"（即认为人有喜、怒、哀、乐、爱、恶六情）[57]对情绪的理解并不正确。"夫喜、怒、乐、哀，皆爱之属也；惧、怒，皆恶之属也。有浅深常变而无别殊也，犹耳、目、口、鼻在首之中，指、掌、腕、臂在手之内，若以耳、目、口、鼻与首并提，指、掌、腕、臂与手偕论，则为不智也，奈何言性、情者类此也"[58]。即在康有为看来，情绪只有爱与恶，其他情绪隶属于爱与恶。康有为把爱与恶作为情绪的基本维度与近代心理学的看法是类似的。例如，实验心理学的创始人冯特在其"情感三度说"中把情绪分为愉快-不愉快，激动-平静，紧张-轻松三个维度。当代美国心理学家施洛斯贝格也提出了情绪的三个维度：愉快-不愉快，关注-拒绝，唤醒的水平。[58] 而爱与恶在愉快-不愉快、关注-拒绝两个维度上，是处于对立的两端。康有为解释说："欲者，爱之徵也；喜者，爱之至也；乐者，又其极至也；哀者，爱之极至而不得，即所谓仁也；皆阳气之发也。怒者，恶之徵也；惧者，恶之极而不得，即所谓义也，皆阴气之发也。"[60] 从现代心理学的观点来看，康有为对情绪的分类已含有对情绪进行科学抽象的因素，并具有其合理性。

不仅如此，康有为还进一步提出了情绪分化的思想。他说："婴孩沌沌，有爱恶而无哀惧，故人只有爱恶而已。哀惧之生也，自人智出也。魂魄足颖，脑髓备矣，知觉于是多焉，知刀锯水火足以伤生也，于是谨避之。婴儿不知刀锯水火之足以伤生而不避也，禽兽亦然。"[61] 康有为的这一看法已被现代心理科学的研究所证实。1936年，加拿大心理学家布利兹斯提出，初生婴儿在生命的前三个月只有快乐与痛苦两种一般性的反应，在一岁之内痛苦分化为忿怒、厌恶和惧怕，快乐分化为兴高采烈和亲爱。我国心理学家林传鼎20世纪40年代的研究表明，出生1~10天的新生儿只有两种情绪反应：愉快，代表生理需要的满足；不愉快，代表生理需要未满足。至3个月末，可有欲求、喜悦、厌恶、忿急、惊骇、烦闷六种情绪反应相继发生，但并未分化得很清楚，只是在愉快与不愉快的轮廓上附加一些面部表情。至2岁时，才表现出亲爱、尊敬、羡慕、惭愧、失望、厌恶、愤怒及恐惧等情绪。康有为不仅看到了情绪的两极与分化，也看到了两极的相互转化。乐可以转化为苦，苦亦可以转化为乐。例如在《大同书》中，康有为列举的人生的三十八种苦难中，"人性之苦"中的"爱恋"、"愿欲"和"人所尊尚之苦"中的"富人"、"贵者"、"老寿"、"帝王"和"神圣仙佛"都是由乐转化为苦的例子。

康有为情欲心理学思想的一个重要特色，就是强调认知因素在情绪中的作用，因此他的情绪理论属于认知理论的范畴。他认为，认知是情绪产生的基础，"物至知者，而后好恶形焉"[63]；"必有睹，方有喜、怒、哀、乐"[64]。人与禽兽的区别不在于情欲有什么不同，而在于认知上的差异，"人与禽兽异，以其有知也"[65]。"虽然，爱恶仁义，非惟人有之，虽禽之心亦有焉。然则人与禽兽何异乎，异于其智而已。其智愈推而愈广，则其爱恶愈大而愈有节，于是政教、礼义、文章生焉，皆智之推也"[66]。他认为，"人之知识多，能推广其爱力而固结之，禽兽知识少，不能推广其爱力以为固结，甚且久而将固有之亲爱而并忘之，人禽之所异在此也"[67]。同样，婴儿与成人、愚者与智者，凡人与圣人的区别也不在于情欲而在智慧。他说："孺子有魄无魂，故无知识"；"智者，魂用事，愚者，魄用事"[68]；"圣人之知更多，故防害于未至，虑患于未然，曲为之防，力为之制"[69]。所以他得出一条规律，即"其知愈多者，其哀惧愈多，其知愈少者，其哀惧愈少，其有无不能终穷也，以分数计"[70]。因此，"哀惧者，爱恶之变，实愚智之端也"[71]。他指出由于认识的限度，人的情感也有一定的限度，即使是"智之极"的圣人，有时候也会和常人一样，"见近未见远，见牛未见羊也"。因此，"凡哀必有界，哀今人而不暇哀古人，哀其亲而不能哀其疏也。凡惧亦有限，惧女谒而不及夷狄，惧夷狄而不及乱民也。盖气质有穷，智亦有穷，而哀惧亦有穷也"[72]。康有为的这些看法在心理学史上占有重要地位。因为直至20世纪50年代，情绪心理学的研究重点主要集中在情绪的生理变化和引起情绪的刺激与情绪反应上。美国心理学家阿诺德20世纪50年代提出情绪的"评估-兴奋"理论（认为来自外界的影响要经过主体的评价与估量才能产生情绪）以后，情绪的认知理论才受到广泛的注意和重视[73]。康有为在19世纪末能独立地提出认知是情绪产生的基础的看法，比科学心理学的理论早了半个多世纪，确是难能可贵的。

康有为认为，人应用理智控制自己的情感与欲望，应"魂为主，魄次之，魂为君，魄为臣"[74]。由于理智是学习的结果，所以他也十分重视学习在培养情操、改变气质中的作用。他说："凡言乎学者，逆人情而后起也。人性之自然，食色也，是无待于学也；人情之自然，喜、怒、哀、乐无节也，是不待于学也。学所以节食、色、喜、怒、哀、乐也。"[75] 他认为学习是使人与人之间、人与兽之间产生差异的重要原因。他说："故有性无学，则人人相等，同是食味、别声、被色，无所谓小人，无所谓大人。有性无学，则人与禽兽相等，同是视听运动，无人禽之别也。"[76] 所以他提出："夫勉强为学，务在逆乎常纬。顺人之常，有耳、目、身体，则有声色起居之欲，非逆不能制也；顺人之常则有私利隘近之患。非逆不能扩也……故其弥逆甚者，其学愈至"，其结果是"顺而率性者愚，逆而强学者智。"[77] 康有为的这些思想在今天看来也是颇有见地的。

从"阴阳中和论"的角度出发，康有为认为人应使自己的爱与恶、德性与气质之性、情感与认识达到平衡，即所谓"中和"。他说德性与气质之性"二者合之双美离之两伤"[78]，"失性者谓之狂，缺体者谓之疴"[79]；"智与爱恶为一物，存于内者，智也，发于外者，爱恶也"，"其爱恶大者，见其智亦大；其爱恶少者，验其智亦少"；"抱爱质多者，其于人也，无所不爱"，"抱恶质多者，其于物也，无所不恶"，"其爱恶均而魂魄强者，中和之美质也"[80]。即喜怒哀乐能够平衡，达到有节而发。他主张通过学习与自我修养来实现中和，"隐括之，揉化之，以变于中和，此则学之事也"[81]。康有为的这些思想，体现了中国传统哲学辩证思维的特点。

三、从庸俗进化论的观点出发，论述了情欲的重要功能

康有为生活的时代，进化论已传入我国。康有为率先接受了这种思想，并把它作为阐明变法维新思想的主要理论依据。他以进化论的观点看情欲，自然会得出和封建理学家不同的结论。他认为，情欲作为人的自然的心理现象，决不会是毫无作用的；恰恰相反，情欲在个人及社会发展中，有着重要的功能。康有为对情欲功能论述是对心理学史上长期流行的"情绪副现象论"的否定。康有为认为情欲的功能主要包括下述方面。

1. 动力的功能

康有为十分重视情欲的动力的功能。他说："凡人作事，皆由情出，喜、怒、哀、乐是也"[82]。在《上清帝第二书》中，他谈到情感和欲望在振奋士气中的作用，指出人怀怒气，如报私仇，老将富贵已足，无所愿望，声色销铄，暮气已深，万不能战；"惟少年强力，贱卒怀赏，故敢万死以求一生"。故选将之道，"贵新不用陈，用贱不用贵"[83]。情感与欲望在政治与社会活动中有重要推动作用。孔子感列国之争，哀生民之艰，于是发奋改制[84]。康有为认为他的"不忍人之欲"亦如"毒蛇猛虎""大火怨贼，凝聚弥满，融于血气，染于性情，不可复抑也"，"时时决裂触发"，"不能尽制"，是他从事救国救民之动力[85]。他也十分重视情欲在学习中的作用。他说："凡百学问皆由志趣"[86]，鼓励他的学生"志于道""据于德""依于仁"[87]，"砥砺名节，涵养德性，任大道而行仁政"[88]。

2. 教育的功能

康有为认为，情感在教育和教学中具有重要的作用。他说："夫善教者必先使人兴，振举之而后能植，鼓舞之而后不倦，不自菲薄而后教，乃可为也。"[89] "若夫教，何以为教哉？有高有下，有浅有深，因人而发，要足以救今之弊，兴起人心，成就人才而已"[90]。在传授知识之前，先要激发起学生的求知欲、进取心、责任感和自信心，做好情感方面的准备，在此基础上进行教育，方能收到好的效果。康有为的这一思想与当代美国教育心理学家布鲁姆的看法如出一辙。布鲁姆认为，学生学习成绩的好坏受其情感准备状态的影响。学生对于学习的情感准备状态决定学生为完成学习任务所准备付出的努力的程度和学生在遇到困难时试图克服它们的程度。学生的情感准备不足，如缺乏学习动机、厌恶学习或自信心不足，再好的教学也难以取得好的效果。

3. 感染的功能

康有为认为情感具有感染的功能。他认为母亲的情绪能感染胎儿，"妇人生于感胎，此胎教所以重也"[91]。他论述了美的事物对人的感染作用。"盖十年穷乡之读书，不如一日之游博物院，感人尤深也"，"人生性不感不发，不触不动，故读书之所得，不如对剧之所感"[92]，文物宝器可"感动兴起后人之心"[93]，而好的音乐"转移人最巨"[94]，可以"宣血气而导和平"[95]，经常演练音乐，可以涵养其性情，调和其血气，节文其身体，越

发其神思[96]。他也指出环境中的情绪刺激对人的感染作用，指出学校应"远戏馆、声伎、酒宴之地"，"远坟墓葬所"，"远作厂、市场、车场喧哗之地"，"使非礼不祥之事不接于耳目，哗嚣杂乱之物不扰于神思"，优化育人环境，"保其静正之原"[97]。他也指出教师的情绪对学生的感染作用，认为应选德性仁慈、威仪端正、学问通达、诲人不倦的人作教师。因为儿童性情未定，"举动、謦笑、言语、行为"皆以教师为转移，"熏陶濡染，其气最深"[98]。更为重要的是，康有为还提出德育和情绪感染的关键期的思想。他指出："儿童当知识甫开之时，尤易感染学习，……故所邻染不可不慎也"[99]，而且"人情先入为主，则有终身不能化者。况人道养蒙之始，以育德为先，令其童幼熏德善良，习于正则正，习于邪则邪，入兰室则香，居鲍肆则臭。故人生终身之德性，皆童幼数年预为印模"[100]。他认为人在青春期时如德性不习定，"至长大后气质坚强，习行惯熟，终身不能化矣"，因为"年长乃变而化性，则倔强而难屈"[101]。康有为的这些观点，为现代心理学的研究所证实，对于我们今天的育人工作也具有重要的启发。

4. 进化的功能

康有为认为，人的情欲具有进化的功能，是社会进化和文明发展的根本动力。他说："人之欲无穷，而治之进化无尽，虽使黄金铺地，极乐为国，终身有愁怨，未尽善美。"[102] 他认为文字的发展是由于"人情之竞趋简易"，即人心畏繁喜简[103]。"几席易为床榻，豆登易为盘碗，琴瑟易为筝琶，皆古今之变，于人便利"，所以"钟表兴，则壶漏废"，"轮舟行，则帆船废"[104]。他认为人们的求新心理、竞争心理也具有进化的作用，强者生存，弱者败亡，"日日为新，治在其道矣"[105]。他认为中国近代与西方相比科技落后不是由于中国人"涣而钝"，而是由于"鼓舞之异也"[106]。物质文明的进化是如此，精神文明的进化也是如此。他说："礼始于饮食"[107]，人"积仁爱、智勇、而有礼乐、政教、伦理以成其治"[108]，"礼乐皆本于人情所不能已"[109]。他认为人伦关系亦有其自然基础，人之父母与子女的爱，"绸缪切至"，"至诚迫切"，"非人所强为"，"非有教训、清议、法律以迫之也"。所以，"生生之道，爱类之理，乃一切人物之祖也"[110]。正由于情欲具有进化之功能，所以他对中国传统政教压制人的情欲的做法深为不满。他说："吾中国之政教风俗，数千年如一揆也，只有保守，而绝无进化者"，"民无智无欲，质朴愿悫"，满足于"一统闭关，无所求望"，"国无争兵大乱，小民不饥不寒，仰事俯蓄，养生送死无憾"，"徒泥于尚俭之义"，"以茅屋土阶为美"，看不到合理满足人的欲望对生产的推动作用，所以"吾国人苦于牛宫马磨"，"其道太觳"[111]。在《民功篇》中，他进一步指出："人道求美，所谓治者极矣而已……求美也。治世所以异于太古，中国所以异于夷狄者也。后儒点歌舞之淫，绝声乐之事，矫奢靡之习，而以敝车羸马为贤，此不明人道之所以然，而为矫枉之过也。先圣曰'矫太古朴陋之俗'，而后儒力欲复之，文治所以不修，而儒者之陷于老、墨而不自知也。"[112] 所以他提出"人之文物义理，以美为尚"[113]，"惟人道教化，以文明为尚"[114] 的观点。

5. 创造的功能

康有为认为，人的情欲在创造活动中具有重要的作用。例如，情感在文学创作中就有举足轻重的地位和作用。他说："凡人有忠爱之心缠绵于中，其发于言也，必谆谆繁复，重重叠叠，其不可已也。有裁制之心蕴结于中，其发于言也，严简短朴，剪截刚断，其有节也。此发于心，形于外者，不可强为也。忠臣之告君，慈父之诲子，良吏之教民，岂能自已哉！英主之发诏，猛将之下令，直史之载笔，岂能使之繁复哉！"[115] 讲的都是情欲对创作的影响。他认为作诗必须"上感国变，中伤种族，下哀生民"[116]，这样才能不无病呻吟，产生一种感情豪荡、情深而致远的壮美诗情。他说："故志深厚而气雄直者，莽天地而独步，妙万物而为言，悱恻其情，明白其灵，正则其形，玲珑其声，芬芳烈馨，浓华远情，中永和平"[117]。"夫有元气，则蒸而为热，轧而成响，磨而生光"，"合沓变化而成山川，跃裂为火山而流金，汇聚为大海而回波，块轧有芒，大块文章，岂故为之哉，亦不得已也"[118]。所以他认为人的情感与其文章的关系是"情深而文明，气盛而化神"[119]。作家一旦有了创作的激情，就可以产生"情志郁于中，境遇交于外，境遇之交压也瑰异，则情志之郁积也深厚"[120] 的效果，就可"因境而移情"，产生"玉盘铿铿，和管锵锵，铁笛裂裂，琴丝憎憎"式的自然又神奇的意境[121]。

综上所述，康有为的情欲心理学思想是十分丰富的。它不仅具有较高的科学价值，在当时也具有极大的思想解放的意义。我们应认真地从这份宝贵的文化遗产中吸取营养。

〔参考文献〕

[1] 梁启超．清代学术概论．

[2] [6] [8] [19] [20] [22] [26] [27] [31] [34] [35] [46] [67] [96] [97] [98] [99] [100] [101] [110] 康有为．大同书．

[3] [14] [16] 康有为．礼运注．

[4] [10] [13] [15] [18] [105]．康有为政论集．

[5] [17] [24] [25] [29] 康有为．论语注．

[7] [9] [33] 康有为．实理公法全书．

[11] [63] [77] [87] [95] 康有为．长兴学记．

[12] [30] [36] [42] [49] 康有为．春秋董氏学．

[21] [28] [54] [64] [68] [74] [82] [84] [107] [109] 康有为．万木草堂口说．

[23] [44] [45] 康有为．孟子微．

[32] [37] [38] [39] [41] [52] [53] [58] [60] [61] [66] [69] [70] [71] [72] [75] [80] [81] [108] [115] 康有为．康子内外篇．

[40] [112] 康有为．民功篇．

[43] [85] [90] 康有为．与沈刑部子培书．

[47] 康有为．南海先生口说．

[48] 康有为．康南海自编年谱．

[50] [117] [118] [119] [120] [121] 康有为．梁启超写南海先生诗集序．

[51] 康有为．美感．

[56] [57] 潘菽，高觉敷. 中国古代心理学思想研究 [M]. 南昌：江西人民出版社，1983.

[59] [62] [73] 曹日昌. 普通心理学 [M]. 北京：人民教育出版社，1987.

[65] [91] 康有为. 万木草堂讲义.

[78] [79] 康有为. 中庸注.

[83] 康有为. 上清帝第二书.

[88] [96] 康有为. 佳学答问.

[89] 康有为. 与峄琴学士书.

[92] [93] [114] 康有为. 保护中国名迹古器说.

[94] 康有为. 南海师承记.

[102] 康有为. 请厉工艺奖创新折.

[103] [104] 康有为. 广艺双舟楫.

[106] 康有为. 与洪古臣给谏论中西异学书.

[111] 康有为. 理财救国论.

[113] 康有为. 布边利亚游记.

[116] 康有为. 入境庐诗草序.

注：康有为的文章请参见《康有为全集》，中国人民大学出版社2010年版。

激将法及其心理机制

张积家

[摘　要]	激将法是古今中外军事家在战争中经常采用的方法,目的是鼓舞和激励己方将士战斗积极性,也包括激怒敌将使其做出错误的判断和行动。本文对激将法的种类和途径做了心理学分析。激将分为明激与暗激,激将的途径分为以利激将、以境激将、以理激将、以行激将和以情激将。中国古代兵书中包含有丰富的激将法的思想。认真研究激将法的心理机制,能够为军事心理学和领导科学做出贡献。
[关键词]	激将法;心理机制
[原　载]	《烟台师范学院学报》(哲学社会科学版)1990年第3期,第72—79页。中国人民大学报刊复印资料《心理学》1991年第4期全文复印。

激将法,是古今中外军事家在战争中经常采用的方法。它主要用于鼓舞和激励己方将士战斗积极性,相当于现代心理学中的"激励方法",其中也包括激怒敌将使其做出错误的判断和行动。激将法在战争中是克敌制胜的重要手段,在和平的经济建设年代,对于领导工作也有重要的参考价值。

从历史上看,我国较早的兵书《孙子兵法》中就包含了激将法的思想。以后,在许多兵书中都出现了关于激将的重要言论。这些言论对于我们揭示激将法的心理机制很有启发。本文拟运用现代心理学的思想,结合中国古代军事家、思想家的看法,对激将法作初步的分析与探讨。

一、激将的目的——提高或瓦解士气

激将的目的是什么?实际上,无论什么形式的激将法,其目的都是针对将士的士气。所谓士气,是指部队的战斗情绪、战斗意志和战斗积极性。使用激将法的目的,或是提高自己部队的士气,或是瓦解和减弱敌方部队的士气。因为在战争中,人心和士气对战争的胜负是有决定作用的。中国古代兵书《尉缭子》认为:"夫将所以战者,民也;民之所以战者，气也。气实则斗，气夺则走。"[1] 即打仗要依靠人民，战斗要凭借士气。士气高昂可以与敌交战，士气低落就会导致失败。中国春秋时期的军事家曹刿说"夫战，勇气也。一鼓作气，再而衰，三而竭"[2]，也是强调士气的重要。

为什么在战争中士气具有如此重要的作用呢？这是因为士兵的心理和情绪对战斗力具有极其重要的影响。现代心理学的研究表明，人的情绪和情感对于人的行为具有明显的动力功能。这种动力功能表现为两个方面：增力的作用和减力的作用。积极的情绪如高兴、满意、激昂、坚定、热情和对敌人的愤怒等，能提高人的智力和体力，增强人的战斗意志和战斗动机，因而可提高战士的战斗力。消极的情绪如悲观、苦闷、失意、悲痛、焦虑、沮丧、绝望、怨恨以及傲慢、自负等，不利于人的智力和体力的发挥，会降低人的战斗力。在战场上，如果士气高涨，士卒勇敢，部队就会锐不可当，坚不可摧，拖不垮，打不散；如果士气低落，士卒厌战，往往就会闻风而逃，不战自溃。

然而，士兵的士气不是自然而然地产生的。它的基础是人的各种心理需要是否获得满足。它的出现需要各种内外诱因的刺激和激发。现代心理学的研究表明，需要是人积极性的源泉，士兵的战斗积极性也不例外。需要一旦被意识到，就会成为人的行为动机，人就会采取行动来满足自己的需要，人就有了积极性。但需要与积极性的关系是复杂的。在多数情况下，满足需要可以提高士兵的战斗积极性即士气。如在《曹刿论战》中，曹刿问鲁庄公"何以战？"鲁庄公曰："衣食所安，弗敢专也，必以分人"，这是满足人民的生理需要；"小大之狱，虽不能察，必以情"[3]，这是满足人民的安全、尊重和爱的需要。但是在另一些情况下，需要的不满足也可以提高士兵的士气。如对敌人的愤怒，是尊重的需要没有得到满足的表现；战争是敌我双方相互杀伤的行为，"兵者凶器，战者危事"[4]，当人的安全受到威胁时，人就会奋起保卫自己。因此，为了取得战争的胜利，古今中外的军事家和将领无不根据士兵需要的特点，结合具体情况，用各种方法来提高士兵的士气。

但是，当激将法用于敌方时，其目的就不再是为了提高士气，而是为了瓦解敌方将领与士兵的士气，诱导敌方将领犯错误，减弱敌人的战斗力。因为能否取得战争的主动权是决定战争胜负的关键。为了争取主动，就要设法使敌人按我们的意愿行事，"牵牛鼻子"。为达此目的，就必须采用各种方法诱之，激之。例如，在《孙子兵法》中，就有根据敌方将领的性格，气质特点"激将"，使之犯错误，从而达到战胜敌人的目的的精辟论述[5]。

（二） 激将法的种类——明激与暗激

有两种不同的激将法，其差异是被激者是否意识到他正在被"激"。如果被激者意识到他人正在"激"自己，则属于明激；如果被激者没有意识到，则属于暗激。

我们先看明激一例。陈胜、吴广在大泽乡起义时号令徒属说："公等遇雨，皆已失期，失期当斩。藉第令毋斩，而戍死者固十六七。且壮士不死即已，死即举大名耳，王侯将相宁有种乎！"[6] 在这里，陈胜一方面指出了戍卒的危险处境——失期当斩，另一方面用大丈夫生于世当建功立业"举大名"来激励士卒。此时，士卒将明显意识到自己正在被激励。战场上的战前动员多属于明激。

我们再看暗激一例。在《三国演义》第六十五回中，孔明为了激张飞出战马超，硬是对刘备说除非往荆州取关云长来方可与敌，使张飞怒不可遏，"恨不得平吞马超"，引兵大战马超数百回合，且"不用头盔，只裹包巾"，不胜马超，誓死不回。这里诸葛亮用的是暗激[7]。

在对付敌方将领方面，也有明激与暗激之分。阵前搦战，羞辱对方，使对方忍无可忍，最后贸然出战，谓之明激。如《三国演义》第八十四回中，刘备为了激吴军出战，命令先锋吴班率万余老弱之众去关前搦战，"耀武扬威，辱骂不绝，多有解衣卸甲，赤身裸体，或睡或坐"。刘备这一举动使吴将周泰、徐盛等怒不可遏，急欲出战，幸亏陆逊深谋远虑，方未上当[8]。在一百零三回中，诸葛亮屯军五丈原，送司马懿巾帼并缟素之服，并写信说司马懿与妇人无异，无男子气魄，也属明激[9]。至于暗激，如《三国演义》第七十五回中，东吴吕蒙托疾辞职，将陆口之任让位于年轻且无名气的陆逊，陆逊上任后又谦卑地修书备礼麻痹关羽，则属于暗激[10]。

明激与暗激有着不同的心理机制，其差异是在对暗示的使用上。一般来说，明激一般是直接要求或激励某人做某事，很少使用暗示，即便使用暗示也属直接暗示，如阵前搦战。而暗激则多数是采用暗示的手段，即用含蓄的、间接的方式对别人的心理和行为产生影响，使别人不加批判地按照暗示者所期望的方式行动，而且暗激时所采用的暗示多为间接暗示和反暗示。前者是以非直接性的行为来起到影响对方的作用，如诸葛亮激张飞与马超作战；后者是刺激物的暗示引起相反的效果，这种相反的效果是暗示者所期望的，如在《三国演义》第四十四回中，诸葛亮要周瑜将"二乔"献给曹操以避战祸，就是反暗示[11]。就激励效果而言，暗激胜于明激。明激对于那些性情暴躁、头脑简单的赳赳武夫往往有效，但对于那些冷静理智、深谋远虑、自制力强的人，效果往往并不理想。因为一旦对方知道自己正在被激，其自我防卫机制就会起作用，就会对激励产生戒备心理。对比之下，由于暗激时被激者并没有意识到，不会产生自我防卫和戒备心理，因此效果更佳。

三、激将途径种种

激将有哪些具体途径呢？综观古今历史上的激将事件，结合我国古代兵家的看法，我认为主要有以下几种。

（一）以利激将

即以物质利益来激励将士的士气，用现代管理心理学的术语来说就是物质激励。现代心理学的研究表明，人是有多种需要的，其中物质需要占有十分重要的地位。因为人为了生存和发展，必然有对于物质生活的需求。"天下熙熙，皆为利来；天下攘攘，皆为利往。"[12] 这些话，虽就其本质而言是错误的，但物质需要对人的行为的较大激励作用是不容否认的。我们的古人很早就认识到物质利益对士兵的激励作用。孙武说："取敌之利者，货也。故车战，得车十乘已上，赏其先得者。"[13] 意思是欲使士卒勇敢地夺取敌人的资财，必须给士兵以物质奖励。车战中凡缴获敌人战车十乘以上者，要给最先夺得战车的士卒以奖赏。他还指出，"施无法之赏，悬无政之令，犯三军之众，若使一人"[14]。即根据战斗的需要可以施行超出惯例的奖赏，在关键时刻可以颁发打破常规的命令。孙武的这种重赏士卒的主张，对后世也有较大的影响。

那么，怎样以利激将呢？我国古代军事家、思想家也有许多珍贵的思想。第一，赏要严明。做到"有功而赏"[15]，"以功致赏"[16]，即应以战斗中的表现作为赏的唯一依据，"不赏无功之臣，不赏不战之士"[17] 否则，"赏无功谓之乱"[18]。第二，赏应与罚结合。《三国志》中说："赏功而不罚罪，非国典也"[19]。即应将奖赏与惩罚结合运用，做到有功而赏，有罪而罚，"赏一而劝百，罚一而惩众"[20]。只赏不罚，亦达不到充分激励的效果。《孙膑兵法》指出："不信于赏，百姓弗德。不敢去不善，百姓弗畏"[21]，并认为"赏者，所以喜众，令士忘死也。罚者，所以正乱，令士畏上也"[22]。即赏可以激励士卒忘死战斗，而惩罚可以使士卒服从指挥，赏罚结合，激励效果最好。第三，赏罚要公平。不公平就会引起不满。怎样才算是公平呢？一是赏罚不以个人感情为据。《管子》认为："喜无以赏，怒无以杀"[23]。即不能因为个人欢喜而行赏，也不能因个人恼怒而擅杀。二是不以关系远近、地位高低而定。《左传》中说："为政者不赏私劳，不罚私怨。"[24] 韩非说："诚有功，虽疏贱必赏；诚有过，虽近爱必诛。"[25] 三是要重赏重罚。《尉缭子》提出，在治军时，要"赏如山，罚如溪"[26]。即赏要像高山那样沉重，罚要像溪水那样湍急。赏和罚必须达到一定的量才能引起充分的激励效果。四是要赏罚及时。用现代心理学的术语来说就是要"及时强化"。赏罚不及时会降低激励效果。孙膑主张"赏不逾日"和"罚不还面"[27]，即有功者当天就要行赏，有罪者立即就应处罚。

（二）以境激将

即设置某种特殊的情境来激励将士的士气和诱使敌人犯错误。这是中国古代军事家和将帅经常采用的方法。他们的主要做法如下。

1. 利用人的感官效应，提高士兵的战斗力

孙武认为："夫金鼓旌旗者，所以一人之耳目也。人既专一，则勇者不得独进，怯者不得独退，此用众之法也。故夜战多火鼓，昼战多旌旗，所以变人之耳目也。"即可以采用某些视觉刺激（如旌旗）和听觉刺激（如锣鼓）吸引人的注意力，使人专注于战斗，无其他分心念头。士兵用心专一，就会使全军"携手若使一人"[28]。现代心理学的研究还表明，某些视觉刺激和音响不仅有吸引人注意的作用，而且有激动人情绪的作用。例如，战场上旌旗猎猎，金鼓隆隆，无疑有振奋人精神的作用。现代战争中进攻前的红色信号弹和炮击，也有振奋军心的作用。

2. 利用人在危险情境中争取生存的本能

人遇到危急情况时，必须集中自己的智慧和经验，动员机体的全部力量，采取有效的行动。此时人的身心处于高度紧张的状态，心理学上称之为应激。应激一般来说有利于人的潜能的动员和发挥。王充说："有水火之难，惶惑恐惧，举徙器物，精诚至矣，素举一石者，倍举二石。"[29] 这就是说，人在应激状态下可以迸发出平时不可能发出的力

量。我国古代兵家也十分重视危险情境对士卒的激励作用。孙武认为，士卒的心理是"围则御，不得已则斗，过则从"，"投之无所往者，诸、刿之勇也"[30]。意思是说如果被包围，士兵就会本能地抵抗；碰到不得已的情况，就会拼死战斗；陷入非常危险的境地，就更服从指挥；如果把部队置于无路可走的绝境，士卒就会像古代勇士专诸、曹刿那样勇敢。所以他提出："投之亡地然后存，陷之死地然后生。夫众陷于害，然后能为胜败。"[31]

危险情境使个人的生命受到威胁，为了生存士兵必须拼死战斗。一个人如果有了奋死的决心，在战斗中就会勇不可当。对于这一点，我国古代兵家有着深刻的认识。吴起说："一人投命，足惧千夫。"[32] 韩非子说："一人奋死可以对十，十可以对百，百可以对千，千可以对万，万可以克天下矣。"[33]《史记·淮阴侯列传》记载的历史上有名的韩信摆背水阵的战例，就生动地说明了危险情境对士卒的激励作用。

应当指出，在使用危险情境激将的时候，应当十分谨慎，不能教条地搬用这一方法。在历史上，三国时期的蜀将马谡正是教条地照搬这一经验而失去街亭的。危险情境对人的激励作用的前提是奋死战斗可以求生，至少是有求生的可能。如果士卒认为即使奋死也难以求生，那么士卒就会被绝望、恐惧的情绪压倒，其激励作用就成问题了。

3. 设置某种情境，造成敌人心理上的错觉，诱使敌人做出错误的判断并采取错误的行动

孙武主张："能而示之不能，用而示之不用，近而示之远，远而示之近"，谓之"示形"。[34] 即用假象来欺骗敌人，迷惑敌人，调动敌人，争取战争的主动权。他还说："善动敌者，形之，敌必从之；予之，敌必取之。以利动之，以卒待之。"[35] 孙武的这些主张，是符合现代军事心理学思想的。毛泽东同志指出：错觉和不意，可以丧失优势和主动。因而有计划地造成敌人的错觉，给以不意的攻击，是造成优势和夺取主动的方法，而且是重要的方法。[36]

（三）以理激将

人的理智、情感和意志是相互作用、相互影响的。现代情绪心理学的研究认为，人的情绪的产生是由环境事件、生理状态和认知因素三个条件制约的，其中认知因素是决定情绪性质的关键因素。美国心理学家阿诺德在20世纪50年代提出的情绪的评定-兴奋学说认为，刺激情境本身并不直接决定情绪的性质，从刺激的出现到情绪的产生，要经过对刺激的估量和评价，即要经过人的认知过程。同一刺激情境，由于人们对它的认识和评估不同，就会产生不同的情绪反应。如果认为刺激对个体有利，就会产生肯定的情绪体验，并企图接近刺激物；如果刺激被评估为对个体有害，就会产生否定的情绪体验，并企图躲避刺激物。人们对战争的认识也不例外。士兵对战争的认识会直接影响到他们的战斗热情和战斗意志。一旦士兵认识到战争的必要性和正义性，他们就会迸发出极大的战斗热忱。对于这一点，我们的古人亦有深刻的认识。《左传》中说："师直为壮，曲为老。"[37] 韩非说："用兵者，服战于民心。"[38] 吴起说："用兵之法，教戒为先。"[39] 在我国历史上，以理激将，历来为兵家所重视。如成汤伐桀，作《汤誓》，历数夏桀之罪，

号令天下伐之[40];周武王伐纣,作《太誓》,告于众庶民:"今殷王纣乃用其妇人之言,自绝于天,毁坏其三正,离逷其王父母弟,乃断弃其先祖之乐,乃为淫声,用变乱正声,怡说妇人。故今予发维共行天罚。"[41] 在商郊牧野,又一次作战前动员,声讨纣王的罪恶。周武王在战斗之前如此接二连三地声讨纣王的罪恶,其目的是晓诸侯和士卒以"理",激起他们的战斗决心和战斗热情。

(四)以行激将

我国古代兵家十分重视将帅行为对士兵的巨大激励作用。用现代心理学的观点来分析,他们重视的是将帅行为对士卒的榜样作用以及平时对士卒的感情投资。《论语·子路》中说:"其身正,不令而行;其身不正,虽令不从。"[42] 尉缭认为,指挥作战的将领要自身做出表率激励士卒,这样就能使士卒听从指挥,如同心指挥四肢一样。他说:"故战者必本乎率身以励众士,如心之使四肢也。"[43] 将帅不仅战时应为士卒做出表率,即使平时,也应关怀士卒,做出感情投资,心理学上叫作"关怀激励"。孙武说:"视卒如婴儿,故可与之赴深豀;视卒如爱子,故可与之俱死"[44]。"上下同欲者胜"[45]。即如果将帅对待士卒像对待自己的子女一样,那么士卒就可以与他共患难,同生死;如果上下同心,同仇敌忾,就可以取得战争的胜利。尉缭也说:"夫勤劳之师,将……暑不张盖,寒不重衣,险必下步,军井成而后饮,军食熟而后饭,军垒成而后舍,劳佚必以身同之。如此,师虽久而不老不弊。"[46] 著名军事家吴起更是身体力行。据《史记》记载:"起之为将,与士卒最下者同衣食。卧不设席,行不骑乘,亲裹赢粮,与士卒分劳苦。卒有病疽者,起为吮之。"[47] 汉代名将李广,"得赏赐辄分其麾下,饮食与士卒共之。……乏绝之处,见水,士卒不尽饮,广不近水,士卒不尽食,广不尝食。宽缓不苛,士以此爱乐为用。"[48] 像吴起、李广这样的将军,士卒怎么能不拼死效力呢?

(五)以情激将

即"动之以情",激发自己将士和敌方将领的某种情绪。这是最常用的激将方法。综观中国历史上的激将战例,主要有如下四种以情激将的方法。

1. 激其仇恨心

士兵如果对作战对象没有仇恨,其作战也不会勇敢奋死。孙武说:"杀敌者,怒也。"[49] 就是说,欲使士卒勇敢杀敌,必须激起他们对敌人的仇恨和愤怒。因为仇恨和愤怒是强烈的否定的情绪,这种情绪使人趋向于引起憎恨和愤怒的对象,欲攻击之、摧毁之而后快。士兵如果有了这种心理状态,就可以推动他们英勇作战,打败敌人。在历史上,利用敌人侵我领土、毁我家园、杀我同胞姐妹的事实激起将士对敌人的愤怒,是我国古代兵家常用的方法。

2. 激其责任心

人在社会群体中生活,每个人对其他人都负有一定的责任,如对父母、对子女、对国家的责任。人对自己责任的意识,心理学称之为责任心或责任感。当人履行了自己的责任时，人就会感到满意、高兴；没有履行责任时，人就会感到痛苦和羞愧。因此，激发士兵的责任心，就可以提高部队的士气。如"天下兴亡，匹夫有责"[50]；"楚虽三户，亡秦必楚"[51]。一旦士卒的责任心被激发起来，士兵就会"捐躯赴国难，视死忽如归"。[52]

3. 激其事业心

事业心也即现代心理学中所讲的成就动机，它是人的高级心理动机之一。建功立业，千古留名，做出成就，是每一个人都具有的心理追求，只不过强度不同而已。人一旦有了强烈的成就动机，任何艰难困苦都可以忍受，甚至牺牲生命也在所不惜。中国古代兵家也十分注意激发自己和士卒的事业心。《后汉书·马援列传》中说："男儿要当死于边野，以马革裹尸还葬耳，何能卧床上在儿女子手中邪？"[53] 宋代岳飞的"三十功名尘与土，八千里路云和月，莫等闲，白了少年头，空悲切！"[54] 皆是励人或自励的名句。

4. 激其自尊心

现代心理学的研究表明，人都有自尊和受人尊重的心理需求，称之为尊重的需要。如果不能达到自尊和受人尊重，人就会感到羞愧和无价值。因此，激发人的自尊心是常用的激将方法。《三国演义》第五十回中有这样一个激励将士自尊心的例子。曹操赤壁大败后，"曹仁置酒与操解闷。众谋士俱在座。操忽仰天大恸。众谋士曰：'丞相于虎窟中逃难之时，全无惧怯；今到城中，人已得食，马已得料，正要整顿军马复仇，何反痛哭？'操曰：'吾哭郭奉孝耳！若奉孝在，决不使吾有此大失也！'遂捶胸大哭曰：'哀哉，奉孝！痛哉，奉孝！惜哉，奉孝！'众谋士皆默然自惭。"[55] 这里，曹操是明哭郭嘉，暗羞众将和众谋士。

在对付敌将方面，以情激将也是极常用的方法。这是因为人在激情状态下，往往会出现"意识狭窄"现象，使人的认识范围缩小，理性判断力降低，自我控制能力减弱，进而使行为失去控制，甚至做出一些愚蠢或鲁莽的行为。所以，孙武说："故将有五危：必死，可杀也；必生，可虏也；忿速，可侮也；廉洁，可辱也；爱民，可烦也。"[56] 即将帅有五种致命的弱点：有勇无谋，只知轻率地与敌人硬拼，会被敌人诱杀；贪生怕死，胆怯惧敌，会被敌人俘虏；急躁易怒，缺乏冷静，会受不了敌人的挑衅而妄动；过分廉洁自尊，洁身自好，会经不起敌人的侮辱而失去理智；而不识大局，过于"爱民"，会经不起敌人的烦扰而陷于被动。他告诫人们："主不可以怒而兴师，将不可以愠而致战。"[57] 尉缭也认为："将者，……宽不可激而怒，清不可事以财。夫心狂、目盲、耳聋，以三悖率人者，难矣。"[58] 即将帅应胸怀宽广，不要被敌人激怒；廉洁奉公，不要被敌人利诱；审时度势，不要闭目塞听；冷静理智，不要狂妄暴躁。孙武主张：对急躁易怒的敌将，可"怒而挠之"，即用挑逗的办法来激怒他，使其失去理智，轻举妄动，为我所制；对于轻视我军的敌将，可"卑而骄之"[59]，使他更加骄傲，然后寻机击破他。

具体到一次战斗的全过程，如何激将呢？在这方面，我国古代兵家也有十分珍贵的军事心理学思想。例如，在《孙膑兵法》中，孙膑将战役中的激将法归结为五个阶段，使之贯穿于一次战斗的全过程。他说："孙子曰：合军聚众，务在激气，复徙合军，务在治兵利气。临境近敌，务在厉气。战日有期，务在断气。今日将战，务在延气。"[60] 即在每次战斗之前，应集合部队，进行战斗总动员，使士卒了解这次战斗的意义，激励他们的战斗决心，这就是"激气"；在部队出发之后，还要不断整治部队，使部队保持锐气，这就是"利气"，"利气"是使士气聚而不散；当部队临敌，马上就要投入战斗时，应设法鼓励斗志，这就是"厉气"，"厉气"是使士气达到一个更高的水平；由于每次战斗皆有一定的日期，不允许旷日持久，拖延误事，因此在战斗的过程中，还要继续鼓励战士，以便按预定期限结束战斗，这就是"断气"，"断气"有"一鼓作气"之意；一场战斗结束了，往往又要投入新的战斗，必须使士卒有连续作战的准备，保持旺盛的战斗情绪，这就是"延气"，即使士气延续下去。应当承认，孙膑的这些关于激将的论述，符合军事心理学的规律，至今仍有十分重要的参考价值。

总之，激将法中所包含的心理学思想是十分丰富的。我国古代关于激将法的思想在世界上也是首屈一指的。我们应当继承这份遗产，认真研究其心理机制，为发展我国的军事心理学和领导科学做出贡献。

〔参考文献〕

[1] [43] [46] 尉缭子·战威篇第四.

[2] [3] 左传·庄公十年.

[4] 资治通鉴第六十六卷·汉纪五十八.

[5] [60] 孙子兵法·用间篇.

[6] 史记·陈胜吴广世家.

[7] [8] [9] [10] [11] [55] 罗贯中. 三国演义 [M]. 北京：人民文学出版社，1983.

[12] 史记·货殖列传.

[13] [14] [49] 孙子兵法·作战篇.

[15] 苏洵. 上皇帝书.

[16] [25] 韩非子·主道.

[17] [19] 三国志·魏书·武帝纪.

[18] 晏子春秋·内谏篇.

[20] 王通. 文中子·立命.

[21] 孙膑兵法·篡卒.

[22] 孙膑兵法·威王向.

[23] 管子·版法.

[24] 左传·昭公五年.

[26] 尉缭子·兵教下第十二.

[27] 孙膑兵法·将德.

[28] 孙子兵法·军争篇.

[29] 王充·论衡·儒增篇.

[30] [31] 孙子兵法·九地篇.
[32] 吴子·砺士.
[33] 韩非子·初见秦.
[34] 孙子兵法·计篇.
[35] 孙子兵法·势篇.
[36] 毛泽东. 论持久战 [M] //毛泽东选集（一卷本）. 北京：人民出版社，1967.
[37] 左传·僖公二十八年.
[38] 韩非子·心度.
[39] 吴子·治兵.
[40] 史记·商本纪.
[41] 史记·周本纪.
[42] 论语注疏·子路第十三.
[44] 孙子兵法·地形篇.
[45] 孙子兵法·谋攻篇.
[47] 史记·孙武吴起列传.
[48] 史记·李将军列传.
[50] 吴趼人. 痛史.
[51] 史记·项羽本纪.
[52] 曹植. 白马篇.
[53] 后汉书·马援列传.
[54] 岳飞. 满江红.
[55] 孙子兵法·九变篇.
[56] 孙子兵法·火攻篇.
[57] 尉缭子·兵谈第二.
[58] 孙膑兵法·延气.

中国古代作家的成就动机与文学创作

张积家　李珺平

[摘　要]　本文探讨了中国古代作家的成就动机与文学创作之间的关系。中国古代作家的成就动机虽然内容复杂，但有四类动机引人注目：① 追求艺术的成就；② 追求个人的人生价值；③ 追求某种社会理想或美好境界；④ 渴望为国家效力，或抵御外族入侵。成就动机在中国古代作家文学创作中起作用的机制如下：首先是在社会集体心理和家长的期望下，个体产生了成就的需要和动机。这种成就动机如果得到实现，就会使个体享受到莫大的喜悦，从而产生对更大的成功的向往；如果受挫，就会使作家心理上产生痛苦、紧张与焦虑，这两种心理状态都为作家的文学创作做好了心理上的准备。此时，如果有外在触媒或机缘的引发，作家就会产生创作的灵感和激情，成就动机也就转化为文学作品。

[关键词]　中国古代作家；成就动机；文学创作

[原　载]　《烟台师范学院学报》（哲学社会科学版）1995年第4期，第70—75页。

所谓成就动机，是指人们希望从事对他们有重要意义的活动，并在活动中取得完满的结果的动机。台湾地区心理学家张春兴教授在《张氏心理学辞典》（上海辞书出版社1992年版）中对成就动机作了如下界定：① 指努力追求进步以期达成所渴望的目标的内在动力；② 指从事某种活动时，个人自我投入精益求精的内在倾向；③ 在不顺利的情境中，冲破障碍克服困难奋力追求目标的内在倾向。成就动机在中国古代有名望的作家身上表现得十分突出，亦十分普遍。这些作家追求有巨大价值的社会成就，他们以建奇功、立伟业为己任，内心充满了火一样的激情。在追求成就的过程中，他们自然而然地将其成就动机的内容蕴含在他们的文学作品中。因此，成就动机不仅是中国古代作家追求自我实现、施展抱负的巨大动力，也是他们进行文学创作的动力和源泉。

从中国古代有成就的作家的作品来看，有时根本无法区分某一作品中哪些是艺术的成分，哪些是成就动机的表现。许多感人肺腑、脍炙人口的千古佳作，同时也是作家成就动机的有意识或无意识的自白。"宁为百夫长，胜作一书生"（杨炯《从军行》），"致君尧舜上，再使风俗淳"（杜甫《奉赠韦左丞丈二十二韵》）。不管这些蕴含着极大心理能量的对于事业的追求在后人看来是多么自命不凡、不切实际和书生气十足，对于作家而言，却是发自他们内心的一种真实的感受，一种愿意终生为之奋斗的理想和孜孜以求的目标。这些作品是作家成就动机的真实表露，而这些表露出来的成就动机也恰是他们作品中能够千古流传的艺术精华。这里，艺术表现与成就动机相互渗透，水乳交融，进而合成一个有机的整体，很难将它们分开。因此，如果说中国古代诗论的核心是"诗言志"，那么，我们认为，从心理学的角度看，中国古代作家在诗文中表现的"志"，就是他们内心深处那种欲罢不能、生死与共、与主体纠缠在一起、无法分离和排遣的成就动机。

中国古代作家的成就动机充溢着开阔恢宏的阳刚之气。他们的成就动机极为宏大，明显地具有社会价值的取向。他们的成就动机大都围绕着某种人生理想或主题建构，具有强烈的从政与参与的意识。他们的成就动机蕴含着巨大的心理能量，其作品也脍炙人口，具有强大的生命力。

中国古代作家的成就动机的内容虽然也较为复杂，但其中有四类尤其引人注目，这四类动机几乎涵盖了中国古代所有有成就的作家。第一类成就动机主要表现为追求艺术的成就，如"为人性僻耽佳句，语不惊人死不休"（杜甫《江上值水如海势聊短述》）；"两句三年得，一吟双泪流"（贾岛《题诗后》）；"寻常摘句老雕虫，晓月当帘挂玉弓。不见年年辽海上，文章何处哭秋风"（李贺《南园十三首·其六》）。第二类成就动机表现为追求个人的人生价值，企图鹤立鸡群、艳压群芳，被强烈的出人头地的愿望所左右。例如，"鹏乃叹息，举首奋翼；口不能言"（贾谊《鹏鸟赋》）；"猛志逸四海，骞翮思远翥"（陶潜《杂诗·其五》）；"幽独空林色，朱蕤冒紫茎"（陈子昂《感遇诗三十八首·其二》）；"天生我材必有用"，"惟有饮者留其名"（李白《将进酒》）。第三类成就动机主要表现为追求某种社会理想或美好境界，有这类成就动机的人，他们无所谓个人价值的实现，因为他们已将自我融入对社会理想或美好境界的追求之中。他们不管目标多么难以实现，都愿意竭尽全力，终生为之奋斗。例如，"七十者衣帛食肉，黎民不饥不寒"（《孟子·梁惠王上》）；"手握乾坤杀伐权，斩邪留正解民悬"（洪秀全《述志诗》）；"但愿苍生俱饱暖，不辞辛苦出山林"（于谦《咏煤炭》）。第四类成就动机表现为渴望为国家效力，或抵御外族入侵。有这类成就动机的作家，愿意以身去殉自己的事业，但有时事与愿违，结果抱恨终生。例如，"闲居非吾志，甘心赴国忧"（曹植《杂诗》）；"穷年忧黎元，叹息肠内热"（杜甫《自京赴奉先县咏怀五百字》）；"逆胡未灭心未平，孤剑床头铿有声"（陆游《三月十七日夜醉中作》）；"壮志饥餐胡虏肉，笑谈渴饮匈奴血"（岳飞《满江红》）；"了却君王天下事，赢得生前身后名"（辛弃疾《破阵子》）。

我们认为，在上述四类成就动机中，后三类成就动机对中国古代作家的文学创作有更大的影响。具有这三类成就动机的中国古代作家，他们那种建功立业的雄图大志和崇高理想，往往在他们的心理中形成一个优势的兴奋中心，这一中心聚集着他们全部的心理能量，驱使他们呕断肝肠，也要吐泄自己心中的块垒。在多数情况下，成就动机像作家心中的引擎，它鼓动着作家去做想做的事，完成它赋予的各项任务；它又像一根绷紧了的琴弦，一旦外界有机缘与触媒碰撞，就会使作家产生强烈的创作冲动和激情，产生创作的灵感。此时，作家往往不能自制，吐沫成珠，发言为诗，不需事先酝酿，佳作便会奇迹般地喷涌而出。例如，"大风起兮云飞扬，威加海内兮归故乡。安得猛士兮守四方！"（刘邦《大风歌》）；"力拔山兮气盖世，时不利兮骓不逝。骓不逝兮可奈何，虞兮虞兮奈若何！"（项羽《垓下歌》）；"老骥伏枥，志在千里；烈士暮年，壮心不已"（曹操《龟虽寿》）。这些冲口而出的诗章，是那些胸无大志，缺乏成就动机，只会闭门造车、无病呻吟的文人一辈子也构思不出来的。

成就动机在内心激荡，经外在机缘的触动，进而喷薄为文学作品的过程，古人概括为"以诗言志"或"以文载道"。古人作诗、文，或教别人作诗、文，往往不先言如何在字句上下功夫，相反，却大都强调"文以气为主"（曹丕）；"文不可以学而能，气可以养而致"（苏辙）；"言志，乃诗人之本意"（张戒）；"人外无诗，诗外无人"（龚自珍），欲学诗文，"先学为人"（何绍基）；"立意要紧"（曹雪芹）等。这里，养气、蓄志、立意、为人，都是强调作家主体必须有充沛远大的成就动机，因而陆游苦口婆心地对儿子说："汝果欲学诗，功夫在诗外"。他们都充分看到了成就动机与文学创作之间的休戚与共的关系。外在的诗文，只是作家内在的成就动机在刹那间的猛烈外射。只要作家有着崇高的理想和怀抱着宏大的成就动机，那么，诗、文对他而言，就像"山川之有云雾，草木之有华实，充满勃郁而见于外"（苏轼）。在这种情况下，有时他不想创作都不行，成就动机会在他不自知之时，被外在的机缘激活，突然喷发出来成为诗、文。由于此时创作的作品涵蕴着作家强烈的成就动机，饱含着作家的血泪和情愫，因而它们往往是震慑人心、流传久远的佳作名篇。关于这一点，我国近代著名学者康有为有过精辟的论述。他说："故志深厚而气雄直者，莽天地而独步，妙万物而为言，悱恻其情，明白其灵，正则其形，玲珑其声，芬芳烈馨，浓华远情，中永和平"；"夫有元气，则蒸而为热，轧而成响，磨而生光"，"合沓变化而成山川，跃裂为火山而流金，汇聚为大海而回波，块轧有芒，大块文章，岂故为之哉，亦不得已也"。人的成就动机与文学创作之间的关系，由此可见一斑。

在中国古代作家的文学创作中，成就动机的形成和起作用的机制比较复杂，难以逐个进行探讨。但是，从总体上看，它们大都沿着从外到内，再从内到外的轨迹进行。从心理学的角度看，人的成就动机起源于人的成就需要。成就需要是个体渴望成功地完成某事的一种主观状态。当个体接受社会生活各个方面有成就的要求时，就会产生成就需要，其强烈程度影响人的成就效果。成就需要是一种重要的社会性需要。美国心理学家麦克里兰德认为，人的生理需要满足后的基本需要有三种：① 权力的需要；② 友谊的需要；③ 成就的需要。他认为成就的需要也即人对挑战性的工作和事业成就的追求，这种追求会振奋人的精神，引发人的快感，对人的行为起主导作用。成就需要自身也十分复杂，它主要由认知的内驱力、附属的内驱力和自我提高的内驱力构成。麦克里兰德认为，具有强烈的成就需要的人，从成就中所得到的乐趣和所受到的激励要大于物质的奖励。这种人有事业心、进取心，敢冒一定的风险。

麦克里兰德认为，人的成就需要不是天生的，而是从社会生活中学习而成的，其中家庭和社会心理气氛在成就需要的形成中起重要的作用。一般来说，当家长和社会心理气氛有意无意地把某种成就的期望赋予个体以后，随年龄的增长，这种成就的期望就会转化为个体内在的成就的需要；这种成就的需要一旦被个体意识到，就转化为个体的成就动机，这就是成就动机发展过程中的由外向内的内化过程。例如，"精忠报国"并非岳飞生来就有的成就动机。但是，当岳母将这四个字刺在他背上，而且这四个字所蕴含的深刻内容与当时社会的大的心理氛围吻合并为岳飞所认同时，"精忠报国"就不仅是岳母对岳飞的期望与嘱托，而成为岳飞个人内在的成就需要与动机。

心理学的研究表明，成就动机对个体的活动具有重要的推动作用。与人的其他社会性动机相比，它具有更迫切要求实现的倾向。具有成就动机的人参加任何活动总力图取胜，喜欢接受命运的挑战，面对困难与挫折往往能表现出极大的韧性与耐力，不达目的决不罢休。因此，正如马斯洛所说的人的能力迫切要求被运用（自我实现）一样，人的成就动机也迫切要求实现与表现。尤其对于一些能力较强的人而言，成就动机一旦形成，往往就会表现为一种难以抑制的渴望和跃跃欲试的激情。此时，他可能雄心勃勃，满怀豪情，将一切艰难困苦都视之为无物，陶醉于对成就的向往与快感之中。例如李白的诗句"大鹏一日同风起，扶摇直上九万里"（《上李邕》），是何等的踌躇满志！杜甫的诗句"男儿生世间，及壮当封侯"（《后出塞五首》）和李贺的"我有辞乡剑，玉锋堪截云"（《走马引》）也属于这一类作品。然而，这种成就的欲望，随着时间的推移和心理能量的集聚，就像点燃在作家胸中的炉火，烧得他们寝食难安。此时，作家哪怕肝脑涂地，也要尽快发挥他们的能力，实现自己的志向。例如，杜甫在成就动机的激励下，一有机会，就向皇帝上赋上表，毛遂自荐。他称自己是"以雄才为己任，横杀气而独往"的大雕（《雕赋》），是不与凡兽相同的既"猛健"又"无与比者"的天狗（《天狗赋》），是"沉郁顿挫，随时敏捷"、连古人杨雄和枚皋也比不上的才子；他恳求皇帝不成，甚至不惜"朝扣富儿门，暮随肥马尘"（《奉赠韦左丞丈二十二韵》），不顾别人的白眼与冷言，寻求达官显宦举荐自己，以求实现自己的成就动机。

然而，在整个封建社会里，作家的成就动机常常受挫，甚至根本无法实现。他们的忠诚和才能往往不被当权者赏识，他们的真知灼见往往被斥之为浅薄和迂腐。这时，那鼓荡不息的渴念和激情因被阻遏，便会形成巨大的漩涡和波澜，表现在主体心理上，就是紧张与焦虑的发生。紧张与焦虑现象的出现，标志着作家内在心理状态的紊乱和心理能量的高度集聚。由于中国古代作家的成就需要比常人强烈，他们的追求永无止境，企盼着一个又一个的成功，因此紧张与焦虑往往经常出现。紧张与焦虑反复出现，就像滚雪球一样，其核心越来越坚硬，其强度也会越来越大，作家迫切需要发泄以缓和心理上的紧张，这种心理能量的宣泄有时候就表现为向文学与艺术作品的升华。例如，司马迁受宫刑以后，面对残废的身体和所蒙受的耻辱，时常处于一种"肠一日而九回，居则忽忽若有所亡，出则不知其所往，每念斯耻，汗未尝不发背沾衣也"的心理状态中。然而，这一挫折并没有减弱他的成就动机，相反使他的成就欲望更加强烈。他以文王、孔子、屈原、左丘明等先贤为榜样，发愤著书，终于完成了"究天人之际，通古今之变，成一家之言"的《史记》，被后人称为"史家之绝唱，无韵之《离骚》"。

但是，在一般情况下，仅有内在的紧张与焦虑，作家的创作冲动还不能爆发，自然也就写不出作品。此时，必须得有一个作为触媒的刺激，即必须有机缘的引发。这些作为触媒或机缘的事物的出现，偶然性很大。它们可以是彼时作家生活的物理世界中的事物，如一次偶然的聚会，一件寻常的器物；也可以是作家的某种心理活动，如一个突然浮现的数字，一场激动人心的梦境，它们都可以作为触媒或机缘与作家内心的紧张与焦虑碰撞。如，"抽刀断水水更流，举杯销愁愁更愁"，是一次酒宴作为机缘引发了李白的内心块垒；"三十功名尘与土，八千里路云和月"，是"三十"这个数字引发了岳飞的无限感慨；"粉骨碎身浑不怕，要留清白在人间"，是一块石灰勾起了于谦以身许国的夙愿；而"凉州女儿满高楼，梳头已学京都样"，则是一场梦境唤起了陆游收复失地的梦想。然而，作为机缘或触媒的事物，不论它们多么平常，必须在质上与作家的成就动机呼应起来，引起联想，方能起到触动与引发的作用。

在紧张与焦虑状态中，成就动机与文学创作在开始时犹如被河流隔开的两个世界，此时作家胸中有许多不可名状之事，喉间有许多欲吐而难吐之物，口头又有许多欲语而难语之处，蓄积既久，势不能遏。他或仰天长啸，或低首徘徊，或引吭高歌，或流涕痛哭，痛苦万状，难以自禁。外在触媒或机缘的出现，好像仙人从空中抛下的彩桥，瞬间便将两个分割开的世界沟通了起来，作家内心有如电闪雷鸣，便会不由自主地"夺他人之酒杯，浇自己之块垒，诉心中之不平，感数奇于千载"（李贽《杂说》）。此时，他或奋笔疾书，下笔千言；或喷珠唾玉，不能自休，笔的挥动和口的吟唱远远跟不上心理的活动和创造的激情，诗、文就如万斛泉涌，不择地而出，滔滔汩汩，一日千里。当此之时，他听任成就动机的驱动力支配，听任心理能量的随意释放，听任创作激情的自然爆发。他自己并不有意地写诗作文，而诗、文却自然地奔到了他的喉头、笔端，好像天授似的。此刻，他绝不是为艺术而创作，而是言为心声。试听在焦虑状态下作家成就动机的最强音："对案不能食，拔剑击柱长叹息。丈夫生世会几时，安能蹀躞垂羽翼"（鲍照《拟行路难·其六》）；"郁郁涧底松，离离山上苗。以彼径寸茎，荫此百尺条"（左思《咏史》）；"停杯投箸不能食，拔剑四顾心茫然。欲渡黄河冰塞川，将登太行雪满山"（李白《行路难》）；"怒发冲冠，……抬眼望，仰天长啸，壮怀激烈，……莫等闲、白了少年头，空悲切"（岳飞《满江红》）。若不是成就动机驱使，平常人挖空心思，绞尽脑汁，也断写不出如此雄浑壮美的作品。至此，成就动机完成了其外化的过程。

综上所述，我们可以将成就动机在中国古代作家文学创作中起作用的机制归结如下：首先是在社会集体心理的期望下，个体产生了成就的需要和动机。这种成就动机如果得到实现，就会使个体享受到莫大的喜悦，从而产生对更大的成功的向往；如果受挫，就会使作家心理上产生痛苦、紧张与焦虑,这两种心理状态都为作家的文学创作做好了心理上的准备。此时,如果有外在触媒或机缘的引发,作家就会产生创作的灵感和激情,成就动机也就转化为文学作品。

中国古代作家为什么会产生如此强烈的成就动机?在上面的讨论中,我们已经指出了成就动机来源于社会集体心理的期望。因此,要回答为什么中国古代作家成就动机特别强烈的问题,必须把它放在中国思想史和中国人的价值观的大背景上来讨论,这就是中国古代作家生于斯、长于斯的社会心理气候。

众所周知,中国传统的思想观念主要是儒、释、道三派。在此三派中,释、道宣扬的是遁世思想,儒教才鼓励入世;若从国粹的意义上说,释教是舶来品,儒、道才是正牌的中国货,是中国传统思想的总根系。因此,中国古代士大夫(包括普通人)的价值观念,便始终在儒教的积极入世和道教的消极遁世这两极之间游移。当他们春风得意之时,便慨然有四方之地,他们或以尧、舜、禹、汤、文、武自命,或以傅说、伊尹、周公、孔丘、管仲自许。然而,当他们遭受重大挫折和心灵创伤之后,便灰心失望,似乎一切都无为无不为,便到老庄哲学中去找安慰。从"感时思报国,拔剑起蒿莱",到"前不见古人,后不见来者。念天地之悠悠,独怆然而涕下",就表现了陈子昂从慷慨激昂地入世并企图建功立业到遭受多次仕途打击之后,深感孤独,无依无靠,向道家思想靠拢、皈依的两极心态。但是,单靠道家思想,只能产生一批活神仙与隐士,不可能产生为国为民、轰轰烈烈干一番事业的勇士。因此,中国古代作家的成就动机,主要是儒家思想熏染陶冶的结果。儒家宣扬"修身齐家治国平天下"宣扬"忠、孝、仁、义",都是鼓励人为君主、国家、社会献身的。所谓"修身"、"善其身"、孝、仁、义均是手段,而围绕"忠君"的"治国平天下"才是目的。这就是中国古代文人士子价值观的核心,也是中国古代作家成就动机的深层根源。

在中国古代,这种价值导向形成了一种氛围,一种大的社会心理气候。生活在此氛围和气候中的人,无不受它的影响。麦克里兰德认为,一个人的成就需要受全民族成就需要的影响,社会心理氛围和文化制约着人的成就需要,因此成就动机也必然存在着明显的群体差异与民族差异。在中国,人们从小安于清贫,努力学习,为的是将来"兼济天下"的宏伟事业。"学成文武艺,货与帝王家"就反映了中国士大夫阶层价值观的深层本质。这种社会心理氛围使中国古代作家大都以天下为己任,大都关心现实、关心政治、关心如何发挥自己的才能,为建立良好的政治与社会制度而奋斗。这样,在中国古代,很少有单纯的诗人和作家,许多作家往往集政治家、军事家和作家于一身,他们的诗文作品也往往与当时的政治、经济和军事休戚相关。为了实现自己的成就动机,许多作家向往仕途,就连作家蒲松龄也是在科场中拼搏了一生。他幼年向往功名,醉心科举,但垂暮之年还郁郁不得志。此时,他一方面为自己感到悲哀,认为自己是"抱玉"的卞和,痛惜自己得不到当权者的赏识;另一方面又为"仕途黑暗,公道不彰,非袖金输璧,不能自达于圣明"感到愤怒,说"欲望望然哭向南山而去"。正是这两种在漫长的岁月中形成并交织在一起的情感，促使他写下了《聊斋志异》中的许多名篇。因此，中国古代一些有成就的作家的作品，大都是他们在追求成就的过程中无意识地流淌出来的。因而，这些作品是他们的骨肉、心血和精神凝成的花朵，是他们生命力的呈现形式。屈原、刘邦、项羽、贾谊、李白、杜甫、陆游、辛弃疾甚至陶渊明，他们哪一个是为写诗而写诗，为作文而作文？都是为了干一番事业，以实现自己的政治理想和人生价值。李白、杜甫写诗，目的是在政治上能有所作为；陶渊明深知在门阀制度下，永远无法实现自己的政治抱负，才愤而辞职，回归田园的。他们的作品都是在成就动机遭受挫折、又没有消失的情况下创作出来的。许多作家在垂暮之年，仍老骥伏枥，志在千里。辛弃疾晚年写下了"千古江山，英雄无觅孙仲谋处。……凭谁问：廉颇老矣，尚能饭否？"的词句，抒发其老当益壮的战斗意志。陆游晚年有"心如老骥常千里"的诗句，表达其忠贞不渝、矢志不移的爱国之心。李白直到逝世前，仍念念不忘自己的成就动机。他在《临终歌》中说："大鹏飞兮振八裔，中天摧兮力不济。馀风激兮万世，游扶桑兮挂左袂。后人得之传此，仲尼亡兮谁为出涕。"这诗句，宛如白天鹅临终前的引颈高歌，悲壮、苍凉，具有感人肺腑、催人泪下的力量。

从《临终歌》的内容中还可以看出另外一个问题，即李白价值观中的主导成分。李白早年创作中虽有"凤歌笑孔丘"的诗句，并专题写了《嘲鲁儒》的诗，体现了他排圣贤、轻礼教的思想和狂放不羁的性格，但作品中更多的却是"使寰区大定，海县清一。事君之道成，荣宗之义毕"，"君看我才能，何似鲁仲尼，大圣犹不遇，小儒安足悲"等俨然以儒者自居的诗句。由此出发，结合他一生汲汲于追求政治的生涯，以及他在《临终歌》中所暴露出来的因成就动机不遂而含恨死去的悲哀来看，李白的道家思想，只是作为魏晋以来士人阶层的时髦与爱好，或作为激发其创作灵感的工具，而入世的儒家思想才是李白价值观的主导成分。同时，儒家思想也不是绝对排斥隐逸的。孔子就曾说过："道不行，乘桴浮于海。"显然，隐居和独善其身是儒家保持操守、涵养浩然之气的韬晦之计，因而不能把李白的隐逸看成是纯粹的道家思想。连李白这样的具有仙风道骨的"谪仙人"都浸透了儒家的入世观念，那么，其他如上所举的屈原、刘邦、项羽、杜甫等人就更不必说了。

心理学家麦克里兰德认为，一个国家是否拥有成就动机强烈的人才，是事业成功的关键。中国古代作家成就动机强烈的特点，一方面，使他们当中的许多人成为我们民族的脊梁。另一方面，成就动机在他们的文学创作中起一种中介作用：它的外化形式是以"言志"的形式出现的充满阳刚之气的诗文作品，然而它本身又是一种独特的民族心理现象，是儒家文化的产物。儒家文化对于人生、对于中华民族和中国社会的积极意义正在这里。即使在今天，儒家文化的这一合理成分仍是应该继承的。

第二编

CHAPTER 2

认知篇

论"认知"与"认识"的分野
——兼与赵璧如先生商榷

张积家 杨春晓 孙新兰

[摘 要] 本文论述了"认知"与"认识"的分野以及现在用"认知"取代心理学中"认识"一词的必要性,其意义在于:① 有助于准确概括认识的心理过程;② 有助于心理学概念体系的完善;③ 有助于我国心理学与世界心理学的联系与统一。

[关键词] 认知;认识;分野

[原 载]《中国社会科学》1995年第2期,第121—128页。中国人民大学报刊复印资料《心理学》1995年第5期全文复印。

近年来,在我国心理学论著中逐渐用"认知"这一心理学概念取代了"认识"这一哲学概念。这本来是心理学与哲学分离、学科进步与发展的表现,但赵璧如先生在《关于用"认知"取代"认识"的问题——与国内心理学界一些同志商榷》(《中国社会科学》1994年第3期)一文(以下简称"赵文")中,提出反对意见。在此,我们想就"认知"与"认识"的分野问题,提出一些自己的看法,并与赵璧如先生商榷。

一、"认知"与"认识"分野是必要的

我们认为,"认知"与"认识"的分野是心理学概念完善化、科学化和精确化的需要,也是一种历史的进步。理由如下。

(一)"认识"是一个哲学概念,而"认知"是一个心理学概念

众所周知,哲学是人们对于整个世界(自然界、社会和思维)的根本观点的体系,是自然知识和社会知识的概括和总结。哲学的基本问题是思维与存在、精神与物质的关系问题。哲学中包含有认识论,它是关于人类认识的来源以及认识发展过程的学说。心理学是研究心理现象及其规律的科学。在心理学作为一门独立的学科出现之前,心理学是包含在哲学之中的,这正像社会学、政治学、法学、美学甚至自然科学等学科都曾包

含在哲学中一样。随着科学的进步，学科分化愈来愈细。以1879年德国心理学家冯特建立第一个心理实验室为端倪，心理学正式从哲学中分离出来。心理学与哲学的研究方法日渐不同，逐渐发展出观察法、实验法、测量法、问卷法、调查法、产品分析法和模拟法等一系列方法。它们的研究对象也日渐不同，哲学只研究有关自然、社会和思维的最一般规律，而心理学则研究心理活动的具体规律。

　　认识是哲学和心理学都十分关心的课题。哲学中有认识论，心理学研究人的知、情、意、行，认识的研究占很大比重。心理学中认识过程的研究与哲学中认识论的研究有较为紧密的联系，但二者的侧重点和所要解决的问题有所不同。按照通常的理解，"认识"有时作名词用，指认识的结果；有时作动词用，指认识的过程。这一点从"认识"的英译中可以看出。根据北京外国语学院吴景荣主编的《汉英辞典》，汉语中的"认识"有两种英译法：① 作动词用，相当于英文中的 know、understand、recognize，显然这里指的是认识过程；② 作名词用，相当于英文中的 understanding、knowledge。在一些与此有关的术语的英译上，凡是牵涉到认识过程的一般用 cognition 或 cognitive，如"认识过程"的英译是 process of cognition，"认识能力"的英译是 cognitive abilty；当牵涉到认识结果时，则用 knowledge 或 understanding，如"感性认识"的英译是 perceptual knowledge，"理性认识"的英译是 rational knowledge，"认识水平"的英译是 level of understanding，等等。哲学中的认识概念与上述通常的理解一致，有时是指动态的"认识过程"，有时是指静态的"认识结果"。冯契主编的《哲学大辞典》对认识的解释是："人脑在实践基础上对客观事物的能动反映。意识的表现形式之一。……认识不是离开实践而在头脑中凭空产生的，它是在社会实践的客观需要和实践活动的基础上发生、发展起来的。认识具有主观和客观两重属性。一方面，认识是作为主体的人以观念的形式反映或再现客体；另一方面，认识是以客观的社会实践为基础，认识的内容来自客观世界，认识的目的和任务是要正确地反映客体，获得关于外部现实的正确的知识，从实践中来的认识，还要回到实践中去，使自身得到检验和发展，并用以有效地指导实践。……认识包含感性认识和理性认识两个阶段：感性认识是认识的低级阶段，理性认识是认识的高级阶段。""但认识不是一种直接的、简单的、完全的反映，而是一系列的抽象过程，即概念、规律等等的构成、形成过程。""认识具有社会性和历史性，社会历史条件达到什么程度，人的认识便达到什么程度，人的认识依赖于社会实践，依赖于人的历史发展。社会实践不仅是推动认识发展的动力，也是检验认识是否具有真理性的标准。"透过这一解释，我们可以看出，在哲学上当把"认识"与其性质、来源、内容相联系时，它是指认识的结果；当把"认识"与其主体、目的、任务、方法相联系时，它是指认识的过程，而这种过程主要是指认识的行为过程，而非心理过程。其他辞典如 T.N. 弗罗洛夫主编的《哲学辞典》，刘劲勃、张弓长等编著的《哲学辞典》，章士嵘、卢婉清等编著的《认识论辞典》对认识的解释与此基本相同。只有《辞海》的解释更倾向于认识的结果："认识，人对客观世界的反映，包括感性认识和理性认识。社会实践是认识发生和发展的基础，是检验认识正确与否的唯一标准，也是认识的目的。凡经实践证明是符合于客观事物及其规律的认识是正确的认识，反之都是错误的认识。"可见，当"认识"指认识的结果时，它可以和

"知识""理论""思想"互用，如"理论与实践""人的正确思想是从哪里来的"等即是。

心理学也研究"认识"，但心理学并不关心认识的内容，也不关心认识的真理性，而是关心认识的心理过程。即使是错误的认识，其产生也要经历一系列与正确的认识相类似的心理过程。因此，准确的表述应为"认知"。《辞海》对"认知"的解释是："认知，英文单词cognition，即认识，在现代心理学中通常译作认知。指人类认识客观事物、获得知识的活动。包括知觉、记忆、学习、言语、思维和问题解决等过程。按照现代认知心理学的观点，人的认识活动是对外界信息进行积极加工的过程。"这一解释和前面"认识"条的解释有很大的不同，"认知"就是指认识活动的心理过程。张春兴《张氏心理学辞典》对"认知"的解释更为明了：认知（cognition），① 指个体经由意识活动对事物认识与理解的心理历程。认知一词含义广泛；举凡知觉、想象、辨认、推理、判断等复杂的心理活动，均属认知。② 指个体知识获得的历程。③ 传统心理学上，曾把人的行为基础解释为三大层面：其一为认知，其二为情感（affection），其三为意动（conation）。此即所谓知、情、意三元论的说法。在张春兴的解释中，凡直接认识和间接认识的心理过程均属认知。这两本辞书中对"认知"释义的基本精神是一致的，即认知是认识的心理过程，这就将哲学中的"认识"与心理学中的"认知"的内涵严格区分开来。虽然心理学也关心静态的"认识"，但侧重点在于知识的结构，即认知结构，实质上就是知识的表征问题，如心象、原型、命题、图式和脚本等。这同哲学所关心的知识结构也有所不同。哲学所关心的是知识的宏观结构，而心理学则关心知识的微观结构，即信息在头脑中的具体编码形式。哲学所关心的是知识表征的性质，它们和客观现实、实践活动的关系，而心理学则重视知识表征的形式和形成过程，表征的成分及其相互关系。在研究方法上，哲学是通过分析、综合、比较、抽象与概括等方法研究知识及其表征，而心理学则主要通过实验法来研究知识的表征，在多数情况下，是通过加工过程推论表征的形式。

上述分析表明："认识"是一个较为宽泛的概念，而"认知"则是一个更为具体的概念，主要指认识的心理过程，这与心理学的研究对象和研究特点是相吻合的。所以，我们说"认识"是一个哲学概念，而"认知"是一个心理学概念。

（二）用"认知"取代心理学中"认识"的意义

我国的心理学是由国外引进的。如果说国外的心理学只有百余年的历史，那么，我国心理学的历史还不足百年。在心理学引进的过程中，一些心理学概念的中文表述往往有一个由不准确到准确的过程。1949年以后，我国心理学的概念名称分成两个体系，即港台体系和大陆体系。港台继承我国1949年以前的体系，而大陆则在1949年以后引进和学习苏联心理学，并在此基础上建立自己的心理学概念名称体系。这种状况一直延续到20世纪80年代初。时至今日，港台心理学和大陆心理学在一些概念的名称上还有很大的不同，如认知—认识，意动—意志，统整—统觉，官能—机能等，前者为港台名称，后者为大陆名称。

20世纪50年代初，在翻译苏联心理学著作时，由于苏联心理学是用马克思主义哲学解释心理学，心理学哲学化的倾向非常严重，马克思主义认识论成了心理学的精髓，这突出表现在心理学教科书中的"科学心理观"部分。由于马克思主义哲学的中文表述中没有"认知"一词，在翻译的苏联心理学著作以及大陆学者写的心理学著作中就将"认知"的名称全用"认识"充当。从50年代到80年代初的心理学著作均如是。

20世纪80年代初期以后，随着我国意识形态领域的思想解放，西方心理学被大量翻译和引进，同时港台心理学也被广泛介绍。这时，大陆的心理学家们开始意识到哲学中的"认识"与心理学中的"认识"在意义上的混乱，所以就逐步用"认知"取代了心理学中的"认识"，这一取代的进步意义表现在以下几个方面。

1. 有助于科学而准确地界定认识的心理过程

如前所述，哲学上的"认识"是一个含义较广的概念，主要指认识结果，也可以指认识过程，因此不能准确地概括认识过程中的感知、记忆、思维、理解、想象和言语等心理过程。只有"认知"这一概念，才能将这些过程包蕴其中，揭示大脑反映客观事物的内部心理机制。

2. 有助于心理学概念体系的完善

恰如赵璧如先生所说："科学是一种理论系统。理论是一种概念系统。"[1] 心理学作为一门科学，应有其自身的概念体系。由于心理学与哲学分离的时间还不够长，概念上的借用是难免的，但是这种借用不能固定为哲学对心理学的永久包办。否则，哲学不但不能指导心理学的发展与完善，反而会成为心理学发展的桎梏。心理学从哲学中分离出来是一种历史的进步。同样，用"认知"代替"认识"也是我国心理学与哲学分轨前进，在走向科学化和完善化的道路上迈出的一大步。

3. 用"认知"代替"认识"有助于我国心理学与世界心理学的联网

自1879年科学心理学兴起至现在，认知问题始终是心理学研究的重要课题。但历经一百多年的曲折发展，直到20世纪50年代以后，才真正成为认知心理学的时代。"广义地说，心理学中凡是侧重研究人的认识过程（即认知）的学派，都可以叫作认知心理学派。一般认为，在认知心理学派中有三种理论观点：一种是结构主义的认知心理学，皮亚杰就是其中的一位代表人物；另一种是心理主义的认知心理学；还有一种就是信息加工的认知心理学。目前西方心理学文献中所称的认知心理学，大都指狭义的认知心理学，即信息加工的认知心理学。"[2] 在我国目前所流行的心理学著作中，既有一般意义上的认知心理学著作，如邵瑞珍的《教育心理学》，张春兴、杨国枢的《心理学》，也有特殊意义上的认知心理学，即信息加工心理学，如王甦、汪安圣的《认知心理学》，乐国安的《认知心理学》，陈永明、罗永东的《现代认知心理学》等。此外，还有一批翻译过来的认知心理学著作，如杨清、张述祖译R.J.安德森著的《认知心理学》等。这些认知心理学著作的传播，有助于我国心理学与世界心理学体系的一致。

二、对赵文的几点质疑

（1）赵文将 recognition 译作"认知"，并将"认知"的内涵局限于记忆中的一个环节，即再认。我们认为这是非常不恰当的。郑易里、赵成修所编《英华大辞典》中 recognition 的释义如下。① 认识；识出；识别；面熟、认得、招呼。② 承认，认可。③ 褒扬、表扬；感谢、酬劳。上海译文出版社 1985 年出版的《新英汉辞典》中 recognition 的释义如下。① 认出；识别；认识；② 承认；③ 公认、赏识、重视；④ 招呼、致意；⑤ 认可，准许发言。国内这两部颇具权威性的英汉辞典对 recognition 均无"认知"的释义。事实上，recognition 的标准的心理学含义应是"识别"与"再认"。这一点从我国出版的一些权威性的心理学辞书对 recognition 的汉译中也可以看出，如潘菽与荆其诚主编的《中国大百科全书·心理学卷》、荆其诚主编的《简明心理学百科全书》、张春兴著《张氏心理学辞典》都将 recognition 译为"再认"。而在这些辞书中，"认知"一词的英文对照都写作 cognition。同时，凡与"认知"相关的一些概念，其英文对照分别是：cognitive map（认知地图）、cognitive structure（认知结构）、cognitive drive（认知内驱力）、cognitive style（认知风格）、cognitive therapy（认知疗法）、cognitive dissonance（认知失调）、cognitive psychology（认知心理学）等。由此可见，"认知"的英文单词并非 recognition，而是 cognition，反过来说，recognition 也不能译作"认知"。

事实上，"认知"也不同于"再认"，也绝非记忆中的一个环节，而是人的心理过程三大系统——认知、情感、意志中的一个方面。认知心理学就是关于人的整个认知心理的学说，其研究对象不仅包括记忆，还包括感知、注意、想象、思维和言语等。对此，国内外心理学界的观点是一致的。《美国心理学百科全书》关于"认知心理学"的解释是："认知心理学研究高级心理过程，也就是接受、编码、操作、提取和利用知识的过程，包括知觉、语言、智力、表象、思维、推理、问题解决和创造性。"[2] 我国心理学家王甦、汪安圣也说："认知心理学运用信息加工观点来研究认知活动，其研究范围主要包括感知觉、注意、表象、学习记忆、思维和言语等心理过程或认知过程，以及儿童的认知发展和人工智能（计算机模拟）。"[3] 我国的心理学著作中曾一度将 recognition 译作"认知"，并视"认知"与"再认"同义，如曹日昌主编的《普通心理学》、全国九所综合性大学心理学教材编写组编写的《心理学》、全国八所综合性大学心理学教材编写组编写的《心理学辞典》等。但是，在这些书中，曹日昌先生主编的《普通心理学》是 1963 年编写的，由于曹先生不幸去世，以后虽作修订，仍保持其基本内容不变。而其他著作也都是 80 年代初出版的，沿用了曹日昌先生主编的《普通心理学》中的这一译法。受当时的理解和翻译水平的限制，将 recognition 译为"认知"，其准确性是值得商榷的，赵先生以此作为论据也是不足取的。到了 20 世纪 80 年代中期以后，我国出版的一批心理学著作就对此作了修正，将 recognition 译为"再认"，并将"认知"与"再认"区别使用。如荆其诚、林仲贤主编的《心理学概论》，彭聃龄主编的《普通心理学》，张述祖、沈德立编著的《基础心理学》，张厚粲、彭聃龄、高玉祥、陈琦主编的《心理学》等，都将原来意指 recognition 的"认知"改为"再认",并将"认知"界定为人们反映现实的感觉、知觉、记忆、思维、言语等心理过程。

(2) 赵文中引用了西方国家一些心理学工具书关于"认识"的解释,作为反对用"认知"取代"认识"的依据。但仔细考察,他所依据的仍然是一些中文的译释。我们对将 knowing 译作"求知活动"、将 see knowing 译作"考察性求知活动"没有异议,但是它们的中文含义是否就是哲学意义上的"认识",就令人怀疑了。英文中的 know 有多种含义,《新英汉词典》对 know 的释义为:作及物动词时,① 知道,了解,懂得;② 认识、熟悉、记牢;③ 精通;④ 认出、识别、分辨;⑤ 体验、经历。作不及物动词时,其含义为知道、了解、懂得。可见,在 knowing 的含义中,"知道""了解"是第一位的释义,因此,将 knowing、see knowing 译为"认知"更为合适些。

(3) 赵文中反复强调,用"认知"取代"认识"是在制造概念和思想上的混乱。而我们认为,用"认知"取代"认识"根本不会导致概念和思想上的混乱,相反,心理学若仍用"认识"这一哲学概念,不仅会导致概念和思想上的混乱,还会导致学科体系上的混乱。任何一门科学之所以称得上科学,是依赖于其研究对象的确立、研究方法的正确和独特的概念体系的形成,心理学也不例外。如果按照赵文中的提法:认识是"心理学同哲学、各门科学和文艺学、社会生活和实践活动中共同普遍用语",那么,"认识"在不同的语境中应当有不同的意义,这又如何对"认识"做出确切的解释?如果真是这样,必然造成概念和思想上的混乱。进一步,如果心理学中的其他概念也都沿用哲学或其他学科的用语,那么心理学还有无独立存在的必要?同样,如果其他学科也无自身的概念体系,而是相互串用,那必然会导致学科之间的混乱。所以,概念的专门化是学科独立的标志,也是科学进步的表现。心理学上用"认知"取代"认识"只能使心理学和哲学以及其他学科之间的概念区分更加精细,而不会导致混乱。既然如此,赵先生的担心也就没有必要了。

赵先生还认为,在没有将哲学中的认识论、心理学认识论和发生认识论根据同一规格译为哲学认知论、心理学认知论和发生认知论之前,是不能独立地将心理学中的"认识"改为"认知"的。我们认为,这一观点也是站不住脚的。如前所述,"认识"是一个哲学的概念,心理学虽然曾经借用这一概念,但其内涵是不同的,是指认识的心理过程。为了概念的精确化,故用"认知"代之。但赵先生要求在心理学上用"认知"取代"认识"之前,必须将哲学中的认识论改为哲学中的认知论,这分明是将哲学上的"认识"与心理学中的"认识"取同一意义,这就完全混淆了概念之间的区别,也曲解了改变译名的本意。

(4) 赵文中说:"概括地讲,认识和认知是一种一般和个别、整体和部分的辩证统一的关系。因此,在心理学理论系统中,既不能把认识与认知等量齐观,视为同一,更不能本末倒置地用认知来取代认识。"

"在用认知的专门术语取代认识的基本概念之后,究竟应如何规定二者之间的从属关系?究竟要把认识这一基本概念摆于何种地位?这些都是难以做出合理解决的学术理论问题。"

第一段话显然是错误的。错误的原因在于作者对"认知"的错误理解，因为作者将"认知"与记忆中的"再认"视为同一，因此就得出了认识与认知是一般与个别、整体与部分关系的错误结论。如果说第一段话是错误的，那么第二段话对"认知"取代"认识"后二者的关系以及对"认识"的归宿的担忧也就成为多余的了。认识属于哲学概念，认知属于心理学概念，二者属于并列而非从属的关系。按照传统的理解，哲学与心理学是一般与特殊的关系，但如果因此而去追究哲学中的某一概念与心理学中的某一概念之间的从属关系，那是不合逻辑的。哲学与心理学属于不同的两门学科，哲学对于心理学具有指导作用，但二者并不具有主从关系。至于赵先生对于"认识"一词的归宿的担心更是不必要的。"认识"属于哲学概念，心理学中用"认知"取代"认识"，并不是连哲学中的"认识"也要拿掉。

（5）赵文中说："认识和认知（再认）是在心理学历史发展过程中形成的并为国际心理学界普遍应用的基本概念和专门术语。"

"令人难于理解的是，在整个心理学发展过程中，认识概念既然一直是国际心理学界共同普遍应用的、具有高度的概括性和科学性的基本概念，那么有何理论根据要对它加以否定和排除，而以原本用来标志记忆过程中的一个环节的认知术语来取代它呢？"

我们知道，"认识"在过去的心理学中充当"认知"这一概念，只存在于苏联的心理学和我国 20 世纪 50—80 年代初的心理学中。而赵先生把这说成是国际心理学普遍规定并应用的。我们不知道赵先生所指的是哪个国际心理学，苏联和我国 20 世纪 50—80 年代初的心理学能代表国际心理学吗？若把国际心理学理解为西方心理学，因为心理学起源于西方，主流西方，那么，赵先生的说法是完全不符合事实的。

（6）赵先生认为，用"认知"代替"认识"是割断心理学及其概念的历史和传统的连续性和继承性，是有害于心理学发展的。这里有一个如何对待历史和传统的问题。我们认为，历史和传统是为现实服务的，在历史与现实、传统与真理之间，当历史和传统是正确的时候，我们应当继承它们；当历史与传统是错误的时候，我们就应当勇敢的摒弃历史与传统，而去选择真理，面对现实。在心理学的历史和传统问题上，如果历史和传统是正确的，有益于现实的，那么保持其历史和传统的连续性和继承性，是有助于心理科学的发展的。但是如果心理学的历史和传统存在着偏差，而仍要坚持历史和传统的连续性和继承性，那无疑将把心理学推向更加错误的深渊。例如，前文论及，心理学与哲学在过去共用"认识"和将 recognition 译为"认知"是不正确的，那么，这样的传统就应当摒弃。如果在这个时候以所谓"过去的认同""大量的文献记载"为理由而加以反对，是违背实事求是的精神的。

三、结束语

通过上述分析，我们确认"认识"是一个哲学概念；而"认知"是一个心理学概念，一般相当于"认识的心理过程"，当它含有静态意义时，主要指知识的表征。我国心理学由于历史的原因，曾用哲学中的"认识"充当心理学中的"认知"，这一"约定俗成"愈来愈不利于心理学的发展，所以，用"认知"取代"认识"一词是时代的需要，这不仅有利于我国心理学与国际心理学的联系与统一，而且有益于心理学与哲学和其他学科及其概念的区分与精确化。同时，这一"取代"对我国心理学的历史和传统是一个扬弃，并不妨碍主流思想的继承，也不妨碍心理学的发展，相反，会加速心理学的发展和完善。

〔参考文献〕

［1］赵璧如．关于用"认知"取代"认识"的问题——与国内心理学界一些同志商榷［J］．中国社会科学，1994（3）：11．

［2］高觉敷．西方心理学的新发展［M］．北京：人民出版社，1987．

［3］王甦，汪安圣．认知心理学［M］．北京：北京大学出版社，1992．

再论"认知"与"认识"的分野

张积家

[摘　要]	本文进一步论述了"认知"与"认识"的分野。作者认为,"认知"的确不同于"认识","认识"是一个较为宽泛的概念,远非仅指心理学所要致力研究的认识的心理过程。赵先生错误地理解了"认知",他首先肯定"认知"的含义是 recognition（再认）,然后批判用"认知"取代"认识"的不合理性。在心理学中,用"认知"取代"认识"是心理学发展的既成事实。心理学界在用"认知"取代"认识"这一历史变化中,人们都十分明确地指出：认知就是指认识的心理过程,并没有否认马克思主义哲学尤其是马克思主义的认识论对心理学的指导作用。
[关键词]	认知；认识；分野
[原　载]	《教育研究》1997 年第 11 期,第 48—53 页。中国人民大学报刊复印资料《心理学》1998 年第 1 期全文复印。

在《论"认知"与"认识"的分野——兼与赵璧如先生商榷》[1]一文中,我们论述了"认知"与"认识"的分野并阐明了用"认知"取代心理学中"认识"一词的进步意义,并对赵璧如先生《论用"认知"取代"认识"的问题——与国内心理学界一些同志商榷》[2]中的一些观点提出了质疑。1995 年以来,赵先生又相继发表了四篇关于"认知"取代"认识"问题的论文[3],其中后二篇是专门针对我们的论文。在本文中,我们想进一步阐明用"认知"取代心理学中的"认识"的必要性,并对赵先生的观点谈一些不同的看法。

一、"认知"的确不同于"认识"

在《论"认知"与"认识"的分野——兼与赵璧如先生商榷》一文中我们曾经指出,"认识"是一个哲学概念,它有时是指动态的"认识过程",有时是指静态的"认识结果"。

哲学中的"认识"的不同含义在哲学工具书和马克思主义经典作家的论著中也表现得很清楚。梅益主编的《中国大百科全书·哲学（Ⅱ）》（中国大百科全书出版社，1987年版）对"认识"的界定是："在人的意识中反映或观念地再现现实的过程及其结果。"马克思主义的经典作家在不同的场合也交替地使用认识的不同含义。列宁说：从生动的直观到抽象的思维，并从抽象的思维到实践，这就是认识真理、认识客观现实的辩证途径。（《列宁全集》第38卷）这里的"认识"明显是指认识的过程。他又说：不要以为我们的认识是一成不变的，而要去分析怎样从不知到知，怎样从不完全的不确切的知识到比较完全比较确切的知识。（《列宁全集》第14卷）这里的认识则明显是指认识的结果。毛泽东说：认识的真正任务在于经过感觉而到达于思维，到达于逐步了解客观事物的内部矛盾，了解它的规律性。这里的认识是指认识的过程。他又说：判定认识或理论之是否真理，不是依主观上觉得如何而定，而是依客观上社会实践的结果如何而定。（《毛泽东选集》一卷本，人民出版社1964年版）这里的"认识"是指认识的结果，与"理论"同义。

从以上的讨论中可以看出，哲学中的"认识"的确是一个较为宽泛的概念，远非仅指心理学所要致力研究的认识的心理过程。由于我国心理学发展的历史还不够长，所以在翻译国外心理学著作时，曾一度将cognition译作"认识"。随着学术研究的深入，人们越来越感觉到哲学中的"认识"与心理学中的"认识"的不同含义，所以就逐渐用"认知"取代了"认识"，用它来专指认识的心理过程。这反映了人们对心理学研究对象理解的深入，是概念精确化和规范化的标志，因此是一种历史的进步。

"认知"这一术语何时产生，笔者未能查考到。但据赵先生考证，"认知"术语最早出现在我国20世纪20年代的心理学著作中。例如，在陈大齐著的《心理学大纲》（上海商务印书馆1925年版）中，英文cognition就被译为"认知"。而且在中国历史上，"知"的概念的出现无疑也早于"认识"。知行关系一直是中国思想家们争论不休的问题。从《尚书》中的"非知之艰，行之惟艰"到王阳明的"知行合一"，再到孙中山的"知难行易"，莫不如此。高觉敷先生指出："知行也是我国古代心理学思想的一双范畴。"[4] 直到20世纪初，在心理学传入我国之后，在我国思想家的著作中，用知来代表认识和认识过程的仍很常见。现在，在谈及人的心理结构时，人们仍称"知、情、意、行"。可见，"认识"并非像赵先生所说的那样，是我国心理学者"长期使用的规范的概念和术语"，而只是在特定的历史时期内使用的概念和术语，它本身带有明显的"借用"的痕迹，是我国心理学发展初期的产物。

目前，"认知"的术语不仅流行于心理学界，也为语言学界、哲学界、教育学界和科技界广泛接受，其含义决非赵先生所坚持的"再认"的含义。例如，曹焰等编《英汉百科大辞典》（人民出版社1993年版）对cognition的译法是："认知，认知力。"饶宗颐编著的《朗文现代英汉双解词典》（现代出版社1988年版）对cognition的译法与上书相同。可见，将cognition译为"认知"决非我国某些心理学家所杜撰，而是反映了翻译界的新趋势。对于认知的界定，罗竹风主编的《汉语大词典》（汉语大词典出版社1993年版）解释为"认识和感知"。韩朝安主编的《新语词大词典》则说："认知是心理活动最一般和最广泛的范畴。"可见，"认知"已经作为规范的译法和科学的术语为语言学家接受，而且赋予了不同于赵先生所坚持的"再认"的含义。在哲学界，"认知"的术语也颇为流行。黄颂杰等译的《新哲学词典》（安东尼·弗卢主编，上海译文出版社1992年版）对cognitive的释义是：认知的，指与理解、信念的系统阐述和知识的获得相联系的心理过程，因而与意志过程如意欲、愿望相区别。徐昌明主编的《新英汉哲学辞典》（四川大学出版社1991年版）对cognitive的译法是：翻译哲学术语时采用"认识的"的译法，如将cognitive subject译为"认识主体"；翻译具有心理学色彩的术语时采用"认知的"译法，如将cognitive consonance译为"认知协调"，表明作者已经意识到"认知"与"认识"的区别。在教育学界，祝洪喜主编的《英汉教育词汇》（中国国际广播出版社1991年版）设有认知目标、认知学习等冠有"认知"的词条23条，设有认识、认识规律等冠有"认识"的词条5条。赵宝恒等编《英汉双解教育词典》（教育科学出版社1992年版）中冠有"认知"的词条有8条，冠有"认识"的词条无。

在心理学界，"认知"这一术语更是深入人心，它经常出现在我国心理学家撰写的论文、著作和工具书中，而且不含有赵先生坚持的"再认"的含义。例如，潘菽和荆其诚主编的《中国大百科全书·心理学卷》（中国大百科全书出版社1991年版）中没有关于"认识"的词条，却设有认知发展、认知发展阶段、认知方式、认知理论和认知心理学等词条。朱智贤主编的《心理学大词典》（北京师范大学出版社1989年版）设有与"认知"有关的术语24条，并指出"认识"即"认知"。可见，"认知"的术语已被国内心理学界广泛接受。同时也表明，赵先生所说的"认识"是心理学界长期使用的"基本概念"的说法不能成立。

著名心理学家朱智贤也是"认知"术语的使用者与倡导者。他说："认知（cognition）本来是心理学中的一个普通的术语，过去心理学词典或心理学书把它理解为认识或知识（knowing）过程，即和情感、动机、意志等相对的理智或认识过程。它包括感知、表象、记忆、思维等等，而思维是它的核心。""现代认知心理学家对于'认知'的理解，仍是各种各样的。"美国心理学家霍斯顿等人归纳出五种意见：① 认知是信息加工；② 认知是心理上的符号运算；③ 认知是问题解决；④ 认知是思维；⑤ 认知是一组相关的活动，如知觉、记忆、思维、判断、推理、问题解决、学习、想象、概念形成、语言使用等。这里，实际上，只是三种意见：①、②是狭义的认知心理学，即信息加工论；③、④认为认知心理学的核心是思维；⑤是广义的认知心理学[5]。朱先生不仅指出了认知是指认识过程，而且指出了思维是认知的核心。

著名心理学家潘菽曾经指出："认知心理学的'认知'这个词原来是认识的意思。'认知'与'认识'在英语里是同一个字。大概第一个翻译'认知心理学'的人就这样翻译了，因而大家都讲'认知心理学'。这样也好，可以使现代认知心理学所讲的认知和一般人常说的认识有所区别。因为，'认知'这个词的意义已被现代认知心理学用歪曲了。现代认知心理学企图用'认知'的概念去说明一切心理活动，企图以自己代表全部心理学，这样就使'认知'这个词远不是原来的意义了。"[6] 从这段话中可以看出：① 潘菽认为"认知"与"认识"同义，而绝非记忆过程的一个环节；② 潘菽并不反对使用认知的术语，而是一位狭义的认知论者。潘菽所不同意的是现代认知心理学企图用"认知"的概念去说明一切心理活动，而我国目前并未出现这种情况。我国心理学家虽然在广义上使用"认知"的概念，但并未企图用它去说明一切心理活动，更没有出现赵先生所说的"全盘认知心理学化"的现象。虽然近年来认知心理学的研究日渐增多，但人格心理学、情绪心理学等其他研究方向也在蓬勃发展，并未出现认知心理学独家垄断的局面。

荆其诚主编的《简明心理学百科全书》则是在广义上使用认知的概念："认知（cognition）是全部认识过程的总称，又称认识。它包括知觉、注意、表象、学习、记忆、思维和言语等，及其发展过程，人工智能等领域。"潘菽主编的《教育心理学》（人民教育出版社 1980 年版）也在广义上使用认知的概念，该书将学习理论分成两大体系：刺激-反应理论和认知理论。使用广义的认知概念的还包括我国港台地区和海外的华裔心理学家。台湾地区心理学家张春兴指出："心理学家对认知行为的研究，主要是探讨三方面的问题：① 认知行为究竟指哪些行为？对此问题的一般答案是，认知行为主要包括知觉、记忆、想象、辨识、思考、推理、创造等较有组织的复杂行为。② 认知（cognition）的活动就是'知'（knowing），个体在生活环境中究竟如何获知，知之后在必要时又如何用知？③ 认知是心理活动，是内在的历程，在方法上应如何研究个体内在的知之历程（knowing process）。"[7] 这段话有两点值得注意：① 张先生在解释中没有使用"认识"的概念，而是使用了"知"的概念，将认识的产生过程称为"获知"，将认识见之于实践的过程称为"用知"。② 张先生持广义的认知的观点，他不仅指出了认知的范畴，而且指出认知是"获知"与"用知"的心理活动的内在历程。

从以上讨论中可以看出，认知在当前是学术界广泛使用的概念。认知的确有广义和狭义之分：狭义的认知是指人的信息加工活动，广义的认知是指认识的心理过程。目前，我国学术界多是在广义上使用"认知"的术语，并以此取代心理学中的认识。实践证明，这一替代并没有造成概念上和思想上的混乱，而是有利于科学地界定认识的心理过程，有利于心理学概念体系的完善。上述讨论也表明，"认识"并非像赵先生说的那样，是我国心理学界长期使用的基本概念。毋庸讳言，心理学在一段时间内曾借用过哲学中的"认识"的概念，但在发现心理学中的"认识"与哲学中的"认识"的不同含义之后，就逐渐用"认知"取代了它。

（二）赵先生错误地理解了"认知"

赵先生的五篇文章，有一个共同的前提，即首先肯定"认知"的含义是 recognition（再认），然后批判用"认知"取代"认识"的不合理性。对于这一点，我认为有进一步澄清的必要。因为，正本清源，搞清 recognition 的准确译法，对于我们目前的讨论十分重要。为了避免误解，我们先看这个词的英文释义。《Webester's Third New International Dictionary》对 recognize 的释义是："to recall knowledge of：Make out as or perceive to be something previonsly known."《Oxford Avanced Learner's Dictionary of Current English》（1980）对 recogniton 的释义是："Know，(be able to) identify again (Sb or Sth) that one has seen, heard, etc before."这两部词典对 recognition 的释义都是：再次确认或认识以前曾经认识过或感知过的事物。因此，应当译为"再认"。

从 recognition 这个词的构成上看，recognition 是个合成词，它由前缀"re-"和词根

"-cognition"构成。"re-"表示"再、又、重新"等义，"-cognition"表示"认知"或"认识"，两者合在一起应译为"再认知"或"再认识"，即"再认"，译成"认知"无论如何也难以达意。

赵先生还列举了拉丁文、法文、德文和俄文对 recognition 的对应词。但仔细考察，将这些词译成"认知"仍是错误的。拉丁文 recognitio、法文 recognition 与英文 recognition 同源，其含义自不必说，德文 wiederkenntnis 也不能译为"认知"，因为它是个合成词，由前缀"wieder-"（表示"再""又"）和词根"-Kenntnis"（表示"认识"或"理解"）两部分组成，因此应译为"再认"。对于俄文词 YaHaBaHe，它的动词完成式为 YaHaBaTb，《俄英词典》（1981）明确指出它是"know（again）"的意思，因此也应译为"再认"。

赵先生认为，"认知"和"再认"是从不同的侧面来表达记忆过程同一基本环节的内涵的：再认是从重复性的侧面来表达的，只能简单地说明重复的次数；认知则是从经验和体验的侧面来表达的，能揭示它的本质属性和表明它的具体感受，有熟悉感。笔者认为，赵先生的这一理由仍然不能成立。因为，从本质属性的角度看，重复性恰恰是 recognition 这一概念的基本要素，它道出了记忆与感知的区别，也揭示了再认与回忆的区别；如果从经验与体验的角度看，"认识"一词在生活中无疑也具有"有熟悉感"的含义，如"我认识某人"，"那个地方我认识"。那么，能否用"认识"代替"再认"？显然不能。因此，说"认知"反映了 recognition 的本质属性是不能成立的。

赵先生认为，有再认含义的"认知"是记忆心理学的"传统规范概念和术语"，只是到 20 世纪 70 年代后期，个别心理学者开始错误地将"认识"这一基本概念的英文改译为"认知"，开始出现了泾渭不分的混乱现象。但是，在这一时期内，绝大多数心理学者还是坚定不移地继续使用把"认知"与"再认"同义的译法和用法。只是到 1986 年，在荆其诚和张厚粲译的司马贺著的《人类的认知：思维的信息加工理论》（科学出版社 1986 年版）出版后，在我国心理学领域才开始出现用"认知"这一专门术语取代"认识"这一基本概念的倾向。只是在这样的场合，有的心理学者为了避免原有的"认知"与新出现的"认知"在使用上的矛盾和混乱，所以在分析记忆环节时，才开始只使用"再认"的。这里有三点值得指出。① 就连赵先生自己也承认，在新中国成立前很长一个时期内，一般心理学工作者大多数是使用再认的术语，只有个别的才使用认知的术语。② 即使在 20 世纪 50—80 年代初，有再认意义的"认知"也不是十分流行的。例如，朱智贤在其名著《儿童心理学》中论述儿童的记忆能力时就采用了"再认"的术语。③ 赵先生对荆其诚和张厚粲两位先生的指责也不能成立。诚然，这两位先生在传播认知心理学方面功不可没，但认知这一术语的普及并非在他们的著作出版后才开始。在上文中我已经提到，我国的一些老心理学家，包括赵先生所景仰的潘菽和朱智贤先生，都正式使用过"认知"的术语，并明确指出认知是认识过程，并没有提到认知是再认。因此，如果我们承认将 recognition 译为"认知"不正确，用"认知"去意指"再认"也并非规范，那么，赵先生的"认识与认知是一种一般和个别、整体和部分的辩证统一关系"便不能成立。进一步，指责用"认知"取代"认识"是"本末倒置"，"以偏概全"，"以部分代替整体"，是在"制造概念和术语、理论和思想上的混乱"，同样不能成立。

赵先生不仅反对用"认知"取代"认识",也反对"认知心理学"和"认知科学"的术语。理由是:认识心理学是心理学的基本规范术语,认知心理学这一术语"具有以偏概全而不能自圆其说的缺陷",因此在译法上存在着"重大原则性失误"。他认为,由于认知心理学应改为认识心理学,相应地,认知科学也应改为认识科学。

这一观点不成立是因为:"认识心理学"并非我国心理学的基本规范术语。笔者查阅了国内出版的绝大部分心理学工具书,没有查到"认识心理学"的术语,却收录了"认知心理学"的术语。不仅心理学的工具书是如此,哲学与教育的工具书也是如此。例如,顾明远主编的《教育大辞典》(上海教育出版社 1990 年版)、朱作仁主编的《教育辞典》(江西教育出版社 1987 年版)都收录了"认知心理学"的术语。

赵先生将 cognitive psychology 译为"认识心理学"并标之为心理学长期使用的"基本规范术语"也是不对的。众所周知,在心理学史上,虽然许多心理学家都对人的认识进行过研究,但 cognitive psychology 这一术语的出现只有约 30 年的历史。1967 年美国心理学家 V. 奈瑟的著作《Cognitive Psychology》出版,标志着认知心理学正式诞生。V. 奈瑟本人也被称作"认知心理学之父"。我国心理学在新中国成立后曾走过一条曲折的路:1958 年被打成"伪科学",1965 年遭到姚文元的恶毒攻击,甚至心理学被取消。而这段时间正是国外认知心理学迅猛发展的时期。直到 20 世纪 70 年代末,认知心理学才正式传入我国,并从一开始就固定使用了这一术语,这是毋庸置疑的客观历史事实。

(三) 在心理学中用"认知"取代"认识"是心理学发展的既成事实

赵先生坚持认为,"认识"是哲学与心理学共同使用的基本概念,而"认知"则是用来表示记忆过程中的一个环节的专门术语。毋庸讳言,在认知心理学兴起以前,尤其是在新中国成立后到改革开放前这段时间内,心理学曾借用哲学中认识的概念,但认识的确是一个哲学概念而非一个心理学概念,这一点我们已反复作了说明。连赵先生自己也承认,心理学与哲学是从不同的方面来研究认识的。心理学中所讲的"认识"与哲学中所讲的"认识"含义不同,主要指认识的心理过程。因此,在心理学中,为了更准确地界定心理学的研究对象,人们便用"认知"来意指认识的心理过程,这无疑十分必要,也十分恰当。因为"认知"与"认识"原本同义,著名心理学家潘菽和朱智贤都持这一看法。而且在目前,用"认知"取代心理学中的"认识",特指认识的心理过程,这一做法已经为心理学界广泛接受,也为其他学科认同,成为"时髦"。如果按照赵先生的意见,统统改回去,倒真的会造成混乱了。

然而,语言毕竟是思维的工具,是交流的工具。语言必须具有一定的稳定性,不是可以随意改变的。语言及其意义的改变必须具有合理性。这种合理性有规范化方面的需要,但最重要的动力来自实践。同时,实践也是检验变化合理性的标准。科学的术语尽管也有约定俗成的成分,但术语最好能准确地反映概念的含义。一直到 20 世纪 60 年代以前,心理学与哲学在认识问题的研究上还存在着千丝万缕的联系,同时,"重要的问题原来是哲学问题"的情况也存在。但是,20 世纪 60 年代以后,特别是认知心理学与认知科学产生以后,这种情况发生了改变。认知心理学和认知科学对认识的研究与传统的认识研究简直不能同日而语,的确是"旧貌换新颜",具体表现在以下几个方面。

在研究对象上,认知心理学主要研究人的高级认识过程,如知觉、注意、记忆、判断、思维、推理、问题解决、概念形成和言语等。研究的重点是个体的认识过程,即个体"获知"与"用知"的历程。当代认知研究虽然也关心人的认识结果,但主要侧重于人的认知结构、认知策略和认知方式的研究,如意象、命题和图式等。

在研究的指导思想上,当代认知研究提出了研究认知活动的"信息加工的学说与方法"。

在研究方法上,当代认知研究强调心理学实验。认知心理学家关心人类行为的心理机制,其核心是信息输入和反应输出之间的内部过程。但是,由于人们不能直接观察内部的心理过程,只能通过观察输入和输出的东西来加以推测,所以,认知心理学家便通过可观察到的现象来推测观察不到的心理过程。他们采用会聚性证明的方法进行研究,即将各种不同性质的数据会聚到一起,从而得出结论。这些会聚性的方法包括:① 反应时方法;② 计算机模拟与类比;③ 口语记录法;④ 生理心理学与病理心理学方法。研究方法的改进和现代科学技术的采用,使当代的认知研究在不到30年的时间内取得了比过去千百年来哲学与心理学的认识研究的总和还要大得多的成果,从而促进了"认知科学"的产生,使人类认识过程的研究真正成为一门科学。

与以往的哲学、心理学的认识研究不同,诞生于20世纪70年末期的认知科学是一门跨学科的新兴科学。认知科学与哲学的渊源相对较远。从认知科学的产生上看,信息科学和信息处理技术的发展,为认知科学家运用信息方法研究认知过程提供了基础。计算机科学特别是人工智能的发展为认知科学提供了研究手段,心理语言学的发展为认知过程的分析提供了模型,认知心理学的发展则为认知科学的产生提供了直接的动力。到1982年,H. A. 西蒙等出版了《人的内部宇宙:一门探索人类思维的新科学》,总结了认知科学的研究方法、成就和主要原理,认知科学正式诞生。故而,认知科学不是从哲学中脱胎出来的,而主要是当代心理学、语言学、信息科学和计算机科学联合的产物。

虽然当代的认知科学不是直接从哲学中脱胎出来的,但不等于说它与哲学无关。相反,认知科学的发展最终可以为揭开人类的认知与智力之谜做出贡献。所不同的是,与哲学的认识研究不同,在认知科学家看来,以往像意识等被人们视为只能用思辨的方法去研究的传统的"哲学问题",现在可以用实验的方法来进行分析,从而使我们对人类认知和智力的研究建立在现代科学的基础之上,真正成为一门具有严格意义上的实验科学。这种科学与以往的认识研究有了天壤之别,因此人们便以一种新的名称称谓它,将认识的心理过程称为"认知",将以认识的心理过程为研究对象的心理学称为"认知心理学",将研究人类认知和智力的本质和规律的跨学科科学称为"认知科学",以示区别。这种做法在大陆、港台、日本莫不如此。因此,笔者认为,用"认知"取代"认识"是心理学发展的既成事实,这一取代符合科学发展的趋势。

令人高兴的是,在我国,认知科学及其分支近年来也如雨后春笋般建立起来,如认知心理学、认知语言学、人工智能、认知工效学和思维科学等。北京大学、北京师范大学、中国科学院心理研究所等单位都成立了认知心理研究室和实验室,设立了认知心理学的硕士点与博士点。1995年，在全国科技代表大会上，中国科学院周光召院长在讲话中谈到"当代科学技术的前沿及发展趋势"时，提到6项科学，认知列第二位。他指出："认知科学是在神经科学、心理学、科学语言学、计算机科学乃至哲学的交界面上发展起来的，它以人类的智能和认知活动为研究对象。""认知科学的出现表明在人脑功能的研究方面，不再只是思辨式的，而是建立在严格实践基础上的现代科学。"事实上，中国科学院早已把认知科学列入"七五"重大项目，而且还列入"八五"国家攀登计划中。

四、心理学应否同哲学分离，应否有自己的概念、术语？

在赵先生的几篇论文中，一个重要的观点是：用"认知"取代"认识"就意味着心理学要同哲学分离，尤其是要同马克思主义的哲学分离。赵先生将我们在《论"认知"与"认识"的分野——兼与赵璧如先生商榷》一文中所表达的观点归结为"心理学与哲学，首先是与马克思主义哲学分离，不再共同使用认识的基本概念"，将我们的立场归结为"归根结底旨在否定，新中国成立后从50年代到80年代初，我国心理学在探索用马克思主义哲学，首先是认识论基本原理作为科学的世界观、人生观、价值观和方法论指导原则的发展过程中，根据历史的继承性、延续性和多方面联系性的原则而与哲学，首先是马克思主义哲学（主要是认识论）共同统一地使用认识这一传统规范基本概念的正确性。"这实际上经不起推敲。这里的问题是，讨论心理学与哲学的关系必须先搞清哲学的含义。据《辞海》（上海辞书出版社1980年版）对哲学的释义，哲学有两重含义：第一，作为学科，它是自然知识和社会知识的概括和总结；第二，作为世界观和方法论，它是人们关于整个世界的根本观点的体系，对人们的各项实践活动都有指导作用。在谈到哲学的党性和阶级性时，人们主要是针对后一重含义而言的。在日常生活中，人们也往往交替使用这两重含义。笔者认为，讨论心理学与哲学的关系，必须讨论心理学与哲学这两重含义的关系。笼统地谈论心理学与哲学的关系，尤其是在讨论心理学与哲学分离的问题时，往往会得出似是而非甚至是完全错误的结论。

（1）就哲学的学科含义而言，心理学应否同哲学分离？答案是肯定的，而且早在一百多年前心理学就已经同哲学分离，成为一门独立的学科。使心理学同哲学分离、成为一门独立学科的人是冯特。在1874年出版的《生理心理学原理》第一版序言里，冯特写道："我这里献给大家的这本书是想规划一门新的科学领域。"1879年，冯特在莱比锡大学建立了世界上第一个心理实验室。冯特提出实验法是心理学的主要方法，而心理学是一门基于经验的、以实验为基础的科学。这样，冯特使心理学摆脱了非科学的过去，割断了同旧的精神哲学的联系，成为一门独立的学科。对于冯特的贡献，心理学史专家墨菲曾评论说："在冯特出版他的《生理心理学原理》与创立他的实验室以前，心理学像个流浪儿，一会儿敲敲生理学的门，一会儿敲敲伦理学的门，一会儿敲敲认识论的门。1879年它才成为一门实验科学，有了一个安身之所和一个名字。"[8]

心理学虽然在一百多年前就已经同哲学分离，但是在独立后的几十年里，仍带有它脱胎出来的母学科的痕迹，半是哲学，半是自然科学。研究者们试图用一种理论说明所有心理现象，结果纷争迭起，学派林立，那时的心理学严格来说不太像一门科学。行为主义为使心理学真正成为一门科学，干脆矫枉过正，宣布不以意识为研究对象，只研究可以观察到的行为。真正使心理学在科学的道路上取得突破的是现代认知心理学。通信技术和信息论的出现，使心理学家看到了信息通道的特性与人类认识过程的特性的相似性，于是便利用通信和信息的概念来描述人的认识过程，输入、输出、编码和信息加工等概念被移植到心理学中。电子计算机的出现，以及后来出现的"物理符号系统"的假设和"认知的计算理论"，使人类认知与计算机运行之间产生一种功能的类比。心理学家根据信息加工理论设计的计算机程序，就可以模拟人的认识过程，从感知觉到记忆、思维、言语和问题解决等。计算机的运行特性是已知的，因此人们可以从这个已知的物理系统的特性加深对人脑这一与计算机功能类似但其过程不甚清楚的系统的理解。这样，认知心理学基本上避免了被试的主观经验、个体差异和报告误差给实验的客观性、准确性所造成的困难，较好地解决了心理学的研究对象和研究方法在客观性方面的尖锐矛盾，为科学地研究人的认知提供了前提。我们回顾这些历史，旨在说明：心理学同哲学分离是科学发展的必然趋势和不可动摇的历史事实，在心理学诞生一百多年后的今天，如果谁还对这种分离的必要性发生怀疑或反对分离，那将是十分可笑的。

但是，心理学和哲学在学科上分离并不意味着将二者绝对地割裂开来，它们之间仍存在着密切的联系，其联系表现在：心理学研究为哲学研究提供材料，哲学概括和总结心理学的研究成果，心理学是"构成认识论和辩证法的知识领域"。但心理学毕竟不同于哲学：心理学只研究人的心理现象的活动和规律，它不从宏观的角度研究社会意识形态和关于整个世界的观点，同样哲学也不具体研究人脑产生心理现象的过程和规律。两门学科虽然都研究人的认识，但研究的角度和侧重点不同，研究的方法和手段也不同，二者不能混淆和相互替代。因此，心理学理应有自己的概念和术语，有自己的概念体系，而认知就是这样一个历史上已经存在新近又重新被确认的心理学的概念与术语。

（2）就哲学的世界观与方法论的含义而言，心理学（也包括其他科学）永远也不可能同哲学分离。因为任何心理学理论的形成和发展都要受哲学思想的影响，任何心理学理论都有自己的哲学倾向，有的（如行为主义、精神分析）本身就是一种哲学。心理学工作者自觉不自觉地总是以某种哲学立场来对待他的研究。因此，正如伟大的科学家牛顿由于其哲学思想的缘故最终将运动的根源归结为"上帝的第一次推动"一样，心理学家如缺乏正确的哲学思想作指导，其科学研究就很容易走进唯心主义和二元论的误区。但是，说心理学与哲学二者紧密联系不等于说二者等同，更不是说二者必须在形式和内容上完全一致。哲学（从世界观和方法论这层含义上说）与心理学的关系是指导与被指导的关系，是世界观、方法论与具体的科学研究之间的关系，而不是包办与替代的关系。心理学同马克思主义哲学（包括马克思主义的认识论）之间的关系也理应如此。马克思主义哲学的探讨并不能代替心理学的研究，心理学除了应坚持以马克思主义为指导原则外，还应该有自己的理论体系和概念术语。因此，我们所讲的心理学与哲学的分离只是就学科的含义和具体科学研究的层次而言的，而不是企图摆脱哲学尤其是马克思主义哲学的指导。谈心理学与哲学的分离不是反哲学，更不是反马克思主义，去搞什么所谓的"纯粹心理学"，相反，具体的心理学研究的深入发展会给哲学（尤其是马克思主义哲学）提供更坚实的科学基础。在心理学中，用"认知"取代"认识"，特指认识的心理过程，是学科术语严密化、科学化的标志,而不是欲摆脱哲学(尤其是马克思主义哲学)的指导。这在心理学史上也是不乏先例的。例如,在苏联心理学中,著名心理学家列昂节夫提出了"活动理论",认为人的心理、意识是在活动中形成和发展起来的,人通过活动认识周围世界,形成个性品质,反过来活动又受人的心理、意识的调节。列昂节夫的活动理论是在马克思主义的实践观点的指导下提出来的,但没有采用"实践"的术语。他不是照搬或照抄马克思主义哲学的词句,而是领会了其精神实质,以马克思主义实践观点为指导建立起科学的心理学理论。事实上,是否坚持马克思主义哲学对心理学的指导,不在于具体术语上的变化,而在于理论的实质。心理学界在用"认知"取代"认识"这一历史变化中,人们都十分明确地指出:认知就是指认识的心理过程,并没有因此而否认马克思主义哲学尤其是马克思主义的认识论对心理学的指导作用。这一改变,已为许多学科接受,同时,这一改变也不具有政治上或世界观与方法论上的含义。

〔参考文献〕

[1] 张积家,杨春晓,孙新兰. 论"认知"与"认识"的分野——兼与赵璧如先生商榷[J]. 中国社会科学,1995(2):121-128.

[2] 赵璧如. 关于用"认知"取代"认识"的问题——与国内心理学界一些同志商榷[J]. 中国社会科学,1994(3):99-109.

[3] 赵璧如先生的"二论"到"五论"分别载于《哲学研究》1995年第2期,《教育研究》1995年第3期,《哲学研究》1996年第2期,《社会心理科学》1996年第3期。

[4] 高觉敷. 中国心理学史[M]. 北京:人民教育出版社,1985.

[5] 朱智贤. 朱智贤心理学文选[M]. 北京:人民教育出版社,1989.

[6] 乐国安. 论现代认知心理学[M]. 哈尔滨:黑龙江人民出版社,1986.

[7] 张春兴. 张氏心理学辞典[M]. 上海:上海辞书出版社,1992.

[8] 杜·舒尔茨. 现代心理学史[M]. 杨立能,译. 北京:人民教育出版社,1981.

评现代心理学中的智力概念和智力研究

张积家

> [摘　要] 当前心理学中的智力概念模糊不清，智力研究中存在诸如忽视智力的本质、对智力测验功能期望过高，智力测验效力不高等现象。为解决这些问题，应明确地界定智力的概念；应理论联系实际，加强研究；应保持谨慎的科学态度。
>
> [关键词] 心理学；智力；测验
>
> [原　载] 《教育研究》2001年第5期，第27—32页。中国人民大学报刊复印资料《心理学》2001年第9期全文复印。

一、智力研究的历史与现状

自从心理学诞生以来，智力一直是心理学研究的重点领域，也是心理学为人类社会实践服务的突破口。但是，百年之后，当我们重新审视心理学中的智力概念和智力研究时，看到的是概念模糊不清、问题重重的局面。这种局面与心理学的学科地位极不相称，长此以往会损害心理学的学科声誉，阻碍心理学对智力的理论研究与实践运用。

（一）智力的定义众说纷纭，莫衷一是

在心理学中，智力是最具有歧义性的概念。智力的定义有很多。中国心理学家对智力的定义可以归纳为四种：① 智力即能力；② 智力是一种先天素质，是脑神经活动的结果；③ 智力是认识能力；④ 智力是一种适应能力。西方心理学家对智力的定义就更复杂。1921年，美国《教育心理学》杂志邀请著名智力专家对智力进行定义，14位专家给出了各自的看法，众说纷纭，莫衷一是。

对智力概念界定不一，古已有之。例如，孔子常谈到"智"，并从多方面解释：① 认识上的不惑状态，如"知者不惑"；② 实事求是的认识态度，如"知之为知之，不知为不知，是知也"；③ 对人的识别能力，如樊迟问智，子曰"知人"；④ 思维的敏捷性和灵活性，如"知者乐水"；⑤ 学习和接受知识的能力，孟子认为，"智"是人对外界事物及规律的认识与掌握，人如能认识事物的规律并按规律行事，就是智的表现。荀子将人生来具有的认知能力叫作"知"，"知"与客观事物相符合就转化为智力。墨子认为，

智力是人生来就有的感知能力。老子认为,"智"是对"道"的直觉把握,有时也指对人的正确认识如"知人者智",等等。

(二)智力的外延极不确定,对智力的结构的看法也各不相同

由于缺乏统一的智力定义,智力的外延极不确定,对智力结构的看法也各不相同。

1. 中国心理学家对智力内容和结构的看法

多数学者认为智力主要指认知能力,包括观察力、记忆力、注意力、想象力和思维力,其中思维力是核心。但另外一些人则提出了不同看法。如吴福元认为,智力包括素质、认知和动力三个亚结构:素质结构指遗传素质,认知结构指认知能力,动力结构主要指人的非智力因素,如需要、动机、情感、意志等。

2. 外国心理学家对智力内容和智力结构的看法

在苏联心理学中,智力就是一般能力。在西方,则存在因素说和结构说之争。因素说是阐明智力构成要素的学说。结构说强调智力是一种结构。

20世纪80年代以后,加德纳提出了多重智力理论。他认为智力包括语言、音乐、逻辑-数学、视觉-空间、身体-动觉、人际交往和自我意识七种智力。各种智力相对独立,而且有价值的智力成分在不同社会和文化中是不同的。在这一时期,用认知观点研究智力是时代精神的重要方面。认知心理学家把智力理解为为达一定目的在一定心理结构中进行信息加工的过程,包括模式识别、注意、记忆、表象、言语和问题解决等心理技能。如戴斯等人提出了智力的PASS理论,认为智力由计划、注意、同时性加工和继时性加工四种过程组成。计划为个体提供分析认知、解决问题、评价答案有效性的方法,注意为认识事物提供合适的唤醒状态和选择性注意,同时性加工负责刺激整合,继时性加工负责将刺激整合成特定系列。斯腾伯格提出了智力的三元理论,包括情境、经验和成分三个子理论。情境子理论说明智力与环境的关系。智力具有目的性、适应性,是对环境的适应和塑造。经验子理论主张用处理新任务和新情境的要求和信息加工自动化的能力来衡量智力。成分子理论揭示智力操作的心理机制,包括元成分、执行成分和知识获得成分。PASS理论具有坚实的神经心理学和认知心理学基础。三元理论全面考虑了智力同环境、经验和心理机制的关系,考虑了结构与过程的统一,具有较大的合理性。

(三)智力与其他心理过程、心理特性的界限变得模糊不清,处于混乱状态

由于缺乏公认的智力定义,也由于智力的外延和结构不确定,所以,在心理学领域,智力与其他心理过程、心理特性的关系变得模糊不清,处于混乱状态。

首先是智力与能力的关系模糊不清。在智能关系上,目前主要有三种观点:西方心理学主张智力包含能力;苏联心理学主张能力包含智力;中国的智能相对独立论主张智力与能力既相互区别又相互联系,它们都是成功解决问题所必需的心理特征,它们的区别是,智力偏于认知,能力偏于活动,二者互相制约、互相交叉。

智力与情感的关系，由于情绪智力的提出，也变得模糊不清。情绪智力是智力的一种，还是与智力平行？还是包含了智力？沙洛维和梅耶认为情绪智力包括认知自己和他人情绪的能力，调节自己和他人情绪的能力，运用情绪信息引导思维的能力。不难看出，在情绪智力的创始人看来，情绪智力中包含了智力。

智力与创造力的关系也是如此。1988年，斯腾伯格提出了创造力的三维模型，认为创造力由创造性地应用智力、认知方式和人格特质三个维度组成。智力成为创造力的维度。而我国心理学家朱智贤则认为，智力包含创造力，创造力是智力的最高表现。

进一步，智力与心理、个性的关系也变得模糊起来。如皮亚杰就将认知、智力、思维和心理视为同义语。与之类似，王垒等人提出，"凡是个体为了应付环境、解决问题和适应性生存所应具有的基本的、关键的东西都应包含在智力的概念中"。为此他们提出了"综合智力"的概念。综合智力包含传统智力的认知因素，还包括动机因素、情绪性因素以及个性因素。这样一来，智力就可以与心理、意识、个性画等号了。

（四）智力测验效力不高，社会上存在着对于智力测验的滥用

自从比奈和西蒙在20世纪初提出了第一个智力测验以来，对智力测验的争论就一直没有停止过。对智力测验的批评主要包括下述方面：① 智力测验缺乏正确的理论指导，以至于认为"智力是用智力测验所测出来的东西"；② 智力测验内容太窄，主要局限于认知能力；③ 对同一特质的不同测验结果无法比较；④ 不能很好地预测学业成绩；⑤ 不能预测创造性和成就，高智力不能保证有高创造力。另外，研究表明，IQ分数只能说明约1/4的社会地位变异和约1/6的收入变异。

对滥用智力测验的批评主要来自两方面。一是智力测验的公平性，这些批评包括：① 测验理论存在文化偏差，智力概念是西方式的，适合欧美中产阶级的儿童；② 测验的内容、结构和语言存在文化偏差，不适合少数民族或黑人；③ 测验标准化时取样不当，少数民族取样太少；④ 测验常模不合适，许多测验缺乏用于少数民族和落后地区的常模；⑤ 测验不能充分考虑儿童智力发展的差异。二是智力测验的结果具有负效应。在智力测验中被标定为低智商的儿童会被视为"傻瓜"，而没有人会对"傻瓜"寄予厚望。权威人物的低期望常导致他们成为权威们期望成为的平庸之辈。

综上所述，现代心理学的智力概念充满矛盾，智力研究正面临深刻危机，出现前所未有的混乱与困难。现在已经到了必须清理我们的思路和检讨我们的目的的时候了。

二、智力概念的性质

由于智力概念存在上述不足，所以，尽管心理学家用科学方法研究智力，但智力概念目前停留在前科学概念的层次，还不是一个科学的精确的概念。

前科学概念是在日常生活中通过积累经验形成的，所以具有主观性、相对性和不确定性。它们受个人知识经验的限制，常有错误和曲解。智力概念目前也具有这种性质。由于不同文化群体的生存环境不同，对智力提出不同的要求，所以对智力就有不同理解。由于公众很少学过心理学，所以公众心中的智力就是日常所说的"聪明"。这种聪明的特

征必定随文化、职业、年龄、行为的情境而不同。如斯腾伯格等人曾经研究了公众对智力的看法，发现不同职业的人对聪明的理解不同，人们对不同年龄的聪明者有不同要求。还有些心理学家研究了经济文化欠发达国家的人们对于智力的看法，发现智力概念具有文化差异。例如，沃波尔研究了乌干达不同部落的人的智力概念，发现不同部落的人对智力的理解不同，而且和西方国家对智力的理解没有关系。郑雪等人考察了我国不同地区、不同民族普通成人的智力概念，发现普通人与专家的智力概念既有区别又有联系。多数普通人以学习和实践领域中的成就或外在表现（如工作好、会读书和多面手）作为聪明人的主要特征，较少以学习能力强、思维敏捷等内在品质作为聪明人的主要特征。但也有研究表明，在智力特征评价方面，专家和外行人的看法有很高的相关性。这些研究从正反两方面说明了目前心理学智力概念的前科学性质。

前科学概念是对人们有限经验的概括。所以在这类概念的内涵中，常忽略概念的本质特征，混进一些非本质特征。在这类概念的外延中，常包含别的概念的成分。智力目前也是如此。许多非智力因素被加进智力结构中来，使智力在人的心理系统中没有准确的定位。智力在某种程度上成了人类心理的代名词。一些心理学家对智力的界定注意了智力的适应性、解释力而忽略智力的本质，混淆了智力与其他心理现象的区别。

笔者认为，智力概念之所以遭此厄运，最根本的原因有以下三条。

（一）智力是一种非常复杂的现象，它在不同层面上与其他事物或现象有复杂联系

在人和环境的关系上，智力具有适应功能，因此具有相对性、生态性，但夸大这一点，智力就容易与心理、个性等同；智力具有生物学基础，与人脑的特点有关，但夸大这一点，智力就容易被解释成受生物因素决定；智力发挥作用时要受人的动机系统推动，受人格系统的影响，但夸大这一点，就容易将这些非智力因素囊括到智力中来。许多心理学家之所以对智力概念和结构有不同看法，就是因为他们看待智力的角度不同，他们强调的是智力与不同事物的关系。

（二）许多研究者将智力与"聪明"这一日常概念画等号

"聪明"是一个日常概念。由于不同文化、职业看重不同的角色和技能，所以"聪明"对不同文化环境、职业和年龄的人有不同含义。在原始民族中，聪明就意味着能打到猎物；在学校教育中，聪明就意味着记忆力好，理解力强；在运动技能领域，聪明就意味着动作技能形成快，质量高。综观当代的智力研究，特别是关于不同文化、民族、职业的人对于智力概念理解的研究，在研究方法上有将智力等同于聪明的问题。这种研究要求被试列举"聪明人"的特征。因此，它们反映的是公众对聪明的理解而不是对智力的理解。一些研究者以聪明为研究对象，所以提出了许多智力理论，仍解决不了文化、民族、地区、职业差异的问题。因为根本不存在一个公认的聪明定义，聪明在不同文化、职业和活动中有不同表现。将智力同聪明搅在一起，结果只能是见仁见智。斯腾伯格曾感叹说："从本体论的意义上看，智力与知觉、学习和问题解决等认识过程不具有完全的可比性，当然也不是一点也没有。试图将智力与认知或其他什么画等号的理论没有认识

到智力的概念具有约定的性质。"应当指出,不是智力具有约定性质,而是聪明具有约定性质。只要不将智力与聪明脱钩,智力就摆脱不了"约定"的命运。

一些心理学家以公众对智力的理解为依据说明智力的约定性质,这种做法不科学。科学的智力概念有确定内涵。《牛津当代高级学习者英语词典》对智力的释义是"知觉、学习、理解、认识的能力"。《现代汉语词典》对智力的释义是"指人认识、理解客观事物并运用知识经验等解决问题的能力,包括记忆、观察、想象、思考、判断等"。阿瑟·S. 雷伯著《心理学词典》指出:智力归根到底是从经验中受益的能力。古代哲人虽然对智力的看法不同,但大多是从认知角度谈的。心理学产生以来,智力定义尽管有多种,但主要还是指人的认知能力。目前的智力测验也主要针对人的认知能力。因此,科学的智力概念,主要应指人的认知能力,是多数思想家和心理学家的共识。

(三)许多研究者对智力及其测验的功能期望太高

智力只是个体心理的一方面,并非人心理的全部。造成智力概念混乱和批评智力测验的一个重要原因是人们对智力及其测验的功能期望太高。人们期望智力及测验能预言人的学业成绩、创造能力、人际关系、职业成就和人生幸福。这些期望对智力及其测验而言实在太高。由于智力测验主要指向人的认知能力,而这种测验成绩与学业成绩、创造能力、人际交往能力、成功和幸福相关性较低,所以许多人对智力概念和测验不满意。于是就修正智力内涵,扩充智力外延。如为强调情绪的重要性,提出了情绪智力的概念,这一概念经过以讹传讹演变成情商(EQ)的概念。情商炒作的尘埃还未完全落定,成功智力又异军突起。斯腾伯格认为,传统的智力测验测量的是"呆滞的智力",这种智力除了能在智力测验中取得好分数外别无他用。而成功智力则是用以达到人生目标、在现实生活中起举足轻重影响的智力,包括分析性智力、创造性智力和实践性智力。成功智力理论存在下述问题。① 成功是一种价值判断,而不是一个科学概念。成功的标准是什么?具有不同价值观的人有不同的理解。如果将成功定义为达到预期目标,那么没达到目标是否就意味着成功智力低下?须知要取得成功,客观条件和机遇也十分重要。如果一味地以成功结果为导向,那么为达到目的是否就可以不择手段,不论成功的社会价值?因此,要找到成功的统一标准是很难的。② 斯腾伯格曾列举了 20 种有成功智力的人的特征,但这些特征中大量的是动机、情绪、意志、自我意识、态度、信念、价值观和性格的特征,只有少量认知的特征。因此,这已经不是对成功智力的描述,而是对成功人格的描述。③ 成功智力理论在对人的预测性上不如传统的智力理论。智力研究的重要目的是对人的智力做出测定,并预测个人在学业和生活中可能取得的成就。

即使我们同意斯腾伯格的智力概念,而且他本人也愿意发展一种成功智力测验,在具体步骤上仍有许多问题难以解决。① 斯腾伯格列举的成功智力者的特征纷繁复杂,具体到测验中就难以实施。因为某些特征的测量属智力测验,智力测验是最高作为测验,要求人尽可能地发挥自己的水平;另一些特征的测量则属人格测验,人格测验是典型作为测验,要求人真实地表现自己。一方面,不同性质的特征混在同一个测验里不知该如何安排和计分;另一方面,由于要测量的是成功智力,就难以保证人在测验中能真实地表现自己,人们会有意无意地将自己加以美化,以获取高分。因此,斯腾伯格虽然在理论上对传统的 IQ 测验及理论大加批判，却很难拿出行之有效的测量智力的工具，以取代传统的智力测验。② 由于成功的含义极不确定，成功的标准很难统一，那么，根据成功智力理论所制定的测验，其效标就难以确定。没有效标，就无法确定测出来的到底是什么东西。③ 成功智力测验具有更大的负面效应。在成功智力测验中得分低，对受测者自信心的打击比在智力测验中的失败还要大。在智力测验中得分低，还可以通过非智力因素来弥补；在成功智力测验中得分低，就会断绝受测者的希望。

传统的智力理论和测验具有局限性，并纠缠于文化、民族、职业和社会经济地位的差异，是客观存在的事实。但这些缺陷并非不可克服。心理学家为此已经做了大量的工作。如在智力理论建构上，为了克服单维结构的缺点，提出了层次结构、层次与因素结合的结构；为了克服一元智力理论的缺点，提出了多元智力的概念；为了克服静态理论的缺点，发展出注重认知过程的理论；为了克服经典测验理论的缺点，发展出项目反应理论以及各种探索智力因素的技术和方法。为了使智力测验做到文化公平，在测验内容的选定、测验取样、施测语言、测验的结构和形式等方面做了大量的工作。如为了防止语言对测验的影响，图形测验被编制出来；为了防止文化的影响，引进测验时对其进行必要修订。但是，心理学家在做这些工作的时候，总会碰到一个不可逾越的两难抉择：一方面，一个测验的适用面越广，这个测验就越有效；另一方面，一个测验的适用面越窄，这种测验测出来的结果就可能越准确、越公平。所以心理学家必须在效率、适用性和准确性、公平性之间做出抉择。假若主张情绪智力、成功智力和综合智力的人将来设计出自己的测验，也会面临同样的问题。这些问题不仅是智力测验的问题，而且是所有心理测验都存在的问题。至于社会上对智力测验的滥用，则不应将过错全部归于测验本身。滥用有两种情况。一种是有意的。科学不可能摆脱政治的利用和影响。统治者利用智力测验为自己服务在历史上并不鲜见。另一种是无意的，是家长、教师和领导对智力测验期望太高，并对克服其负面影响不够自觉。因此，公允地说，智力测验发展到今天，已经成为一个比较科学和有效的测量工具，但绝不是也不可能是一个万能的可以包打天下的工具。

主张情绪智力、成功智力乃至综合智力的人认为，他们的理论突破了传统理论和测量只重视认知能力的局限。如情绪智力理论强调情绪智力可以培养而非由遗传决定，应用范围比智力更广，可预测个体成就、幸福和心理健康。但情绪智力本身也有难以克服的缺陷，如定义不清，没有系统的结构，混淆了心理过程与心理特性的关系，缺乏研究证实和好的测验等。综合智力也存在同样问题。成功智力的问题就更显而易见。成功的定义尚不清晰，更谈不上成功智力了。这些都是研究者对智力及测验期望过高的缘故。为了增强智力及测验的说服力和预测力，就不惜模糊智力概念，扩大智力内涵与外延，将一些非智力因素加进去。其结果是，这样的智力概念什么都包含，就不是智力了。

应当指出，智力研究这种混乱局面的形成，一方面是由于研究者的误导；另一方面，出版界对智力的商业炒作也起了推波助澜的作用。由于智力是广大学生、家长、教育工作者乃至整个社会都十分关心的问题，而成功又是每一个人都十分向往的，所以，在智力问题上观点越新颖、越离奇，引起的社会轰动效应就越大，商业价值就越明显。

三、困惑后的反思

为克服现代心理学智力研究的混乱局面,我们在惊叹、迷惑后该有所反思了。

(一)应当明确地界定智力的概念,不要任意扩大智力的内涵与外延

智力要成为科学概念,必须有明确的内涵与外延。心理学家应正确对待以公众的智力概念为基础的智力的内隐理论,既不能对它们漠视不顾,又不能以它们作为下定义的基础。智力不能总是同聪明画等号,它应主要指人的认知能力。1987年,斯尼曼和罗斯曼曾对教育与心理学领域的专家进行调查。结果表明,这些专家的意见尽管有差异,但一致同意智力包括如下三种能力:① 主要是处理抽象东西(观念、符号、关系、概念、原理)的能力;② 解决问题、处理新情境的能力;③ 学习能力。他们都认为智力是一种能力而不是兴趣、爱好等其他非能力特征。心理学家应当在详尽研究的基础上达到认识上的统一。因为与其他心理学概念不同,智力不仅是重要的理论概念,也是重要的实践概念。理论上的混乱势必导致实践上的无所适从,不仅败坏了心理学的学科声誉,也会在实践上产生误导。笔者认为,只有同日常概念"聪明"脱钩,将智力局限于认知能力,智力才可以避免许多搞不清的纠缠,智力研究才可能走上科学严谨的轨道。

(二)应理论联系实际,加强智力理论和测验结合的研究

在智力研究领域,一个不容忽视的问题是理论研究和测验研究脱节。与理论研究相比,测验的研究和编制明显滞后。心理测验学家长期徘徊在心理学主流之外,认知心理学产生后,这种状况有所改变,但未发生根本性变化。在智力研究领域,仍是理论多于测验。这些理论对传统的 IQ 理论和测验提出许多批评,但都未拿出有效的测验取代传统的 IQ 测验。因此,心理学家应加强智力理论和测验结合的研究,实现理论研究和测验研究的整合,研究出更为科学和有效的测验,从根本上克服传统的 IQ 测验的缺点。

(三)不要对智力及其测验的作用期望过高,应保持谨慎的科学态度

智力在人对环境的适应中有重要作用,但其他心理特性也有不可忽视的作用。智力只为学业成功提供基础条件,能否成功还要看其他主客观条件。智力对创造性和事业成功也有重要作用,但高智力并不能保证高创造力和成功,因为创造和成功还与许多其他主客观因素有关。如果心理学家真想通过一个测验去预测人的学业成绩、情绪品质和成功,也可以尝试发展学力、情绪力和成功力的测验,但是不要将这些都冠上"智力"的头衔,这样既损害智力的声誉,也给智力的理论研究和实践运用带来不必要的混乱。

谨慎的科学态度还表现在,应科学地编制与使用智力测验,谨慎地解释智力测验的结果。编制测验要有科学理论指导,应吸收当代认知心理学和神经心理学的最新研究成果,注重结构和过程的统一。要有良好的信度与效度,尽量克服文化和社会经济地位的不公平现象。要克服智力的遗传决定论思想,树立智力的可培养观和发展观。在考察学生智力时,不要仅看重智力测验分数,还应结合观察学生在生活和学习上的表现。对学

生、家长和教师应尽量保密智力测验结果，避免智力测验分数引起的低期望的负面影响。应多发展与采用诊断性测验，少使用评价性测验，尤其是不要只给出一个简单的智商分数，给孩子贴上一个"聪明人""一般人""愚笨者"的标签就完事。

（四）心理学家应加强自身的理论辨别力和科学工作者的责任感

对国外的理论应批判地吸收，不要盲目地照搬，更不要去有意地包装和炒作。事实上，中国心理学家为弥补智力及测验在预测人的学业成绩、事业成就、人际关系等方面的不足，早已提出了"非智力因素"的概念。非智力因素是指除智力以外同智力活动的效益有关的一切心理因素，包括动机、兴趣、情感、意志和性格等。它们与智力因素结合，在智力活动中发挥作用。燕国材认为，在其他条件相等的情况下，一个人的成功＝智力因素×非智力因素。尽管这一概念还存在着某些争论，但比情绪智力、综合智力乃至成功智力的概念要科学，至少没把非智力因素也称为智力。另外，也应注意当代反理性哲学思潮的负面影响，注意纠正轻视知识的传授和掌握，轻视逻辑思维能力的培养与训练，片面强调动机、情感、意志和人格等非理性因素在学习和工作中的作用的倾向。事实上，创造也好，成功也好，都离不开基础知识的掌握和逻辑思维的作用。不掌握基本的知识与技能，不具备高水平的观察力、记忆力、想象力、思维力和注意力，一心只想成功，一心只想创造，其结果只能是沙滩上的建筑，是靠不住的。

〔参考文献〕

［1］J.P.戴斯，J.A.纳格利尔里，J.R.柯尔比.认知过程的评估——智力的PASS理论［M］.杨艳云，谭和平，译.上海：华东师范大学出版社，1999.

［2］R.J.斯腾伯格.超越IQ——人类智力的三元理论［M］.喻晓琳，吴国宏，译.上海：华东师范大学出版社，2000.

［3］白学军.智力心理学的研究进展［M］.杭州：浙江人民出版社，1996.

［4］郑雪.跨文化智力心理学研究［M］.广州：广州出版社，1994.

［5］R.J.斯腾伯格.成功智力［M］.吴国宏，钱文，译.上海：华东师范大学出版社，1999.

［6］王垒，李林，梁觉.综合智力：对智力概念的整合［J］.心理科学，1999（2）：97-100，189.

现代认知发展心理学述评

张积家

[摘　要]　用认知心理学的观点来研究儿童的认知发展，产生了一个重要的心理学分支——认知发展心理学。认知发展心理学的兴起首先是儿童心理学本身发展的需要，是皮亚杰理论的引入。皮亚杰以独创的方法对认知发展的研究做出了杰出贡献，但其理论和实验也存在着重要缺陷。其次是现代认知心理学的兴起，人们运用信息加工的观点研究认知发展取得了进展。本文介绍了现代认知发展心理学产生的历史背景和具体研究，并对它的发展做了展望。

[关键词]　现代认知发展心理学；述评

[原　载]　《心理发展与教育》1987年第4期，第34—37页。

现代认知心理学，作为现代西方心理学的主要思潮，已经影响到西方心理学的各个方面，对发展心理学也产生了深刻的影响。用认知心理学的观点来研究儿童的认知发展，在美国已成为发展心理学的一股重要力量，并在此基础上形成了一个新的分支——现代认知发展心理学。本文是对现代认知发展心理学产生、发展和研究的评述。

一、现代认知发展心理学兴起的原因

任何一种理论的兴起都有其发展过程和思想渊源，都有其内部和外部动力。从内部原因上看，现代认知发展心理学的兴起是儿童心理学本身发展的需要。截止到20世纪50年代末60年代初，在西方儿童心理学的研究中是行为主义理论和弗洛伊德心理学占主导地位。行为主义机械地理解人的心理现象不能令人满意，而弗洛伊德心理学则难免给人以神秘玄虚之感。因此，儿童心理学的研究迫切需要一种较为科学的理论作为指导。从外部原因上看，有两个重要的因素促进了这种思潮的出现。首先是皮亚杰理论的引入，皮亚杰以独创的方法对认知发展的研究做出了杰出的贡献，因此，当他的理论介绍到美国以后，在美国出现了一股"皮亚杰热"，许多发展心理学家群起模仿、验证皮亚杰的实验。但是，许多实验表明，皮亚杰的理论是有缺点的，许多实验得出了与皮亚杰不一致的结果,这不能不使一些发展心理学家企图另辟新径。恰好在这时,现代认知心理学兴起了。现代认知心理学将人视为信息加工的系统,以对信息的获得、贮存、加工和提取的分析来解释成人的心理活动,并且取得了重要的进展。在认知心理学的启发下,许多发展心理学家开始用信息加工的观点来研究认知发展。因此,现代认知发展心理学是现代认知心理学向发展领域直接渗透的结果,认知心理学的影响是它出现的直接动力。

皮亚杰理论与现代认知发展心理学都属于发展心理学研究中的认知学派,都强调儿童认知结构的研究,但它们之间还存在着相当的分歧。例如,在对儿童认知发展的总的看法上,皮亚杰是主张一元论观点的。它假定所有的认知发展都可以由一个单一的统一的原则系列所解释。而现代认知发展心理学则坚持多元论的观点,认为心理是多种个别过程的集合,这些过程并不必要地遵循共同的原则。在对儿童认知结构的看法上,皮亚杰认为儿童的认知结构就是他的心理运算系统,而现代认知发展心理学则认为儿童的认知结构就是他的信息加工系统。在对儿童认知能力的估计上,皮亚杰是趋向于保守的,而现代认知发展心理学则更乐观些。在发展与成熟和教育的关系上,皮亚杰更强调成熟的作用,认为处于低一级运算阶段的儿童要解决高一级的问题是不可能的,而现代认知发展心理学则认为可通过教育和训练使儿童解决这些问题,从而更强调教育与训练的重要性。正因为存在上述分技,现代认知发展心理学家走了与皮亚杰不同的道路,取得了不同的结果。

二、现代认知发展心理学的某些具体研究

(一)对皮亚杰理论的挑战

现代认知发展心理学家通过对皮亚杰理论的仔细研究,认为皮亚杰理论是有严重缺点的。他们对皮亚杰的批评包括以下两个方面。

1. 对皮亚杰的基本理论的批评

例如,他们用实验表明,儿童能力出现的顺序恰恰是与皮亚杰理论预言的顺序相反的(Brained,1973)。在皮亚杰那里,守恒能力、分类能力和过渡能力出现的顺序是守恒能力—分类能力—过渡能力,但实际结果是大多数显示了守恒能力的儿童也显示了过渡能力,但显示了过渡能力的儿童不都显示守恒能力。

2. 对皮亚杰经典实验的批评

Gelman(1969)证明,儿童不守恒的能力不是由于不具有具体运算系统造成的,而是由于儿童注意的缺点造成的。儿童或许将注意集中于不正确的方面(如液体的高度)。他用强化技术训练儿童在挑选卡片时将注意集中于正确的方面,从而使不守恒的儿童显示了守恒并在1个月之后保持了这种能力。Bryant 和 Trabassso(1971,1974,1975,1977)通过实验证明儿童在皮亚杰过渡任务上失败也不是由于他们缺乏协调孤立的联系或排序的能力,而是由于记忆的不足。

这两方面的批评使皮亚杰的理论面临严峻的考验。

(二) 运用信息加工观点所进行的研究

皮亚杰理论的失败和现代认知心理学的某些成功，促使发展心理学家采用信息加工的观点来研究认知发展。他们的研究有如下特点。

(1) 重视研究儿童信息加工的各个方面，将研究重点放在儿童从环境中获得信息并在记忆里贮存和加工信息的能力的发展上。

(2) 重视认知策略的发展，认为不同年龄儿童认知能力的差异主要表现在使用策略的不同上。策略就是信息加工的方法与手段，它表现在儿童信息加工的各个方面。在这个意义上，发展就是由较低级的、效力低的策略向较高级的、效力高的策略发展。策略发展贯穿于认知发展的始终。

(3) 采用灵活多样的研究方法，如皮亚杰的难度型实验、认知心理学中的速度型实验和行为主义的强化技术。在结果分析上，不仅重视质的分析，同时也重视量的比较。

下面是部分研究的介绍。

1. 关于获得信息技能发展的研究

为了对环境里的信息进行有效的加工，首先要求儿童能有效地获得信息。影响儿童信息获得的过程有：感觉登记，加工速度，选择性注意等。因此，获得信息技能的研究便集中在这几个过程上。

(1) 感觉登记。业已证明，与成人相比，儿童在感觉登记器中的操作是不足的。Haith、Marrison 等人 (1970) 用 5 岁儿童成人所做的全部报告法的实验表明，用速示器呈现图形，成人一般能报告 4～5 个，而儿童只能报告 1～2 个。Sheiyold (1974) 采用部分报告技术，发现如果在刺激消失的瞬间呈现要求回忆的指示信息，5 岁儿童与成人的回忆并无差异。然而，当指示信号延迟时，成人的操作就比儿童好。用抽象的不可能命名的图形也发现这种差异，所以这种差异不是由于成人给图画命名而儿童不命名造成的。研究者认为这是由于成人运用了某种当映象还未从感觉登记器中消失时就将信息编码的策略而儿童不运用这种策略造成的，因此成人向短时记忆中转移的信息多而儿童转移的信息少。

(2) 加工速度。使用掩蔽程序可以估计加工一个刺激所需的时间。Bosco (1975) 发现，年幼的儿童比年长的儿童和成人需要更多的时间去加工一个刺激。这种现象可以用知觉心理学中的发现来解释：当刺激以极短的时间呈现时，被试实际上看到的仅是形状的点和块，而不是整个形状。因此成人比儿童可能运用部分的信息去推论或猜测刺激。所以，加工速度的差异实际上反映了运用复杂的猜测策略的差异，而后者又以熟悉性和知识为基础。

(3) 选择性注意。它是指个体专注于相关的信息而忽略不相关的信息的能力。研究表明，年幼儿童控制自己注意的能力较差。他们更易分心，而且在相关与不相关的信息上部署自己的注意时也缺乏灵活性。例如，在 Pick (1972) 的一个研究里，要求儿童（二年级和六年级的）做出关于带有色彩的木制动物的某些方面的判断，即它们是颜色相同还是形状相同。这项任务要求儿童将注意集中于相关的方面忽略不相关的方面。结果表明，年龄大的儿童比年龄小的儿童完成得快得多。如果在呈现之前就告诉相关的方面是什么，年龄大的儿童反应得就更快。这是因为年龄大的儿童能够较好地利用帮助他们注意的提示。

2. 关于加工技能发展的研究

对信息的加工是在工作记忆（短时记忆）之内进行的。所以，现代认知发展心理学的另一感兴趣的领域是短时记忆。关于这方面的研究如下。

（1）容量。在容量上，成人与儿童存在着年龄差异。以数字广度为例，幼儿是6个左右，成人则是8个左右。差异的原因很可能是成人对数字"组块"而儿童则只记住分离的数字造成的。

（2）编码。儿童和成人在通常所利用的编码种类上也存在差异。成人倾向于多重编码，而儿童则倾向于一种或少数几种编码程序。通常用于检查编码的程序是再认的程序。这种程序已被用于儿童。结果表明，年龄较大的儿童所发生的混淆是多维度的，如音近、形似、义同等，而年幼的儿童则更可能在一个或两个维度上弄错。这表明，年龄较大的儿童正从事一种丰富的多样化的编码操作。

（3）复述。在一个有代表性的研究里，Ornstein（1975）呈现给三年级、六年级和八年级的学生18个词，每个词的呈现时间为5秒，然后要求儿童自由回忆所能记住的词。由实验结果所绘成的系列位置曲线表明，不同年龄组之间的主要差异发生在开始的项目上，尤其是第一个词上，年长的儿童比年幼的儿童显示了更强的初始效应。

后来的研究表明，造成这种差异的主要原因不在于年幼的儿童是否复述，而在于他们的复述较少系统和组织。Ornstein（1975）用一种"外显的复述技术"（即当词呈现时让儿童将词大声地读出来）所进行的研究表明，三年级的儿童倾向于用一种孤立的方式复述他们所见到的或刚刚呈现过的词，而八年级的儿童则更主动地在一次复述里将数个不同的词连在一起复述，早期呈现过的词继续复述，并因此产生了更好的初始效应。因此，年长的儿童采用的是一种主动的、积极的组织和累积的复述策略。

（4）组织。组织就是认识和利用潜在的环境事件之间的高级的联系。不同年龄儿童的组织水平是不同的。一般地，可范畴化的材料比无关联的材料更易记忆。但令人吃惊的是，一直到大约三年级，儿童对可范畴化的材料的记忆并不比无关联的材料好多少。这表明，他们还不会识别和利用范畴的性质和帮助记忆。

怎样才能使儿童"看到"刺激之间的较高级的联系呢？一种方式是以"块"的方式呈现范畴化的刺激。Toshmuro（1970）用4～10岁的儿童所做的行为实验表明，年龄较大的儿童能从块的方式中得到好处，而年幼的儿童则没有得到，似乎他们还没有注意到呈现给他们的可范畴化的材料的结构。因此，主动的、有计划的组织策略的发展似乎是学龄前儿童记忆成长的特征。

3. 关于提取信息技能发展的研究

提取是从记忆里寻找收回信息的能力。在一个有代表性的研究里，Morrison（1979）用5岁、8岁儿童及成人为被试，让他们看来自三个范畴的15幅画。在一种条件下，画以成块的方式呈现，被试以自由回忆的方式回忆，此时 8 岁的儿童和成人比在随机的条件下回忆出更多的项目。但在另一种条件下，在回忆时提示范畴性质，让被试在强制的条件下回忆图画，即先回忆来自一个范畴的所有的画，再回忆来自另一范畴的画。此时 5 岁儿童的操作明显好于其他条件。这表明，如果在回忆时给予被试以范畴的提示，他们便能够利用范畴的某些性质，但由于某种现在还不清楚的原因，他们还没有利用这种知识。

为什么在记忆上会产生这些年龄差异呢？近年来有人提出了"元记忆"的解释。元记忆是个人关于记忆及自己的记忆能力和知识。年幼的儿童不具备关于他自己的记忆的知识，也不具备什么时候运用某种技能和策略合适的知识。Flavell（1970）发现儿童对自己记忆能力的估计往往超出他们的实际能力。Appel 等人（1972）发现，年幼儿童在得知学习之后有一个记忆测验时的行为与平时没什么两样，而年长的儿童则表现了与平时不同的行为，他们学习的次数多，回忆的次数也多。好像年幼的儿童不知道积极的学习和利用策略会帮助他们记忆似的。另一个可能的原因是注意的缺点，因为注意的不足会阻止儿童注意较高级的联系和利用有利于行为的知识。最后一个因素是执行一种特定的技能时所需要的努力水平。尽管一个儿童可以在实验者的帮助下在较高的水平上学习和操作，但这需要较多的努力。而且生活中也确实存在这样的现象，即当儿童已成功地运用了某种成熟的策略之后，他还经常回复到较简单的策略上去（Keeney，1967）。

以上的介绍仅是现代认知发展心理学研究的一部分。由于它出现的历史较短，所以它在许多方面还是不完善的。主要表现在以下方面。

（1）它的研究多数是一些描述性的研究，它试图描述儿童的信息加工能力与成人有什么不同，而很少考虑这些能力如何发展。它很像是现代认知心理学在发展领域的延伸和扩展。

（2）它的研究缺乏理论的概括，理论的建树是它的薄弱点。综观它的研究，人们不仅要问究竟是什么被发展了？发展的动力和机制是什么？发展与成熟、环境和教育的关系怎样？对于诸如此类的重大理论问题，它并没有做出明确的回答。相比之下，皮亚杰理论的显著之处正是它回答了上述问题。的确，一个真正的发展的理论需要对于这些问题的描述和说明。现代认知发展心理学的这种弱点是与它信奉的多元论有关的。多元论虽然克服了一元论的某些缺点，但在众多的因素中不分主次，不仅缺乏理论的明晰性，也不一定符合认知发展的实际。因此，现代认知发展心理学如想超出描述的水平，它就必须找到一种能够解释发展的理论的框架。

我们不能苛求于现代认知发展心理学。它毕竟刚刚起步，它的许多研究还是有其重要性的。重要的是，它是一个很有希望的方向。

〔参考文献〕

[1] Robert L Solso. Cognitive Psychology [M]. Bosston：Allyn & Bacon，1979.

[2] Gelman R. Conservation Acquisition：a problem of learning to attend to relevant attributes [J]. Journal of Experimental Child Psychology，1969（2）：167-187.

[3] Ornstein P A, Naus M J, Liberty C. Rehearal and organizational processes in children's memory [J]. Child Devolopment. 1975 (4): 818-830.

[4] 刘范. 国外认知心理学与认知发展研究工作的简单评介 [J]. 外国心理学, 1983 (1): 4-6, 42.

[5] 汪安圣. 国外儿童心理研究的若干新趋向——赴美国、加拿大、瑞士考察观感 [J]. 外国心理学, 1984 (1): 7-10.

[6] 吕静. 国外心理学家对皮亚杰研究方法的挑战 [J]. 外国心理学, 1984 (4): 12-15.

[7] 郑全全. 儿童心理学中对认知发展的研究近况 [J]. 外国心理学, 1985 (5): 35-37.

记忆的加工水平说
——由来、发展和面临的挑战

张积家 潘开玉

[摘　要]　本文介绍了记忆的加工水平说的由来和发展,并指出了这种理论所面临的挑战。记忆的加工水平说之所以产生是由于多存贮模型的困难。记忆的加工水平说认为,记忆痕迹是知觉加工的副产品,痕迹的持久性是加工深度的直接的函数。那些没有给予充分注意的信息,那些只在一个浅的、边缘的水平上被分析的信息,将会很快地被遗忘,而那些受到充分注意的信息,那些受到深层加工的信息,那些被联想和表象丰富了的信息,则能够持续较长的时间。虽然这一理论尚存在诸多不足,但在将认知心理学的研究重点由短时记忆转向长时记忆方面做出了重要贡献。

[关键词]　记忆的加工水平说;由来;发展;挑战

[原　载]　《心理学杂志》1989年第1期,第31—36页。

截止到20世纪60年代末,记忆的多存贮模型在记忆研究领域中占了统治地位,这一理论由Atkinson和Shiffrin(1968,1971)做了详细的阐述。但是,在70年代初,由Craik等人(Craik,1973,1983;Craik & Jacoby,1979;Craik & Lockhart,1972;Craik & Tulving,1975;Jacoby & Craik,1978)提出并不断加以发展的记忆的加工水平说打破了多存贮模型的垄断局面,在认知心理学领域里引起了强烈反响。本文拟对这一理论的由来、内容、发展及其所面临的问题做一综述。

一、记忆加工水平说的产生

记忆的多存贮模型,又称为记忆的三级信息加工模式,认为记忆可划分为瞬时记忆、短时记忆和长时记忆三个阶段,并认为在这三个记忆系统之间存在着信息的传递。而水平理论则正是从指出多存贮模型的困难开始的。Craik和Lockhart(1972)首先指出了这一模型的以下几方面的问题。

1. 容量

在多存贮模型里，有限容量是短时记忆的一个重要特征。但这种有限容量的性质是模糊的、不清楚的。这种模糊性表现在两个方面。① 限制的性质。究竟是贮存容量的限制还是加工容量的限制，还是二者兼而有之？Broadbent（1958）主张是加工容量的限制，而 Waugh 和 Norman（1965）和其他人则倾向于贮存容量的限制。这两种解释在 Miller（1956）的模型里都被提出来了，但未说明二者之间的关系。② 容量的大小。研究表明，短时记忆的容量有较大弹性。一般认为，记忆广度为 5～9 个项目，这取决于项目是字母、数字或词。而 Craik 和 Masnai（1669）的实验表明，如果将词组成句子，被试就可以回忆出 20 个词。因此，如果容量是短时记忆的一个本质特征，多存贮模型就必须对这种非常广泛的容量范围做出解释。

多存贮模型用于解释第二个问题的方式是提出"组块"的理论，认为"组块"是扩大短时记忆信息容量的重要方式。根据"组块"的原则，一些项目可以按照其物理特性组块，另一些项目则可以按照材料的意义组成语义的块。但这种解释又引起两个困难：① 需要从记忆的结果来定义一个块；② 这种观点意味着短时记忆作为一个独立的贮存系统可以接受从简单的物理特征到复杂的语义特征的许多编码，从而模糊了短时记忆与长时记忆的区别。

2. 编码

多存贮模型认为，对语言材料而言，短时记忆是听觉编码，而长时记忆是语义编码。Craik 和 Lockhart 认为，进一步的研究已经使这种区别变得模糊不清。① Levy（1971）及 Peterson 和 Johnson（1971）的实验表明，短时记忆的编码既可以是视觉的，也可以是声音的。② Kroll 和 Posner（1970）的实验表明，甚至对于语言材料，短时记忆也可以有视觉编码，而对于视觉材料的视觉编码则更明显。③ Shulman（1971）提出了短时记忆语义编码的证据。根据上述事实，Craik 和 Lockhart 认为，编码的方式曾被视为是区分短时记忆与长时记忆的基础，但是这个基础已经不存在了。

3. 遗忘特征

多存贮模型认为不同记忆贮存具有不同的遗忘特征。根据这个特征，在感觉记忆中的信息，如果不注意，就会很快地消失。短时记忆的信息保持时间稍长些，而长时记忆则可以使信息保持相当长的时间。Craik 和 Lockhart 认为，如果记忆贮存是按照它们的遗忘特征来区分的话，一个最低限度的必要条件是保持的功能应不随实验范式的变化而变化，但事实并非如此。例如，在配对联想学习实验里，短时记忆的保持扩展到 20 个插入项目，而在自由回忆和探测词的实验里，短时记忆的信息损失得相当快。对于视觉痕迹的保持，Ayerback 和 Coriell（1961）估计为 0.25 秒，Posner（1969）估计为 1.5 秒，Mardock（1972）估计为 6 秒，Pillips 和 Baddeley（1981）估计为 10 秒，Kroll（1972）估计为 25 秒，而对短时记忆保持时间的估计一般为 15～20 秒（Peterson 和 Peterson，1959）。因此，要在"感觉的"和"表征的"记忆之间画一条线是极其困难的。

多存贮模型的上述困难动摇了其赖以存在的基础，说明了用一种新的记忆理论去取代它的必要性，为此 Craik 等人提出了记忆的加工水平说。

加工水平理论的基本内容

Craik 和 Lockhart（1972）最初提出的加工水平的观点包括以下基本内容。

（1）知觉的分析是一个具有不同水平的连续体。这种分析由浅的感觉水平开始，到达较深的、复杂的和抽象的语义水平。感觉阶段的分析是与刺激的物理特征有关的，如线条、角度、亮度、音高、响度等，而较晚阶段的分析则与模式识别与意义提取有关。这种系列的、等级的加工被称为"加工的深度"。较大的深度意味着一种更高水平的语义的和认知的分析。

（2）加工深度取决于刺激物的性质，对刺激物的注意的数量，刺激物同加工结构的一致性，可利用的加工时间和加工任务的要求等。例如，言语刺激比其他感觉刺激更容易被加工到较深的程度；较长的加工时间可以使刺激加工到更深的水平；刺激同加工结构的一致性影响到对刺激分析的精细程度；而加工的任务则可以决定在哪个水平上对刺激进行加工。语义的任务（如判断某个词是否适合某个句子）能将加工导向更深的水平，而关于结构的任务（如判断词是否大写）则往往使加工停留在一个浅的结构的特征的阶段。

（3）记忆是加工深度的函数。这是水平理论的一个最重要也是最核心的观点。Craik 和 Lockhart 认为，记忆痕迹是知觉加工的副产品，痕迹的持久性是加工深度的直接的函数。那些没有给予充分注意的信息，那些只在一个浅的、边缘的水平上被分析的信息，将会很快地被遗忘，而那些受到充分注意的信息，那些受到深层加工的信息，那些被联想和表象丰富了的信息，则能够持续较长的时间。

（4）Craik 和 Lockhart 将记忆分成初级记忆与次级记忆。他们的初级记忆的概念与 W.James 的概念一致。当注意从项目上转移开时，信息就以与加工水平相一致的速率消失，对应于较深水平的是较慢的消失速率。他们还区分了两种不同类型的加工：类型Ⅰ的加工和类型Ⅱ的加工。初级记忆中的保持性的加工是类型Ⅰ的加工，其功能仅仅是在意识里保持一个项目，没有形成一个更持久的记忆痕迹，并因而不能促进记忆的成绩。他们预言，机械的重复和复述不能增进记忆，这是他们的一个十分重要的观点。而类型Ⅱ的加工包含了对刺激信息的较深的分析，这种精细的复述，可以促进记忆的成绩。因此，他们认为，只有当被试利用类型Ⅱ的加工时，记忆成绩才随总的学习时间的增加而增加。

以上四点是加工水平理论的主要观点。他们从这些立场出发，用水平理论解释了当时业已存在的一些发现并预言了一些发现。其中不随意学习（incidental learning）的研究是支持水平理论的重要证据，也是在水平理论指导下进行研究的典型实施范例（Craik，1973）。

在这类实验中，实验者对被试加工材料的方式进行控制，因此可以系统地比较各种定向任务后的保持。一般给被试三种不同的定向任务：① 词的结构（如词的书写格式，是否大写）；② 词的语音（如是否与另一个词同韵）；③ 词的语义（如是否能填入一个句子或是否属于某一范畴）。被试对相应的词分别有"是"或"否"的反应。在被试完成这些任务后，出乎意料地对他们进行回忆或再认的测验。

在以上三类定向任务中，加工深度是不断增加的。按照加工深度的观点可以预期第一类问题的记忆作业成绩最差，而第三类问题的记忆作业成绩最好。Craik 和 Tueving (1975) 的实验结果（见表1）支持了这一预期。

表1 再认比例是加工深度的函数

反应方式	再认比例		
	结构	语音	语义
是	*15	*48	*81
否	*19	*26	*49

多存贮模型认为，只用某个项目在缓冲器中复述的时间和其他项目占据的可利用的缓冲器空间的程度就足以预测该项目在长时记忆中的保持结果，即复述的时间越长，复述的次数越多，则保持的结果越好。加工水平说则认为，记忆的结果依赖于加工深度和复述活动的类型，一般来说仅仅是机械性的复述并不能使项目从短时记忆传递到长时记忆而致较好的记忆结果。Craik 和 Watkins (1973) 的实验结果有力地证明这一点。在这个实验中，给被试一个词表，要求他们记住一个以某个字母开头的最后一个词。这就需要被试记住词表中的特定字母开头的词，并将它保持到被用同样字母开头的词取代时为止。比如，给出特定字母 b 和词表 crocodile、bag、radder、roar、buffalo、tree、barley、radio、sunflower、chair，回忆时要求被试报告 barley。所以在两个以 b 开头的词之间的插入项目数就决定了前一个以 b 开头的词的复述次数。如 bag 的复述次数是 2（中间有 radder，roar），baffalo 的复述次数是 1（中间有 tree），而 barley 是 3。在呈现完字表后，要求被试回忆出前面呈现的所有词。从多存贮模型来看，结果应是复述次数多的记得好。而水平理论则预期：结果不应因复述次数不同而不同，因为保持性复述不促进记忆。结果证实了 Craik 和 Watkins 的预期。

很多实验结果还表明，记忆的结果不仅依赖于进行加工的性质，而且依赖于加工过程与提取过程的一致性，这也是多存贮模型无法解释的。这一点我们后面还要详细讨论。

三、水平理论的发展

从 1972 年以后，水平理论有了较大的发展和改变。首先，仅仅是加工深度的概念并不能解释已有的实验结果，这一点从对表1的结果做精细的考察就可以发现。为什么在语音和语义的记忆问题中作"是"反应的记忆结果总是优于作"否"反应的记忆结果？从加工深度的角度来看，这两者是完全相同的。

Craik 和 Tulving (1975) 进一步研究了这一问题。他们仍然采用上述实验程序，但事先告诉被试要进行记忆测验。在这种条件下被试可能了解词的意义，而不仅仅是知觉到一些由曲线和直线组成的字母串。然而，实验结果表明，在结构和语音问题中，记忆结果并没有得到明显改善。

为此，他们进一步提出了加工的一致性、精细性和区分性的概念来说明这些问题。

他们指出，记忆的结果不仅依赖于对要记忆项目本身的加工，而且依赖于对项目上下文的加工。在上述实验中，在语音和语义编码问题中，"是"反应的词和问题具有一致性，使得词与上下文成为一个整合的单位，一起贮存，而不像"否"反应那样分开进行贮存。在结构问题中，无论"是"或"否"反应都导致贫乏的编码词与上下文的整合没有意义，所以"是"反应并不优于"否"反应。同样，对于项目精细性和区分性的加工也取决于项目的上下文，上下文越丰富，对于项目的加工就越精细，使得项目之间的上下文就有更多的不同之处，即区分性越大，越不易与其他项目混淆，从而使其很容易被回忆出来。因此即使加工涉及项目的意义，但如果没有精细的、可区分的上下文可供编码，记忆的效果仍然不佳。

Craik 和 Tulving (1975) 关于句子复杂性的实验研究进一步说明了上述概念。

在这一实验中，让被试加工三种类型的句子，按其复杂性划分为简单的、中等的和复杂的。例如，简单句子："他丢了——"。中等句子："这个老人丢了——"。复杂句子："这个老人在房间里蹒跚行走，他丢了——"。三种情况下均呈现"丢"这个词。被试的任务就是尽快决定这一单词是否能填入这一句子。实验完成后，要求被试进行自由回忆，然后呈现句子进行线索回忆。实验结果表明，复杂句子导致精细性和有区分性的编码，然而对于不同的反应其作用是不同的。在作"否"反应时，句子复杂性和提取线索对于记忆没有改善作用。而作"是"反应时，记忆结果才随句子复杂程度的提高而逐渐上升。线索回忆与自由回忆的结果是类似的。所以说，当记忆项目与上下文不一致时，加工的精细性和提供线索都不能改善记忆；而在一致的情况下，两者都能改善记忆。

加工水平的观点还认为记忆的结果依赖于提取与加工过程的一致性。当刺激输入到认知系统进行加工后，这种对刺激的加工就微妙地改变了整个认知系统的结构，使认知系统具有重新产生这种活动的可能，特别是当原来事件的很多方面都重新出现时，这种可能性就更大。也就是说提取过程与加工过程的一致性越大，项目就越容易从记忆中重现出来，记忆的结果就越好 (Craik, 1983)。

Geiselman 和 Bjork (1980) 的实验为此提供了很好的说明。在此实验中，要求被试背诵三个字一组的词5秒、10秒或15秒。背诵的方式有两种，一种是单纯地机械复述单词（初级背诵），另一种是试图在三个单词之间构成意义的联系，例如构成一个句子（二级背诵）。这个研究更重要的一点是，被试首先熟悉一个特定人的声音，并在这一声音条件下进行背诵活动。在测验时，或者用相同的声音呈现供再认的单词（因此加工与提取操作有同样的表面特征），或用不同的声音呈现。

实验结果表明：第一，只有测验单词用相同的声音呈现时，初级背诵才由于时间的加长而使记忆作业有所改善；二级背诵，不管测验单词用什么声音呈现，背诵延长都使再认水平有所提高，可见，把保持性和精细性加工区分开来是必要的。第二，实验中的背诵时间是足够的，这样再认就既依赖于加工的性质，也依赖于测验与加工的一致性。

第三，对于"初级—不同"的条件，再认成绩在长于 5 秒的背诵条件下并未提高；对于"初级—相同"的条件，再认成绩随 5 秒的背诵时间加到 10 秒而提高；在精细性背诵（二级背诵）的条件下，再认成绩随背诵时间增加而逐步提高。这表明不同的加工需要不同长度的加工时间，而一旦加工任务完成，更长的加工时间不再有助于记忆。

Jacoby（1983）的实验为提取与加工一致导致良好保持提供了进一步的证据。实验分两部分。第一部分实验要求被试大声读出一系列视觉呈现的单词或想出有关的单词。包括以下三种情况：① 在呈现单词前先呈现一排 X 字母，因此被试事先没有得到该单词的信息，这种条件称为"无上下关系"；② 在呈现单词前呈现它的反义词，这样被试事先可预料该单词，称为"有上下关系"；③ 首先呈现反义词，然后呈现一排"?"，要求被试想出应呈现的单词，称为"想出"条件。这种程序逐渐地改变了被试进行正字法加工和意义加工的数量，从条件①到③，意义加工的数量由少到多，而正字法加工则由多到少，条件③由于没有呈现要测的单词，因而基本上无正字法加工。第二部分实验要求被试进行再认测验或知觉辨认测验，结果如表 2 所示，再认成绩随实验条件从"无上下关系"到"想出"一直上升，而知觉辨认则出现了相反的结果。这再次表明，要理解记忆，既要考虑加工过程的性质，又要考虑提取测验的性质。

表 2 三种实验条件下再认与知觉辨认的概率

项目	实验条件		
	无上下关系	有上下关系	想出
程序	××××× "冷的"	热的 "冷的"	热的 ???
再认	0.56	0.72	0.78
知觉辨认	0.82	0.76	0.67

四、对加工水平的评论

同任何其他理论一样，加工水平理论也受到了批评，主要有以下几种。

（1）水平理论没有比一种世俗的说法，即"有意义的事件能够被较好地记住"说出更多的东西。水平理论是一般的原则而非具体的理论，它没有给人类关于记忆的知识增添什么新的内容，只不过是老调重弹而已。它代表了人类记忆研究中的一种倒退，因为它比任何数学模型都要模糊得多。Craik 和 Tulving 反驳这种批评时指出，尽管某些理论是特殊的和数学化的，但如果这种理论的基础有局限甚至有错误，那么即使它是具体的、特殊的和数学化的也是不适当的。

（2）水平理论没有提出加工深度的独立的标志，因此有循环论证的危险。因为任何被记住的事情都可归结为受到"较深的加工"，反过来，任何受到深度加工的事情又将被记住。

加工水平理论尽管仍有弱点。但与多存贮理论比较，由于它将注意集中到痕迹形成的过程和编码的操作上，所以具有特有的简明性；它强调心智操作的主动性，因而更符合人的记忆的特点；它强调认知的结构，精细的加工，编码的一致性及编码与提取的作用，因而更具有灵活性。它的一些基本原则如"保持性复述"与"精细性复述"，"精细加工"，"一致性"等，已经为多数认知心理学家所接受。它对于多存贮理论的批评也是强有力的，激励了大量的实验研究，使情节记忆的研究打破了一家垄断的局面而走向多元化的方向。它对当代记忆研究的重心由短时记忆转向长时记忆也起了较大的推动作用。正如著名的认知心理学家 Lachman（1980）指出的："他们的论证戏剧般地表现了记忆系统的灵活性，并在相当大的程度上削弱了由多存贮模型所建设的关于记忆过程的静态的看法的基础。不管加工水平是否发展成为一种可能的理论，它的倡导者们已经达到了他们理论上的目的。他们已帮助许多认知心理学家改变了惯例的、范式的信仰。"

注意资源理论及其进展

陈栩茜　张积家

[摘　要]	注意资源理论是注意研究的一个重要理论。本文介绍了注意资源理论中的"总体任务资源"和"特定任务资源"两种理论，比较了二者的差异、各自的优势以及理论局限性，并提出了关于注意资源理论中值得注意的若干问题。
[关键词]	注意；资源；分配；特定任务资源；总体任务资源
[原　载]	《心理学探新》2003年第4期，第24—28页。

一、引言

注意理论一直备受人们关注，因为人类所有的心理活动都离不开注意。但是，人的注意能力有限，不能同时注意所有发生在身边的事情，而只能注意众多事件中的几项重要事件。事实上，面对纷繁复杂的外界环境，人们需要同时注意的事项日益增多，如何将有限的注意分配到同时出现的众多事件中去，是心理学家努力探究的问题。因此，分配性注意日渐成为研究的焦点。为了解释注意现象，研究者曾提出众多的注意理论，如注意的过滤器模型、注意的衰减器模型、反应选择理论、知觉选择模型等[1]。其中，资源理论近年来在注意研究领域内颇为流行，其优势在于能较好地解释注意的多种特性，特别注意的选择和分配。现在，我们将对新近的几种资源理论加以回顾和讨论。

二、注意资源理论

（一）理论的提出

注意资源理论，又叫注意的能量分配模型，是由 Kahneman 于1973年在其著作《注意和努力》中提出的[2]。Kahneman 认为，人的认知资源（cognitive resources）或能量是有限的。为了识别一个刺激，就需要资源。如果刺激较复杂，需要的资源就多。如果同时呈现其他刺激，资源可能会很快耗尽。如果给资源已耗尽的人再呈现新异刺激，这些新异刺激将不被加工（或注意）。但是情况也并不总是如此。Kahneman 假定，新异刺激有时并不能用完所有资源。相反，认知系统中存在这样一个阶段，在这个阶段中，它分配一定量的资源对新异刺激进行加工。正如 Johnston 和 Heinz 所指出的，认知资源分配是灵活的，人可以对其进行控制。人不是新异刺激的奴隶，而是把有限资源转移到重要刺激上[2]。

自此，将注意视为一种资源或能量便成为新的注意理论的基础，以此为契机，分配性注意的研究得到了不断扩展。

（二）注意资源理论的两种不同形态

目前，心理学家对注意的资源或能量持两种不同的观点：特定任务资源理论（Task-Specific Resources theory）（以下简称 TSR 理论）和总体任务资源理论（Task-General Resources theory）（以下简称 TGR 理论）。

1. 特定任务资源理论

TSR 理论主张，人的认知加工的资源或能量是具体的。这种理论预言：不同性质的任务可以同时并存，人们可以轻易地同时完成两种性质不同的任务，一旦任务之间的性质有相交或产生叠加，干扰就会产生[3]。

在日常生活中，人可以一边跑步、骑自行车一边听音乐，但是，大多数人难以一边看电视一边看书。这是支持 TSR 理论的有力证据，说明性质相似的两种任务难以同时完成，而不同性质的任务则有利于注意的分配。Allport 等人就这一问题进行了研究，他们将被试分为三组，要求被试同时完成两种任务，其中一种为共同任务，即让被试听一组单词（单耳跟听）并即时复述。同时，三组被试分别同时完成另外三种任务：① 另一只耳朵听另外一组单词并记忆（听力+听力）；② 看屏幕上的一组单词并记忆（听单词+看单词）；③ 在屏幕上呈现一组图片让被试看（听单词+看图片）。三种任务中两种子任务间的相似程度不同，任务 1 的两个子任务相似性最大，任务 3 的两个子任务相似性最小。按照 TSR 理论，任务 1 的两个子任务间干扰最重，任务 2 的两个子任务间的干扰次之，任务 3 的两个子任务间干扰最轻。实验结果正是如此，任务间的干扰程度由任务性质决定，从而支持特定任务资源理论[4]。

但是，TSR 理论也有其不能解释的现象。TGR 理论的支持者提出反例：人可以在开车时聊天，这是因为开车与聊天是两种不同性质的任务。但是，假如我们在面临交叉路口或由高速行驶转入慢速行驶时，交谈将降低速度甚至停顿。这是 TSR 理论不能解释的。因为按照 TSR 理论，任务的难度并不重要，影响任务能否同时完成的关键是任务性质。但是，人在某些时候虽然能同时做两种性质不同的任务，但在完成第二项任务时会降低完成第一项任务的速度或效果[3]。

2. 总体任务资源理论

TSR 理论面临的困难正是 TGR 理论的优势所在。TGR 理论认为，人的认知资源或能量是一般的而非特殊的。这种理论预言如下。① 由竞争的刺激源产生的干扰不是特殊的。人同时做两件事会感到困难并非由任务干扰引起，而是任务需要的资源超过了人的资源。只要活动不超过人的资源，人就能够同时做两件事。② 当加工需要的资源超过人本身拥有的资源总和,而人又试图同时做第二项任务,那么第一项任务的成绩将会下降。③ 人的注意资源分配很灵活,它可以改变以适应新异刺激的需要。因此,TGR 理论强调注意分配的条件是各项任务所需的资源不超出人的资源的总和。任务本身的性质不是注意分配成功与否的关键。

按照 TGR 理论,开车、注视路面状况和交谈都需要占用一定的资源或能量。人的认知资源或能量有限,一般开车和聊天所消耗的能量未超过人的认知能量的总和,因此两项任务可同时进行;如果在前两项工作基础上再加上判断路面,能量总和将超过人所拥有的资源,人只能先将大部分资源用于判断路面,然后再安排其他任务,因此聊天就会降低速度甚至终止。

Reisberg 的研究支持了 TGR 理论的观点。他让被试边跑步边看图片,并要求被试判断图片是否为三维的。按照 TGR 理论,两项性质不同的任务之间若存在干扰,就说明任务间存在能量或资源竞争,相应地,也就说明该能量或资源是一般的。实验结果表明,这两种任务间的干扰的确很大[5]。

理论的争议和扩展

(一)资源理论面临的争议

注意资源理论仍存在许多争论。最困难的问题是:什么是心理资源(mental resources)或能量?TSR 理论认为必须通过详尽的任务分析才能描述资源或能量的特征,也就是说要分析单一任务。但是,什么是单一任务?假如将任务一层层分析下去,就会发现所谓单一任务并不是独立的,而是许多子任务的总和。这样无休止的分类,只会导致注意分配理论的发展停滞。另外,如何界定任务是不是同一性质也同样困难:到底是按注意的接受渠道(如听觉和视觉)来分,还是按注意加工的材料(如看图和看单词)来分?在两种理论的争论过程中似乎存在着两种分法交替使用的现象。

目前,TSR 理论似乎更能得到认知心理学家的认可。但它仍然难以给心理资源或能量下定义。Kahneman 将心理资源比喻为可供消耗的内心努力(the expenditure of mental effort)。他认为心理任务需要与物理任务相似的努力。另外一些学者则持不同观点,认为心理资源更像"心理工具"而非能量供给。同时,在 TGR 理论对 TSR 理论的批判中,存在以下问题。① 即使是在路面良好的情况下,司机依然需要注意路面以应付突发事件。此时司机为什么能自如地聊天?② 在驾驶中,司机能同时进行多项任务。这多项任务为什么能较好地共存而不争抢能量?③ 为什么司机在初学驾驶时,难以顺利完成驾驶中的各项任务,而熟练后,却能对相同任务群有完全不同的反应?因此,不能简单地说某两项任务所需的能量之和大于其他两项任务的能量总和,我们需要寻求更为完善的理论。

(二)认知负荷理论——来自学习和问题解决的研究对 TGR 理论的支持

认知负荷理论是 John Sweller 等人在 20 世纪 80 年代提出的,主要从认知资源分配角度来考察学习和问题解决，它以认知资源有限理论和图式理论为基础[6]，如图1[7]所示。这种理论认为，问题解决和学习过程中的各种认知加工活动均需消耗认知资源，若所有活动需要的资源总量超过了个体拥有的资源总量，就会引起资源分配不足，从而影响学习或问题解决效率，这被称为认知超载（cognitive overload）。这一理论与TGR理论甚为相似。

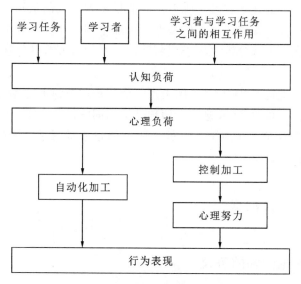

图1　认知负荷模型

认知负荷理论强调两个重要概念：图式和规则。研究者认为学习时消耗的心理努力，是认知负荷的本质属性[8]。而图式和规则自动化则是减轻认知负荷、提高认知加工效率的关键。

认知图式可以概念化为认知结构，它在新的问题情境中为人提供一种类比，以解决新问题。Bartlett认为，图式是"关于过去反应或以往经历的一种主动组织"，可以对新获得的材料进行重构和改造。现在，人们将图式看作是一种认知结构，通过图式可以将问题进行迅速归类。Rumelhart和Norman曾把图式定义为"表征记忆中业已储存的有关类概念的资料结构"。安德森认为"图式是对范畴中的规律性做出编码的一种形式，这些规律性既可以是知觉性质的，也可以是命题性质的"。可见，图式是比陈述性知识更为高级的单位，是人对自己熟悉的范畴、文本、事件或其他各种实体中的命题、次序及知觉信息的综合。某一领域的熟练者的长时记忆中储存了大量认知图式，这些图式能够在一定范围内自动起作用[9]，并根据实际情境进行快速、正确归类。这种归类是一种自动化的认知加工过程，它不需要意识控制和资源消耗，可弥补工作记忆容量的不足。图式还可以使问题解决者能够超出给定信息进行推测。图式一旦被激活，就能引导问题解决者以特定方式搜索问题空间。

自动化规则是一种以共同原则为基础的特定任务程序，在一定问题情境下能够无意识地进行认知加工。认知负荷理论认为，规则自动化在无意识状态下进行。当学习者对某一领域的知识、技能熟练后，注意的控制加工将减少，自动加工增多，从而有效节省认知资源，减轻学习者的认知负荷。因此，规则自动化具有两大特征：① 只需要极少量的能源就可以完成动作，有利于能量节省；② 不与其他任务竞争能量，有利于将能源分配到其他任务中去。这两点特征在注意的能量分配过程中尤为重要。

可见，图式获取和规则自动化这两大机制可利用长时记忆来弥补工作记忆的不足[10]，从而大大减轻工作记忆的容量限制，使任务总量不至于超出人所拥有的能量的总和。从这个角度看来，人的能量或资源是一个有限的总体，对认知能量的节约是认知负荷理论和 TGR 理论关注的共同焦点。

（三）交替任务说——对 TGR 理论的进一步扩展

虽然 TGR 理论有来自认知负荷理论的支持，但并没有彻底解决问题。Daniel Reisberg 认为，TGR 理论和 TSR 理论各自揭示了真理的一部分。总体任务资源和特定任务资源应是同一个注意过程中的两种水平。在人的认知资源中，一部分资源适合所有任务，而另一部分资源适合某些具体任务[11]。事实上，我们虽然暂时不能对认知资源做出精确解释，但不能忽视它的存在。在现行的理论框架中，我们的确难以解释什么是注意的认知资源，什么是特定任务资源，什么是总体任务资源。但众多的实验结果表明，两种资源都有存在的可能性和必要性。因此在对待这两种理论时，应根据具体情况而定。特别是在对待特定任务资源的问题上，由于我们难以界定两种任务之间是否共享同一种资源，所以在大多数时候我们可以根据实际情况只分析总体任务资源的分配而忽略特定任务资源，但是在面对某种特定情况时，我们也应考虑是否增加对特定任务资源的详细分析。在对两种理论进行分析的基础上，心理学家又对注意的资源学说进行了扩展和补充。

如前所述，有学者认为心理资源是一种心理工具。因此，他们假设存在一种独立的心理机制，它会对刺激做出选择和应答。这种应答将用于较大范围的任务。这种机制每次运作只对一个刺激进行反应，被试只能在完成一项任务后才能进行第二项任务。该理论的支持者认为，这种交替时间非常短，人们无法觉察。就像计算机的运作，计算机并非同时做几项工作，而是将一项工作分成若干子工作，然后将两项或多项工作的子工作交替运行，而人们似乎看到计算机同时进行多项任务。这种分配过程是一种时间的分配[12]。

这种时间分配可以用一个简单实验表示：两种简单任务 S1，S2。S1 有两种刺激分别是"1"和"2"，S2 的刺激是"A"和"B"，对 S1 的反应是 R1（按红键或绿键），对 S2 的反应是 R2（按左键或右键）。这是一个反应时实验，要求被试对不同刺激作不同反应。结果正像预期的那样：单独完成一项实验时，被试能够快而准地进行反应；要求同时完成两项任务时，即在 S1 呈现 150 毫秒时呈现 S2（此时被试对 S1 的反应仍未完全结束），被试的成绩就会大幅度降低。后完成的作业成绩下降得更厉害。

根据传统的注意资源理论，人们会这样解释：由于注意资源有限，当被试对第一种刺激（S1）注意时，占用了大量资源，以至于第二个刺激（S2）呈现时，被试没有足够的资源可分配，导致对第二个刺激产生反应延迟。

但是，用交替任务说进行解释，研究者假设，对 S1 的反应分三步进行：

感知（A1）——→选择一种反应（B1）——→做出反应（C1）

假如 S2 同时呈现，被试无法对它做出及时反应，而只有等待 S1 反应完成。此时，S2 的反应过程变成了四步：

感知（A2）⟶等待（W）⟶选择一种反应（B2）⟶做出反应（C2）

所以，对 S1 和 S2 的反应过程为：

A1 ⟶ A2 ⟶ B1（W）⟶ C1 ⟶ B2 ⟶ C2

对 S1 和 S2 的反应时也就随之增加。

但是换一种试验条件，研究者增加 S1、S2 之间的呈现时间进行进一步研究，结果发现，延迟 S2 的呈现时间将不会导致 R2 反应时的增长。他们认为在这种情况下，S2 呈现时被试已经完成了对 S1 的反应，因此，对 S2 的反应重新变成了三步。

可见，S2 的快速呈现会降低人们对它的反应速度，同时性任务失败。这种理论更能解释练习效应的成因：做每件事情都有一定步骤，在被试还未形成自动化前，完成每个步骤都要进行一定选择或思考，完成任务的步骤也不可或缺。但是，一旦形成了自动化，有的步骤便可以免去，如对下一步动作的思考和选择，这样便节省了大量时间和能量，使同时的另一项任务可以更好地完成。就像弹钢琴的和弦一样，开始练习时，人不能很好地掌握和弦的弹奏，更别说是两手配合。按照 TSR 理论，左右手合奏应属于同质作业，再加上看乐谱，人们便难以完成。但是熟练后，由于自动化可以简化许多步骤（如看乐谱），人就可以用双手弹出美妙的和弦。

（四）结束语

和其他注意理论相比，资源理论能更好地说明注意的过程，具有更大的解释力。它不仅可以说明选择性注意，而且可以说明集中性注意和分配性注意。虽然这种理论对某些现象的解释仍不够充分，但是，资源理论使人们对注意现象的认识已前进了一大步。

但是，这种理论仍存在几个暂时难以突破的问题。① 影响注意的是心理努力还是心理资源？在两种完全不同的假设下，对注意的研究将有截然不同的结果。② 假如影响注意的是心理资源，那么什么是心理资源？目前仍无明确的定义。③ 这种理论本身也存在一些争论，如 TSR 理论认为注意存在通道竞争，同种任务共享同种能量，不同任务分享不同能量。因此，同质任务难以同时进行，不同任务之间则能比较好地同时并存。TGR 理论则认为这种竞争是能量争夺，注意能量只有一种来源，所有注意都要依靠这种能量，一旦任务所需要的能量超过人本身所拥有的能量，则多项任务不能同时完成。如果两种任务的传输通道不能有效区分，也会导致同时作业的失败。这些争论，在很大程度上是由对注意的不同理解所致。但是，人们分配注意时，局限是否真的由这些原因所致？是否真的需要这么多的注意理论？能否用一个统一的理论解释注意的运行机制？这些都是今后所要研究的。还有，能否用生理心理学的技术（如眼动、脑电和脑成像）揭示人类注意的过程和机制？或许它们会给我们提供更多启示。但是，我们也不能忽视多种理论结合来说明注意的可能性。Daniel Reisberg 认为，不同的因素有不同的产生原因，因此多种理论还是必要的[13]。的确,在注意机制未最终明确以前,任何一种有实验根据的理论都有其存在价值。我们不能忽视任一种理论,只有批判地接受它们,从中吸取有效的养分,才能最终揭示出注意的机制。

〔参考文献〕

[1] 王甦,汪安圣.认知心理学[M].北京:北京大学出版社,1992.

[2] John B. Best. 认知心理学[M].黄希庭,主译.北京:中国轻工业出版社,2000.

[3][11][13] Reisberg D. Cognition:exploring the science of the mind[M]. New York:W. W. Norton & Company,1997.

[4] Allport D,Antonis B,Reynolds P. On the division of attention:a disproof of the single channel hypothesis[J]. Quarterly Journal of Experimental Psychology,1972(24):225-235.

[5] Reisberg D. General mental resources and perceptual judgments[J]. Journal of Experimental Psychology:Human Perception and Performance,1983(9):966-979.

[6] Cooper G,Sweller J. Effects of schema acquisition and rule automation on mathematical problem—solving transfer[J]. Journal of Educational Psychology,1987(4):347-362.

[7] Fred G W C,Paas J G,Merriënboer V. Variability of worked examples and transfer of geometrical problem—solving skills:A cognitive-load approach[J]. Journal of Educational Psychology,1994(1):122-133.

[8] Fred G W C,Paas J G. Training strategies for attaining transfer of problem-solving skill in statistics:a cognitive-load approach[J]. Journal of Educational Psychology,1992(4):429-434.

[9] Hayes J R,Flower L S. Writing research and the writer[J]. American Psychologist,1986(10):1106-1113.

[10] Sweller J. Cognitive load theory,learning difficulty and instructional design[J]. Learning and Instruction,1994(4):295-312.

[12] McCann R,Johnston J. Locus of the single-channel bottleneck in dual-task interference[J]. Journal of Experimental Psychology:Human Perception and Performance,1992(18):471-484.

具身理论分歧：概念隐喻与知觉符号观

李子健　张积家　乔艳阳

[摘　要]　知觉符号等"强具身"理论不同于概念隐喻观，认为概念表征本质在于感知信息多模态的即时激活，隐喻映射存在双向性、侧重于从认知的生理基础和机制角度解释。行为研究在空间—时间、重量—重要性、温度—人际、洁净—道德等领域发现了双向映射；而镜像神经元、语义理解、"动感共振"、"单侧忽视"及温度—人际脑机制研究，均表明概念表征—感知信息之间存在神经生理基础与内在机制的重叠。今后应对跨通道隐喻心理机制、"感知模拟"假设、感知觉与语义在概念表征中的作用层次等问题做进一步研究。

[关键词]　具身认知；隐喻；概念表征；知觉符号论

[原　载]　《科学技术哲学研究》2018年第2期，第45—51页。

20世纪70年代，莱考夫在对日常语言中的隐喻进行了大量研究后发现，隐喻的使用无处不在——人一生中使用大约470个新颖隐喻，2140万个定型隐喻[1]。随后，莱考夫和约翰逊出版了《我们赖以生存的隐喻》一书，提出概念隐喻理论（Conceptual Metaphor Theory, CMT），认为概念可分为具体、有形、直接感知到的概念，如空间、颜色、体积等，称为"始源域"；亦包括许多抽象、无形、不能直接感知到的概念，包括时间、道德、地位等抽象概念，称为"目标域"。抽象概念无法直接获得，是通过简单具体的概念迁移而来，这种迁移过程就是隐喻映射的过程。[2]

根据隐喻映射所基于的不同"意象图式"，莱考夫将隐喻分为三种主要类型：结构隐喻、方位隐喻和本体隐喻。这一系列研究表明，任何复杂概念都是由简单概念迁移而来，人类从刚出生仅具备基本感觉、知觉、条件反射的婴儿，通过概念迁移，逐渐成为掌握时间、道德、人际关系等一系列抽象概念和技能的成人，从而完成了从感觉、知觉向概念、思维的巨大跨越——身体并非独立于思维和精神之外，而是作为认知源头和载体对认知存在着基础性作用，即认知依存于身体（大脑）的"具身认知"观点。

具身认知观与此前的"离身认知观"相对立。古希腊哲学家认为"理念"与现世存在对立。柏拉图认为，人追求精神的同时需要摆脱肉体存在的限制。而近代哲学与思想界继承了这一传统,如笛卡儿"我思故我在"式的"身心二元"观点;其后,胡塞尔与布伦塔诺现象学派所提出的"纯粹意识",则认为意识本身和所意识的内容是"同一现象",否认了意识本身是身体的机能。[3] 可见在"身-心"关系这一问题的哲学来源上,身体作为精神存在的载体被完全忽视,思维被抽离出来成为绝对化的存在,这显然是与具身认知"什么样的身体/大脑塑造什么样的认知"的逻辑关系相悖的。

具身认知亦不同于第一代认知科学的"计算主义"立场。"符号即表征、加工即计算"观点——认知过程可以完全类比于计算机的加工模式。尽管相比于"离身哲学",计算主义部分地考虑到了认知主体(计算系统)的存在和功能,然而,这种相对机械的类比却有失偏颇——人类机体并非批量生产、规格相同的计算机硬件,而是各不相同、变化发展、与环境互动的有机体。因此,在模拟纷繁复杂、不断变化、动态发展的现世行为时,无法解释人类是如何动态地适应环境、自身不断学习发展的。更为根本的是,所类比的"计算机"与其运行内容仍然是相对独立的,与"计算机"因需要、动机、状态相应产生"计算程序与结果"的这一主观过程仍然有本质上的区别。因此,"符号与认知"的计算主义立场,本质上是"人工智能"而非"人的智能",始终是某种局部问题的算法,而非真正对世界的体验、感受、表征与认知。[4]

真正意义上的认知科学,必然是从现实的角度出发,将身体的、情境的、变化发展的体验考虑在内——在经历了"离身认知""计算主义"等长期发展之后,概念隐喻理论第一次回答了"人类思维从何而来的问题",即第一代认知科学长期以来所不能回答的"符号接地"问题。正在此时,代表着建立在认知神经基础之上的第二代认知科学——"具身认知论"即将到来。

一、强-弱具身理论对比

(一)概念隐喻理论与"具身弱势假设"

从概念隐喻理论开始,具身认知作为一种新的理论取向代表了认知心理学向生理基础层面的转向和探索。然而,作为一种详尽、深入、普遍地解释心理过程内在机制和发生发展过程的理论体系,具身认知主义则仍处于初始阶段。"概念表征的心理-生理机制"问题是身体、环境经验建构和塑造精神世界的核心问题和首要问题,概念隐喻理论以"映射"这一迁移过程作为抽象和复杂概念形成的成因,尽管确立了概念-感知觉之间的联系,然而对心理-生理机制的解释则存在缺失。

(1)概念表征的心理机制。概念隐喻理论指出了概念间的迁移过程,然而这种迁移视隐喻联系、具体语义、概念联系而变化,并没有一种总括性的、内在机制上的解释。并且,同一概念可能对应许多相关隐喻,在概念表征过程中,这些不同层次、不同角度的隐喻应当以何种方式进行叠加和交互作用,似乎很难厘清。

(2)概念表征的神经基础。由于概念隐喻理论主要归纳自大量的语义材料,而较少涉及神经生理层面,其原因是 20 世纪 80 年代认知神经手段尚不够发达和成熟。然而,具身认识论的出发点和落脚点无疑都是认知的生理基础,这一方面的证据不可或缺。

克拉克承袭了概念隐喻理论的联结主义观点，认为身体作为认知的始源域，创建结构化的信息流，参与到认知、环境、身体三者耦合的认知统一体中。[5] 其所倡导的具身观点尽管考虑了身体在认知中的作用，然而仍然保留了传统表征与计算的理论体系——即在传统概念表征与计算的基础上，考虑到身体作为认知的始源域这一因素，加入身体因素在结构上、内容上的限制和调节作用。换言之，以莱考夫和克拉克为代表的具身认知观点，是对第一代认知科学的修正与调整，相对于随后出现的、将身体作为认知的本质内容和形式的"强势具身观点"，上述理论又被称为"弱势具身假设"。

（二）"具身强势假设"与理论对比

1985年，里佐拉蒂等人[6]在对猕猴的研究中发现了镜像神经元，表示具身认知具备神经生理上的可能性。巴萨洛在大量认知和神经生理研究的基础上提出了知觉符号理论，对于概念和思维的心理机制做出了假设：概念表征是由多通道的感知觉信息模拟而成，概念本质具有知觉属性。[7] 这一观点正面回答了概念表征的"符号接地"问题——将概念、思维与感觉、知觉视为同一本质不同层面的现象。与"弱势具身"理论相比，知觉符号理论在以下三个方面体现出不同。

（1）具身机制的差异。概念隐喻理论认为，映射机制是基于意象-图式的联结，如"时间就是金钱"是一种结构隐喻，时间具有金钱可贵的品质；"高高在上、卑鄙下流"是一种方位隐喻，将地位高联系为空间上方，不道德联系为下方。在这些隐喻中，作为目标域的"时间""地位""道德"等概念沿用了始源域的特性和结构，这种联系建立在定型化的语义-概念映射基础之上。然而，知觉符号理论抛弃了定型、结构化的"映射"观点，认为目标域的概念表征是由感知觉"模拟"而成的。巴萨洛假定，人类头脑中存在"模拟器"和"认知框架"，感官输入的感知觉信号通过感觉通道的"模拟器"转化为概念并在中枢系统中以"认知框架"进行概念组织。举例来说，当人在体验时间概念时，将会激活与时间有关的视觉、听觉、触觉、体感等多通道感知觉，如感受到"日夜更替""大江东去""呼啸而过""焦急难耐"，这些"知觉符号"按照认知框架在头脑中整合以完成对于"时间"的理解。

（2）概念表征的基本单元。概念隐喻理论认为，感知觉-概念是具有类似组织形式的两类独立系统，如视觉空间的组织方式可以迁移至抽象概念如"时间"等概念中，时间"过去-未来"在汉语、英语中分别对应"上-下"与"左-右"。[8] 概念架构完成后，时间概念形成了与空间概念类似结构的独立概念系统，在讨论时间时，对于"上月""下月"的描述并不需要借助空间"上""下"进行转译，表明时间概念是具有运算结构的独立系统。在概念隐喻理论看来，概念、思维具有其独特的"概念符号"，尽管这种符号发源于感知觉，但是在进行表征、记忆和运算时，"概念符号"是概念系统的基本单元。而知觉符号理论则并不认为存在两类概念系统，即概念表征均是从大脑中的"模拟器"和"认知框架"由感知觉符号模拟而来；在储存时，亦是以感知觉信息的形式存贮在多通道的感觉通道中。也就是说，"概念"并不是作为一个整体在头脑中表征和记忆的，无论感觉、知觉、概念、思维，其基本单元均是感知觉信息，即"知觉符号"。

（3）神经和行为表现。从行为层面来看，隐喻映射作用在行为研究中，通常体现为反应时的促进/阻碍作用，即"单向性"仅能发现始源域-目标域的单向促进作用，而"双向性"则能够发现双向的促进作用。事实上，反应时反映的仅仅是概念表征-感知觉加工之间的作用，并不能体现两者内在的加工机制。心理学早期存在"黑匣子"困境，即我们只能够推断其外在表象，却无从了解其内在机制。因此，寻求"方向性"问题的深层解释必然要借助认知神经手段。在认知神经层面，概念隐喻论假设存在相对独立的感知-概念系统，则可以推断，两者的脑区、认知机制亦存在相对分离；而知觉符号理论假设"概念表征具有知觉本质"，那么，必然可以推断出，两者存在认知机制和生理基础上的重叠和共享。

由上述分析可知，知觉符号理论在具身联系机制、内在表征机制、行为和认知神经表现上均将身体作为认知的内容与形式。相比于"弱势假设"将身体-认知的"联结主义"做法，知觉符号理论完全以身体作为出发点和基础，因而又被称为具身认知中的"强势观点"。继知觉符号理论之后，在语言心理学研究领域，格凌伯格和兹万针对句子、语篇的概念通达分别提出了"索引理论"与"浸入体验框架"，即语义、句法、语境的理解建立在与其所指代的感知觉经验基础之上——相关感知觉信息激活并按照句法、语境进行组合和建构，从而达到对句子和语篇的整体理解。[9-10] 除理论内容外，"强势具身"聚焦于具身心理机制、生理基础的研究层次亦为越来越多的行为与认知神经研究所重视，大量体现在对隐喻方向性机制的研究与认知神经的生理基础研究之中。

"双向映射"：概念表征的具身性

（一）"单向性"与"双向性"之争：来自时空隐喻认知

时间-空间隐喻作为隐喻研究最早开展、最为集中的领域，在映射方向性问题上存在较大争论。支持时-空不平衡作用的证据来自卡萨桑托和布罗迪斯基经典研究"增长线"任务：实验设计了在屏幕上呈现的各 9 种线段、时间长度（1-9cm）*（1-9s）并搭配为 81 种实验条件呈现，发现以变化的时间长度画出一条固定长度的线段时，线段的长度不受时间长短的影响；反之，当给定时间长度、要求画出不同长度的线段时，对于固定时间的估计值随所画线段长度的增加而偏高。[11-12] 这一实验表明，时间信息加工在一定程度上可能依赖于空间加工的图式或内容，需要借用或者转化为空间信息进行间接处理，反之空间信息则不受时间信息影响，即隐喻映射的"单向性观点"。

与"增长线"一致的研究存在于心理时间线效应研究中。据福尔曼、欧布赖特等人的研究，人类的书写方向塑造了对时间观念的空间化表征——心理时间线，表明时间信息的加工方式存在空间化的图式与表征，且随文化而存在差异：母语为英语、西班牙语的人群由于长期采用从左至右方向的书写方式，其心理时间线亦为左-右方向，表现为"左-过去""右-未来"的心理对应关系；而母语为希伯来语的人群则保有从右至左的书写习惯，其心理时间线效应恰与英语被试相反。[13-14] 值得一提的是，由于古代汉族通常采用从上至下的书写习惯，因而汉族传统文化中的心理时间线很可能为"上-下"图式。这一假设得到了实验支持：吴念阳等采用启动范式发现了"上月-下月"等暗含上下表述对于时间信息加工的促进作用。[15]

尽管上述效应表明了时-空隐喻的"单向性"，然而事实上，近年来的大量时-空隐喻研究得到了对称的结果，即映射的"双向作用"。萨拉辛等探索了视觉与听觉通道的"时空共变"效应。与"增长线"任务类似，实验中每隔一段时间和距离在屏幕上打下一个标记，以标记之间间隔的空间距离与时间间隔作为时-空两变量。研究发现，无论视觉呈现，或是改用声音进行定位，被试在判断时间、空间信息时总是存在相互之间的干扰，这与"增长线"任务的单向结论恰好相反，支持隐喻映射的"双向作用"。[16]

（二）"双向性"的另一领域证据：来自重量-重要性隐喻

随着具身认知理论的不断发展，研究者逐渐将具身认知的研究目标从"单向因果联系"转向"探索具身认知的内在心理机制"这一更为深入的研究层次，逐渐开始将"反向映射"作为主要的研究目标。如斯列宾等人在重量-重要性隐喻领域的研究发现：保持秘密会带来类似于生理上的负重感。与不持有秘密的被试相比，持有秘密组普遍判断山的坡度更陡峭、距离更遥远、生理上更疲劳。这表明"秘密"作为一种精神层面的思维活动，引发了生理角度的、类似于重量带来的负重和疲惫感。[17] 类似地，施耐德支持了斯列宾关于"反向映射"的设想，实验包括3类教材并给出了不同的重要性信息（直接信息、间接信息、无关信息）。结果发现，当给出直接重要性信息时，重要性对于教材重量的判断影响最为显著，表现为教材重要性导致对重量的估计偏差。[18]

斯列宾进一步考察了新颖隐喻框架习得的作用。当被试新习得一个隐喻框架后，会对涉及这个隐喻映射两端的身体经验和概念进行联系。如强调"未来更重要"，被试将新书判断为更重；强调"过去更重要"，被试认为旧书更重。[19] 这一研究无疑具有相当重要的意义——由于此研究采用新习得隐喻，其结果无疑能够表明：即使不存在固有语义联系，目标域对于始源域亦存在"反向映射"，从而以外显的行为现象对"概念表征激活感知觉信息"这一内在心理机制做出了可靠推测。

（三）温度-人际、方位-道德、体积-权力等其他隐喻领域的"双向效应"

斯列宾的研究结论并非独有现象。在温度-人际关系隐喻中，研究者Zhong等人发现，当要求被试回忆起被人排斥的经历后，被试会估计实验室的温度比实际温度更低，即人际经验的回忆和激活同时引起了温度感受的变化，表明作为高级认知过程的人际关系感受与温度感知觉很可能共享了一部分共同的心理机制。[20]

在道德隐喻研究方面，研究者Lee和Schwarz发现，人在完成不道德行为后存在一种"补足"效应：在使用手完成"罪恶"事件后被试更倾向于洗手，而在说不道德话语后更倾向于刷牙。[21] Song等人在实验中呈现不同表情的面孔，发现被试将带有积极情绪的表情如微笑判断为更明亮的，从而表明道德作为一种复杂概念系统和认知过程，其心理机制可能与如清洁度、亮度等基本感知觉存在重叠和交互作用。[22] 鲁忠义等人对道德词-方位的"双向隐喻映射"效应进行了探索，将"上-下"意象词语与"道德-不道德"词语分别作为启动刺激，发现道德词语与上-下意象图式能够相互促进/抑制相匹配的目标刺激，证实了道德感-方位的双向映射。[23] 在体积-权力隐喻领域，唐佩佩等亦发现，在采用不同体积的图片与代表高-低权力的词语进行匹配时，体积大-权力高/体积小-权力低存在促进作用，反之存在抑制作用，表明始源域（体积）-目标域（权力）亦存在双向隐喻作用。[24]

以上各个领域的研究结果不仅反驳了概念隐喻论从语言研究出发所得出的"单向性"的研究假设，同时表明了概念表征-感知觉存在更为紧密的、共变的、相互作用的关系，更为接近知觉符号关于"感知模拟"的理论预期。然而，行为研究仅能够从外显行为对心理机制进行推断，而全面、深入、"开窗"式地对概念表征等认知活动进行探索必然要求采用认知神经研究方法对心理活动的即时性身体状态进行考量。本文总结了近年来认知神经研究在具身视角下的最新进展，以对本文的理论分歧与发展做进一步分析与论述。

三、认知神经研究：强具身视角

（一）隐喻语言框架下的认知神经研究

镜像神经元的发现，揭示了具身认知理论在神经生理上的可能性。近年来，随着认知神经研究手段的发展，事件相关电位（ERP）、磁共振成像（fMRI）、经颅磁刺激（TMS）、经颅直流电刺激（tDCS）等方法逐渐被运用到认知心理学研究中。

事件相关电位方法作为使用最为广泛的研究方法，在隐喻-具身认知研究中主要侧重于语言学层面，如戈德斯坦和鲁特等以尾词范式、双词范式等研究范式考察隐喻-非隐喻句、常见-新异隐喻句的认知差别：在常见隐喻、新异隐喻、直义三种句子的比较中，新异隐喻由于其难以预估的特性，诱发了较常见隐喻更大的N400波幅，表明新异隐喻概念加工过程更为复杂、所需认知努力亦更大。[25-26] 赵玲轩采用三字短语研究汉语隐喻，亦发现语境的可预知性造成对N400波幅的显著影响。[27] 唐雪梅等亦采用尾词范式对科学用语隐喻、科学用语直义句、日常用语直义句的理解进行了研究，发现科学用语隐喻句引发了最大的N400负波幅，表明科学用语、隐喻均增加了语句的不透明性。[28] 这些隐喻研究主要考察了句式、熟悉度等特性对于语义通达的影响，对比建立在隐喻联系与概念的语义差异上，并没有涉及感知觉信息整合的相关指标，即未对认知的"具身特性"做过多考量。

同样聚焦于心理语言学研究的认知神经成像技术则较好地贯彻了对认知生理基础的研究，尤其偏重于探究认知过程所激活的脑区与生理状态。普维穆勒等人采用fMRI方法对语音知觉的听觉-动觉所涉及的脑区进行了定位研究，实验采用如r、l等涉及舌部运动的音节，发现当被试在听其他人进行发音时，其与舌部相关的大脑的运动区、前运动区均得到了激活。[29] 还有研究者采用TMS方法研究了同类现象，实验中令被试听与手、脚运动相关的句子，同时使用TMS探测相应手、脚部位对应的脑区，发现与身体部位相关的句子显著地降低了该部位对应脑区的准备状态（MEPs）。[30] 普维穆勒等人发现的这一现象称为"动感共振"，即概念理解的听觉、动觉之间存在生理基础上的重叠，听觉形式的概念理解将诱发相应的动觉激活。"动感共振"现象无疑契合了"索引理论"，即对于字词所代表的概念理解应当通过激活其相关感知觉属性而达到理解，从而间接地支持了知觉符号理论等强势具身观点。

（二）概念表征生理基础的探索

除心理语言学研究之外，在其他研究领域亦存在针对"具身性"展开的研究。"单侧忽视"是同时发生于时间-空间认知表征中的现象。许多研究者发现，右侧顶叶皮质损伤的病人不仅存在对左侧空间视觉的缺失，同时对于左侧视野的时间估计偏高，对右侧视野的时间估计偏低；在正常人、右脑损伤但空间知觉良好、右脑损伤且左侧忽视三类人群的时间估计任务上，仅左侧忽视的病人表现出了明显的时间知觉偏差。[31] 上述"单侧忽视"现象中表现出的功能缺失表明，时间-空间概念表征很可能在脑区和认知机制上存在重叠。类似的现象亦存在于温度-人际认知领域中，学者 Kang 使用 fMRI 测量了不同温度条件下的人际信任博弈中的神经活动。结果发现，冷刺激条件下，被试脑岛区域活跃性提高，且更大可能性伴随不信任决策，热刺激条件下却未发现差异。[32] 这一现象表明，脑岛作为温度-社会情感机制的共享脑区，在物理温度与社会情感的认知加工中起到了调节作用。

就目前来看，强势具身认知框架下的认知神经研究集中在上述语言心理、客体认知两个模块内，其语言学部分印证了"索引理论"与"浸入体验框架"的语义还原假设；而客体认知的认知神经研究则深入至生理层面，以概念、概念结构为研究单元进行了生理-心理机制的研究。里维斯对这两类不同层次的研究进行了统摄和归纳，提出了"符号交互"假设。[33] 概念加工过程可以分为两个层次，当目标概念层次为相对简单、常用、提取容易时，语义加工起到主导作用，因而神经系统无须在头脑中进行检索，主要凭借语词联系、语法规则与常识进行判断；而当目标概念复杂、新异、需要深度加工时，个体将更偏向于提取组成该概念所需的身体经验与概念图式。这一理论将概念加工分为两个层次，即从概念端来看，与概念端较近的为与之相关的概念、语义节点；而从根本上来看，概念表征的基本层次与基本单元应当是身体经验，具身模拟层面的概念理解是一种完整、精确、基于情境的理解。这一理论在一定程度上将侧重于语义联系的概念隐喻理论与强调"感知模拟"的知觉符号理论进行了融合，将两种解释偏向统合在概念表征机制的框架下，同时亦强调了身体经验的基础性作用。

四、结语与展望

以上知觉符号论、索引理论、浸入式体验框架、符号交互论，均可以被整合至"强势具身认知"的框架内——在理论视角上，贯彻了更为彻底的"具身性"，将视觉、听觉、体觉等身体经验作为概念、思维等高级认知活动的基础；从研究层次上，聚焦于认知活动所激活的大脑区域与时间进程，从而发现心理-生理机制与内在联系。综合来看，"强具身观点"所秉持的观点和视角反映了与之前的"离身认知""弱具身认知"相区别的研究层次——"离身认知"完全将身体状态置于考虑范围之外，仅在概念层面内部进行计算、转换与迭代；代表"弱具身认知"的概念隐喻观从语义研究中发现了具身性现象，未深入到生理基础与机制的层次对这种现象进行剖析。"强具身认知"作为一种研究取向，在上述理论的继承和深入之外，在研究方法上亦采用了多种认知神经手段，代表着当下和未来研究手段的发展方向。结合以上分析和总结，可以对未来研究做出以下展望。

（一）对"感知模拟"假设的验证

本文提到了相当数量的行为研究与认知神经研究，然而行为研究多数针对"隐喻的心理现实性"开展，仅斯列宾的研究从"感知觉模拟"这一理论假设出发进行了实验设计，对新颖和熟悉隐喻框架内的概念-知觉关系进行了探究。在认知神经研究方面，大量ERPs研究针对隐喻句、隐喻语篇的语义理解过程，距离认知活动中感知觉激活状态仍有距离；另一部分认知神经成像研究，更多聚焦在与概念激活相关的大脑区域、生理机制，对于心理过程、心理机制的关注相对较少。因此今后的研究，应采用ERPs技术对概念表征中感知觉激活的时间进程、诱发的认知成分、整体的认知过程进行针对性研究。

（二）语义、感知经验在概念表征中的作用层次

本文涉及的具身理论主要包括概念隐喻论和知觉符号论，两个理论除对概念表征的观点不同外，在研究层次上亦有差异，体现为对语义和神经生理两个不同层次的侧重。里维斯尝试将两个研究层次整合成统一框架下的具身模型：既能够在宏观层面对心理现象进行解释，同时在"近生理端"体现出具身经验的基础性作用。这一创见无疑结合了"强-弱"具身各自的优势，然而在实证研究方面，这一符号交互观点的可行性仍较少有研究涉及。因此，今后的研究应对概念表征激活下的语义、感知信息作用和加工过程做探究，从而将几种不同层面的具身认知论统合起来。相信随着EEG、fMRI、MEG等认知神经研究手段的不断发展，在认知-感知觉的理论层面亦将有巨大的突破和统合。

〔参考文献〕

［1］Lakoff G, Johnson M. Metaphors we live by［M］. Chicago：University of Chicago Press，1980.

［2］Lakoff G, Johnson M. Philosophy in the flesh：the embodied mind and its challenge to western thought［M］. New York：Basic Books，1999.

［3］姜永志. 布伦塔诺意动心理学对心理学的贡献［J］. 心理研究，2014（13）：9-13.

［4］李其维. "认知革命"与"第二代认知科学"刍议［J］. 心理学报，2008（12）：1304-1327.

［5］Clark A. Pressing the flesh：a tension in the study of the embodied，embedded mind?［J］. Philosophy and Phenomenological Research，2008（1）：37-59.

［6］Rizzolatt G, Fabbri-Destro M. Mirror neurons：from discovery to autism［J］. Experimental Brain Research，2010（3-4）：223-237.

［7］Barsalou L. Perceptual symbol systems［J］. Behavioral and Brain Sciences，1999（4）：577-660.

［8］Boroditsky L. Metaphoric structuring：understanding time through spatial metaphors［J］. Cognition，2000（1）：1-28.

［9］Glenberg A，Kaschak M. Grounding language in action［J］. Psychonomic Bulletin & Review，2002（3）：558-565.

［10］Zwaan R. The immersed experiencer：toward an embodied theory of language comprehension［C］//B H Ross. The psychology of learning and motivation：advances in research and theory（44）. New York：Elsevier Science，2004.

［11］Barsalou L. Simulation, situated conceptualization, and prediction［J］. Philosophical Transactions of the Royal Society B：Biological Sciences，2009（1521）：1281-1289.

［12］Casanto D，Borroditsky L. Time in the mind：using space to think about time［J］. Cognition，2008（2）：579-593.

［13］Fouhrman O，Borodditsky L. Cross-cultural differences in mental representations of rime：evidence from an implicit nonlinguistic task［J］. Cognitive Science，2010（8）：1430-1451.

［14］Ouellet M，Santiago J，Israeli Z. Is the future the right time？［J］. Experimental Psychology，2010（4）：308-314.

［15］吴念阳，徐凝婷，张琰. 空间图式加工促进方向性时间表述的理解［J］. 心理科学，2007（4）：853-856.

［16］Sarrazin J，Giraudo M，Pittenger J. Tau and Kappa effects in physical space：the case of audition［J］. Psychological Research，2007（2）：201-218.

［17］Slepian M，Ambady N. Fluid movement and creativity［J］. Journal of Experimental Psychology：General，2012（4）：625-629.

［18］Schneider I，Rutjens B，Jostmann N，et al. Weighty matters importance literally feels heavy［J］. Social Psychological and Personality Science，2011（5）：474-478.

［19］Slepian M，Ambaby N. Simulating sensorimotor metaphors：novel metaphors influence sensory judgments［J］. Cognition，2014（130）：309-314.

［20］Zhong C，Leonardelli G. Cold and lonely：does social exclusion literally feel cold［J］. Psychological Science，2011（9）：838-842.

［21］Lee S，Schwarz N. Washing away postdecisional dissonance［J］. Science，2010（328）：709.

［22］Song H，Vonasch A，Meier B，et al. Brighten up：Smiles facilitate perceptual judgment of facial lightness［J］. Journal of Experimental Social Psychology，2012（1）：450-452.

［23］鲁忠义，贾利宁，翟冬雪. 道德概念垂直空间隐喻理解中的映射：双向性及不平衡性［J］. 心理学报，2017（2）：186-196.

[24] 唐佩佩，叶浩生，杜建政. 权力概念和空间大小：具身隐喻的视角 [J]. 心理学报，2015（4）：514-521.

[25] Goldstein A, Arzouan Y, Faust M. Killing a novel metaphor and reviving a dead one: ERP correlates of metaphor conventionalization [J]. Brain and Language, 2012 (2): 137-142.

[26] Rutter B, Kroger S, Hill H, et al. Can clouds dance? Part 2: an ERP investigation of passive conceptual expansion [J]. Brain and Cognition, 2012 (3): 301-310.

[27] 赵玲轩. 上下文语境对汉语三字词动宾隐喻加工机制 [D]. 杭州：浙江大学，2015.

[28] 唐雪梅，任维，胡卫平. 科学语言的认知神经加工机制研究：来自ERP的证据 [J]. 心理科学，2016（5）：1071-1079.

[29] Sotillo M, Carretie L, Hinojosa J, et al. Neural activity associated with metaphor comprehension: patial analysis [J]. Neuroscience Letters, 2005 (1): 5-9.

[30] De Zubicaray G. Meeting the challenges of neuroimaging genetics [J]. Brain Imaging and Behavior, 2008 (4): 258-263.

[31] Grozen M, Whitehouse A, Badcock N, et al. Does cerebral lateralization develop? a study using functional transcranial Doppler ultrasound assessing lateralization for language production and visuospatial memory [J]. Brain Behavior, 2012 (3): 256-269.

[32] Kang Y, Williams L, Clark M, et al. Physical temperature effects on trust behavior: the role of insula [J]. Social Cognitive and Affective Neuroscience, 2011, 6 (4): 507-515.

[33] Louswerse M. Symbol interdependency in symbolic and embodied cognition [J]. Topics in Cognitive Science, 2011 (2): 273-302.

文化生活脚本理论及其研究进展

张积家　吴梁婵

[摘　要]　为了解释人对于生活事件的回忆出现的记忆隆起现象,出现了文化生活脚本理论。文化生活脚本是文化上共享、关于重要生活事件发生时间及顺序的知识。它是规范事件的图式,可以用来检索和叙述个人过去经历的过程。本文综述了文化脚本的研究及其进展,并对进一步的研究提出了设想。

[关键词]　记忆隆起；文化生活脚本

[原　载]　《心理学探新》2010 年第 2 期,第 11—14 页,第 34 页。

20 世纪 70 年代,美国心理学家 Tulving 提出,根据长时记忆中储存信息的性质,可以将长时记忆分为情景记忆和语义记忆。情景记忆（episodic memory）是根据时空关系对某个事件的记忆。这种记忆具有自传体性质,涉及个体生活中的特定事件,信息总是与某个特定的时间和地点有关,所以,又可称之为自传体记忆（autobiographical memory）[1]。从那时起,对于真实生活经历的记忆研究蓬勃发展起来。研究者通过考察个人对于日常生活中经历过事件的记忆,得到了许多发现。这些发现丰富了记忆研究的内容,也使记忆研究具有更加生态化的特点。

一、记忆隆起现象的发现

1974 年,Crovitz 和 Schiffman 在字词线索提取的自传体记忆研究中发现了记忆隆起（memory bump）现象[2]。这种现象是指,人对于生活经历的记忆曲线不同于传统的回忆量递减的遗忘曲线,反而是对发生在一生中第二个和第三个十年之间的经历回忆数量增多。Rubin、Wetzler 和 Nebes 在综合分析其他一些字词线索提取的记忆研究之后,把这种现象称为记忆隆起[3]。随后,Rubin 和同事使用各种方法引导中、老年被试回忆个人的生活事件,结果发现,在 10～30 岁之间,回忆事件的数量比例不协调,回忆量总是在童年及青春期阶段显著上升,在青春后期或成年早期达到顶峰,然后下降,形成了一个记忆隆起。奇怪的是,当要求人们回忆最消极的经历时,却未发现记忆隆起现象。

Berntsen 和 Rubin 2002 年让 1241 名不同年龄的被试回忆自己在最重要、最开心、最伤心和最痛苦的时刻是几岁[4]。结果发现，对于 40 岁以上的被试而言，最重要和最开心的回忆在 20 岁的年龄段出现了一个明显的隆起，最伤心和最痛苦的回忆曲线则表现出回忆量在不断下降。Berntsen 和 Rubin 总结说，对于 40 岁以上的人们而言，在青春期和成年早期编码的信息比在其他年龄阶段编码的信息记得更加牢固。2003 年，Berntsen 和 Rubin 又重复了这一发现。他们让 1307 名丹麦被试回忆自己在感到最害怕、最自豪、最嫉妒、最生气和爱得最深时，分别是几岁。并询问被试于什么时候经历了自己一生最重要的事件，该事件是积极的还是消极的。同样，积极事件（最自豪、爱得最深的事件）的回忆出现了记忆隆起，而对于消极事件（最害怕、最嫉妒、最生气的事件）的回忆却未发现这种现象[5]。

对于记忆隆起现象的解释

针对记忆隆起现象，研究者提出如下几种解释。

（一）基于生活质量的解释

有研究者认为，人之所以在对成年早期的记忆中出现了隆起现象，是因为成年早期的生活比其他任何阶段的生活更好。因此，这一时期的积极事件的回忆量就多。然而，当要求被试依照字词线索回忆时，却未发现积极事件与消极事件的回忆有类似的差异。Jansari 和 Parkin 考察了依据字词线索从早年或中年时期检索到的回忆，并未发现对这两个时期回忆事件的情绪效价（积极和消极）的评定有任何差异[6]。Rubin 和 Schulkind 发现，隆起时期的积极事件的回忆量并不比其他时期多[7]。因此，这种解释不能成立。

（二）基于言语学习规则的解释

Rubin 等人认为，记忆隆起时期的重要事件往往伴随着相对稳定的生活，因此在记忆中显得更为突出。这些事件被提及的次数更多，因而被记得更牢。消极情绪事件的回忆没有记忆隆起现象，是因为消极事件往往伴随着不稳定的生活，而且，人们在平时谈话中较少提及消极事件[8]。

（三）自我叙述理论

Fitzgerald 提出，记忆隆起反映了人在 20～30 岁阶段形成的稳定的自我叙述（self-narrative）。他将稳定的自我叙述的形成称为"同一感效应"[9]。自我叙述被描述为一本故事集，包含于其中的故事揭示并维持自我的本性。稳定的自我概念是在成年早期发展起来的，这赋予了这一时期在生活叙述中的优势地位。因为该时期的回忆事件有助于维持稳定的自我同一感，因此，记忆隆起现象的发生是由于人们偏好记忆发生在该时期的事件[10,11]。然而，这一理论难以解释积极事件与消极事件回忆的差异。Bruner 认为，叙述关乎人们的意图与行动、经历过的人生无常以及各种影响，这些变化无常的经历栩栩如生，通常始于一种稳定状态，随后出现危机和为解决危机而付出努力[12]。因此，如果记忆隆起反映了人的成年同一感的发展，它就应该同时包含重要的困难事件的回忆以及快乐事件的回忆。Berntsen 和 Rubin 认为，自我叙述和认知的解释关注个体自身的机制，无法彻底解释为何消极事件回忆没有产生记忆隆起[4]。

（四）文化生活脚本的解释

Berntsen 和 Rubin 用文化生活脚本（culture life scripts）理论解释记忆隆起现象[4]。他们认为，记忆隆起现象的产生、积极事件与消极事件回忆之间的差异主要源自文化上共享、关于重要生活事件（如毕业、找到第一份工作、结婚、生孩子等）发生时间及顺序的知识。文化生活脚本是这些规范事件的图式，它可用来解释检索和叙述个人过去经历的过程。然而，尽管文化生活脚本有助于组织个人的生活叙述，生活脚本和生活故事在理论上和实际上却是两个不同的概念。文化生活脚本是语义知识中文化共享的部分，生活故事是自传体知识中的部分，是独特的，只属于个体的。文化生活脚本可以通过要求人们回忆文化中模式化的生活事件来测量，生活故事则必须通过让个体叙述个人的生活经历来测量。与前几种对记忆隆起的解释比，文化生活脚本理论的优势在于，它可以做出明确而且经得起检验的预测，预测不同类型事件的记忆隆起会位于人生的哪一个阶段。

文化生活脚本的来源、作用和证据

（一）文化生活脚本的来源和作用

Berntsen 和 Rubin 认为，每个社会都存在着年龄规范。这些年龄规范衍生出社会期望，而社会期望调节着人们的行为[13]。Neugarten 等人指出，社会中存在规范的时间表来安排重要生活事件发生的顺序，它反映了该文化期望男人和女人在一生中何时结婚，何时生小孩，何时退休，等等。生活于这种文化中的人们不仅知道自己所属文化的年龄规范，而且知道自己实际经历的时间表是早于还是晚于文化的期望[14]。于是，文化生活脚本代表一系列按照明确顺序发生的事件，也代表某种特定文化中的原型生活历程。只有被社会认为是重要的过渡事件才被包含在文化生活脚本里。一些事件或许对于个体有重大意义，却并非文化期望的，如严重的交通事故、买彩票中大奖等。这一类事件与年龄规范无关，它们有可能发生在人生的任何阶段。"按时"发生、具有重要文化意义、文化期望的过渡事件常常被视为积极的事件[5,15]，也往往得到广泛的庆祝，而不合时序的过渡事件（如在青春期怀孕）则常常被视为有压力的、带来羞耻的事件。因此，文化生活脚本代表理想化的生活故事，它描绘的不是普通的生活，因为普通的生活里必然包含许多共同的但并非文化所期望的事件（如离婚）。由于每个人的生命只有一次，所以，文化生活脚本不是从个体重复发生的行为中习得，而是从前人流传下来的，是从对同一文化中的他人（尤其是长辈）行为观察中习得的，因此具有文化的共享性。另外，文化生活脚本是一种等级的时间安排表。每一上级事件都包含有下一级事件。比如结婚,包括许多特定的片段:决定婚期、买婚礼服装、举办结婚仪式、照相、婚宴、跳舞、结束婚宴、去度蜜月等。因此,文化生活脚本中的每一事件都可被看作是一个扩展的事件集,其中聚集着许多特定的、文化期望的事件,这些事件被用于构造和理解生活故事及其他风俗习惯[16]。

研究表明,有的自传体记忆任务比其他的同类任务更能够激活文化生活脚本。与让被试根据一个随意的单词进行的回忆比,让被试叙说自己的生活故事更能够激活文化生活脚本。Berntsen 和 Rubin 认为,让被试回忆最积极事件和最重要事件可以激活他们对于生活脚本的认知,因为大多数文化期望的事件都被认为是积极和重要的。而让被试回忆最消极事件,不太可能激活文化生活脚本,因为消极的事件要么背离文化生活脚本的时间顺序,要么是非文化生活脚本事件。

文化生活脚本为人们回忆何时体验过某种情绪提供了搜索线索。对诸如"过去什么时候你感到最快乐?什么时候你爱得最深?"之类的问题,有许多事件让人们最有可能体验到这些情绪,这些事件又集中于某个时期,因此回忆曲线会在该时期形成记忆隆起。尽管在人的一生中,悲伤、生气和快乐、自豪一样,是经常体验到的情绪,但没有特定的时期供被试去搜索涉及这些消极情绪的事件。因此,如果某类事件没有分布在文化生活脚本的具体时段内,文化生活脚本就无法引导人们去检索这些记忆,这样就会表现出记忆量不断下降的正常的遗忘现象。这样,就可以解释 Berntsen 和 Rubin 在实验中发现的消极情绪事件的回忆结果。所以,Berntsen 和 Rubin 假设,被试在回忆最积极和最重要的事件时,应该会在成年早期出现记忆隆起,该时期在西方文化生活脚本中是这类事件发生的关键期。

(二)文化生活脚本理论的证据

为了收集证据证明确实存在着共享的文化生活脚本,Berntsen 和 Rubin 让被试针对一个虚拟的人物,想象其不同情绪生活事件发生的时间。他们先让 20~99 岁之间的丹麦人想象一位正在回顾其一生的百岁老人,估计老人在经历最幸福、最伤心、最害怕、最重要、最痛苦和爱得最深的时刻时他/她几岁。结果表明,绝大多数被试估计三种积极事件(最幸福、最重要、爱得最深的事件)都发生在成年早期的一个有限的年龄范围之内,对消极事件的年龄估计曲线分布得比较平坦。研究者把被试分为 20 岁、30 岁、40 岁、50 岁、60 岁、70 岁以及更老年 7 个年龄组。7 个年龄组的估计值没有年龄差异,每一年龄组的各项反应指标都高度地相似。Berntsen 和 Rubin 又让大学生被试想象一个普通婴儿(性别与被试吻合),写出 7 件他们认为在该婴儿未来一生中最有可能发生的、对婴儿来说最重要的事,先想到的事件记录在先。结果发现,在记录中,积极事件显著地多于消极事件。而且,这些积极事件高度重复。这些结果支持存在着共享的对理想化生活模式的认知的看法。他们还发现,被试记录的事件多为文化赞许的过渡事件,这些事件多被估计发生在 15~30 岁之间,消极事件的发生时间分布曲线则相对平坦[13]。这与 Berntsen 和 Rubin 2002 年[4]、2003 年[5] 的研究结果一致。Berntsen 和 Rubin 认为,当要求被试猜测一个普通人的生活经历时,他们使用了共享的文化生活脚本。文化生活脚本事件由于具有文化的重要意义，因而能够被更好地编码，同时人们通常会通过外部记录来保持对文化生活脚本事件的记忆，如相片、录影带、视频等，从而防止遗忘，并且为日后的回忆提供了良好的线索。在社交场合，人们也常常分享符合文化生活脚本的个人事件，较少提及背离文化生活脚本的事件。还有，大多数文化生活脚本事件常常引起重要的角色改变，比如为人夫/妻、为人父/母、为退休人员等，并且伴有强烈的情绪体验。因此，这些事件能够被更好地记忆，而且被更经常地回忆，每一次回忆都相当于一次复述，这进一步强化了这些事件的记忆效果。

　　Collins等人通过4个研究进一步考验了文化生活脚本理论。研究1和研究2分别选择了不同学校、不同教育背景的被试，让他们写下一件记忆中发生在8~18岁之间的自我感觉最好和自我感觉最坏的事件，并且估计事件发生时自己的年龄，用量表评定与别人谈论该事件的频率，评定该事件发生时以及现在他们所体验到的情绪的性质（积极、消极、中性/混合）和强度，评定该事件对他们现在自我评价的影响程度，评定依照提示语言进行回忆的难度。结果表明：① 回忆的大部分积极事件发生在17岁或18岁，消极回忆的曲线分布则比较平坦；② 谈论积极事件的频率高于谈论消极事件的频率，积极事件对于自我评价影响比消极事件大。为了进一步考察回忆的积极事件是否文化规范赞许的事件，研究者分析了17~18岁阶段的记忆内容。结果发现，有1/3的积极事件属于高中到大学这一青春后期的人生重要过渡阶段的文化脚本事件，如在高年级获奖、高中毕业，被大学录取等。其他的积极事件涉及各种各样、各种水平的成就，如运动、艺术的成就，但这些事件和脚本中的过渡期（高中到大学）没有明显联系。一小部分发生在17~18岁的消极事件都不是文化共享的重要事件，尽管在记忆中的事件对个人来说属于重大事件，却不符合与特定年龄或成长阶段相联系的文化脚本的内容。研究3让大学生回忆10~15岁之间自我感觉最好和自我感觉最坏的事件。研究4选择44岁以上的中年人（研究1中大学生的毕业校友），让他们回忆2件发生在8~18岁之间、2件发生在34~44岁之间的自我感觉最好和自我感觉最坏的事件。结果表明，在研究3中，积极事件和消极事件的回忆曲线相似，即10~15岁时期不包含高中到大学这一与年龄相关的重要过渡期，缺乏重要的文化期望事件，因此积极事件和消极事件回忆的分布应该没有显著差异。研究4发现，39.5%的积极事件处于17~18岁，其中几乎一半积极事件包括在高年级获奖、高中毕业、被大学录取，说明被试在回忆时受到文化期望引导，再次证明了文化生活脚本理论的解释力度。Collins等人指出，回忆发生在青春后期的积极事件集中在教育经历和教育成就，是因为被试是竞争力强的大学生或毕业生，教育成就事件可能对他们有特殊而且持久的意义。因此，未来研究应选择没有上大学的群体，对这些人来说，非教育性事件可能是他们青春后期的决定性事件，或许他们回忆的是不同类的文化生活脚本事件。这意味着，在不同的文化群体中，文化生活脚本不同。

（四）结束语

　　文化生活脚本理论是考察个体回忆与集体知识之间相互作用的有价值的理论。每个人都在经历和记忆自己独特的生活事件，这些事件在记忆中编码和组织要受文化生活脚本期望的制约。然而，文化生活脚本期望在很多情况下离不开生理特点的限制。生理特点决定了人们何时适合接受高等教育、何时适合结婚生孩子、何时达到事业高峰、何时退休。经过了一代又一代的对于人的生理特点的把握，逐渐在文化中沿袭并且固定下来某些重要事件发生的时间表。这些事件改变了人们的生活轨迹，有助于人类延续，推动了社会发展，得到文化的赞许。

在一些跨文化研究中，能够看到同样的记忆隆起现象[18]。但是，仍然有许多问题有待研究。首先，在不同文化里，位于记忆隆起时期的事件是否总是集中在共同主题上，值得进一步探索。既然记忆隆起是由于文化生活脚本影响，那么，在不同文化中，记忆隆起的时段可能不同，因为文化生活脚本很不一样。西方文化生活脚本和中国文化生活脚本存在很大差异。例如，在我国，有人将人生比作三杯茶：第一杯茶是甜的，说的是童年时期，有父母呵护，生活无忧无虑；第二杯茶是苦的，说的是中年时期，成家立业，上赡父母，下抚妻小，异常辛苦；第三杯是淡的，说的是人到老年，社会任务完成了，人生也看透了，心情变得豁达和恬淡。而且，在中国，一直都有"三十而立"的说法。发现中国人记忆隆起的时段，了解中国人的文化生活脚本，对揭示中国人的心理特点无疑很有帮助。其次，在一个国家或一种文化中，有许多次文化，次文化的生活脚本是否影响对事件的回忆？是否影响回忆中积极事件隆起的时段？是否影响记忆隆起时期积极事件的主题？因此，了解中国人对积极事件和消极事件的回忆，有必要选择不同地区（如城市和农村）、不同民族（如汉族和少数民族）、不同教育背景（如上过大学和未上大学）的群体为被试，探讨这些不同群体是否有共享文化生活脚本，文化生活脚本的共享程度有多大，脚本回忆事件的主题一致性有多高。这些研究对跨文化心理学发展和增进中老年人的心理健康都有重要理论价值和实践价值，值得深入探索。

〔参考文献〕

[1] Tulving E. Episodic and semantic memory [M] //E Tulving, W Donaldson. Organization of memory. New York: Academic Press, 1972.

[2] Crovitz H F, Schiffman H. Frequency of episodic memories as a function of their age [J]. Bulletin of the Psychonomic Society, 1974 (4): 517-518.

[3] Rubin D C, Wetzler S E, Nebes R D. Autobiographical memory across the adult life span [M] //D C Rubin. Autobiographical memory. New York: Cambridge University Press, 1986.

[4] Berntsen D, Rubin D C. Emotionally charged memories across the life span: the recall of happy, sad, traumatic and anj involuntary memories [J]. Psychology & Aging, 2002 (17): 636-652.

[5] Rubin D C, Berntsen D. Life scripts help to maintain autobiographical memories of highly positive but not highly negative events [J]. Memory & Cognition, 2003 (31): 1-14.

[6] Jansari A, Parkin A J. Things that go bump in your life: explaining the remi-

niscence bump in autobiographical memory [J]. Psychology & Aging, 1996 (11): 85-91.

[7] Rubin D C, Schulkind M D. Distribution of important and word-cued autobiographical memories in 20~35, 35~69, and 70-year-old adults [J]. Psychology & Aging, 1997 (12): 524-535.

[8] Rubin D C, Rahhal T A, Poon L W. Things learned in early adulthood are remembered best [J]. Memory & Cognition, 1998 (26): 3-19.

[9] Fitzgerald J M. Vivid memories and the reminiscence phenomenon: the role of a self narrative [J]. Human Development, 1988 (31): 261-273.

[10] Neisser U. Commentary [J]. Human Development, 1988 (31): 261-273.

[11] Bluck S, Habermas T. The life story schema [J]. Motivation & Emotion, 2000 (24): 121-147.

[12] Bruner J. Actual minds, possible worlds [M]. Cambridge, MA: Harvard University press, 1988.

[13] Berntsen D, Rubin D C. Cultural life scripts structure recall from autobiographical memory [J]. Memory & Cognition, 2004 (32): 427-442.

[14] Neugarten B L, Moore J W, Lowe J C. Age norms, age constraints, and adults socialization [J]. American Journal of Sociology, 1965 (70): 710-717.

[15] Luborsky M R. The romance with personal meaning in gerontology: cultural aspects of life themes [J]. Gerontologist, 1993 (3): 445-452.

[16] Barsalou L W. The content and organization of autobiographical memories [M] //U Neisser, E Winograd. Remembering reconsidered: ecological and traditional approaches to the study of memory. New York: Cambridge University Press, 1988.

[17] Collins K A, Pillemer D B, et al. Cultural scripts guide recall of intensely positive life events [J]. Memory & Cognition, 2007 (4): 651-659.

[18] Conway M A, Wang Q, Hanyu K, et al. A cross-cultural investigation of autobiographical memory: on the universality and cultural variation of the reminiscence bump [J]. Journal of Cross-Cultural Psychology, 2005 (36): 739-749.

证人证言中的虚假记忆

陈新葵　张积家

[摘　要]　证人的虚假记忆是导致错误判案的重要原因。虚假记忆是人类记忆中的一种普遍现象。分析虚假记忆的来源,探索虚假记忆产生的原因,明确虚假记忆和真实记忆的区别,对司法实践具有重要启示。在此基础上改进取证和审讯程序,科学对待证人语言,是减少错误判案的重要前提。

[关键词]　虚假记忆;证人;证言

[原　载]　《广州市公安管理干部学院学报》2008年第2期,第44—48页。

美国心理学家Loftus指出:人类记忆并不仅是对人所经历的事件的总结,也是对他们曾经思考过、被告知过以及他们所相信的事件的总和。我们的记忆可能塑造了我们是谁,但是我们的记忆是由我们是谁以及我们所相信的自我而构成的。我们似乎彻底改造了我们的记忆。这样我们就成为一个我们自己想象中的人[1]。当前,越来越多研究表明,人类记忆并非对客观事物刻板的反映。

即使在一向以公平、公正为原则的司法领域,也会发生这样的现象:证人非常确信地指证一名罪犯,认为他犯有谋杀罪,法官最终相信了证人的证词,使这名罪犯锒铛入狱。然而多年后,经过DNA鉴定,发现这名"罪犯"其实是被冤枉的。虽然案件最终得到了澄清,但多年的牢狱生涯给这名无辜"罪犯"的心灵蒙上了挥之不去的阴影。据美国社会学家统计,在美国重刑罪审判中,约有0.5%的错判率。这一比率意味着,在美国每年有150万~200万被判有重罪的人当中,有750~10000人被错判有罪[2]。在众多引起错判的因素中,虚假记忆便是其中之一。

虚假记忆(false memory)又称记忆错觉(memory illusion),指人们对过去事件的报告与事实严重偏离的现象。Freud从19世纪末便开始研究虚假记忆。他认为,虚假记忆在一定程度上暗示了个体无意识中的欲望,这种被压抑的欲望通过记忆错误的形式表现出来。格式塔心理学也非常重视虚假记忆研究。他们认为,记忆随着时间变化,事件过去的时间越长就越与格式塔原则吻合。对虚假记忆的实验研究由英国心理学家Bartlet在20世纪上半叶开始。他要求学生根据记忆复述一些故事。结果发现,随着时间推移,故事内容往往被略去一些,一些内容的细节被舍弃了,故事也变得越来越简短。此外,被试还增加了一些新材料使故事变得更自然、更合理,有时甚至还加入了一些伦理内容。

Bartlet 的研究发表后,在很长时间没有得到应有的关注。直到 20 世纪 60 年代末,人们才发现虚假记忆是一个非常重要的领域[3]。对于虚假记忆的研究,司法是一个重要领域。20 世纪 80 年代以来,Loftus 及其合作者就对证人证言中的虚假记忆进行了开创性研究。这些研究丰富了心理学的理论宝库,对司法实践也产生了重要影响。本文将从司法心理学的角度,对证人证言中虚假记忆的来源、虚假记忆的植入等研究进行综述,并指出这些研究对司法实践的启示。

一、证人证言中虚假记忆的来源分析

证人证言,指的是证人在案件或听证会中提出的陈述,包括口头或书面两种形式。对逐渐增长的错误判案的分析表明,目击者的虚假记忆是主要原因[1]。美国和加拿大的司法系统已经从虚假记忆所造成的冤案中吸取教训,日渐重视保护证据采集的程序[4]。

导致虚假记忆的原因有很多。目前,可知的主要原因有关联效应、误导信息效应、词语遮蔽效应和错觉结合等。这些效应在证人证言中也有相应的体现。

(一)关联效应(relatedness effects)

研究表明,如果测验时呈现的句子和段落与先前学习的材料意义相近,人们可能将它们错认为曾经呈现过。在对单词材料的研究中,Underwood 要求被试判断单词是否在先前学习的词表中出现过。结果表明,当测试词能够通过先前学习过的词联想获得时,容易出现虚报,即尽管前面的词表中未包含该词,仍然将他再认为曾经学习过。Underwood 认为,关联效应是由编码时的内隐联系反应造成的。如学习"桌子"时,关联词"椅子"也得到了激活,从而导致"椅子"的虚假记忆。Roediger 也发现[5],呈现关联词表能够导致错误回忆率增加。Loftus 等人曾经做过这样的研究:让被试坐在一张摆有很多物体的桌子前面,接受一系列的命令,如"抛硬币",然后要求被试执行或想象刚才听到的命令。当被试下一次来实验室时,他们面前空无一物,要求他们想象上次所完成的动作,再对他们的记忆情况进行测试。结果表明,经过几次想象后,被试开始偶尔回忆起一些他们并没做过的动作。他们不仅能够对一般的、与实验任务有关的事件(如掷骰子)产生虚假记忆,还能够对一些奇怪的、新异的事件(如"在头上擦粉笔"或"吻一只塑料青蛙")产生虚假记忆[6]。这表明,联想使人们相信他们曾经做过那些事实上并没有做过的事。这些事既可以是简单的,也可以是复杂的。在 Loftus 等人的另一项研究中,被试观看一段酒后驾车事故的录像。在随后的回忆过程中,一些被试想到了实际情节中并没有发生的场景。譬如,他们想象看到一名警察拦住一辆小车,要求司机出来,但司机拒绝下车等。在参加实验的被试中,15% 的人在自由回忆的任务中报告了虚假的细节,41% 的被试在再认任务下称见过这些细节。Manning 和 Loftus 1996 年的研究也表明,对未发生过的事件的想象能够提高虚报率。他们认为,想象使人对虚假事件更熟悉,这种熟悉感使被试混淆了事件的来源。事实上,在日常生活中人们也不难发现儿童经常混淆想象中的事件和亲身经历的事件。

（二）误导信息效应（effects of misleading information）

当人们接受一些暗示性的问话或者通过他人获取信息时，误导将对记忆产生影响。当人们看到或听到媒体对他们亲身经历的事件给予有偏见评价时，他们的观点也可能会动摇。这种现象被称为误导信息效应。

误导信息效应的研究始于 20 世纪 70 年代。在一个经典试验中，Loftus 先给被试看一段撞车事故的录像，在随后发给被试的问卷中有这样的问题："当两辆汽车_____时汽车时速约是多少？"对于不同的测试组，下划线处的动词不同，分别为"碰撞"和"撞毁"。结果表明，当划线处的动词为"碰撞"时，被试估计的车速平均为 34 英里（1 英里约等于 1.61 千米）；当动词为"撞毁"时，被试估计的车速平均为 41 英里。更有趣的是，当问及是否看到现场有打碎的玻璃时，"碰撞"组有 14％的人作了肯定回答；"撞毁"组有 32％的人作了肯定回答。但事实上，录像中根本没有碎玻璃。Loftus 认为，动词"撞毁"使被试对撞车事故的记忆编码和组织方式发生了改变，这使他们后来更可能"记得"并不存在的碎玻璃。在另一项研究中，他们给被试呈现关于交通事故的小片断，然后以不同方式询问他们。结果发现，不同的询问方式引起被试不同的回答。问"你看到被打烂的汽车前灯了吗？"比"你看到被碰撞的汽车前灯了吗？"能够引起更多的虚假报告。Loftus 认为，问题本身可能污染或者扭曲证人的记忆[7]。

误导信息效应的研究近来又有了新进展。有研究发现，当被试认为自己刚才喝过酒时（实际上他们喝的只是普通的滋补水），更容易受误导影响。另有研究对误导和催眠进行了比较。让被试先听一个故事，然后问他们中立的或者误导的问题。在问这些问题时，被试或者处在催眠状态，或者处在清醒状态。结果表明，与催眠状态相比，误导能够产生更多的虚假记忆。可见误导可能比催眠产生更大的危害性。

目前，对误导的研究仍然存在着一定争论。一些研究者指出，从观察时机和情绪激活程度看，实验室与现实情境存在很大差异，实验室条件下观察到的虚假记忆现象不能推广到现实事件中[8]。对这一问题，挪威一个研究小组进行了研究[9]。他们将一组被试暴露在现实的犯罪情境中，让另一组被试观看同一犯罪情境的录像。在真实情境下的被试参加了一个教他们如何处理危险、暴力以及如何处理危机所引起的精神压力的课程。在这一课程中，通过模拟现实中的抢劫事件，被试可以有亲身经历。结果表明，观看组被试报告了更多的犯罪现场的细节。他们的记忆准确性比亲身经历组要高。这表明，实验室实验可能高估了记忆成绩。

（三）词语遮蔽效应（verbal over shadowing effects）

在一般情况下，对外部刺激事件的语词编码有助于记忆。然而，当事件难以用语言描述时，语词编码反而可能损害记忆的真实性，导致虚假记忆。Scholer 等人发现，当被试观看面部图形并描述它们时，对面部图形的记忆差于未描述的被试[10]。在另外一项研究里，未经训练的品酒者初次品酒时，如果借助语言描述白酒的味道，对白酒的再认明显差于那些品酒时无须描述的人[11]。之所以如此，是因为语词描述使人贮存了关于事件的描述，而不是事件本身。

这一效应与记忆的场合效应有相似之处。在一个实验中，让被试在不同场合下进行词对联想学习。如同一主试衣饰不同，刺激呈现方式也不同，或用速示器呈现，或用录音机呈现。学完后隔一日，一半被试在原场合回忆，另一半被试在异场合回忆。在原场合回忆者成绩为59%，在异场合回忆者成绩为46%。机体内环境也是构成场合的因素。如让两组被试学习一个词表，一组站着学，另一组躺着学。学完回忆时，一半被试采取原来学习时的姿势，另一半被试采取相反的姿势。采取原姿势者回忆的效果较好。

（四）错觉结合（illusory conjunction in memory）

Underwood等人曾给被试呈现两个单音节合成词（如handstand shotgun）。在再认测验中呈现词中插入与先前所学单词有一个音节相同的词（如handmaid）、两个音节相同的词（如handgun）和无关控制词。结果表明，被试对两个音节相同的词有较高的虚报率。此外在使用以面部图形为材料的实验中，也表现出同样的效应[12]。这种现象产生的可能原因是，学习对象的各部分特征并没紧密地结合起来成为一个整体，各部分特征在一定程度上自由漂浮，当来自不同单元的两个特征组合在一起时，容易导致错误再认。

在错觉结合中，原型也起重要作用。原型是一类事物中最具典型性的形象。原型的错觉结合表现在证人证言中，主要是证人对于各类犯罪嫌疑人的指认。研究表明，证人一般认为，罪犯的典型特征是面相凶恶、形象猥琐等。因此，在判断犯罪嫌疑人时，那些符合这一原型的嫌疑人更容易被判定为罪犯，那些相貌端正的嫌疑人则更可能被判定为无罪或者被认为罪行较轻。

二、虚假记忆植入

随着虚假记忆研究的逐步深入，人们开始研究虚假记忆植入问题。因为只有明确如何植入虚假记忆，才能更好地控制虚假记忆。目前，对于虚假记忆植入，仍然存在争论。一个主要的争论是，是否真的植入了虚假记忆？事实上，研究中采用的操作可能只是使人发现了他的真实记忆而并非植入了虚假记忆。为了探讨这一问题，研究者采用了一些方法，其中包括为最近发生的事件产生一个虚假记忆。如果研究者明确地知道某天被试都做了些什么，却能够使被试"记得"他们还做了实际上并未做的一些事情，那么就能够证明被试已经产生了虚假记忆。另一个评估方法是，植入一些不合常理或者是根本不可能的事件，如给被试植入在童年时期被恶魔捉住的虚假记忆或信念[13]。

另一个争论是，是否所有的虚假记忆都能被植入？研究者指出，可植入的虚假事件或信念在种类上有一定的限制，只有合理的事件才能被植入[14-17]。为了证实这一假设，Pezdek等人报告，对孩提时期走失事件虚假记忆植入可达到15%的成功率，但对那些合理性较低的事件成功率则大大降低[14]。在一个实验中，Pezdek等人向犹太教徒和天主教被试暗示，他们曾经在童年时期参加过犹太人安息日和天主教礼拜。结果发现，29个天主教徒中，只有3位相信他们曾经参加过与他们信仰不同的宗教仪式，但犹太教徒没有一位相信他们曾经参加过与他们信仰不同的宗教仪式。相反，他们更多地接受曾经参加过与信仰宗教一致的仪式的虚假暗示。这些研究表明，大部分被试对不合理的暗示有阻抗。不过，近期又有研究指出[13]，通过暗示，人们对于事件合理性的评定也能得到相应提高，当个体对事件合理性评定提高后，他们也能够接受一些开始并不相信的事件，并产生相应的虚假记忆。目前，虚假记忆植入的方法主要有如下几种。

（一）家庭告知人虚假描述程序（"商场迷失"技术）

使用家庭成员帮助植入虚假记忆的方法称为"家庭告知人虚假描述程序"，又称"商场迷失"技术。"商场迷失"技术一词的得来，主要源于 Loftus 等人早期的一项研究。在这项研究中，主试要求被试对童年事件进行简短描述，鼓励他们尽量回忆事件。当被试认为所有描述都是真实的，而且家人的说法也一致时，就产生了虚假的信念。在这项研究中，约 25％的被试完全或者部分地相信他们 5～6 岁时曾在一个大商场迷失过。当时他们非常着急，最终得到一位老爷爷帮助，回了家。不难看出，这一技术是误导暗示效应的具体应用。

许多研究者使用这一技术植入了一些少见的、古怪的或令人痛苦的事件。例如，使被试相信他们曾经整夜在医院接受治疗或曾差点溺水而死，最后有幸被救生员救起。他们还相信，他们曾经受到某个凶恶动物的攻击。Lindsay 等曾报告虚假记忆产生的比率是 31％，不过这一数字在不同研究中有一定偏差。而且，对不同的内容，虚假记忆的植入比率也有一定差异。有时，被试在植入接受灌肠的记忆时会产生阻抗。相反，当植入乘坐热气球旅行的记忆时，却有超过 50％以上的被试被成功植入。尤其令人惊奇的是，人们发现被试有将虚假记忆细节化的倾向。被试在回忆时很自信，能够提供虚假记忆的细节，甚至还能"再现"对这些从未发生过的事件的情绪[18]。有研究者指出，能否产生丰富的虚假记忆是判断虚假记忆是否被成功植入的标准之一。

（二）DRM 范式

虚假记忆植入的另一种技术是 DRM 范式。该范式由 Dese 于 1959 年创建，随后在 1959 年被 Roediger 和 McDermot 所修订。因此，该范式名称由此三人名字的第一个字母组成。这一范式的做法如下：给被试呈现一系列主题相关的词。这一系列词汇聚指向一个相关但并未呈现的诱导词（如呈现线、眼睛、缝衣服、尖的这一系列词指向一个诱导词——针）。这一研究范式能够引起高的、对诱导词的虚假回忆和虚假再认。被试对诱导词表现出非常高的自信，甚至能够提供关于诱导词呈现的细节[19]。

（三）释梦

释梦是心理治疗的一种常见方法。弗洛伊德指出，梦不仅能够为进入无意识提供通道，还能够为发掘以往的创伤经历提供便利。但另一方面，释梦也为虚假记忆开了方便之门。有研究表明，当治疗师将咨询者当前的梦境报告解释为咨询者在 3 岁前曾经遭受过严重创伤经历时，如曾被父母抛弃或者没有受到父母很好的照顾等，将导致绝大多数咨询者更确信他们曾经有这样的经历，即便他们先前否认这些经历。这些结果表明，在临床治疗中使用梦的材料是有效的，但如果通过释梦误导人们产生一些虚假记忆或信念时，也可能产生一些副作用。

三、虚假记忆与真实记忆的区别

传统记忆研究常把注意力集中于对先前经验的有意识的、外显的恢复。近几十年来，人们越来越倾向于认为在有意识的外显记忆之外，还存在着一个相对独立的记忆系统，即内隐记忆。随着对人主观能动性的强调，又出现了元记忆研究。Tulving 指出，要真正了解人类记忆过程，需要研究人对自身记忆过程的认知。记忆系统不仅能够对信息进行加工、储存和提取，还能够精确估计有效记忆的可能性。

那么，有无办法区分真实记忆与虚假记忆？从理论上说，人们能够做到；从统计意义上说，也可能做到。但遗憾的是，目前还没有发展出确定个体记忆真实性的统一的方法。只是一些研究表明，人对于真实记忆的确信度高于对虚假记忆。例如，Loftus 等人在一项研究中，给被试植入了商场迷失的虚假记忆。结果发现，被试对真实记忆的确信度高于对虚假记忆的。Wade 等人通过给被试呈现修改后的照片，给被试植入了在孩童时代曾乘坐热气球旅游的虚假记忆。他们也发现，被试对真实记忆的确信度高于虚假记忆[20]。Porter 等人给被试植入了孩童时期受到动物攻击的虚假记忆。结果发现，被试对虚假记忆的连贯性评定低于真实记忆[21]。除此之外，一些研究还发现不同年龄的人在虚假记忆保持上存在差异。采用 DRM 技术，他们发现，年长者比年轻人更容易确认他们真正听到过诱导词。当要求他们检验记忆来源时，年轻人能有效地减少虚假回忆成绩，而年长者未出现这一现象[13]。

神经心理学研究也发现，真实记忆和虚假记忆之间的确存在差异。Schacter 等人通过功能磁共振成像技术对学过与未学过词语的记忆情况进行了比较[22]。首先，他们给 6 名被试听一系列语义相关的词语，然后再让他们对学过和未学但与曾学词语有语义相关的项目进行新旧再认。结果发现，真假再认项在大脑额叶前部、颞叶前部和顶叶中部以及视觉皮层延伸到海马回与海马回侧面的区域都有激活。对反应时的事件相关分析还表明，当进行真假再认时前额叶相对其他激活部位的启动要慢，持续时间更长。这似乎说明，当需要鉴别出虚假项时人们需要更多额叶的加工。Fabiana 等人通过脑电研究也发现，真假记忆的加工在大脑活动上表现不同[23]。他们给被试大脑两半球分别呈现一系列高度相关的词语，这使被试再认中间位置的词语时，能够产生大脑的偏侧性反应记录相应的偏侧性编码。结果发现，被试对错误再认的未学过但与曾学过的项目有相关的词语没有出现偏侧化反应。这可能因为，与虚假记忆相比，真实记忆在大脑中留下了学习经验的感知信号。此外，他们还发现了大脑的半侧化效应，表现为关联项出现在右半球时，未学但与学习项目相关的词语的再认反应时相对慢，伴随有前额叶的慢波反应。Miller 等人采用 DRM 范式，通过 P300 相关电位对被试再认学过、相关但未学过以及无关这三种词语的 P300 波幅和位置进行了评测[24]。结果发现，词语的真假再认在 P300 波幅和位置上并没有差异。但无关词语的错误再认比学过词语的正确再认 P300 反应时明显要慢。需要指出，由于条件限制，当前神经生理学关于这方面的研究还主要局限在被试对学习词表的真实或虚假的记忆上。

四、虚假记忆研究对司法实践的启示

近年来，越来越多的研究发现，由于证人虚假记忆而引起的虚假证词，使相当部分的人被错判或误判。在过去20年间，国外关于证人鉴定的心理学研究逐渐深入。Wels相信，对鉴定程序的研究进行总结，进而减少对无辜者的错误指认，使对罪犯鉴别更为准确的时机已经成熟。当然，也有研究者认为，从实验室研究到真实的犯罪指认之间还存在着太大差异。但总的来说，大多数研究者都同意，对证人鉴定的研究可以为心理学提供一个在实践领域大显身手的舞台。我国在这一领域的研究仍然较为薄弱，但司法公正的需要同样对这一方面提出了较高的要求。因此，目前关于证人虚假记忆的研究也开始得到越来越多国内研究者的重视，表现为较大数量的国外相关书籍的介绍与翻译。司法系统在处理目击证据时，如果能充分注意到记忆本身有可能产生扭曲和变更，进而在审讯过程中尽量避免可能引起虚假记忆的因素，错案就可在一定程度上避免。总结起来，虚假记忆的研究对司法实践有如下启示。

（一）应正确对待证人证言，采用科学的取证程序

不能因为某个证人的语气确定、饱含感情的证言就定某人有罪，也不能因为嫌疑人认罪就认定该人犯法。心理学研究发现，不同年龄、精神状态的人虚假记忆产生的可能性也不同。一般来说，老年人相对年轻人虚假记忆产生的可能性更大，儿童相对成年人更倾向于通过想象相信一些实际上并非事实的虚假事件，而患有健忘症、精神分裂症等心理疾病的患者也是虚假记忆产生的高危人群。因此，在取证工作开始之前，司法部门有必要对证人的精神状态进行了解，可以采用有关心理学量表对证人进行测量，力保取证的科学、健康。此外，在对嫌疑人辨认的过程中，应该尽量采用同时辨认方法，力求采取逐个辨认方法。当证人要求对其中某人再辨认一次时，也需要在当次辨认全部完成后，再将所有辨认完整地进行一遍。应该尽量采取"盲辨"的方式，通过中立的询问方式，由并不知晓真正犯罪嫌疑人是谁的人出示照片，避免早期的暗示。

（二）正确对待嫌疑人，避免先入为主，采用正确的、中立的审讯方法

虚假记忆对司法实践的意义不仅表现在如何对待证人证言上，而且表现在对嫌疑人审讯过程中。在对嫌疑人审讯时，如采用的方法不当，也可能造成嫌疑人的虚假供述。这些嫌疑人甚至能够虚假地认为自己曾经犯过相应罪行。有研究者指出，审讯是一种高度的应激性体验，这种体验可能会引起多种反应包括高度的受暗示性。在这种情况下，"真和假在犯罪嫌疑人的心理上变得极易混淆"[25]。Gudjonsson指出："为了工具性获益而进行供述之后，持续不断的提问就会继续进行下去，被告人就会被那些显然相信其有罪的审讯员搞得越来越糊涂，越来越迷惑。"司法心理学家强调，审讯员的出现可能会引起嫌疑人的虚假供述。一些嫌疑人有很强的审讯暗示性，往往会逐渐地相信有关他们在犯罪中作用的虚假信息。因此，司法部门应对整个审讯活动录像，以便法官和陪审员能够看到审讯员审讯的全部过程，了解嫌疑人做出反应的方式和内容。

心理学与司法有密切关系。司法机关强调执法公平、公正就必须懂得一定的心理学原理。心理学是对人的心理进行探讨的科学，司法也是对人的司法，二者结合有助于维护司法公正。

〔参考文献〕

[1] Lofus E F. Make-Believe Memories [J]. American Psychologist, 2003 (11): 867-871.

[2] [25] Lawrence S. Wrightman. 司法心理学 [M]. 吴宗宪，林遐，等译. 北京：中国轻工业出版社，2004.

[3] 张积家. 普通心理学 [M]. 广州：广东高等教育出版社，2004.

[4] Yamey A D. Eyewitness identification: guidelines and recommendations for identification procedures in the United States and Canada [J]. Canadian Psychology, 2003 (44): 181-189.

[5] Roediger H L, McDermott K B. Creating false memories remembering words not presented in lists [J]. Journal of Experimental Psycho logy: Learning Memory and Cognition, 1995 (21): 803-814.

[6] Lofus E F. Memory faults and fixes [J]. Issues in Science and Technology, 2002 (4): 41-50.

[7] Loftus E F. Eyewitness testimony [M]. Cambridge, MA: Harvard University Press, 1996.

[8] Yuille J C, Cutshall J L. A case study of eyewitness memory of a crime [J]. Journal of Applied Psychology, 1986 (71): 291-301.

[9] Ihlebaek C, Love T, Eilertsen D E., et al. Memory for a staged criminal event witnessed live and on video [J]. Memory, 2003 (11): 319-327.

[10] Schooler J W, Engstler-Schooler T Y. Verbal overshadowing of visual memories somethings are better left unsaid [J]. Cognitive Psychology, 1990 (22): 36-71.

[11] Melcher J M, Schooler J W. The misrememberance of wines past verbal and perceptual expertise differentially mediate verbal overshadowing of taste memory [J]. Journal of Memory & Language, 1996 (2): 231-245.

[12] Reinitz M T, Morrissey J, Demb J. The role of attention in face encoding [J]. Journal of Experimenal Psychology: Learning Memory & Cognition, 19942 (20): 161-168.

[13] Mazzoni G A L, Lofus E F, Kirsch I. Changing beliefs about in plausible autobiographical events: a little plausibility goes along way [J]. Journal of Experimental Psychology: 2001 (7): 51-59.

[14] Pezdek K, Finger K, Hodge D. Planting false childhood memories The role of event plausibility [J]. Psychological Science, 1997 (8): 437-441.

[15] Hyman I E, Gilstrap L L, Decker K, et al. Manipulating remember and know judgements of autobiographical memories [J]. Applied Cognitive Psychology, 1998 (12): 371-386.

[16] Hyman I E, Kleinknecht E E. False childhood memories research theory and applications [C] //L M Williams, V L Banyard. Trauma and memory, Durham: Sage, 1999.

[17] Lindsay D S, Read J D. Psychotherapy and memories of childhood sexual abuse: a cognitive perspective [J]. Applied Cognitive Psychology, 1994 (8): 281-338.

[18] Dstephen L, HagenLisa H, Don J R, et al. True photographs and false memories [J]. Psychological Science 2004 (3): 149-154.

[19] Mather M, Henkel L A, Johnson M K. Evaluating characteristics of false memories [J]. Memory and Cognition, 1997 (25): 826-837.

[20] Wade K A, Garry M, Read J D, et al. A picture is worth a thousand lies [J]. Psychonomic Bulletin and Review, 2002 (9): 597-603.

[21] Porter S, Yuille J C, Lehman D R. The nature of real implanted and fabricated memories for emotional childhood events: implications for the recovered memory debate [J]. Law and Human Behavior, 1999 (23): 517-537.

[22] Schacter D L, Buckner R L, Koutstaal W, et al. Late onset of anterior prefrontal activity during true and false recognition: an eventrelated MRI study [J]. Neuroimage, 1997 (6): 259-269.

[23] Fabiana M, Stadler M A, Wessels P M. True but not false memories produce a sensory signature in hum an lateralized brain potentials [J]. Journal of Cognitive Neuroscience, 2000 (12): 941-949.

[24] Miller A R, Barata C, Wynveen C, et al. P300 latency but not amplitude or topography distinguishes between true and false recognition [J]. Journal of Experimental Psychology: Learning Memory and Cognition 2001 (27): 354-361.

为什么和声能诱发音乐情感?
——音乐协和性的作用及其认知机制

张 航 孟 乐 张积家

[摘 要] 音乐是高级意识活动产生的声音艺术,对人类的情感表达和交流具有重要意义。作为连接音乐与情绪的核心要素,协和性的形成原理至今仍然未有定论。人类如何加工多个音符构成的和声?为什么一些和声听起来协和(愉悦),一些和声听起来不协和(不愉悦)?协和感究竟是自下而上的声学感知还是自上而下的审美体验?从古希腊时期至今,这些问题就一直吸引着学者的目光。物理学家从协和与不协和的声学区别中寻找答案,生理学家从听觉生理机制方面分析协和感的产生,心理学家研究协和音程偏好是与生俱来的还是后天形成的。目前,音乐协和性的理论内容主要以西方音乐为主,中国传统民族音乐迫切需要开展相关的实证研究。

[关键词] 音乐协和性;和谐性;拍频;音乐文化;认知机制
[原 载] 《心理科学进展》2022年第4期,第817—833页。

一、引言

音乐是经由人类意识活动产生的声音组合的高级艺术,只有对声音的频率和节奏等信息进行有意识编排才能够创造出优美的旋律。因此,创作、演奏或聆听音乐是人类具有复杂声音事件处理能力的重要标志。作为人类的特有才能,音乐活动贯穿人类文明史的始终。考古学证据显示,人类至少在35000年前的旧石器时代就能够制作并且使用乐器[1-2]。作为人类的通用语言,音乐存在于所有的文明社会(有文字的或无文字的)中[3]。作为情感交流的艺术载体,音乐伴随着人的一生,从摇篮曲到葬礼哀乐,都是人类释放情感和引发共鸣的重要方式[4]。音乐对人类的非凡意义使得许多学科都重视对音乐基础理论的研究。《Science》在创刊125周年之际,就将音乐和语言的起源列为125个极具挑战性的科学问题之一[5]。Nature也以"科学与音乐"为专题,探讨音乐理论与实践中亟待解决的重要问题，包括现代和声音乐学的理论核心——音乐的协和性（musical consonance）[6]。

协和性是音乐构建的基本要素。无论何种音乐形式或题材，都由音符组成，音符同时发声形成和声（harmony），相继发声构成旋律（melody）。音乐协和性是两个或两个以上音符同时演奏时所引发的心理感受[7-9]。根据演奏效果，可以将和声分为两类：听起来愉悦、稳定或彼此融合的和声称作协和音程（consonant interval）或协和和弦（consonant chord）；听起来不愉悦、不稳定或彼此不融合的和声称作不协和音程（dissonant interval）或不协和和弦（dissonant chord）[7][10]。迄今为止，已经有大量理论试图说明音乐中存在协和与不协和两种音响效果的原因，但都存在着较大争议。这些理论可以归纳为三种（见表1）。①强调音乐刺激的物理属性，认为和声音程的声学特征是影响音乐协和性的主要因素，主张总结出人类普遍遵循的数理规律。②侧重于考察音乐加工的生理属性和心理属性，认为音乐协和感是声音事件在听觉通道诱发的情绪体验，主张采用生理声学实验和心理声学实验揭示出这种普遍的听觉加工机制。这两种理论不约而同地认为，音乐协和性的感知能力是人类与生俱来的天赋才能。③聚焦音乐的文化属性，认为音乐协和性知觉是后天形成的审美经验，受文化熏陶和音乐训练影响。本文以上述三种理论为脉络，介绍不同学科的成果，阐明人类音乐协和感的形成原理和认知机制，为未来的相关研究尤其是中国民族音乐协和性的理论研究提供启示。

表1 音乐协和性的相关理论

假设观点	影响因素	基本理论	相关文献
生物决定论	音符之间的数理规律	同时响起的音符之间音高之比越简单，声音整体听起来越协和	Crocker, 1963; Palisca, 1961
	泛音列的和谐性	音乐协和性是基于纵向叠置的声学特征在多大程度上近似一个和谐的自然泛音列	Bowling et al, 2018; Gill Purves, 2009; McDermott et al, 2010
	人耳的生理机制	不协和音程的泛音周期性差。频谱分布不均匀。导致频率过于接近的泛音列之间杂在基底膜引起拍频效应，从而引发不愉悦的粗糙感体验	Greenwood, 1961; Helmholtz, 1985; Shpira & stone, 2008; Plomp & Levelt, 1965
	比较心理学（动物行为研究）	音乐协和性偏好受到听觉加工系统约束，具有重要的生物学意义	Fishman et al, 2001; Hoeschele et al, 2012; Izumi, 2000; McKinney et al, 2001
	认知神经机制	皮层和皮层下水平的神经通路对和谐泛音特征存在编码优势	Bidelman, 2013; Bidelman & Krishnan, 2009; Itoh et al, 2010; Gold et al, 2019

续表

假设观点	影响因素	基本理论	相关文献
生物决定论	毕生发展（先天）	音乐协和性偏好是与生俱来的知觉能力	Virtala et al，2013；Zentner & Kagan，1996
环境决定论	毕生发展（后天）	音乐协和性是后天习得的音乐审美经验	Plantinga & Trehub，2014；Weiss et al，2020
	文化因素	音乐协和性知觉存在文化差异	Ambrazevicius，2017；MeDermott et al，2016
	音乐训练	音乐训练对音乐协和性知觉具有重要的塑造作用	Foss et al，2007；Minati et al，2009
交互作用论	多因素混合理论	泛音和谐性、拍频效应和文化熏陶共同影响音乐协和性知觉	Harrison & Pearce，2020；Parncutt & Hair，2011

二、音乐协和性的数理之美

音乐是一门艺术，但当人们研究其原理、分析其性质、发现其规则时，就成为一门科学。音乐协和性理论的发展正是基于对音乐美学的不懈追求，这从根本上推动人类使用理性的目光审视其背后的奥秘，探测隐藏于音符间微妙的数理关系。从数理角度探讨音乐协和性的理论主要包括简单整数比学说和泛音和谐理论。

（一）简单整数比学说

音乐协和性的早期研究可以追溯至古希腊时期。毕达哥拉斯是第一个触及该领域的学者。他发现，同时拨动的两条琴弦长度之比越简单，和声效果越协和，弦长之比越复杂，和声效果越不协和[11-12]。据此，把弦长关系1∶2（纯八度）、2∶3（纯五度）和3∶4（纯四度）的音响组合划定为协和一致的愉悦音程，并从和谐哲学观念赋予这些数值以特殊象征含义——"圣十结构"（10=1+2+3+4），认为美的事物总是有类似简单且和谐的数学特征，甚至将"数"视为万物之源，宇宙和谐本质上是"数"的和谐[11][13][14]。简单整数比学说的提出促进了音乐协和性的数理规律研究。尤其是在文艺复兴时期，大量作曲家在简单整数比思想指导下探索协和性的规律，以丰富协和音程与和弦的数量。意大利作曲家扎利诺用"六数列"来说明协和性的产生原则（6=1+2+3=1×2×3），认为所有的协和音程都由1到6几个数字组成[13][15][16]，从而把原来一直被毕达哥拉斯学派看作是不协和音程的6∶5（小三度）、5∶4（大三度）和5∶3（大六度）调整至协和音程范畴，为推动和声音程系统分类做出重要贡献[17]。至此，现代和声音乐学中协和音程和不协和音程基本确立。

音乐形式的革故鼎新和音乐种类的丰富多彩表明，音乐极具社会历史性和文化多样性。但是，通过比较不同时期甚至是不同地区的研究发现，人对音程协和性的感知偏好存在着极高的相似性（见图1），且极度符合简单整数比学说，听众普遍地将比值简单的音符组合评定为协和音程，将比值复杂的音符组合评定为不协和音程。这说明，数理思想对解释协和性仍然具有较强的现实意义。即便在今天，没有一种理论能够像简单整数比说那样对音乐艺术产生如此大的影响。由此也引发一个关键性的疑问：为什么比值简单的和声听起来协和？

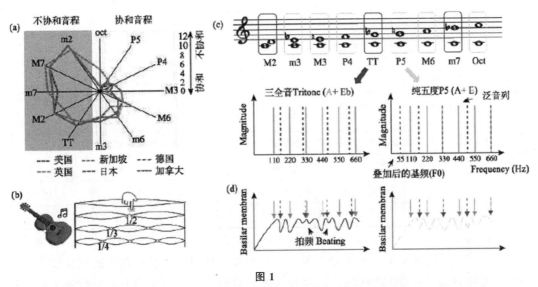

图 1

(a) 从1898年至2020年间，来自6个国家的受试者对12个和声音程音乐协和性的等级排列结果高度一致。(b) 吉他琴弦振动产生的泛音列。(c) 协和音程（纯五度）和不协和音程（三全音）的频谱示意图。(d) 基底膜上拍频效应的示意图。拍频效应通常由泛音列过于接近的不协和音程引发。

（二）泛音和谐理论

声音科学的诞生为解答和声协和性提供了新的思考方式。首先，声音是一种机械振动，振动频率决定音高，所以，影响音乐协和性的本质因素是弦振动频率比而非弦长比[18]。其次，泛音（overtones）作为最基本的声学现象是音乐协和性形成的物理基础[19]。传统乐器或人发出的声音都是复合音，除了能够听到一个响亮的基音音高外，还能够听到一系列相对柔弱却悦耳协和的"弦外之音"[18][20]。以理想的弦振动为例（见图1），被拨动的琴弦同时做整段振动和局部振动（二分之一、三分之一、四分之一……），整段振动产生清楚响亮的基音（fundamental tone），分段振动产生了一系列整数倍于基音频率（简称基频，fundamental frequency）的泛音。泛音现象发现为数学和音乐学之间搭建了桥梁，包括拉莫在内的许多音乐学家主张运用声学理论而非纯粹数学来研究音乐协和性。拉莫认为，在自然泛音（natural harmonics）中包含许多协和音程，构成协和音程的泛音列与基音距离更近，听起来更清晰，构成不协和音程的泛音列距离基音较远，不容易被察觉[25-26]。如表2所示，离基音较近的几个泛音无论是与基音的音程关系还是与前一个泛音的音程关系都非常协和，表明和谐的泛音列本身就是一个协和和弦

(chord)。所以，简单整数比的音乐审美倾向在一定程度上反映了人类对自然和谐泛音的知觉偏好，当两个音被同时演奏时，其叠加形成的声学特征在泛音关系上越和谐，构成的声音织体就越协和。

表 2　自然倍音列中基音与泛音之间的协和关系

名称	与基音的关系	与基音的音程关系	协和性	与前一泛音的关系	音程名称	协和性
基音	1∶1	纯一度	C	1∶1	纯一度	C
第一泛音	2∶1	纯八度	C	2∶1	纯八度	C
第二泛音	3∶1	纯八度＋纯五度	C	3∶2	纯五度	C
第三泛音	4∶1	纯八度＋纯八度	C	4∶3	纯四度	C
第四泛音	5∶1	纯八度＋纯八度＋大三度	C	5∶4	大三度	C
第五泛音	6∶1	纯八度＋纯八度＋纯五度	C	6∶5	小三度	C
第六泛音	7∶1	纯八度＋纯八度＋小七度	D	7∶6	无该音程	＊＊＊
第七泛音	8∶1	纯八度＋纯八度＋纯八度	C	8∶7	无该音程	＊＊＊
第八泛音	9∶1	三个纯八度＋大二度	D	9∶8	大二度	D
第十五泛音	16∶1	四个纯八度	C	16∶15	小二度	D

注：C 代表协和英文缩写"consonance"，D 代表不协和英文缩写"dissonance"。

人类对和谐泛音的偏好可能是一种适应性的加工机制，并且有重要的进化意义。因为人类的嗓音、大多数动物的叫声以及物体的有规则振动都产生与基音呈倍频关系的和谐泛音特征（嗓音称共振峰，formants），这些声音也是社交、择偶或生存警示意义的凸显性信号[27]。所以，在自然选择的压力下，人类进化出了一套可以解析和谐泛音的听觉系统，能够在纷繁无序的声音世界中迅速地分辨泛音有序的重要信息。研究发现，嗓音作为生物学意义极高的听觉刺激是有效地预测音乐协和性的指标，那些与嗓音频谱特征相似的和弦听起来更协和[28-29]。说明相较于泛音无序的噪音，人类大脑更容易处理嗓音般的和谐声响进而引发积极的情绪体验。嗓音被喻为人类的"听觉面孔"，闻声数秒，就能够迅速地获取对方的性别、身份、情绪、吸引力甚至是体型大小等信息[30]。对嗓音相似特征的加工优势（processing advantage）是人脑的预装机制[10][13]。不仅如此，Schwartz 等人[31]对上千段语音材料进行特征提取后发现，人类言语信息的振幅-频率分布模式恰好对应于音程协和度的等级顺序，表明人类在言语特征上的统计知觉经验训练了人耳对特定频率比的音程协和感。和谐泛音偏好也可能发轫于人类对于大自然和谐音响法则的崇尚与追求。例如，大三和弦产生就是源于对自然泛音的观察[25]，西方五度相生律和中国三分损益律的建立也受自然泛音的启发，甚至最初的音乐形式就是人类对大自然声音律动的倾听和模仿[32]。《淮南子》中有："乐生于音，音生于律，律生于风，此声之宗也。"大自然的风吟雨落、鸟叫虫鸣极可能是人类形成和谐音响审美法则的最初灵感来源。

但是，持信息加工观点的研究者认为，泛音作为物理特征之所以引发协和性的情绪体验主要与音高的表征机制有关[33]。音高是乐音（物体有规则振动产生）的基本听觉属性，对音高的感知是理解音乐和语言的重要媒介[34]。通常说来，音高由基音决定，但多声源复合信号的音高知觉就变得复杂并受泛音信息影响[10][35-36]。呈倍频关系的基音和泛音被自动地知觉为来自同一声源，基音决定音高，泛音影响音色，但不具和谐关系的声音由于无法被听觉系统有效地分辨，会造成知觉不流畅的不愉悦体验。研究证实，听者对协和音程与不协和音程的音高知觉水平存在着差异，大脑对不协和音程的音高编码比协和音程慢 36ms[37]。在不协和音程中完成音高匹配的错误率更高，反应时更长，说明大脑并不擅长处理泛音不和谐的声音[38]。甚至在不协和音乐背景中进行 Stroop 任务时，由不一致条件引起的冲突效应增加，表明不和谐泛音会占用大量的认知资源并且影响听者的执行功能[38-40]。并且，模式匹配理论（Pattern Matching Theory）和时域自相关理论（Temporal Autocorrelation Theory）还强调，泛音和谐性影响音高表征的准确度进而引发音乐协和性的知觉体验[10][41-42]。模式匹配理论认为，长时记忆储存和谐泛音的频谱特征，如果听觉信息与之吻合，即便基音缺失了，大脑也能够自动地利用泛音与基音的倍频关系补全并感知到音高[35][43]。所以，和谐泛音的音高知觉起来清晰明确，不和谐泛音在匹配中会出现多个"虚拟音高"（virtual pitch），从而造成音高不可辨的杂乱音响[8][44][46]。如图 1 所示，协和音程 P5（纯五度）的泛音列和谐度较高，因而有明确的音高值（F0 等于原来两个泛音列的最大公约数），不协和音程 Tritone（三全音）的泛音列错落不均，无法被听觉系统有效地处理，所以引起不愉悦的体验。因此，音高知觉流畅性是引起音乐协和感的重要原因。时域自相关理论认为，听觉系统根据声波在时域上的周期性变化来表征泛音的和谐性，并且以求最小正周期的方式推测音高值。比值复杂的不协和音程由于自相关系数低导致泛音列的周期性差。例如，小二度产生的几个虚拟音高值甚至低于人类的乐音感知阈限（30Hz）[42]。实际上，两种理论争论的焦点在于听觉系统计算音高的方式，根据傅立叶变换原理，声波在时域上的周期性等价于在频域上的和谐性，但两种理论在音高知觉流畅性是引发音乐协和性的观点上并无分歧。

总的来说，科学革命促进了物理声学发展，在实证主义思想推动下，研究者开始将目光从数理哲学转向声学，发现泛音与音乐协和性的联系，逐渐形成了泛音和谐性理论。

三 音乐协和性的感知之美

声学的物理特征是导致声音协和与否的外在条件，人耳如何感知声学线索才是引发音乐协和性的关键。协和性归根结底是人类的听觉体验。所以，到 19 世纪，部分学者开始研究音乐引起的生理-心理反应机制，而非只关注物理现象。赫尔姆霍兹就是这一领域的先驱者，他提出的拍频理论（Beat Theory）目前仍然是现代音乐学教材中普遍推崇的理论。

（一）拍频理论

在音乐知觉测量中，赫尔姆霍兹同样意识到泛音特征的重要，但并未像拉莫等人一样把音程协和性看作是泛音列的和谐自然,而是转向研究泛音之间的相互作用及对听觉系统的影响[13]。他认为:"自然泛音之和谐只能称叹宇宙法则之神奇,再无他用,因为自然界中美与丑的存在概率相同,事物的自然性并不足以证明它是精美的。相反,一些音程之所以不协和是因为听起来杂乱刺耳,其原理是两个频率相近的声波相遇时会发生干涉效应,出现振幅涨落、强弱不均的拍频现象,由此引起基底膜上听觉感受器的间歇性兴奋从而导致不舒服之感。"[45] 这种令人不愉悦的体验可以定义为粗糙感(roughness)。粗糙感影响音程协和性。和声听起来协和是因为粗糙感不明显,听起来不协和是因为粗糙感明显(如图 1 所示,在不协和音程三全音中,频率相近的泛音列在基底膜相应位置引发了拍频效应)。所以,音程使用应该遵循简单整数比原则,防止泛音过于紧凑引起明显的粗糙感。

拍频理论提出后,大量的生理声学和心理声学的实验结果都相继支持了这一假设。贝凯西的耳蜗振动研究对推动拍频生理机制探索具有里程碑的意义[46]:基于听觉位置理论,贝凯西发现,耳蜗基底膜以行波的形式振动,不同的声波频率分别对应于基底膜不同位置的响应。这项工作不仅令他获得了 1961 年诺贝尔生理学或医学奖,更让大量的心理声学数据可以直接与基底膜振动图谱数据比较[13]。在比较中,研究者发现,耳蜗就像是一个天然的分频滤波器,上面布满了一系列相互交叠的负责响应特定频率范围的听觉感受器,当两个声波频率相近时,激励的感受器范围有很大一部分重叠,这部分重叠区域就会受到双音拍频效应影响引起粗糙感[47][48][49]。因此,研究者将出现粗糙感的频率差值范围称为临界频带(critical bands),如果两个声波的频率刚好落在相同临界频带内就会引起粗糙感,落在临界频带外就不引起粗糙感[48][50][51]。例如,同时呈现两个频率值为 f_1、f_2($f_1 > f_2$)的纯音(正弦波),其叠加形成的信号可表示为:

$$\sin(2\pi f_1 t) + \sin(2\pi f_2 t) \tag{1}$$

根据和差化积公式,上式也可变为:

$$2\sin\left[2\pi\sin\left(2\pi \frac{f_1+f_2}{2}t\right)\cos\left(2\pi \frac{f_1-f_2}{2}t\right)\right] \tag{2}$$

当双音之间的频率差值足够大时,听者知觉到的是公式(1),此时仍然是两个清晰可辨的频率为 f_1、f_2 的声音信号;但当双音只有较小的频率差值时,听者所知觉到的是公式(2),此时叠加信号以频率为 $(f_1+f_2)/2$、振幅涨落为 $\Delta f = f_1 - f_2$ 的方式振动。其中,较慢的振幅涨落($\Delta f = 0.1 \sim 5$ Hz)在响度上不会被知觉为不愉悦,甚至听起来像一个融合音(fusion),但快速振荡的振幅涨落($\Delta f = 20 \sim 250$ Hz)会引起忽强忽弱的刺耳抖动[10][52]。所以,临界频带范围实际就是双音可辨——粗糙感知觉——双音完全融合的变化范围。Plomp 和 Levelt[51] 计算,纯音音程的最大协和度发生在临界宽带值的 125%,极度不协和音程发生在临界宽带值的 25%。后续的研究也引入了新算法估计临界频带对复合音协和度的影响[53-54]。拍频理论的建立使得音乐审美感受和人耳内部生理构造及活动规律进行了有效的结合。与泛音和谐论的观点类似,拍频理论也强调音乐协和性建立在一般感知水平上并且受听觉加工系统的约束。

(二)拍频理论面临的挑战

虽然拍频理论是 20 世纪的主流观点,但是,随着研究的深入,拍频理论受到了前所未有的挑战。首先是该理论的外部效度，因为拍频值受发生干涉效应的声音频率成分的振幅和相位影响，这些因素在不同乐器之间差异很大[55-56]，所以拍频不是衡量音乐协和性的可靠线索。其次，拍频也不是引发协和感的关键原因。采用双耳分听（dichotic）方式给被试呈现音乐刺激时，拍频效应导致的粗糙感被显著降低了（两个声音分别作用于双侧耳蜗从而避免了干涉效应），却未影响音程协和性的评价，说明拍频对音乐协和性的作用很小[57-58]。更为有趣的是，按照拍频理论，构成和弦的音符越多，理应造成更明显的粗糙感，但三音（triads）甚至四音（tetrads）和弦高于双音（dyads）协和性的情况大量存在[13]。听者对纯音（不含泛音）、只含少数泛音的复合音和含有较多泛音的复合音在协和度评价上没有显著差异，说明泛音的有无及数量都不影响协和性知觉[33]，这显然与拍频理论的泛音干涉效应的假设相违。

尽管许多研究者从不同方面指出了拍频理论的局限性，但都未能实质性地否认拍频对音乐协和性的作用。在通常情况下，不协和音程同时包含了拍频较明显和泛音不和谐两种特征，因此很难准确地计算某一种因素的贡献，也就很难拒绝某一种理论假设。McDermont 等人[58]不但分离了两种因素的相互影响，还直接计算了每种因素与音乐协和性的相关。该研究分析了三个重要的指标：① 对音乐协和性的偏好，以被试对协和音程与不协和音程的喜好程度差异来衡量；② 对拍频的厌恶，以在双耳分听与双耳同听条件下对纯音喜好程度差异来衡量；③ 对泛音和谐性的偏好，以对和谐泛音与不和谐泛音（人为进行泛音扰动处理）喜好程度差异来衡量。结果表明，尽管被试并不喜欢拍频明显的和声，但对拍频的厌恶与对音乐协和性的偏好没有相关性，对和谐泛音的偏好显著预测了对音乐协和性的偏好，充分说明影响音乐协和感的关键因素并不是拍频的有无。另外，对先天性失音症（congenital amusia）的研究表明，失音症病人不能像正常被试一样区分音程协和性[59-60]，但对听觉粗糙感的知觉评价与正常被试无异，二者都喜欢拍频不明显的刺激而厌恶拍频明显的刺激，说明失音症的音乐协和性加工缺陷与拍频因素无关[59]。总的来说，拍频理论一直强调没有粗糙感是导致音程听起来协和的原因，却忽略了协和音程本身可能具有的美学机理，正如 Bowling 和 Purves[13] 所评论的，不苦并不是糖吃起来甜的原因。

四、生物与文化的融合之美

音乐是声音组合的艺术。不同国家和民族都能以独特的形式自由灵活地创作音乐，进而形成了风格迥异、百家齐放的音乐文化。作为音乐审美的核心要素，音乐协和性在多大程度上受生物学因素影响有很大的争论。许多研究者认为，协和性偏好是由于人类听觉系统对协和音程的声学物理特征存在加工优势，这是镶嵌在人类认知系统的先天适应性机制[27][61][62]。但是，民族音乐学家（ethnomusicologist）和作曲家反对这一观点，认为音乐协和性是后天习得的审美经验，存在较大的文化差异和个体差异[7][63-64]。由此，引发了音乐协和性起源的先天与后天之争。

（一）生物决定论

持生物决定论观点的学者认为，音乐协和性知觉是人类与生俱来的天赋才能。首先，发展心理学的证据表明，19 到 40 个月大的儿童对不同协和程度的音乐刺激表现出明显的偏好差异，他们花费更长的时间探索那些发出协和音乐声响的玩具[65]。6 个月[66-67]、4 个月[9][68] 甚至 2 个月大的婴儿[68] 也都展现出音乐协和性的知觉反应能力和偏好行为。Zentner 和 Kagan[9] 采用转头偏好范式考察了 4 个月大婴儿的音乐协和性知觉能力，发现在播放协和音乐时，婴儿表现出更少的头部运动并且对声源刺激方向注视更长的时间。父母是聋哑人的婴儿对协和音程产生强烈的喜爱，说明音乐知觉经验不是导致婴儿形成协和感的主要因素，这就排除了教养或环境暴露等学习效应的影响[69]。一些神经科学研究甚至发现，新生儿就已经具有音乐协和感，这无疑为音乐审美先天论的观点提供了强有力的证据[70-71]。但是，近期采用转头偏好范式的研究未能重复以往的实验结果，只发现了熟悉性对协和性知觉的影响，因此质疑早期使用类似范式的研究可能混淆了刺激材料的熟悉性和新异性[72]。但不管怎样，这些对儿童早期的实证研究至少说明音乐协和性知觉产生与人类的生物学基础存在着很大的关联。

不同文化对音阶（scale）的使用也佐证了这一猜测。人类在中等音域范围内至少能够分辨 240 个音高，在原则上应该有大量的音阶用来创作音乐，但是，无论是西方古典音乐、现代流行音乐、中国传统民乐及其他文化的音乐，都只使用 5 到 7 个相似的音阶音级[27][29]，并且不约而同地构成了相似的和声音程[13][27]，甚至不同国家出土的早期乐器也都只含有这几个音阶，修缮后竟然还能演奏出协和音响[1-2]。这充分说明，先天的生物学因素约束了人类对音阶的选择，也约束了和声音程的知觉加工。最后，两种主流的音乐协和性理论都支持音乐审美先天论的假设。泛音和谐论认为，人脑预装有自然泛音特征识别器，加工与之吻合的有简单频率比的协和音程时会引起流畅的愉悦体验，加工与之不吻合的有复杂声学特征的不协和音程时会引起负性体验。拍频论认为，听觉器官的生理构造是导致复杂不协和音程引起粗糙感的原因。所以，二者都强调音乐协和性是先天听觉机制在处理特定声音刺激时引发的情感效应，只不过前者认为该过程发生在大脑的神经系统，后者认为该过程发生在耳蜗的基底膜。因此，人类的音乐协和性知觉可能是一种先天的音乐才能。

（二）文化决定论

民族音乐学家和作曲家把音乐协和性看作一种审美经验，认为文化背景和后天音乐训练塑造了个体的音乐协和性知觉。首先，和声音乐的审美观念在不同文化之间差异较大。例如，巴厘岛甘美兰（Gamelan）音乐在演奏时产生非常明显的拍频效应，这种引起粗糙感的音乐形式在当地十分盛行[10][72]。在中东、印度北部、立陶宛、波斯尼亚以及巴布亚新几内亚等地区，人们更是主动追求器乐乃至声乐间的拍频复调（beat diaphony），说明拍频在这些文化中被视为令人愉悦的协和音乐元素[48][73-74]。事实上，拍频效应的文化差异被民族音乐学家广泛考证，但许多研究者在撰写结论时往往忽略了这些因素[72]。其次，听者对音乐协和性的知觉评价也受接触程度影响。Meyer[75] 报告说，被试初次接触微分音乐（microtonal music）时会感到很不协和，重复播放了 12 到 15 遍后，大多数参与者都自发地表示听起来还不错。Valentine[76] 指出，当把一些不协和音程重复听 33 遍，被试会认为其是协和的。不过，这些早期的研究报告并未考虑纯粹接触效应（mere exposure）的影响[77]。后来的研究发现，仅仅是短暂的实验室训练就能够显著地提高被试对协和音程的偏好效应[33]，对受过专业训练的音乐家来说，偏好效应更加显著[58][78-79]。即便是未受过音乐教育的儿童，随着年龄增长，对音乐协和性的知觉也会提高[80]。这些来自跨文化、音乐训练和毕生发展的研究结果都向音乐协和性的生物本能论发起了挑战。把这场争论推向高潮的是 2016 年刊登在《Nature》杂志的封面文章[7]。该文系统考察了协和音程偏好在多大程度上是受现代和声音乐文化影响。作者选取了玻利维亚热带雨林中仍然过着原始狩猎采摘生活的提斯曼人（Tsimane）和生活在城市和乡镇过着现代生活的玻利维亚人以及完全生活在西方和声音乐文化下的美国人（音乐家和非音乐家）。结果发现，虽然提斯曼人在声音情感知觉和音乐粗糙度的分辨能力上与对照组相差不大，但提斯曼人给予协和与不协和音程以相同等级的愉悦度评价。相反，生活在城市及乡镇的玻利维亚人却显著地偏好协和音程，偏好程度依次低于美国的非音乐家和音乐家。这说明，音乐协和感的形成与接触现代和声音乐文化的程度有关。如果一个地区完全没有被和声音乐影响，这里的人们就可能缺乏音乐协和性知觉。所以，音乐协和性不是先天的知觉偏好反应，文化因素在音乐审美方面起到了巨大作用。提斯曼人没有聆听或演奏和声音乐的经历，他们的音乐属于仅有一条旋律线的单音音乐（Monophony），是最简单的音乐形式，西方和声音乐至少有两条以上的旋律线交织，所以，提斯曼人没有形成音乐协和感可能是由于缺乏对纵向多线程音乐的知觉经验[7][81]。知觉磁体效应（perceptual magnet effect）也能够说明这一现象。婴儿早期能够分辨大量的语音范畴，但所处的语言环境如果缺少对某些声音的分辨要求（例如日语中的"r"和"l"），在特定的年龄后对这些声音的分辨能力就会消失[82]，表明人类的听觉系统会根据环境的需要进行调整。一些音乐加工模型也认为，文化和经验通过塑造大脑皮层奖赏环路影响音乐奖赏系统[83]。所以，音乐协和性的形成极可能是神经系统与文化长期相互作用的产物，而不是单方面的因素所致。

（三）比较心理学的介入

音乐协和性起源问题之所以悬而未决，一个重要原因是无法完全避免先天生物学因素和后天环境变量的相互影响，因为以人类为被试的研究无法真正做到长期隔绝一切声音刺激。比较心理学研究动物行为，能够提供有效控制后天环境接触的手段[10][84]。在实验室条件下，动物在出生前就被隔绝外部声音刺激，所以，动物表现出来的任何行为偏好都可以排除后天接触特定听觉信息（如自然泛音）的影响。动物不具有产生音乐的能力，因此，任何音乐偏好性反应都可以视作是生物普遍性的一般听觉加工，而不是音乐特有的认知加工。因此，比较心理学是考察音乐协和性究竟是先天性行为还是习得性行为的重要方法，也是理解音乐初始状态以及这种初始状态如何被相关经验塑造的重要途径[84]。

相关的研究主要集中在分类能力和偏好行为上（见图 2）。研究表明，部分鸟类和灵长类动物经过训练以后能够准确地区分协和音程和不协和音程，如爪哇禾雀[85]、黑顶山雀[86]、欧洲椋鸟[87] 和日本猕猴[88]，并且能够将这种分类能力迁移至新的音乐刺激。猴子的初级听觉皮层[89] 以及猫的听神经[90] 和下丘[91] 对协和与不协和音程的神经反应有显著差异,说明一般性的听觉机制是导致某些动物掌握音乐协和性分类能力的重要原因。研究还发现,一些动物幼崽能够立即表现出音乐协和性的偏好行为。例如,刚孵化的小鸡会对播放有协和旋律的视觉印记表现出明显的接近行为[92]。黑猩猩幼崽也更喜欢通过连接在它胳膊上的装置播放协和音乐旋律,提示人类可能与同在系统发育上接近的黑猩猩共享音乐协和性的进化起源[93]。但是,当使用孤立的和声音程为刺激时,棉花顶面绢毛猴在 V 型迷宫中并未在协和音程附近逗留更长时间[94]。与之相反,人类的音乐协和性偏好不仅在完整旋律条件下显著,也在孤立和声的情况下存在[58][84],说明较少的音乐信息对比可能不足以引起某些非类人猿灵长类动物的音乐协和性知觉。

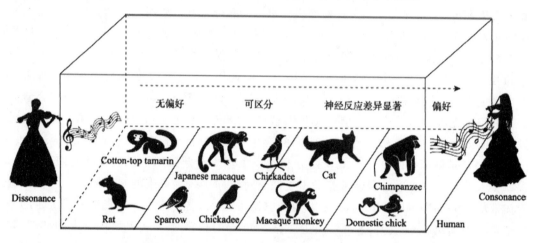

图 2　不同物种协和性与不协和音乐的分辨能力和偏好反应的实验结果总结

为了排除动物自身叫声的影响,研究者采用啮齿类动物如褐家鼠为研究对象[95][96]。因为与大多数常发出和谐泛音叫声的动物不同,褐家鼠的叫声一般不具有和谐泛音特征,在多数情况下是纯音样的超声波,这就为验证泛音和谐性的知觉接触理论控制了自身叫声这一混淆变量。研究发现,即便褐家鼠在强化训练下习得了分辨协和音程与不协和音程的能力,但不能泛化至其他新的音程刺激,也不能迁移至倍频转换(octave transpositions)音程条件,说明褐家鼠只是暂时记住了音程间的绝对频率差异。导致褐家鼠不具有音乐协和性知觉能力的原因可能是缺乏和声音乐或和谐泛音的接触经验[84][95]。未来研究可以让褐家鼠自出生前就暴露在这些声学线索中,以考察接触经验是否对音乐协和性偏好有塑造作用。总之,比较心理学是理解音乐知觉如何受后天文化环境熏陶的重要手段。并且,音乐协和性也并非为人类所特有,一些动物与人类在发音-听觉系统可能存在相似的进化起源。

(四)多因素混合理论

为了弥合音乐协和性理论中的先天论与后天论之争,一些研究者提出了整体性概念结构理论,认为生物学因素与文化因素共同影响音乐协和性知觉。其中,和谐泛音列是引起协和感的主要因素,拍频效应是导致不协和感体验的主要原因,经验和文化通过审美观念自上而下地调节音乐协和性知觉[8][97-98]。Bowling 等人[27]认为,忽视生物因素或环境信息的任何一方都无法准确说明音乐协和性的产生,所以多因素混合理论是解释音乐协和性产生的最佳方式。最有说服力的证据来自 Harrison 和 Pearce[10] 归纳的混合计算模型。他们重新评估了此前分别基于泛音和谐性、拍频效应以及文化特征三种因素理论的几种经典模型的预测力，发现尽管依据不同理论建立的模型在预测力上存在着差异，但三种因素都是衡量音乐协和性的有效指标。并且，重新拟合一个同时包含这些因素的混合计算模型以后，预测力提高至 88.95％，显著大于此前所有的单因素计算模型。作者还利用音乐语料库分析法，考察了过去千年间的 10000 部古典、爵士和流行音乐作品的和弦流行性（chord prevalence）。结果发现，泛音和谐性对和弦流行性的预测有显著的正相关，拍频效应与和弦流行性呈显著的负相关，说明一直以来作曲家都更青睐在创作中添加泛音和谐的音乐元素，尽量避免使用那些可能引发听众不愉悦情绪的粗糙感元素，再次证实音乐协和性同时受到拍频效应和泛音协和性影响。综上所述，音乐协和性是由多种因素引起的音乐审美知觉，未来研究应该试图分离这些因素的相互作用，以确定加工这些信息是否存在共享的神经通路。

五、音乐协和性的认知神经机制

近 20 年来，随着认知神经科学的发展，借助神经电生理（如 ERP）和脑成像（如 fMRI）等技术，研究者在解析音乐协和性的认知加工机制方面取得重要进展。大量证据表明，人脑对和声音程的加工遵循自下而上的加工模式，与音乐协和性相关的音高信息在传入高级皮层之前就已经被初步处理，这些初期感觉编码形式遵循高水平的音乐层级规则，而非简单的声学物理特征，说明音乐协和性的认知体验基于感觉水平的神经活动[57][60][99][100-103]。在早期注意阶段，初级和次级听觉皮层负责音高信息的抽象表征[99][102]，在更早期的前注意阶段，皮层下组织结构（如脑干和听神经）中神经元群的锁相活动是编码音高信息的认知通路起源[57][60][100-101][103]。因此，音乐协和性认知偏好在皮层和皮层下水平均具有生物学基础。Itoh 等人[102] 利用 ERP 技术验证脑电信号反应与音乐协和性的等级顺序存在紧密关联，该实验任务是向被试随机呈现跨度分布范围在 0~13 个半音的和声音程，发现 200~300ms 左右诱发的 N2 成分显著地受音程协和性高低调节，不协和音程相较于协和音程诱发了波幅更大的 N2，构成和声音程的两个音符音高之比越简单，诱发的 N2 波幅就越小，极度符合简单频率比学说的预测，说明大脑皮层的神经活动对音程中的音高关系非常敏感，表征这些音程信息的方式与标准音乐实践的协和性分类原则一致。由音高线索引发的瞬态特异性神经信号——音高起始反应（pitch onset response）的波幅变化也与行为结果及音乐协和性的等级顺序一致，再次证明音乐协和性知觉建立在低水平的神经反应上，而且早期编码形式就已经采用了高水平的音乐组织原则[99]。言语加工过程的语音编码（phonetic code）模式也与之相似，初级听觉皮层及其邻近区域对言语信息的早期加工同样遵循语音信息的高级抽象规则而非简单的声学特征[104]，提示音乐和语言可能共享特定的神经基础。

在皮层下水平，研究者以频率跟随响应（FFR）为指标发现音乐协和性的认知通路可能起源于脑干[57][61][100-101]。FFR 是周期性声音刺激诱发产生的听觉脑干稳态响应，反映脑干神经元群对周期性声音刺激时间细节结构（temporal fine structure）的同步锁相活动，因此，利用FFR能够清晰地记录和比较脑干对不同协和程度音乐刺激的同步锁相能力差异[57][61][101][105]。研究发现，协和音程比不协和音程诱发更稳健且同步性水平更高的相位锁定信号（协和音程在基频和倍频处诱发的频谱能量幅度更大且更集中），信号幅值与被试的评定结果及音乐协和性的等级程度显著相关，说明脑干神经元群的锁相活动中储存了关于音乐协和性音高等级关系的感觉信息，并以此作为最初的编码模式[57]。动物研究发现，脑干[90]和下丘[91]等区域对协和音程表现出更稳健的同步锁相活动，并且能够有效地预测动物的音程偏好行为。所以，对人类和动物的相关研究都表明，协和音程在听觉系统中存在编码优势。这也说明，相较于周期性不规则的不协和音程，皮层下神经元群对协和音程声学特征的同步锁相能力更强，这在很大程度上降低了大脑的计算负荷。换言之，音乐协和性知觉偏好差异反映了听觉系统对音高层级信息表征能力的神经生物学差异。总之，发生在皮层水平的更高级的音乐愉悦感体验建立在皮层下水平的神经反应基础上。

大脑的高级认知区域也参与音乐协和性的知觉加工。Minati等人[106]表明，协和和弦比不协和和弦在额叶中下回（inferior and middle frontal gyri）、前运动皮层（premotor cortex）和顶下叶（inferior parietal lobule）等区域诱发更强的血氧动力学信号响应，非音乐家被试的激活水平表现出明显的右侧化优势，音乐家未表现出明显的偏侧化。但是，Foss等人[107]的研究发现相反的音乐协和性效应，不协和音程比协和音程在非音乐家的右侧额下回以及音乐家的前扣带回（anterior cingulate cortex）、颞上回（superior temporal gyrus）、左侧额叶中下回和顶下叶等区域的激活水平更强。导致这种不一致的结果可能是实验任务和刺激材料不同，前者采用四音和弦为刺激，并要求被试判断每个和弦的协和性[106]，后者使用双音和声，被试只需要被动地听[107]。此外，在一项系统平衡了音符数量、音色、节奏及旋律轮廓的研究中，不协和音程比协和音程在内侧前额叶（medial prefrontal cortex）和前扣带回喙部等区域的激活水平更高[108]。有趣的是，这些脑区是负责冲突检测及评估负性情绪和恐惧相关信息的脑区，而且在不协和条件下，双侧初级听觉皮层与扣带回之间的功能连接更强，说明大脑在处理不协和音乐时需要更多的信息资源参与，也证实了不协和音程具有明显的负性效价信息特征。与之相反，协和音程引发的正性愉悦体验有极高的奖赏价值[83][109]。一项采用预测奖赏错误（reward prediction errors）范式的研究发现，以协和音程结尾的音乐令被试产生动机性学习行为，并且像美食和金钱一样激活中脑多巴胺奖赏系统的核心——伏隔核（nucleus accumbens）[109]。因此，大脑高级皮层对协和音程与不协和音程的加工可能存在着不同的认知通路。

以上研究表明，音乐协和性信息既能够诱发皮层下前注意水平的基础神经反应，也能够调动高级水平的认知资源参与，甚至能够激活奖赏系统和影响执行功能。两种认知水平的表征均受音乐训练影响[100][102][106][107][110-112]。这说明，音乐经验对音乐协和性的知觉加工具有塑造作用。未来研究应该探讨不同音乐文化背景如何自上而下地调节音乐协和性的神经机制。

(六) 研究展望

音乐具有传情达意的作用,能够引起听者强烈的情绪体验。音乐协和性是连接音乐与情绪的关键元素。相关文献已经在理论观点和研究方法上有了较大的突破,但仍然存在着许多尚需解决的问题:① 什么样的声学特征导致和声音程被认为是协和的?② 人类如何进化出加工这些特征的能力?③ 为什么人类把这些声学特征赋予了相应的审美属性?针对问题一,最值得关注的是泛音和谐性与拍频效应的理论之争。然而,二者并非不可调和,近期的研究结果都相继支持了多因素混合理论的假设,认为二者共同决定音乐协和性知觉[10][97]。但这也引发了诸多疑问。譬如,两种认知活动对音乐协和性的影响哪一个作用更大?二者引起的协和性知觉效果是否截然相反,即前者主要负责引发协和感,后者主要导致不协和感?最初的信息编码形式是发生在神经系统还是发生在基底膜?未来研究应该寻找新的范式分离这两个因素。针对问题二,语音相似性假设和比较心理学证据都提供了较好的回答,对协和音程偏好反映了听觉系统对自然和谐泛音特征以及同类嗓音相似性特征的神经生物学倾向,但对不协和音程排斥的生物学原因还并不清楚。此前的研究表明,粗糙感极为明显的尖叫声音能够直击大脑的恐惧中枢——杏仁核[113],人类很可能把厌恶情绪泛化至所有具有明显粗糙感的声音特征。未来研究可以分析不协和音程在诱发负性情绪方面是否遵循相似的演化规律和认知模式。问题三要比前两个问题更加复杂,因为音乐协和性知觉是否在人类社会中普遍存在尚有争议,除了受先天因素约束外,经验塑造及文化熏陶同样扮演着重要角色,甚至有人认为,人类根本就没有进化出任何音乐审美能力,对音程的喜爱或排斥只是长期受西方现代和声音乐规范影响的结果。一些未接触过西方音乐文化的群体就未表现出协和性的审美偏好[7],一些地区甚至盛行不协和的拍频复调音乐[48][73]。所以,人类为何将一些声学特征赋予相应的审美属性仍然值得进一步思考。此外,中国传统民族音乐具有偏重旋律变化而轻视和声作用的特点,在乐器样式、音乐形式和文化内涵等方面都与西方音乐存在较大差异。研究者可以基于音乐库分析法,考察中国民族音乐在未接触西方音乐前具有怎样的和声知觉观念,这或许有助于理解人类为何会形成当前的和声音乐审美特征。而且,中国是一个民族众多的国家,蕴含着大量多声部音乐形态的少数民族音乐文化,如侗族大歌和壮族山歌等,这些多声部音乐在音程协和性的表现手法上是否与西方和声音乐存在着异曲同工之妙?相应地,民族文化又如何塑造这些群体的音乐审美特征?近期,由意大利和尼泊尔政府联合开展的喜马拉雅山脉干城章嘉峰科考项目发现,影响音乐协和性的关键因素是音乐文化熏陶,与海拔高度、人口特征及民族身份无关[114]。因此,深入探究一些音乐文化较为浓厚的多声部少数民族音乐,有利于阐明文化对音乐协和性审美观念的塑造作用。

国内对音乐协和性的研究主要集中在史实描述、作品分析和审美思辨等方面,具有较强的主观性和个人风格,几乎很难见到实证性的文章,主要原因与国内音乐学与其他学科的交流度不高有关。相较之下,国外对音乐协和性的研究成果颇丰,涉及声学分析、毕生发展、音乐训练、文化经验以及动物行为等多方面的实证性考察,并结合认知神经科学探索音乐协和性的脑与认知神经机制，为理解音乐的基本原理提供了极丰富的资料。事实上，中国早在春秋时期就建立了与古希腊相似的简单整数比的音乐思想[115][116]。甚至在律学方面，明代的朱载堉率先利用自制的八十一档双排大算盘计算出十二平均律，这比欧洲的同样成果早了近半个世纪。令人遗憾的是，朱载堉的成果在当时并未引起重视，而十二平均律在西方一经提出就迅速得到推广，并革新了乐器制造工艺技术和相应的作曲理论[117-118]。所以，现代西方乐器具有律制规整、泛音协调、音响统一的特点。中国民族乐器在音响上个性鲜明、声学复杂，且缺少低音乐器，因而不适合进行大规模的交响合奏。直至今日，中国民乐也未能形成完整的音乐协和性理论。我们应当正视这种差距。尽管民乐从未停止过交响化的尝试与探索，但在乐器改革热潮下却出现了一些"全盘西化"的极端做法[119]。当然也存在反对的声音，认为中国音乐具有独特的审美价值，不应该以西方的标准来评价，民乐追求的就应当是曲高和寡、高山流水的意境。但是，科学不分东西，西方交响音乐发展也是改革的结果，但改革的方向是受实证科学的牵引，通过大量的心理声学和生理声学的实证研究建立了相应的音乐协和性理论，并且广泛地应用于实际创作[120-121]。需要强调的是，本文只从音乐协和性这一基本听觉音乐现象角度指出科学研究的必要性，不对音乐形式和艺术手法提出任何看法。中西方音乐各具特色，但多线程的和声音乐无疑是未来音乐发展的必经之路。

〔参考文献〕

[1] Conard N J, Malina M, Münzel S C. New flutes document the earliest musical tradition in southwestern Germany [J]. Nature, 2009 (460): 737-740.

[2] Killin A. The origins of music: evidence, theory, and prospects [J]. Music & Science, 2018 (1).

[3] Mehr S A, Singh M, Knox D, et al. Universality and diversity in human song [J]. Science, 2019 (366): 1-17..

[4] Belfi A M, Moreno, G L, Gugliano M, et al. Musical reward across the lifespan [J]. Aging & Mental Health, 2021: 1-8.

[5] Kennedy D, Norman C. What don't we know [J]. Science, 2005 (309): 75.

[6] Ball P. Facing the music [J]. Nature, 2008 (453): 160-162.

[7] McDermott J H, Schultz A F, Undurraga E A, et al. Indifference to dissonance in native Amazonians reveals cultural variation in music perception [J]. Nature, 2016 (535): 547-550.

[8] Parncutt R, Hair G. Consonance and dissonance in music theory and psychology: disentangling dissonant dichotomies [J]. Journal of Interdisciplinary Music Studies, 2011 (2): 119-166.

[9] Zentner M R, Kagan J. Perception of music by infants [J]. Nature, 1996 (383): 29.

[10] Harrison P, Pearce M T. Simultaneous consonance in music perception and composition [J]. Psychological Review, 2020 (2): 216-244.

[11] Crocker R L. Pythagorean mathematics and music [J]. The Journal of Aesthetics and Art Criticism, 1963 (2): 189-198.

[12] Purves D. Music as biology: the tones we like and why [M]. Cambridge: Harvard University Press, 2017.

[13] Bowling D L, Purves D A biological rationale for musical consonance [J]. Proceedings of the National Academy of Sciences, 2015 (36): 11155-11160.

[14] Primavesi O. Empedocles' cosmic cycle and the Pythagorean tetractys [J]. Rhizomata, 2016 (1): 5-29.

[15] Palisca C V. Scientific empiricism in musical thought [M] //H H Rhys. Seventeenth century science and the arts Princeton. Princeton: Princeton University Press, 1961.

[16] Sukljan N. Renaissance music between science and art [J]. Musicological Annual, 2020 (2): 183-206.

[17] Tenney J. A history of consonance and dissonance [M]. New York: Excelsior Music Publishing, 1988.

[18] Konoval B. Pythagorean pipe dreams? Vincenzo Galilei, Marin Mersenne, and the pneumatic mysteries of the pipe organ [J]. Perspectives on Science, 2018 (1): 1-51.

[19] Pesic P. Music and the making of modern science [M]. Cambridge, Massachusetts: MIT Press, 2014.

[20] Dostrovsky S. Early vibration theory: physics and music in the seventeenth century [J]. Archive for History of Exact Sciences, 1975 (3): 169-218.

[21] Guernsey M. The role of consonance and dissonance in music [J]. The American Journal of Psychology, 1928 (2): 173-204.

[22] Butler J W, Daston P G. Musical consonance as musical preference: a cross-cultural study [J]. The Journal of General Psychology, 1968 (1): 129-142.

[23] Stumpf C. Konsonanz and dissonanz [J]. Beitr Akust Musikwiss, 1989 (1): 91-107.

[24] Pear T H. The experimental examination of some differences between the major and the minor chord [J]. British Journal of Psychology, 1911 (1): 56-88.

[25] Christensen T. Rameau and musical thought in the Enlightenment [C] //I Bent. Cambridge Studies in Music Theory and Analysis, Series Number 4, 2004.

[26] Kieffer A. Riemann in France: Jean Marnold and the "modern" music-theoretical ear [J]. Music Theory Spectrum, 2016 (1): 1-15.

[27] Bowling D L, Hoeschele M, Gill K Z, et al. The nature and nurture of musical consonance [J]. Music Perception: An Interdisciplinary Journal, 2017 (1): 118-121.

[28] Bowling D L, Purves D, Gill K Z. Vocal similarity predicts the relative attraction of musical chords [J]. Proceedings of the National Academy of Sciences, 2018 (1): 216-221.

[29] Gill K Z, Purves D A biological rationale for musical scales [J]. PLoS One, 2009 (12). e8144.

[30] Pisanski K, Feinberg D R. Vocal attractiveness [M] //S Frühholz, P Belin. Oxford handbook of voice perception. New York: Oxford University Press, 2019.

[31] Schwartz D A, Howe C Q, Purves D. The statistical structure of human speech sounds predicts musical universals [J]. Journal of Neuroscience, 2003 (18): 7160-7168.

[32] 王小盾. 上古中国人的用耳之道——兼论若干音乐学概念和哲学概念的起源 [J]. 中国社会科学, 2017 (4): 149-183.

[33] McLachlan N, Marco D, Light M, et al. Consonance and pitch [J]. Journal of Experimental Psychology: General, 2013 (4): 1142-1158.

[34] Norman-Haignere S V, Kanwisher N, McDermott J H, et al. Divergence in the functional organization of human and macaque auditory cortex revealed by fMRI responses to harmonic tones [J]. Nature Neuroscience, 2009 (7): 1057-1060.

[35] Oxenham A J. How we hear: the perception and neural coding of sound [J]. Annual Review of Psychology, 2018 (69): 27-50.

[36] Popham S, Boebinger D, Ellis D P W, et al. Inharmonic speech reveals the role of harmonicity in the cocktail party problem [J]. Nature Communications, 2018 (1): 21-22

[37] Tabas A, Andermann M, Schuberth V, et al. Modeling and MEG evidence of early consonance processing in auditory cortex [J]. PLoS Computational Biology, 2019 (2): e1006820.

[38] Seror G A, Neill W T. Context dependent pitch perception in consonant and dissonant harmonic intervals [J]. Music Perception, 2015 (5): 460-469.

[39] Bonin T, Smilek D. Inharmonic music elicits more negative affect and interferes more with a concurrent cognitive task than does harmonic music [J]. Attention, Perception, & Psychophysics, 2016 (3): 946-959.

[40] Masataka N, Perlovsky L. Cognitive interference can be mitigated by consonant music and facilitated by dissonant music [J]. Scientific Reports, 2013 (3): 2028.

[41] de Cheveigné A. Pitch perception models [M] //C J Plack, A J Oxenham, Pitch: Neural coding and perception. New York: Springer, 2005.

[42] McDermott J H, Oxenham A J. Music perception, pitch, and the auditory system. Current Opinion in Neurobiology, 2008 (4): 452-463.

[43] Feng L, Wang X. Harmonic template neurons in primate auditory cortex underlying complex sound processing [J]. Proceedings of the National Academy of Sci-

ences, 2017 (5): 840-848.

[44] Milne A J, Laney R, Sharp D B. Testing a spectral model of tonal affinity with microtonal melodies and inharmonic spectra [J]. Musicae Scientiae, 2016 (4): 465-494.

[45] Helmholtz H. On the sensations of tone as a physiological basis for the theory of music [M]. New York: Dover, 1885.

[46] von Békésy G. Experiments in hearing [M]. New York: McGraw Hill, 1960.

[47] Greenwood D D. Auditory masking and the critical band [J]. The Journal of the Acoustical Society of America, 1961 (4): 484-502.

[48] Vassilakis P N. Auditory roughness as a means of musical expression [J]. Selected Reports in Ethnomusicology, 2005 (12): 119-144.

[49] Schneider A. Pitch and pitch perception [M] //R Bader. Springer handbook of systematic musicology. Berlin, Heidelberg: Springer, 2018.

[50] Greenwood D D. Critical bandwidth and consonance in relation to cochlear frequency-position coordinates [J]. Hearing Research, 1991 (2): 164-208.

[51] Plomp R, Levelt W J M. Tonal consonance and critical bandwidth [J]. The Journal of the Acoustical Society of America, 1965 (4): 548-560.

[52] Shapira L I, Stone L. Perception of musical consonance and dissonance: an outcome of neural synchronization [J]. Journal of the Royal Society Interface, 2008 (29): 1429-1434.

[53] Bernini A, Talamucci F. Consonance of complex tones with harmonics of different intensity [J]. Open Journal of Acoustics, 2014 (2): 78-89.

[54] Vencovsky V. Roughness prediction based on a model of cochlear hydrodynamics [J]. Archives of Acoustics, 2016 (2): 189-201.

[55] Kohlrausch A, Fassel R, Dau T. The influence of carrier level and frequency on modulation and beat-detection thresholds for sinusoidal carriers [J]. The Journal of the Acoustical Society of America, 2000 (2): 723-734.

[56] Plack C J. Musical consonance: the importance of harmonicity [J]. Current Biology, 2010 (11): 476-478.

[57] Bidelman G M, Krishnan A. Neural correlates of consonance, dissonance, and the hierarchy of musical pitch in the human brainstem [J]. Journal of Neuroscience, 2009 (42): 13165-13171.

[58] McDermott J H, Lehr A J, Oxenham A J. Individual differences reveal the basis of consonance [J]. Current Biology, 2010 (11): 1035-1041.

[59] Cousineau M, McDermott J H, Peretz I. The basis of musical consonance as revealed by congenital amusia [J]. Proceedings of the National Academy of Sciences, 2012 (48): 19858-19863.

[60] Zhou L, Liu F, Jiang J, et al. Impaired emotional processing of chords in congenital amusia: electrophysiological and behavioral evidence [J]. Brain and Cognition, 2019 (135): 103577.

[61] Bidelman G M. The role of the auditory brainstem in processing musically relevant pitch [J]. Frontiers in Psychology, 2013 (4): 264.

[62] Virtala P, Tervaniemi M. Neurocognition of major-minor and consonance-dissonance [J]. Music Perception, 2017 (4): 387-404.

[63] Brown S, Jordania J. Universals in the world's musics [J]. Psychology of Music, 2013 (2): 229-248.

[64] Popescu T, Neuser M P, Neuwirth M, et al. The pleasantness of sensory dissonance is mediated by musical style and expertise [J]. Scientific Reports, 2019 (1): 1-11.

[65] di Stefano, N, Focaroli V, Giuliani A, et al. A new research method to test auditory preferences in young listeners: results from a consonance versus dissonance perception study [J]. Psychology of Music, 2017 (5): 699-712.

[66] Crowder R G, Reznick J S, Rosenkrantz S L. Perception of the major/minor distinction: V. Preferences among infants [J]. Bulletin of the Psychonomic Society, 1991 (3): 187-188.

[67] Trainor L J, Heinmiller B M. The development of evaluative responses to music: infants prefer to listen to consonance over dissonance [J]. Infant Behavior and Development, 1998 (1): 77-88.

[68] Trainor L J, Tsang C D, Cheung V H. Preference for sensory consonance in 2- and 4-month-old infants [J]. Music Perception, 2002 (2): 187-194.

[69] Masataka N. Preference for consonance over dissonance by hearing newborns of deaf parents and of hearing parents [J]. Developmental Science, 2006 (1): 46-50.

[70] Perani D, Saccuman M C, Scifo P, et al. Functional specializations for music processing in the human newborn brain [J]. Proceedings of the National Academy of Sciences, 2010 (10): 4758-4763.

[71] Virtala P, Huotilainen M, Partanen E, et al. Newborn infants' auditory system is sensitive to Western music chord categories [J]. Frontiers in Psychology, 2012 (4): 492.

[72] Plantinga J, Trehub S E. Revisiting the innate preference for consonance [J]. Journal of Experimental Psychology: Human Perception and Performance, 2014 (1): 40-49.

[73] Ambrazevičius R. Dissonance/roughness and tonality perception in Lithuanian traditional Schwebungs diaphonie [J]. Journal of Interdisciplinary Music Studies, 2017 (1&2): 39-53.

[74] Harrison P M. Three questions concerning consonance perception [J]. Music Perception, 2021 (3): 337-339.

[75] Meyer M. Experimental studies in the psychology of music [J]. The American Journal of Psychology, 1903 (3/4): 192-214.

[76] Valentine C W. The method of comparison in experiments with musical intervals and the effect of practice on the appreciation of discords [J]. British Journal of Psychology, 1914 (1): 118-135.

[77] Montoya R M, Horton R S, Vevea J L, et al. A re-examination of the mere exposure effect: the influence of repeated exposure on recognition, familiarity, and liking [J]. Psychological Bulletin, 2017 (5): 459-498.

[78] Brattico E, Pallesen K J, Varyagina O, et al. Neural discrimination of non-prototypical chords in music experts and laymen: an MEG study [J]. Journal of Cognitive Neuroscience, 2009 (11): 2230-2244.

[79] Dellacherie D, Roy M, Hugueville L, et al. The effect of musical experience on emotional self-reports and psychophysiological responses to dissonance [J]. Psychophysiology, 2011 (3): 337-349.

[80] Weiss M W, Cirelli L K, McDermott J H, et al. Development of consonance preferences in Western listeners [J]. Journal of Experimental Psychology: General, 2000 (4), 634-649.

[81] McPherson M J, Dolan S E, Durango A, et al. Perceptual fusion of musical notes by native Amazonians suggests universal representations of musical intervals [J]. Nature Communications, 2020 (1): 2786.

[82] Werker J F, Hensch T K. Ritical periods in speech perception: new directions [J]. Annual Review of Psychology, 2015 (66): 173-196.

[83] Zatorre R J, Salimpoor V N. From perception to pleasure: music and its neural substrates [J]. Proceedings of the National Academy of Sciences, 2013 (Suppl. 2): 10430-10437.

[84] Toro J M, Crespo-Bojorque P. Consonance processing in the absence of relevant experience: evidence from nonhuman animals [J]. Comparative Cognition & Behavior Reviews, 2017 (12): 33-44.

[85] Watanabe S, Uozumi M, Tanaka N. Discrimination of consonance and dissonance in Java sparrows [J]. Behavioural Processes, 2005 (2): 203-208.

[86] Hoeschele M, Cook R, Guillette L M, et al. Black-capped chickadee (Poecile atricapillus) and human (Homo sapiens) chord discrimination [J]. Journal of Comparative Psychology, 2012 (1): 57-67.

[87] Hulse S H, Bernard D J, Braaten R F. Auditory discrimination of chord-based spectral structures by European starlings (Sturnus vulgaris) [J]. Journal of Experimental Psychology, 1995 (124): 409-423.

[88] Izumi A. Japanese monkeys perceive sensory consonance of chords [J]. The Journal of the Acoustical Society of America, 2000 (6): 3073-3078.

[89] Fishman Y I, Volkov I O, Noh M D, et al. Consonance and dissonance of musical chords: neural correlates in auditory cortex of monkeys and humans [J]. Journal of Neurophysiology, 2001 (6): 2761-2788.

[90] Tramo M J, Cariani P A, Delgutte B, et al. Neurobiological foundations for the theory of harmony in western tonal music [J]. Annals of the New York Academy of Sciences, 2001 (1): 92-116.

[91] McKinney M, Tramo M, Delgutte B. Neural correlates of musical dissonance in the inferior colliculus [M] //D J Breebaart, et al. Physiological and psychophysical bases of auditory function. Maastricht, the Netherlands: Shaker Publishing, 2001.

[92] Chiandetti C, Vallortigara G. Chicks like consonant music [J]. Psychological Science, 2011 (10): 1270-1273.

[93] Sugimoto T, Kobayashi H, Nobuyoshi N, et al. Preference for consonant music over dissonant music by an infant chimpanzee [J]. Primates, 2010 (1): 7-12.

[94] Koda H, Basile M, Olivier M, et al. Validation of an auditory sensory reinforcement paradigm: campbell's monkeys (Cercopithecus campbelli) do not prefer consonant over dissonant sounds [J]. Journal of Comparative Psychology, 2013 (3): 265-271.

[95] Crespo-Bojorque P, Toro J M. The use of interval ratios in consonance perception by rats (rattus norvegicus) and humans (homo sapiens) [J]. Journal of Comparative Psychology, 2015 (1): 42-51.

[96] Postal O, Dupont T, Bakay W, et al. Spontaneous mouse behavior inpresence of dissonance and acoustic roughness [J]. Frontiers in Behavioral Neuroscience, 2020 (14): 588-834.

[97] Friedman R S, Kowalewski D A, Vuvan D T, et al. Consonance preferences within an unconventional tuning system [J]. Music Perception, 2021 (3): 313-330.

[98] Parncutt R, Reisinger D, Fuchs A, et al. Consonance and prevalence of sonorities in Western polyphony: roughness, harmonicity, familiarity, evenness, diatonicity [J]. Journal of New Music Research, 2019 (1): 1-20.

[99] Bidelman G M, Grall J. Functional organization for musical consonance and tonal pitch hierarchy in human auditory cortex [J]. NeuroImage, 2014 (101): 204-214.

[100] Bidelman G M, Heinz M G. Auditory-nerve responses predict pitch attributes related to musical consonance-dissonance for normal and impaired hearing [J]. Journal of the Acoust Society of American, 2011 (130): 1488-1502.

[101] Bones O, Hopkins K, Krishnan A, et al. Phase locked neural activity in the human brainstem predicts preference for musical consonance [J]. Neuropsychologia,

2014 (58): 23-32.

[102] Itoh K, Suwazono S, Nakada T. Central auditory processing of noncontextual consonance in music: an evoked potential study [J]. The Journal of the Acoustical Society of America, 2010 (6): 3781-3787.

[103] Kim S G, Lepsien J, Fritz T H, et al. Dissonance encoding in human inferior colliculus covaries with individual differences in dislike of dissonant music [J]. Scientific Reports, 2017 (1): 5726.

[104] Scharinger M, Idsardi W J, Poe S. A comprehensive three-dimensional cortical map of vowel space [J]. Journal of Cognitive Neuroscience, 2011 (12): 3972-3982.

[105] Coffey E B J, Herholz S C, Chepesiuk A M P, et al. Cortical contributions to the auditory frequency-following response revealed by MEG [J]. Nature Communications, 2016 (7): 11070.

[106] Minati L, Rosazza C, D'Incerti L, et al. Functional MRI/event-related potential study of sensory consonance and dissonance in musicians and nonmusicians [J]. Neuroreport, 2009 (1): 87-92.

[107] Foss A H, Altschuler E L, James K H. Neural correlates of the Pythagorean ratio rules [J]. Neuroreport, 2007 (15): 1521-1525.

[108] Bravo F, Cross I, Hopkins C, et al. Anterior cingulate and medial prefrontal cortex response to systematically controlled tonal dissonance during passive music listening [J]. Human Brain Mapping, 2020 (1): 46-66.

[109] Gold B P, Mas-Herrero E, Zeighami Y, et al. Musical reward prediction errors engage the nucleus accumbens and motivate learning [J]. Proceedings of the National Academy of Sciences, 2019 (8): 3310-3315.

[110] Andermann M, Patterson R D, Rupp A. Transient and sustained processing of musical consonance in auditory cortex and the effect of musicality [J]. Journal of Neurophysiology, 2020 (4): 1320-1331.

[111] Pagès-Portabella C, Toro J M. Dissonant endings of chord progressions elicit a larger ERAN than ambiguous endings in musicians [J]. Psychophysiology, 2020 (2): e13476.

[112] Proverbio A M, Orlandi A, Pisanu F. Brain processing of consonance/dissonance in musicians and controls: a hemispheric asymmetry revisited [J]. European Journal of Neuroscience, 2016 (6): 2340-2356.

[113] Arnal L H, Flinker A, Kleinschmidt A, et al. Human screams occupy a privileged niche in the communication soundscape [J]. Current Biology, 2015 (15): 2051-2056.

[114] Prete G, Bondi D, Verratti V, et al. Universality vs experience: a cross-cultural pilot study on the consonance effect in music at different altitudes [J]. PeerJ, 2020 (8): e9344.

[115] 陈思,陈其射.《老子》"一二三"的音乐阐微[J].中国音乐,2019(6):125-134.

[116] 薛冬艳.声生于日,律生于辰——阐发先秦、两汉二分、三分生律思维[J].中国音乐,2018(2):64-72.

[117] Chow S. A localised boundary object: seventeenth- century western music theory in China [J]. Early Music History,2020 (39):75-113.

[118] 孙铿亮."十二平均律":从理论提出到键盘实践——J.S.巴赫对钢琴艺术的历史贡献[J].艺术百家,2017(6):255-256.

[119] 唐朴林."乐改"何从?[J].中国音乐,2010(2):1-6.

[120] Bennett W R, Holland C K. The science of musical sound: Volume 1: Stringed instruments, pipe organs, and the human voice. Switzerland, Cham: Springer Nature Switzerland AG. for normal and impaired hearing [J]. The Journal of the Acoustical Society of America,2018(3):1488-1502.

[121] Chan P Y, Dong M, Li H. The science of harmony: a psychophysical basis for perceptual tensions and resolutions in music [J]. Research,2019.

无意识：信仰置换和实践的进路

马利军　张积家

[摘　要]　知觉和社会认知的研究表明，无意识刺激影响人类的行为和精神建设。个体无意识、社会无意识和集体无意识影响人类信仰的置换和实践。由于无意识的压抑本性，人类信仰处于不稳定的状态，社会转型或者动荡容易引发信仰的颠覆，造成个体信仰的缺失，迷信和邪教易于乘"虚"而入。建设和谐文化、巩固社会和谐的思想道德基础要注重促进人的心理和谐，加强人文关怀和心理疏导。同时，要兼顾效率和公平，正视无意识的"负性"作用，尽力消除潜在的民族、种族、性别内隐刻板印象，以及各种宗教和主义之间的认识"偏差"。

[关键词]　无意识；信仰；置换；实践；进路

[原　载]　《山西师大学报》（社会科学版）2017年第3期，第92—96页。

　　信仰是人们对某种理论、学说、主义的信服和尊崇，并把它奉为自己的行为准则和活动指南。荣格指出，就像人的身体需要盐一样，人类的心灵从记忆难及的洪荒年代起就感觉到了信仰的需要。[1] 因此，信仰是人类特有的文化存在和精神生活方式。在任何价值观念体系中，信仰都是顶层理念，代表了思想灵魂及核心。当前，信仰危机或信仰缺失正逐步成为困扰中国人的重要社会认识。许多人将在国家经济和政治发展中暴露出的社会诚信、贪污腐败、食品安全、幸福感缺失等都归因为"中国人缺乏信仰"，并逐步达成"意识层面"的共识。实际上，宗教信仰和民间信仰活动在近些年呈现出多元化、多样性以及频繁化的趋势。在民间，各类宗教活动此起彼伏，既形成了宗教信仰中一人多信的"到了什么山拜什么佛"的奇特现象，又充实了民间信仰的社会实践活动。马斯洛需要层次理论认为，人们在解决生存必需的物质基础后，精神生活的信仰需求将自然涌现，而个体选择并遵从信仰是为了摆脱物质和社会的有形束缚。因此，信仰是一种超价值观念，一旦信仰缺失或破碎，个体容易背弃生活的理想，否定生命的意义。通常，信仰的选择和形成是由"他信"转化为"自信"并升华为"信他"的过程。在个体社会化的过程中，社会意识（一定时期的规则、价值观、禁忌）通过多种渠道移置于个体意识之内，自我意识在与社会意识不断趋同的过程中逐步内化，以达至弹性平衡。在主体社会化的过程中，当自身的意识活动产生出对立面时，对立面就作为一种外在异己的力量反转过来，变成敌对的东西影响个体的抉择。因此，个体在选择信仰的道路上是否仅仅只有理性意识的参与？无意识有没有对信仰的形成和置换进行渗透？作为信仰主体能否意识到这种渗透作用从而做出改变？又或者信仰只是社会无意识语境下实用主义思想的注脚，仅是为了满足个体作为精神存在的心灵缺失？这些问题都需要进一步梳理和深化。

一、无意识影响个体对内外世界的认知

从自我实现的角度看，信仰为人类设置完美愿景，拟定人生目标，获得发展动力。但是，在信仰获取及依从的过程中，个体对信仰内容更多表现出一定程度的盲目性，缺乏必要的理智保证和逻辑递进，这也导致无意识在个人信仰形成和置换中发挥重要作用。首先，在日常生活中，无意识的、持续时间较短的大脑活动总是先于延迟出现的有意识事件，无意识常常意味着自动化、快速、随机的加工。其次，意识的提取常常是片面的，其排斥或压抑的内容处于无意识之中，无意识是对意识内容的补偿，两者的统合构成完整、健全的心灵。研究发现，在意识层面多数美国白人并不认可自己存在种族歧视观念的事实，但是，当阈下地呈现非裔美国男性的图片时，会激发他们潜在的敌意。而且，他们更愿意错误地认为白人男性比较善良，而非裔美国人是罪犯。[2] 另外，当询问大学生是否能够接受同性恋行为时，88.9%的学生均表示认可，但是，内隐测量显示他们中的大多数都排斥同性恋行为。[3] 因此，在涉及信仰等核心价值取向时，无意识常常发挥决定性作用。再次，社会心理学的各种效应表明，个体每天的大部分时间不是被他们有意识的目的以及深思熟虑的选择决定，而是受他们对环境中事物的潜意识态度的影响。例如，社会现象中常见的晕轮效应带有自动激活和不被觉察的特征，个体关注的特征（如能力）会无意识地受到对无关特征（如外貌）评价的影响。而纯粹接触效应则表明反复出现的刺激会提升个体加工的流畅性，人们会在无意识中产生对该刺激的喜欢，形成正面评价。最后，意识常常意味着风险和自责，而无意识无疑是个体融入社会安全、隐蔽、有效的手段。在社会交流过程中，无意识地模仿对方的行为会增加对交流效果的评价，加强个体之间的喜爱和联系，甚至诱发个体的亲社会行为。[4] 因此，无意识不仅有效地影响个体的认知、情感和行为，而且部分地决定了个体的价值观和信仰取向。

二、不同层次的无意识对信仰置换的作用

无意识首先表现为个人与社会的对立冲突，个体将不能有效延缓自己存在价值的观念和想法而压入个体无意识。其次，无意识表现为人类社会中团体（阶层、民族、种族）与团体的对立冲突，即社会无意识，意识形态常常成为社会无意识的具体名片。最后，

无意识表现为存在自我意识的人类种系与自然界其他物种的对立冲突，即集体无意识。人化的自然提供了诸多线索来证实人类种系、种族、民族文化传承对个体心理的影响。

（一）个体无意识是信仰置换的主要进路

信仰代表了个体对"意识到的世界"的一种基本态度和价值取向。从生物进化的角度看，信仰首先表现为个体某种心理需求的缺失，并展示为具体的情结，如权力、金钱情结等。人类所遭遇的内心冲突是个体成长的必经之路，早期的压抑创伤具有不可回避性并形成稳定的防御机制。压抑的内容具有较强的动力性，随着个体生活经验的累积，促发压抑内容的线索将在适当的时候以隐蔽的形式激发更大的力量，从而改变个体的信仰。因此，信仰的建构和实践首先表现为情结的无意识满足。Bruner 和 Goodman 的"钱币实验"发现，儿童可以原样呈现看到的钱币大小的圆形纸片，但是，他们会放大看到的硬币，而且，币值越大，儿童所呈现出的偏离越大；家境越贫困，偏离越显著。[5]因此，在信仰建构的过程中，个体无意识潜在的影响图式的形成，"我"在其中发挥着重要作用。当外界事物与"我"联结紧密时，个体对他人、事物的评价会自动提高。人们选择一种信仰，更可能是因为该信仰所倡导的内容与主体存在相互联系，是受主体尊重的个体所选择的信仰以及主体角色要求主体向别人宣传的内容，信仰的获取并不是意识深思熟虑的产物。

信仰受无意识影响源于人类社会的两面性。物质的有限性和精神的无限性决定了个体生活道路的二分性。一方面，有限的物质世界无法满足人类大脑对世界的探索和对人的文化存在的认识，人类为了满足对精神无限性的追求以及对"自我"存在的确认，无意识地形成了信仰这一"虚体"思想，以作为精神世界延迟满足的手段。另一方面，个体无意识的压抑创伤以情结的形式构成了精神无限性、广袤性的灯塔，使得人类能够在迷茫中将能量进行有效的对象投注（"服务人类从而拯救人类"）和幻想投注（"上帝的子民"）。个体为了缓解由人的本性所带来的矛盾性，只能依赖于对"某种潜藏着的文化符号的命题"的认同，以"信仰"的方式反映自己对世界的适应。

同时，信仰作为个体无意识的置换产物又反过来强化无意识选择的有效性。海德认为，人的认识论本性促使无意识的内容实现对意识内容的决定性[6]。意识能动性促使认识主体产生强烈的透过现象看本质的冲动。但是，对现象的感觉和对现象背后因果实在的把握是不同的意识模式，前者构成意识的本真，后者是意识活动的成就。"本真"和"成就"建构了"主我"和"客我"的双重性。由于意识在时空范围内的局限性，现象世界无法带给个体圆满的结果（统一的主我和客我）。作为弥补，无意识成为解释人类行为背后的动机的"主要"原因，它"虚幻地"给人类所经历的客观世界赋予意义，通过压抑、稽查、凝缩、移置、象征、升华、投射、认同等精神转换机制影响意识的具体内容，父母成为社会文化和信仰内容的忠实代言人，儿童在与父母的交往中逐渐确立主我，发现客我，努力使两者协调一致，保障个体的心理分化程度处在可控的范围内。在最初的发展过程中，儿童首先信任父母，之后是宗族观念，最后是各种主义或宗教。其间，"信仰"成为联结意识和无意识的重要推手，它弥补了身心二元性的鸿沟，保证了个体人格稳定统一。

(二)社会无意识圈定信仰置换的框架范围

信仰是人类文化创造的起点和价值归宿,文化的对立和冲突从根本上表现为信仰的对立和冲突。信仰作为一种超价意识,首先表现为人对自己所处价值关系的意识和感觉。人不是抽象地蛰居于世界之外的存在物,人与社会的关系构成了信仰的外在体现。社会通过语言、符号使得一部分内容进入意识领域,另一部分内容以社会无意识的形式存在。人与社会关系的张力集中体现在社会对人自身以及人与人之间的种种"硬性的"规定中,这些要求成为人努力实现完整人性的障碍,其中悖论在于由人所构建的"社会"并不能有效地意识到人类社会设置的"障碍"。

弗洛姆认为,当一个具有矛盾的社会有效发挥作用的时候,那些被共同压抑的因素正是该社会所不允许它的成员们意识到的内容。[7] 有时候,个体被动成为社会无意识的管制机器,因为"我就是我的占有物",个体通过忽视、偏见来应对那些对"自我价值不利"的社会信息。"普通的个人不允许自己意识到自己的思想和感觉与社会的文化模式相冲突,他被迫压抑自己的这些思想和感觉。"[7] 而社会,则通过"过滤器"来形成社会无意识的主要内容,语言、逻辑学和社会禁忌成为社会管制的利器。在语言领域,由于实用主义的影响,超出语言范围的经验和感情都被过滤掉了。在逻辑方面,人们遵循形式逻辑思维方式,凡是不能被逻辑所理解的经验,都被视为荒谬。生活在一种逻辑思维体系中的人,很难知觉到用另一种逻辑构造的文化经验。在社会禁忌方面,社会或者说国家通过社会过滤器完成对个人所接受信息的过滤,使得"剩余"的信息都是"需要"的信息,而过滤掉的信息则可能永远不会出现在个人的意识中。齐泽克指出:"意识形态的功能并不在于为我们提供逃避现实的出口,而在于为我们提供了社会现实本身,这样的社会现实可以供我们逃避某些创伤性的、真实的内核。"[8] 因此,从某种意义上说,信仰支撑着幻想,而幻想调节着社会现实。人们选择"信",仅仅因为它有用。辩证逻辑思维被无情摒弃,取而代之的是现实的"功利"所形成的"单向度的冲动"。

(三)集体无意识提供信仰置换的线索和动力

作为精神存在的人类常常体会到自身与世界的割裂:人类能够意识到自己的存在,就自觉地抵制非我存在对主体的吞噬。作为具有主体存在意识的存在物,人类的发展包含着种系发展所需要的普遍的心理结构和机能,这构成了信仰形成的集体无意识机制。集体无意识普遍地存在于每个人身上,是无数同类型的经验在心理深层积淀的普遍性精神,以一种不明确的记忆形式积淀在人的大脑组织结构中,在一定条件下被唤醒、激活,导致个体往往"不假思索"地遵循某种惯例或禁忌而不考虑其中的必要性和合理性。它的主要内容是本能和原型,本能是行为的推动力,原型是领会和构筑经验的方式。鲍特金指出,原型是一种社会性遗传,借助语言得到激活,它不仅是某种遗传信息的载体,同语言符号一样,它也是文化信息的载体。在重构人类情感经验方面,它有着不可替代的作用。[9] 而且,"生活中有多少种典型环境,就有多少个原型。无穷无尽的重复已经把相似经验刻进了人类的精神构造中,它们在精神层面并不以充满着意义的形式出现,而首先是'没有意义的形式',仅仅代表着某种类型的直觉和行动的可能性。"[9] 李向平指出,"敬天法祖"是中国式信仰之原型,而"天命"是传统中国的信仰核心。[10] 个体在自身的发展中,社会通过"庞大""烦琐"的程序来塑造个体"敬天法祖"的虔诚。因此,清明节成为非常重要的节日。个体在祭祖、续族谱的过程中,实现自身对族群的价值,以完成"天命"的要求。

另外,人格面具是最常影响个体信仰选择的集体无意识。人格面具指个体在公共场合将最好的一面展示给大家的无意识倾向,目的是使自己得到认可并获益。个体在信仰选择过程中总是潜意识地参考传统社会的主流信仰,力图符合文化和大众的认可。这时,个体的情感、观念、追求都转向同一个方向,自觉性、特殊性被消解,因为一致意味着矛盾对立的缓解,一致意味着认同。任何形式的冲突必将造成个体被人群孤立或者抛弃。弗洛姆断言:"正是对孤立与排斥的这种恐惧,……使人们压抑了对那些被禁忌的事情的认识,因为这种认识意味着差异,意味着被孤立、被排斥。"[7] 而"只要我顺从国家权力、教会权力或公意,我就会感到安全和有保障"。对个体而言,大众的信仰和情感构成了他所能意识到的重要事实,尽管这些事实可能并不真实。但是,"向好"和原型的力量往往使得个体无法意识到信仰选择对自己的意义和价值。

三、无意识与信仰实践的危机

(一)文明对"无意识"的束缚与信仰实践危机

无意识是人的心理不可分割的部分,是生命的源泉和动力所在,它作为一种心理实质将对人类生活产生巨大影响。由于信仰在个体生活中的重要作用,无意识尤其会影响个体信仰的形成和实践。弗洛伊德认为,人类社会的风俗、习惯、宗教戒律、道德规范等,归根结底是作为对人类性本能的节制而产生的。同时,"本能的克制是出于对一种外部权威的恐惧:人克制自己的满足,这是为了避免丧失外部权威的爱"[11]。信仰的形成经历了"他信""自信"并转化为"信他"的心理过程。在这一系列过程中,个体两次放弃自我而笃信"他人",第一次转化即是为了得到"外部权威的爱",第二次转化是个体已经意识到自己并不能"得到外部权威的爱",从而放弃自我,归属为"信他"的状态。而"归属"的代价是本能的持续不断的节制。节制导致本能的压抑,促使人们希望通过其他途径来发泄自己的能量。一切科学和文学艺术都来源于本能的"升华","文明是放弃本能满足的结果",文明反过来变成更加强大的动力抑制并升华本能。因此,在弗洛伊德看来,人类本能的满足是与人类的社会文明相对立的——本能的异化。由于文明压抑本能,本能构成对文明的强大威胁,使"文明社会永远存在着崩溃的危险"。个体通过对人类行为中"负罪感"的体验将逐步发现文明外衣"包装"的本能,从而造成对自我信仰的动摇。因为社会塑造的信仰都是文明影响下的产物,具有崇高性和纯洁性。而一旦文明的外衣被揭穿,对个体之前的信仰体系就会造成冲击和颠覆、怀疑和迷茫、转向和异化。由于压抑的力量已转化为一种制度或是文化,本能的压抑本质上也是由无意识施加,使得个体彷徨、焦虑、抑郁,却不明其因,丧失对生活意义的追寻。

另外，文明或者文化的不断发展，使得个体或者社会将更多的内容压抑到无意识领域，造成更大范围、更深程度危机的潜伏。社会无意识圈定信仰的范围，并通过社会化形成个体无意识，个体在传承和实践"自我使命"时受集体无意识的限制，所有这些都可能在社会转型或者动荡时期在社会主流意识受到挑战的时候爆发出来。曾经处于社会无意识状态的宗教信仰翻转过来会逐渐渗入人们的意识领域，个体开始接受这些信仰，比如对宗教的痴迷、对金钱的崇拜等，这也是当前民间宗教信仰活动"此起彼伏""香火不断"的重要原因。曾经受到压抑的意念在群体遭受挫折时突然涌现，成为人们信仰的另外选择。同时，社会压抑的存在为各种膜拜团体的出现留下渗透的空隙。膜拜团体或邪教组织制造的各类语言黑洞成为一些人精神信仰发生改变、出现精神障碍的诱因。因此，信仰"道路"的选择并不总是一蹴而就，在信仰构建以及指导个体生活的过程中，个体无意识、集体无意识以及社会无意识裹挟着"文明"的外衣不断冲击个体的选择，使得个体丧失基本的判断，追求莫须有的价值，沦为社会文化的"奴隶"和执行体制要求的"机器"。自我的觉醒又冲击自己的选择，使得个体长期处于痛苦中无法自拔，而信仰成为其缓解压力的不二选择。正是基于这一点，"宗教是人民的鸦片"才成为可能。

（二）无意识决定论与信仰实践危机

传统观点认为，人是理性的，个体依据合理的目的以及深思熟虑的选择来做出判断和采取行动。但是无意识决定论认为，人类是非理性的。人类的战争、互相之间的攻讦、种族之间的屠杀、不同信仰群体之间的迫害等，都在某一方面表明人类的非理性行为。同时，无意识决定论也是对传统信仰观念的冲击，倘若人们的行为主要是由无意识的因素造成的，人们将如何面对自己的信仰以及由此引发的行为。例如，人们自然涌现出对与自己持不同信仰他人的防卫心理，也不能妥善处理那些在潜意识中坚持自己的信仰，同时要将自己的信仰通过武力行为强加给别人、伤害他人的事件。人们是深受文化背景引发的提升偏见和种族歧视思想的认知处理的受害者，愈是信赖自己所信仰的，愈会表现出对其他种族或者民族的偏见和歧视。事实证明，社会或者说政府、个体有意识的语言行为会对他人产生潜在的影响。人类需要重新审视自己对诸如偏见、刻板印象等无意识内容的态度，即使其冲击到人类的理性和信仰体系，但是任何忽视或者摒弃无意识存在的行为都会在个体内心种下危险的种子。

四、余论

无意识的压抑本质激活它的反抗本性，受到无意识作用的人类信仰由于压抑力量的不同而必然处于不稳定的状态。因此，如何提高或者解决个体、群体的无意识信仰危机成为当前亟待解决的精神建设问题，而且信仰危机也是造成个体心理不健康的主要原因。人们必须正视无意识对人的发展的作用，恰如弗洛姆所言，最早对无意识进行系统研究的弗洛伊德恰恰是"理性主义的最后一位伟大代表"[12]。"他毕生的努力都在于企图通过对非理性深渊的发现来确立理性的权威，借助人类的理性来填平横亘在意识和无意识、本我与自我乃至超我、自然与社会、个体与类之间的鸿沟。"同时，弗洛姆还指出："除非一个人能够超越他的社会，认识到这个社会是如何促使和阻碍人的潜力的发展，否则的话，他就不可能全面地论及自己的人性。只要他不承认自己生活于其中的那个社会对人的本质的歪曲，那么对于他来说，社会规定的禁忌和约束当然就是'自然的'，而人的本质就一定会以一种歪曲的形式出现。"[7] 当然，信仰的选择也将是"自然的"和"危险的"依存。

中国是一个多民族、多宗教、多信仰的国家，如何在众多"宗教信仰"和"民间信仰"的深层构建社会主义核心信仰，实现"人民有信仰，民族有希望，国家有力量"的社会主义精神文明，是当前和今后一个时期内党和国家以及各个民族的重要任务。在意识层面，各个民族可能并"不能或不愿"意识到自己对其他民族的"信仰偏见"，而矛盾的引发更多的是无意识层面的各自信仰目标的不同。作为一种存在，每个主体都首先表现为对自身文化的信仰。因此，在意识层面人们能清晰地表达自己所代表的阶层、民族等主体的利益和观点，但是，表现在无意识层面的态度和情感呢？建设"和谐社会"的首要任务应该是改变人文环境，以使意识和无意识达到一种弹性平衡，即"着力发展社会事业、促进社会公平正义、建设和谐文化、完善社会管理、增强社会创造活力，走共同富裕道路，推动社会建设与经济建设、政治建设、文化建设协调发展"。"要继续锲而不舍、一以贯之抓好社会主义精神文明建设，为全国各族人民不断前进提供坚强的思想保证、强大的精神力量、丰润的道德滋养"。无论是个体无意识、社会无意识，抑或集体无意识，积极、努力的升华、合理化将更有助于人类互相之间的理解、和谐共处。将社会主义核心价值观通过实践和引导渗透到社会生活的方方面面，不断避免因人为因素和制度因素导致的压抑、痛苦和彷徨，建构强大的集体心理支持系统，使得能量通过合法合规的途径和手段得到升华，通过民族融合、文化互动形成共同的核心信仰，切实提高精神文明发展的层次和水平，实践社会主义核心价值观，实现全面小康。

〔参考文献〕

[1] C. G. 荣格. 心理类型学 [M]. 吴康，丁传林，赵善华，译. 西安：华岳文艺出版社，1989.

[2] Banaji M B, Greenwald A G. Implicit gender stereotyping in judgments of fame [J]. Journal of Personality and Social Psychology，1995（2）：181-198.

[3] 刘婉娜，马利军，罗嘉洁. 大学生对同性恋内隐及外显态度的比较研究 [J]. 中国健康心理学杂志，2010（12）：1494-1496.

[4] Van Gaal S, Lamme V A F, Fahrenfort J J, Ridderinkhof R K. Dissociable brain mechanisms underlying the conscious and unconscious control of behavior [J]. Journal of Cognitive Neuroscience，2011（1）：91-105.

[5] Bruner J S, Goodman C C. Value and need as organizing factors in perception [J]. Journal of Abnormal and Social Psychology，1947（42）：33-44.

[6] 孟秋丽，高申春. 弗洛伊德精神分析无意识观念的理论性质 [J]. 南京师大学报（社会科学版），2007（3）：103-106.

[7] 埃里希·弗洛姆. 在幻想锁链的彼岸：我所理解的马克思和弗洛伊德 [M]. 张燕，译. 长沙：湖南人民出版社，1986.

[8] 斯拉沃热·齐泽克. 意识形态的崇高客体 [M]. 李广茂，译. 北京：中央编译出版社，2002.

[9] 郭亚玲. 原型批评的模因理据 [J]. 河北学刊，2009（5）：121-124.

[10] 李向东. 20世纪中国的"信仰"选择及其影响 [J]. 学术月刊，2012（5）：5-9.

[11] 西格蒙·弗洛伊德. 一种幻想的未来：文明及其不满 [M]. 严志军，张沫，译. 上海：上海人民出版社，2007.

[12] 弗洛姆. 弗洛伊德的使命 [M]. 尚新建，译. 北京：生活·读书·新知三联书店，1986.

自尊结构研究的发展趋势

刘皓明　张积家

[摘　要]　近年来,自尊结构的研究领域内出现了一些新进展,主要表现在:① 内隐自尊研究的逐步兴起;② 由注重总体自尊的研究到注重研究自尊的结构和具体自尊;③ 注重对自尊稳定性维度的分析研究;④ 注重对自尊结构的跨文化研究。这些都为我们理解和探讨自尊结构提供了新的观点和视角。本文综述了该研究领域的进展,并对今后的自尊结构研究作了展望。

[关键词]　内隐自尊;具体自尊;集体自尊

[原　载]　《心理科学进展》2004 年第 4 期,第 567—572 页。

自尊研究一直备受人格心理学家和社会心理学家关注。早期的心理学家如 James 和 Mead 等人都曾对自尊提出了自己的看法。20 世纪 80 年代中期至 90 年代初,Hart 等人进一步拓展了该研究领域。Kitano 运用计算机对以往资料检索,发现明确使用自尊作为标题的文章就达到了 6500 篇[1]。在 20 世纪 90 年代以前,人们对自尊的研究可以归结为对外显自尊、总体自尊、自尊高低维度和个人自尊的研究。90 年代以来,自尊结构的研究取得了很大进展,研究者们从一些不同角度提出了许多新观点和新见解。

一、自尊结构研究的发展趋势

(一)由注重研究外显自尊到注重研究内隐自尊

外显自尊(explicit self-esteem)是建立在被试明确意识基础之上的、内省的、非自动的自尊。20 世纪 90 年代以前,自尊研究基本上都是采用内省的方法。但是,这种建立在被试主观报告之上的研究不可避免地要受到内省方法本身的不足影响。被试内省时容易受社会期望影响而掩盖自己的真实想法,因此,内省研究的结论的可靠性也一直受到怀疑。90 年代以来,随着内隐认知研究的逐步兴起,内隐自尊的研究逐步受到人们重视。

内隐自尊（implicit self-esteem）是指通过内省不能确定的自我态度对与自我有关或有联系的事物评价的影响[2]。与外显自尊不同的是，内隐自尊测量的是被试在无意识或潜意识状态下对自我的反映。与外显自尊相比，内隐自尊能更真实、准确地反映人们对自己的态度。下面几种现象可以反映人的内隐自尊。

1. 角色扮演效应（effect of role playing）

在临床心理治疗中，让被试扮演某一角色，同时要求被试发表言论支持这一角色的观点。结果发现，与其他人相比，扮演角色的人更加容易肯定他们扮演的角色所持的观点，更能表现出对所扮演的角色的支持。对这一现象，Greenwald 认为，可以用内隐自尊来解释：由于被试接受了某种角色安排，创造了把所要评价的观点和自我联系起来的条件；被试对自我的积极评价导致对所要评价的观点的积极评价。

2. 姓名字母效应（the name letter effect）

在 Nuttin 的实验中，要求被试对一系列配对字母进行偏好测验。结果发现，尽管在实验中被试没有注意到某些字母是自己姓名中的字母，但他们对来自己姓名中的字母的积极评价程度要高，产生出明显的偏好效应[3]。Kitayama 等人的实验也证实了姓名字母效应的存在[4]。被试对自己姓名的字母、对与自我相关的事物的偏好反映了被试对自己和与自己相关的事物的积极态度。

3. 内群体偏见（in-group bias）

内群体偏见指人们倾向于对自己所属群体的成员作积极评价，同时低估其他群体成员的现象。研究表明，即使所属群体的成员和群体外成员在每个方面都相似，被试还是明显偏爱自己所属群体的成员。同属于一个群体提供了把群体成员和自我相联系的机会，从而导致内隐自尊反射和投影到该群体中。

（二）由注重研究总体自尊到注重研究自尊的结构和具体自尊

20世纪90年代以前，人们对自尊的探讨主要是研究总体自尊（global self-esteem）。这类研究倾向于把自尊作为一个单一维度的概念来看待，认为自尊是对自我的总体性评价。Rosenberg 认为，总体上说，自尊是个体对自己的积极或消极的态度，是自我接受、自我尊重的程度；Coopersmith 认为，自尊是在一个人对待自己态度中表现出来的对自我价值的判断；Lawrence 认为，自尊是指儿童对其心理和身体两方面总的特征的情感性评价。因此，人们倾向于认为，自尊是自我概念的评价性成分，是个体对自我的总体的肯定或否定的评价，是一个单一维度的概念。

90年代以后，人们逐渐认识到，自尊并非一个单一维度的概念，而是有着复杂的结构。因此，自尊结构的研究成为一个热点。自尊的多层次、多维度结构模型认为，自尊是一个多维度、多层次、有组织的结构。它可以分为许多层次，一般自尊位于最高层，特定情景中的行为评价位于最低层，位于中间层的则是学业自尊和非学业自尊。以这一模型为基础，人们广泛探讨了自尊的各个方面，并得到了一些不同的研究结果。

Tafarodi 和 Swann 把总体自尊划分为自我能力（self-competence）和自我喜欢（self-liking）两个方面[5]。自我能力来源于个体以往完成的目标定向的行为，它反映个体的自我效能感，是自尊的内在维度。自我喜欢来源于别人对个体价值的评价，这些评价可通过别人对个体的行为来判断，是自尊的外部维度。根据这一区分，Tafarodi 和 Swann 编制了自我喜欢/自我能力量表（the Self-Liking/Self-Competence Scale，SLCS），量表由两个分量表组成，每个分量表包括 10 个项目，分别用于测量自我喜欢和自我能力。2001 年，Tafarodi 和 Swann 对该量表进行了修订，形成了 SLCS-R，修订后的量表具有更好的结构效度、区分效度和聚合效度[6]。

其他研究者对自尊的结构则提出了不同的看法。如 Watkins 和 Dong 将自尊的结构分为 8 个方面，即生理能力/运动、生理外貌、同伴关系、亲子关系、语文、数学、学校和一般自尊等[7]；Mboya 将自尊的维度分为家庭关系、学校、生理能力、生理外貌、情绪稳定性、音乐能力、同伴关系、健康等 8 个方面[8]。Crocker 等人以 1418 个大学生为被试，用问卷调查发现，自尊来源于 7 个方面，即别人的赞同、外表、上帝的爱、家庭支持、学校成绩、竞争和美德[9]。黄希庭等人认为，自尊或自我价值感是一个多维度、多层次的心理结构，按其抽象程度的不同可以分为总体自我价值感、一般自我价值感和特殊自我价值感。三个层次的自我价值感形成一个有机整体，其中一般自我价值感和特殊自我价值感又可区分为社会取向和个人取向两种类型[10]。

在关注自尊结构的同时，研究者对某些具体自尊（specific self-esteem）进行了深入研究。其中研究得较多的是躯体自尊（body esteem）。

躯体自尊是指个体对自己躯体意向（body image）的情感性评定或对自己躯体或外表的自我评价。一般认为，躯体自尊应包括外表、体重和归因 3 个方面。研究表明，低躯体自尊与抑郁、焦虑、饮食紊乱等存在显著相关；肥胖者的躯体自尊低于一般人的躯体自尊；对自己外表评定高的人具有较高的自我价值感[11]。躯体自尊的性别差异也是研究的重点。现有的研究表明，在各个年龄阶段，女性的躯体满意度普遍低于男性的躯体满意度。随着年龄增长，女性的躯体满意度不断下降，其理想躯体形象与实际躯体形象之间的差异增大，否定评价增多；与之相反，随着年龄增长，男性的躯体满意度不断上升，肯定评定也越来越多。对躯体自尊种族差异的研究表明，白人女性比白人男性和黑人女性更关注自己的躯体自尊，更关注自己的外表、体重和体型，更关注自己的饮食，存在更多的饮食不良、厌食等症状[12]。

目前使用的躯体自尊的量表主要有：Mendelson 等人 1995 年编制的青少年和成人躯体自尊量表（the Body-Esteem Scale for Adolescents and Adults），Cash 1990 年编制的躯体自我多重关系问卷（the Multiple Body Self-Relations Questionnaire，MBSRQ），Fox 等人 1990 年编制的主要针对大学生的 PSPP（Physical Self-Perception Profile）量表和 PIP（Physical individuation Profile）量表[13]。PSPP 量表包括 1 个主量表——身体自我价值感和 4 个分量表——运动技能、身体状况、身体吸引力和强壮。PIP 量表是身体自尊的个性化量表，它反映了身体各方面对个体的重要性，同样包括运动技能、身体状况、身体吸引力和强壮 4 个分量表。徐霞、姚家新（2001）在 PSPP 量表和 PIP 量表的基础上，修订出中国大学生身体自尊量表。修订出的量表包括身体自我价值感主量表及运动技能、身体状况、身体吸引力和身体素质 4 个分量表，经检验具有较好的信度和效度[14]。

（三）从重视自尊的高低维度到重视自尊的稳定性维度

长期以来，人们普遍认为，高自尊与健康的、合乎社会要求的事物如乐观、成功应对、积极情绪、身体健康等相关；而低自尊则与非期望的、否定的行为如攻击、抑郁、恐惧、害羞、孤独等相关。这种看法虽然在某种程度上得到了很多实验证实，但仍存在一些争议。比如，在自尊与攻击行为的研究中，以往研究表明攻击与低自尊紧密相关，有人甚至把攻击行为作为低自尊的一个指标。Baumeister 发现，青少年的暴力行为与积极的自我评价有明显相关。而 Salmivalli 等人的研究却表明自尊水平与攻击行为的具体类型之间不存在相关[15]。

对此，Salmivalli 认为，之所以出现如此不一致甚至相反的结论，除了测量自尊方法本身的缺点和对攻击行为未加具体限定外，一个重要原因就是自尊本身的不稳定性。自尊作为一种对自我的态度，要受许多因素影响。如果不考虑自尊的稳定性变化而只考虑自尊的高低维度，那么很难解释许多实验结果。

自尊的稳定性维度的研究引发了对自尊结构探讨的热潮。受其启发，Salmivalli 根据自尊的来源，认为应区分 3 种不同的自尊，即自我评定性自尊、同伴评定性自尊和防卫性自尊。Johnson 和 Forsman 则区分了几种不同的自尊策略，包括增强性自尊、奋斗性自尊、获得性自尊和断绝性自尊。其中，受自尊稳定性维度影响最大的则是特质自尊（trait self-esteem）和状态自尊（state self-esteem）。特质自尊指一般的、稳定的、个人对自己的情感性评定，它相对稳定，不易受其他因素干扰；状态自尊则指在某种情景或状态之下对自己的情感性评定，它具有波动性、不稳定性、易受当时所处的外界条件影响。最近，Crocker 和 Wolfe 结合自尊的稳定性维度和总体/具体维度，提出自尊包括总体特质自尊、总体状态自尊、具体特质自尊和具体状态自尊，并认为每种具体自尊也同时包括特质和状态两种。在此基础上，Crocker 和 Wolfe 提出了一个总体自尊和自尊稳定性模型，发现同时考虑自尊的稳定性和自尊的总体/具体维度能有效地解释各种自尊现象和实验数据[16]。

（四）重视对自尊的跨文化研究

20 世纪 80 年代以来，自尊的跨文化研究逐步受到人们的重视。人们发现，不同文化背景下的被试在相同测验中有不同的行为表现。例如，与一些西方人相比，一些中国人的自尊低，内控感低，外控感高，焦虑高，神经质高，精神质也高。这些研究结果表明，在不同的文化或群体下，人们的自尊存在很大差异。社会认同理论（social identity theory）认为，人们是部分地根据自己所属的社会群体或群体种类来定义自我的。因此，人的自我知觉、自我评价、自尊等都受所属群体影响。在此基础上，集体自尊（collective self-esteem）的研究逐步受到人们重视。集体自尊即个体对自己所属群体的评价性程度。

Luhtanen 和 Crocker 在前人研究基础上编制出了集体自尊量表（Collective Self-Esteem Scale)[17]。该量表由 16 个条目组成，包括 4 个分量表：① 个人集体自尊分量表，它测量的是个人对自己所属社会群体的评价性程度；② 公众集体自尊分量表，它测量的是群体中其他成员对自己所属社会群体的评价性程度；③ 成员尊重分量表，它测量的是个人作为一个社会群体成员的重要性程度；④ 同一重要性分量表，它测量的是社会群体对群体成员自我概念的重要性程度。运用该量表，人们发现，个体对自己所属群体的积极性评定要高于对其他群体的评定；高集体自尊的人更喜欢参加群体的各种活动，并且对群体内的错误评价、错误行动更加容易相信、容易参与，显示出群体内偏袒效应（in-group favoritism）[18]。

上述对于自尊的研究开阔了人们的眼界，使人们对于自尊的认识更为全面和深入。同时也为人们进一步思考自尊现象和开展自尊研究提供了新的、多方面的视角。

二、对自尊结构研究的思考及展望

总的来说，20 世纪 90 年代以来，自尊结构的研究出现了百家争鸣的局面。内隐自尊、具体自尊、集体自尊和自尊的稳定性维度等新概念纷纷提出，对自尊结构的研究得到拓展，朝更深入的水平发展。这些都为我们理解和探讨自尊结构提供了新的观点和视角。但在许多问题上，研究者的看法并不统一。不同观点的纷争表明，人们对自尊的理解还有待于进一步深入。自尊的结构到底如何？它是一个单维的概念还是一个多维的概念？自尊与其他心理过程有什么关系？这些基本问题远没有达到统一的认识。

笔者认为，未来的自尊结构研究主要应集中在下面几个方面。

（1）双重态度模型认为，人们在评估一个客体时可以同时持有外显和内隐两种态度[18]。它一提出就受到人们关注。因为某些研究发现，人们的外显的和内隐的态度是一致的，而另一些研究却表明，外显的和内隐的态度是独立的、分别反映不同结构的两种态度[19]。外显的和内隐的自尊反映的是否同一内容？二者是否一致？态度的双重模型在自尊领域是否成立？这些问题的探讨目前还比较少。如果态度的双重模型在自尊领域也成立，那么内隐自尊和外显自尊各自反映的是什么？两者有何联系？今后的研究应进一步探讨内隐自尊的合理性及其与外显自尊的关系，以真正理解自尊的本质。

（2）总体自尊和具体自尊之间存在什么关系？它们之间用一种什么样的纽带联系起来？现有的研究虽然对某些具体自尊进行了比较深入的探讨，但对总体自尊的结构还是仁者见仁，智者见智。诚然，对具体自尊的研究能进一步加深人们对总体自尊的认识，但如何理解具体自尊的作用及对总体自尊的贡献还有待进一步探讨。另外，具体自尊是不是自尊的最底层，它本身有没有结构，如果其本身有结构，那么，其结构如何等问题，都有待进行更深入的探讨。

（3）目前，随着内隐自尊、具体自尊、集体自尊等新观念的提出及确认，以往的自尊结构研究显得比较单薄，不够全面。如何总结、整合现有观点，提出一个比较全面、合理的自尊结构模型，已是摆在自尊研究者面前的一个重大问题。

〔参考文献〕

[1] Rosenberg M, Schooler C, Schoenbach C, Rosenberg F. Global self-esteem and specific self-esteem: different concepts, different outcomes [J]. American Sociological Review, 1995 (2): 141-156.

[2] Greenwald A G, Banaji M R. Implicit social recognition: attitudes, self-Esteem, and stereotypes [J]. Psychological Review, 1995 (2): 4-27.

[3] Nuttin J M. Narcissism beyond Gestalt and awareness: the name letter effect [J]. European Journal of Social Psychology, 1985 (15): 353-361.

[4] Kitayama S, Karasawa M. Implicit self-esteem in Japan: name letters and birthday numbers [J]. Personality and Social Psychology Bulletin, 1997 (7): 736-742.

[5] Tafarodi R W, Swann W B. Self-liking and self-competence as dimensions of global self-esteem: initial validation of a measure [J]. Journal of Personality Assessment, 1995 (65): 322-342.

[6] Tafarodi R W, Swann W B. Two dimensional self-esteem: theory and measurement [J]. Personality and Individual Difference, 2001 (31): 653-673.

[7] Watkins D, Dong Q. Assessing the self-esteem of Chinese school children [J]. Educational Psychology, 1994 (1): 129-137.

[8] Mboya M M. Perceived teachers' behaviors and dimensions of adolescent self-concepts [J]. Educational Psychology, 1995 (4): 491-499.

[9] Crocker J, Luhtanen R K, Bouvrette S. Contingencies of self-worth in college students: predicting freshman year activities [C]. Manuscript in preparation, University of Michigan, 2003.

[10] 黄希庭, 杨雄. 青年学生自我价值感量表的编制. 心理科学, 1998 (4): 289-292.

[11] Mendelson M, Mendelson B K, Andrews J. Self-esteem, body esteem, and body-mass in late adolescence: is a competence importance model needed? [J] Journal of Applied Development Psychology, 2000 (3): 249-266.

[12] Henriques G R, Calhoun L G. Gender and ethnic differences in the relationship between body esteem and self-esteem [J]. The Journal of Psychology, 1999 (4): 357-368.

[13] Wade T J, Cooper M. Sex differences in the links between attractiveness, self-esteem and the body [J]. Personality and Individual Differences, 1999 (24): 1047-1056.

[14] 徐霞, 姚家新. 大学生身体自尊量表的修订与检验. 体育科学, 2001 (2): 78-81.

[15] Salmivalli C. Feeling good about oneself, being bad to others? remarks on self-

esteem, hostility, and aggressive behavior [J]. Aggression and Violent Behavior, 2001 (6): 375-393.

[16] Crocker J, Wolfe C T. Contingencies of self-worth [J]. Psychological Review, 2001 (3): 593-623.

[17] Sato T, Cameron J E. The relationship between collective self-esteem and self-construal in Japan and Canada [J]. The Journal of Social Psychology, 1999 (4): 426-435.

[18] Cremer D D, Vugt M V, Sharp J. Effect of collective self-esteem on ingroup evaluations [J]. The Journal of Social Psychology, 1999 (4): 530-532.

[19] Wilson W D, Lindsey S L, Schooler T Y. A model of dual attitudes [J]. Psychological Review, 2000 (1): 101-126.

[20] Karpinski A, Hilton J L. Attitudes and the implicit association test [J]. Journal of Personality and Social Psychology, 2001 (5): 774-788.

试论责任心的心理结构

张积家

[摘　要]	责任心,是指个人对他所承担的各种责任意识,尤指一个人对他所属群体的公共活动、行为规范以及他所承担的任务的自觉态度。责任心的心理结构包括:① 责任认识,它指个体对自己所承担的责任的认识;② 责任情感,它指人在社会生活中对自己完成任务、履行责任的情况持积极主动的态度而产生的情绪体验;③ 责任行为,它是履行责任的反应动作和活动,表现为个体遵守社会和群体行为的规范,促使群体共同活动的顺利进行;④ 责任动机,它指一个人负责任的心理倾向,是责任心心理结构中具有动力性、积极性的心理成分,是推动人产生责任行为的内部动力;⑤ 责任能力,它是责任活动能够顺利进行的前提和保证。责任心的心理成分不是相互独立、彼此孤立的,而是相互联系、相互作用,共同构成人的责任心的统一体。
[关键词]	责任心;心理结构
[原　载]	《教育研究与实验》1998 年第 4 期,第 43—47 页。中国人民大学报刊复印资料《心理学》1999 年第 2 期全文复印。

一、责任与责任心的概念

责任,原是指"分内应做的事",有时也指"由于没有做好分内应做的事,因而应承担的过失"[1]。责任反映了道德、法律、职业和人的良心的要求,有时与义务同义。人们在社会群体中生活,总要遵循一定的行为准则,这些行为准则中的一部分就是与群体成员的责任有关的。其中,有些行为准则是法律和团体章程明文规定的,如宪法中规定的公民的义务;另外一些则是以道德规范和角色规范的形式存在的,如教师应热爱学生。不遵守法律和团体章程所规定的责任要受法律和团体章程的制裁,不履行道德和角色规范所规定的责任会受到社会舆论和良心的谴责。由于上述两类责任的强制性程度不同，调节个体行为的方式不同，我们可以将前者称为强制性的责任，将后者称为自觉性的责任。

责任还可以有其他的分类。例如，培根曾根据责任主体和责任对象的关系，将责任分为对国家的公共职责和与个人的职业与地位有关的特殊职责[2]。还有人根据责任关系的范畴将责任分为政治责任、法律责任、经济责任和道德责任[3]。由于责任涉及社会生活的许多方面，所以它是政治学、经济学、法学、社会学、伦理学和哲学等许多学科的研究对象。

明确了责任的概念以后，责任心也就不难界定了。所谓责任心，是指个人对他所承担的各种责任意识，尤指一个人对他所属群体的公共活动、行为规范以及他所承担的任务的自觉态度。责任心是人对与他有关的各种责任关系的反映。它是一种心理现象，是心理学和伦理学的研究对象。

人的责任心是从哪里来的？对于这个问题，历史上曾经有过激烈的争论。机械唯物主义者认为人的行为是受客观必然性决定的，否认人选择行为的自由和对自己行为的责任。相反，意志绝对自由论者则认为，人是绝对自由的，不受客观必然性的制约。康德认为，人生来就具有先天的"善良意志"和"绝对命令"，这种"善良意志"和"绝对命令"不受外界条件的制约[4]。现代存在主义哲学家萨特则认为，人是绝对自由的，个人是自己命运的主人。人虽然存在于现实世界中，但他们仍然负有超越现实世界的责任。虽然人的某些基本特征，如种族和性别等是被动决定的，但人在行为选择方面是自由的。他说："人不能时而是自由的人，时而是奴隶，他永远是、完全是自由的，否则就不存在。人要为一切承担责任。"[5]

上述两种观点都有合理的因素，又都有片面性。机械唯物主义者看到了人的行为要受客观环境制约，但他们否认个人的责任是错误的。意志绝对自由论者承认人的责任、强调行为选择时主观因素的作用有积极意义，但过分夸大人选择行为的自由也是不客观的。列宁指出：决定论思想确定人类行为的必然性，但丝毫也不消灭人的理性、人的良心以及对人的行为的评价[6]。对人的行为的责任应作客观的和恰如其分的分析：一方面应承认客观必然对人的行为的制约作用，因为只有这样才能找出人的行为和心理品质出现的客观原因；另一方面也承认具有理性和良心的人有辨别是非、善恶、美丑和选择行为的能力，承认人的行为的主观责任。只有这样，才能充分发挥人的主观能动性，圆满地解决人的行为的责任问题。

总之，必须用主客观相统一的观点看待人的责任和责任心。人的责任心不是先天的、与生俱有的，而是社会和他人的客观要求在个体身上引起的主观认识和内心体验，是个人对现实生活中各种责任关系的反映。生活在社会中的人，对国家、社会、团体、他人甚至自己都负有一定的责任，构成了各种各样的责任关系。马克思说：作为确定的人，现实的人，你就有规定，就有使命，就有任务，也就是说具有责任[7]。人在生活实践中逐渐认识到自己的责任，并产生了相应的内心体验，做出了责任行为，这样便产生了人的责任心。

二、责任心的心理结构

责任心作为个体的重要心理品质，有自己的结构。它既与人的心理过程有关，也与人的个性特点有关，牵涉到人的心理的各个方面。分析责任心的心理结构，有助于对责任心这一特定心理现象的理解，也有助于责任心的培养与鉴定。笔者认为，责任心由下述心理成分构成。

（一）责任认识

责任认识指个体对自己所承担的责任的认识，是责任心其他心理成分的基础。例如，是否应当完成个体所承担的任务？要不要维护群体行为的规范？应不应该对共同活动的过程和结果负责？为什么？等等。责任认识的形成以一定的认识能力为基础，也与责任知识的掌握密切相关。

（二）责任情感

责任情感又称责任感，它指人在社会生活中对自己完成任务、履行责任的情况持积极主动的态度而产生的情绪体验。责任感是一种较为复杂的情绪体验，它由下述情绪体验构成。

1. 同情心

它指个人能主观体验到别人内心的感情，又叫同情。别人痛苦，自己也痛苦；别人欢乐，自己也欢乐。与同情心相近但又不完全相同的一种情感叫同理心，即移情。它是指设身处地地以当事人的立场去体会当事人的心情（感觉、需要和痛苦等），也即我国古人所提倡的"将心比心"等。同情心的形成要有两个条件：一是"感人之所感"，二是"知人之所感"。前者离不开个人的生活经验，后者要依赖个人的社会认知能力。正如亚里士多德所说：为了感受到怜悯之情，我们显然必须有能力设想某种灾难可能发生在我们身上或我们的某个友人身上。[8] 同情心和同理心在责任感的产生中具有重要作用，是责任感的重要前提。一个人只有对他人拥有同情心和同理心，才会产生负责的心理体验，即产生责任感。

2. 义务感

义务感与责任感在许多情况下同义，但二者之间还是存在一些差异。义务感主要指个人对社会、他人承担道德责任时所产生的情绪体验，并带有某种强制性。密尔指出："义务这个观念总含着照理应当强迫当事人履行这个义务的意思。"[9] 义务是带有强制性、必须履行的责任。人明确了自己的义务之后，就会产生强烈的与履行义务有关的情绪体验。个人履行了义务，就产生满意、心安的情绪体验；没有履行义务，就会产生内疚、不安、痛苦和自责的情绪体验。

3. 良心

良心是对自己行为的道德评价能力,是人所特有的道德意识与道德情感,是个人对自己所担负的道德责任的自我意识,是一定的社会关系与人际关系的反映。良心是人在社会生活实践中逐步形成的。马克思说:良心是由人的知识和全部生活方式来决定的。[10]

良心在人的社会行为中具有十分重要的作用,它也是责任感的重要成分。如果说社会舆论是对他人履行道德责任的情况进行评价的主要形式的话,那么良心则是对自己履行道德责任的行为进行评价的主要方式。如果个体认为自己的行为合乎良心,个体就会感到满足;如果认为自己的行为不合良心,就会感到羞愧,并进行自我谴责,从而决定今后行为的方向。与社会舆论评价的外在性不同,良心是一种内在的、自觉进行的评价。在个人单独行动时,良心对人的行为的调节与评价作用就显得更为重要。

4. 羞愧感

羞愧感又叫羞耻心,它是人意识到自己行为的不道德性所产生的一种自我谴责的情感体验,包括羞耻、惭愧、羞怯等情绪反应。羞耻感的产生可以有两种情况:① 个体将自己的行为同已有的道德标准加以对照,从而认识到自己的行为不合乎道德标准,没有履行自己的道德责任,损害了他人利益,于是便产生了羞愧感;② 当自己由于没有履行道德责任遭到他人谴责或想象周围人将谴责他的行为时,觉得对不住别人或自己丢了面子,因而产生羞愧感。羞愧感的产生可制止人的不道德的和不负责任的行为,维护和推动人的品德和责任心的健康发展。缺乏羞愧感的人很难成为品德高尚、责任心强的人。

5. 爱心与奉献的精神

责任感,尤其是对社会、他人的责任感基于人对社会和他人利益的正确理解和深厚感情。因此,它总是与爱心和奉献的精神联系在一起。一般来说,履行道德责任总意味着个人的奉献,因此高尚的道德责任感与自私自利水火不相容。弗洛伊德说过:"在人类作为一个整体的发展过程中,也正如作为个体的发展,只有爱作为文明开化的因素在起作用。"[11] 生活实践表明,责任感如果缺乏爱心与奉献精神,就如人体缺乏应有的温热,人也成为一种"责任机器"。这种人待人冷若冰霜,没有同情,只是凭理性行事,机械地服从冷冰冰的责任关系,在许多情况下充当落后的、过时了的道德原则的卫士。罗素指出:"责任意识在工作上是有益的,但在人与人之间的关系上是有害的。人愿意被爱,却不愿意被人家用隐忍和耐性勉强敷衍。"[12] 罗素在这里讲的就是那种缺乏爱心与奉献精神的责任感。这种缺乏爱心与奉献精神的责任感在他人方面会使人产生一种被施舍与打发的感觉,在主体方面则是心理不健康的表现。

(三) 责任行为

责任行为又称负责行为。它是履行责任的反应动作和活动,它表现为个体遵守社会和群体行为的规范,促使群体共同活动的顺利进行。责任行为是人的责任得以实现的关键。它是一个人的责任心的外化，是判断一个人有无责任心、责任心水平高低的标志。

责任心的上述心理成分主要是和知、情、行等心理过程有关的，它们反映了人的责任心心理现象的共性。然而，责任心在每一个人身上表现时，又体现出个体不同的特点，反映出每个人责任心的特殊性。因此，人的责任心还应包括下述两种与人的个性特点有关的成分。

（四）责任动机

责任动机指一个人负责任的心理倾向，是责任心心理结构中具有动力性、积极性的心理成分，是推动人产生责任行为的内部动力。责任动机导源于人的责任需要。责任需要是人的社会性需要的一种，它与人的社交、归属、尊重、成就和自我实现的需要紧密联系，是现实生活中客观的责任要求的反映。责任需要被人意识到，就会产生负责任的动机和承担责任的意愿。责任动机对人的责任行为具有发动、维护、鼓舞和评价的功能，它使人的行为指向责任的方向，使个体履行责任。责任动机的强弱一方面取决于个人的责任认识，另一方面也受责任行为效果的影响。如果人的责任行为取得了积极的效果（如受到社会或他人的赞扬、奖赏、肯定、个体的良心获得满足等），责任动机就会增强；反之，责任动机就会减弱。

责任动机概念的提出可以解释一些日常生活中常见的想象。

1. 责任扩散

责任扩散又称旁观者效应。它原指当一个陌生人遇到危难需要有人立即救助时，每个人都迟疑不前，原因是每个人都觉得有别人在场，自己不必担负救助的责任。例如，一少女落水或受到流氓的调戏，如现场只有一个人，此人可能见义勇为，立即救助。如现场有数人、数十人甚至数百人，则有可能彼此袖手，无人向前。像此种有旁观者在场抑制了人的助人或负责行为的现象称为"旁观者效应"。近年来，新闻媒介对这方面情况的报道已非罕见。人们在感到震惊与愤怒的同时无不痛心"道德的滑坡"，而很少考虑这类事件的心理上的原因——责任扩散。多人在场分散了个人的责任心与义务感，产生了等待、观望、攀比的心理和互相推诿的倾向，弱化了人的责任动机。改革开放前农村和企业"吃大锅饭"，管理混乱，浪费严重，生产效率低下，责任扩散也是重要原因。在犯罪中，团伙犯罪比个体犯罪具有更大的危险性，也是由于在团伙犯罪中，由于暗示与模仿的诱发作用和团伙情感的催化作用，个体"负责任"的意识会迅速恶化，产生一种罪责扩散的心理，即一种"自己不需要负全部责任"的感觉，从而感到"安全"，胆大妄为。

2. 责任回避

它指个体由于外界的压力或出于对自身利益的考虑，自动地放弃应承担的责任。这种人缺乏负责任的动机，往往抱着"多一事不如少一事"、"事不关己，高高挂起"的处世态度。他们或者明哲保身，洁身自好，"是非面前少开口，有了矛盾绕着走"；或者人云亦云随大流，说违心的话，办违心的事。责任回避的极端形式是责任恐惧症。它指个体逃避责任、不敢对人对事负责任的心理倾向。这种人遇事尽量逃避责任，如无法逃避必须承担责任时则感到极大的恐惧，手足无措，惴惴不安。这种人处世态度消极，生活悲观，做事畏首畏尾，毫无成就。责任回避也是由于责任动机的弱化造成的。

（五）责任能力

能力是直接影响活动效率、保证活动顺利进行的心理特征。责任能力是责任活动能够顺利进行的前提和保证。光有责任动机没有责任能力，则责任动机不能产生与之相一致的责任行为效果。在管理上，人事安排要做到职能相符是起码的知识；在司法实践中，不满14岁的人犯罪不负刑事责任是众所周知的事实，原因是他们缺乏必要的责任能力。在道德责任的履行中，必要的责任能力也是不可少的。因此，培养青少年的责任心的一项重要任务就是要培养他们的责任能力，这是"学会负责"口号的重要内容。责任能力由下述几种能力构成。

1. 责任认知能力

这种能力使个人能认识到自己所肩负的责任。它由下述几种子能力组成。① 对责任要求的理解能力。对责任要求理解得越深，认识得越正确，个体的责任心就越强。② 道德评价能力，即根据道德标准评价行为的是非、善恶和美丑的能力。③ 对责任情境的正确感知能力，即认识到自己在某种情境下应负的政治、法律、经济和道德方面的责任的能力。④ 对自己行为后果的预见能力。高度的责任心往往来自对自己行为后果的正确预见。马克思几十年如一日，辛苦撰写《资本论》，是因为他预见到工人运动的发展将迫切需要这一锐利的思想武器；许多以权谋私或疏于职守的人之所以犯罪后悔不迭，原因也是在于他们当初对自己的行为后果缺乏正确的预见。

2. 移情能力

即站在他人的立场上感觉他人的处境、需要和心情的能力。移情能力的形成与想象力的发展紧密联系，同时又以一定的生活经验为基础。亚里士多德认为，那些已被命运彻底摧毁的人和那些自以为是命运的宠儿的人是没有怜悯和同情心的，因为前者认为灾难对他们已无可复加，后者则认为他们会占有生活中的一切幸运。只有那些业已经历过灾难并已安全避过灾难的人，经验丰富的年长者和目光深远的受过教育的人，以及那些父母尚存或有儿女妻室的人，才会具有同情心与怜悯感，即具有移情的能力[13]。因此，开展多种社会活动、积累丰富的生活经验，是培养青少年移情能力的必要条件。

3. 社会技能

社会技能是责任能力的重要组成部分。什么是社会技能？学术界目前尚无一致意见。菲利浦认为，社会技能表明"一个人在不损害他人人同等权力的适当范围内，与人交往能在多大程度上实现他的权利、需要或责任与义务"。笔者认为，社会技能是个人同他人相互作用的能力，是个人适应社会生活、履行自己的责任与义务、协调人与人之间关系所必需的各种能力和技能的总称。它包括：① 用语言和非语言的方式影响他人的能力；② 组织和领导工作的能力；③ 独立地做出及时而正确的决策的能力；④ 从事各种社会活动、职业活动的技能等。人的责任能力不是天生的，它是在一定的遗传素质的基础上，在家庭、学校和社会的影响下，以个体负责的实践活动为中介，经过漫长的时间发展起来的。

责任心的上述心理成分不是相互独立、彼此孤立的，而是相互联系、相互作用、共同构成人的责任心的统一体。在责任心的上述心理成分中，责任认识是责任动机、责任情感和责任能力产生的基础，而责任动机、责任情感、责任能力又为责任认识的深化提供了动力和保证。责任认识、责任动机、责任情感和责任能力共同作用促成了责任行为的出现，而责任行为的效果又反过来影响人的责任认识、责任动机、责任情感和责任能力。正是由于这些因素在环境影响下的相互作用，才使人的责任心不断地变化与发展。

〔参考文献〕

[1] 中国社会科学院语言研究所词典编辑室. 现代汉语小词典 [M]. 北京：商务印书馆，1980.

[2][4][8][9][11][12][13] 莫·阿德勒，查·范多伦. 西方思想宝库 [M]. 北京：中央广播电视出版社，1991.

[3] 魏英敏，金可溪. 伦理学简明教程 [M]. 北京：北京大学出版社，1990.

[5] 萨特. 存在与虚无 [M] // 戈·雅·斯特烈尔措娃. 批判存在主义对辩证法的理解. 车铭洲，译. 天津：天津人民出版社，1981.

[6]《列宁全集》第 1 卷，第 139 页。

[7]《马克思恩格斯全集》第 3 卷，第 329 页。

[10]《马克思恩格斯全集》第 6 卷，第 152 页。

论终极责任及其心理机制

张积家　马利军

[摘　要] 终极责任是个体对与自己有关联的人和事所必须承担的终极性义务，是对个体行为的终极性约束，也是社会运行的必备条件。终极责任源于人的能力的规定、人性的规定、文化的规定和终极理念的规定。终极责任通过激活焦虑而促使个体的行为发生变化。终极责任既是一种神经性的焦虑，也是一种现实性的焦虑，更是一种道德性的焦虑。在个体社会化的过程中，人类社会既通过影响个体的知、情、意、行而使个体形成终极责任意识，又通过文化、制度、道德、法律和民俗的建设，使个体形成对于终极责任的文化自觉。在当前，加强终极责任教育，使人意识到自己的终极责任，提高履行终极责任的自觉性，是学校教育和社会教育的重要任务。

[关键词] 终极责任；来源；作用；心理机制
[原　载] 《华南师范大学学报（社会科学版）》2011年第6期，第110—119页。

一　终极责任界说

人与人之间通过相互作用形成了社会。人在社会中既可以获得机会和保障，又要承担相应的责任和义务，以保证社会的健康运行。责任，原指"分内应做的事"，也指"由于没有做好分内应做的事，因而应承担的过失"[1]。因此，责任的概念具有双重性。责任反映了道德、法律、职业和良心的要求，有时与义务同义。[2] 在意识的水平上，责任体现为"承诺"，是社会成员对社会任务的自觉确认与承诺，即个体根据自己所处的社会关系和能力，经过理性思考和自由选择，自觉自愿地承担和履行的社会任务和要求。责任包括两个方面：一是社会对成员的期望和要求，是社会成员应尽的义务；二是个体在自身能力的基础上对社会客观要求的自由选择和自觉认同。[3]

责任是人类群体性或社会性的产物。[4] 社会依存理论认为，责任源于人际的社会依存性，是特定的社会之于个体的思想、行为的规定性。[5] 责任伴随着人类社会的出现而出现，只要存在着人与人之间的交往，存在着选择行为的自由，就会有责任产生。在现实生活中，责任是社会成员必须遵守的规则，同时又是社会运行的必备条件，是否愿意承担责任，是衡量一个人的精神素质优劣的重要指标。

责任涉及的范围很广，分类也并非单一。根据责任主体与责任客体的关系，可以划分出服从社会共同价值体系的责任和履行社会结构中某一特定类型角色的责任。前一类责任是每一个社会成员必须承担的，如人对自己、他人、家庭、社会、国家和生态环境的责任。后一类责任则随着行为主体的角色变化而变化。个体扮演的角色越多，承担的责任就越多；个体扮演的角色越重要，承担的责任就越大。根据责任涉及的学科领域，可以将责任分为政治责任、法律责任、经济责任和道德责任。根据对某一行为和事件所承担责任的比重，可以分为主要责任和次要责任。根据责任主体和负责行为的关系，可以分为直接责任和间接责任，前者指个体的行为直接导致了不良后果的发生，后者指个体的行为影响了他人的行为，而他人的行为导致了不良后果的发生。根据责任自觉程度的高低，可以将责任分为绝对责任（由法律及其他特定规则和个人承担的角色所规定的责任）和相对责任（指凭借个人对道德规范认识而形成的、存在于人的良心之上的责任）。不遵守绝对责任要受到法律和团体规则的制裁，不履行相对责任要受到社会舆论和个体良心的谴责。由于上述两类责任的强制性程度不同，调节个体行为的方式不同，有时也将绝对责任称为强制性责任，将相对责任称为自觉性责任。根据责任的指向对象不同，可以将责任分为对自己的责任和对他人、对社会的责任。

本文要讨论一种特殊的责任——终极责任。所谓终极责任，是指不管个体是否愿意或者意识到，也无论个体是否有所作为，他在客观上都必须承担的、不可推卸的责任。终极责任是个体对于与自己有关联的人和事所必须承担的终极性义务，是对个体行为的终极性约束。终极责任的内涵可以通过它在责任分类中的位置体现出来。从责任的性质上看，它既是一种服从于社会共同价值体系的责任，也是履行社会结构中某一特定类型角色的责任，同时又是每一社会成员都应该承担的责任；从责任涉及的学科看，它是一种道德责任；从个体对某一行为和事件承担责任的比重看，它是一种次要责任；从行为主体和负责行为的关系看，它是一种间接责任；从责任的自觉程度看，它是一种相对责任；从责任的强制性水平看，它是一种自觉性责任；从责任的指向对象看，它是一种对他人、对社会的责任；从责任的归因过程看，它是行为或事件的最初原因，在责任追溯的过程中，它处在终极的位置。终极责任虽然具有相对性、间接性和自觉性，但在意识水平和问责程度上，却具有某种绝对性、直接性和强制性。它是一个人道德水平高低的指示器，是一个人人格高下的晴雨表。

要搞清楚终极责任的含义，还需要厘清责任和终极责任的关系。"责任"一词，在生活中较为常见，是在事件发生后必然要探讨的关键性概念，其本质是对社会关系的主观意识或心理反映；而"终极责任"，则常常被人们所忽视和遗忘。事实上，责任和终极责任在时间上具有延续性，责任是终极责任的初级阶段或初级水平，终极责任是责任的进一步深化和发展；责任和终极责任又互为因果，个体的不尽责行为必然导致他必须负终极责任，而对终极责任的清醒认识又有助于个体实施责任行为。但是，终极责任毕竟不同于在通常意义上的责任。首先，从责任性质上看，责任常具有表面性的特点，终极责任则具有根源性的特质。终极责任是事物发展的根源性动力，是事故发生的终极性原因。例如，驾驶员醉酒驾驶，造成交通事故，驾驶员是肇事者，应承担主要责任。但劝酒者以及坐车人都要对交通事故负终极责任：知道驾驶员要开车，就不应劝酒；知道驾驶员醉酒了，就不应继续让他驾驶。在现阶段，人们往往单纯地追求对于责任的认定，忽视对终极责任的思考和探索。长此以往，会造成责任的归因趋于表面化，问责也就达不到应有的效果。其次，从问责过程看，责任属于浅层次问责的范畴，它是对责任主体的确定，需要采取法律、纪律或者舆论的手段；终极责任属于深层次问责的范畴，它是对事件产生的原因和事物发展规律的探寻，往往依赖于道德的和文化的力量。例如，"马加爵事件"的直接责任人是马加爵，他受到法律的制裁；马加爵的生长环境则是造成"马加爵事件"的终极责任者，其中包括他的家长、教师以及社会上的不良榜样。因此，在问责深度上，终极责任具有挖掘事物发展的必然和追究事件发生的本源的特点。再次，从履行责任的手段看，事件或行为的直接责任人可以通过接受法律制裁、接受纪律处分、赔偿经济损失、辞去领导职务等方式来对自己的行为负责，即所谓的"杀人偿命，欠债还钱"，而终极责任人则较难以用具体行为来负责。终极责任归因引发的往往是对个体心灵的拷问，是对个体精神的折磨，是对个体良知的敲打，是对个人生命价值的怀疑。因此，终极责任问责带来的往往是个体的强烈的后悔和深刻的自责。晋朝王导与周伯仁的故事即是一例。公元322年，王敦起兵作乱，其弟王导及其家族受到牵连，在宫外候罪。周伯仁进宫时，王导请其说情。周伯仁虽然表面上不加理睬，却积极地向晋元帝进言，说王导是忠诚的，还专门上书为王导请命。王导非但不知，还一直怀恨在心。王敦握有大权后，询问王导要不要杀掉周伯仁，王导一言不发，周伯仁最终被杀。后来，王导从文库中找到周伯仁的奏折，才恍然大悟，痛哭流涕，说："吾虽不杀伯仁，伯仁因我而死，幽冥之中，负此良友！"最后，从责任的来源看，责任多源于普通教育，更多地具有强制性；终极责任则是个人道德意识提高的产物，是一种自觉行为。例如，为了减少环境污染放弃开私家车而改乘公共交通工具，就是对保护环境的终极责任的意识。所以，责任与终极责任具有连带关系。责任的双重性造成了终极责任的两种不同的发展方向：履行责任（完成分内应做之事）会强化个体对终极责任的意识，而追究责任（承担过失）常常会掩盖甚至弱化对终极责任的追究；提高终极责任意识会促进个体对责任的执行，而对终极责任追究的弱化则会削弱人的责任意识。

人类文明进化的一个典型特征就是终极责任的诞生：个体不再是单个的生物人，而是具备社会责任、需要履行社会义务、承担连带关系的社会人。个体不仅需要对自己的存在负责，还需要对与自己的存在具有联系的诸多的人和物的存在负责。因此，从社会发展的角度看，终极责任是社会存在的前提条件，是组织或阶层、社会或国家的成员团结奋进的心理基础和精神纽带。终极责任具有人生价值的定向功能、社会秩序的控制功能、群体力量的凝聚功能和行为选择的动力功能。同时，终极责任建立在良好的责任感的基础上，它强调一种更为普遍的社会意识和社会责任。例如，父母对子女是否适应社会负有责任，教师对学生的学识品德负有责任，官员对黎民百姓的生活疾苦负有责任，领导人对党风和民风的好坏负有责任。从这一意义上讲，通常意义上的责任是一种看得见的、例行的义务，终极责任则是需要个体不断反思、社会不断反省的义务。例如，人们常说："坏人当道，是因为好人不作为。"坏人的倒行逆施，在相当程度上是好人纵容忍让的结果，好人对坏人的行为负有终极责任。下属的明哲保身，对领导的错误决策三缄其口，也应对领导的决策失误负有终极责任。明朝灭亡以后，顾炎武在天涯海角写下8个大字："天下兴亡，匹夫有责。"即国家的兴亡，上至皇帝、王公贵族、达官贵人，下至文人士子、普通士兵、黎民百姓，每个人都负有不可推卸的责任。这种责任就是终极责任。作为一个社会人，你的任何行为都不仅是你自己的事，你会影响周围的人。对于社会发展中出现的假、丑、恶现象，每一位社会成员都有与其斗争的责任，不能持有一种"各家自扫门前雪"的不相干态度。应该明确，每一个人都是社会的主人，不是"打酱油的"。不负责任、明哲保身只能纵容恶行当道，会造成更大范围内的邪恶势力的横行。

人类的认识要受社会环境及生存压力的限制。在当前，在对责任的认识方面就存在着职责不清和问责表面化的现象。例如，惩处贪官和重大责任事故的责任人固然重要，铲除贪官和重大责任事故产生的"土壤"就更为重要。随着传统的家庭及社会关系的逐步解体，家庭、学校和单位与个体之间的情感联系逐渐减弱，人与人之间的关系更趋于一种共同发展的关系，而不再是依附的关系。此种情况造成了责任的内涵和外延逐渐狭窄化——终极责任意识正在淡漠，由此造成了关联责任意识的退化和责任情感的消失，导致社会规则被无端地破坏，传统道德被无情地抛弃，社会内耗大量地增加，社会发展受到了制约。

二、终极责任的意义

终极责任是每一个社会成员都必须承担的责任。它是人类对自然和社会事件产生原因的终极性探讨。人类适应社会的一个重要手段就是从过去的经验或教训中成长。对经验或教训的总结必然涉及责任归因。学生的学习成绩不良，责任在谁？不同的责任归因将带来不同的行为方式。子女作奸犯科，原因在哪？家长、社会、政府，每一归因对象的确定都将导致责任意识的形成。确定终极责任的对象有助于社会向有效、有序的方向发展。责任不清，必将导致整个社会无休止的争论和社会管理成本的增加。终极责任还能够敦促人类进行反思，反思曾经发生的和正在发动的每一场战争，反思人类所经历的每一场苦难，反思人类生存的终极意义。在当前，对于责任的认定，往往只是一般性的责任追究，谁放火就处理谁，至于放火人的教育生长环境，放火人行为的终极原因，并不深究；谁作奸犯科就制裁谁，至于培养作奸犯科的环境则没有得到根本的改善。因此，终极责任对于个体的成长、人生的幸福和社会的良好运行具有重要意义：它将深层次的责任感提升到意识水平，促使人们总结过去的经验或教训，从社会发展和制度建设入手，解决深层次的问题，而不是仅仅将目光聚焦在问题的表面上。

精神文明的发展也需要终极责任意识。随着社会的发展，各种法律正在逐步完善，逐渐成为约束个体行为的主要规则。在法律之外，道德和文化的力量正在削弱。然而，儒家文化强调"克己复礼"，强调通过"礼"来约束人类的欲望和行为。宗教、禁忌和伦理观念也通过各种途径强化个体的终极责任。因此，单纯地通过法律建设来提升责任意识就等于摒弃了优秀传统文化的价值和作用。同时，法律仅针对"法定责任人"，忽视了终极责任的落实，忽视了对社会依存连带关系的建设。单纯依靠法律手段必然导致终极责任意识的弱化，减弱社会群体的依存关系，导致社会教育和社会管理的治标不治本，社会问题得不到根本性的解决。社会依存理论认为，人际的依存是责任形成的基石[5]。如果破坏了人际的依存，就容易造成责任的表面化和泛指化，导致终极责任的扩散和消亡。因此，精神文明建设不能单纯地依赖法律等"刚性"手段，更应该依赖道德、文化等"柔性"力量。这些"柔性"力量的发挥最终将导致终极责任意识的形成。这不仅有助于反思精神文明建设的缺陷，更有助于推进人类对物质和精神关系的探讨，有助于厘清人类发展的终极意义，为物质文明和精神文明的发展指明方向。例如，在工业发展和环境保护问题上，不仅需要用法律手段来约束企业，更需要一种人文关怀来促使企业从道德、长远利益上自觉抵制对环境的污染。

强调终极责任也有助于消除人类对社会生活中苦难的冷漠，减少人们对强权和恶行的旁观。鲁迅在经历了"弃医从文"的转变后，发出了"哀其不幸，怒其不争"的呼号，呼吁民众要具有终极责任的意识、情感和行为，而不仅仅是充当看客。谭嗣同曾经愤慨地总结说："二千年来之政，秦政也，皆大盗也；二千年来之学，荀学也，皆乡愿也。惟大盗利用乡愿，惟乡愿工媚大盗，二者交相资。"什么是"乡愿"，孟子认为："阉然媚于世也者，是乡原也。"通俗地说，就是做"好好先生"——不敢为正义而得罪人的伪君子。孔子说："乡原，德之贼也。"在当今社会中，精神危机的最突出的表现就是：精英患上"犬儒病"，民众患上"冷漠症"。在现实生活中，敢讲真话者少了，仗义执言者少了，诚实守信被视为迂腐，耿直较真被耻笑为不谙世故。一些人对从产品、政绩到文凭、论文的"假冒伪劣"视而不见，甚至当作成功的典范加以崇拜，对从下属、民众到官员、学者的阿谀逢迎听之任之；对自由独立之人格，避而远之，视若"洪水猛兽"，使得民族的优秀个体经常得不到声援；对欺世盗名者坦然处之，三缄其口，使一些骗子被奉若神明。因此，强化人的终极责任意识，呼唤个体的责任感和真性情，能够催人奋进，增加个体的社会卷入度，调动全民族的力量来解决问题。

三、终极责任的来源

（一）能力的规定

社会的发展需要个体付出自己的能力和努力。然而，正如孔子所说的"唯上知与下愚不移"一样，现代心理学研究也表明，人的能力存在差异。不仅能力倾向存在差异，能力水平和表现得早晚也存在差异。能力差异的事实不仅为因材施教和知人善任提供了心理学依据，为职务确定和角色扮演提供了心理学依据，也为终极责任的承担提供了心理学依据。终极责任的一个来源即能力（或影响力、权力）的规定，能力强（或影响力大、权力大）的个体要为能力弱（或影响力小、权力小）的个体负责。即，能力越大，影响力越大，权力越大，个体担负的终极责任就越大。社会心理学认为，每一个人都具有影响他人的能力，但大小不同。影响力的大小决定着影响力发挥作用的方向。例如，不仅父母影响子女，子女也影响父母，但父母对于子女的影响力大，子女对父母的影响力小；同理，教师对学生的影响力大，领导对部属的影响力大，政府对民众的影响力大。这种影响力的大小始终影响着人对终极责任的归因。即父母要为子女的行为负终极责任，教师要为学生的行为负终极责任，领导要为下属的行为负终极责任，政府要为民众的行为负终极责任。正因为如此，在《三字经》中，古代先哲就指出了终极责任的能力规定："养不教，父之过。教不严，师之惰。"终极责任的能力规定与责任起源的进化与适应理论相吻合。进化与适应的理论认为，责任"基于那些在漫长进化历程中变得系统化了的人类心理倾向"。责任是人类的某些先天倾向在适应与选择历程中经过打磨和雕琢的产物。责任在本质上根植于泛文化的人类心理的特性。Hinder 认为，责任的进化本质可以从家庭责任、亲社会行为等方面来加以证明。[6] 家庭责任（亲本责任）是人类的基本责任形式，但并非人类特有的责任形式，因为所有的物种都表现出亲本照料的行为。人类的双亲对于子女的责任行为与母猴对婴猴的关爱与照料之间并不存在着本质的区别。责任源于亲本的需要。因此，能力的规定的本质就是种族延续的需要。社会生物学认为，任何生命都是基因复制的工具。父母的亲本照料行为，抚养教育子女的行为，均来源于基因延续的本能驱动，是物种适应与进化的结果。对于没有亲缘关系的个体，人类或多或少地也会表现出亲社会行为。这种行为一部分取决于人类社会的道德规范，另一部分则根植于人类的先天生物倾向。因为对没有亲缘关系的个体的亲社会行为并非无私的，而是以个体之间的互惠性为基础的，它最终还是有利于个体的生存和基因的传递。[6] 动物的种群延续过程受遗传基因的绝对影响。动物父母传递给子女必备的生存技巧，能力强的动物头领负责带领种群渡过种种难关。人类存在意识，所以种族延续的情况就更加复杂。首先，人类的社会分工更加细化，个体需要从不同环境中学习到许多生存技能；其次，社会生活各个环节之间的过渡存在困难，诸多的不确定因素会导致偶然事件增多；再次，精神生活的复杂性使得个体依据不同的目的去行动，并不存在一个既定目标成为每一个个体都追求的对象。即使存在共同目标，意识的复杂性也会造成行为的多样化。人类社会的多样化导致生活事件的原因有多种可能性，并由此带来终极责任难以明确的情况，从而造成终极责任意识淡漠、情感消极，产生了责任扩散、互相推诿的现象。但无论如何，社会影响力较大的人，由于其影响的广泛性，比其他人还是承担了更多的终极责任，必须慎言、慎行。尼采说过："一个不平凡的人对待平凡的人，要比对他自己以及同他一样的人更温和，这不仅是出于礼貌——这简直就是他的义务。"[7] 同理，领导干部、知名人士、权威专家、明星偶像，他们的行为受到了众人的关注，因而具有示范作用。他们必须意识到自己的终极责任，为民众做出良好的典范。当然，这并非说能力差（或影响力小、权力小）的人就不需要承担终极责任。事实上，子女、学生、下属对父母、教师、领导也承担着相应的终极责任，只是程度弱些而已。因为在社会生活中，人们往往通过子女、学生和下属的行为来评价父母、教师和领导，如"子肖其父""名师出高徒""强将手下无弱兵"等，因而父母、教师、领导的人生幸福和心理满足在很大程度上都与子女、学生和下属的行为有关。并且，能力的强弱也会随着时间的推移而发生变化。随着年龄增长，原来的弱者后来转变为强者，原来的强者则转化成弱者。在生活中，在孩子小时，人们往往"看父敬子"；在孩子长大后，人们往往"看子敬父"。因此，子女也承担着对于父母的终极责任。

（二）人性的规定

终极责任的第二个来源是人性的规定。主要包含四个方面的内容。

1. 自我实现的需要

在社会生活中，个体除了满足自身的生理需求以外，还承担着相应的社会任务。个体可以通过自身的努力完成社会任务从而达到自我实现。由于角色要求不同，不同个体往往也有不同的自我实现目标：个体作为父母，教育好子女，不使子女危害社会是基本目标，使子女为社会做出较大的贡献，则完成了父母角色的自我实现；个体作为社会成员，做好本职工作是基本目标，如果能够做出突出贡献，则是职业角色的自我实现。凡此种种，都是最为基本的责任和终极责任。马斯洛认为："自我实现者有强烈的社会责任感，这不但表现在对他人具有强烈的同情心，愿意帮助他人，而且也表现在他把所有的人看成是一个大家庭的成员，而他对这个家庭的存在负有责任。"[8] 由此可见，自我实现者是具有终极责任意识的个体，而且他们并不因此而产生压力，反而将其看作一种必须要完成的任务。

2. 保持良心（德性）的需要

孟子认为，天地之性至真至善至美，体现天地之性的人性也是善良的。人性不是人的饮食男女之类的生理本能，人之所以为人，在于人有先天的道德观念，在于人有"良知良能"。如果将人性理解为人的生理本能，那岂不是"犬之性犹牛之性，牛之性犹人之性"？他说："君子所性，仁、义、礼、智根于心。"即人性本善，善的内涵是仁、义、礼、智，它们是先验、分定的，为人所固有，不因穷达而改变。每个人都可能为善，这种为善的可能性就是人的"良知良能"。他说："乃若其情，则可以为善也，乃所谓善矣。若夫为不善，非才之罪也。"即按照人的本来性情都可以为善。如果为不善，那也不是本性不好的缘故。事实上，人最为基本的是具有良心。康德在《伦理学讲义》中提到："良心是根据道德法而进行自我判断的一种本能。良心的判断不是逻辑性的判断，而是审判性的判断。良心有权违背我们的意志，把我们召唤到审判席前就我们的行为正当与否迫使我们接受审判"[7] 作为一种社会的类本能，良心能够见证、约束和振奋人心，也能够指控、惩罚和谴责人的恶行。良心能够催促人类高尚，使人抵制邪恶，痛斥腐败，惩罚对他人的伤害行为。良心还具有问责的作用，它使人能够自我监察自己的责任履行情况，如果没有履行应尽的责任和义务，就会受到良心的谴责。终极责任的实现同样需要良心的召唤，这种力量发自人的内心，无法抑制。即，个人履行责任是德性的内在要求，是出于个人实现道德目的的理性冲动。[9] 孟子也曾将良心具体化为"不忍人之心"。他说："人皆有不忍人之心。先王有不忍人之心，斯有不忍人之政矣。以不忍人之心，行不忍人之政，治天下可运之掌上。"他进一步将"不忍人之心"细化为"恻隐之心"（同情心和同理心）、"羞恶之心"（羞耻心）、"辞让之心"（谦卑心）和"是非之心"（正义感），认为它们分别是"仁之端"、"义之端"、"礼之端"和"智之端"，认为此"四端"（四种萌芽）是人的良知良能，有此"四端"是人之为人的必要条件。康有为也曾将良心具体化为"不忍人之欲"，即看不得别人受苦受难，并认为它"合于义"，"因而纵之"[10]。人作为良心的载体，必将经历生活中的种种考验，最终顿悟，担当起终极责任，发挥自己的良知良能，向善向美。

3. 实现社会属性的需要

人除了具有生物属性外，更重要的是具有社会属性。马克思说：人的本质不是单个人所固有的抽象物，在其现实性上，它是一切社会关系的总和。[11] 荀子也说："力不若牛，走不若马，而牛马为用，何也？曰：人能群，彼不能群也。人何以能群？曰：分。"即，人类的特点不在于生理上或生物学上的特征，而在于人是一种"能群"的动物。这种人群不是一种自然的动物群，而是一种有分工、分职，互相合作，有力量支配自然，向自然索取财富的社会组织。因此，"群"的实质就是人类的社会组织和社会联系。马克思说：人不是抽象地蛰居于世界之外的存在物。人就是人的世界，就是国家、社会，人的实质也就是人的真正的共同体[12]。因此，社会性是人的本质。社会属性把人和其他动物严格区分开来。人的生存和发展离不开一定的社会关系。人没有虎、豹的锋利爪牙，没有象、鹿的健壮肢体，没有鸟类的灵敏耳目，仅凭个人之力，在弱肉强食的自然界立足就很难，更谈不上成为万物之灵。人要生存，只有依靠群体的力量。因此，人类个体要获得生存和发展，必须具备社会属性。所以，马克思认为：人是最名副其实的社会动物，不仅是一种合群的动物，而且是只有在社会中才能独立的动物。[13] 人的社会属性在个体身上就表现为个体的道德感、责任感、履行社会义务和享受社会权利等。西塞罗在《论义务》中指出："我们不是为自己而生的，我们的国家赋予我们活着以应有的责任，我们的亲属也同样如此。"[7] 社会规则运行的前提是个体努力实现自己的社会属性，而社会属性的最高形式即是终极责任的实现。个体不仅要对自己的行为负责，还要对自己的行为产生的好的或坏的影响负责，甚至要为自己的行为所带来的社会意识、社会规则的改变负责。例如，作为一名教师，他必须具备高尚的师德，因为学生通过直接或间接的途径受到他的广泛影响；如若教师的师德出现问题，必将会对学生造成不良后果，此种不良后果会像疾病一样在生活中传播，造成无法挽回的恶劣影响。作为一名子女或学生，也负有对父母和教师的终极责任。父母和教师的荣与辱、欢乐和痛苦、愧疚和满足、失落和充实，在很大程度上与子女和学生的成长与生活状况有关。

4. 不断追求文明的需要

人类与动物的区别还在于人类通过意识的作用不断创造辉煌的文明。文明的发展必然要求个体和群体不断地进行反思，弥补过错，慎终追远，继往开来。作为各种社会道德、伦理规范基础的责任，本身就是文明的产物。终极责任也将伴随着文明的发展而不断发展。例如，在工业发展早期，温饱是首先要解决的问题；在温饱问题解决之后，人与环境的和谐则是终极责任的内涵。此外，终极责任也促进文明的发展。例如，德国人对法西斯行为的持续不断的反省，促使人类不断重新发现和审视对他人生命的尊重这一责任和义务。电影、电视和文学作品也是对终极责任反思的载体，它们在终极责任意识的形成中具有重要作用。

（三）文化的规定

责任起源的文化依存理论认为："责任在很大程度上是人类建构起来的一种社会秩序构架。它涉及特定文化期待的不成文的规定、言行举止的社会规范、行为的法律要求以及关于人际关系的个人层面的构想。"[14] 不同的文化对于责任的要求不同。特定文化的教育、法律、宗教和社会习俗提供了一种稳定的、为特定文化所赞许的层级理论的机制，其中就包括将责任归因于自我或他人的方式。冯友兰先生指出："中国传统文化比较重视人与自然、人与人之间的和谐与统一；西方的近代文化则比较重视人与自然、人与人之间的分别和对抗。"[15] 西方文化塑造了一种个人自由、利益至上的个体本位文化，人我关系被描写成是一场"一切人对一切人的战争"。这致使西方人理解的责任更多的是一种以自身为疆界、被动消极的契约式责任。[16] 与西方文化不同，中国传统儒家文化的天人观、伦理观赋予东方文化对责任有不同的构想。儒家文化营造出一种超然的、积极主动承担起"仁民爱物"、"民胞物与"、照管家国天下的文化观。儒家认为，无限延展的责任意识是人之为人的根本特征。孔子的"当仁不让"，孟子的"舍我其谁"，张载的"为天地立心，为生民立命，为往圣继绝学，为万世开太平"，这些有代表性的儒家思想都表达了传统文化对个人生存责任以外的对家国天下发展这一终极责任的重视和要求。这一文化思想成为中国历代知识分子的精神信仰，使中国古代的文人士子具有强烈的终极责任感和历史使命感，推动他们不辞劳苦、不避艰险地去履行自己的使命。当然，这些宏大口号其实孕育着极其朴素的生活历史观。家国不存，安可独善其身？皮之不存，毛将焉附？因此，此种思想表达了一种强烈的连带关系，个人不仅为了自己而活，更是为了群体而活，为了子孙而活。

（四）终极理念的规定

西方人崇尚上帝，中国人崇拜祖先；西方人重视法制建设，关注社会的管理与约束，中国人重视道德修养，重视内心道德需要的满足。此类终极理念会给人履行终极责任带来力量。西方崇尚的宗教要求爱人、奉献，约束内心的不合理冲动，按照上帝的要求去行动。在中国，作为生命传承的一分子，长辈对晚辈都有追求社会地位、照顾好家属、延续香火的硬性要求。子孙的不作为或不肖行为会激发长辈的终极责任感，使长辈意识到自己有责任和义务带领好家人或族人。在中国，"如何面对列祖列宗"往往成为一个人的"紧箍咒"，催促个体对子女、对自我、对社会有善举，"穷则独善其身，达则兼善天下"，否则就无颜面对列祖列宗。同时，传统的"天人相依"的观念，宗教的"轮回说"、

"原罪说"和"因果报应说","祖先崇拜"的理念,"光宗耀祖"的目标,"人是万物之灵"的观点,"人生自古谁无死,留取丹心照汗青"的人生理想,都将成为人类世俗生活的重要组成部分,指导人们形成自己的世界观和价值观。所有这些终极理念最终都指向了终极责任:对个体而言,要为自己行为的现世的和后世的影响负责;对人类整体而言,无数的个体行为汇合成了人类的群体行为,目标就在于推进人类社会的文明发展和人类种群的有效延续。

终极理念是人生的精神支柱,是人在前进路上的灯塔或航标。持有终极理念的人,会意志坚定、精神饱满、矢志不渝地去实现自己的人生目标,履行自己肩负的责任。"衣带渐宽终不悔,为伊消得人憔悴。"终极理念往往具有强大的力量。首先,它是社会有序运行的长效手段,必然会得到国家政策层面的维护和保证,从而上升为国家意识。其次,作为宗族、家庭维系亲情的需要,长辈必然要极力维护此种理念,使其成为宗族发展、血脉传承的精神保证。再次,作为人类的精神信仰,终极理念在个体和社会的趋同过程中完成传递,是社会意识内化为个体意识的过程,它促使个体减少与社会的诸多冲突,确保个体生命的良性发展。个体在完成最初的社会化以后,即成为终极理念的守护者和继任者,传承和延续此种理念,促使个体终极责任的完成。最后,社会通过道德、法律、制度和文化保证终极责任的落实。例如,宗族制度和婚姻制度就具有此类功能。恩格斯指出:父亲、子女、兄弟、姐妹等称谓,并不是简单的荣誉称号,而是一种富有完全确定的、异常郑重的互相义务的称呼,这些义务的总和便构成这些民族的社会制度的实质部分。[17] 列维-斯特劳斯也认为,亲属之间的相互语词称呼,构成实际亲属关系的重要组成部分。所有使用亲属关系语词系统的个体或群体,由于语词所表达和所指谓的特定关系,行为上受到了语词规定的约束。他说:"亲属语词不仅是某种社会学的存在,而且也是说话的因素。"使用这些语词就等于"做"这些语词所规定的关系规则。个体在使用这些亲属关系语词时,实质上隐含着实行由亲属关系所要求的不同态度,如尊敬或亲近、权利或义务、亲情或敌意等。这些蕴含在语词意义中的亲属之间不同态度的因素,包含着比语词称呼关系更重要的心理、情感和社会关系因素,它们在保障亲属关系的维持和运作上起着更为重要的作用。[18] 由此可见,任何称呼都代表着一定的责任,而且它是在毫无商榷的前提下实现的,是不以人的意志为转移的。

四、终极责任的心理机制

(一)终极责任的作用机制

终极责任的作用机制有二。① 终极责任在更深的层面上催人奋进,加强个体的社会化程度。终极责任激励个体完善自身,关心社会发展,努力影响和完善社会体系。终极责任增强个体对自己的历史使命、社会属性的认知。通过对自己的定位,激发潜能,实现理想。终极责任体现了人文关怀,"老吾老以及人之老,幼吾幼以及人之幼",能加强个体对苦难者的救助,对弱者的帮扶。② 终极责任能约束个体的行为,使个体有所为,有所不为，使个体受到良心的监督和审判，调整个体行为，使个体更少渎职，更少旁观，更加慎独。终极责任能够使个体的意志更加坚定，更加突出行动的原则性和目的性，因为明哲保身就是拒绝履行终极责任，过分追求一团和气、推卸应负的责任会受到良心的谴责。

（二）终极责任的产生机制

终极责任通过激活人的焦虑而促使个体的行为发生变化。作为终极责任的主体，个体一旦意识到（或感觉到）终极责任的存在，良心便会发挥深层次的作用，一种长期的、发展性的焦虑将成为个体生活的一部分，个体将会产生一种心理张力。要缓解这种焦虑，解除心理张力，就需要采取相应的行动。于是，终极责任就成为推动人去行动的心理动机。一方面，积极进取，勇于作为，未雨绸缪；另一方面，居安思危，慎言慎行，防患于未然。所谓"居庙堂之高则忧其民，处江湖之远则忧其君"，即属此意。因此，终极责任主要源于人类对生存的焦虑，包括神经性的焦虑、现实性的焦虑和道德性的焦虑。例如，"保护环境，节约用水"，既是一种神经性的焦虑，即人的生存需要水，没有水，人就不能生存，也是一种现实性的焦虑，即随着人口的增加，水资源会越来越少；同时也是一种道德性的焦虑，即世界上还有很多人口和动物因为缺水而死亡。因此，终极性焦虑属于一种原发性焦虑，它既有集体无意识的成分，也有个体无意识的成分，它是人类对生存状态的元认知，是对未来的不确定性的元焦虑。例如，父母经常因子女的贪玩而为他们的未来担心，子女却觉得父母是在"杞人忧天"；教师经常因学生缺乏学习动机而为他们的前途忧虑，学生却觉得教师是在"自寻烦恼"。这种代际冲突主要是因为他们对生存状态的元认知不同，对未来的不确定性的焦虑状态不同，因而对终极责任的意识也不同。父母和教师强烈地感觉到他们有可能为子女和学生的无知负终极责任，而子女和学生却觉得事情远没有那样可怕和严重。在他们看来，他们的未来如何是他们自己的事，用不着别人来挂心。因此，终极性焦虑往往会出现意识与潜意识的分离，即表现为一种反向作用。例如：从意识层面上看，父母和教师对学生未来发展的焦虑和忧虑是源自他们对子女和学生的爱；但从潜意识或无意识层面看，父母和教师对子女和学生未来发展的焦虑和忧虑是源自对未来要承担终极责任的恐惧。这种分离对于具有过强的自决意识（如主张"我的青春我做主""我的人生我做主"）和过弱的责任意识和责任能力（如主张"我的困难你埋单"）[19]的"80后"和"90后"的父母而言，尤其如此。

终极责任也产生于人类经过长期思考而养成的积习。人类通过反思而成为意识的中心，正像笛卡儿所说的："我思故我在。"努力探索生活事件对人的生存的意义，是人类进化的重要保证。人类通过对终极责任的探析，来克服自然环境和社会生活中遇到的种种问题；人类取得了对生活事件产生原因的终极性知识，心理上也会获得一种平衡和满足。虽然有着无意识的欲求，但人类毕竟是理性动物。对未知原因的事件或行为，人类总会表现出一种焦虑和恐惧，这就促使人类去追逐事件的终极原因，厘清行为的终极责任。

终极责任的产生还取决于外部社会环境的影响。总的来说，社会和教育主要通过以下两个方面的措施来促使个体产生终极责任意识。

1. **通过影响个体的知、情、意、行来使个体明确终极责任**

在个体社会化的过程中，家庭、学校和社会主要通过影响个体的知、情、意、行来使个体明确自己的终极责任。人对于与他有关的各种责任关系的反映称为责任心。责任心尤指一个人对他所属群体的共同活动、行为规范以及他所承担的任务的自觉态度。责任心具有特定的心理结构，包括责任认知、责任情感和责任行为。[2] 责任认知是人对自己"应做之事"和"应承担之过失"的认知。决定论认为，人的一切活动，都是先前某种或几种原因导致的结果。人类行为可以根据先前的条件、经历来预测。[20] 决定论肯定了个体行为或社会事件必然有最终的原因。决定论在人类精神生活的稳定性方面发挥重要作用，它将个体和周围社会环境进行既定的连接，使得社会在无序的发展中体现出有序的规则。正是由于受决定论的影响，社会在发展中较为强调事件的本质原因。就个体的社会化进程而言，社会总是通过外显和内隐的手段"逼迫"个体寻找事件的原因，反思行为的结果，追求终极责任的内涵，认知自己在事件中承担的责任，使终极责任上升到意识层面，成为每个社会人的良知。此种良知具有强制性的特点，它不会因人而异。例如，"教师对学生的成长负有责任"这一命题在公众心目中根深蒂固，从而成为教师实现岗位理想的最基本的责任，此种责任并不会因为教师的个人差异而有所变化。任何认知都必然伴随着一定的情感体验。责任情感是指人在社会生活中对自己履行责任的情况持积极主动的态度而产生的情感体验，包括同情心、义务感、良心、羞耻感、爱和奉献的精神等[2]。社会通过评价体系的作用使个体完成认知和情感的结合，使个体对终极责任的认知附有情感的要素。个体通过履行终极责任受到社会褒奖，当个体不履行自己的终极责任时，就会受到社会的贬斥。子女作奸犯科的父母总是会受到周围人的另类看待，因为他们没有承担起"使子女健康成长"的终极责任，使子女误入歧途。终极责任意识的强制性特点，使得终极责任所依附的情感具有不可逃避和体验强烈的特点。子女误入歧途，父母将受到良心的谴责，此时所产生的情感体验并不等同于普通的履行责任失败而引发的情感波动。社会评价的强化为终极责任带来的情感既强烈深刻，又如影随形，挥之不去，长期萦绕在个体心头。社会还通过将终极责任转化为个体意志来促进终极责任意识的形成。意志是人类意识能动性的集中体现。意志对行为的调节主要表现在两个方面：发动作用和制止作用。实现终极责任的意志推动个体朝向社会赞许的目标前进，同时制止个体偏离社会赞许的目标的行为。社会正是通过强化终极责任对社会发展的作用而使终极责任成为个体生活的重要驱动力，使其成为个体意志的一部分，使个体履行终极责任的行为表现出稳定性和自觉性。责任行为是个体履行责任的反应动作和活动。它是责任心的外化，是责任得以实现的关键。在责任行为方面，社会通过褒奖"志士仁人"，使他们成为承担终极责任的典范，为年轻的一代树立了榜样。志士仁人通过自我反思，形成了优秀的人格品质，不仅做出了杰出的业绩和高尚的行为，还留传下大量的宝贵精神财富,成为履行终极责任的典范。例如:"志士仁人,无求生以害仁,有杀身以成仁";"生亦我所欲也,义亦我所欲也。二者不可得兼,舍生而取义者也";"路曼曼其修远兮,吾将上下而求索";"先天下之忧而忧,后天下之乐而乐";"粉骨碎身浑不怕,要留清白在人间";"苟利国家生死以,岂因祸福避趋之"。志士仁人在承担终极责任方面的榜样作用,成为激励人去实现终极责任的强大动力。

2. 通过道德、法律、制度和文化建设强化终极责任

道德和法律表达了社会对于人们的共同生活及其行为准则和规范的要求。制度是指要求大家共同遵守的办事规程或行动准则。文化是人们对伦理、道德和秩序的认定与遵循,是人们生活生存的方式与准则。由于上述意识形态在社会生活中具有指导功能,也由于它们具有可塑的特点,使得各个时代的思想家和教育家都强调通过这些社会资源建设,使个体对履行自己应尽的责任和义务具有明确的意识,从而形成了人对终极责任的文化自觉。当然,文化自觉是一个从无意识到意识的过程,它需要社会意识形态的有效作用。弗洛姆认为,任何社会都有一套决定人的认识方式的体系,这种体系的作用就好比一个过滤器。[21] 它迫使人们做出符合社会发展需要的行为,以达到维护社会良性发展的目的。作为个体社会化的主要内容,社会资源同样包含着宗教、前科学理论、禁忌等世俗文化。世俗文化也是一种文化,其中包含着大量敦促个体履行责任的内容。责任的落实需要付出,所以,从心理学的角度看,实现终极责任也就意味着一种延迟满足。例如,孝敬父母不仅是履行义务,更是为了延续自身的生命,保证个人的生活品质,因为自己将来也需要子女孝敬。此种延迟满足既是个人生存的必要手段,更是社会运行的潜在机制。应当明确,终极责任意识丧失的影响是深远的,它将造成人们责任意识的淡薄。"不能正视历史,如何面对未来",其中就包含有对事件发生的终极责任不追究、不作为的做法的质疑。

总之,社会通过道德、法律、制度和文化等转化基础,通过知、情、意、行的转化机制,使一个人具备良好的终极责任感,具备明确的终极责任意识。同时,个体也通过自省、自察而提升终极责任意识,不断强化自己的终极责任感,促使个体的品格不断完善,促进人类社会朝着积极向上的方向发展,从而实现人类社会的终极目标。对终极责任的认知和执行不仅关系到人类自身的发展,更关系到人与自然的和谐,关系到人类社会的稳定,关系到人对于灾难的认知和人作为地球主宰应承担的责任的认知。人只有认识到自己的终极责任,社会才会和谐,自然才会有序,人类才能够寻求到真正的幸福。否则,终极责任淡化所引发的责任扩散和动辄将责任归罪于社会或"天"的想法与行为,必将引发在更大范围内的责任意识的淡漠和责任情感的消失,由此造成终极责任不能发挥应有的社会监督作用。因此,作为一名社会成员,具备良好的终极责任感是一个人格健全的个体的基本品质。学校和家庭的重要任务就是促使个人意识到自己的终极责任,勇于承担属于自己的终极责任。

〔参考文献〕

[1] 中国社会科学院语言研究所词典编辑室. 现代汉语词典 [M]. 北京：商务印书馆, 1978.

[2] 张积家. 试论责任心的心理结构 [J]. 教育研究与实验, 1998 (4): 43-47.

[3] 刘国华, 张积家. 论责任心及其培养 [J]. 烟台师范学院学报（哲学社会科学版）, 1997 (3): 66-71.

[4] 叶浩生. 责任内涵的跨文化比较及其整合 [J]. 南京师大学报（社会科学版）, 2009 (6): 99-103.

[5] 况志华, 叶浩生. 西方学界关于责任起源的三种构想及其比较 [J]. 教育研究与实验, 2007 (4): 53-58.

[6] Hinde R A. Responsibilty: a biologicalperspective [M] //A E Auhagen, H W Bierhoff, Responsibilty: themany faces of social phenomenon. Routledge, 2001.

[7] 莫·阿德勒, 查·范多伦. 西方思想宝库 [M]. 北京：中国广播电视出版社, 1991.

[8] 叶浩生. 西方心理学的历史与体系 [M]. 北京：人民教育出版社, 1998.

[9] 沈晓阳. 西方伦理学中的责任根据理论探析 [J]. 杭州师范学院学报（社会科学版）, 2002 (3): 33-37.

[10] 张积家. 康有为情欲心理学思想探要 [J]. 烟台师范学院学报（哲学社会科学版）, 1992 (3): 73-80.

[11] 马克思. 关于费尔巴哈的提纲 [M] //马克思恩格斯选集：第1卷. 北京：人民出版社, 1972.

[12] 马克思. 黑格尔法哲学批判导言 [M] //马克思恩格斯选集：第1卷. 北京：人民出版社, 1972.

[13] 马克思. 政治经济学批判序言 [M] //马克思恩格斯选集：第2卷. 北京：人民出版社, 1972.

[14] Shaver G K, Schatte A D. Towards a broader psychological foundation forp responsibility: who, what, how [M] //Auhagen, Bierhoff. Responsibility: the many faces of a social phenomenon. Rut ledge, 2001.

[15] 陈碧云, 李小平. 责任观的中西文化比较研究 [J]. 心理学探新, 2008 (1): 12-15.

[16] 任亚辉. 中国传统儒家责任心理思想探究 [J]. 心理学报, 2008 (11): 1221-1228.

[17] 恩格斯. 家庭、私有制和国家的起源 [M] //马克思恩格斯选集：第4卷. 北京：人民出版社, 1972.

[18] 肖二平, 张积家. 亲属结构理论及对摩梭人亲属关系研究的启示 [J]. 华南师范大学学报（社会科学版）, 2010 (2): 74-82.

[19] 张海钟, 朱海娟. 性格决定命运论的哲学心理学批判 [J]. 宁波大学学报（教育科学版）, 2010 (1): 126-128.

[20] 张积家. 高等教育心理学 [M]. 北京: 高等教育出版社, 2010.

[21] 埃里希·弗洛姆. 在幻想锁链的彼岸: 我所理解的马克思和弗洛伊德 [M]. 张燕, 译. 长沙: 湖南人民出版社, 1986.

论公民意识的结构及其形成

张积家 刘国华 王惠萍

[摘　要]　公民意识的结构是一个多层次、多侧面和多维度的整体。公民意识既具有静态的结构，又具有动力的特征。公民意识的结构是一个层次结构，它可以分为四层：① 遗传素质层；② 人格特征层；③ 心理过程层；④ 内容结构层。每一层次都由许多因素构成。公民意识的结构并非上述各个层次因素的简单堆积，而是具有动力的性质。公民意识结构的动力性表现在：① 各个层次、各个因素之间存在一定的内在联系；② 发展性；③ 情境性；④ 可塑性。公民意识结构的复杂性和动力性为人的公民意识的发展提供了多种可能性，同时也向我国的社会主义公民教育提出了更高和更为复杂的要求。

[关键词]　公民意识；结构；形成

[原　载]　《鲁东大学学报（哲学社会科学版）》1994年第4期，第15—25页。

　　学校社会主义公民教育是学校德育的重要组成部分，它的中心任务是培养全体学生的公民意识。早在1982年，彭真同志在关于宪法修订草案的报告中指出：按照社会主义、集体主义来处理公民个人同国家和社会的关系、同其他公民的关系，建立同社会政治制度相适应的权利义务观念和组织纪律观念，养成社会主义的公民意识，正是在全社会建设社会主义精神文明的重要内容。1986年，《中共中央关于社会主义精神文明建设的指导方针》提出，在全体人民中坚持不懈地普及法律知识，增强社会主义公民意识。江泽民同志在党的十四次全国代表大会上的报告中指出：要把民主法制实践同民主法制教育结合起来，不断增强广大干部群众的民主意识和法制观念。这表明，公民意识及其形成是社会主义初级阶段一个十分重要的理论问题，也是学校社会主义公民教育中亟待解决的实际问题。

　　要培养学生社会主义的公民意识，首先应当搞清楚公民意识的结构和形成规律。公民意识是一种社会现象，它是社会意识的表现形式之一，受社会意识的发展规律制约。然而，个人的公民意识又是一种个体心理现象，是个体意识的表现形式之一，受个体心理发展规律制约。本文是在后一种意义上探讨公民意识的结构及其形成的。这种探讨对于科学地认识和理解公民意识现象，探索公民意识的形成规律，设计测量个体公民意识水平的方法与手段，培养学生良好的公民意识，无疑具有重要的意义。

一、以往公民意识结构的研究及其缺陷

虽然公民意识问题在我国的提出时间并不长，但已有同志对公民意识的结构进行了角度不同的研究。这些研究有的侧重于公民意识的内容结构，有的则从公民意识形成的角度探讨了公民意识的心理结构。

（一）关于公民意识内容结构的研究

谢邦宇于1988年在《公民手册》代绪论中提出，社会主义的公民意识包括权利与义务相统一的观念、民主意识和法律意识。与此同时，他认为民主意识、法律意识同公民意识之间的关系又是复杂的。民主意识是公民意识的核心内容与重要组成部分，而公民意识又是民主意识的一般表现形式；法律意识是公民意识的重要内容，而公民意识同时又属于法律意识的范畴，是以宪法为核心的民主观与法律观的反映。[1] 与之类似，吴铎于1988年在"初级中学《公民》改革实验教学大纲介绍"中指出，公民意识是指"公民对于公民地位以及由这种地位而应具有的思想观念的认识"，它包括道德意识、权利意识、义务意识、平等意识、法制意识和参与意识等。[2] 这种从内容角度探讨公民意识结构的研究对于确立社会主义公民教育的内容和目标是有帮助的。

（二）关于公民意识心理结构的研究

吴铎在提出了公民意识的内容结构之后，又从心理成分的角度探讨了公民意识的结构。他指出，公民课的教学应处理好知、情、意、行之间的关系，应晓之以理，动之以情，形成信念，导之以行。[3] 这实际上是一种"四因素论"，类似于品德结构理论中的"四因素说"。从心理成分的角度探讨公民意识的结构能揭示公民意识的心理实质和形成途径，对于我们科学地理解公民意识现象是有帮助的。

然而，上述两种公民意识结构的研究也是有缺陷的。第一，上述研究分裂了公民意识结构，具有片面性。作为一种意识结构，既应有其内容，又应有其心理成分。内容与心理成分应是统一的，不可分割的。因为任何一种意识内容都要以一定的心理成分为基础，而心理成分又要通过具体的意识内容表现出来。内容结构的研究仅从意识的水平上来分析公民意识的结构，没有涉及公民意识结构中的情感、意志和行为的心理成分；心理结构的研究则排除具体内容的因素，这两者都失之于片面。第二，上述两种研究至多为我们提供了公民意识结构的平面的、静态的分析，其结构缺乏一种动态的统一。人们看不出在上述结构中各种因素之间存在着什么样的关系，更看不到各种因素之间的相互影响和相互作用。第三，人的公民意识结构应当是多层次、多侧面的。其中各种成分在个体公民意识的发展过程中并非等速齐头并进，也并非以同样的作用力影响人的公民意识的形成。但内容结构的研究只强调了认识的因素，心理结构

的研究则只停留在因素分析的水平上，都缺乏一种深层的分析，因而不能揭示公民意识的全貌与实质。

二、公民意识的结构和动力特征

根据系统论的观点，我们认为公民意识的结构是一个多层次、多侧面和多维度的整体。公民意识既具有静态的结构，又具有动力的特征。

（一）公民意识的静态结构

公民意识的静态结构是一个层次结构，它可以分为四层，每一层都由许多因素构成。

1. 遗传素质层

它处于公民意识结构的底层。它包括一个人从父母那里继承下来的解剖生理特点，主要是大脑的结构和特点，一个人与生俱有的需要（基本的生理需要和人最初的社会性需要，如社会性微笑与人面偏爱等），人的气质特征等。公民意识不是凭空产生的，它要以人的先天遗传素质为基础。当婴儿从母腹中呱呱坠地时，他的心理就不是一块英国哲学家洛克所讲的"白板"，而是刻有各种"花纹"。左其沛在1990年撰文指出，人的社会性情感可以遗传，而社会性情感是品德形成的最初的心理基础、最早的内因。[4] 公民意识的形成也是如此。马克思曾经指出：人们之所以有历史，是因为他们必须生产自己的生活，而且是用一定的方式来进行的。这和人们的意识一样，也是受他们的肉体组织所制约的。[5] 人之所以能成为人，与人具有独特的遗传素质分不开，这些遗传素质为人的意识（包括公民意识）的发展提供自然基础和物质前提。人的大脑的结构和特点会影响一个人的智力，后者将影响人对公民知识的掌握和公民认识的形成。人与生俱有的需要是公民意识形成的最初的动力和心理基础。人生下来时的气质特征本身并无社会评价的意义，但不同的气质对公民意识的形成会产生不同的影响。某些公民意识的内容和公民品质，对某种气质的人来说就易于形成，而对另外一些气质的人来说形成起来就较难。例如，认真负责的工作态度对胆汁质的人说来就较易形成，而对多血质的人说来形成起来就有一定的困难；遵纪守法的习惯对黏液质和抑郁质的人形成起来就较为容易，而对多血质与胆汁质的人而言形成起来相对较难，因为多血质的人自我约束的能力相对较差，而胆汁质的人则易于冒失冲动、鲁莽行事。气质还决定人的情绪特点，而情绪特点又影响公民意识的形成。一个人如果浮躁而易怒，就容易同其他人发生冲突。同样，褊狭而孤僻，对于培养人的同情心、人道主义和集体主义精神，也绝不是有利的内部因素。人的身体和相貌方面的特点对人的公民意识的形成也有某些影响。例如，某些先天缺陷，如兔唇、跛足、畸形的人，由于自惭形秽和易于受人讥讽嘲笑，也易产生自卑、自暴自弃和反社会的心理。

犯罪和变态心理学的研究表明，某些遗传的和生理的因素的确对犯罪和性变态行为有着直接的影响。例如，由单基因显性遗传所造成的躁狂症和先天愚型，由性染色体缺陷所造成的基因型47.XXY和基因型47.XYY，由多基因遗传所造成的精神分裂症，都对犯罪有重要的影响。患基因型 47.XXY 的病人有时会因小脾气而突然出现攻击性行为，国外报道犯人中患此病的比率明显高于正常群组。国外的研究还表明，劳教所男犯人中患基因型 47.XYY 病的比率相当高。这些人往往身材高大，在学校时显得比较淘气，社交方面不成熟，时常出现冲动行为。此外，近年来的研究表明，像同性恋之类的变态性行为也有一定的遗传的和生理的基础。[6]

2. 人格特征层

它处于公民意识结构的第二层。人的意识的形成要受人的个性特点或人格特点的影响。苏联心理学家鲁宾斯坦认为，人的个性或人格是心理反映客观现实的"棱镜"。事实上，人的个性或人格是公民意识形成的重要的心理基础。

属于这一层次的因素有人的智力、需要、信念、世界观、人生观、理想和性格等。和深层（遗传素质层）的因素不同，这一层次的因素的形成要受环境和教育较大的影响，其中家庭、学校和社会的影响在这一层次因素的形成中起着主导作用。

（1）智力。智力影响一个人对公民知识的掌握，智力高的人掌握公民知识的速度快，质量亦高。国外对违法犯罪青少年的研究表明，青少年犯罪者当中有智能障碍的为 10% 左右。[7] 洪德厚对 119 名少年犯的统计表明，他们的平均智力属于中下水平，其中有 1/4 属于低能边缘或智力缺陷。在 119 名少年犯中，流氓类的智力最低，流氓类中强奸类智力最低，强奸类中奸幼类智力又最低。[8] 智力之所以会对犯罪产生影响，是因为智力发展落后会造成人的判断力、理解力低下，对自己的行为后果缺乏明确的意识，自主性缺乏，人格不成熟，对冲动的抑制力和控制力差，容易兴奋，情绪不稳定和具有强烈的自卑感。他们一旦有需要产生，就要求立即满足，至于用什么方法满足则不予考虑或考虑很少。这种人也极易受他人引诱而犯罪。

（2）需要。需要是个体积极性的源泉，是外部要求转化为个体行为动机的中介环节。公民的需要结构及其特点对于公民意识的形成和公民行为的产生具有极其重要的影响。需要按其起源可以分为自然需要和社会需要。一个好的公民只有正确对待、适当抑制他的自然需要，才会产生利他的、高尚的社会行为。需要按其指向又可分为物质需要与精神需要。一个高尚的人总是适当控制自己的物质需要而追求真、善、美。对违法犯罪青少年的研究表明，畸形的需要结构是他们违法犯罪的重要原因。他们的需要结构往往具有下述特征：① 需要的内容违背社会要求；② 需要结构缺乏良好的调节能力；③ 用反社会的手段满足需要。[9]

（3）理想、信念、人生观和世界观。人的理想、信念、人生观和世界观是个性或人格的核心，它们决定着个性或人格的方向和水平，对公民意识的形成有着更为直接的影响。一个有着远大的共产主义理想和坚定的革命信念的人，一个将人生理解为奉献而不是索取的人，一个有辩证唯物主义和历史唯物主义世界观的人，容易形成社会主义的公民意识和公民品质。相反，对违法犯罪青少年的研究表明，违法犯罪青少年往往缺乏远大的理想，具有"人不为己，天诛地灭"的信念，具有个人主义的人生观、吃喝玩乐的享乐观、流氓无产者的英雄观、哥们义气的友谊观和低级下流的性爱观。[10] 理想、信念、人生观和世界观的扭曲导致了他们个性或人格的畸形，因而产生了反社会的违法行为。

（4）性格是指由人对现实的态度和他的行为方式所表现出来的个性心理特性。它对公民意识的形成亦有重要的影响。一个与人为善、严于律己、认真负责、谦虚谨慎、惜时守信、勤奋进取、清洁卫生的人易于形成良好的公民意识和公民品质，而一个以邻为壑、自由放任、马虎敷衍、骄傲自负、言而无信、懒惰退缩、肮脏邋遢的人则难以形成良好的公民意识和公民品质。变态人格就是性格影响公民意识形成的典型例子。变态人格者具有某些性格异常或变态，他们不可信赖，极端的自我中心和自私，不考虑社会义务，不爱他人，不为他人着想，在人际关系上不负责任和不近人情；他们缺乏自知之明，行为受原始欲望驱使，法纪观念差，甚少感到羞惭；他们残暴或冷酷无情，常出现攻击性行为，最易使别人遭受痛苦，行为与社会规范格格不入。变态人格在一般人口中仅占0.2％～2％，在犯罪者中所占比例却相当高，在初犯及单一犯罪者中占10％～20％，在惯犯和早发犯罪中占50％以上。[11] 性格对于公民意识和公民行为的影响，由此可见一斑。

3. 心理过程层

它处于公民意识结构的第三层，构成这一层次的因素有公民认识、公民情感和公民意向。这一层次的因素是在已有的遗传素质和人格特征的基础上，在家庭、学校、社会的公民教育和法制教育的直接影响下形成的，同时它又是公民意识表层的直接心理基础与构成成分。

公民认识是指公民对自己的公民地位以及由这种地位规定的思想观念的认识。公民认识是个体认识过程的产物。它的形成，一方面有赖于公民知识的教育与普及，另一方面也要以一定程度的儿童心理发展水平为基础，尤其以思维和自我意识的发展水平为基础。小学阶段的儿童，其思维具有具体、形象的特点，其心理活动多指向外部世界，自我意识的水平还很低，不可能产生明确的公民认识。只有到了青少年时代，其思维的抽象性、独立性已经有了长足的发展，自我意识的发展也突飞猛进，此时才有可能掌握较深奥的公民知识，意识到自己的责任，产生较为明确的公民认识。[12]

公民情感是指公民在实现和履行自己的权利和义务时所产生的情绪体验，它包括公民的权利感、义务感、尊严感、正义感、同情心、爱国主义情感、集体主义情感、参与感和良心等。青少年公民情感的产生以自我体验的发展为基础，并与成人感的发展相联系。青少年虽然还不是严格意义上的公民，但是，在环境和教育的影响下，青少年在履行公民的权利和义务时或在想象中履行时是会体验到一定的情感的。

公民意向是指公民力图使自己的行为符合公民行为准则的愿望和要求。这种公民意向在小学阶段还只是一种朦胧的、憧憬式的愿望，只有进入中学阶段以后，随着对公民知识的掌握和公民情感的产生，才逐步变得强烈起来，并成为产生公民行为的直接动力。[13]

4. 内容结构层

这是公民意识结构的表层。这一层次的内容是知、情、意的合集，并具有具体的表现形式。属于这一层次的因素有以下几种。① 道德意识，即对公民所必须具有的道德规范的意识。它是道德认识、道德情感和道德意向的合集。② 民主意识，即公民作为国家主人翁的责任感，它表现为个人自觉地关心国家的命运和前途，积极维护和改善社会秩序，不断改进工作态度，讲求与公民身份相适应的人格和国格。③ 权利意识，即对宪法和法律赋予公民某种行为合法性的意识。例如，对公民的选举权、被选举权、其他政治权利和自由、社会经济权利、文化教育权利和自由的认识，并珍惜和自觉捍卫这些权利。权利意识还包括对他人（包括妇女和儿童）的合法权利的尊重。④ 义务意识，即意识到宪法和法律所规定的公民对国家和社会必须履行的责任，如接受义务教育，积极投身于四化建设，维护国家安全、荣誉和利益，保守国家机密和依法服兵役等。⑤ 法律意识，即具有法律的无上尊严、法律面前人人平等的观念，遵守宪法、法律和纪律，自觉地与违法、违纪行为做斗争。⑥ 参与意识，即参与国家和社会的政治生活、参与民主管理、参与"两个文明"建设的观念和积极性。此外还有团体精神、竞争意识和服务意识等。[14]

公民意识的静态结构可用图1表示。

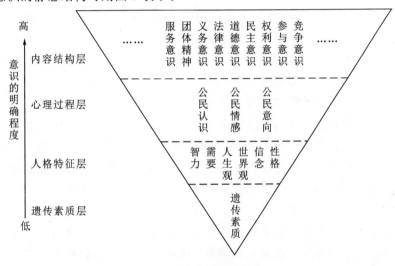

图 1　公民意识结构示意图

公民意识的倒锥体结构表明各个层次的因素在公民意识结构中的地位和对公民行为的影响作用的大小。自下而上意识的程度越来越明确，受环境和教育的影响也越来越大。各个层次之间也不是绝缘的，存在着相互影响与相互作用，所以用虚线分开。

（二）公民意识结构的动力特征

公民意识的结构并非上述各个层次因素的简单堆积，而是具有动力的性质。

公民意识结构动力性的第一个表现是它在各个层次、各个因素之间存在着一定的内在联系。从纵的方向看，深层因素是表层因素的基础，表层因素对深层因素有制约作用。例如，人的遗传素质是人格形成的基础，而人格一旦形成，就对先天的遗传素质起制约、调节和改造的作用。正如马克思所指出的：不言而喻，人的眼睛和原始的、非人的眼睛得到的享受不同，人的耳朵和原始的耳朵得到的享受不同，……所以社会的人的感觉不同于非社会的人的感觉。……忧心忡忡的穷人甚至对最美丽的景色都没有什么感觉；贩卖矿物的商人只看到矿物的商业价值，而看不到矿物的美和特性；他没矿物学的感觉。[15]人的人格对公民认识、公民情感和公民意向的形成有较大影响，而公民认识、公民情感和公民意向对人的人格也会产生较大的作用，使人的人格升华，使之高尚化和深刻化。至于公民意识的内容结构层的形成，更是公民认识、公民情感和公民意向的合集，而人的公民认识、公民情感和公民意向则会在具体的公民意识形式中得到体现与发展。

从横的方向看，公民意识结构的每一层次的各种因素之间也是相互联系的。例如，在人格层当中，世界观和人生观处于核心的地位，它们制约和影响着其他因素的发展，同时其他因素的发展也影响世界观与人生观的形成。在心理过程层当中，公民认识、公民情感和公民意向也是相互联系的。一方面，公民认识是公民情感和公民意向产生的基础。没有对自己的公民地位以及由这种地位所规定的思想观念的认识，就不会产生相应的公民情感和公民意向，而随着公民认识的深入，公民情感和公民意向也会随之增强。另一方面，良好的、健康的公民情感和公民意向也能加速个体对公民知识的掌握和公民认识的深化，并推动人产生良好的公民行为。在内容结构层当中，各种意识也不是相互独立和同等重要的。道德意识、民主意识和法律意识是核心，它们影响和规定着其他意识内容的性质与方向，是社会主义公民意识区别于资本主义公民意识的根本标志，而其他意识内容的形成对道德意识、民主意识和法律意识的形成也有重要的促进作用。

公民意识结构动力性的第二个表现是它的发展性。人的公民意识是逐步形成的，从出生到成年，人的公民意识结构一直处在不断发展和变化之中。公民意识的各个层次也不是同时形成的，而是在儿童的不同年龄阶段有不同的发展任务。人的公民意识的发展情况如图2所示。从图2中可以看出，当一个人刚刚来到这个世界上的时候，他只有遗传素质层的结构。这个结构为他未来成长为一名社会公民提供了可能性。遗传素质层的结构在出生时就已达到相对高的发展水平，在出生后的几年里，仍维持较快的发展速度，但逐渐变得缓慢下来，故曲线呈负加速度变化。儿童的人格从一周岁后开始形成，但在青少年期以前，发展仍是缓慢的和不稳定的。儿童入学后，开始接触一些公民知识，如"好好学习，长大做革命事业的接班人""五讲四美""四有""三热爱"等，其公民意识结构中心理过程中的因素开始萌芽。但由于他们的心理发展水平所限，对这些口号的理解还是很肤浅的，停留在直观形象水平，所以发展仍然是很缓慢的。至于内容结构层的一些因素，如民主、法律、权利、义务、道德等，小学阶段的儿童是很难理解的，到青少年期才真正开始发展。因此，除遗传素质层外，其他三层发展的加速期都在青少年期，其中内容结构层的因素只有到了高中和大学阶段才真正开始成熟。这意味着，中学阶段是公民意识发展的关键期。

还应当指出，不同个体公民意识的发展水平是存在较大差异的。对某些个体而言，其心理过程层和内容结构层的因素可能从来就没有得到发展。这些人浑浑噩噩，糊里糊涂；不知道自己有什么权利，也不知道自己的责任和义务；不知道民主为何物，也不知道宪法和法律；既不讲国格，也不讲人格。在半殖民地半封建的旧中国，这种人颇多。梁启超先生曾经指出，当时的国民缺乏公德、无国家思想、无进取冒险心、无权利思想、无自由意识、缺乏自治精神、无自尊心、无毅力、无义务思想、文弱柔懦、私德落后、

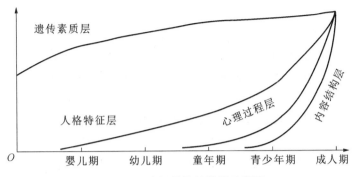

图 2　公民意识结构的发展示意图

冷漠旁观。[16] 鲁迅先生也曾指出当时我国国民卑怯、奴性、巧滑、迷信、愚昧、逆来顺受、精神胜利。[17] 这些都是对旧中国公民意识水平低下的深刻揭露，也是社会主义的公民教育所应努力消除的。

公民意识结构动力性的第三个表现是它在不同的情境下有不同的结合。一个人的公民意识结构是相对稳定的，但这不等于说它在任何情况下都以一种一成不变的模式表现出来，而是在不同的场合着重显示其不同的侧面。鲁迅的"横眉冷对千夫指，俯首甘为孺子牛"和雷锋的"对待同志要像春天般的温暖，对待工作要像夏天一样的火热，对待个人主义要像秋风扫落叶一样，对待敌人要像严冬一样残酷无情"正是对这种情况的生动写照。公民意识在不同情境下表现出不同侧面的这种变异性，不仅不说明公民意识的分裂，而恰恰说明了人的意识的丰富性与统一性。因此，只有在多种情境下全面考虑，才能了解一个人公民意识的全貌。

公民意识结构动力性的第四个表现是它的可塑性。公民意识作为一个公民精神面貌的反映，它既在主客观因素的相互作用中形成，也在主客观因素的相互作用中变化。客观环境的变化是公民意识发生变化的重要因素。例如，违法犯罪青少年在不良的社会环境因素的影响下形成了畸形的公民意识，但在劳教所里，在管教人员的精心教育下，觉今是而昨非，逐步清除自己头脑中的腐朽意识，改正身上的恶习，转变成一个好公民。个体主观的自我调节也是公民意识改造的有利因素。如果一个人意识到自己公民意识结构中与社会要求不相适应的因素，并通过长期不懈的努力去逐步加以改造，就可以使自己的公民意识不断得到升华。这种人即使处在逆境之中或处在不良的社会风气的影响下，也能够保持自己的良知，不自暴自弃或随波逐流，出淤泥而不染。相反，如果放弃了积极的思想改造，一个人会走向堕落，做出有损国格或人格的事，以致违法犯罪。

总之，公民意识结构是一个复杂的综合体。它具有层次性、多维性、发展性和动力性的特点。公民意识结构的复杂性和动力性为人的公民意识的发展提供了多种可能性，同时也向社会主义的公民教育提出了更高和更为复杂的要求。教育工作者必须认识到公民意识结构及其形成的规律，只有这样才能克服公民教育中做表面文章的形式主义倾向，使社会主义的公民教育能够落到实处，为培养跨世纪的合格公民做出贡献。

〔参考文献〕

[1]《公民手册》编写组. 公民手册[M]. 北京：华艺出版社，1988.

[2][3] 国家教委. 中学思想政治课改革实验教学大纲介绍[M]. 光明日报出版社，1988.

[4] 左其沛. 品德心理的发生发展与成长期的德育[J]. 教育研究，1990（7）：28-37.

[5] 马克思，恩格斯. 马克思恩格斯全集：第3卷[M]. 北京：人民出版社，1960.

[6] 武伯欣，张钦礼. 变态心理学与犯罪[M]. 北京：中国人民公安大学出版社，1987.

[7][8][9][10][11] 中国社会科学院社会学研究所. 青少年犯罪心理学[M]. 上海：上海人民出版社，1985.

[12][13] 刘国华，张积家. 学校社会主义公民教育[J]. 教育研究，1991（6）.

[14] 谭建光，李兰芬. 浅释广东人的公民意识发展[N]. 中国教育报，1988-08-30.

[15] 马克思，恩格斯. 马克思恩格斯全集：第42卷. 北京：人民出版社，1960.

[16] 梁启超. 新民说[M]. 郑州：中州古籍出版社，1998.

[17] 许寿裳. 亡友鲁迅印象记[M]. 桂林：广西师范大学出版社，2010.

第三编

CHAPTER 3

语言篇

语词遮蔽效应的研究及其理论

刘丽虹　张积家　崔占玲

[摘　要]	语词遮蔽效应（VOE）是指语词化描述对非语言认知的阻碍效应。研究者发现影响语词遮蔽效应的因素有时间因素、言语描述任务、分心任务、再认测验、个体差异等。现有的有关语词遮蔽效应的解释理论有三种：记录干扰理论、不合适的加工转换迁移理论和标准转换理论。未来研究应着重探讨言语描述影响了知觉内容还是提取线索等内容。
[关键词]	语词遮蔽效应；语言描述；目标辨认
[原　载]	《心理科学进展》2009 年第 2 期，第 308—313 页。

　语词遮蔽效应的界定

人们通常认为，对外部刺激事件的言语描述有助于记忆。但是，人们发现，当需要记忆的事件难以用语言来把握时，言语描述反而有损于记忆，导致记忆错觉。这就是语词遮蔽效应（VOE）。语词遮蔽效应是指语词化描述对非语言认知的阻碍作用。Schooler 等人最先发现了这一现象。他们要求被试观看一段长 30 秒的描述银行抢劫的录像片，随后是 20 分钟的分心任务，要求阅读几个短文，并回答与之有关的问题。接着把被试分成两组，分别接受不同的处理。要求一组被试写下对抢劫者面貌的详细描述，另一组被试安排与之无关的活动。结果发现，第一组被试指认罪犯的准确性大大下降，准确率为 38%，第二组准确率却为 64%[1]。这个结果和早期 Bartlett 和 Daniel 等人的研究肯定言语在视觉记忆中的积极作用的结果相悖[2]，因此引起研究者的浓厚兴趣。

随后的研究者又就这个问题做了大量研究。结果发现，语言化的描述对问题解决[1]、内隐学习[3]、视觉表象[4]、空间记忆[5]和情感判断的形成[6]等都有一些消极作用[7]。

VOE 的标准研究范式是：实验组（言语描述组），学习→无关分心任务→言语化描述→再认测验；控制组（非言语描述组），学习→无关分心任务→控制任务→再认测验。

在实际罪犯调查中，标准做法是找到目击证人获得证言，并要求证人指认罪犯。由于语词遮蔽效应，这种做法可能会阻碍证人对罪犯的指认。这个发现同人们的直觉相悖，并对现实有非常重要的警示意义。

语词遮效应的影响因素

影响 VOE 效应的因素有很多，归纳起来主要包括以下几个。

（一）时间因素

时间因素主要从编码延迟和描述延迟两个方面考虑。编码后延迟（post-encoding delay）是指延迟编码时间。如延长目标刺激呈现和言语描述的时间间隔，从即时到 48 小时。描述后延迟（post-description delay）是指延长言语描述和再认测验的时间间隔。Meissner 和 Brigham 的研究表明，言语描述后再认时间的延迟是一个重要变量，延迟时间长短是影响 VOE 产生的重要因素。当这个时间间隔大于 30 分钟时，VOE 就消失了。但是，如果延迟时间较短（如不到 10 分钟），就会存在 VOE[8]。另一个时间因素是再认测验的时间限定。大部分研究没有限定被试测验时辨别目标刺激的时间，少数研究限定被试在 5 秒内完成。Schooler 等的研究表明，当限定辨别目标刺激的时间时，VOE 效应就消除了[1]。但 Dodson 等人发现，限定辨别目标刺激的时间并未影响 VOE 出现[9]。

（二）言语描述的类型

在以往研究中所用的言语描述有三种类型。第一种是要求被试自己产生言语描述，这是在 VOE 研究中最常采用的方式。第二种是给被试提供现成的描述，即阅读言语描述，如让被试阅读关于目标面孔的言语描述。Dodson 等人[9] 以及 Meissner、Brigham 和 Kelly（2001）的研究表明，即使在这种条件下也会出现 VOE[10]。第三种是非目标刺激的言语描述，即描述的面孔和要求再认的面孔是不同面孔。Dodson 等人研究发现，对非目标面孔的言语描述也会阻碍对目标面孔的再认[9]。

（三）言语描述的指导语

Meissner 等人[10-11] 在研究中分别给被试强迫回忆、自由回忆或警告回忆的指导语。强迫回忆要求被试提供尽可能详尽、全面的目标面孔描述，即使其中一些细节不确定。自由回忆要求被试尽力描述出目标面孔。警告回忆要求被试只描述能够确定记住的细节，不能确定的细节不要描述。他们发现，VOE 现象只在第一种条件下出现。

（四）言语描述的侧重点

根据言语描述的侧重点不同，可以将之区分为特征描述和整体描述。描述面孔通常既包括特征描述，也包括整体描述。特征描述指着重描述对象的部分，如眼睛、鼻子、嘴巴和头发等。整体描述指描述对象的整体，如人格、年龄和职业等，也可以说某人与以前所认识的某个人的面孔相似等。MacLin发现，描述特征时出现VOE，描述整体时不出现[12]。Kitagami等人的结论是两种情况下都出现VOE，这些研究结果并不一致[13]。

（五）言语描述后的分心任务

一些研究考察了在言语描述任务和面孔再认之间的分心任务对VOE的影响，主要目的是看哪些分心任务可以削弱VOE。有研究探讨了知觉任务对VOE的影响。Finger发现，当要求被试在此期间完成解决迷津问题或辨别音调任务时，VOE效应变弱了很多，如果在完成言语描述任务后马上做再认测验，VOE表现较强[14]。

（六）再认测验的呈现序列和选择方式

在大部分VOE研究中，所采用的都是目标存在序列（即要选择的目标包括在所呈现的序列里），也有研究者采用目标缺席序列（即目标并未包括在所呈现的序列中）。与此相对应，在选择方式上，有些研究采用强迫选择（即必须选择出目标），有些研究采用自由选择（目标可能在所呈现的序列里，也可能不在）。Clare和Lewandowsky研究发现，这两个因素之间存在着交互作用，不同条件对VOE的影响不同[15]。而Meissner[11]、Memon和Rose[16]的结果表明，目标呈现和目标缺失对VOE没有影响。

（七）个体差异

影响VOE是否发生的主体因素是被试的感觉能力和语言描述能力的高低。有研究发现，言语描述会影响高感觉和低言语描述能力的被试。但这一结果还有待进一步证实。Memon和Bartlett发现，这一因素对VOE没有影响[17]。Fallshore和Schooler（1995）发现，人们对那些高感知和低语言化的刺激更易出现VOE[3]。他们认为，人们对本民族面孔具有高感知和低言语描述的特征，对非本民族的面孔具有低感知和高言语描述的特征。Vanag等人的研究表明，让被试辨别本民族和非本民族的声音时，被试对本民族声音的再认成绩要好于非本民族的成绩，而且在辨别本民族的声音时没有出现VOE。他们的研究还发现，被试的认知风格（特征型或整体型）可以预测被试在声音再认上的成绩[18]。另一研究是关于专业品酒师和非专业者的研究，Melcher和Schooler在研究中把被试划分为新手、中级专业人员、专家三类（按照他们饮酒的频率），新手属低感觉、低语言能力，中级专业人员属高感觉、低语言能力，专家则属高感觉、高语言能力。他们的研究发现，VOE更易出现在新手身上[19]。

三 语词遮蔽效应的理论

目前，研究者已经提出一些解释VOE现象的理论，但遗憾的是，迄今为止，还没有一个理论能够解释所有的实验结果。

（一）记录干扰理论

记录干扰理论是由 Schooler 等提出的[1]。该理论认为，言语描述使被试对目标面孔产生了一个不真实的语言表征，VOE 的产生就是再认时用与真实表象不一致的语言表征去评价目标面孔的结果。研究者认为，对面孔描述的困难导致在言语编码过程中对原始的（视觉的）记忆产生了错误表征，因为在描述过程中，被试倾向于重点描述那些容易用语言描述的信息，忽略那些不易用语言描述的整体信息[10][20]，这些被忽略的整体信息恰恰在面孔识别中起重要作用[21-22]。

Meissner 和同事也为这种解释提供了证据[10-11]。他们发现，言语描述所产生的错误多少对记忆效果有影响。当强迫被试提供更多的有关犯罪人面孔的细节描述时，这种破坏效应达到最大，准确率只有 27%，而没有描述任务的控制组准确率是 52%。另外一组被试被警告要提供尽可能准确的描述，不要产生任何猜测性的特征描述。这组被试的成绩比控制组的成绩还要好（63% 的准确率）。这个结果表明，言语描述提高了他们的再认成绩。Meissner 等人的一系列研究都证明了指导语的差异对 VOE 的影响[23]。并且，不管从目标刺激呈现到指导语呈现的时间间隔是 30 分钟还是 1 个星期，这种效应都存在。这些结果说明，要求被试产生过多的言语描述会导致错误信息的产生，在回忆或再认时，被试又会被自己所描述的错误细节所误导。Finger 和 Pezdek 比较了不同风格的言语描述对再认准确性的影响。在看完面孔照片后，证人完成精细的或标准的言语描述任务，结果发现，在精细的言语描述任务后，被试的准确率大大下降了[23]。根据言语描述所产生的正确或错误情况可以预测被试的再认错误情况。Finger 和 Pezdek 认为，这是言语描述数量的增加导致的反向干扰效应[23]。这一结果和 Meissner 等人的结果一致。

记录干扰理论可以解释很多有关 VOE 研究的结果，但也存在一些问题[24]。该理论认为在精确的言语描述和精确的再认之间存在因果关系。但是，有关证人指认的文献并未发现准确的言语描述和准确的再认之间有相关性[25]。Fallshore 和 Schooler[3] 以及 Kitagami 等人[13] 的研究结果也证明言语描述质量和再认成绩间的相关并不是因果关系。他们的研究中采用了一个评估言语描述质量和再认成绩间的相关程序，这个程序要求被试仅根据给出的言语描述来辨认目标刺激。他们的结果表明，基于言语描述而做出判断的成绩和产生言语描述的被试的再认成绩间没有显著相关性。因此，言语描述的质量不能单独解释再认测验的成绩。

有研究者指出，即使准确的言语描述和再认成绩有相关性，也并不能由此推论不准确的言语描述会导致不准确的再认。不准确的言语描述可能仅反映了被试对目标面孔的不准确的知觉记忆，因此不准确的再认是由于不准确的知觉记忆导致的，而不是对刺激面孔的不准确的言语描述导致的。对记录干扰理论的最大挑战，是研究者发现对非目标面孔或小汽车的言语描述都会对目标面孔的再认产生干扰[9]，以及 Finger 的研究[14] 发现，给予非言语的任务（如听音乐）可以避免 VOE 出现。

（二）不合适的加工转换迁移理论

基于记录干扰理论的诸多问题，Schooler 和同事提出了另外的解释——不合适的加工转换迁移理论[24]。该理论认为,记忆成绩依赖于提取与编码时的加工匹配情况及其可利用性。在VOE实验中,被试开始看到的是一个非言语刺激——知觉加工任务,此后是言语描述任务,知觉加工编码和言语描述编码两种加工之间不匹配是损害知觉记忆的主要原因。这种理论认为,准确的言语描述和准确的面孔再认间没有任何关系,VOE产生的关键是言语描述活动本身,言语描述活动使被试加工信息的风格发生了转换。

这种理论可以解释为什么言语描述会干扰到那些没有被描述过的面孔的再认。言语描述只是暂时地阻碍了原始记忆痕迹的提取,并非永久性地改变了记忆。Finger和Pezdek的研究证明了这一点[14][23]。他们发现,当延长言语描述到再认测验之间的时间间隔时,或者要求被试在这个时间内完成解决迷津或辨别音调任务时,与完成言语描述任务后马上就做再认测验比,VOE现象明显受到削弱。

以往有关面孔再认的研究表明,面孔再认涉及两种加工形式:特征加工和整体加工。特征加工针对对象的部分,如对眼睛、鼻子和嘴巴的加工;整体加工针对整体轮廓。因为言语描述导致了更多的特征的、策略的、外显的分析型加工,而知觉加工更多的是整体的、非策略的、内隐的加工。这种编码和提取的不匹配降低了再认的准确性,因为在面孔再认过程中,主要是对整体轮廓的加工。这个假设得到一些研究结果支持[19][26-27]。

不合适的加工转换迁移能很好地解释已有的一些言语描述阻碍非言语化的刺激(面孔)的再认,尤其是那些不容易用言语描述的刺激。它还可以解释对非目标面孔的言语描述干扰到目标面孔的再认的实验结果,因为加工特性发生了转移。但是,这一理论仅在视觉领域得到了比较充分的证据,因为已有研究结果支持面孔加工存在特征和整体两种类型的加工,但在其他知觉领域还没有得到充分证实。

(三)标准转换理论

在过去较长时间里,人们对VOE的解释一直停留在上述两个理论的争论上。近年来,Clare等人提出一种新的解释——标准转换理论[15]。标准转换理论认为,VOE的产生是言语描述导致被试反应标准转换引起的。先前的言语描述导致被试在后面测试任务中做出不积极的判断(不关心准确性),所以与控制组比,成绩会下降。

Clare和Lewandowsky的研究中把反应类型区分为随意选择程序和强迫选择程序。他们认为,不同选择标准会影响再认成绩[15]。例如,在保守标准和宽松标准下,被试的反应显然不同。这类似于信号检测论中的漏报和虚报所付出的代价大小原理。当允许被试自由反应(拒绝反应,即嫌犯不在此序列的反应)时,反应数量和准确性之间的权衡会明显影响被试反应,这会成为影响VOE是否产生的重要因素。他们重点考察了目标存在和目标缺席两种形式的测验对VOE的影响。他们认为,这种标准的转换,在目标存在序列更易导致被试漏掉目标,从而降低辨认准确率。Clare等人发现,当允许被试做出目标不在此列的选择时,会出现VOE。当强迫他们必须选择一个目标时,则不会影响目标存在序列的成绩。对目标缺席序列,言语描述提高了被试再认测验的成绩,这个结果前面两个理论都不能解释。根据不合适的加工转换迁移或记录干扰理论，目标存在与否不会影响再认成绩。此外，Clare 等人还把以往的实验数据输入 WITNESS 计算机模型，结果也符合他们用标准转换理论对 VOE 所做的解释。

标准转换理论存在的问题如下。① 它认为在强迫选择时，在目标存在序列不会出现 VOE。但其他人研究的结果与之不一致[28]。② 言语描述为什么会引起标准转换？Clare 认为，描述任务主观上的困难和假设不充分导致随后确认任务的勉强，这种解释显然不够充分。

综上所述，当个体提供了较精确的言语描述时，描述质量和再认成绩之间的相关似乎表明言语产生的错误信息导致了再认错误，这时记录干扰理论较有道理；当言语描述的质量和再认成绩无关，言语描述任务干扰到未被描述过的目标刺激时，结果支持不合适的加工转换迁移；当允许被试做出拒绝目标在内的选择，言语描述的干扰效应只限于漏报这类错误时，标准转换的理论更有说服力。但是，上述三种理论都还不能很好地解释所有的实验结果。

四、今后的研究方向

经过近 20 年探讨，研究者对 VOE 产生的原因还不明确，解释也不充分。存在问题主要有以下几方面：① 对 VOE 产生的机制还有争论，没有哪一种理论可以解释所有的实验结果；② 尽管语词遮蔽效应在很多实验中出现，但并非所有实验都能得到这个效应；③ 除视觉外，其他知觉（如听觉、味觉等）的研究还显得远远不够。今后研究可着重从以下几方面入手。

首先，在发生 VOE 时，言语描述到底干扰了什么？是影响了知觉内容本身，还是影响到提取线索。这是记录干扰理论和不合适的加工转换迁移理论两种解释间存在的根本差异。记录干扰理论更倾向于认为随后的言语加工歪曲了原始的知觉记忆痕迹，特别是针对那些言语描述比较困难的刺激时。而不合适的加工转换迁移理论则认为，言语描述只是暂时地阻碍了原始记忆痕迹的提取，并非永久性地改变了记忆，即提取线索暂时受到抑制导致的。也许言语描述使两者都受到了干扰，因此两种理论解释可能并不对立冲突，以后的研究可以尝试对这两种理论解释进行整合。

其次，高级的言语加工与低级的知觉加工间是怎样相互作用的？在什么情况下言语描述起积极作用，什么情况下起消极作用，这是值得我们进一步探讨的。VOE 现象表明言语编码对面孔再认的消极作用，但早期研究一直都肯定言语在视觉记忆中的积极作用。人在实际生活中对面孔识别经常借助语义信息实现，如"这个人看起来像我侄女"或"他看起来很面善"等。Wickham 和 Swift 新近的研究表明，如抑制言语加工，会降低面孔再认成绩，同时也不会出现 VOE[2]。他们认为，如果面孔与众不同，仅有视觉信息就足够；如果是大众化面孔，则需要语义信息补充。

以往研究表明，个体可以通过多种方式获得知觉知识，可以是内隐的非语词的方式，也可以是外显的语词的方式[29]。但是对那些难以用言语精确把握的刺激来说，以语词加工的方式来处理可能是无效的。这时要想提高言语加工的有效性，就需要通过训练提高被试用言语抓住刺激的关键特征的本领才行，如同 Melcher 和 Schooler 中的高感觉、高言语能力的品酒师被试一样[19]。

第三，已有的 VOE 研究主要是关于面孔识别方面的，其他领域的研究虽然有但还很少，而面孔识别只是视觉的一个小的方面。因此，今后对这个问题的探讨还可以更多地在绘画、形状等视觉对象领域，以及味觉、嗅觉、听觉等领域进行，以便提供更多证据。

〔参考文献〕

[1] Schooler J W, Schooler T Y E. Verbal overshadowing of visual memories: some things are better left unsaid [J]. Cognitive Psychology, 1990 (22): 36-71.

[2] Wickham L H V, Swift H. Articulatory suppression attenuates the verbal overshadowing effect: a role for verbal encoding in face identification [J]. Applied Cognitive Psychology, 2006 (20): 157-169.

[3] Fallshore M, Schooler J W. The verbal vulnerability of perceptual expertise [J]. Journal of Experimental Psychology: Learning, Memory, and Cognition, 1995 (21): 1608-1623.

[4] Brandimonte M A, Hitch G J, Bishop D V. Influence of short-term memory codes on visual image processing: evidence from image transformation tasks [J]. Journal of Experimental Psychology: Learning, Memory, and Cognition, 1992, 18 (1), 157-165.

[5] Fiore S M, Schooler J W. How did you get here from there? verbal overshadowing of spatial mental models [J]. Applied Cognitive Psychology, 2002 (8): 897-910.

[6] Wilson T D, Schooler J W. Thinking too much: introspection can reduce the quality of preferences and decisions [J]. Journal of Personality and Social Psychology, 1991 (2): 181-92.

[7] Brand A. A web experiment based enquiry into the verbal overshadowing effect thesis [D]. Submitted to Cardiff University for the degree of doctor of philosophy, 2004.

[8] Meissner C A, Brigham J C. A meta-analysis of the verbal overshadowing effect in face identification [J]. Applied Cognitive Psychology, 2001 (6): 603-616.

[9] Dodson C S, Johnson M K, Schooler J W. The verbal overshadowing effect: why descriptions impair face recognition [J]. Memory and Cognition, 1997 (2): 129-139.

[10] Meissner C A, Brigham J C, Kelley C M. The influence of retrieval processes in verbal overshadowing [J]. Memory & Cognition, 2001 (1): 176-186.

[11] Meissner C A. Applied aspects of the instructional bias effect in verbal overshadowing [J]. Applied Cognitive Psychology, 2002 (16): 911-928.

[12] MacLin M K. The effects of exemplar and prototype descriptors on verbal ver-

shadowing [J]. Applied Cognitive Psychology, 2002 (16): 929-936.

[13] Kitagami S, Sato W, Yoshikawa S. The influence of test-set similarity in verbal overshadowing [J]. Applied Cognitive Psychology, 2002 (16): 963-972.

[14] Finger K. Mazes and music: using perceptual processing to release verbal overshadowing [J]. Applied Cognitive Psychology, 2002 (8): 887-896.

[15] Clare J, Lewandowsky S. Verbalizing facial memory: criterion effects in verbal overshadowing [J]. Journal of Experimental Psychology: Learning, Memory, and Cognition, 2004 (30): 739-755.

[16] Memon A, Rose R. Identification abilities of children: does a verbal description hurt face recognition? [J]. Psychology, Crime and Law, 2002 (8): 229-242.

[17] Memon A, Bartlett J. The effects of verbalization on face recognition in young and older adults [J]. Applied Cognitive Psychology, 2002 (16): 635-650.

[18] Vanags T, Carroll M, Perfect T J. Verbal overshadowing: a sound theory in voice recognition? [J]. Applied Cognitive Psychology, 2005 (19): 1127-1144.

[19] Melcher J M, Schooler, J W. The misremembrance of wines past: verbal and perceptual expertise differentially mediate verbal overshadowing of taste memory [J]. Journal of Memory and Language, 1996 (35): 231-245.

[20] Melcher J M, Schooler J W. Perceptual and conceptual training mediate the verbal overshadowing effect in an unfamiliar domain [J]. Memory and Cognition, 2004 (4): 618-631.

[21] Tanaka J W, Farah M J. The holistic representation of faces [M] //M A Peterson, G Rhodes. Perception of faces, objects, and scenes. New York: Oxford University Press, 2003.

[22] Tanaka J W, Sengco J A. Features and their configuration in face recognition [J]. Memory & Cognition, 1997 (5): 583-589.

[23] Finger K, Pezdek K. The effect of the Cognitive Interview on face identification accuracy: release from Verbal Overshadowing [J]. Journal of Applied Psychology, 1999 (84): 340-348.

[24] Schooler J W. Verbalization produces a transfer inappropriate processing shift [J]. Applied Cognitive Psychology, 2002 (16): 989-997.

[25] Pigott M, Brigham J C. Relationship between accuracy of prior description and facial recognition [J]. Journal of Applied Psychology, 1985 (70): 547-555.

[26] Olsson N, Juslin P. Can self-reported encoding strategy and recognition skill be diagnostic of performance in eyewitness identifications? [J]. Journal of Applied Psychology, 1999 (84): 42-49.

[27] Bartlett J, Searcy J H, Abdi H. What are the routes to face recognition? [M] //M A Peterson, G Rhodes. Perception of faces, objects and scenes. New York: Oxford University Press, 2003.

[28] Ryan R S, Schooler J W. Whom do words hurt? individual differences in susceptibility to verbal overshadowing [J]. Applied Cognitive Psychology, 1998 (12) (Special Issue): 105-125.

[29] Goldstone R L. Perceptual learning [J]. Annual Review of Psychology, 1998 (49): 585-612.

语言影响人格：研究证据与理论解释

张积家　于　宙　乔艳阳

[摘　要]　语言能否影响个体乃至群体的人格？这一问题吸引了众多的研究者关注。大量的研究发现，双语者在回答不同语言的人格测评工具时，出现了显著的人格差异；作为人格结构的一部分，认知方式亦受语言影响。研究者提出了三类理论来解释语言对人格的影响：语言关联性假设、文化适应性假设和文化框架转换效应。未来研究应该关注语言对具体人格特质的影响，扩大被试群体，关注语言影响人格的调节变量，揭示语言影响人格的脑机制。

[关键词]　语言；人格；认知方式；研究证据；理论解释
[原　载]　《民族教育研究》2017年第4期，第74—82页。

一、前言

不同的研究者对于人格有不同的定义。Funder认为，人格是个体思维、情感和行为的特异性模式及其心理机制。[1] Coon将人格定义为：一个人独特的、一贯性的行为模式的组成体。[2] 综合各家各派的观点，人格可以被理解为构成一个人思想、情感及行为的特有统合模式，其中包含了一个人区别于其他人的稳定而统一的心理特点和习惯的行为方式。人格具有复杂的结构，包含气质、性格、认知方式、自我调控等。认知方式是个人所偏爱的信息加工方式。自我调控包括自我认知、自我体验、自我控制。从人格测评的角度看，被测评的是个体相对稳定的行为模式。[3] 从内在或外在的特点及能否被观察的角度看，可以将人格划分为四个层次：① 外显行为；② 内心情感和体验；③ 动机；④ 生理、生化反应模式。[4] 被广泛使用的大五因素模型等人格测评工具建立的基础是：与个体的人格特点有关的行为模式能够反映个体的人格结构。人格是相对稳定的。然而，随着个体的生理成熟和情境的变化，人格也会发生变化。[5] 在影响人格的诸情境因素中，最重要的是文化。文化通过生活在同一历史时期、能够互相影响的个体在交流中应用的语言和行为模式来传达。[6]

在当代，全球化浪潮使得移民、留学和海外旅游成为常态，导致具备多种文化和种族背景的个体数量大大增加了，许多个体能够熟练地应用不同的语言，能够方便地接触到两种或多种不同的文化，从而成为双文化个体。双文化个体是指个人的感觉、思想和行为受两个或多个国家或地区的文化影响。[7] 大量针对双文化个体的研究表明，文化是最重要的影响人格的情境变量。文化特异线索能够引发双文化个体的文化特异的归因和价值观。例如，采用美国标志（如星条旗、米老鼠和唐老鸭等）启动，中-美双文化者更倾向于做外部归因；采用中国标志（如龙、长城等）启动，中-美双文化者更倾向于做内部归因。[8] 激活美籍华人对中国人的身份认同时，被试的自我描述更具有集体主义的倾向；激活其对美国人的身份认同时，被试的自我描述更具有个人主义的倾向。[9]

文化对于社会而言，正如记忆对于个体一样。文化存于人类的社会历史经验之中，世代传承。[10] 文化是一个宽泛的概念，研究者很难对它做出精确定义。因此，需要从文化的更具体的内容入手，发现文化影响人格的因素。语言是文化的核心成分。语言是个体在社会环境中习得的，是文化的主要载体。文化差异往往是通过语言差异得以体现。[10] 双语者往往也是双文化者。语言能够成为激活某一文化认同的强有力的线索。[7] 由于人格通过行为模式来表现，所以个体对不同线索所做出的不同回应，可以反映出人格的变化。因此，从理论上讲，存在着非常合理的语言影响人格的可能性。

语言影响人格的实验证据

（一）来自双语者的语言影响人格的证据

在日常生活中，那些使用两种或多种语言或者方言的人，被称为双语者。令人感兴趣的问题是，双语者是否具有两种或多种不同的人格？对这一问题的回答将会给语言影响人格的观点提供证据。Ervin通过实验发现，英-法双语者在应用不同语言时会出现人格差异。他采用主题统觉测验，要求64名被试间隔6周分别采用英语和法语来描述同一图片，所有被试均是在到达美国之后才学习英语的。研究发现，在回答英文版的主题统觉测验（TAT）时，女性比男性使用了更多的野心勃勃的主题。可能的原因是，比起法国文化，美国文化更少关注人的社会角色分工（例如家庭主妇角色在法国文化中比在美国文化中更加重要）。他还发现，相对于英语故事，在法语故事中，针对同辈的语言暴力更多。这可能是由于在反抗他人的欺负时，法国教育更加强调口头上的反击。[11] 这表明，语言是文化的有效启动物，文化影响人格。Oyserman 和 Lee 对文化启动物进行了元分析，其中10项研究采用语言作为文化启动物。[12] 基于TAT测验的结果，Ervin提出，语言影响人格，双语者具有两种不同的人格。但是这一研究也有局限性。首先，从被试选择看，均选用了在美国生活4年以上的法国人，虽然被试的英语和法语流畅，但他们受两种语言和文化影响的时间并不相同，导致研究结果不能推广到在法国生活的美国人身上，更不能推广到其他人群中。其次，从研究工具看，TAT测验本质上是投射测验，信度和效度均低，使得研究结果值得怀疑，同时，TAT测验的跨文化概化性也需要做进一步的验证。

Hull 对三类双语者的研究发现，在应用不同语言时，三类双语者均出现了人格差异。采用加利福尼亚心理调查表（CPI）分别研究来自中国、韩国和墨西哥的美国移民，三类移民均是在移民到美国后才学习英语的。采用被试内设计，间隔 5~15 天，被试分别填写母语版和英文版的 CPI。测验结果表明，三类被试均在英文版和母语版 CPI 的大多数维度上出现了显著差异。墨西哥被试在回答西班牙文版问卷时，相对于英文版问卷，在好印象维度上得分更高。这是因为具有集体主义特点的西班牙文化更加关注人际和谐与取悦他人。在回答英文版问卷时，相对于西班牙文版问卷，在智力效率维度上得分更高。这是由于英美文化的特点是个人主义，更加强调成就感。[13] 基于 CPI 的研究结果支持人格存在跨语言差异的观点，即不同语言导致了不同人格。但是 Hull 的研究也有局限性。从被试来看，英语均为第二语言，研究结果难以推论到以英语为母语的双语者。被试均在到达美国之后才开始学习英语，由于双语者习得两种语言的背景不同，应用两种语言的特点也不同。如果仅关注到达美国之后才学习英语的双语者，不关注在同一文化背景中习得两种语言的双语者，也会降低语言影响人格的适用范围。

　　Ramírez-Esparza 等人的研究进一步支持语言影响人格的假设。研究者关注双语者在应用不同语言时是否出现了人格差异，以及出现的人格差异是否与相应文化背景中出现的人格差异一致。为了解决这一问题，研究者应用大五人格量表进行研究。首先，研究单文化的墨西哥人和美国人的人格差异。其次，对多个来自美国的墨西哥移民和来自墨西哥的美国移民的样本进行了 3 项研究。结果表明，在回答英文版问卷时，被试以更为美国的方式反应，报告自己更为外向、更加宜人、更有责任心，但更低神经质。这一人格模式与美国人的人格模式相一致。三项研究的结果一致表明，语言影响人格，不同语言激活的人格差异与相应文化中的人格差异相一致。[14]

　　上述研究支持语言对人格的影响，但也存在局限性，主要表现在研究方法上，它们对人格的测评均采用自我报告法。自我报告人格的局限性在于同一个体既是评价者又是评价对象，而且难以区分语言是影响评价对象的人格特点还是影响评价者的社会判断，或二者兼而有之。[14] 只要人格评价仅采用自我报告法，上述问题就难以回答，因为实质变异与方法变异产生了混淆。另外，行为是人格的外部表现，自我报告行为与他人观察行为之间往往存在差距。[15] 因而难以避免社会赞许的影响和造假的可能性。[16] 因此，要证实语言对人格的影响，不能仅采用自评法。

　　Chen 和 Bond 的研究[17] 较好地解决了这一问题。他们不仅关注语言对人格的影响，还致力于揭示语言影响人格的内在机制。他们选用我国香港人为被试，由于我国香港地区的特殊背景和现实状况，提供了大量的同时接受中西方文化影响的混合双语者。所有被试均来自同一文化背景，因而排除了文化背景的影响。研究者首先关注双语者在分别使用英语和汉语时对自身特质和原型特质的知觉。接下来，采用大五人格量表，结合被试的自我报告与他评，测评母语为汉语和母语为英语的双语者在分别采用英语和汉语时的人格差异。研究发现，被试的确在某些人格维度上出现跨语言的差异：在使用英语时，双语者更加外向、开放和自信，与英语背景中的人格原型一致。在控制了文化背景、社会角色、性别、年龄和语言流利度之后，语言对人格的影响在某些维度上变弱了。一个重要的潜在机制是文化适应性。当双语者与不同文化的人谈话时，会表现出与对方文化中的规范人格相一致的人格特质。语言及其相应文化线索激活了双语者的人格表征，使他们做出了相应的行为反应。

综合上述研究，可以发现，大量有关双语者的实证研究支持语言影响人格的假设。双语者不仅习得了两种语言，也获得了与该语言的本土语言者相一致的人格表现。总结已有研究，可以发现，它们在被试、测评工具、研究程序方面有共同点：采用各种类型的双语者；采用不同类型的人格问卷，从自评到他评；采用被试内设计，对被试在不同时间进行不同语言版本的人格测验。此类研究成立的基础是：两种语言群体的人格原型确实存在差异，测评工具具备跨文化概化效度。

（二）来自认知方式的语言影响人格的证据

认知方式是人格的重要方面，是人格在认知上的表现。认知方式即个人偏爱的信息加工方式。研究表明，使用不同语言的东西方人的认知方式存在显著差异：东方人的认知方式更加倾向于整体型，西方人的认知方式更加倾向于分析型。[18] 这方面的证据如下。

1. 影响注意模式

研究表明，与背景信息相比，西方人更关注目标信息，形成了场独立型和分析型的注意模式；东方人更关注目标和背景的联系，形成了场依存型和整体型的注意模式。[18] 采用Navon字母判断任务的研究表明，东方人识别整体字母（由子字母组成的大字母）比西方人快，西方人识别子字母比东方人快。[19] 美国人在知觉事物时表现出聚焦性的注意加工模式，日本人在知觉事物时表现出整体性的注意加工模式。[20] 在以沉思和忧郁为特点的俄罗斯文化中，个体对负性刺激图片给予更多的注意，美国人却未出现这种趋势。[21]

2. 影响分类方式

对中-英双语者研究发现，采用汉语问卷，被试更倾向于基于关系的分类；采用英语问卷，被试更倾向于基于规则的分类。例如，对"教师-医生-作业"3个词，要求分成两类，东亚人更多地将"教师"和"作业"分为一类，美国人更多地将"教师"和"医生"分为一类；对"男人-女人-儿童"3个词，中国儿童倾向于将"女人"和"儿童"分为一类，美国儿童倾向于将"男人"和"女人"分为一类。[22]

3. 影响归因模式

对单语者研究表明，美国人喜欢做内部归因，中国人喜欢做环境归因。与欧洲人相比，东亚人喜欢对行为做情境归因，欧洲人则喜欢对行为做性格或气质归因。改变谋杀者的人格特质，美国人会降低对其出现谋杀行为的判断；改变环境因素，中国人会降低对其出现谋杀行为的判断。[23] 有研究发现，华裔喜欢将事件的原因归于环境，美国人多将事件的原因归于行为者的特质。[24] 以汉-英双语者为被试，启动对美国人的身份认同时，个体倾向做内部归因；启动对中国人的身份认同时，个体倾向做环境归因。[24]

4. 影响思维决策和解决冲突的方式

研究发现，东亚人的思维方式倾向于关系型、整体型，朴素辩证。他们能够从正反两个方面看问题，容易接受冲突的价值观，对问题持模糊态度。西方人的思维方式倾向于分析型、逻辑型，观点冲突时立场鲜明。测试发现，日本人的不决断性显著地高于美国人。[25] Grossmann 等人发现，在解决社会冲突时，随着年龄增长，美国人的辩证解决问题能力呈现上升趋势，而不同年龄的日本人却无显著差异。[26] 东亚人由于擅长辩证思维，整体加工和融入环境的倾向强，基于关系的分类多，注重事物的变化及其关联，因而更善于解决社会冲突；西方人擅长分析思维，分析加工和关注目标的倾向强，基于规则和属性的分类多，更注重事物的稳定性、独特性及典型性，更擅长从事自然科学研究。[27-28] Chen 等人发现，汉-英双语者在使用汉语时比在使用英语时表现出更强的辩证思维的特点，而且辩证思维能够预测自我在双语环境中人格的变化。[6]

研究者还关注导致东西方人认知方式差异的机制，语言是其中较重要的因素之一。与西方语言重视形式、较少重视语境相比，东方语言更加重视语义关系与语境。由于对语言背景和非语言线索的利用不同，导致东西方个体的认知方式存在着差异。在西方，大量信息通过语言自身来传递，印欧语系的语言重形式，像时态、语态、性、格、数等信息都通过词汇本身来传递；在东方，除语言自身外，背景和非语言线索在信息传递中也起着重要作用。因此，印欧语系语言重"形合"，东方语言特别是汉语重"意合"。受语言影响，西方社会是低语境社会，东方社会是高语境社会。在低语境社会中，个体的独立性强，虽然也与他人建立关系，但保持较强的独立性。由于在社会中信息是成文的、公开的和容易获取的，个体会更多地关注目标，忽略背景，因而倾向于分析型认知方式。在高语境社会中，个体与他人之间建立长期稳定的关系，人们重视群体而忽视个体，在社会中，信息具有情境性和关系性，个体之间不常进行明确交流，重意会而轻言传。因此，与低语境社会的个体比，高语境社会的个体只有将语言和情境、表情等相结合，才能够更好地了解说话者的意图，因而更倾向于整体型认知方式。[28]

综上所述，目前，语言影响人格的研究证据主要来自两个方面，一是来自双语者的证据，这方面的证据部分来自采用不同语言版本的人格测验去测量双语者的人格，部分来自采用不同语言启动后双语者产生了不同的认知操作；二是来自对使用不同语言的单语者的认知方式考察，侧重于考察语言对人格的理智特征的影响。

三、语言影响人格的理论解释

目前，解释语言影响人格的理论主要有以下几种。

（一）语言关联性假设

Whorf 在 Sapir 指导下，提出了著名的"语言相对论原则"（Linguistic relativity principle）：使用明显不同语法的人，会因为所使用的语法不同而有不同的观察行为，对相似的外在的观察行为也会有不同评价，因此势必产生在某种程度上不同的世界观。这种世界观是朴素的、未经概括的。人们可以对孕育了这种世界观的基本语法模式进行更高层次的概括，从而由每一种朴素的世界观发展出一种清晰的世界观。现代科学的世界观是根据西方印欧语言的基本语法特性概括而成的。他认为，每一种语言都包含有独特的、与其文化组织相类似的逻辑，这些逻辑约束、影响着讲话者的思维过程。换言之，处于同一语言族群中的人，可以通过共享语言经验，获得习惯的思维方式，这种思维方式影响认知。[29] 后人在此基础上，概括出语言关联性假设：语言决定认知，是思想的塑造者。具体包括以下内容。① 语言决定论：语言决定讲话者的非语言认知过程，习得一种语言会改变人的思维方式，讲不同语言的人具有不同的世界观。语言是世界观的体现，是民族精神的体现。② 语言关联性假设：不同语言有不同的决定认知的方式，不同语言的讲话者以不同的方式来思考。[30]

然而，随着研究的深入，这一假设已经不能容纳现有的研究成果。[30][31] 研究者对语言关联性假设做出进一步的扩展：语言塑造大脑，语言影响认知，语言构建民族。语言不仅影响记忆，也影响知觉与思维。语言通过语言标记、范畴与原型、参考框架的选择、图形与背景的关系、认知凸显性、对数量和材质的强调、隐喻和语言象似性影响认知。语言影响认知方式、认知途径、认知过程、认知策略和认知结果。[32-33]

实证研究的结果支持这一理论。语言可以通过语言标记影响认知，不同的语言启动不同的认知方式，被试对同一人格问卷或情境做出不同的编码和反应，导致自评和他评的结果发生变化。[14] 语言通过范畴和原型影响认知。研究者先测评某一语言的人格原型，发现被试的人格变化与语言变化一致，即讲话者使用某一语言时，人格会向着使用这一语言群体的人格原型的方向变化。[29] 总之，语言影响个体对所处情境、人格问卷的认知，导致个体做出不同行为，对不同语言版本的人格测评工具做出不同反应（见图1）。

图1 Whorf假设的解释

（二）文化适应性假设

文化适应性是指当个体处于某一情境时，会以一种适应或迎合当前文化的方式回应。[34] 语言是文化的有效启动物。[35] 语言可以有效地启动双语者的文化特异的价值观、归因方式和记忆，进而影响行为。[17] 研究发现，个体会基于群体间的文化差异，改变沟通行为以适应外群体。[36] 文化适应性也表现在个体的自我建构中。[37] 在人格测评情境中，当双语者回答母语问卷时，能够反映与母语文化相关的价值观和归因；当回答第二语言问卷时，会偏好与第二语言文化相关的规范和价值观，进而影响其对问卷的回答。

将文化适应性用于解释语言影响人格，不仅表现在双语者在移民到新地区习得第二语言后人格会更接近或符合第二语言文化背景中的社会规范，更表现在语言影响个体的社会判断上。即，不同语言会启动不同文化，不同文化的社会规范导致个体对自身或他人的行为做出不同评价。在填写不同语言版本的人格问卷时，个体会选择更具有文化适应性的选项来描述自己或他人。在自评或他评中出现的跨语言人格差异，反映与特定语言相一致的文化的人格差异。因此，文化适应性假设可以简化为：语言启动文化，文化影响行为及对行为的判断，进而导致出现人格差异（见图2）。

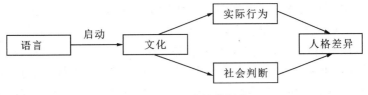

图2　文化适应性的解释

（三）文化框架转换效应

语言影响人格还可以采用文化框架转换效应（CFS）来解释。[8] 文化框架转换是指某些个体具备了两种或两种以上的文化框架，这些文化框架受不同情境因素启动，个体可以转换至与情境因素相关的文化框架中。[38] 我国香港人和美籍华人的双文化个体同时具备中国文化和美国文化两个文化框架，每一文化框架均单独地被相应标记或被启动物激活。[8] 个体基于情境内在的文化相关线索，做出与文化情境一致的反应，文化特异线索能够引发文化特异的归因和价值观。我国香港双语管理者在填写英文版问卷时，相对于填写同样内容的中文版问卷，表现出更为接近美籍双语管理者的价值观。[39] 当双语者从一种语言切换到另一语言时，很可能经历了文化框架的转换。毕竟语言是强有力的文化相关线索。

大量研究结果支持文化框架转换效应。研究者采用不同种族的被试，[40] 不同类型的启动材料（如语言）[41]，均验证了文化框架转换效应。文化框架转换效应除了表现在归因上外，还表现在自我评价、自我刻板化及对诚实和友谊的态度上。[41] 总之，不同语言启动个体的不同文化框架，导致个体出现不同的行为（见图3）。具体到人格测评的情境中，不同语言的人格问卷启动了个体相应的文化框架，个体基于不同的文化框架给出了不同答案，因而出现了人格差异（见图3）。

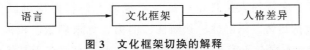

图3　文化框架切换的解释

上述三种理论分别能够对业已发现的语言影响人格的实验证据做出合理的解释，但侧重点不同，对不同实验证据的解释力也不一样。语言关联性假设能够更好地解释语言对认知方式的影响，文化适应性假设和文化框架转换效应能够更好地解释对双语者的人格测验的结果和语言启动实验的结果。语言关联性假设更适合解释语言影响人格的长期效应，文化适应性假设和文化框架效应能够更好地解释语言影响人格的即时效应或短期效应。很有可能，语言对人格的影响既包括使语言使用者的认知方式和人格特点发生了长久性的改变，也包括使语言使用者的文化适应性增强了，使语言使用者所拥有的文化框架增加了。因而将上述理论结合起来，就能够对语言影响人格的现象做出更合理的解释。

上述理论只回答了语言是如何影响人格的，却没有回答语言为什么会影响人格。笔者认为，语言之所以能够影响人格，关键在于语言是个体出生后面临的极重要的客观现实之一。语言与文化关系密切。人是文化动物。语言既是文化的载体,也是文化的核心成分。列维-斯特劳斯认为,语言是文化的一个结果、一个部分、一个条件。他说:"从历时性方面来看文化的条件,因为我们学习我们自己的文化大多是通过语言。"[42] 语言中有人格原型、人格理想、人格特质词、对不同人格的评价、人格形成的途径等等。例如,在不同民族的语言中,有不同的人格原型(如"君子"与"小人"是汉族人的人格原型),有不同的理想人格(如"中和""圣人""大丈夫"是汉族人的理想人格),有不同的人格形成途径(如汉语中的"习与性成"和"孟母择邻"),有不同的人格结构(如"君子"是品德本位,"自我实现者"是能力本位),[43] 有不同的人格标准(例如,儒家的积极人格特征是仁、义、礼、智、信,西方积极心理学的积极人格特征包括自我决定性、乐观、成熟的防御机制和智慧)。由于在语言中沉淀了不同文化有关人格的概念和理论,个体在掌握某种语言时,也就掌握了该语言代表的文化有关人格的理论和看法。双语者在讲不同语言时,不同语言中所蕴含的人格概念与理论就会被激活,个体的人格表现就会朝着该语言代表的文化的人格标准变化。我们通过眼动研究发现,用蒙古语启动时,蒙-汉双语者更容易注意到蒙古族的人格原型(蒙古族杰出人物的名字)和反映蒙古族人格的人格特质词;用汉语启动时,蒙-汉双语者更容易注意到汉族的人格原型(汉族杰出人物的名字)和反映汉族人格的人格特质词。

四、对未来研究的展望

(一)探究语言对具体人格特质的影响

除了语言对认知方式的影响以外,现有研究主要关注语言对人格整体或宏观的人格特质的影响。因此,未来研究应该关注语言对具体的人格特质的影响。已有研究采用自评、他评等人格测评法,关注语言对人格整体或宏观人格特质的影响,发现语言影响人格整体。但是,基于现行的人格理论,每一宏观的人格特质均可以分为更窄的人格特质。[44] 如外向性包括热情、乐群性、独断性、活力、寻求刺激、积极情绪等。有研究发现,中西方人格差异不存在于宏观人格特质的水平上,而存在于具体的人格特质或具体行为的水平上。[4][45] 因此,应该关注语言对具体人格特质(如攻击性、竞争性、合群性等)的影响,以促进对语言影响人格的机制的理解。

(二)扩大被试群体

现有研究更多地关注汉-英双语者、西班牙语-英语双语者,未来研究应多关注其他语种的双语者,扩大语言影响人格的范围。不仅要关注不同国家的语言对人格的影响,也要关注不同民族的语言对人格的影响。不同民族的典型人格并不相同,语言是民族人格的载体。[46-47] 我国有56个民族,通用普通话,存在大量的少数民族语言-普通话双语者。研究发现,不同民族语言对不同民族的认知有重要影响,影响不同民族的颜色认知、空间认知和亲属关系认知。[48-50] 对于民族语言是否影响民族人格的问题,需要给予回答。未来研究不仅应该关注双语者,也应该关注双言者。双言是指讲话者使用同一语言的两种不同变体，[51] 如既能讲粤语又能讲普通话。研究发现，双言影响双言者的记忆、[52] 时间推理[53]和语言加工。[54] 基于语言关联性假设对语言影响人格的解释，可以假设，双言通过影响讲话者的认知模式进而影响人格。不过，对语言影响人格的研究必须建立在人格的确存在跨语言差异的基础上。因此，未来研究需要关注两种语言的人格原型是否相同，在此基础上，再研究双语者或双言者的人格差异。

（三）关注调节变量

未来研究应关注语言影响人格的调节变量。例如，语言流畅性、对第二语言的态度、双文化认同整合（BII）等。研究发现，语言流畅性影响评价者对个体行为的知觉，进而影响对人格的评价。[55] 因此，在采用他评方法时，应该关注个体的语言流畅性对评价的影响。对藏-汉-英三语者的研究表明，第二语言（包括第三语言）熟练程度影响双语者的语言表征、语言联系和语码切换代价；[56-57] 汉-英双语者无论在汉语启动下还是在英语启动下均在竖直方向上表征时间更为容易，[58] 第二语言熟练程度亦影响汉-英双语者的场景知觉[59]。因此，应采用更精确的语言流畅性指标。语言态度亦可能调节语言对双语者（或双言者）人格的影响。研究表明，内地被试对普通话讲话者的评价比对方言讲话者高，广东以粤语为母语的被试对普通话讲话者与粤语讲话者的评价却无差异。[60] 很可能，对第二语言的积极态度有利于语言影响人格。双文化认同整合是指个体如何组织协调其对两种文化的认同。高 BII 意味着较低水平的文化冲突和文化距离知觉。[17][61] BII 对文化框架转换起调节作用，基于文化框架转换对语言影响人格的解释，BII 是影响语言对人格影响程度的调节变量。[62] 未来研究还需要关注更多的可能影响语言对人格影响程度的调节变量。

（四）重视揭示语言影响人格的脑机制

目前，对语言影响人格的研究主要以行为研究居多，较少采用脑科学的研究范式，亦少有人研究语言影响人格的脑机制。然而，只有提供语言影响人格的脑科学证据，揭示出语言影响人格的认知神经机制，语言影响人格的观点才能建立在更加坚实的基础之上。可以预言，在不远的将来，这方面研究会取得较大的进展。

〔参考文献〕

[1] Funder, D. The Personality Puzzle [M]. New York：Norton，1997.

[2] Dennis Coon. 心理学导论：思想与行为的认识之路：9 版 [M]. 郑钢，等译. 北京：中国轻工业出版社，2004.

[3] Mischel W. Toward an integrative science of the person [J]. Annual Review Of Psychology，2004（1）：1-22.

[4] 王登峰，崔红. 行为的跨情境一致性及人格与行为的关系——对人格内涵及其中西方差异的理论与实证分析 [J]. 心理学报，2006（4）：543-552.

[5] Gurven M, von Rueden C, Massenkoff M, et al. How universal is the big five? testing the five-factor model of personality variation among forager-farmers in the bolivian amazon [J]. Journal of Personality and Social Psychology, 2013 (2): 354-370.

[6] Chen S X, Benet-Martínez V, Ng J C. Does language affect personality perception? a functional approach to testing the whorfian hypothesis [J]. Journal of Personality, 2014 (2): 130-143.

[7] Hong Y Y, Morris M W, Chiu C Y, et al. Multicultural minds: a dynamic constructivist approach to culture and cognition [J]. American Psychologist, 2000 (7): 709-720.

[8] Chen S X, Benet-Martínez V, Bond M H. Bicultural identity, bilingualism, and psychological adjustment in multicultural societies: immigration-based and globalization-based acculturation [J]. Journal of Personality, 2008 (4): 803-838.

[9] Benet-Martínez V, Leu J, Lee F, et al. Negotiating biculturalism cultural frame switching in biculturals with oppositional versus compatible cultural identities [J]. Journal of Cross-Cultural Psychology, 2002 (5): 492-516.

[10] Hong Y Y, Ip G, Chiu C Y, et al. Cultural identity and dynamic construction of the self: collective duties and individual rights in Chinese and American cultures [J]. Social Cognition, 2001 (3): 251-268.

[11] Ervin S. Language and tat content in bilinguals [J]. The Journal of Abnormal and Social Psychology, 1964 (5): 500-507.

[12] Oyserman D, Lee S W. Does culture influence what and how we think? effects of priming individualism and collectivism [J]. Psychological Bulletin, 2008 (2): 311-342.

[13] Hull P. Bilingualism: some personality and cultural issues [C] //D Slobin, J Gerhardt, A Kyratzis, J Guo. Social interaction, social context, and language. essays in honor of susan ervin-tripp: Mahwah, NJ: Lawrence Erlbaum, 1996.

[14] Ramírez-Esparza N, Gosling S D, Benet-Martínez V, et al. Do bilinguals have two personalities? a special case of cultural frame switching [J]. Journal of Research in personality, 2006 (2): 99-120.

[15] Oh I S, Wang G, Mount M K. Validity of observer ratings of the five-factor model of personality traits: a meta-analysis [J]. Journal of Applied Psychology, 2011 (4): 762-773.

[16] McCrae R R, Weiss A, Robins R W, et al. Observer ratings of personality: handbook of research methods in personality psychology [M]. New York: Guilford Press, 2007.

[17] Chen S X, Bond M H. Two languages, two personalities? examining language effects on the expression of personality in a bilingual context [J]. Personality and Social Psychology Bulletin, 2010 (11): 1514-1528.

[18] TettR P, Freund K A, Christiansen N D, et al. Faking on self-report emotional intelligence and personality tests: effects of faking opportunity, cognitive ability, and job type [J]. Personality and Individual Differences, 2012 (2): 195-201.

[19] Varnum M E W, Grossmann I, Kitayama S, et al. The origin of cultural differences in cognition: the social orientation hypothesis [J]. Current Directions in Psychological Science, 2010 (1): 9-13.

[20] McKone E, Davies A A, Fernando D, et al. Asia has the global advantage: race and visual attention [J]. Vision Research, 2010 (16): 1540-1549.

[21] Kitayama S, Park H, Sevincer A T, et al. A cultural task analysis of implicit independence: comparing North America, Western Europe, and East Asia [J]. Journal of Personality and Social Psychology, 2009 (2): 236-255.

[22] Grossmann I, Ellsworth P C, Hong Y Y. Culture, attention, and emotion [J]. Journal of Experimental Psychology, 2012 (1): 31-36.

[23] Ji L J, Zhang Z, Nisbett R E. Is it culture or is it language? examination of language effects in cross-cultural research on categorization [J]. Journal of Personality and Social Psychology, 2004 (1): 57-65.

[24] Morris M W, Peng K P. Culture and cause: American and Chinese attributions for social and physical events [J]. Journal of Personality and Social Psychology, 1994 (6): 949-971.

[25] Peng K, Knowles E D. Culture, education, and the attribution of physical causality [J]. Personality and Social Psychology Bulletin, 2003 (10): 1272-1284.

[26] Nisbett R E, Peng K P, Choi I, et al. Culture and systems of thought: holisitc versus analytic cognition [J]. Psychological Review, 2001 (2): 291-310.

[27] Grossmann I, Na J, Varnum M E W, et al. Reasoning about social conflicts improves into old age [J]. Proceedings of the National Academy of Sciences of the United States of America, 2010 (16): 7246-7250.

[28] 刘邦惠, 彭凯平. 跨文化的实证法学研究: 文化心理学的挑战与贡献 [J]. 心理学报, 2012 (3): 413-426.

[29] 本杰明·李·沃尔夫. 论语言、思维和现实——沃尔夫文集 [M]. 高一虹, 等译. 长沙: 湖南教育出版社, 2001.

[30] 张积家, 刘丽虹, 谭力海. 语言关联性假设的研究进展——新的证据与看法 [J]. 语言科学, 2005 (3): 42-56.

[31] Wolff P, Holmes K J. Linguistic relativity [J]. Wiley Interdisciplinary Reviews-Cognitive Science, 2011 (2): 252-265.

[32] 张积家. 语言认知新论——一种相对论的探讨 [M]. 广州: 广东高等教育出版社, 2010.

[33] 张积家. 语言关联性理论: 语言影响认知 [N]. 中国社会科学报, 2015-11-03.

[34] Bond M H, Yang K S. Ethnic affirmation versus cross-cultural accommodation the variable impact of questionnaire language on Chinese bilinguals from Hong Kong [J]. Journal of Cross-Cultural Psychology, 1982 (2): 169-185.

[35] Boucher H C, O'Dowd C. Language and the bicultural dialectical self [J]. Cultural Diversity and Ethnic Minority Psychology, 2011 (2): 211-216.

[36] Giles H. Accommodating translational research [J]. Journal of Applied Communication Research, 2008 (2): 121-127.

[37] Kemmelmeier M, Cheng B Y M. Language and self-construal priming a replication and extension in a hong kong sample [J]. Journal of Cross-Cultural Psychology, 2004 (6): 705-712.

[38] 杨晓莉, 刘力, 张笑笑. 双文化个体的文化框架转换: 影响因素与结果 [J]. 心理科学进展, 2010 (5): 840-848.

[39] Ralston D A, Cunniff M K, Gustafson D J. Cultural accommodation the effect of language on the responses of bilingual Hong Kong Chinese managers [J]. Journal of Cross-Cultural Psychology, 1995 (6): 714-717.

[40] Verkuyten M, Pouliasi K. Biculturalism among older children - cultural frame switching, attributions, self-identification, and attitudes [J]. Journal of Cross-Cultural Psychology, 2002 (3): 596-609.

[41] Luna D, Ringberg T, Peracchio L A. One individual, two identities: frame switching among biculturals [J]. Journal of Consumer Research, 2008 (2): 279-293.

[42] 克洛德·莱维-斯特劳斯. 结构人类学 [M]. 谢维扬, 俞宣孟, 译. 上海: 上海译文出版社, 1995.

[43] 许思安, 张积家. 儒家君子人格结构探析 [J]. 教育研究, 2010 (8): 90-96.

[44] John O P, Srivastava S. The Big-Five trait taxonomy: history, measurement, and theoretical perspectives [M] // L A Pervin, O P John. Handbook of personality: theory and research. New York: Guilford Press, 1999.

[45] 王登峰, 崔红. 中西方人格结构差异的理论与实证分析——以中国人人格量表 (QZPS) 和西方五因素人格量表 (NEO PI-R) 为例 [J]. 心理学报, 2008 (3): 327-338.

[46] 谭辉晔, 刘永. 回汉民族性格差异分析——以银川市为例 [J]. 社会心理科学, 2014 (Z2): 18-20.

[47] 赵荣. 语言作为民族性格载体的途径分析 [J]. 外语学刊, 2012 (2): 70-72.

[48] 王娟, 张积家. 颜色词与颜色认知的关系——基于民族心理学的研究视角 [J]. 心理科学进展, 2012 (8): 1159-1168.

[49] 张积家, 谢书书, 和秀梅. 语言和文化对空间认知的影响——汉族和纳西族大学生空间词相似性分类的比较研究 [J]. 心理学报, 2008 (7): 774-787.

[50] 肖二平, 张积家. 从亲属词分类看民族语言对民族心理的影响 [J]. 心理科学进展, 2012 (8): 1189-1200.

［51］王悦，陈俊，张积家. 方言与普通话并用：双言心理研究述评［J］. 心理科学进展，2012（8）：1243-1250.

［52］张积家，张倩秋. 普通话和粤语记忆中的语言依赖效应［J］. 心理学报，2006（5）：633-644.

［53］杨晨，张积家. 粤语-普通话双言者和普通话单言者周期性时间推理比较［J］. 心理科学，2011（4）：782-787.

［54］陈俊，林少惠，张积家. 潮汕话-普通话双言者的词汇习得年龄效应［J］. 心理学报，2011（2）：111-122.

［55］Hui C H, Cheng I W. Effects of second language proficiency of speakers and listeners on person perception and behavioural intention: a study of Chinese bilinguals［J］. International Journal of Psychology，1987（4）：421-430..

［56］张积家，崔占玲. 藏-汉-英双语者字词识别中的语码切换及其代价［J］. 心理学报，2008（2）：136-147.

［57］崔占玲，张积家. 藏-汉-英三语者语言联系模式探讨［J］. 心理学报，2009（3）：208-219.

［58］刘丽虹，张积家. 时间的空间隐喻对汉语母语者时间认知的影响［J］. 外语教学与研究，2009（4）：266-271.

［59］王娟，张积家，刘鸣，印丛. 启动语言对熟练汉-英双语者场景知觉的影响［J］. 外语教学与研究，2011（6）：850-863.

［60］张积家，杨卓华，朱诗敏. 广东大学生对普通话和粤语的印象［J］. 心理学探新，2003（1）：51-54.

［61］Benet-Martínez V, Haritatos J. Bicultural identity integration (BII): components and psychosocial antecedents［J］. Journal of Personality，2005（4）：1015-1050.

［62］LaFromboise T, Coleman H L, Gerton J. Psychological impact of biculturalism: evidence and theory［J］. Psychological Bulletin，1993（3）：395-402.

非直义性语言理解的神经心理机制

马利军 张静宇 张积家

[摘　要]	社会生活促进了人类意识的高度发展，形成人类隐喻性的、非直义性的交流方式。个体常常通过间接的言语交流方式来传递需要、提出要求以避免尴尬。虽然非直义性语言在日常生活中数量巨大，经常出现，但是，理解非直义性语言比理解字面语言要难，需要更多的认知神经资源。近几十年以来，研究者对非直义性语言加工的认知机制进行了大量研究，但是，研究结论未能全面解释个体理解非直义性语言的路径。本文试图从宏观的角度探讨影响非直义性语言加工的认知能力——心理理论和执行功能，以及在非直义性语言加工过程中不同脑区功能和作用——非直义性语言的加工不是单独脑区功能的激活，而是整个神经网络分布功能作用的结果。
[关键词]	非直义性语言；认知神经机制；心理理论；执行功能；脑偏侧化
[原　载]	《山西大学学报》(哲学社会科学版) 2015年第5期，第121—127页。

一　引言

社会生活促进了人类意识的高度发展，形成人类隐喻性的、非字面的交流方式。在日常生活中，人们互相之间交流的目的是通过词汇或符号的字面组合传递潜在的非字面意义，个体希望通过简单的表述让听者理解话语背后的意义。非直义性表达（non-literal expressions）在每种语言中都数量巨大，是日常交流的常用语料。它们是人类对客观世界的简约概括，常见形式包括隐喻、惯用语、谚语、礼貌语、俚语、反语等，通过字面表象所表征的概念隐喻来表达人类生活中的某一类个体或现象。人类对非直义性语言理解的水平标示着个体良好的语言组织能力和洞悉社会发展规则的能力。

通常，非直义性表达与字面表达在以下方面存在差异。首先，字面表达阐述一个事实，而非直义性表达常常表述不真实、虚幻的信息，是对日常物体的抽象描述，例如"飞流直下三千尺"。第二，字面表达受语言语法规则的限制，但是非直义性表达常常破坏语言学规则，形式和意义不能通过语法中介得到统一。例如，"那台机器渴了，需要得到检修"，"渴了"被认为是生物所具备的特性，而机器并不是生物。正是由于非直义性语言表征复杂的认知概念，频繁地出现在日常交流的语料中，研究者试图揭示个体如何正确地理解它们。研究的焦点是非直义性语言字面义和引申义加工的顺序以及两者是否都能获得通达。早期的观点认为，加工首先激活字面义，在字面义验证失败后提取比喻义。来自 fMRI 研究的证据显示额下回在非直义性语言的理解中发挥作用，而该区域的主要功能是识别语义异常、重新调整和选择合适语义，即对非直义性语言的最初加工中首先激活字面义[1]。但是，其他研究发现，心理词典直接储存非直义性语言的整词表征，提取不存在字面义的激活。如果上下文信息充足，非直义性语言的意义可以自动提取，其速度甚至快于字面义的加工。发展性的研究表明，相对于年龄较小的儿童，年龄较大的儿童和成人较少依赖对背景信息的分析，即使在语境严重偏向字面意义时，他们依旧可以提取惯用语的比喻义，暗示大脑储存的是整词的比喻义[2]。之后，混合加工观成为研究者对该争论的主要解释。来自语言产生和理解的研究证实非直义性语言加工和表征符合混合加工观[3]。

非直义性语言是人类抽象思维的形象化表征，超越了字面表达的加工要求，需要特殊的认知操作能力。研究表明，青少年惯用语理解能力与其学业成绩具有显著正相关性[4]。对非直义性语言的正确理解是个体参与社会生活的必要条件，多个学科均将对非直义性表达加工机制的探索作为揭示人类心智的重要窗口，通过对正常和异常被试语言理解能力和其他能力（心理理论，执行功能等）关系的阐述来探索人类心智的本质。

（二）影响非直义性语言理解的认知心理能力

心理理论和执行控制功能的丧失常常导致非直义性语言理解缺陷，但是，其中的作用机制并不清楚。当前研究较多地集中在对儿童（心理理论和执行功能并未发展完善）和各类临床病人（不具备完善的心理理论和执行控制功能）的研究，目的在于揭示其内在运作机制。

（一）心理理论

心理理论是个体关于心理世界的知识，是关于知觉、情绪、愿望和信念等概念如何相互联系并实施组织建构的一种理论解释，即个体推测他人心理状态的能力[5]。非直义性语言常常伴有强烈的情感色彩，表达他人的情绪或者信念，因此，心理理论在理解非直义性语言过程中发挥重要作用。通过探讨儿童和精神分裂症患者理解非直义性语言的能力来揭示心理理论和语言理解之间的关系。

Sperber 和 Wilson 在"人类交流符合合作原则观点"的基础上提出关联理论[9]。该理论认为，交流的目的在于充分地表达信息，说者组织话语吸引听者的注意并使听者理解，听者努力推断说者的"真意"。心理理论是把握话语隐含意义的基本认知能力。对非直义性语言的理解是基于一种对他者言语"话外音"的把握，取决于个体心理理论的发展程度。Sperber 和 Wilson 认为，心理理论的一个特殊化的子系统（一阶、二阶心理理论）成为理解非直义性语言的关键。一阶心理理论是指推断他人关于世界状态的想法和信念，在 3～4 岁出现。二阶心理理论是指推断他人对他人关于世界状态的想法和信念，即他者眼中的他者对世界的认识，要等到 6～7 岁才发展起来，依赖于个人生活的社会环境。Champagne-Lavau 和 Stip 认为，不同类型非直义性语言并不具备同样的交流要求和语言理解能力。理解隐喻，听者的主要任务是识别本体与喻体之间的相似和不同，是对语言材料本身的加工；理解反语，听者需要识别说者的情绪和态度，是对说者主体态度的加工[7]。因此，对隐喻的理解是基于语言的描述功能，是对他人如何看待世界的推断，其认知基础是一阶心理理论。对反语的理解基于语言的解释功能，需要理解说话者对第三者如何看待世界的态度，其认知基础是二阶心理理论。发展性的研究表明，儿童对非直义性语言的理解存在特定的时间限制，个体心理发展水平限制个体语言理解能力的发展。4 岁的幼儿可能具备隐喻认知能力，但是 6～8 岁的儿童才表现出初步的反语理解能力，直到 13 岁反语理解能力仍处在发展中[8]。儿童对反语理解的发展速度远远落后于对隐喻等其他类型的非直义性语言理解的发展速度。

通常，对非直义性表达的理解需要听者运用语用技巧加工特定语境下说者的言语，同时理解说者的隐含意义，听者需要具备良好的社会认知。而精神分裂症患者的社会认知受损，交流功能和心理理论存在缺陷[7]。许多研究证实，精神分裂症患者理解非直义性语言失败的原因是心理理论受损[5]。他们可以理解字面表达的含义，但在理解非直义性表达时存在困难。同时，Langdon、Davies 和 Colt-heart 的研究发现，与对照组相比，精神分裂症患者在理解反语和隐喻结果上出现分离，表明加工两种类型的非直义性语言需要不同的语用技巧和心理理论水平[9]。Herold 等人的研究同样发现，早期曾罹患妄想型精神分裂症的患者在理解反语时出现困难，但是对隐喻的加工不存在困难[10]。结果证实，即使精神分裂症患者症状已经减轻，个体对反语的理解困难却长期存在。因此，许多研究使用对非直义性语言的理解结果来调查临床患者心理理论的破坏程度。Gavilán 等人对 22 名精神分裂症患者的研究表明，心理理论缺陷影响被试在语言理解中语义-语用水平功能的协同作用，被试需要基于该水平来判断区分非直义性语言的类型（反语、隐喻还是谚语）。同时，他们发现，被试对谚语的理解最难，反语次之，隐喻最容易。虽然谚语和隐喻都是俗语，但隐喻通常在一个较短的语境中表达，对其理解可以得到语境信息的帮助，而谚语常常独立呈现，没有语境信息的推理作用[5]。Huber-Okrainec、Blaser 和 Dennis 对胼胝体受损儿童研究发现，他们在理解语义不可分解惯用语并且拒绝它们的字面意义时表现出缺陷[11]。胼胝体受损的成人在理解幽默材料时表现出相同的困难。Brown 等人认为胼胝体整合相关背景信息，并在此基础上传递二阶心理理论理解的意义。

成人和儿童在胼胝体受损后表现出相同的语言理解损伤的事实表明，非直义性语言理解损伤不能由其他组织的代偿作用弥补[12]。

虽然研究证实心理理论丧失和非直义性语言理解困难存在高度相关，但是两者互相作用的方向还不清晰。多数研究者同意社会性功能的丧失导致心理理论发展停滞，并最终导致对非直义性语言理解困难[13]。

（二）执行控制功能

由于非直义性语言存在两种意义，常常引发歧义，加工需要执行控制功能的参与。执行控制功能参与复杂认知加工，诸如抑制、多重选择、背景处理、反应选择和计划等，目的在于灵活适应目标规定的行为，产生正确的理解含义。它的存在保证个体能够以一种灵活的方式综合加工各类复杂的背景信息。在理解非直义性语言中，执行控制功能的作用是同时加工多重意义、选择合适的意义，加工语境信息、抑制不合适的字面意义。不同种类的研究都证实，即使使用不同的研究范式，前额皮层下环路区域（执行控制功能神经基础）在非直义性语言的加工中均存在激活，表明执行控制功能的子系统可能都参与其中[14]。当前争论的焦点是执行控制功能在非直义性语言理解中发挥什么作用，是抑制字面意义还是激活比喻意义，抑或两者同时进行。Papagno 等人对大脑损伤病人的系列研究以及 Fogliata 等使用重复经颅磁刺激（rTMS）对正常被试的研究均表明，执行控制功能并不是一直在影响字面意义句子的理解，前额没有简单的卷入多重选择任务，执行控制功能主要发挥抑制而不是激活或语义选择作用。当大脑损伤或暂时受到干扰，被试不能有效抑制自动激活的字面意义，促使他们做出与语境不相一致的反应[15,16]。

执行控制功能包括背景处理中的工作记忆、反应抑制和认知流畅性。对非直义性语言的理解需要加工语境信息、抑制字面意义、在字面义和比喻义之间进行反复切换。因此，上述能力在理解非直义性语言中发挥重要的作用。非直义性语言理解困难常常伴有执行控制功能损伤（额叶皮层下环路紊乱）。Uekermann、Thoma 和 Daum 发现，执行控制功能呈现出随年龄下降的趋势，具体表现为工作记忆、思维流畅性以及抑制功能的下降，而在谚语理解方面，老年人表现出和执行控制功能相一致的成绩，他们在理解谚语的准确性方面比中年人和年轻人都差，倾向于使用具体化的意义解释谚语[17]。Schettino 等人使用句图匹配任务对惯用语的理解研究同样表明，精神分裂症患者在偏向字面义和偏向比喻义语境下对惯用语理解都表现出一定困难，而且在偏向比喻义语境下出现更多的匹配错误。同时，被试对存在歧义的惯用语的理解更困难[18]。惯用语理解损伤是由精神分裂症患者的执行控制功能受损引发，被试无法对存在歧义惯用语的语义信息进行分析，对惯用语进行正确表征。Titone 等人证实，精神分裂症患者无法灵活地分析语义材料导致其理解非直义性语言出现困难。同时，精神分裂症患者执行功能损伤与负性症状存在相关。负性症状（如缺乏抽象思维能力、采取刻板思维方式、对话缺乏自发性和流畅性等）被认为是缺乏执行功能的认知体现[19]。

三、大脑两半球在非直义性语言理解中的作用

（一）右半球的偏侧化优势争论

非直义性语言加工的认知神经机制主要考察大脑左右半球偏侧化的问题。Josse 和 Tzourio-Mazoyer 认为，语言处理中大脑半球所表现出的偏侧化倾向是认知神经科学最为重大的发现，语言加工的大脑半球优势是大脑本身一个显著的特点，该特点与个体的用手习惯、性别、不同语言任务以及大脑不同区域等因素存在很大关系[20]。在对不同种类非直义性语言的长期研究中，大脑偏侧化问题是一个悬而未决的主题。早期的观点认为，虽然左脑是许多语言处理的认知神经基础，但对非直义性语言的加工主要是右脑偏侧化的结果。该观点得到了大脑单侧化损伤病人对非直义性语言理解结果的证实。不同的研究支持不同的观点。Mashal 等人认为，右脑在非直义性语言理解中发挥重要作用[21]。但是，Rapp 等最早使用 fMRI 技术研究隐喻，并未发现隐喻和字面表达在右脑脑区激活方面的差异。Lee 和 Dapretto 以及 Rapp 等人均认为，右脑参与非直义性语言的加工仅仅表明非直义性语言复杂的认知本质，而不能说明右脑是非直义性语言理解的主要神经基础[22-23]。Champagne-Lavau、Desautels 和 Joanette 发现，右脑在反语加工中没有表现特殊的优势作用，是左右脑的协同作用促使反语顺利得到加工[24]。同时，在以惯用语为测试材料的诸多研究中，大脑不同部位的损伤（左脑损伤，右脑损伤，精神分裂症患者，阿尔海默症患者，胼胝体疾病）都可能会造成惯用语加工失败，并没有某一脑区的偏侧化可以单独完成对惯用语的理解[25]。而且，Zempleni 等人的研究表明，双侧额下回和左侧颞中回在所有类型惯用语（是否存在歧义）理解中发挥作用，而右侧颞中回仅在加工存在歧义的惯用语时存在激活。作者认为，对非直义性语言的加工是大脑双侧神经网络的共同作用，而不仅仅表现为右脑偏侧化[25]。

但是，粗语义编码假说和分级显性意义假说认为，右脑在非直义性语言理解中发挥主要作用，右脑激活是必要条件。根据粗语义编码假说，左脑对细微的、语义关系紧密的信息进行分析加工，而右脑处理粗略的、关系疏远的语义联结。由于非直义性语言需要对比喻义进行语义关系的较远范畴的映射，必须激活右脑。分级显性意义假说认为，凸显意义会在非凸显意义加工之前被自动加工。那些惯例性的、经常遇到的、原型的意义就是凸显意义；而对非惯例性的、新奇意义的加工则需要依赖对语境信息的分析[26]。许多研究结果都证实正常被试在理解隐喻时右脑的参与程度更高。对脑损伤病人的研究也发现，右脑在非直义性语言理解中发挥主要作用。Stachowiak 等人对比研究了正常被试和右脑损伤的病人在理解含有惯用语的短篇章时使用的语义和语用策略。要求被试在听完短篇章后，选择符合篇章内容的图片。结果发现，失语症患者的表现不逊于参照组的被试，对不透明惯用语的理解甚至好于参照组[27]。之后，VanLancker 和 Kempler 要求左右脑受损的被试听单词、包含有惯用语的短语及长度、词频和结构与惯用语短语相

匹配的其他短语，然后进行图片识别。结果显示，左脑受损的被试更容易理解含有惯用语的短语，证明了右脑在惯用语理解中发挥重要作用[28]。

部分研究者对支持偏侧化观点研究中被试执行的任务以及研究所用材料提出了质疑。他们认为，任务和材料促使右脑偏侧化的结果的产生。在研究任务方面，之前研究所选取的句图匹配任务和口头解释任务在被试群体中不具有同质性，右脑被认为是视觉空间能力的主要加工脑区和认知资源分配的脑区，右脑损伤可能会限制认知资源对比喻性意义的分析而转向提供或者选择比较明显的非直义性语言的字面意义，导致"偏侧化"趋势的出现[29]。在研究材料方面，对于提供给左脑和右脑损伤病人的备选答案并不具有同质性，而且，左脑损伤往往导致对言语产生、口头解释或者语义理解任务的潜在影响，上述原因可能会导致实验成绩的差异。Papagno 和 Caporali 证实，左脑损伤病人在不同任务上的成绩不同。脑成像研究显示，大脑两侧损伤都将影响对非直义性语言的加工，然而，还不清楚不同的测试方法对左右脑损伤病人成绩的影响[30]。同时，被试均反映理解比喻性材料更加困难，这导致匹配任务中材料不同质。

另一个重要的事实是，虽然同加工字面表达相比，加工非直义性语言时右脑的激活水平明显增强；但是，激活的最大值更多出现在左脑，由双侧额下回、左颞中上回构成的联合神经网络是左脑偏侧化发生的主要区域，具体包括内侧前额叶、额上回、小脑、海马旁回、中央前壁和顶下小叶。Papagno 和 Genoni 选择左脑损伤的右利手失语症患者作为研究对象。研究发现，无论是词汇和句法功能受损还是词汇和语义功能受损的失语症患者，实验均证明左脑受损伤的失语症患者的惯用语理解能力受损[31]。Oliveri、Romero 和 Papagno 发现，对左脑颞部的重复经颅刺激（rTMS）会对惯用语理解的准确性和反应时造成显著干扰[32]。Rapp、Mutschler 和 Erb 对 38 个使用功能性核磁共振（fMRI）技术对非直义性语言加工进行研究的元分析表明，研究共报告了 409 个激活点，其中只有 129 个在右半球，明确证实左半球在非直义性语言理解中的优势作用[33]。因此，非直义性语言的理解需要两半球的配合，这其中，胼胝体起到了重要的协调作用。Huber-Okrainec 等人发现，胼胝体受损伤儿童的惯用语理解存在困难[11]。同时，精神分裂症患者也会由于胼胝体功能异常破坏了语言理解中大脑两半球之间的互相作用而无法理解非直义性语言。多数研究均表明，两半球以及两半球的联合都对非直义性语言理解有贡献，只是贡献的方式不同。非直义性语言的理解不是单独脑区的激活，而是整个神经网络分布功能作用的结果[34]。

（二）右半球的功能争论

大脑优势在非直义性语言理解中另一个存在争论的问题是右半球的功能问题。

首先，右脑激活是否复杂认知加工的需要。Bottini 等人认为，非直义性语言本身复杂的性质促使右脑参与到加工过程中[35]。右脑可能并不是非直义性语言处理的必须脑区，而是参与到复杂句法和复杂语义语言学结构的加工中，包括判断指代关系以及建构复杂的背景信息等。Rapp 等人也认为，右脑可能加工复杂语义和句法结构，左脑的主要功能是对非直义性背景下的单词意义进行编码[36]。Anaki、Faust 和 Kravetz 指出，非直义性语言在右脑中消退较慢、维持时间较长的事实表明，右脑卷入较为高级和复杂的加工中。但是，Van Lancker Sidis 认为，在传递社会规范和表征形象化方面，非直义性语言具有独特的优势，它的认知加工不同于字面语言的加工，右脑在非直义性语言产生和理解方面具有特殊作用。右脑贮存和提取非直义性语言的固定形式。右脑受损往往导致涉及社会规范、态度变化、情绪表达等方面内容的受损，而这些恰恰是非直义性语言的重要特征。即右脑的功能和非直义性语言的意义相一致，损伤导致相应内容加工失败。

事实上，非直义性语言的加工需要复杂的语用技巧，而语用技巧基于多层次、高水平的认知加工。Martin 和 McDonald 在对各类临床被试研究中的元分析发现，许多不同功能的认知损伤都会导致非直义性语言理解困难，因此，试图寻找单一认知机制来揭示右脑损伤病人特殊的语用缺陷显得不现实。相同的语用缺陷或许来源于影响语用系统的诸多认知处理因素，它反映混杂的多种功能的缺陷[13]。Champagne、Stip 和 Joanette 的研究表明，右脑损伤的病人和精神分裂症患者虽然都不能对非直义性语言进行有效的理解，但右脑损伤被试更多是抑制（字面意义）功能失败所致，而精神分裂症患者更多是思维缺乏灵活性所致。精神分裂症患者无法理解字面和非字面的隐喻，但是右脑损伤病人可以理解字面的隐喻。即右脑损伤病人可以准确地激活相关背景信息，但是不能抑制不符合语境的字面意义。而精神分裂症患者由于思维缺乏灵活性，无法激活相关的背景信息，仅可以理解非直义性语言的字面意义。

其次，右脑激活是否加工远距离、不熟悉、非惯例性的语义连接的需要。Kacinik 和 Chiarello 研究发现，左半球整合字面和比喻性意义常常受到句子背景的限制，但右半球可以在忽略背景信息的情况下维持多重语义的激活。即对于非惯例性的非直义性语言，其处理优势是右脑。上述结果支持分级显性意义假说。在非直义性语言处理中，显性意义直接储存在心理词典中，总是优先通达。而左脑和右脑均对显性意义进行加工，左脑对初级显性意义进行加工，右脑对次级显性意义的激活和保存发挥作用。即左脑善于利用更高层次的信息，选择与语境相关的唯一意义，右脑则加工多重意义。粗语义编码理论也认为，右脑负责加工激活广泛的语义信息，而左脑则只是激活有选择性的语义信息。因此，左脑激活普遍的或者和背景信息相一致的意义时最为有效，特别是激活单个单词的意义；而右脑则对联系不紧密单词重叠意义敏感，尤其是加工单词的多重意义。Schmidt、DeBuse 和 Seger 的分半视野研究证实，右半球对较远范围内语义关系敏感，造成这一结果的原因可能是熟悉性，而不是非字面表达的隐喻性质。在他们的研究中，无论材料是比喻性的还是字面性的，语义关系较远的不熟悉句子（如 the close friends were a bag of toffees）均表现出右脑加工优势效应；语义关系较紧密的熟悉句子表现出左脑加工优势效应。因此，右脑在非直义性语言理解中的贡献更多是加工外围语义信息和非突显意义以及词汇隐喻的新奇性信息。最近，Lai 等人使用 fMRI 技术对隐喻的研究表明，随着隐喻熟悉性提高，右脑卷入语料加工的脑区面积在下降；当熟悉性降低时，类似于右侧额上回等脑区激活增加。因此，右脑激活是对不熟悉隐喻加工的认知需求，而不是隐喻的特殊性质本身的要求。研究结果再次明确右脑在非直义性表达加工过程中的功能。

四 小结

非直义性语言是人类社会惯常的语言形式，加工所需的概念隐喻映射是人类思维的普遍形式。同时，非直义性语言以一种隐含的方式表达人类的思想，是人类抽象思维的具体化表征。理解和使用非直义性语言的能力代表了个体不断增加的社会技巧和专业素养。人类社会生活的本质是通过不断掌握非直义性语言所携带的社会规范和道德准则来建构自己的社会人身份，从而开展有效、有益的社会生活。语言是思维的工具和载体，因此，非直义性语言加工能力的获得是个体认知发展的必然，也是个体社会化的主要目的。

字面性表达是一种即时性语言，可以独立于背景信息使用；而非直义性语言是一种社会性语言，存在着多种可能性，对其加工依赖复杂的语境信息分析。因此，非直义性语言加工困难不仅仅是语言理解的缺陷，更是社会语用功能的丧失和参与社会生活可能性的减少。诸如前额损伤、右脑损伤、精神分裂症和自闭症患者等人群，他们均能理解字面性表达，但对非字面性表达理解存在困难，不同的皮层损伤导致相同的语用缺陷。Lake-off 和 Johnson 认为，隐喻的本质在于借助某类事物理解和体验另一类事物，它不仅是一种修辞手段，更是人类认识世界的思维方式和认知工具，因此，人类的概念系统"从本质上说是隐喻的"。简单的语言交流如"这个房间好热"就包含着很多可能的隐藏性意义，如讲话者想要开窗户或者空调，讲话者想要离开，更可能表达讲话者内心的烦躁情绪，诸如此类的解释对于丧失非直义性语言理解能力的群体来讲，均不能通过对话语进行推理产生正确的理解。因此，非直义性语言理解能力的测定结果常常作为判定个体是否表现精神分裂症状的有效依据。从这个意义上讲，对非直义性语言理解机制的研究在解释人类认知和心智方面具有重要的意义。

另外，由于研究范式、材料以及对象的差异，使得当前的诸多研究结果在各个水平上存在着争议；同时，即使是采用同样方法，使用相同材料，研究"相同"病症的被试，研究结果依然可能存在不同。这些争论和差异在一个方面体现了人类心智的复杂性，同时也表明非直义性语言加工神经心理机制的复杂性。当然，也从一个侧面证明了对该问题进行研究的重要理论和实践价值。

〔参考文献〕

[1] Papagno C, Romero-Lauro L J. The neural basis of idiom processing: neuropsychological, neurophysiological and neuroimaging evidence [J]. Italian Journal of Linguistics, 2010 (1): 21-40.

[2] Nippold M A, Taylor C L. Judgments of idiom familiarity and transparency: a comparison of children and adolescents [J]. Journal of Speech, Language, and Hearing Research, 2002 (2): 384-391.

[3] Sprenger A, Levelt J M, Kempen G. Lexical access during the production of idiomatic phrases [J]. Journal of Memory and Language, 2006 (2): 161-184.

[4] Nippold M A, Martin S T. Idiom interpretation in isolation versus context-a developmental study with adolescents [J]. Journal of Speech and Hearing Research, 1989 (1): 59.

[5] Gavilán J M, García-Albea J E. Theory of mind and language comprehension in schizophrenia: poor mindreading affects figurative language comprehension beyond intelligence deficits [J]. Journal of Neurolinguistics, 2011 (1): 54-69.

[6] Wilson D, Sperber D. Relevance theory [J]. UCL Working Papers in Linguistics, 2002 (14): 149-287.

[7] Champagne-Lavau M, Stip E. Pragmatic and executive dysfunction in schizophrenia [J]. Journal of Neurolinguistics, 2010 (23): 286-296.

[8] 盖笑松, 方富熹, 黎兵. 儿童反语理解的心理机制 [J]. 心理科学进展, 2004 (5): 516-522.

[9] Langdon R, Davies M, Coltheart M. Understanding minds and understanding communicated meanings in schizophrenia [J]. Mind & Language, 2002 (1): 68-104.

[10] Herold R, Tenyi T, Lenard K, et al. Theory of mind deficit in people with schizophrenia during remission [J]. Psychological Medicine, 2002 (6): 1125-1129.

[11] Huber-Okrainec J, Blaser S E, Dennis, M. Idiom comprehension deficits in relation to corpus callosum agenesis and hypoplasia in children with spina bifida meningomyelocele [J]. Brain and Language, 2005 (3): 349-368.

[12] Brown W S, Paul L K, Symington M, et al. Comprehension of humor in primary agenesis of the corpus callosum [J]. Neuropsychologia, 2005 (6): 906-916.

[13] Martin I, McDonald S. Weak coherence, no theory of mind, or executive dysfunction? solving the puzzle of pragmatic language disorders [J]. Brain and Language, 2003 (3): 451-466.

[14] Heyder K, Suchan B, Daum I. Cortico-subcortical contributions to executive control [J]. Acta Psychologica, 2004 (2-3): 271-289.

[15] Papagno C, Lucchelli F, Muggia S, et al. Idiom comprehension in Alzheimer's disease: the role of the central executive [J]. Brain, 2003 (11): 2419-2430.

[16] Fogliata A, Rizzo S, Reati F, et al. The time course of idiom processing [J]. Neuropsychologia, 2007 (14): 3215-3222.

[17] Uekermann J, Thoma P, Daum I. Proverb interpretation changes in aging [J]. Brain and Cognition, 2008 (1): 51-57.

[18] Schettino A, Lauro L R, Crippa F, et al. The comprehension of idiomatic expressions in schizophrenic patients [J]. Neuropsychologia, 2010 (4): 1032-1040.

[19] Titone D, Libben M, Niman M, et al. Conceptual combination in schizophrenia: contrasting property and relational interpretations [J]. Journal of Neurolinguistics,

2007 (2): 92-110.

[20] Josse G, Tzourio-Mazoyer N. Hemispheric specialization for language [J]. Brain Research Reviews, 2004 (1): 1-12.

[21] Mashal N, Faust M, Hendler T, et al. An fMRI investigation of the neural correlates underlying the processing of novel metaphoric expressions [J]. Brain and Language, 2007 (2): 115-126.

[22] Lee S S, Dapretto M. Metaphorical vs literal word meanings: fMRI evidence against a selective role of the right hemisphere [J]. Neuroimage, 2006 (2): 536-544.

[23] Rapp A M, Leube D T, Erb M, et al. Laterality in metaphor processing: lake of evidence from functional magnetic resonance imaging for the right hemisphere theory [J]. Brain and Language, 2007 (2): 142-149.

[24] Champagne-Lavau M, Desautels M C, Joanette Y. Lateralization of irony processing [J]. Procedia Social and Behavioral Sciences, 2010 (6): 59-60.

[25] Zempleni M Z, Haverkort M, Renken R, et al. Evidence for bilateral involvement in idiom comprehension: an fMRI study [J]. NeuroImage, 2007 (3): 1280-1291.

[26] Giora R. Understanding figurative and literal language: the Graded Salience Hypothesis [J]. Cognitive Linguistics, 1997 (1): 183-206.

[27] Stachowiak F J, Huber W, Poeck K, et al. Text comprehension in aphasia [J]. Brain and Language, 1977 (4): 177-195.

[28] Van Lancker D, Kempler D. Comprehension of familiar phrases by left but not by right hemisphere damaged patients [J]. Brain and Language, 1987 (2): 265-277.

[29] Proverbio A, Cortti C, Zani A, et al. The role of left and right hemispheres in the comprehension of idiomatic language: an electrical neuroimaging study [J]. BMC Neuroscience, 2009 (1): 116.

[30] Papagno C, Caporali A. Testing idiom comprehension in aphasic patients: the modality and the type of idiom effects [J]. Brain and Language, 2007 (2): 208-220.

[31] Papagno C, Genoni A. The role of syntactic competence in idiom comprehension: a study on aphasic patients [J]. Journal of Neurolinguistics, 2004 (5): 371-382.

[32] Oliveri M, Papagno C, Romero L. Left but not right temporal lobe involvement in opaque idiom comprehension: a repetitive transcranial stimulation study [J]. Journal of Cognitive Neuroscience, 2004 (5): 848-855.

[33] Rapp A M, Mutschler D E, Erb M. Where in the brain is nonliteral language? a coordinate-based meta-analysis of functional magnetic resonance imaging studies [J]. NeuroImage, 2012 (1): 600-610.

[34] Papagno C. Comprehension of metaphors and idioms in patients with Alzheimer's disease: a longitudinal study [J]. Brain, 2001 (7): 1450-1460.

[35] Bottini G, Corcoran R, Sterzi R, et al. The role of the right hemisphere in the interpretation of figurative aspects of language: a positron emission tomography activation study [J]. Brain, 1994 (6): 1241-1253.

[36] Rapp A M, Leube D T, Erb M, et al. Neural correlates of metaphor processing [J]. Cognitive Brain Research, 2004 (3): 395-402.

语言在情绪理论中的作用：
从基本情绪观到心理建构观中的概念行为模型

陈新葵　张积家

[摘　要]　在早期情绪理论中，语言的作用被忽视。随着各种语言与情绪关系新证据的出现，传统的基本情绪观和情绪评价观受到了挑战。近十年来，Barrett 作为当代情绪心理建构观的代表人物，在整合相关研究的基础上提出了概念行为模型，明确地将语言视为情绪感知和理解建构的主体。本文从对基本情绪观的分析入手，对语言在情绪的评价观、社会建构观、心理建构观尤其是 Barrett 的概念行为模型中对情绪感知和理解的作用进行了梳理，为揭示人类情绪的本质提供了更全面的视角。

[关键词]　语言；情绪理论；概念行为模型

[原　载]　《西北师大学报（社会科学版）》2017 年第 3 期，第 132—137 页。

在 Darwin 对人类和动物表情以及 Ekman 对面部表情的论著中，情绪被视为先天的自我管理与运作的内部加工过程，与语言加工相互独立。沿袭这一线索，早期的基本情绪观研究主要着眼于情绪的自然与生物特性，忽视语言和文化在情绪感知和表达中的作用。随着研究的进一步推进，情绪的复杂性和社会性开始受到重视，部分研究者开始重视主观认知评价对情绪的影响及文化在情绪理解与表达中的作用。此外，在对语言与情绪关系的新证据进行分析与整合的基础上，Barrett 与其研究团队首次明确地将语言视为建构情绪感知和理解的重要工具，重视语言在情绪建构中的作用，提出了概念行为模型。本文旨在对各种情绪观中语言的作用进行剖析，从而为情绪研究的进一步深入及情绪调节实践提供更全面的视角。

一、基本情绪观

早期情绪研究的先驱如 Darwin、Tomkins、Izard 和 Ekman 等将研究重点集中在基本情绪上。Ekman 曾经明确提出基本情绪的概念,认为伤心、害怕、生气、惊讶、憎恶和悲伤这六种情绪是确定的、离散的。Izard 指出,人类的基本情绪有兴奋、惊奇、痛苦、厌恶、愉快、愤怒、恐惧、悲伤、害羞、轻蔑和自罪感 11 种。尽管在基本情绪的数目上存在着分歧,但基本情绪观的拥护者都认为,情绪只是由于刺激引发的行为反应与生理反应,进而导致心理体验,从而启动了某一特定的、离散的情绪结果。

由于基本情绪集中体现了情绪的自然性和生物性,在此基础上进行的研究,均从情绪的自然性与文化普遍性出发,认为表达基本情绪的表情能够被不同语言或文化的人识别。这一观点至今仍不乏支持者。例如,Levenson 指出[1],尽管情绪语言在不同语言间并不一致,然而,某种语言中不包括某个情绪的词并不表示该文化中的个体不能感受到这一情绪。不同文化下可能有不同的情绪词,然而,文化价值观念更多地影响到人们表达、思考或情绪体验的标识,并不会对情绪的行为和生理指标产生多大影响。

可见,在基本情绪观中,语言在情绪表达和情绪识别中的作用被完全忽视了。然而,随着新证据的提出,学者们开始质疑基本情绪理论中过于重视共性而忽视差异性的观点,指出语言的作用。Ortony 和 Turner 说:"我们不能找到基本情绪,因为我们没有,或者说可能找不到基本的标准。没有一种基本情绪可以产生或解释所有的人类情绪。在感情的世界里,每一种语言都有自己的解释。"[2] 从发展的角度看,儿童对基本情绪的感知并非一出生就完全具备。婴儿早期只能感知愉悦和不愉悦,对细化情绪的感知是在理解情绪词的意义后才出现的,语言习得和情绪辨别存在对应关系。例如,2 岁大的儿童只能准确使用"难过"和"快乐"两个情绪词,这与婴儿早期只能感知到快乐和不快乐的脸部差异的结果一致。到 3~4 岁,儿童能够准确使用"愤怒"和"害怕"两个情绪词,也能感知在"难过"中各种子情绪的差异,才能够区分伤心、愤怒和害怕等情绪[3]。

二、情绪的评价观——开始重视认知的中介作用

与认为情绪只是对神经生理层面变化的直接感觉的观点不同,部分学者重视认知在情绪感知和理解中的作用。

(一)重视意义分析在情绪产生中的作用

早在 1960 年,Arnold 就曾提出,在情绪产生时,人们会对所遇到事物或事件做认知评价,这一过程是即时的、自动的。但是,直到 20 世纪 80 年代,Arnold 的观点才被展开研究。其间出现了许多评价理论,包括 Smith 和 Ellsworth 的八维认知评价理论,Frijda 的多焦点理论,以及 Ortony、Clore 和 Collins 的认知结构理论。这些理论围绕评价与情绪出现的先后、情绪与评价的本质、评价过程等,存在着诸多争议。例如,在某些理论中,情绪就是评价,在其他理论中,评价产生情绪。

尽管存在着争议,所有情绪评价观都认为,情绪来自主体对事物意义的主观解释,是由事物或情境所诱发的心理状态,个体通过对情境的意义分析,对特定事物或情境产生了相应情绪。情绪评价观认为,在意义分析之后得到的情绪也是简单的、间断的和不连续的。由于涉及意义分析,情绪评价观对语言和文化的作用有所提及。

（二）对语言在意义分析中作用的阐述及其局限性

Osgood 等人指出，所有语言都存在 EPA 三个维度，即评估（Evaluation）、力量（Potency）和活动性（Activity）。受其影响，Scherer 将之引申为情绪意义的基本维度，指出人对某个刺激的情绪评估也会经过一系列程序，E 是对某事物是否达到目标和需要的评价，P 与处理力度有关，A 与紧急性有关[4]。他强调，情绪伴随着持续的评估活动而变化。Brosch 和 Sander 就相关认知神经科学研究对评价观中五个主要评价变量（新奇性、相关性、目标一致性、因果性及与道德标准的符合性）的证据进行了元分析，并且提出了"认知脑"的概念，支持在情绪感知和理解中认知的中介作用[5]。

受 Osgood 意义输出三维分析法的影响，在情绪评价观中，语言基本被视为交流过程的副产品，即情绪词主要是限制了评价的情绪类型输出，语言并不对整个过程有任何特定的作用。然而，认知神经科学的研究对这一观点提出了新的挑战。例如，Roberson、Davidoff 和 Braisby 发现，一名叫 LEW 的患者在头部受重击后，对物体的知识和命名出现障碍，对情绪漫画分类也出现了障碍[6]。Lindquist 等人报导，3 名有语义障碍的脑损伤患者能够区分面部愉快和不愉快的表情，却不能区分愤怒、厌恶和害怕[7]。语码转换研究也支持语言经验对情绪的影响。例如，临床医生很早就留意到：病人在表达情绪和情感时会自动地转换成母语。Perunovic、Heller 和 Rafaelli 通过写日记记录当下情绪的方式对中-英双语者进行探讨，发现用英语表述时，被试体验到西方模式下的情绪和情感；说中文时，被试自动地切换成东方模式。在回忆述说生平往事时，如果语言与事件发生时使用的语言一样，情感会更强烈[8]。

三、情绪的社会建构观

20 世纪 80 年代后，人们开始关注情绪再认的文化差异，指出人类的大部分情绪都是针对社会事物的，发生在社会交往的过程中。情绪的产生不仅与当下情境有关，还与人们过去的关系及这些关系的未来走向有关[9]。设想两个人正在争吵，他们的争吵是否升级，一方面与当下的沟通状况有关，另一方面还与双方过去关系的好坏和今后他们是否会常见面有关。如果两人关系原本就不好，或今后不会有深交，则愤怒情绪出现的可能性将大大增加。此外，不同文化对愤怒的理解存在差异，也会影响愤怒是否出现。例如，日本文化重视集体主义和整体和谐，在这种文化下，愤怒通常被视为孩子气或幼稚，需要被压制。然而，美国人崇尚个人主义和自我张扬，认为愤怒是自我表达的正常方式。故而西方人的情绪感知主要来自自身，日本人倾向于使用周围人可以获得的信息。美国人认为情绪是个体内部状态的反映，日本人将情绪视为社会关系的反映。因此，社会建构观认为，情绪的社会建构通过三个嵌入式情境来完成：① 当下的互动情境；② 发展和进行中的关系；③ 社会文化情境[10]。

（一）对语言作用的阐述

社会建构观认为，语言蕴含了文化理念，影响情绪的表达和感知。例如，Wierzbicka 发现，在澳大利亚先住民的语言中，对害怕和恐惧没有不同的词语加以区别，因而这两种情绪被当地人视为相同的情绪[11]。Kinginger 呼吁，二语习得不应该局限于语言学习本身，还应该了解语言使用国家的民俗和文化，理解不同语言文化下的情绪及情绪体验的表达[12]。Moscoso 与 Spielberger 通过分析拉丁美洲语言中愤怒概念的表达，构建了专门针对拉丁美洲人的情绪测量工具[13]。

（二）Wierzbrcka 的跨语言和跨文化的比较

Wierzbrcka 指出，在纷繁复杂的语言现象背后，存在着人类的普遍思维，"感觉"属于普遍性的概念，但"情绪"不是[11]。在人类的情绪中，只有少数情绪是基础的，其他则是次生的，或者是由几种基本情绪混合而成的。通过对不同语言中情绪词的比较，Wierzbrcka 发现，虽然不同语言在情绪表达上存在差异，却存在很多共性，如都有表达情绪好坏的词，都用身体动作或生理表现描述情绪，都用内部身体意象描述情绪，所有的语言都包含害怕、愤怒和羞耻这三种情绪。因此，其主张，对情绪研究首先应当先辨认出基本情绪，然后再解释混合情绪中基本情绪的成分。

个体对情绪的解释在一定程度上与母语中提供的词汇关联。例如，在英语中，"愤怒"包括三个元素：① 某人做错了；② 我不希望他这样做；③ 因此，我想对他做点什么。在 Ifaluk 语中，与愤怒对应的"song"只包括了前两项，这使得"song"仅意味着生闷气，绝食，甚至自杀，而英语中"anger"的对象却是冒犯者，并不针对自己。因此，即使面对相同的物理刺激，仍然需要仔细地倾听不同文化下的个体对其所见所感的陈述，避免由于母语的局限而引起的解读错误。

需要指出，关注语言和文化的差异与探讨语言之间的普遍思维并不冲突，对情绪语言的跨语言比较有助于找出差异下的共性，理解不同文化和语言背景下的情绪表征。此外，尽管社会建构观重视语言与文化在情绪感知和理解中的作用，其基本立足点是文化差异，并不重视语言对情绪的影响，这正是情绪的社会建构观与心理建构观的最大不同。

四、心理建构观之概念行为模型

情绪的心理建构观的最早提出者可以追溯至美国心理学之父 Willian James。James 曾经指出，情绪的基本模块并非"难过"、"愤怒"和"恐惧"这些"基本情绪"，而是由更基本的心理系统交互作用而产生的。换句话说，基本情绪只是结果，而非情绪的基石[14]。情绪是个体对感知信号赋予意义的结果，这些信号并不局限于认知或文化环境，而是由各种心理元素以各种不同的方式聚合而成。然而，有鉴于聚合的复杂性，对人类心理建构的具体运作模式，心理建构观尚未达成一致。James 认为，个体对感知信号分析是本能的。也有学者认为，这种分析类似于归类或对来自自身心境的归因[15]。近十年来，Barrett 等人通过一系列文章，提出了概念行为模型（CAM），认为这是情绪心理建构的运作模式[15-17]。该模型首次将语言视为建构情绪感知和理解的重要工具，重视语言在情绪建构中的作用,其理论观点又被称为"当代情绪的心理建构观"[17]。我们将在介绍概念行为模型关于心理元素基本假设的基础上,重点对该模型中关于语言在情绪中的作用及其加工机制进行阐述。

(一)心理元素假设

概念行为模型指出,人类接收信息的渠道来自三个方面——身体外部的刺激、对身体内部信号的感知和个体先前的知识经验,它们是人类精神生活的三个基本元素。个体(或文化)之间可能存在着不同的情绪反应模式,情绪概念系统的规模及复杂性各异,在建构情绪感知和归类时注意力分配的能力也有不同,这必然导致各种心理基本元素组合时的复杂性和可变性:不同文化、不同个体间甚至同一个体在不同的时间,情绪的体验都可能存在着差异。

在该模型中,情绪之间并非离散性的关系,而是在积极-消极和强度高-低两个维度上的连续体。Russell指出,早期的情绪研究大多采取迫选方式进行,人为地提高了情绪再认的准确率,但当要求被试直接命名情绪时,识别的准确性大大降低[18]。面部肌电图研究也显示,并不存在愤怒和难过的面部肌肉活动原型[19]。因此,Barrett认为,面部肌肉活动是交流中的文化象征,并非内部状态的自然表达。

(二)语言在情绪加工中的作用

Barrett等认为,语言在多个水平影响情绪的感知和理解。首先,情绪词对情绪识别具有聚焦效果。在面部表情归类中,情绪词提高了面部表情归类的正确性。情绪词启动使得被试将情绪表现并不强烈的面部表情识别为目标图片,显示情绪词似乎填补了刺激的相关信息。他们采用语义饱和范式探讨成人的情绪词加工与面部表情识别的关系,发现当某个情绪词出现次数达到饱和后,对相应面部表情识别的准确性下降,进一步证明了情绪词对情绪识别的影响[20]。其次,语言对情绪的类别感知也起重要作用。证据显示,有语义提取障碍的脑损伤患者不能识别离散的情绪表情,而是将之视为概化的情感内容[21]。聋哑人对单纯面部表情并未表现出类别感知,显示情绪词是情绪类别感知出现的必要条件[22]。Fugate,Gouzoules和Barrett训练被试对大猩猩的面部表情进行类型感知,发现被试只有当学习阶段中面部表情下带有语言标签时,才能够将表情相似的表情图片识别为不同类别[23]。

Barrett指出,情绪词提供了可以用于约束信息流的"内在情境",它是情绪产生和感知的本体,而非副产品[16]。其认为,情绪词就似黏合剂,将一个个子情绪类型黏合起来。例如,对各种让人"生气"的情境,使用某种语言的人通过与其语言和文化一致的"愤怒"概念将其联系起来。在不同语言中,"愤怒"的内涵存在差异,与愤怒相关的情境也不同。

(三)语言对情绪作用的加工机制

根据神经解剖学和脑成像的证据[24-25],Barrett提出了语言对情绪作用的神经机制。其认为,前额叶皮层(OFC)是参与个体自上而下的物体识别的中心区域。OFC首先根据早期视觉信息预期该物体为何物，然后将预期信息传递给类似于下颞叶皮层的区间，从而更新自下而上的信息，直到最终该物体被识别，并登记其情感重要性。OFC与主观的面部特征类型识别有关，与客观特征判断无关。OFC还与杏仁核及与语义加工相关的部分区域相关。通过这些联系，情绪词对情绪识别和产生具有重要作用。此外，另一颞下皮层（PFC）的部位——vm PFC也与情绪感知相关。Roy、Shohamy和Wager指出，vm PFC类似于意义产生中枢，它将来自情节记忆、生理信号及适应性反应的多系统表征概念进行整合，最终产生了意义[26]。

Barrett进而采用具身认知来解释语言在情绪体验中的作用，认为情绪的感知和理解是个人既有的关于该情绪的感觉的、内部脏器的以及运动的再体验（统称具身）。Gendron等人发现，在情绪识别过程中，当被试观察某面部表情，被试的情绪身体表征（如微笑或皱眉、点头或摇头）与当前图片中传递的情感基调一致时，有助于情绪理解，不一致时则阻碍情绪理解[18]。Saxbe等人要求被试在听完主试对一些真实事迹的故事讲解后，描述感想，然后监测脑成像的数据。结果发现，当被试更多地采用"高兴""鼓舞人心""难过"这类具体的"情绪词"进行描述时，相对于采用"认为""想""知道"这些较抽象的描述心理状态词的"认知词"时，在大脑身体感知区域有更多的激活。此外，不同被试之间存在一定的个体差异，一些被试更倾向使用认知词，另一些却更倾向使用情绪词[27]。

Barrett认为，心理模拟对语言的理解十分重要。人类的语言理解在某种程度上依赖于语言描述情境的具身化过程。动作和相应的词汇概念在神经表征上具有很大的相似性。根据具身认知观，语言理解首先需要检索词或短语所指代语义的具身状态并对之进行模拟，当连贯的行动集产生后，词语就被理解了[28]。因此，语言帮助个体对身体感官或行为的信号变化进行解释，进而产生了相应的情绪。在某种程度上，这也解释了为什么当某一语言中有与某种情绪对应的情绪词而另一种语言中没有时，讲不同语言的个体在相应情绪理解上存在跨文化差异。

根据CAM，语言的作用并非单纯的交流，它还能够将思想延伸至世界，提升人类的认知能力。语言不仅是汇报感觉的工具，还是加深感觉并使其情绪化的工具。当人类用语言来表述感觉时，感觉就已经被迫分类且有了一定的改变。可以说，情绪语言是人类与使用相同语言和概念系统的个体进行交流的重要工具。

五、研究展望

作为人类最重要的交际工具和文化的重要特征，语言一直是哲学、语言学、心理学及认知神经科学的研究热点。然而，早期研究主要集中在语言与思维的关系上，较少关注语言与情绪的关系，在情绪理论中也较少关注语言的作用。在语言与情绪关系上，情绪对语言的表达、理解和产生的调节作用关注较早[29-30]，而语言对情绪的表达、理解和感知的影响的研究则相对滞后。

纵观情绪理论的发展，自然主义和建构主义的争论从未停息。Gendron和Barrett对19世纪中叶到21世纪初出现的各种情绪理论进行了回顾，将这些理论分为建构主义学派、评价学派及基本情绪学派,认为这三大派别并非相互排斥,更多的是侧重点不同[31]。笔者认为,从对语言的重视程度看,建构主义学派又分为侧重文化作用的社会建构观与注重语言对文化传递作用的心理建构观。总的来看,认知神经科学和行为研究提供了语言影响情绪加工的脑机制及行为和生理指标的证据,儿童语言发展与情绪细化识别的一致性为语言与情绪发展提供了发生学依据,跨文化的情绪理解和识别的差异为语言和文化的作用提供了社会生活的证据。这些证据都显示,早期的基本情绪观已经无法解释和统合情绪研究的新证据,人类情绪的感知和理解,远非如此简单。

James曾经指出:早期对情绪作特征分析,就好似对鹅的蛋进行研究,事实上,对蛋的特征分析远不如研究鹅本身重要。Barrett评价道:对情绪感知,就如同人对各种物理刺激的感知一样,尽管基础刺激相似,但能够感知到的非常有限。并且,对同样事件的理解又存在着诸多差异[32]。尽管心理学家对情绪理论的看法并不一致,但语言在情绪感知和理解中的作用已得到越来越多研究者的重视,语言对情绪研究的价值也日益凸显。可以预期,未来情绪研究将从基本情绪走向社会化情绪,尤其是自我意识情绪,如对自豪、自卑、尴尬等的研究,也将从关注情绪的面部表情转向关注以语言与文化为中介的情境性情绪,进而关注语言对情绪学习和情绪调节的作用,为揭秘人类情绪的黑箱提供重要的参考。未来基因学、认知神经科学、人与灵长类近亲在基本情绪感知和理解上的差异以及人工智能的情绪表达机制研究也将为语言在情绪中的作用模型提供更多证据。

〔参考文献〕

[1] Levenson R W. Basic Emotion Questions [J]. Emotion Review, 2011.

[2] Ortony A, Turner T J. What's basic about basic emotions? [J]. Psychological Review, 1990 (3): 315-331.

[3] Widen S C. Children's interpretation of other's facial expressions [J]. Emotion Review, 2013 (5): 72-77.

[4] Scherer K R. Appraisal considered as a process of multi-level sequential checking [M] //K R Scherer, A Schorr, T Johnstone. Appraisal processes in emotion: theory, methods, research. New York: Oxford University Press, 2001.

[5] Brosch T, Sander D. Comment: the appraising brain: towards a neuro-cognitive model of appraisal [J]. Processes in Emotion Emotion Review, 2013 (5): 163-168.

[6] Roberson D, Davidoff J, Braisby N. Similarity and categorisation: neuropsychological evidence for a dissociation in explicit categorisation tasks [J]. Cognition, 1999 (71): 1-42.

[7] Lindquist K A, Gendron M, Dickerson B C, et al. Emotion, but not affect perception, is impaired with semantic memory loss [J]. Emotion. Advance Online Publication, 2014.

[8] Perunovic W Q, Heller D, Rafaeli E. Within-person changes in the structure of

emotion: the role of cultural identification and language [J]. Psychological Science, 2007 (18): 607-613.

[9] Averill J R. The future of social constructionism: introduction to aspecial section of emotion review [J]. Emotion Review, 2012 (4): 215-220.

[10] Boiger M, Mesquita B. The construction of emotion in interactions, relationships, and cultures [J]. Emotion Review, 2012 (4): 221-229.

[11] Wierzbicka A. Semantics, culture, and cognition: universal human concepts in culture-specific configurations [M]. New York: Oxford University Press, 1992.

[12] Kinginger C. American students abroad: negotiation of difference? [J]. Language Teaching, 2010 (43): 216-227.

[13] Moscoso M S, Spielberger C D. Cross cultural assessment of emotions: The expression of anger [J]. Revista de Psicologia, 2011 (2): 343-360.

[14] Lindquist K A, Gendron M. What's in a word? language constructs emotion perception [J]. Emotion Review, 2013 (5): 66-71.

[15] Barrett L F. Are emotions natural kinds? [J]. Perspectives on Psychological Science, 2006 (1): 28-58.

[16] Barrett L F. Variety is the spice of life: a psychological construction approach to understanding variability in emotion [J]. Cognition and Emotion, 2009 (7): 1284-1306.

[17] Barrett L F. Was Darwin wrong about emotional expressions [J]. Current Directions in Psychological Science, 2011 (6): 400-406.

[18] Russell J A. Core affect and the psychological construction of emotion [J]. Psychological Review, 2003 (1): 145-172.

[19] Mauss I B, Robinson, M D Measures of emotion: a review [J]. Cognition and Emotion, 2009 (2): 209-237.

[20] Lindquist K A, Barrett L F, Bliss-Moreau E, et al. Language and the perception of emotion [J]. Emotion, 2006 (6): 126-138.

[21] Lindquist K A, Gendron M, Barrett L F, et al. Emotion Perception, but not Affect Perception, is impaired with semantic memory loss [J]. Emotion. Advance online publication, 2014.

[22] McCullough S, Emmorey K. Categorical perception of affective and linguistic facial expressions [J]. Cognition, 2009 (110): 208-221.

[23] Fugate J M B, Gouzoules H, Barrettm L F. Reading chimpanzee faces: a test of the structural and conceptual hypotheses [J]. Emotion, 2010 (4): 544-554.

[24] Kveraga K, Ghuman A S J, Bar M. Magnocellular projections as the trigger of top Down Facilitation in recognition [J]. Journal of Neuroscience, 2007 (6): 13232-13240.

[25] Binder J R, Desai R H, Graves W W, et al. Where is the semantic system? a

critical review and meta- analysis of 120 functional neuroimaging studies [J]. Cerebral Cortex,2009 (12): 2767-2796.

[26] Roy M, Shohamy D, Wager T D. Ventromedial prefrontal-subcortical systems and the generation of affective meaning [J]. Trends in Cognitive Sciences, 2012 (3): 147-156.

[27] Saxbe D E, Yang X F, Borofsky L A, et al. The embodiment of emotion: language use during the feeling of social emotions predicts cortical somatosensory activity [J]. Scan, 2013 (7): 806-812.

[28] Marrero H, Gamez E, Diaz J M, et al. Carefully encoding approach/ avoidance body locomotion with interpersonal conduct in narrated interactions [J]. Canadian Journal of Experimental Psychology, 2015 (2): 190-199.

[29] 刘宏艳, 胡治国, 彭聃龄. 情绪与语言加工的相互作用 [J]. 心理科学进展, 2009 (4): 714-721.

[30] Kuperman V, Estes Z, Brysbaert M, et al. Emotion and language: valence and arousal affect word recognition [J]. Journal of Experimental Psychology: General, 2014 (3): 1065-1081.

[31] Gendron M, Barrett L F. Reconstructing the past: a century of ideas about emotion in psychology [J]. Emotion Review, 2009 (1): 314-339.

[32] Fugate J M B, Barrett L F. The role of language on the perception and experience of emotion [M]. New York: Oxford University Press, 2014.

论手语对聋人认知的影响

陈穗清　张积家

[摘　要]　手语是聋人的母语，是聋人在自然状态下习得的第一语言。手语具有鲜明独特的语法体系、词法和句法特性。手语同有声语言一样，具有表达复杂思想、细腻感情以及抽象语言的能力。Whorf 的语言关联性假设认为，语言影响认知。使用手语也影响聋人的认知。本文将从颜色认知、空间认知、时间认知、概念联系、形象思维、社会认知和第二语言学习等方面，综述手语对聋人认知的影响。

[关键词]　手语；认知；聋人；影响

[原　载]　《中国特殊教育》2016 年第 7 期，第 37—43 页。

一、引言

聋人由于缺乏获得有声语言的途径，他们的有声语言具有不完整、不流畅、迟缓和滞后的特点[1]。所以，手语是聋人交流思想的主要工具。手语是自然产生的，聋人使用手的指式、动作、位置和朝向，配合面部表情，在三维空间中按照一定语法规则来表达特定意思的交际工具[2]。这一定义概括了手势的构成要素，也说明了手语有语法规则。语言学认为，手语是一套自然的、发展完善而健全的语言交际系统，具有独特的语法体系、词法和句法特征。

对聋人来说，手语是他们的第一语言和母语，所在国家的主流语言是他们的第二语言，如汉语、英语等。邓慧兰等人采用普遍语法理论阐述手语获得，认为普遍语法与生俱来，聋童自小接触手语，手语的普通语法得以启动，所以能够与健听儿童一样获得第一语言[3]。陆晴分析了聋人手语与有声语言的关系，指出刚出生的健全婴儿，口语和手语的发展是同步的：口语学习主要依赖于听觉，手语学习主要依赖于视觉。聋童由于听力受损，丧失了通过听觉感受语言的能力，只能凭借视觉去学习手语。所以，聋童的手语和有声语言的发展是相继的[4]。尽管手语是一种视觉语言，但大多数研究者认为，手语和口语具有同样的语言地位[5-8]。手语语言学家 Stoke 提出，手语具备自然语言的属性，手语词和口语词均可以被分解成小的语言单位，如音位、语素、句法等成分，手语词和口语词表达相同含义[9]。Hardenberg、Happ 和 Leuninger 对德国手语的手误和德语口语的口误进行对比，发现手语产生和口语产生在原理上相同，受相同的表征和加工限制[10]。但是，与有声语言不同，手语在时间上需要部分相继呈现，是三维的立体表达方式[9]。

郑璇认为，在聋人的大脑中，存在着先天的语言习得机制。手语可以激活聋人的语言能力[8]。研究者还从语形、语汇和语法角度对中国手语进行分析。

手语的"语形"相当于有声语言的"语音"，用于区分两个不同的手语，方便传情达意及表达思想。Stoke 认为，手语词同时包含 4 个要素：手形（shape）、位置（location）、运动（movement）和手掌朝向（orientation）。改变其中一个要素，就会改变整个手语词的意义。这四个要素就是手语词的"语音"。手形，即手的基本指式及构形，就是手指关节伸屈和以各种方式互相接触构成的一定指式形状。位置，是指手语者打手语时手所处的位置。同一手形，放置于不同的位置，手语的含义就可能发生很大的变化。运动，是指打手语时手的动作组合、速度及力量。在语汇方面，中国手语中有许多借用汉语的现象，如仿字、书空和仿译词等。梅次开从词法角度提出，手语可以通过改变词根和前缀派生出新词[11]。吴铃按照手语词汇来源将手语词分为：手势词语、表情词语、聋式词语、身体词语、口型词语[12]。手语存在独特的语法和规律，包括语序表达、表情、体态等手段。所以，手语的语形、语汇和语法都有自己独特的规律，手语体系是一个严密的语言系统。

手语会借用有声语言的表达形式，如词法及句法，但手语获得并不与书面表达完全一致，两种语言具有各自独立的语言学特征。在中国手语表达方式中，常发现与汉语表达不一致之处。王静比较中国自然手语和古代汉语发现，两者在语序上有许多相似之处，如主谓倒装、宾语前置、修饰语后置以及缺乏量词等。省略句子成分也是经常出现的现象，包括定语省略、状语省略、补语省略等。还有词语兼代现象，如名词动词互相兼代，近义词兼代等[13]。

手语的语言地位从手势与有声语言的关系中也可以得到证明。观察发现，语言伴随性手势是人类交流的普遍特征。在语言发展的早期，单词句阶段儿童就能够以一种系统化方式协调手势和言语。手势可以分为非表象性手势和表象性手势。非表象性手势包括标志性手势和连续敲打手势，可以独立于语言使用。表象性手势却伴随着语言产生，包括指示性手势、隐喻性手势和象征性手势[14]。Bates 和 Goodman 认为，语言是用"旧的零部件"（即手势动作）造出的"新机器"。从进化的观点来看，人类在未发展出有声语言之前，是通过手势交流的[15]。Corballis 认为，口头语言发展是逐渐从手部动作向口部动作转移，因为双运动指令可以同时传递到手部和嘴部，人类的语言发展来自手部的动作，而不是动物的吼叫[16]。Goldin-meadow 和 McNeill 认为，手势提供了言语不能传递的概念的模拟表征，以自身方式表达了复杂信息，扩大了交流的信息内容[17]。Lozano 等人研究表明，手势传递的动作信息使交流双方获益。手势是依赖于自身活动的具身知识，这一类知识是个体在特殊情境下通过操纵、执行特殊的客体获得的，对其识别不需要言语信息的转化[18]。Skipper 等人认为，语言伴随性手势减少了人对听觉信息的语义选择和提取，有利于双方的交流[19]。研究者还发现，单词发音和手势之间存在着相互作用。

例如，人们将食指和拇指捏在一起表示投标枪，对"标枪"这一名称的判断就会变快。相互作用理论认为，手势和言语系统之间的联系依赖于两种信号的语义一致性，二者之间存在着整合。脑成像研究表明，手势和言语基于相似的或相同的生理基础。诸如模仿、观察手势动作和手臂向上动作均会激活 Broca 区，而嘴部发音姿势激活的脑区也是 Broca 区，特别是 BA44 区。BA44 区同时也是语音编码和表征的主要区域。BA44 区并不仅限于言语发音，还控制手或胳膊的运动表征。在公开地或隐蔽地产生手势时，特别是在表征手部动作的旋转、表征抓握动作的表象时，额下回均被激活。Buccino 等人发现，当要求被试用手部执行对客体的动作或对同类手势动作进行观察（如抓取一个客体）时，额下回的岛盖部均有激活。当观察嘴部动作时，这个区域也被激活，表明嘴部和手部的动作表征存在着部分重叠[20]。Gentilucci 等人发现，BA44 区卷入手势和言语信号之间的转移，是两类信号转移的生理基础，转移过程通过修改嘴部发音动作参数和言语参数实现[21]。对于聋童而言，由于有声语言的发展受阻，手势便变得进一步精细化和复杂化，朝着手语的方向发展，而正常儿童由于有声语言的发展并且在交际中占据主导地位，手势便停留在初期的水平。

手语对聋人认知的影响

（一）语言与认知的关系

语言与认知的关系是研究者普遍关心的问题。Whorf 的语言关联性假设在近年来受到了广泛的关注。Whorf 认为，语言决定认知，影响非语言的认知。语言是世界观的体现，使用不同语言的人对世界有不同的看法。不同的语言有不同的决定认知方式[22]。张积家及其合作者在大量研究基础上，提出了新的语言关联性假设：语言塑造大脑，语言影响认知，语言构建民族。语言对认知的影响体现在：① 影响认知方式，即影响习惯的思考模式；② 影响认知途径和过程；③ 影响认知策略；④ 影响认知过程的难易；⑤ 影响认知结果。语言经由如下方式影响认知：① 通过语言标记影响认知，语言标记使某些认知途径、过程和策略更容易被选择；② 通过范畴和原型影响认知，语言中的范畴和原型给认知结果编码施加了某种限制；③ 通过参考框架、图形与背景、部分凸显等方式影响认知；④ 通过理论与语境影响认知；⑤ 通过隐喻影响认知[23]。对于聋人而言，手语和书面语是两种不同性质的语言。许多研究表明，手语使用的确影响了聋人的认知。

（二）手语影响聋人的颜色认知

颜色是光波作用于人眼而产生的物理-心理事件。可见光谱是连续的，而不同语言却对它做出了不同的切分，导致在不同语言中基本颜色词的数量并不相同，较少的只有 2 个词：黑（暗）与白（亮）。较多的（如俄语）有 12 个词：黑、白、红、橙、黄、绿、浅蓝、深蓝、紫、粉红、棕、灰。张积家等人近年来的研究表明，不同民族的颜色词分类标准（颜色）具有很大差异。在不同民族之间，能够成为颜色词概念组织的维度（亦即颜色词分类的标准）如下。① 色调：彩色/非彩色。② 颜色心理感应：暖色/冷色。

③ 饱和度：单色/杂色。④ 明度：亮色/暗色。⑤ 对象与背景：实物色/背景色[24]。聋童由于听觉的局限和语言的限制，抽象思维能力发展滞后，但视觉表象能力强。在基本颜色分类中，低、高年级聋童都按照颜色的物理属性（波长和饱和度）分类，在分类时更多地考虑了颜色的视觉相似性。低、高年级聋童的基本颜色语义空间中都出现了"彩色/非彩色"维度，低年级聋童的基本颜色语义空间中还出现"长波色/短波色"维度，高年级聋童的基本颜色语义空间中还出现了"单色/杂色"维度，两者均未出现汉族正常儿童的基本颜色语义空间的"暖色/冷色"维度。"长波色/短波色"维度是对颜色色调相似性的认知。对聋童而言，不仅色调在颜色认知和分类中具有重要作用，饱和度在颜色概念组织中的作用也不容忽视。这表明，聋童对基本颜色的抽象程度低于汉族5～6岁儿童。同样是受语言的影响，高年级聋童的基本颜色词语义空间中出现"彩色/非彩色"和"单色/杂色"维度。这说明，由于手语表达的具体性与相对模糊性，导致聋童的基本颜色表象不稳定，因而对基本颜色和基本颜色词的分类不同[25]。

（三）手语影响聋人的空间认知

手语是一种三维语言，使用双手的空间关系再加上面部表情，把需要表达的信息在一定的空间和时间中表现出来。因此，相对于健听人，聋人对空间信息更加敏感。方俊明和何大芳发现，聋人的视觉语言优势半球在左半球，手语能够激起大脑皮层视觉空间认知区的活动[26]。Colmenero等人的研究表明，聋人在空间定位任务中的反应快于健听人，这与聋人使用手语并依赖空间信息有关[27]。张积家、芦松敏和方燕红考察聋大学生的空间词分类。结果显示，聋大学生的空间词概念结构有两个维度：① 物体的方位和状态/自身的方位；② 状态/方位。聋大学生的空间认知有4个主题：① 观察者自身的三维方位；② 空间饱和度；③ 边界；④ 物体的位置和状态。与健听汉族大学生比，聋大学生缺少了"视觉距离"的空间认知主题。由于手语表达方式更多地强调物体的空间位置和状态，未强调视觉功能，因此，聋生将描写物体距离的空间词并入到"物体的方位和状态"的认知主题中[28]。Wilson和Emmorey给聋人呈现手语，发现聋人更多地使用空间信息编码方式，并且空间编码与语音编码无交互作用，表明两者是两个独立的成分。他们还要求被试使用手语对图片命名，在命名中会有语音的作用，但研究发现，聋人更多地依赖于视空间画板[29]。

（四）手语影响聋人的时间认知

时间空间隐喻是利用具体的、可感的空间概念去映射抽象的、不可感的时间概念。研究表明，汉语讲话者既存在着"左/过去，右/将来"的水平方向的时间空间隐喻，又存在着"上/过去，下/未来"的竖直方向的时间空间隐喻。孙雨圻、陈穗清和张积家考察听觉通道缺失和使用手语对聋人时间空间隐喻的影响，发现聋人在动作水平上和视觉水平上都存在着"左/过去，右/将来"的水平方向的时间空间隐喻：对表征过去的词或句子按左键反应和对表征将来的词或句子按右键反应更快；对表征过去的词或句子，呈现在左边错误率低，对表征将来的词或句子，呈现在右边错误率低。实验2发现，聋生无论在动作水平上还是在视觉水平上都不存在"上/过去，下/将来"的竖直方向的时间空间隐喻。这一研究表明，使用手语并未影响聋生的水平方向的时间空间隐喻，却影响聋生的竖直方向的时间空间隐喻。手语是一种特殊的语言。聋人尽管对书面语的书写方向与阅读方向与健听人相同，但是，在日常表达中的经验还是有所不同。在大部分文化中，未来是指行走或书写的方向。但在有声语言中，通常将未来视为位于前方而非右方，如"未来之路在我们的前方不断延伸"。中国手语就采用了这种表达法。在中国手语中，表示未来的手势，手在头前；表示过去的手势，手在头后。即，聋人对未来的认识是在身体的前方，对过去的认识是在身体的后方，这与汉语的表达法恰恰相反。在汉语中，"前"往往表达发生在过去的时间，如"前天""前年""两天前"；"后"往往表示将要发生的时间，如"后天""后年""两天后"。在手语中，"上"的打法：一手伸食指向上指。"下"的打法：一手伸食指向下指。手语的"上"与"下"只表示空间方位，不表示发生在过去或将来的时间。时间隐喻图式的建构深受人们的感觉运动经验和语言习惯影响。对于聋人而言，手语和视觉经验是获得空间经验的主要途径。由于听觉缺陷，聋人认知空间更依赖于视觉和运动的线索。由于使用手语，聋生不熟悉用"上""下"来喻指时间的表达法。总之，有声语言和手语因表达媒介不同，在隐喻的表现形式上存在差异。手语的隐喻与有声语言的隐喻并不一一对应，这影响了聋生对于竖直方向的时间空间隐喻的形成[30]。

（五）手语使用影响聋人的概念联系

缺乏听觉能力的聋人，接收信息的途径较单一，主要依靠视觉、触觉等方式认识世界。使用手语的聋人在形成事物概念联系的过程中是否会与健听人存在差异？张积家、李德高与吴雪云使用不同类别的基本水平概念，让聋生完成语义归类和错误再认任务，并同健听生比较。结果表明，聋生和健听生具有类似的类别意识，但聋生的类别意识较健听生弱。聋生的分类学概念具有较强的形象化倾向。青少年聋生的分类学联系特点与语言能力发展迟缓、使用自然手语有关[31]。Marschark等人发现，聋人在分类学的上下位概念联系之间存在着不对称性，从上位概念到下位概念的联系弱于从下位概念到上位概念的联系[32]。Li等人使用语义分类任务考察聋人在基本水平概念、上位水平概念以及下位水平概念中的表现。结果显示，当下位刺激是词时，聋人的反应与健听人相似，但当下位刺激是图片时，出现了"反典型性"效应。这是因为聋生在识别上位概念时拥有两套概念操作系统，分别是通过手语建立起来的概念系统与在书面语学习中建立起来的概念系统。当下位刺激是词时，书面语概念系统发挥主要作用；当下位刺激是图片时，手语概念系统发挥主要作用，因此出现了与健听人相反的结果[33]。许锦民等人使用类似的方法考察聋人及健听人的分类学联系概念，发现聋人在上位词汇识别中确实会激活两套概念表征系统[34]。李德高等人使用分类学联系上下位概念词对青少年聋生做单词联想研究，发现聋生的联想趋势虽然与健听生基本一致，聋生的分类学联系概念中上下位概念联系和同位概念联系都较弱，他们产生了较多的分类学联系以外的概念联系联想。这主要是因为聋生的书面语言能力弱，有孤立地看待事物概念的认知倾向[35]。李德高和张积家以小学高年级和初中聋生为被试，以智力匹配的小学高年级健听生为对照组，使用常见事物及上位概念名称，采用单词自由联想和上下位概念联系判断任务，测量单词自由联想的主联想强度与概念联系判断的反应时和错误率。结果表明，聋生和健听生在单词自由联想中都显示了分类学概念中上下位概念联系的不对称性，但聋生的上下位概念联系强度比健听生弱。聋生对上下位概念联系判断显著快，但典型性意识弱于健听生。青少年聋生和健听生的分类学概念联系基本类似，只在强度上有差异[36]。李德高还发现，聋生的分类学关系和填空联系（slot-filler relanon，简称SF联系）与健听生相似，但健听生的填空联系更强，受手语使用的影响，聋生擅长形象概念加工[37]。

Courtin发现，六岁的聋童与健听儿童在概念分类任务中有差异。当两个概念的手语有关联时，聋童在概念分类中表现好，健听儿童却没有这种差异。由此推测，聋童与健听儿童的认知方式不一样，这种不一样源自手语，手语的词汇及句法都会对概念分类造成影响。该研究还发现，六岁的聋童表现出较强的认知灵活性。研究者认为，聋童拥有手语及书面语两种语言，有利于培养认知的灵活性[38]。Ormel等人要求聋生和健听生分别对图片及书面语进行语义分类，聋生对图片分类好于对书面语分类，健听生却没有这种差异。健听生在单词语义分类中的表现强于聋生。聋生的书面语语义分类受到手语影响，手语的词汇量及熟练度约束了聋生对词汇语义的理解[39]。Emmorey和Corina对聋人及健听人的左、右视野呈现手语图片或非手语图片，要求做词汇判断。聋人和健听人在抽象词汇判断中都表现出左视野优势，聋人对形象手语图片却表现出明显的右视野优势，健听人对手语图片未表现出左右视野差异，说明聋人和健听人在判断形象物体时存在差异[40]。冯建新和冯敏给聋生呈现手语图片，考察聋生基本水平概念的分类能力，发现聋生基本水平概念分类成绩受手语影响较大，手形对聋生的分类有促进作用[41]。上述研究体现了聋人与健听人在概念及其组织上的差异，这些差异源于手语的使用。

（六）手语影响聋人的形象思维

手语使用象似的手法帮助聋人理解事物的特性，高象似的手语会快速激活手势的语义。因此，当手语与实物相似度高时，将有利于提取词汇语义。陈穗清等人的研究表明，在手语词汇识别中存在着象似性效应和具体性效应，两者都能够帮助聋人提取事物的形象[42]。张积家、陈磊和陈穗清采用手语词-图片确认任务考察象似性在手语词语义加工中的作用。实验1以聋生为被试，发现聋生加工高熟悉的手语词-图片对快，加工高象似的手语词-图片对快，说明在中国手语词的语义加工中存在着象似性效应和熟悉性效应。实验2以聋生和健听口语-手语学生为被试，发现聋生和健听口语-手语学生对图片突出了与之匹配的手语词的象似特征的手语词-图片对反应快，错误率低，说明两组被试在提取手语词的语义时都自动激活了象似特征。聋生在图片特征突出与不突出手语词的象似特征时差异量大于健听生，说明聋生的象似性效应更加明显，这显然与聋生使用手语有关。聋生在图片突出、未突出手语词的象似特征时，反应时均短于健听生，说明在同样激活手语词的象似特征时，聋生比健听生更享有加工优势[43]。正因为手语在表意上具有局限性，不能十分形象地表达抽象概念，因而会对聋人的抽象思维带来一定的影响。王敬欣比较了聋人和健听人在语言理解和语言产生上的表现，发现聋人对时间、人物、事件和主题等以形象思维为主的领域词汇量显著高于健听人，说明手语能够帮助聋人理解语言和产生语言，并且手语的形象性也促进了形象思维的加工。与此同时，手语的使用，在一定程度上也限制了聋人抽象思维能力发展[44]。张积家等人要求聋生对汉字和图片做语义分类，发现聋生对"花"和"树"进行生物性判断时，会出现较多的错误。研究者认为，由于聋生缺乏听觉信息，以及手语的表达方式，限制了其抽象概念的发展，手语的形象性影响聋人对世界的认知[45]。Frostad发现，在面对简单算术问题时，聋生使用的认知策略与健听生相似，但由于受到手语的限制，聋生的抽象概念思维能力较弱[46]。Zevenbergen、Hyde和Power考察了聋人在解决数学问题方面的能力，聋人在语言描述性题目中的表现与健听人类似，但在比较类型题目中反应慢于健听人。这表明，语言获得情况会影响聋人完成抽象数学题目的能力[47]。卢富荣等人对比聋童和健听儿童在加减文字题上的表现，发现聋童的表现相对滞后。这与聋童使用形象化高的手语系统来表征问题有关，聋童更擅长具体形象思维[48]。

（七）手语影响聋人的社会认知

陈穗清、张积家和李艳霞采用自由分类法探讨聋人的亲属词概念结构，并同汉族健听人比较。实验1和实验2分别要求聋人对汉语亲属词和手语亲属词分类。结果表明，聋人的汉语亲属词概念结构具有两个维度："亲属的亲密程度"和"亲属关系的性质"。聋人的手语亲属词概念结构也具有两个维度："亲属关系的性质"和"亲属的亲密程度"。聋人对汉语亲属词和手语亲属词的分类既相似，又有差异，两种分类的维度相同但维度的相对顺序不同。这主要与手语亲属词的匮乏和聋人的生活习惯有关。在汉语亲属词的分类中，由于词汇的数量多，能够充分、精准地反映出汉语亲属概念的"亲密程度"。手语亲属词的数量比汉语亲属词明显少，而且主要集中在核心家庭成员及血亲上。聋人在交流时，一般不会使用称谓来称呼对方，而以直接指点来表示。谈到不在场的人时，倾向于以人物关系的解说来表达与对方的关系。因此，在手语中亲属称谓并不多，常用词有爸爸、妈妈、哥哥、姐姐、弟弟、妹妹、爷爷、奶奶、儿子、女儿、孙子、孙女、叔父、阿姨、舅舅、伯父等。聋人在对手语亲属词分类时，会优先关注在生活中相互作用较强的亲属词。由于这些亲属同聋生之间的亲密程度都比较高，因而淡化了亲密程度在亲属词概念组织中的作用，凸显了亲属关系性质的作用。聋人的手语亲属词分类还体现出手语的其他特色。手语对亲属的表达方式具有较强的系统性，层次清楚，等级分明。如在一家之中，父亲为尊，母亲其次，哥姐再次，然后是自己，最后是弟妹，反映在手语中便是拇指、食指、中指、无名指和小指。对手语亲属词的分类也受这种系统性的潜在影响。除了核心家庭成员具有这种特点外，其他亲属词也体现了手指的等级特性。不同手指的指代不同，促使聋人在概念中形成了层次意识。此外，手语词包含位置、手形、运动和手掌朝向4个要素。在手语亲属词中，除了根据手指来区分亲属层次以外，还有个别手语词具有相同的手形，如"外婆"、"外公"以及"外甥"都有表示"外"的手形，无论是位置、手形、运动还是手掌朝向都一致。因此，聋人将这三个手语词划分为一类：当亲属词中有共同的语言标记时，会集中加工，将其聚类。这也符合认知资源分配原则，当出现相同的手形时，不需要过多的加工，便可以提取共同语义，进行分类。类似的情况还有表示表亲的"表哥""表姐""表弟""表妹"。这些都表明，聋人的社会认知亦受到手语表达方式的影响[49]。

（八）手语影响聋人的第二语言

对双语者的研究表明，第二语言的编码方式受第一语言的编码方式影响。手语和书面语是两种不同通道的语言，被称为"跨通道双语"。与双语研究结果一致，书面语编码会受到手语编码方式影响。研究者考察6～11岁聋童的语言学习能力，这种学习内容包括语言的认知及语言的情感方面。结果发现，聋童的语言学习能力受他们的母语——手语影响。手语的熟练程度影响聋人的第二语言学习。这一点与健听人学习第二语言的情况一致[50]。张积家和王偶偶以有人工耳蜗或助听器的初中聋生为被试，考查手势表征对聋生语音提取的影响。要求被试判断同一汉字在不同词语中读音是否相同。他们预期：如果在聋生的语言表征中汉字语音和手势信息分别存储，聋生的语音判断就不会受手势影响，对手势和语音匹配与不匹配的词对的反应就应该无差异；如果在聋生的语言表征中汉字语音同手势信息的联系较强，同概念系统的联系较弱，聋生的语音判断就会受手势信息影响，在匹配条件和不匹配条件下的反应差异应该显著。结果表明，聋生的语音判断受手势信息干扰，说明在聋生的语言表征中，汉字语音同手势表征的联系较强[51]。Woolfe、Her-man、Roy和Woll关注8～36个月的聋童的交际能力。结果显示，较早接触手语的孩子拥有较好的词汇能力，交际能力相对强[52]。此外，聋人在认识事物或表达事件时，习惯将重要的、强调的、注意的、具体的以及简单的内容放在前面。因此，在手语表达中常将重要的信息先打出来，由此出现了词序倒装。陈穗清等人采用句法合理性判断任务，探讨手语的句法表达方式是否影响聋生对汉语书面语的认知。结果表明，在拒绝句法不合理句子（主谓颠倒和谓宾颠倒）时，聋生较健听生受到了更大的干扰。手语表达方式影响聋生对汉语书面语的认知，当汉语书面语句式与手语句式不一致时，聋生对句子合理性的判断显著变慢[53]。

三、结语

研究手语对聋人认知的影响具有重要的理论意义与实践价值。在理论上，可以为语言与认知关系的讨论提供重要证据。已有研究从不同角度肯定手语的语言地位及手语对聋人认知的影响。在实践上，研究手语对聋人认知的影响有助于了解聋人的认知结构和心理发展状况，为聋人的教育和教学提供依据。例如，针对手语的消极影响，聋校应该加强聋人的规范手语教学，促进聋生的抽象思维能力发展。只有让聋人规范系统地学习手语，才能更好地帮助聋人更准确地认识世界。针对聋生的分类学概念的具体形象化特点，在对聋生教学中，应该多提供概念的变式，使聋生能够掌握概念的本质特征。目前，这方面的研究还有待进一步扩展，研究方法和手段还有待改进。

〔参考文献〕

[1] 胡雅梅,牛玉柏. 手语在听觉障碍儿童认知发展中的作用 [J]. 中国特殊教育,2003 (4):49-53.

[2] 杨军辉. 中国手语和汉语双语教育初探 [J]. 中国特殊教育,2002 (1):23-27.

[3] 邓慧兰,姚勤敏,林慧思,等. 手语双语研究对聋人教育的启示 [J]. 当代语言学,2011 (2):175-187.

[4] 陆晴. 聋人双语双文化教学的研究与实践 [J]. 现代农业科学,2008 (15):16-119.

[5] 郑璇. 中国手语的语言地位（Ⅰ）[J]. 听力学及言语疾病杂志,2009 (6):578-581.

[6] 郑璇. 中国手语的语言地位（Ⅱ）[J]. 听力学及言语疾病杂志,2010 (1):57-58.

[7] 徐来庆. 基于汉语有声语言形式的聋人手语的构词特征分析 [J]. 南京特教学院学报,2010 (3):17-20.

[8] 张虹倩,刘斐. 中国聋人手语词汇探析 [J]. 南京特教学院学报,2011 (1):26-30.

[9] Wilson R,Keil F. The MIT encyclopedia of the cognitive sciences [M]. Cambridge,MA:MIT Press,1999.

[10] Hohenberger A,Happ D,Leuninger H. Modality-dependent aspects of sign language production. Evidence from slips of the hands and their repairs in German Sign Language (DGS) [M] //R P Meier,K Cormier,D. Quinto-Pozos. Modality and structure in signed and spoken language. Cambridge:Cambridge University Press,2002.

[11] 梅次开. 聋人手语概论 [M]. 上海:学林出版社,1985.

[12] 吴铃. 汉语手语语法研究 [J]. 中国特殊教育,2005 (8):15-22.

[13] 王静. 中国聋人自然手语和古代汉语之比较 [J]. 中国特殊教育,2008 (2):35-38.

[14] 马利军,张积家. 语言伴随性手势是否和语言共享同一交流系统?[J]. 心理科学进展,2011 (7):983-992.

[15] Bates E,Goodman J C. On the inseparability of grammar and the lexicon:evidence from acquisition,aphasia and real-time processing [J]. Language and Cognitive Processes,1997 (5/6):507-584.

[16] Corballis M C. Language as gesture [J]. Human Movement Science,2009 (28):556-565.

[17] Goldin-Meadow S,Mylander C,Butcher C. The resilience of combinatorial structure at the word level:Morphology in self-styled gesture systems [J]. Cognition,1995 (3):195-262..

[18] Lozano S C, Tversky B. Communicative gestures facilitate problem solving for both communicators and recipients [J]. Journal of Memory and Language, 2006 (1): 47-63.

[19] Skipper J I, Goldin-Meadow S, Nusbaum H C, et al. Speech-associated gestures, Broca's area, and the human mirror system [J]. Brain and Language, 2007 (3): 260-277.

[20] Buccino G, Binkofski F, Fink G R, et al. Action observation activates premotor and parietal areas in a somatotopicmanner: an fMRI study [J]. European Journal of Neuroscience, 2001 (2): 400-404.

[21] Gentilucci M, Gangitano M. Influence of automatic word reading on motor control [J]. European Journal of Neuroscience, 1998 (2): 752-756.

[22] Whorf B L, Caroll J B. Language, thought, and reality: selected writing of Benjamin Lee Whorf [M]. New York: Wiley, The MIT Pres.

[23] 张积家. 语言认知新论——一种相对论的探讨 [M]. 广州: 广东高等教育出版社, 2010.

[24] 张积家, 方燕红, 谢书书. 颜色词与颜色认知的关系: 相互作用理论及其证据 [J]. 心理科学进展, 2012 (7): 949-962.

[25] 党玉晓, 张积家, 章玉祉, 等. 聋童对基本颜色和基本颜色词的分类 [J]. 中国特殊教育, 2008 (7): 14-19.

[26] 方俊明, 何大芳. 中国聋人手语脑功能成像的研究 [J]. 中国特殊教育, 2003 (2): 50-57.

[27] Colmenero J M, Catena A, Fuentes L J, et al. Mechanisms of visuospatial orienting in deafness [J]. European Journal of Cognitive Psychology, 2004 (6): 791-805.

[28] 张积家, 芦松敏, 方燕红. 聋人大学生的空间概念及其组织 [J]. 中国特殊教育, 2010 (1): 28-31.

[29] Wilson M, Emmorey K. A visuospatial "phonological loop" in working memory: evidence form American Sign Language [J]. Memory and Cognition, 1997 (3): 313-320.

[30] 孙雨圻, 陈穗清, 张积家. 听觉通道缺失和使用手语对聋生时间空间隐喻的影响 [J]. 中国特殊教育, 2012 (10): 20-26.

[31] 张积家, 李德高, 吴雪云. 青少年聋生的分类学联系 [J]. 心理学报, 2008 (11): 1178-1189.

[32] Marschark M, Convertino C, McEvoy C, et al. Organization and use of the mental lexicon by deaf and hearing individuals [J]. American Annals of the Deaf, 2004 (1): 51-61.

[33] Li D G, Gao K J, Wu X Y, et al. A reversed-typicality effect in pictures but not in written words in deaf and hard of hearing adolescents [J]. American Annuals of

the Deaf, 2015 (1): 48-59.

[34] 许锦民, 张帆, 李德高. 聋人大学生分类学联系上位概念词识别研究 [J]. 中国特殊教育, 2015 (12): 31-36.

[35] 李德高, 张积家, 何璀璀, 等. 聋青少年分类学联系概念词词汇联想 [J]. 中国特殊教育, 2009 (12): 28-31.

[36] 李德高, 张积家. 青少年聋生分类学概念中上下位概念联系的特点 [J]. 中国听力语言康复科学杂志, 2011 (1): 36-41.

[37] 李德高. 青少年聋生概念联系类型倾向的心理学研究 [D]. 广州: 华南师范大学, 2007.

[38] Courtin C. Does sign language provide deaf children with an abstraction advantage? evidence from a cate- gorization task [J]. Journal of Deaf Studies and Deaf Education, 1997 (3): 161-171.

[39] Ormel E A, Gijsel M A R, Hermans D, et al. Semantic categorization: a comparison between deaf and hearing children [J]. Journal of Communication Disorders, 2010 (5): 5484-5499.

[40] Emmorye K, Kosslyn S, Bellugi U. Visual imagery and visual-spatial language: enhanced imagery abilities in deaf and hearing ASL signers [J]. Cognition, 1993 (2): 139-181.

[41] 冯建新, 冯敏. 书面词语和手语对聋生语义分类影响的实验研究 [J]. 中国特殊教育, 2012 (10): 27-31.

[42] 陈穗清, 张积家, 李艳霞, 等. 手语词识别的影响因素探讨——手语词的两个网络系统及其交互作用 [J]. 心理学报, 2015 (7): 878-889.

[43] 张积家, 陈磊, 陈穗清. 语言符号的象似性对手语具体名词语义加工的影响 [J]. 语言文字应用, 2013 (1): 89-98.

[44] 王敬欣. 聋人和听力正常人语言理解和生成的实验研究 [J]. 中国特殊教育, 2000 (1): 8-12.

[45] 张积家, 陈穗清, 张广岩, 等. 聋大学生的词汇习得年龄效应 [J]. 心理学报, 2012 (11): 1421-1433.

[46] Frostad P. Deaf children's use of cognitive strategies in simple arithmetic problems [J]. Educational Studies in Mathematics, 1999 (2): 129-153.

[47] Zevenbergen R, Hyde M, Power D. Language, arithmetic word problems, and deaf students: linguistic strategies used to solve tasks [J]. Mathematics Education Research Journal, 2001 (3): 204-218.

[48] 卢富荣, 王庭照, 张彩, 等. 聋童与普通儿童解决加减文字题和字词意识关系的比较研究 [J]. 特殊教育, 2011 (7): 44-48.

[49] 陈穗清, 张积家, 李艳霞. 聋人的亲属词概念结构——兼与汉族健听人的亲属词概念结构比较 [J]. 中国特殊教育, 2015 (1): 27-34.

[50] Mann W, Pea E D, Morgan G. Child modifiability as a predictor of language

abilities in deaf children who use American Sign Language [J] . American Journal of Speech-Language Pathology, 2015 (3): 374-385.

[51] 张积家, 王偶偶. 手势表征对有助听设备聋生语音提取的影响 [J] . 中国特殊教育, 2011 (6): 28-31.

[52] Woolfe T, Herman R, Roy P, et al. Early vocabulary development in deaf native signers: a British Sign Language adaptation of the communicative development inventories [J] . Journal of Child Psychology and Psychiatry, 2009 (3): 322-331.

[53] 陈穗清, 张积家, 邓碧琳, 等. 手语和汉语句法差异对听障学生认知的影响 [J] . 中国听力语言康复科学杂志, 2013 (3): 207-210.

从新的语言关联性理论看语言对听障人群认知的影响

陈穗清　张积家

| [摘　要] | 新的语言关联性理论明确了语言影响认知的具体方面和认知途径。本文通过介绍听障人群自身的语言特点，结合新的语言关联性理论，系统地探讨了听障人群的语言给其认知方式、认知过程、认知过程的难易以及认知结果带来的影响，对听障人群的语言教育提出了建议。
| [关键词] | 语言关联性理论；听障人群；认知
| [原　载] | 《中国听力语言康复杂志》2018年第2期，第150—153页。

一、引言

　　语言与认知的关系一直是研究者关注的热点。对于二者的关系，语言关联性假设认为，文化通过语言影响认知，语言差异导致认知差异；语言影响记忆；语言影响知觉；语言影响思维[1]。近年来，张积家提出新的语言关联性理论，对语言关联性假设做了进一步扩展和细化。新的理论明确语言、认知与大脑的关系：脑是语言和认知共同的神经基础，语言和认知通过功能塑造性和结构可塑性影响脑的进化和发育，塑造大脑。经过语言塑造的大脑反过来影响认知和语言。语言与认知存在着双向的交互作用：认知影响语言，语言又是认知的中介和途径。语言可以直接影响认知，词是概念的载体，思维活动和言语活动密不可分；语言也可以间接影响认知，语言的使用导致脑的功能和结构发生改变，进而影响认知[2,3]。新的理论细化了语言对认知的影响：语言影响认知方式、认知过程、认知策略、认知过程的难易和认知结果。新的理论明确了语言影响认知的途径：语言通过语言标记、范畴和原型、某些中介机制（如参考框架的选择、图形与背景的关系、认知的凸显性、对数量和材质的强调等）、隐喻和语言象似性、理论和语境等途径影响认知[3]。

　　听障人群由于听觉器官受损，在语言上不同于健听人。他们主要使用手语，以有声语言作为第二语言，因此，听障人群的手语和有声语言的发展是相继的。然而，听障人群与健听人群因语言差异带来认知差异，为新的语言关联性理论提供了多方面的证据。

二、听障人群的语言学习特点

听觉缺失阻碍听障人群接收外界语言信息,使他们不能顺利地通过自然途径掌握语言。听障人群的语言受损程度与听觉障碍的出现年龄相关。听力损伤得越早、越严重,其对语言的掌握越差。听障人群的语言学习包括两方面。一是语言理解。听障人群以眼代耳,将听觉符号转换成视觉符号,凭借视觉感知和学习语言。但是,通过眼睛认识世界,会给概念形成带来困难。听障人群通过视觉符号取得的语言信息不完整、不清晰,视觉器官也无法同时清晰注视两个以上的目标,使学习对象被限制在视力范围内[4]。二是语言表达。听障人群在信息传达上存在困难。手语是听障人群的主要语言,是其母语[5]。由于其缺乏听觉信息,主要靠视觉接收信息,因此在认识事物或表达事件时,习惯将重要、强调、注意、具体及简单的内容放在前面,将次要、辅助、抽象、烦琐的内容放在后面[6]。手语常将重要信息先打出来,由此出现词序倒装。在手语中,许多词表示物体的形象或特征,直观、具体、形象,影响听障人群的书面语学习和概念获得,促进或阻碍其对事物的认知[7]。

听障人群缺乏语音输入,这在一定程度上会影响其思维模式。

三、语言对听障人群认知的影响

(一)语言影响听障人群的认知方式

概念结构反映人对事物不同的认知方式。听障人群的概念结构反映其特殊认知方式。研究者探讨手语对概念结构的影响,有如下发现。

手语影响听障人群的空间概念结构。张积家等人考察了听障大学生的空间词分类。听障学生空间词概念结构的维度为物体的方位和状态/自身的方位和状态/方位。听障学生有4个空间认知主题:观察者自身的三维方位、空间饱和度、边界、物体的位置和状态。与健听生比,听障学生缺少视觉距离的认知主题,他们把描写物体距离的空间词(远、近、高、低、俯、仰)纳入物体的方位和状态的认知主题中。这是由于手语表达更多地强调物体的空间位置和状态,未强调视觉功能。又由于手语的上、下、左、右表达都以自身为参照,导致听障学生更多地把关注点转向自己,因而出现观察者自身的方位的认知主题[8]。

手语影响听障人群的颜色概念结构。党玉晓等研究了听障学生的基本颜色和基本颜色词分类。低年级听障学生基本颜色语义空间的维度为彩色/非彩色和长波色/短波色;高年级听障学生基本颜色语义空间的维度为彩色/非彩色和单色/杂色。低年级听障学生基本颜色词语义空间的维度为单色/杂色和暖色/冷色;高年级听障学生基本颜色词语义空间的维度为彩色/非彩色和单色/杂色。听障学生对基本颜色与基本颜色词分类不同,说明他们的颜色表象不稳定。由于颜色词反复成对出现,听障学生便根据机械记忆将成对出现的颜色（黑白、红绿、黄蓝）分为一类，其余颜色分为一类，因此出现单色/杂色维度[9]。

手语影响听障人群的亲属词概念结构。陈穗清等要求听障人群对汉语亲属词和手语亲属词分类。其汉语亲属词概念结构的维度为亲属的亲密程度和亲属关系的性质。手语亲属词概念结构的维度为亲属关系的性质和亲属的亲密程度。尽管两种语言的亲属词概念结构维度一致，但顺序不同。手语亲属词的数量比汉语亲属词少，主要集中在核心家庭成员及血亲上。听障人群对手语亲属词分类时，优先关注在生活中交往较多的亲属。手语使用频率亦影响听障人群对汉语亲属词分类。听障学生将手语中使用少甚至缺乏对应的手语亲属词分为一类。在手语中，还有一些特殊表达式，有较强的层次性。如在一家中，父亲为尊，母亲其次，哥姐再次，然后是自己，最后是弟妹，反映在手语中便是拇指、食指、中指、无名指和小指。听障学生对手语亲属词分类也受这种层次性影响[10]。

（二）语言影响听障人群的认知过程

手语词的重要特性是象似性（iconicity）。象似性是词汇与所表征事物的理据程度，特别是对事物的模仿程度。Thompson等要求听障人群判断先后呈现的图片和手势是否指代同一事物，当图片凸显与之匹配的手语词的象似特征时反应更快[11]。Ormel等发现，荷兰听障儿童判断象似手语词-图片对的反应时比判断不象似手语词-图片对短，错误率低[12]。张积家等采用手语词-图片确认任务考察听障大学生和健听大学生的手语词语义加工，发现听障大学生对手语词的象似性比健听大学生更敏感[13]。陈穗清等发现，手语词识别既存在熟悉性、复杂度、象似性和具体性效应，又存在熟悉性与象似性、具体性的交互作用：对高熟悉手语词，象似性的作用更大；对低熟悉手语词，具体性的作用更大。手语词识别既涉及词汇网络系统，又涉及语义网络系统[14]。手语词与书面语词的识别既具有共性，也存在差异。

（三）语言影响认知过程的难易

手语是听障人的母语，所在国家的主流语言是听障人的第二语言[15]。听障人群要融入社会必须掌握书面语，其书面语学习要以手语为中介。张积家等研究听障大学生的词汇习得年龄效应。研究不仅考虑书面语词的习得年龄，也考虑手语词的习得年龄，发现了显著的词汇习得年龄效应。手语的形象性和情境性影响听障人群对世界的认知，影响对概念和书面语的掌握。习得早的词有来自手语和书面语的双重（形象和语义）编码，提取更快[16]。陈穗清等采用句法合理性判断任务考察对汉语句子认知，发现听障学生的句子判断反应时长于健听学生，且在拒绝句法不合理句子（主谓颠倒和谓宾颠倒）时，听障学生比健听生受到更大的干扰[17]。张积家等采用隐蔽语义联想启动范式考察听障人群手语-汉语双语者的手语和汉语的语义表征。手语-汉语双语者的手语词和汉字词的联系同健听双语者两种语言的联系既相似，也存在差异。听障人群与健听人群获得第二语言的过程类似，都需要第一语言支持，但听障双语者对第一语言的依赖比健听者更强。手语-汉语双语者对汉语高度熟练后，语义加工中仍会激活手语。健听双语者在习得第二语言后，伴随着第二语言的高度熟练，在第二语言加工中不再需要借助第一语言[18]。

（四）语言影响听障人群的认知结果

手语词的手形标志影响听障人群的认知结果。陈穗清等发现，手语词的语义类标记既影响听障学生的手语词识别，亦影响听障学生的手语词语义决定。当语义类标记同词义一致时，加速手语词的语义提取。与整体、静态、同时呈现的汉字词不同，手语词有部分、动态、相继呈现的特点。一个手语词往往由两个相继出现的手势组成，即由一个基本手势加上一个表示词缀或语素的手势构成。这种部分、动态、相继呈现的方式更有利于手语词的语义类标记发挥作用[19]。手语亲属词分类同样受手形标志影响。在手语亲属词中，一些手语词有相同手形，如"外婆""外公""外甥"都有表示"外"的手形。听障人群将这3个手语词分为一类，说明手语的手形特征影响其分类[10]。张积家等发现，由于听障学生语言能力发展缓慢且使用自然手语，导致其类别意识较健听生弱。听障学生的分类学概念有较强的形象化倾向[20]。李德高等发现，听障学生的上下位概念联系强度比健听生弱，典型性意识比健听生弱[21]。听障人群在概念判断上也存在偏差，如听障学生对"花"和"树"的类别意识模糊，容易将其判断为非生命物。听障学生在认识事物时主要依靠视觉，因此将能否活动作为判断是否生命物的重要标志。手语特点也增加了概念的模糊度。在手语中，"花"和"树"的表达都注重形象，未将其他特性表达出来，容易使听障学生发生概念混淆[16]。

四、建议

综上所述，与健听人群比，听障人群在语言输入和语言表达上有自身的特点。手语的使用影响其认知，符合新的语言关联性理论的预言。教育工作者应该掌握听障人群的语言特点，针对这些特点对听障学生进行差异化教育。可从以下方面提高听障人群的语言能力。① 鼓励听障人群使用规范手语，重视手语和书面语表达的相异之处，引导听障学生发现手语和书面语的差异，使其使用书面语时尽量少受手语影响，正确地提取书面语信息。② 加强手语与书面语的熟练度。手语是听障人群的主要语言，他们更加依赖手语。两种语言越熟练，灵活性越强[22]。当两种语言都高度熟练时，听障人群就能在两种语言间顺利、快速地切换。③ 充分利用外部教学手段，多途径地帮助听障人群掌握抽象概念，特别是在手语中没有相应标示的概念。④ 充分发挥手语的正向作用。教学中可以运用手语的某些特性，如象似性和语义类标记等，帮助听障人群掌握抽象概念。

〔参考文献〕

[1] Lucy J A. The scope of linguistic relativity: an analysis and review of empirical research [M] //John J Gumperz, Stephen C. Levinson edited, rethinking linguistic relativity. Cambridge: Cambridge University Press, 1996.

[2] 张积家，刘丽虹，谭力海. 语言关联性假设的研究进展——新的证据与看法[J]. 语言科学，2005（3）：42-56.

[3] 张积家. 语言关联性理论：语言影响认知 [N]. 中国社会科学报，2015-11-03.

[4] 吕亚萍. 聋生语言学习的特点及其教育对策 [J]. 中国听力语言康复科学杂志，2007（4）：49-51.

[5] 郑璇. 浅论手语对聋儿主流语言学习的影响 [J]. 中国听力语言康复科学杂志，2004（1）：51-53.

[6] 王斌，王红. 对聋生汉语书面语学习中词序颠倒现象的分析及矫正策略 [J]. 南京特教学院学报，2010（3）：35-38.

[7] 郑璇. 中国手语中的比喻和借代——兼谈手语如何表达非视觉概念 [J]. 中国特殊教育，2010（2）：3-8.

[8] 张积家，芦松敏，方燕红. 聋人大学生的空间概念及其组织 [J]. 中国特殊教育，2010（4）：28-32.

[9] 党玉晓，张积家，章玉祉，等. 聋童对基本颜色和基本颜色词的分类 [J]. 中国特殊教育，2008（7）：15.

[10] 陈穗清，张积家，李艳霞. 聋人的亲属词概念结构——兼与汉族健听人的亲属词概念结构比较 [J]. 中国特殊教育，2015（1）：27-34.

[11] Thompson R L, Vinson D P, Vigliocco G. The link between form and meaning in American Sign Language: lexical processing effects [J]. Journal of Experimental Psychology-learning Memory and Cognition，2009（4）：1017-1027.

[12] Ormel E, Hermans D, Knoors H, et al. The role of sign phonology and iconicity during sign processing: the case of deaf children [J]. Journal of Deaf Studies and Deaf Education，2009（4）：436-448.

[13] 张积家，陈磊，陈穗清. 语言符号的象似性对手语具体名词语义加工的影响 [J]. 语言文字应用，2013（1）：89-98.

[14] 陈穗清，张积家，李艳霞，等. 手语词识别的影响因素探讨——手语词的两个网络系统及其交互作用 [J]. 心理学报，2015（7）：878-889.

[15] 陆晴. 聋人双语双文化教学的研究与实践 [J]. 现代农业科学，2008（3）：116-119.

[16] 张积家，陈穗清，张广岩，等. 聋大学生的词汇习得年龄效应 [J]. 心理学报，2012（11）：1421-1433.

[17] 陈穗清，张积家，邓碧琳，等. 手语和汉语句法差异对听障学生认知的影响 [J]. 中国听力语言康复科学杂志，2013（3）：207-210.

[18] 张积家，张广岩，陈穗清. 熟练手语——汉语双语者的语言联系模式 [J]. 中国特殊教育，2013（5）：27-32.

[19] 陈穗清，张积家，吴雪云，等. 语义类标记在中国手语词词汇识别和语义提取中的作用 [J]. 心理学报，2012（8）：1004-1014.

[20] 张积家，李德高，吴雪云. 青少年聋生的分类学联系 [J]. 心理学报，2008（11）：1178-1189.

[21] 李德高,张积家. 青少年聋生分类学概念中上下位概念联系的特点[J]. 中国听力语言康复科学杂志,2011(1):36-41.

[22] 陈穗清,欧阳颖. 粤语-普通话双言儿童的认知灵活性探讨[J]. 广州大学学报(社会科学版),2017(12):49-54.

自然语义元语言理论和基本情绪研究

张积家

[摘　要] 自然语义元语言理论主张，在自然语言中具有语义原词。语义原词在各种语言中都具有相同的意义，都可以找到它们的对应形式。采用自然语义元语言理论的观点来研究基本情绪，为基本情绪的研究提供了新的视角。

[关键词] 自然语义元语言理论；基本情绪

[原　载] 《楚雄师范学院学报》2016年第2期，62—70页。

一、历史的回顾

情绪具有哪些类别？是否存在着基本情绪？一种观点认为，情绪在发生上具有类型，每一类型的情绪都有独特的内心体验、生理唤醒和外显行为模式。[1]例如，《中庸》将情绪分为喜、怒、哀、乐；《黄帝内经》将情绪分为喜、怒、悲、忧、恐；《左传》将情绪分为好、恶、喜、怒、哀、乐；《礼记》将情绪分为喜、怒、哀、惧、爱、恶、欲。林传鼎将《说文》中描述情绪的字划分为18类：安静，喜悦，愤怒，哀怜，悲痛，忧愁，忿恚，烦闷，恐惧，惊骇，恭敬，悦爱，憎恶，贪憝，嫉妒，微惧，惭愧和耻辱。[2] Ekman等人认为，快乐、惊讶、害怕、悲伤、愤怒、厌恶是6种基本情绪。[3] Izard认为，人类的基本情绪有兴奋、惊奇、痛苦、厌恶、愉快、愤怒、恐惧、悲伤、害羞、轻蔑和自罪感11种。[4] Kemper认为，至少存在着4种基本情绪：害怕、愤怒、悲伤和满足。其理由是：① 它们在大部分动物的行为中都能够被观察到；② 它们在所有文化的人群中都能够被发现；③ 它们出现在人类发展的早期；④ 它们是力量和社会地位的产物；⑤ 它们和明显的心理活动的改变相联系。[5] 另一些学者则认为，基本情绪与人类的共同情绪体验和共同基因有关。一些情绪理论支持存在着基本情绪的假设。例如，神经文化理论（Neurocultural Theory）认为，人类的面部表情受普遍的面部情感系统的控制。在所有的文化中，人类的面部情感系统一致。在不同的文化之间，面部表情的差异由"表现规则"和"解码规则"造成。在非社会情景中，每一个人都以同样的方式来表达情绪，以同样的模式来识别情绪。在社会情景中，人们有意识地使用"表现规则"控制或掩饰自己的表情。不同的文化有不同的表现规则，会加强、减弱、掩饰人的情绪。[6-7] Matsumoto认为，人类以同样的方式来识别情绪，但是，在不同的文化中，有着不同的"解码规则",这些规则决定了人们是否承认和理解这些情绪。[8]

另一种观点则认为,在不同的文化中有不同的情绪,情绪表达的方式存在着很大的差异。在一些文化中,存在着某些独特的情绪。一些情绪即使在所有的文化中都存在,也没有足够的证据证明它们具有普遍的神经机制。Needham指出:"人类存在基本情绪的观点是经不起批判的假设,任何一个熟悉历史或人类学的人都会怀疑它的正确性。……不同语言中有不同的情绪词。……每种语言中情绪词的数量和其他语言大不一样。"[9] Ortony和Turner也说:"我们不能找到基本情绪,因为我们没有,或者说可能找不到基本的标准。"没有一种基本情绪可以产生或解释所有的人类情绪。在感情的世界里,每一种语言都有自己的解释。[10] 一些新近的研究也支持这种观点。例如,在面部表情的表达和识别上,存在着组内优势效应。人们识别自己文化中人的面部表情比识别其他文化中人的面部表情更加准确。[11-14]

另一些心理学家持折中的观点。例如,"方言"理论(Dialect Theory)就认为,存在着某些普遍的情绪维度。不同的文化群体共享一个"普遍的情感系统",各个文化群体还有着自己的"独特的情感系统"。情绪的文化差异就好像语言中的方言之间的差异一样,人们通过社会学习,习得了文化中的"独特的情感系统"。不同的文化群体在面部表情的表达和识别中存在着一些微妙的差异。[13]

因此,大多数心理学家都承认存在着基本情绪。但是,也有反对的声音。近年来,语言学家Wierzbicka提出了自然语义元语言(NSM)理论,这一理论对是否存在着基本情绪以及基本情绪的标准提出了独特的看法,为基本情绪的研究提供了一种新的视角。

二、自然语义元语言理论

自然语义元语言理论是Wierzbicka及其同事提出的一种语义学理论,其目的是确定自然语言中的语义原词(semantic primitives)。这些语义原词是语义的"原子",它们独立于具体的语言和具体的文化。在使用语义原词对不同语言的词义进行解释时,就可以避免文化的偏差。[15] Wierzbicka等人提出的语义原词[15-16]见表1。

表1 自然语义元语言理论的语义原词表

语义范畴	语义原词
实词	我,你,某人,人们/个人,某事/某物,身体
限定词	这个,和…一样,其他
数量词	一,二,有些,所有,许多,大量
评价词	好,坏
描述词	大,小
心理谓词	思考,知道,想要,感觉,看,听
谈话	说,词,真实

续表

语义范畴	语义原词
运动，事件，动作	做，发生，运动
存在和拥有	存在，有
生和死	活着，死亡
时间	何时，现在，过去，在……之后，长时间，一会儿，暂时
空间	何地，这里，在……上面，在……下面，远，近，旁边，里面
逻辑概念	不，或许，因为，如果，能
增强或扩大	非常，更多
分类，部分	类，部分
相似性	像

自然语义元语言理论还确立了选择语义原词的原则。① 自然语言解释的原则：即必须用自然语言来分析语义。因为任何人工语言都寄生于自然语言。② 简化解释的原则：不能够用其他意义解释的最简单意义就是语义原词。③ 语言使用者评判的原则：要判断对某种语言的某个词的解释是否准确地体现了意义，可以通过该语言的使用者来检验。④ 普遍性的原则：语义原词是普遍存在的，在任何自然语言中都可找到它们的对应形式。⑤ 同形的原则：在不同的语言中，语义原词具有不同的形式，但其意义是相同的。因此，一种语言的语义原词在转化为另外一种语言的语义原词时，其意义不会改变。[16]

三、用自然语义元语言理论分析基本情绪

在 Wierzbicka 之前，心理学家倾向于使用情绪的概念，而不使用情感的概念，这主要是因为情绪的概念比较客观，心理学家可以采用客观的标准对情绪进行观察和实验。然而，这并不是说使用"情绪"的概念研究者就可以高枕无忧，因为人们总是从民族中心主义的立场或者母语的角度出发来使用"情绪"的概念。"emotion"（情绪）一词是英语的创造物。哲学家、心理学家和语言学家均认为，人类具有概念共项。Wierzbicka 认为，感觉是概念共项，而情绪却不是。如果把情绪作为分析的基础，不考虑它的英语特点，就会使变化的现象具体化，而这些现象本来是可以从多个方面来概念化的。目前，学界普遍使用的一些短语，如"情绪心理""情绪反应"，给人留下这样的印象：情绪是客观存在的。但是，实际上，从文化上说，语言所提供的概念化与人类的经验有关。例如，在德语中，就没有"情绪"一词，德语中与"emotion"对应的词是"gefuhl"，但它不区分心理的感觉和身体的感觉，"gefuhl"的复数形式是"gufuhle"，它只用于意指以认知为基础的感觉。又如，在俄语中，"chuvstvo"既意指情绪，也意指感觉，而"chuvstvo"的复数形式"chuvstva"则专指以认知为基础的感觉。因此，感觉具有普遍性，可以用来探讨人类的经验，而情绪却受文化的限制。在某一文化中，"镇静"是正常的状态，而"快乐""绝望""羞耻""害怕"则不正常。在美国文化中，人们可以自由地表达

自己的满意与自豪,但在中国文化中,即使心花怒放,表面上也不能欣喜若狂;即使内心中志得意满,表面上却要谦卑恭敬,说一些"还过得去""还差许多""一般般""离领导的要求还差很远"之类的话,这在中国文化中叫"客气",不然就会让人觉得不舒服。又如,在英语中,"情绪化"含有不正常的含义,而情感则既包含以认知为基础的情感,也包括与身体有关的情绪。[17]

那么,如何解决这一问题?如何才能够清晰地、准确地分析"情感"?这就需要有语义原词。因为每一种语言都影响人类的经验。运用语义原词,就可以清晰严格地编码语言中的概念。因为采用语义原词,就可以从独立于某一语言的角度来探索人类的感情。根据Wierzbicka的观点,可以用一些简单概念如"感觉""想要""说""认为""知道""好""坏"等来描述情绪。因为英语中的"feeling"(情感)、"emotion"(情绪)、"mood"(心境)是英语文化的产物,而"good"(好)、"bad"(坏)、"want"(想要)、"know"(知道)、"say"(说)、"believe"(认为)等语义原词却不是某一特定文化的产物,它们属于普遍的人类思维,每一种语言中的词都有它们的语义对等物。这样,研究者就可以跳出自身的语言和文化的羁绊,以一种独立于某一文化的观点来研究人类的情感。[17-18]

Wierzbicka的这一看法是合理的。事实上,人类情绪的确在很大程度上取决于表达情绪的词汇。根据Sapir和Whorf提出的语言关联性假设,语言影响讲话者的认知方式,是思想的塑造者,不同语言的讲话者以不同的方式思考。情绪词亦是如此。例如,在塔希提(Tahiti)语中,就没有与英语"sad"(悲伤)对应的词,但塔希提人肯定有一个"悲伤"的范畴。因此,没有理由认为英语的"sadness"比塔希提语的"tiaha"或"peapea"更加普遍。悲伤或愤怒的范畴与英语是密切相关的,而在其他文化中,语言所提供的情绪范畴就可能不一样。语言学家发现,就情绪而言,不需要找出那些怪异的语言,德语、意大利语和俄语中就没有英语"emotion"的对应词。因此,如果一个人强调不同语言的情绪词差异,拒绝把"愤怒""恐惧""悲伤"作为人类的普遍概念,他就是一个文化相对主义者。这并不一定十分正确。但是,正如Sapir所言:"一个哲学家,如果想要不受自己的语言习惯局限,就必须了解自己的语言。"

因此,情绪研究要区分三种现象:① 心理现象;② 现象的概念化;③ 表达概念的词。最理想的情况是三种现象从印刷符号上就可以看出区别来。例如,写出愤怒的现象,愤怒的概念和英语中表达愤怒的词——"anger"。事实上,完全依靠印刷符号去区别这三种现象很难。关键是"anger"(英语)和"rabbia"(意大利语)一样真实,它们都反映了人类情绪的本质。"emotion"是真实的,"gufvhle"和"chuvstva"也同样真实。因此,为了使基本情绪研究能够跳出某一文化的局限,讨论应该尽可能地在普遍的人类概念的基础上进行。[19]"情绪"不是普遍概念,"悲伤""惊讶"也不是,这些概念在一些语言中找不到对应的形式,并不意味着人类情绪不存在共同之处。而是说,在研究语言共项时,应该仔细地倾听不同文化的人们是如何谈论他们的所看和所感的,避免把分析建立于自己的语言和文化的范畴上。在收集到的语言学和人类学证据的基础上,Wierzbicka等人得出了如下看法[20]。

(1)在所有的语言中都有"感觉"这个词。"感觉"不区分身体的感觉和以认知为基础的感觉,感觉可以是动词、形容词和名词。例如,在一种语言中,人们说:"我感觉好,我感觉坏。"在另一种语言中,人们说:"我活得好,我活得差。"虽然感觉是语义原词,但是,在不同的文化中,人们谈论感觉的程度不同。例如,美国文化重视"感觉",而日本文化则尽力避免谈论"感觉"。在所有的语言中,人们都用词来表达不同的感觉,一些描述感觉的词和"思考"联系在一起,如"生气""担心""震惊""羞耻"等;另一些描述感觉的词和人的身体的生理变化联系在一起,如"饥""渴""疼"等。在汉语中,经常用描述感觉的词来描述情绪,如"我的心凉透了""我的心头一热""肝肠寸断"等等。

(2) 在所有的语言中,感觉都有好坏之分。将感觉分为好坏与把情绪分成积极情绪和消极情绪的观点是一致的。例如,中国古代的"六情说"就将情绪分为喜、怒、哀、乐、爱、恶。喜、乐、爱属于积极情绪,怒、哀、恶属于消极情绪。著名情绪心理学家Plutchik指出:把情绪分成两类的最普遍做法是分成积极情绪和消极情绪。人类情绪经验的一个重要特点就是情绪具有两极性。[21]

(3) 在所有的语言中都有情绪感叹词。任何一种语言都有一些感叹词是用来表达情绪的,这些情绪往往与某些特别的思维相联系。例如,在英语中,就存在着"gee"(哎呀)、"wow"(哇)、"Yuk"(大笑)之类的词,这些词可以用语义原词来解释:"因为我在思考一些东西,我现在感觉到一些东西。"在所有的语言中都有情绪感叹词,表明所有的文化都认识到一些感觉具有认知基础,有时人想用第一人称来直接表达感觉。

(4) 在所有的语言中都有描述情绪的词,如"愤怒""羞耻""惊讶""担心"等。这些情绪词不一定在所有语言中都能找到对应的形式,但是,都包含有两个语义成分:① 某人在思考某事;② 因为他在思考,他产生了某种情感。

事实上,儿童并非通过文化脚本的学习才开始自己的情感生活,当想要的目标失去或受到阻碍或达到想要的目标时,儿童天生就具有体验悲伤、愤怒和高兴的能力。研究表明,存在着有关情绪的三个认知脚本:① 想要的目标失去;② 想要的目标受阻;③ 达到了想要的目标。这很符合英语用认知原型描述情感的方法。但是,人们不能推测这些认知脚本是天生的、普遍的、独立于文化的。在不同的语言中,天生的、普遍的概念是"想要""感觉""我""发生""做""不""好""坏",以及把这些概念联结成有意义结构的方式,例如"我想这样""我想做某事""我感觉到什么"。虽然用英语词编码的认知脚本不是普遍的,但是,把认知与情感连接起来的基本概念模式是普遍的,因为所有的语言都能够提供出这样的词汇编码的例子。

(5) 在所有的语言中,都有意义相近的词来表达"愤怒"、"害怕"和"羞耻"。

(6) 在所有的语言中,都有与"笑"和"哭"对应的词。这些词具有一些共同的语义成分。哭/哭泣:我认为发生了不好的事,我感觉不好。微笑/大笑:我认为发生了好事,我感觉很好。

(7) 在所有的语言中,都存在着用身体动作或生理表现来描述情绪的现象。这些身体动作或生理表现是情感的无意识流露。例如,在英语中,人们会说"他脸红了""她的手在发抖"。这些句子表达的是情绪而不是身体的动作。在某一语言中,关于情绪表现的描述经常不能被翻译成其他语言。例如,汉语对于某一情绪身体表现的描述就与英语不一样,如"拉长了脸"(pull a long expression)、"拉下脸"(put on a stern expression)、"阴沉着脸"(sullen)、"变脸"(suddenly turn hostile) 等。

(8) 在所有的语言中,都有通过内部的身体意象来描述情绪的现象。例如,在汉语中,像"肝肠寸断""心如刀割""五脏俱裂""心急如焚"等表达情绪的词汇,就是这种表达法。

(9) 在所有的语言中,都有情绪语法。这些语法结构描述的情绪状态有无意识的、无法控制的、主动的、故意的,等等。在英语中,描述情绪的主要方法是采用形容词和准分词,形容词和准分词把情绪描述成一种静止的状态,有时采用动词来描述,体现情绪体验者的活动。另一个描述无法抵抗的情绪的语法结构是"in+名词"。在其他的语言中,语法结构在情绪表达中所起的作用更大。例如,汉语的所有格就具有表达情绪的作用。例如,当丈夫对儿子的表现满意时,同妻子谈话时会说"我的儿子";当丈夫对儿子的表现不满意时,同妻子谈话时会说"你的儿子"。使用不同的所有格表达了不同的情绪,这些表达情绪的不同语法,说明人们体验情绪的方式不同。在某些情绪中,人们能够控制情感;在另一些情绪中,人们只能受情感的控制。这种情绪解释的灵活性也可以看作是人类情绪的共同特点。

关于基本情绪的种类,Wierzbicka 认为主要有三种[20]。

(1) 害怕。在所有的语言中,都有像 fear(害怕)、afraid(担心)、scared(惊吓)、fright(惊恐)和 anxiety(焦虑)之类的词,它们构成了"害怕词族"。在人类的各种情绪中,害怕具有最广泛的认知编码参数,这些认知编码参数有:① 害怕有一个具体的对象吗?② 害怕自己还是害怕别人?③ 害怕自己受到身体伤害吗?④ 害怕的对象离得近吗?⑤ 害怕是做过某事的后果吗?⑥ 害怕是感觉到某种感觉的反应吗?⑦ 害怕的对象是一种精神吗?⑧害怕是某事发生之后的反应吗?虽然不能说在所有的语言中都有"害怕"一词,但是,在所有的语言中,都有某一个或某些词包含着下面两个语义成分:① 在我身上发生了不好的事;② 我不想要这种事发生。这两个关键的语义成分可以和其他的语义成分相结合。语言之间也许会有词汇的差异。但是,在每一种语言中,至少会有一个词与"危险"和"想要避免危险"有关。"害怕"在语言中有广泛的应用,是因为它对于人类的生存具有极其重要的意义。人类之所以能够不断地进化,就是因为人类能够趋利避害,如果没有害怕情绪,人类就不可能学会躲避危险。

(2) 愤怒。在所有的语言中,都有像"angry"(愤怒)之类的词,它们构成了"愤怒词族"。这些词中包含有两个语义成分:① 我不想要这事发生;② 因为这事,我想要做点什么。在许多语言中,这两个成分还与一个负面的评价连在一起:"某人做了坏事"。为什么在所有的语言中都有"愤怒"之类的词?这可以根据进化论来解释。很可能,攻击是人类的普遍本质之一。当个人的利益受到侵犯,或者个体在从事有目的的活动时受到了阻挠,而且这种侵犯或阻挠在当事者眼里是极不公正时,怒气就产生了。

(3) 羞耻。并非所有的语言都有类似于"shame"(羞耻)之类的词。但是,在所有的语言中,至少有一个词提到了"社会情感"。这些词的语义成分是:① 人们认为我与不好的事情有关;② 我不希望人们这样认为,因为这样,我产生了某种情绪。为什么所有的语言都有把某种感情与别人的否定联系起来的词呢?这或许与人们必须在社会中生活有关。人是社会动物,不可能离群索居,人总要同他人发生这样或那样的关系,马克思因此说人的本质是社会关系的总和。因此,人非常在意别人对自己的评价或看法。

有趣的是,在心理学界,害怕和愤怒被认为是两种基本情绪,而羞耻却不是。这可能是因为大量的文献都强调基本情绪的生物基础,而羞耻、尴尬、害羞却具有鲜明的社会倾向。另外,害怕、愤怒、羞耻都是负性情绪。那么,有无一种正性的情绪是基本情绪?在许多语言中,没有确切的表示愉快、幸福等积极情绪的词。在有些文化和语言中,没有"爱"这个词。因此,"爱"不是语义原词,因而也不是基本情绪。在许多语言中,表示爱的词通常包含同情、怜悯、悲伤、痛苦等含义。例如,俄语中的"zalost"可以被解释为"怜悯的爱"。可以用尼泊尔的道德系统解释这一现象。[22] 在尼泊尔的道德系统中,没有西方式的爱的原则,也无一个词来描述"爱",无论是父母之爱,还是性爱,都不宜谈论。父母之爱出自怜悯,性爱是对物质的渴望,是贪婪,是最主要的恶性之一。在尼泊尔语中,也无其他词描述丈夫、妻子或情人之间的感情,对这一现象没有积极的评价。但是,在所有的语言中,都有某个词或某些词包含了如下的语义成分:A 想要做一些对 B 有利的事。

(四) 评论

通过语言来研究情绪是当代情绪研究发展的重要趋势。这并不奇怪,因为人类的本质就是会说话的动物。近年来,越来越多的证据显示,语言与情绪之间的关系非常密切。例如,有研究发现,3 名有语义加工障碍的脑损伤患者能够区分面部的愉快和不愉快的表达,却不能区分愤怒、厌恶、害怕或难过这些基本情绪。[23] 在感知情绪时,与语义加工和语义知识获取及控制相关的脑区也得到了激活。[24-26] 对细化情绪的感知是在儿童能够理解情绪词的意义之后才出现的。[27-28] 研究发现,语言习得和情绪辨别之间存在着对应关系。2 岁大的儿童只能够准确使用"难过"和"快乐"两个情绪词,这与婴儿早期只能够感知到快乐和不快乐的脸部差异的结果是一致的。到了 3~4 岁时,当儿童能够准确地使用"愤怒"和"害怕"时,才能够区分伤心、愤怒和害怕等情绪表达。[29] Lindquist 与 Barrett 探讨成人的情绪词加工与面部表情识别之间的关系,发现当某个情绪词出现的次数达到饱和以后,对相应的面部表情识别的准确性就下降了,从而支持语言与情绪并非两个独立的系统的看法。情绪理论的发展也关注情绪与语言的关系。例如,情绪的社会建构观认为,由于不同的语言蕴含了不同的文化理念,语言因此影响人们的情绪表达和情绪感知。日本文化重视集体主义和整体和谐,愤怒被视为孩子气或者幼稚,是需要被压制的情绪。[30] 这与美国崇尚个人主义和自我张扬有着明显的不同。在情绪感知方面,西方人的情绪感知主要来自自身,而日本人则更倾向于策略性地使用其周围人可以获得的信息[31],这主要是因为美国人将情绪视为个体内部状态的反映,而日本人将情绪视为人们的社会关系的反映。情绪的心理建构观则认为,情绪是个体对相关感知信号赋予意义的结果。这些感知信号不限于评价或者文化环境的信号,而是由各种心理元素以各种不同的方式聚合而成的。这些复杂的建构方式,导致人类的情绪、信念甚至记忆或思想状态的复杂多样性。[32] 语言是传递文化观念和建构情绪感知的重要工具。[33-34] 与婴儿对新物体命名时做出类似真词的发音模式相似，成人也通过词语对情绪分类。[35-37] 情绪词提供了一个可以用于约束信息流的"内在的情境"，它是情绪产生和感知的本体，而非情绪的副产品。情绪词就像黏合剂一样，将一个个的子情绪类型黏合起来。例如，对于各种令人生气的情境，人们将它们与"愤怒"联系起来，倘若没有这一词语的联系，各种不同的情境及行为在各种测量指标上并无太多的相似性。[34]

Wierzbicka 等人从自然语义元语言理论出发来研究基本情绪，反映了当代情绪研究的一种新取向。Wierzbicka 等人的研究有如下特点。

（1）视角新颖。语言是认知的桥梁，认知决定情绪，情绪在不同的语言中具有不同的表达。深入分析语言中的情绪词，就可以发现人类的基本情绪，这种研究范式可称之为情绪研究的词汇学假设。虽然情绪在不同的语言中具有不同的表达，但存在着情绪原词。在心理学发展史上，词汇学假设给人格心理学研究带来了繁荣，如果将这种假设用于基本情绪的研究，也有望能够取得较大的成绩。

（2）可操作性强。Wierzbicka 规定了情绪原词的客观标准：① 情绪原词在任何语言中都可以找到对应的形式；② 情绪原词的意义是最简单的；③ 情绪原词在各种语言中的含义是相同的；④ 情绪原词的数量有限。不仅如此，Wierzbicka 还提供了一种寻找基本情绪的方法，这就是跨语言的调查和语言间的比较。

（3）文化中立。基于单一语言的情绪研究无法摆脱特定文化的影响，而情绪原词独立于任何语言和任何文化。在不同语言中，情绪词各不相同，情绪语法也各不相同，但是，情绪原词是相同的，用语义原词来分析基本情绪就可以避免在情绪研究中的种族中心主义和文化沙文主义。

（4）观点折中。在学术界，对于语言与认知的关系，一直就存在着语言普遍论与语言相对论的争论。语言普遍论认为，语言只是思维的输入/输出系统，人类的思维具有普遍性，语言与思维是相互独立的，语言不影响思维，讲不同语言的人的思维具有一致性。语言相对论（语言关联性假设）则认为，语言是思维工具甚至是思维本身，讲不同语言的人的思维具有异质性，他们以不同的方式来思考。[38] 对于语言与情绪的关系，心理学家的看法也类似。早期是语言普遍论的看法占优势，认为讲不同语言的人的情绪具有一致性，很少有人考虑语言对于情绪的影响，后来人们发现，语言对情绪还是有着非常重要的影响。对双语者的研究表明，双语者的每种语言都有自己的认知成分和情感成分，个体对其经验的记忆是以其首次出现时的语言存储的，此时具有最准确的意义，当用另一种语言表述时，人们就会经历意义上的分离。对双语患者的心理治疗发现，当对患者以第二语言治疗时，患者不能提取与第一语言有关的那些情感。这不是因为这些记忆受到压抑，而是因为这些记忆和经验是以另一种语言编码的，所以它们不能被通达或翻译。精神病医生对双语精神分裂症患者的研究亦发现，当他们用 L1 与这些病人面谈时，发现他们精神分裂的某些症状要比用 L2 面谈时严重得多，比如幻听、言语混乱等症状。[39] 还有的研究者发现，双语患者在童年期学会的第一语言具有释放被压抑的记忆和情感的作用。第一语言中的情绪词隐含着更加丰富的情感意义，而第二语言中的情绪词隐含着更少的情感意义，因而第一语言的情感词能够促进回忆，而第二语言的情绪词却缺乏这种促进效应。[40] 总的来看，语言普遍论和语言相对论都有一定的道理，又都不够全面。人类作为一种类存在物，其认知与情绪肯定具有普遍性与一致性；然而，作为一种文化生物，人类的认知与情感又难免会受语言与文化的影响。因此，一种折中的理论可能更加符合人类情绪生活的实际。Wierzbicka的自然语义元语言理论的基本情绪观正是这样一种折中的理论：首先肯定了人类有基本情绪，人类的基本情绪可以用语义原词来描述，不同的语言在描述情绪时具有一致性；然后强调人类的情绪受语言和文化影响，不同的语言有不同的情绪词和情绪语法，一种语言中的某些情绪词在另一种语言中找不到对应词，讲不同语言的人的情绪亦具有不同特点。人类的情绪又具有某些相对性。应当承认，这种看法是具有合理性的。

然而，运用自然语义元语言理论研究基本情绪也具有某些局限性。

（1）过分强调情绪原词在各种语言中都有对应的形式。例如，由于在某些语言中没有发现表达"爱"的词汇，就把"爱"排除在情绪原词之外，这种做法给人以"削足适履"的感觉。在语言中没有表达"爱"的词汇，仅仅意味着讲这种语言的人还未形成"爱"的词汇，并不意味着在这种文化中没有"爱"的概念或缺乏"爱"的行为。"爱"的行为对于整个人类来说都是非常熟悉的，甚至某些高等动物（如宠物）要识别人的善意也并不困难。意义和词汇并不是一一对应的，要判断在某种文化中是否存在着"爱"的意义，就要看在这种文化中的人们在生活中是否表现出了爱，是否表现出关心、照顾、抚慰等利他行为。

（2）人脑中的意义表征方式是多种多样的，并非全部是语义原词及其组合。人类的知识有陈述性知识和程序性知识之分。程序性知识可以用行为来表达，其本质是产生式，每一个产生式都包括两个成分：条件和行动。条件规定了一系列特征，行动规定了如果条件满足将做出的变化。因此，一个产生式就是一个IF—THEN（如果—那么）对，一个产生式系统就是由许多IF—THEN对组成的条件-行动的序列。像"红灯停，绿灯行，见到黄灯停一停"之类的动作技能，像"投我以木桃，报之以琼瑶。匪报也，永以为好也"之类的社会技能，本质上都是产生式。知识也有意象说、双重编码说和命题说之争。事实上，许多意义和情绪用表象、表情、行为和情境来表征，并不适合严密的语义分析。许多情绪也不一定表达为词，特别是一些复杂的情绪或情感，如"百感交集""语言已经无法表达我此时的心情"。人在恋爱时，也不是必须说"我爱你"才能够表达爱，有时，恋人之间的一个眼神就可以传达出爱的信息。自然语义元语言学理论过分强调情绪表达的逻辑性和精确性，没有为情绪表达的模糊性、不确定性和情境性留有余地，这是这一理论的不足。

（3）自然语义元语言学的情绪研究方法有待进一步发展与成熟。自然语义元语言学的研究范式并非传统的情绪研究范式，它有关情绪的一些看法也仅是理论的说明和语料的例举，缺乏实证研究的证据。自始至终，Wierzbika等人都采用跨语言调查和语言间比较的研究方法，这种方法虽然具有一定效力，但也有其局限性。姑且不论自然语义元语言学的研究者能否穷尽所有的语言，即使能够穷尽所有的语言，只靠这种方法得出的结论，其合理性和科学性也显得不够。在当代，情绪心理学和认知神经科学已经积累了许多有效的情绪研究的方法和技术，所得出的结论也非常有效力。[41] 因此，在基本情绪研究中，将跨语言调查、语言间比较的方法同传统的乃至现代的情绪研究的方法整合起来，应该是未来努力的方向。

〔参考文献〕

[1] Ekman P. An argument for basic emotion [J]. Cognition and Emotion, 1992 (3/4): 169-200.

[2] 张积家. 普通心理学 [M]. 广州：广东高等教育出版社, 2004.

[3] Ekman P, Friesen W V, Ellsworth P. Emotion in the human face: guidelines for re-search and an integration of findings [M]. New York: Pergamon Press, 1972.

[4] Izard C E. Basic emotions, relations among emotions, and emotion-cognition relations [J]. Psychological Review, 1992 (3): 561-565.

[5] Kemper T D. How many emotions are there: weding the social and the autonomic components [J]. American Journal of Sociology, 1987 (93): 263-289.

[6] Ekman P. Universals and cultural differences in facial expressions of emotion [M] //J Cole, Nebraska symposium on motivation. Lincoln: University of Nebraska Press, 1972.

[7] Ekman P. Happy, sad, angry, disgusted [M]. London: New Scientist, 2004.

[8] Matsumoto D. Methodological requirements to test a possible ingroup advantage in judging emotions across cultures: comments on Elfenbein and Ambady and evidence [J]. Psychological Bulletin, 2002 (128): 236-242.

[9] Rodney N. Circumstantial deliveries [M]. Berkeley: University of California Press, 1981.

[10] Ortony A, Turner T J. What's basic about basic emotions? [J]. Psychological Review, 1990 (3): 315-333.

[11] Effenbein H A, Ambad N. Is there an in group advantage in emotion recognition? [J]. Psychological Bulletin, 2002 (2): 243-249.

[12] Effenbein H A, Ambad N. On the university and cultural specificity of emotion recognition: A meta-analysis [J]. Psychological Bulletin, 2002 (2): 203-235.

[13] Effenbein H A, Ambady N. Universals and cultural differences in recognizing emotions [J]. Current Directions in Psychological Science, 2003 (5): 159-164.

[14] Marsh A A, Effenbein H A, Ambady N. Nonverbal "Accents": cultural differences in facial expressions of emotion [J]. Psychological Science, 2003 (4): 373-376.

[15] Wierzbicka A. Semantics: primes and universals [M]. Oxford: Oxford University Press, 1996.

[16] Wierzbicka A. Empirical universals of language as a basis for the study of other

human universals and as a tool for exploring cross-culture differences [J]. Ethos, 2005 (2): 256-291.

[17] Wierzbicka A. Everyday conceptions of emotion: a semantic perspective [C] //J Russell, J-M Fernádez-Dols, A S R Manstead, J C Wellenkamp. Every conceptions of emotion: an introduction to the psychology, anthropology, and linguistics of emotions. Dordrecht, the Nethelands: Kluwer, 1995.

[18] Wierzbicka A. Emotion across language and cultures: diversity and universals [M]. Cambridge: Cambridge University Press, 1999.

[19] Wierzbicka A. "Sadness" and "anger" in Russian: the non-universality of the so-called "basic human emotion" [M] //A Athanasiadou, E Tabakowaska. Speaking of emotions. Berlin: Mouton de Gruyter, 1998.

[20] Harkins J, Wierzbicka A. Emotions in cross—linguistic perspective [M]. Berlin: Mouton de Gruyter, 2001.

[21] Plutchik R. The psychology and biology of emotion [M]. New York: Harper & Collins, 1994.

[22] Nancy L. Perspectives on love: morality and affect in Nyinba interpersonal relations [M] //A Mayer. Culture and morality. New York: Academic Press, 1981.

[23] Lindquist K A, Gendron M, Barrett L F, et al. Emotion, but not affect perception, is impaired with semantic memory loss [M]. Emotion. Advance online publication, 2014.

[24] Wagner A D, Paré-Blagoev E J, Clark J, et al. Recovering meaning: left prefrontal cortex guides controlled semantic retrieval [J]. Neuron, 2001 (31): 329-338.

[25] Poldrack R A, Wagner A D. What can neuroimaging tell us about the mind? insights from prefrontal cortex [J]. Current Direction of Psychological Science, 2014 (5): 177-181.

[26] Gitelman D R, Nobre A C, Sonty S, et al. Language network specializations: an analysis with parallel task designs and functional magnetic resonance imaging [J]. Neuroimage, 2015 (4): 975-985.

[27] Roberson D, Davidoff J, Braisby N. Similarity and categorisation: neuropsychological evidence for a dissociation in explicit categorisation tasks [J]. Cognition, 1991 (1): 1-42.

[28] Widen S C. Children's interpretation of other's facial expressions [J]. Emotion Review, 2013 (1): 72-77.

[29] Widen S C, Russell J A. Children acquire emotion categories gradually [J]. Cognitive Development, 2008 (2): 291-312.

[30] White M, Levine R A. What is an li ko (Good child)? [M] //H Stevenson, H Azuma, K Hakuta. Child development and education in Japan. New York: W. H. Freeman, 1986.

[31] Masuda T, Ellsworth P C, Mesquita B, et al. Placing the face in context: cultural differences in the perception of emotions from facial behavior [J]. Journal of Personality and Social Psychology, 2008 (3): 365-381.

[32] Barrett L F. Emotions are real [J]. Emotion, 2012 (3): 413-429.

[33] Gendron M, Lindquist K A, Barsalou L, et al. Emotion words shape emotion percepts [J]. Emotion, 2012 (3): 413-429.

[34] Barrett L F, Lindquist K A, Gendron M. Language as context in the perception of e motion [J]. Trends in Cognitive Sciences, 2007 (8): 327-332.

[35] Barrett L F. Are emotions natural kinds? [J] Perspectives on Psychological Science, 2006 (1): 28-58.

[36] Ferry A L, Hespos S J, Waxman S R. Categorization in 3-and 4-month-old infants: an advantage of words over tones [J]. Child Development, 2010 (2): 472-479.

[37] Mauss I B, Robinson M D. Measures of emotion: a review [J]. Cognition and Emotion, 2009 (2): 209-237.

[38] 刘丽虹, 张积家. 语言如何影响人们的思维 [J]. 自然辩证法通讯, 2009 (5): 22-27.

[39] Aycicei A, Harris C L. Bilinguals' recall and recognition of emotion words [J]. Cognition and Emotion, 2004 (7): 977-987.

[40] Anooshian J L, Hertel P T. Emotionality in free recall: language specificity in bilingual memory [J]. Cognition and Emotion, 1994 (8): 503-504.

[41] 张积家, 姜敏敏. 自然语义元语言理论: 内容、发展和面临的挑战 [J]. 嘉应学院学报 (哲学社会科学), 2007 (2): 96-108.

语义原词和"心"

李德高　许锦民　张积家

[摘　要]	依据NSM理论对汉语中有关"心"的字词分析发现，知晓、思虑、欲望和情感4个表示心理活动的语义原词有机地体现在具体语言形式中："心"、"心"部首字以及二者所参与构成的词语，它们或者表达这些语义原词的本义，或者表达这些语义原词之间的逻辑关系，或者以隐喻的形式承载着这些语义原词，体现了汉语思维的整体性和意向性特点；与"心"有关的相关字词的语义结构反映了心理活动与魂、魄、天、地、鬼、神等想象中的概念形象密不可分的特点，体现了心范畴的神秘色彩。汉语心范畴还有丰富的道德内涵。
[关键词]	心；心部首字；语义原词
[原　载]	《中国石油大学学报（社会科学版）》2019年第1期，第81—84页。

一、引言

自然语义元语言（NSM）理论认为，在人类语言中有最简单、最基本的语义原词（semantic primitives）。语义原词独立于任何语言和文化。事实上，Wierzbicka等人在跨语言研究基础上确定了包括时间、空间和心理活动等语义范畴的60个语义原词，并且明确了5条基本原则：① 不能够被其他意义解释的最简单意义就是基本意义，复杂意义必须用基本意义解释才能够被理解；② 基本意义在任何自然语言中都能够找到对应形式，它可以是一个词，可以是一个词素，也可以是固定短语；③ 具体语言形式的解释是否准确需要经过语言使用者的检验；④ 基本意义在不同语言中具有不同的表达形式，从一种语言形式转变为另一种语言形式时意义不变；⑤ 任何人工语言的产生都以自然语言为基础，人工语言最终只有转化为自然语言才能够被理解。[1-2]

在任何语言中，除了语义原词所得以体现的词之外，还有其他语义结构和体现民族文化的语言形式。通过这些具体语言形式，可以揭示出相应的语义体系，窥视其独特的文化面貌。[3] 比如，Junker 围绕着知晓、思虑、情感和欲望（knowing、thinking、feeling 和 wanting）这 4 个心理活动的语义原词的研究表明，东克里（East Cree）语中有一个标识心理活动的词素"-cyi-"。通过对含有该词素的词进行分析发现，所有表达思虑的动词、所有表达欲望的动词、大部分表达知晓的动词和几个表达情感的动词，它们都包含有"-cyi-"词素。而且，含有"-cyi-"词素的词还反映了东克里人的独特文化：重视思考活动的整体性，关于心的范畴具有超灵魂的内涵，尤其重视尊重他人。[4]

"心"是中国文化中一个极其重要的概念。"心"主管人的精神意识。人对外界事物的认识深藏于"心"。[5] "心"是绝大多数"心"部首字中表达心理活动含义的类化符号。[6] 笔者参照 Junker 对东克里语的研究范式，从心理活动角度，以"心"、"心"部首字和二者参与构成的部分词和常用搭配为对象，分析知晓、思虑、情感和欲望 4 个语义原词在具体语言形式上的承载性，揭示汉语思维的整体性和意向性特点，以及心范畴中关于心理活动和心理状态的普遍性和汉文化独特性内涵。

二、对"心"的语料分析

独体字"心"象形心脏："心"在甲骨文中写作"🂠"，在金文中写作"🂠"，在大篆中写作"🂠"，在小篆中写作"🂠"。因此，"心"的本义为心脏，引申为思想和情感、胸部、中央等含义。[6] "心"和以"心"为部首的绝大多数汉字以及它们与其他汉字组合而成的许多词，构成了汉民族心理活动的丰富语义结构。为了揭示"心"的语义结构，笔者做了如下语料分析。

（1）从 3500 个常用汉字①中选出全部"心"部首字，包括简体或繁体形式下归"心"部首的字，共有 119 个。根据《现代汉语词典》[8] 统计发现，这些字的平均含义数量为 2.76。不妨把这些常用字中具有表示心理活动含义和至少承载一个语义原词的字称为相关字（占 89.92%），把没有表示心理活动含义的字称为非相关字（10.08%）。虽然承载不同语义原词的相关字的数量分布并不均等（$\chi^2 = 176.93$，$p < 0.001$），但如图 1 所示，它们分别围绕知晓、思虑、欲望和情感 4 个语义原词形成了字族。当然，有些字如"思""情"和"虑"等 10% 的相关字同时属于两个或两个以上的字族。

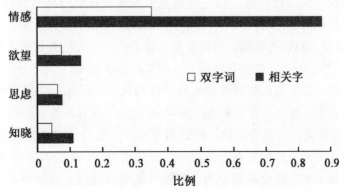

图 1　承载语义原词相关字和双字词占相应字词总数的比例分布

(2) 对《现代汉语词典》[8]和《词通》[9]中都出现的双字词统计表明,在以相关字为成分字的 2375 个常用词中,半数以上承载这 4 个语义原词中的至少一个语义原词。而且,如图 1 所示,虽然承载不同语义原词的双字词的数量分布并不均等($x^2=1142.72$, $p<0.001$),但它们分别围绕知晓、思虑、欲望和情感 4 个语义原词形成了词族。

在非相关字中,"德""忠""恭"围绕着道德概念形成了一个与思虑、情感等语义距离较远的字族,它们参与构成的双字词也围绕道德概念形成了一个与思虑、情感等语义距离较远的词族。

(3)《现代汉语搭配词典》[10]和《汉语大词典》[11]对"心"和相关字以词素形式参与构成的常用搭配(以下称常用搭配)的解释表明,大量常用搭配以隐喻的形式表达语义原词。而且,部分带有"魂""魄""天""地""鬼""神"等字的常用搭配还承载着一些想象中的、在形式上与"心"无关的和具有超自然力量的概念。

三、汉语"心"范畴的特征

不论是从"心"和相关字的含义上,还是从"心"和相关字参与构成双字词的含义上,知晓、思虑、欲望和情感这 4 个语义原词均得以承载。即,与东克里语中含有"-cyi-"词素的词的情况相类似,在汉语中,"心"、以"心"为部首的汉字和相关字参与构成的词语,它们围绕这些语义元形成了相应的字族或者词族,从而支持了 NSM 理论。然而,与 Junker 关于东克里语中含有"-cyi-"词素词中承载情感者较少的情况不同,在汉语中,不论是"心"的相关字还是相关字参与构成的双字词,它们当中承载有情感语义原词者最多。这种差异体现了汉语中表达情感的词语颇为丰富的特点。更为重要的是,在知晓、思虑、欲望和情感方面,具体词语及其语义关系体现了汉语思维的整体性和意向性,体现了汉语"心"范畴的特殊内涵。

(一)汉语"心"范畴体现了汉语思维的整体性

在汉语中,"心"是人的思想、感情和欲望等心理状态和心理活动表现的统一体[5],这一整体性思维特征也体现在对"心"的相关字和常用搭配的典籍解释中。关于"心"在心理活动含义方面的解释是:"心"指思维、情感及思想的器官,指人的主观意识[11];"心"是思想、意念、感情的统称,也指思虑、谋划[11];"心"有思想、感情等含义[11];"心"指思想、心意、内心、性情和思谋[7]。可见,在汉语中,"心"同时承载着思虑和情感两个语义原词,是思虑和情感两种心理活动的统一。同样,根据《现代汉语搭配词典》,"思"具有考虑、想念、希望和想法的含义;"想"具有思考、推测、希望、惦记的含义;"意"具有意义、心愿或意识、料想的含义。[10] 这 3 个"心"部首字都涵盖了思虑、情感和欲望 3 个语义原词。不论是"心"还是相关字,它们许多作为词素参与构成的常用搭配也涵盖了至少两个语义原词。根据《汉语大词典》的解释,"心意"具有意思、心情、思虑、想法、主观想象和情意的含义,涵盖了思虑和情感两项语义;"心寒"具有害怕和失望的含义,涵盖了情感和欲望两项语义;"思绪"具有思路和心情的含义,涵盖了思虑和情感两项语义;"意思"具有心思、心情和意图等含义,涵盖了思虑、情感和欲望 3 项语义。[11]

汉语中与"心"有关的大量常用词体现了心理活动之间的相互影响。知晓影响思虑和情感。知晓能够引起思虑,如"见色起心""见贤思齐""睹物怀人""居安思危"等;知晓能够导致情感变化,如"触目惊心""触景生情"等。思虑也能够影响知晓和情感。思虑会削弱人的知觉意识,如"思念得食不知味";还能引起人的情感变化,如"想起来叫人心酸"。同样,情感也能够影响知晓、思虑和欲望。情感能够削弱人的意志力,如"乐而忘返";能够改变人的思念对象,如"乐不思蜀";还能够使人改变欲望,如"玩物丧志"和"悲痛欲绝"。一种情感是另一种情感的原因,如"乐而忘忧""乐极生悲""转忧为喜";一种思虑是另一种思虑的结果,如"忧国忘身"和"忧公忘私"。思虑和欲望有时候也同时并存,如"止渴思梅"和"投鼠忌器"。

"心"是人的心理活动场所。心理活动失调将会伤害心的功能。[5] 巨大的心理变化会导致人的思维混乱、心态失常,严重时会影响人的身体健康,甚至危及生命。因此,思虑会干扰人的生理节律,如"忧愁得夜不成寐"和"想得茶饭不思"。情感会外显于面目表情,如"愧色""怒色""惊慌失色""大惊失色""怕得面无人色""惊慌得目瞪口呆""愁容满面""愁眉苦脸"。强烈的情感还会影响人对肢体或器官的控制,如"慌作一团""慌不择路""慌得手脚无措""怕得全身发抖""惨得催人泪下""心惊肉跳"。长时间的持续激烈的情感活动还能引起疾病,甚至导致死亡,如"积忧成疾"和"忧愤而亡"。

(二)汉语"心"范畴还体现了汉语思维的意向性

在汉语中,大量的隐喻表达了人内心看不见摸不着的心理过程,使人的心理活动和心理状态显现为具体的时间进程、可以感觉或可以操纵的实体或空间范围。根据 Lakoff 和 Johnson 的概念隐喻理论,这一类表达方式体现了思维的意向性。[12] 思虑可以体现为一种有始有终的或有生有死的生命过程,如"闪念""起邪心""贼心不死""万念俱灰""旧念复萌"和"滋长自私自利的思想";思虑能够像泉水一样涌动,如"心泉";像浮云一样飘动,如"浮想联翩";像大海一样波动,如"心潮""心波""心荡神摇"。思虑是一个长久持续的过程,如"日夜想念""朝思暮想""眠思梦想"。思虑是一种运动,能够来去回转,如"心到神知""归心似箭""心驰神往""回心转意"。"心思"可以被追赶,如"追怀""追念""追想""追忆""追悼";可以被留住,如"留念""留意""留心"。心思还能够像动物一样不受约束,如"心猿意马"。

思虑可以是一种空间。它可以体现为立体空间,如"挖空心思""鬼迷心窍""心虚""心里""内心""实心""心尖""心扉""心坎""心底""心中";可以体现为二维空间,如"心迹""心田""心路""心地""拓宽思路""左思右想""前思后想";还可体现为一维空间,如"语重心长""心长发短""心细如丝""聊表寸心""人无远虑,必有近忧""深思""幽思"。

思虑还可以是一种实体。它可能没有固定的形状却可以积蓄,如"蓄意"和"处心积虑";它可以收散和消释,如"收心""散心""消愁"。思虑甚至是可以穷尽的东西,如"尽心竭力"。思虑也可能是有形的而且是可以偏倾的,如"倾心";可以牵挂的,如

"放心""挂心""牵心""系念""悬念""挂虑"。思虑甚至是可以抓取的物体，如"揪心""挠心""提心吊胆"。思想可以束缚，如"禁锢思想"，可以放开，如"解放思想"；可以熏沐或洗涤，如"利欲熏心"和"洗心革面"；可以集结或分配，如"集思广益"和"分心"；可以隐藏或舍弃，如"包藏祸心""暗含恶意""丢掉幻想"。思想甚至还可以计量，如"一念之差""一意孤行""三思而行""三心二意""百思不得其解""千思万想""千虑一得""一心一意""半心半意"。心思有时候像是丝麻一样的东西，如"心绪"和"思路紊乱"。心思像是人体器官，如"心体""心胸""心怀""心肝""心肺""心肠""心骨""心眼""心目"，或者像植物，如"心苗"和"心花"。

情感可以是一种感觉。它是一种软硬感觉，如"心软""心硬""柔情似水""情意绵绵""铁石心肠"；是一种冷暖感觉，如"热心""热情""热爱""温馨的爱""冷心""悲凉""心寒"；是一种轻重感觉，喜悦的心情使人感觉轻快，如"畅快""凉快""轻快""松快"；悲伤的心情使人感觉沉重，如"悲沉"和"心重"。情感还可以是一种痛的感觉，如"痛心""痛恨""痛愤""痛惜""悲痛""惨痛""万箭穿心"；是一种醉的感觉，如"心醉"；还可以是一种味觉，如"悲苦""悲辛""悲酸""柔情蜜意"。

情感可以是一种实体。它是河，如"坠入爱河"；是火，如"怒火""心火""爱情之火"；是气，如"怒气冲冲"；或者是沸腾的水，如"民怨沸腾"。它是花朵，如"心花怒放"；是丝网，如"情丝""情网""心绪""恩断义绝"；是声音，如"心声"和"怨声载道"；是琴弦，如"心弦"和"拨动春心"。情感可以交叠，如"羞愧交加"和"惊喜交集"；可以填充空间，如"满腔的怨愤"和"让人间充满爱"。它可以是空间，如"开心""开怀""心窄""心宽""心境""情场""意境""心实""心虚""心满意足"。它有深浅，如"深情厚意""恩深义重""深厚的爱""交情浅薄""薄情寡义""情深似海"；它有大小，如"大德""洪恩""盛怒""深仇大恨""大惊小怪""极大的民愤"；它甚至可以大得没有边际，如"愁山闷海""愁云惨雾""无限懊丧""无限的爱""无限的悲哀""莫大的悲哀"。

情感还可以操纵。它可以隐藏，如"隐忧""潜藏在心中的痛苦""将爱/恨埋藏在心底"；可以传递，如"传情"；可以偷窃，如"偷情"；可以饮，如"饮恨"；可以含，如"衔恨""含情""含怒"；可以言说，如"谈情说爱""打情骂俏""莫名的悲哀"。爱可以割舍，如"割爱"。恨可以化解，如"解恨"和"感化"。恩惠可以施受，如"施恩布德""施惠"和"受惠"。惧怕可以承担，如"担惊受怕"。愤怒可以激发，如"发怒"和"激怒"；可以触动，如"动怒"和"触怒"；可以迁移，如"迁怒"；还可以停息，如"息怒"。怨恨愧疚之情可以挟抱，如"挟恨""怀恨""抱愧""抱憾""抱恨""抱怨"。

心智和愿望分别也是一种实体。心智可以是感觉器官，如"心明眼亮""心灵手巧""慧眼识英雄"；可以是明镜，如"心照不宣"。心智有空间性，如"外愚内智"；也可能有不健全性，如"缺心眼"。愿望可以得失，如"得志"和"失志"；可以遗留，如"遗愿""遗志"；可以树立，如"立志"；还可以归还，如"还愿"。

（三）汉语"心"的特殊内涵

受中国传统文化影响，汉语中一些具有心理活动含义的词中都有"魂""魄""天"

"地""鬼""神"等字眼。魂魄是古人想象中的能够脱离人体而独立存在的精神。[11] 古人认为魂是阳气，构成人的思维才智，魄是粗糙重浊的阴气，构成人的感觉形体。魂魄（阴阳）协调则人体健康。人死魂（精神）和魄（形体）脱离，魂（阳气）归于天，形体骨肉（阴气）则归于地下。许多含有"魂""魄"字眼的词表达了人们强烈的惧怕心理，如"吓掉了魂""惊魂未定""魂飞魄散""魂不附体"。

　　天、地、鬼、神是古代凌驾于世人之上具有超力量的形象，人们对之怀有崇拜的心理。虽然这些概念的迷信色彩现在已经淡薄了，但是，世人仍然在借用它们的权威性来表达自己无奈的心理状态和心理活动。天、地、鬼、神均含有知晓心理。人类的言行不能够回避天地的知觉，如"天知地知"和"天高听卑""人在做，天在看"，人在绝望时会发出"苍天啊，睁开你的双眼看看吧"的呼喊；而有时候，人类的行为极其隐秘，难以觉察，甚至能够逃脱鬼神的知觉，如"神不知鬼不觉"和"鬼神莫测"。神也有思虑心理。人类的思考能力如果发挥超常，有时候竟然能够与神相媲美，如"神机妙算"和"料事如神"。天、地、鬼、神亦具有情感，世人借助于它们的喜怒哀乐来表达自己强烈的情感，如"人神共悦""人神共愤""怨气冲天""惊天动地""神怒人怨""天怒人怨""感天动地""惊天地，泣鬼神"。天亦具有欲望。天的愿望不能违背，如"天意难违""有心杀贼，无力回天"；天有时会顺从人意，帮助世人实现愿望，如"天遂人愿"。"天无绝人之路"表达了一种信念：只要坚持不懈，就会得到上天的帮助，克服面临的困难，实现自己的愿望。

　　"德（德）"，甲骨文从彳（街道）从直，会视正行直之意。[7] 金文另加"心"意符或以"心"代替"彳"，突出心地正直的含义。"德"的本义是真诚、表里如一，引申为道德。道德是心范畴的重要内涵。[13] 在《大学》中，就有关于重视和提倡道德修养的论述。人要通过格物、致知、诚意、正心等过程进行自身的道德修养，使自己的言语行为符合仁、敬、孝、慈、信等社会道德要求。在汉语中，以"心"或相关字为词素的大量常用词反映了人们丰富的道德心理。人对道德有审美意识，如"美德"；有公私界限意识，如"公德""公心""私心"。道德是人品行的组成部分。品德高尚的人受到推崇，而不讲道德的人被贴上"缺德"的标签；各个行业都要讲究职业道德，如"医生要有医德"和"教师要有师德"。人类的言行要受到良心的制约，如"人不能昧着良心做事"和"恶人有时也会有良心发现"。人有善、恶之心，如"善心""邪念""歹心""贼心""黑心"等。人要忠诚，对待祖国和人民要持以"丹心""红心""赤心"；对待上级要"忠心耿耿"；对待朋友要"以心换心"，要"虚心"，要保持"恭敬心"。

（四）结论

　　通过有限的汉语语料分析不难发现，汉语中有关"心"的具体字和词承载着 NSM 理论中提出的心理活动普遍语义原词的同时，还反映了汉语文化的独特性：与"心"有关的具体字、词往往涵盖着一个以上的语义原词，许多常用词表达了不同语义原词之间的逻辑关系，体现了汉语思维的整体性。以"心"和相关字为词素的词构成的大量隐喻，形象地表达了知晓、思虑、欲望和情感 4 个语义原词，体现了汉语思维的意向性。以

"心"和相关字为词素的词反映了心范畴突出的道德内涵;含有"魂""魄""天""地""鬼""神"字眼的词体现了汉语心理活动的形象性,给心的内涵增添了一丝神秘色彩。除了"心"和"心"部首字之外,汉语中还有大量表达心理活动语义的非"心"部首字,如"喜""乐""哀""嫉"等。如果对所有相关的字和词进行系统考察,将能够更加细致地揭示汉语心理活动方面的语义结构。[14] 可以肯定,对其他语义原词进行类似的考察也必然能够从更多层面上显现汉语文化的独特性。

〔参考文献〕

[1] Wierzbicka A. Semantics:primes and universals [M]. Oxford:OUP,1996.

[2] 张积家,姜敏敏. 自然语义元语言理论:内容、发展和面临的挑战 [J]. 嘉应学院学报(哲学社会科学),2007(2):96-108.

[3] Wierzbicka A. Understanding cultures through their key words [M]. New York:OUP,1997.

[4] Junker M O. A native American view of the "Mind" as seen in the lexicon of cognition in East Cree [J]. Cognitive Linguistics,2003(2-3):167-194.

[5] 张立文. 心 [M]. 北京:中国人民大学出版社,1993.

[6] 王玉新. 汉字认知研究 [M]. 济南:山东大学出版社,2000.

[7] 谷衍奎. 汉字源流字典 [M]. 北京:华夏出版社,2003.

[8] 中国社会科学院语言研究所词典编辑室. 现代汉语词典 [M]. 5版. 北京:商务印书馆,2005.

[9] 吴水祥,邢志建,严麟书. 词通 [M]. 杭州:浙江文艺出版社,2000.

[10] 梅家驹. 现代汉语搭配词典 [M]. 上海:汉语大词典出版社,1999.

[11] 罗竹风. 汉语大词典:第7卷 [M]. 上海:汉语大词典出版社,1991.

[12] Lakoff G,Johnson M. Philosophy in the flesh:the embodied mind and its challenge to western thought [M]. New York:Basic Books,1999.

[13] 蒙培元. 中国哲学主体思维 [M]. 北京:人民出版社,1997.

[14] 张积家. 自然语义元语言理论和基本情绪研究 [J]. 楚雄师范学院学报,2016(2):62-70.

语言间词序差异的来源：相关理论和研究进展

孟 乐 张积家

[摘　要]　词序差异是语言间在句法上最明显的分歧。本文综述了语言间词序差异来源的理论与研究进展，包括：垂直水平的语言起源和演变，水平方向的语言交际和传播，语言系统外部的认知限制与认知偏好以及语义的影响。未来研究应该深入讨论理论之间的关系，建立一种统一的、具有整合力的理论，采用更有效的研究范式和工具，重视探讨汉语与少数民族语言的词序差异，关注对外汉语教学与少数民族双语教学中的词序问题。

[关键词]　词序差异；语言演化；噪声通道理论；认知因素

[原　载]　《贵阳学院学报（社会科学版）》2019年第6期，第41—47页。

一、引言

　　语言间在句法上最明显的差异体现在词序（又称"语序"）上。[1] 词在句子中按照一定的规则排列，词汇的线性序列就是词序（word order）。[2] 作为句式结构的典型特征，词序一直是形态句法学、语言类型学、语用学研究的焦点。《周易·艮》中的"艮其辅，言有序"，《诗经·小雅》中的："出言有章"，都强调了词序的重要性。语言是人类交流和认知世界的工具，能够折射出讲话者的思维方式。[3] 汉语是孤立语，缺少形态和曲折变化，主要依靠词序和虚词来表达语法意义，词序具有灵活多变的特点。[4] 考察汉语的词序，有助于揭示汉语母语者的语言认知机制。随着对外汉语教学日益成为重要的教育领域，汉语词序研究对于教学的重要性就不言而喻。我国少数民族语言数量众多。少数民族语言的词序亦存在着复杂交错的关系。[5] 语言又是文化的基因和心理的载体，能够反映民族心理的演化过程。[7-8] 寻找不同民族语言间的词序差异及其来源，能够更好地理解不同语言母语者的认知。

二、语言的词序差异

（一）世界语言的词序差异及其分布

据统计，在世界上的约 1377 种语言中，词序多样而且分布广泛。[9] 有两种词序占据主导地位的，一种是 SVO ［Subject-Verb-Object，S（主语）-V（谓语）-O（宾语）］占 41.0%；另一种是 SOV 占 35.4%，其他词序所占的比例与它们相比相去甚远。见表 1。

表 1 世界语言的词序差异

词序	语言数量	所占比率
SVO	565	41.0%
SOV	488	35.4%
VSO	95	6.9%
VOS	25	1.8%
OSV	11	0.8%
OVS	4	0.3%
无固定词序	189	13.7%

（二）SVO 词序的普遍性

在语言交流中，SVO 词序具有普遍性。研究发现，在混杂词序的克里奥尔语和洋泾浜语中，人们更倾向于使用 SVO 词序。克里奥尔语和洋泾浜语属于"混合语"范畴，混杂了多种语言的词汇或语法规则。早期就暴露于混合语境中的学习者，在由相对无规则的洋泾浜语向相对规则的克里奥尔语的发展过程中，绝大多数人选择了 SVO 词序[10]，甚至在主要接触 SOV 词序的克里奥尔语时，在其语言产生中，SVO 词序仍然占据很大的比重。[11] 这表明，SVO 词序是语言发展中一种典型的句法特征。

（三）SOV 词序——语言的默认词序

SOV 词序是以一种主导结构形式存在的。Givón 观察到，SOV 词序在世界语言中是共同的表达形式，是语言体系内的最基本顺序，其他的词序都是从 SOV 词序演化而来的。[12] Newmeyer 认为，SOV 词序是一种源头式的句法结构。[13] Gell-Mann 和 Ruhlen 将 2135 种语言中 6 种基本词序（SOV、SVO、OSV、OVS、VSO、VOS）所占的比例与人类语言的种系发生树状图谱联系起来，通过分析，也得出 SOV 词序普遍存在于"先祖语言"中的观点。[14]

SOV 词序在手势交流中亦占有特殊地位。艾尔赛义德·贝都因人和尼加拉瓜人主要接触 SVO 语言，但是，在简单手势表达中几乎全部使用 SOV 结构。[15-16] SOV 词序同样出现在聋人的手语[17-19]和有声语言讲话者的手势中[20],出现在儿童的手势交流中。[21]众多证据表明,SOV 词序在世界语言中占据特殊地位,在其他各类词序的发生和发展中起着源头作用。

三、语言间词序差异来源的理论及研究

(一)基于语言起源和演变的理论及证据

比较语言学研究表明,绝大多数甚至所有可以考证的人类语言都起源于同一种早期语言。[22-24] Greenberg 提出,从语言起源来看,看似不同的词序之间具有相关性,这种相关性是了解早期语言遗留特征的有效途径。[25]

Vennemann 从语言起源和演变的角度论述了语言发展中的词序变化,提出了词序变化的可能顺序:① SOV 词序向 SVO 词序过渡;② 当语言中的 S 和 O 都被后缀所标记时,SVO 词序变化为 VSO 词序和 FWO 词序;③ 演变为 VSO 词序的语言重新变为 SVO 词序或 FWO 词序;(4) FWO 词序在演化中朝着 SOV 词序的方向逐渐发展。[26] 见图 1。

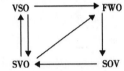

图 1 词序变化的可能方向

Gell-Mann 和 Ruhlen 分析了古印欧语系、乌拉尔语系、诺斯特拉语系、非亚语系、印第安语系、澳斯特罗语系、尼罗-撒哈拉语系等世界主要语系的词序,结合人类语言的种系发生树谱,认为人类先祖的语言为 SOV 词序,存在着 SOV 词序向 SVO 词序的转向,6 种词序在演变中发生变化的可能顺序见图 2(粗线箭头代表最有可能发生的)。[14]

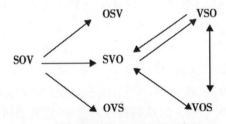

图 2 语言演变中词序变化示意图

从语言的发生、发展来看,语言的演变不是一蹴而就的。语法化过程及其内部结构重建在解释这种历时演变中具有重要作用。[14] 语言学家借鉴语言垂直发展方向上的诸多证据,追溯语言的起源和发展过程。

从语言的起源和演变的角度来考察词序差异的研究还在继续。这种研究的缺陷也非常明显。虽然在语言的发展中语法化及内部重建过程是追踪早期语言特征的有效途径,但是,对语言史问题的追踪见仁见智,推测和解释的不唯一性也为研究带来了很大风险。即使在语言种系发生中找到 SOV 词序向 SVO 词序演化的证据,那么,发生这种变化的原因是什么?除了社会变迁、环境变迁带来的交际压力外,影响词序变化的认知因素又有哪些?因此,需要更多的实证研究对词序差异的来源做出更深层次的推演和解释。

（二）基于语言交际和传播的理论及证据

Gibson 等人认为，影响语言间词序差异的核心因素不是垂直方向的语言的演变和发展，而是水平方向的语言的交际和传播。他们提出了跨语言词序变化的噪声通道理论，见图 3。[27]

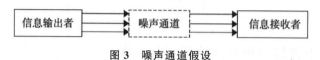

图 3　噪声通道假设

根据 Shannon 的通信数学理论，噪声通道是指在信息交流中存在对信号的干扰，如果不抵抗噪声的干扰，就会造成信号的失真，甚至使得通信无法进行。[28] 如对"狗咬小红"之类的包含不可逆语境的句子来说，根据常识，人们已经有判断，"狗"一定是"咬"的动作发出者，"小红"是"咬"的动作接受者。此时，SOV、SVO 词序都可以实现信息的有效传递。然而，对于"小明踢小红"之类的包含可逆语境的句子，"小明""小红"都可以作为动作发出者和动作接受者，SOV 词序表达为"小明小红踢"。由于信息传递是一种噪声通道，某些信息传递的缺失使得听者仅仅得到"小明""小红""踢"等部分信息，因而难以确定动作发出者或动作接受者到底是谁。此时，选择信息指向更加清晰的 SVO 词序（"小明踢小红"）就变得十分合理。因此，从可逆事件对信息传递的要求更高、更加偏好 SVO 词序的角度出发，他们假设，在人类语言中存在着对 SOV 词序的固有偏好；SVO 词序从默认的 SOV 词序中分离出来，是出于在噪声通道中抵抗干扰的需要，并且通过描述不可逆事件偏好 SOV 词序、描述可逆事件偏好 SVO 词序体现出来。

Gibson 等人请英语（SVO 词序）被试观看无声的动画（可逆事件或不可逆事件），要求被试使用手势来描述动画的内容。结果发现，当用手势来表达不可逆事件时，68％的被试使用了 SOV 词序；当表达可逆事件时，29％的被试使用了 SOV 词序。然后，让被试描述更加复杂、带有嵌入式信息的动画，结果显示，日韩（SOV 词序）被试在用手势表达主句含义（top-level clause）时，99％的被试使用 SVO 词序；当用手势表达嵌入成分（embedded clause）时，34％的日语被试和 43％的韩语被试采用 SVO 词序，而不是其母语主导的 S1［S2O2V2］V1 词序。[27] Gibson 等人的研究证实了噪声通道理论对于词序差异来源的解释。[27] 按照这一假设，如果词汇标记不能够有效地降低语义传递的模糊性，尤其是在对可逆语境的描述中，人们将更加偏好 SVO 词序，这与 Schouwstra 等人[29] 及 Piantadosi 等人[30] 的研究结果是一致的。

噪声通道理论在一定程度上解释了 SVO 词序在语言交际中普遍存在的原因。需要注意的是，他们仅仅关注了对 SOV 词序和 SVO 词序的偏好，却忽略了在不可逆语境和可逆语境的转换中，并非只有 SVO 选择偏好的增加，其他各类词序（OSV 等）的出现频次也有增加，其他词序的增加似乎很难用噪声通道理论来解释。

(三)基于语言认知加工的解释

1. 认知限制假设

Hall、Mayberry 和 Ferreira 注意到 Gibson 等人在验证噪声通道假设时解释力的不足。[31] 为了说明多种词序出现的原因,他们先让被试完成可逆条件的手势语表达,再让他们完成可逆条件和不可逆条件的实验,发现鉴于先前可逆条件的 SVO 词序的限制,在其后的不可逆事件中,SOV 词序的选择频次显著减少,SVO 词序的选择较多;被试间设计也得到了类似的结果。他们认为,当先前实验描述可逆事件时,会形成有利于此类事件表达的词序倾向(SVO),被试对随后事件的描述会受到先前词序的限制,会较多地使用这类词序。见图 4。

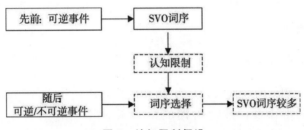

图 4 认知限制假设

Hall 等人认为,除了语言交际压力影响词序选择以外,语言使用者的认知因素亦不可忽视,这对噪声通道理论做了有益的补充。但是,研究者将 SVO 词序作为一种认知偏好来启动,形成以后会限制其他词序的出现。如果在实验中调整 SVO 和 SOV 词序的出现顺序,SOV 词序也会形成类似的认知限制吗?另外,如果假定这种效应只出现在 SVO 词序启动的情况下,无疑是将 SVO 词序对应到一种狭窄的、限制的认知加工中去。

2. 认知偏好假设

语言模块论将语言看作是独立的、信息封闭的认知模块,拥有独立的发生和发展的轨迹。[32-33] 从官能上看,语言加工需要三个认知机制的协调来完成:概念-意向系统、感觉-运动系统、认知计算系统。Langus 和 Nespor 证实,语法结构的多样性来自认知系统对某种词序的偏好,概念-意向系统和感觉-运动系统偏好于 SOV 词序,认知计算系统偏好于 SVO 词序。见图 5。[34]

图 5 认知偏好假设的解释

Langus 和 Nespor 请意大利语（SVO 词序）被试和土耳其语（SOV 词序）被试对随机呈现的图画做手势表达，两组被试在表达简单句式和复杂（嵌套结构）句式时，都选择了 SOV 词序。根据语言模块理论[32][35]，这种即时手势的产生是概念-意向系统和感觉-运动系统相互作用的结果，说明二者更偏好 SOV 词序。研究者又给被试播放由人工合成的、韵律单一的母语词串，认为母语词串会激活认知计算系统，发现 SVO 词串理解得更快，说明认知计算系统偏好 SVO 词序。[34]

Langus 和 Nespor 的实验使认知偏好假设对解释词序差异的来源更具有说服力。但是，认知偏好假设所基于的语言模块理论在解释具体结果时存在着缺陷。目前，在语言加工中概念-意向系统、感觉-运动系统和认知计算系统之间的分离仍然存在着争议。就具体实验过程而言，当被试听到母语词串时，是否真的激活了心理词典和认知计算过程，抑或仅仅是简单的听觉输入？词汇输入与图画输入的差别又在哪里？另外，对概念-意向系统和感觉-运动系统偏好 SOV 词序以及认知计算系统偏好 SVO 词序的原因，研究者并未给出更深层次的解释。

3. 词序的语义来源理论

已有研究大多从句子的名词出发，分析动作发出者（Subject/Agent）和动作接受者（Object/Patient）的生命性，推论名词的语义对词序的影响。[36-40] Schouwstra 和 de Swart 从动词入手，论证了动词语义对于词序选择的影响。在具体事件中，动作接受者是具体的、可感知的，按照默认的 SOV 词序表达即可以有效地传达信息。但是，在意向事件中，动作接受者是抽象的、非特指的，甚至是不存在的。在这种语境中，动作接受者更加依赖句子中动词的出现。此时，SVO 词序似乎成为更佳的选择。见图 6。[38]

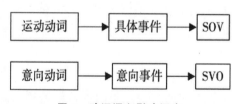

图 6　动词语义影响词序

Schouwstra 和 de Swart 操纵动词的语义，采用了两种动词。① 运动动词（motion verbs），对动作发出者和动作接受者的说明较为清晰，如 throw、carry。② 意向动词（intentional verbs），此类动词具有三个特征：a. 抗替换性（如玛丽欣赏马克·吐温，并不一定意味着玛丽一样欣赏塞缪尔·克莱门斯）；b. 非特异性（如玛丽正在寻找一个男人，但这个男人不是一个具体的、特指的人物）；c. 存在着不确定性（如约翰正在寻找独角兽，但独角兽可能不存在）。[39] 通过这两种动词构造出两种不同的语义事件：① 具体事件（extensional events），如 "Pirate throws the guitar"（"海盗扔吉他"）；② 意向事件（intentional events），如 "Cook thinks of the sock"（"库克想到袜子"）。两种事件均以图画形式呈现。荷兰语（SVO 词序）被试和土耳其语（SOV 词序）被试参加了实验，观看图画并对内容做手势描述。结果显示，在描述客观事件时，绝大多数被试选择了 SOV 词序，在描述意向事件时，被试更多地使用了 SVO 词序。该实验有力地证明了动词语义对词序选择的影响，说明在语言产生中，词序选择是一个即时的、动态变化的过程，并非由语法简单地规定和约束，而是与语义密切相关。然而，实验只涉及了两类动词，更为细化的动词信息对词序的影响还有待进一步揭示。[38]

四、研究展望

综上所述，研究者通过诸多领域、采用不同方法探寻语言间词序差异的来源，为更好地理解语言间的词序差异提供了新的视角。所发现的语言间词序差异的来源见图7。但是，仍然有许多问题需要做进一步的探索。

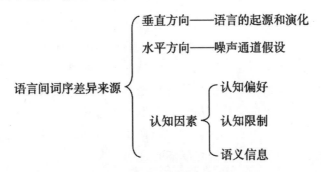

图7 语言间词序差异的来源

（一）深入讨论理论之间的关系，建立统一的、具有整合力的理论

多领域的探讨丰富了语言间词序差异的来源的研究，也带来了一些问题。有一些理论相互排斥，如垂直方向的语言演变和水平方向的语言交际；有一些理论相互补充，如认知偏好假设、认知限制假设和语义来源理论。多种理论并存在理论发展初期是十分必要的，但未来研究需要在更高水平上将各种理论整合与统一。垂直方向的语言演变和水平方向的语言交际是争论的焦点之一。从悠久的语言发展历史来看，很难排除垂直方向的演变对词序变化和跨语言间词序差异的影响。从语言作为交际工具的角度来看，语言交流的过程也将影响词序的改变。如何权衡二者之间的关系？两种因素对于词序差异的影响程度、作用形式如何？认知偏好假设、认知限制假设和语义来源理论均以认知影响语言为前提。认知偏好假设涉及了三个认知系统对词序选择倾向的影响，认知限制假设强调先前激活水平的作用，语义来源理论强调语义加工对语法结构选择的影响，三种理论应该是相互补充的。因此，未来研究应该寻求一种统一的、更具有整合力的理论，以增强理论的解释力。

（二）采用更有效的研究范式和工具

总结语言间词序差异来源的实证研究，发现它们在被试、设计、程序上具有共同点。见表2。

表 2　词序差异来源的研究范式

范式	内容
研究对象	母语词序分别为 SOV、SVO 的被试
研究设计	被试间/被试内
研究前提	手势语被认为不受母语词序的限制和干扰，是自由灵活的语言产生模式
研究程序	请被试看图（动画）并做手势表达，或者请被试理解手势表达的动画
涉及的语言过程	手势产生（少量的手势理解）

手势产生范式的研究目的明确，它假定手势的产生过程独立于母语系统，不受既有语言系统的限制和约束；手势产生范式的实验步骤清晰，通常请母语词序不同的被试参加实验，用手势来表达简单的内容，记录手势表达中各种词序选择的频率，探讨手势产生中的词序选择机制。但是，这种范式也有缺点：被试在单一的实验步骤中可能产生练习效应或疲劳效应，实验结果只是记录了词序选择的频率，其余的信息被忽略了，只能够通过结果来推测手势产生的过程和机制，难以取得直接的证据。因此，未来研究需要采用更为有效的研究范式和工具。认知神经科学迅猛发展，多种高时间分辨率、高空间分辨率的仪器和技术会为词序差异研究带来更细化的结果。

（三）重视探讨汉语与少数民族语言的词序差异

从研究的分布来看，对汉语词序差异的研究较少。对汉语词序，语言学界存在着争论。人们通常认为，汉语的主导词序是 SVO。[42-43] 但是，也有的学者持不同意见。汤廷池以方便变形语法处理规则为由，主张现代汉语在深层结构里是 VSO 或 VX 语序[44]；戴浩一主张，虽然现代汉语是 SVO 词序，却正在经历着由 SVO 向 SOV 的过渡。[45] 张清常从词序的演变着手，考察了上古汉语里残存的 SOV 语序，寻找 SOV 词序为先祖语言结构的证据。[46] 认知语言学家认为，语言使用者把感知世界的方式和过程映射在句法形式上，体现为线性顺序，即词序。[47-49] 张振兴比较了南北方言之间的语序差异，参考古代汉语与周围少数民族语言的语序，提出南北方言的词序差异是各民族语言长期接触和交融的结果，这符合水平方向的语言交际和传播理论。[50] 李云兵认为，在南方民族的语言中，一些语言的语序演变由语言接触所引发。[51] 李金满比较了汉语与英语的语序，发现汉语语序是谱系分流、语言接触及自身演化等多种因素共同作用的结果。[52]

汉语词序差异的心理语言学研究还处在滥觞之际。王路明利用 ERP 技术考察了汉语双论元歧义句的解歧过程，发现受优势语序（OSV）和优势解读（有生命施事者）影响。[50] 汉语重语境、重语义，词序具有灵活性。如在马致远的《天净沙·秋思》中，"枯藤老树昏鸦，小桥流水人家，古道西风瘦马"，句中全是名词的堆砌，没有一个动词，却不影响读者理解。汉语词序的研究可以为词序差异来源的理论建构提供证据。我国有 56 个民族，大多数民族都有本民族的语言，这些语言具有不同的词序。多民族、多地域语言的词序丰富性为词序差异来源理论的研究提供了有利的条件。

（四）重视儿童、聋哑人、双语者的语言中的词序

儿童的语言发展在某种程度上重演了人类的语言进化过程。因此，重视儿童词序的发展变化规律，可以为语言间词序差异的来源问题的解决提供一定的启示。聋哑人的手语的词序明显不同于有声语言的词序，以聋哑人为被试进行研究可以为解决词序理论的争论提供方便。例如：如果给聋哑人提供句子和图片场景，要求聋哑被试通过手势来表达，就可以厘清词序激活对语言产生词序的影响。双语者掌握两种或两种以上的语言，这些语言的词序可能不同，因此，双语者在言语产生和言语理解中两种语言的词序的相互作用也可以为解决相关理论争论提供一定的证据。

（五）关注对外汉语教学与少数民族双语教学中的词序问题

改革开放以来，我国对外汉语教学的范围不断扩大，少数民族的双语教学亦蓬勃开展，语言间词序差异的研究便日益彰显出在理论上和实践上的重要性。目前，学术界关于对外汉语教学和少数民族汉语教学的词序问题研究较少。李薇从汉语语序的象似性出发，将语序与对外汉语教学联系起来。[54] 曹成龙认为，语序教学在对外汉语教学中具有特殊性，这是由汉语作为第二语言的特点所决定的。[55] 也有学者从心理学的角度探讨对外汉语教学的语序或词序问题。如金鑫从汉英民族思维模式的差异来分析句子的语序差异。[56] 周文华考察了母语为 SOV 型、SVO 型语言的学生习得汉语介词及短语的语序偏误，发现不同语序的学生都有使用 SVO 语序的倾向，为在对外汉语教学中更好地引导 SVO 词序发展提供了证据。[57] 但是，从总体上来看，在对外汉语教学的词序研究中，研究者较多地关注语言间的语序差异的对比，较少有对于语言间语序差异的文化机制、心理机制的探讨。我国少数民族学生的绝大多数是民族语言-汉语双语者，积极开展民族语言与汉语的词序差异及其儿童对汉语词序掌握的影响的研究，既可以为语言间的词序差异来源的解决提供一定的启示，又可以为少数民族学生的汉语学习与汉语教学提供帮助。但是，令人遗憾的是，目前，学术界对我国少数民族语言与汉语的词序差异及这种差异对少数民族汉语学习影响的研究较少，远远不能够满足少数民族汉语教学和汉语学习的需要。基于此，有必要从心理语言学的角度对汉语及其他民族语言的词序差异进行更深层次的分析，探查词序差异对于第二语言教学与第二语言学习的影响，为对外汉语教学和少数民族汉语教学的词序引导策略提供必要的实证支持，提高外国学生与少数民族学生汉语学习的效率。

〔参考文献〕

[1] 邓思颖．自然语言的词序和短语结构理论［J］．当代语言学，2000（3）：138-154．

[2] 熊仲儒．自然语言的词序［J］．现代外语，2002（4）：372-386．

[3] Whorf B L, Lee P, Levinson S C, et al. Language, thought, and reality: selected writings of Benjamin-Lee Whorf [M]. Massachusetts: MIT press, 2012.

[4] 季丽莉. 汉语语序研究 [D]. 曲阜：曲阜师范大学，2003.

[5] 黄行. 我国少数民族语言的词序类型 [J]. 民族语文，1996（1）：10-18.

[6] 李晓茜，贺善侃. 中西方语言的差异对科学认知的影响 [J]. 东华大学学报（社会科学版），2009（1）：5-9.

[7] 肖二平，张积家. 从亲属词分类看民族语言对民族心理的影响 [J]. 心理科学进展，2012（8）：1189-1200.

[8] Clahsen H，Muysken P. The availability of universal grammar to adult and child learners: a study of the acquisition of German word order [J]. Second Language Research，1986（2）：93-119

[9] Dryer M S. Order of subject，object，and verb [M] //M. Haspelmath，M S Dryer，D Gil，B Comrie. The atlas of pidgin and creole language structures. Oxford: Oxford University Press，2013

[10] Bakker P. Pidgins versus creoles and pidgincreoles [C] //S Kouwenberg，J V Singler. The handbook of pidgin and creole studies. Wiley-Blackwell，Oxford，UK，2008.

[11] Kouwenberg S. From OV to VO Linguistic negotiation in the development of Berbice Dutch Creole [J]. Lingua，1992（3-4）：263-299.

[12] Givón T. On understanding grammar [M]. Academic Press，2014.

[13] Newmeyer F J. On the reconstruction of "proto-world" word order [M] //C Knight，J R Hurford，M Studdert-Kennedy. The evolutionary emergence of language. Cambridge: Cambridge University Press，2000.

[14] Gellmann M，Ruhlen M. The origin and evolution of word order [J]. Proceedings of the National Academy of Sciences of the United States of America，2011（42）：17290-17295.

[15] Sandler W，Meir I，Padden C，et al. The emergence of grammar: systematic structure in a new language [J]. Proceedings of the National Academy of Sciences of the United States of America，2005（7）：2661-2665.

[16] Senghas A，Newport E L，Supalla T. Argument structure in Nicaraguan Sign Language: the emergence of grammatical devices [M] //E Hughes，A Greenhill. Proceedings of the 21st annual Boston University Conference on Language Development. Cascadilla Press，1997.

[17] Goldin-Meadow S，Feldman H. The development of language-like，communication without a language model [J]. Science，1977（4301）：401-403.

[18] Goldin-Meadow S，Mylander C. Gestural communication in deaf children: non-effect of parental input on language development [J]. Science，1983（4068）：372-374.

[19] Mayberry R I，Lock E，Kazmi H. Development: linguistic ability and early language exposure [J]. Nature，2002，417（6884）：38-38.

[20] Goldin-Meadow S, So W C, Zyürek A, et al. The natural order of events: how speakers of different languages represent events nonverbally [J]. Proceedings of the National Academy of Sciences, 2008 (27): 9163-9168.

[21] Goldin-Meadow S. Watching language grow [J]. Proceedings of the national academy of sciences of the United States of America, 2005 (7): 2271-2272.

[22] Croft W. Typology and universals [M]. Cambridge University Press, 2002.

[23] Ruhlen M. On the origin of languages: studies in linguistic taxonomy [M]. Stanford University Press, 1994.

[24] Weil H. The order of words in ancient languages com- pared with that of the modern language [M]. Amsterdam/ Philadelphia: John Benjamins Publication Cooperation, 1978.

[25] Greenberg J H. The languages of Africa [J]. Science, 1913 (46): 310-311.

[26] Vennemann T. Syntax and Semantics [M] //J P Kimball. Syntax and Semantics (2). New York: Seminar Press, 1973.

[27] Gibson E, Piantadosi S T, Brink K, et al. A noisy-channel account of cross-linguistic word-order variation [J]. Psychological Science, 2013 (7): 1079-1088.

[28] Shannon C. A mathematical theory of communication [J]. Bell System Technical Journal, 1948 (4): 623-656.

[29] Schouwstra M, van Leeuwen A, Marien N, et al. Semantic structure in improvised communication [M] //L Carlson, C Hoelscher, T Shipley. Proceedings of the 33rd annual meeting of the Cognitive Science Society (CogSci11). Austin: Cognitive Science Society, 2011.

[30] Piantadosi S T, Tily H, Gibson E. The communicative function of ambiguity in language [J]. Cognition, 2012 (3): 280-291.

[31] Hall M L, Mayberry R I, Ferreira V S. Cognitive constraints on constituent order: evidence from elicited pantomime [J]. Cognition, 2013 (1): 1-17.

[32] Hauser M D, Chomsky N, Fitch W T. The faculty of language: what is it, who has it, and how did it evolve? [J]. Science, 2002 (5598): 1569-1579.

[33] 奚家文. 从乔姆斯基到平克——语言心理研究的模块化之路 [J]. 心理科学, 2009 (1): 242-244.

[34] Langus A, Nespor M. Cognitive systems struggling for word order [J]. Cognitive Psychology, 2010 (4): 291-318.

[35] Gentner D, Boroditsky L. Early acquisition of nouns and verbs: evidence from Navajo [M] //C Virginia, C Mueller. Routes to language: studies in honor of Melissa Bowerman. New York: Taylor & Francis, 2009.

[36] Branigan H P, Pickering M J, Tanaka M. Contributions of animacy to grammatical function assignment and word order during production [J]. Lingua, 2008 (2): 172-189.

[37] Ferreira F. Choice of passive voice is affected by verb type and animacy [J]. Journal of Memory and Language, 1994 (6): 715-736.

[38] Meir I, Lifshitz A, Lkbasaran D, et al. The interaction of animacy and word order in human languages: a study of strategies in a novel communication task [M] // Proceedings of the eighth evolution of language conference. Singapore: World Science Publication, 2010.

[39] Schouwstra M, de Swart H. The semantic origins of word order [J]. Cognition, 2014 (3): 431-436.

[40] Van Nice K Y, Dietrich R. Task sensitivity of animacy effects: evidence from German picture descriptions [J]. Linguistics, 2003 (5): 825-850.

[41] Forbes G. Intensional transitive verbs [M]. Stanford Encyclopedia of Philosophy, 2008.

[42] 范莉, 宋刚. 非SVO语序的早期习得——以"客体—动词"语序为例 [J]. 外语教学与研究, 2016 (1): 49-60.

[43] 魏岫明. 汉语词序研究（唐山论丛6）[M]. 台北: 唐山出版社, 1992.

[44] 汤廷池. 国语变形语法研究: 移位变形 [M]. 台北: 学生书局, 1997.

[45] 戴浩一. 功能主义与汉语语法 [M]. 北京: 北京语言学院出版社, 1994.

[46] 张清常. 上古汉语SOV语序及定语后置 [J]. 语言教学与研究, 1989 (1): 100-101.

[47] 刘世英, 曹华. 英汉词序象似性对比研究 [J]. 外语教学, 2006 (6): 27-30.

[48] 卢卫中. 词序的认知基础 [J]. 解放军外国语学院学报, 2002 (5): 5-9.

[49] 文旭. 词序的拟象性探索 [J]. 外语学刊, 2001 (3): 90-96.

[50] 张振兴. 现代汉语方言语序问题的考察 [J]. 方言, 2003 (2): 108-126.

[51] 李云兵. 中国南方民族语言语序类型研究 [M]. 北京: 北京大学出版社, 2008.

[52] 李金满. 语言类型学视角下的汉英语序对比研究 [J]. 当代外语研究, 2010 (5): 45-50, 60.

[53] 王路明. 优势语序还是优势解读？利用ERP考察汉语双论元歧义句的解歧过程 [J]. 心理学报, 2015 (7): 869-877.

[54] 李薇. 汉语句法象似性理论与对外汉语语序教学 [J]. 哈尔滨学院学报, 2016 (1): 142-144.

[55] 曹成龙. 谈对外汉语教学中的语序教学 [J]. 云南师范大学学报（对外汉语教学与研究版）, 2007 (1): 31-33.

[56] 金鑫. 汉英语序对比与对外汉语教学 [D]. 长春: 东北师范大学, 2011.

[57] 周文华. 母语语序类型对目的语习得的影响——以汉语介词语序偏误为例 [J]. 语言教学与研究, 2014 (5): 10-17.

闲聊行为及其亲社会功能

马利军 张积家

[摘　要] 闲聊行为是人类社会普遍的、基础性的交流互动行为，对人类进化和发展具有重要意义。人们通过闲聊行为掌握生存和交往所必需的信息，从而调整自己的言语行为。但是，闲聊行为一直受人"诟病"，被认为是一种"危险的、不道德的"行为。研究表明，在"破坏他人声誉、挑拨离间关系"之外，闲聊行为还具有许多积极的功能，如信息传递、文化适应、心理健康和治疗、社会影响力、进化功能等，这些功能保证了人类更好地生存和适应环境。同时，闲聊行为发生的频率和内容受年龄、性别和社会阶层影响。

[关键词] 闲聊行为；亲社会；功能；影响因素

[原　载] 《山西师大学报（社会科学版）》2016 年第 4 期，第 16—23 页。

一、引言

每个人都生活在一个复杂多变的社会网络系统中，为了应对社会变化所带来的生存压力，人们需要掌握人际网络中许多个体的重要信息，而通过与他人交流了解第三方的资料是高效快捷地获取信息的重要方式之一。因此，社会兴趣和闲聊行为成为个体社会和文化生活的中心任务。闲聊行为源于生存需要，是人类最常见的行为之一。Levin 和 Arluke 的研究发现，在公共场合的交流中，68% 的内容涉及不在场的第三方的信息[1]。Dunbar、Marriott 和 Duncan 指出，无论是男性还是女性，他们在一起时有 2/3 的时间都在进行社会评价性交流[2]。但是，对男性和女性自我报告的研究表明，他（她）们承认在与他（她）人的对话中只有不到 30% 的时间在进行闲聊行为。高的参与度和低的自我报告数据之间的分离，表明个体意识到闲聊行为在意识层面并不是受人欢迎的活动。一方面，人们总是主动地发动或参与闲聊行为；另一方面，他们又不愿意承认自己卷入对他人的"是非谈论"中，更不愿意成为他人闲聊行为的对象。那么，为什么人们总是"被迫"地卷入看似"有问题"的社会行为中？

早期对闲聊行为的研究主要集中在社会人类学方面，心理学的研究较少。造成研究停滞的主要原因是闲聊行为界定困难，同时，也没有合适的研究手段。研究者很难给闲聊行为下一个准确的操作性定义，也未能找到一种有效的研究方法。但是，闲聊行为是一个不可忽视的社会生活研究热点，一些研究者认为正是闲聊行为促进了人类心智和社会生活的进化，同时也在一定范围内增强了社会规范和民族文化的有效传递，减少了人类一些不必要的危及生命的冒险行为。鉴于闲聊行为对人类生存和发展的重要性，国外许多研究者对闲聊行为进行了深入的研究，试图揭示闲聊行为的普遍性和其重要的社会功能，解开闲聊行为高的参与度和低的认同度之间的矛盾，为闲聊行为的存在寻找社会心理证据的支持。国内心理学和人类学界对这一问题关注较少，原因可能是缺乏有效的研究手段。因此，有必要对闲聊行为的定义、社会功能和影响因素进行分析，以期激发和促进对这一日常的、重要的言语行为进行广泛研究。

二、闲聊行为界定

要给闲聊行为下一个定义并非易事。Grosser、Lopez-Kidwell 和 Labianca 认为闲聊行为是"对不在场的第三方的积极或消极信息的交换"[3]。许多人都同意将"不在场个体信息的交换"作为闲聊行为的标志，因此，可以将闲聊行为定义为交流不在场的第三方信息的行为，即"A 和 B 讨论 C"。需要指出的是，闲聊行为并不是人们所说的"流言蜚语""造谣生事"。DiFonzo 和 Bordia 对谣言和闲聊行为进行了区分，他们认为，谣言是未经证实的关于不确定状态的信息解释，帮助人们提高对危险的意识和管理[4]。而闲聊行为是对不在场的个体的评价，目的在于加强社会稳定和团结。闲聊行为依赖于具体的、限定性的团体规则，一个等级森严的群体不利于闲聊信息的传播，原因是大家对规则的共享和恪守程度不同。虽然谣言和闲聊都是未经证实的信息传递，但是，谣言是无依据、有目的地传播负性信息，闲聊行为可能并没有明确的目的，内容也会包括正向评价和对个人目前状态的阐述。另外，即使闲聊行为交流负性内容，目的也往往是积极的，更多是为了去除当事人的不合适行为。例如，老师和家长对学生情况的交流。同时，从进化的视角来看，如果闲聊行为常常意味着"欺骗""不道德"，那么，它就不会随着人类社会的进步而不断发展。闲聊行为受人类社会和文化规则的制约，个体为了保持声誉和增加影响力，不会随意贬低或中伤其他人，因为他人可以反过来通过闲聊行为验证你提供信息的真实性。不准确和不积极的信息会造成听话人的困惑和疑问，并反过来损害说话人的声誉。因此，闲聊行为的产生动机与谣言或流言蜚语的产生动机完全不同，如果恶意诽谤（谣言）的代价较小，闲聊行为就不会进化并成为社会生活的中心。Ellwardt、Labianca 和 Wittek 对工作场所闲聊行为的研究也表明，积极的闲聊内容可以在整个组织内传递，而消极的闲聊内容则仅限于在有限的几个人之间传递，人们会主动地减低闲聊行为负性内容的传播频率和范围，以保护组织的凝聚力和双方声誉[5]。

有时闲聊行为又是指面对面的聊天。因为孩子们之间的交流会把谈话对象包含在内，他们可能还没有完成人际交往的社会化，并不顾忌交流对象的感受。另外，对闲聊行为的区分还存在一个公共和私人生活的差异。当心理咨询师和来访者交流时、领导同部属谈话时，可能都是从闲聊开始的。同时，咨询师自身的反省可能也是闲聊行为：自己和自己聊。那么上述行为是否也属于闲聊行为？闲聊行为内涵丰富，人们很难表述清楚这个惯常行为。

在普遍的社会评价意义上，闲聊行为的存在一直受到人们的质疑。在对闲聊行为的态度方面，分歧较大。许多研究者认为闲聊行为是存在问题和危险的交流方式，会损坏别人的名声，有时故意诋毁别人，提供不准确的信息。Litman和Pezzo认为，闲聊行为等同于谣言，可能会造成暴动，诱发战争时期的焦虑，甚至危及国家的安全[6]。它毫无益处，其重要目的在于对个体的敌人或那些他们认为是潜在敌人的人进行中伤和诽谤。闲聊行为"剽窃思想，破坏关系，并且煽动矛盾"。因此，在很长一段时间内，闲聊行为都被认为是不道德的、应该禁止的行为。一方面，倘若其他人通晓了闲聊行为内容，就可能对内容所涉及的隐私和行为产生破坏作用，他们通过主动扭曲或操纵信息造成对事件的侵害，破坏秘密；另一方面，人们聚集在一起对不在场个体信息的交流通常以负性信息居多，有时闲聊行为中的一方可能会故意对第三方进行伤害、诋毁。然而，Wert和Salovey认为，闲聊行为没有破坏人们之间的秘密，是一种保护性的社会规范[7]。它提供了一个有益的社会比较机制，避免人们发生面对面的冲突或尴尬。同时，闲聊行为在个体成长中发挥重要作用，儿童或者青少年依赖成年人闲谈内容所提供的信息来面对纷繁复杂的社会和未知世界。另外，闲聊行为在个体和社会两方面均具有积极作用，它提升了凝聚力，规范了行为规则，传递了社会信息，测试群体内成员是否值得信赖，等等。此外，Jaeger、Skleder和Rosnow发现大众对闲聊行为的态度也表现出显著的分离，一部分个体认为闲聊行为是在背后说别人的坏话，毫无益处；另一部分个体却认为闲聊行为是了解他人的有趣的途径[8]。女性对闲聊行为的态度更加积极，她们认为，闲聊行为促进友谊，交换信息，增加生活的乐趣，而男性则持否定的态度。

通过对个体之间互相作用以及组织之间交流的观察，研究者发现，闲聊行为是日常生活和工作中一个独特的方面；来自心理学、社会学、人类学和组织行为学的文献都表明，闲聊行为是社会和组织生活一个持久不变的存在物，涉及个人以及群体的发展，包括社会控制、名声和群体凝聚力等方面的内容。那么，经过千万年进化的语言为什么会留下闲聊行为这一常被人"诟病"的言语交流活动？在人们持久不变的闲聊行为中，它发挥怎样的功能？既然闲聊行为在人们眼里常常意味着"欺骗"，为什么它还具有生存的空间？如果"欺骗"更有市场、更有效、更常用，为什么它不能完全排除真诚的交流方式和内容？同时，为什么个体经验表明，当人们把心中对某人的怨愤和别人讲述一番，心情会愉悦不少？诸如此类的问题，构成对闲聊行为进行研究的最初动机。另外，对闲聊行为的研究还希望在揭示行为本质之外，发现诸如"冲突""权力""社会化""组织文化和变化"等社会心理方面的内涵，以及它们如何在纷繁复杂的社会生活中发挥作用以及发挥怎样的作用。因此，对闲聊行为的研究可以揭示人类语言、动机、人际交往、信息传递等方面的内部心理机制。

三、闲聊行为积极的社会功能

通过对闲聊行为的研究和分析，许多心理学家认为闲聊行为不单单具有负性功能，它在社会生活中发挥多重积极作用。

（一）信息传递

社会生活信息纷繁复杂，人们很难依靠自身力量掌握所有信息。相比于鬼鬼祟祟地观察或者窃听以及直接询问当事人可能会遭遇到的尴尬，通过闲聊获取信息代表了另外一种言语策略，体现了人类的生存智慧。闲聊行为具备在正式场合交流所不具有的随意性、低风险性。一些关键问题在正式讨论前，往往要通过类似闲聊行为的方式来了解情况。作为信息交换的机制，闲聊行为是一种有效的收集或者扩散信息的途径。通过闲聊行为，个体获得关于自己所处社会环境的"图式"，可以及时有效地调整自己的交流策略。另外，通过闲聊行为网络所传递的信息具有高度机动性，人们可以根据具体情境和人物来调整自己的谈话内容和谈话方式。

在群体水平上，闲聊行为是掌握总体信息资源后的展示或者对公共意见的反映。例如，闲聊行为可以提供有关"职位变化"或"人员调动"等内部消息。对于职位升迁内容的讨论，人们通常是在当事人不在场的闲聊行为中进行的。虽然有可能与当事人进行信息的直接交流，但是对他人信息的获得更多是通过与第三方的交流完成的。因此，"非正式和私人事实"是闲聊行为交流的重要方式和内容。同时，依据社会交换理论，闲聊行为像许多其他交易一样，依赖信息的有用性、特殊性以及稀有性来估计它的价值，符合传统的经济交换模型。在进行闲聊行为的过程中，个体自然地会保护自己获得的信息，他们首先考虑谈话对象能够提供什么信息，依据谈话对象提供信息的多少来决定自己透漏信息的尺度，他们期待在重要信息上进行等价交换。而信息还会成为重要的砝码和原动力，敦促人们进行及时有效的交流。一方面人们尽力隐藏自己获得的信息，另一方面他们又习惯于偷窥自己的邻居，有时孩子们成为很好的代理。家长通过询问孩子们来了解自己邻居到底在干些什么，或者说些什么。闲聊行为具有双重优点，可以轻易获得信息而免受传递信息的惩罚。

（二）文化适应

在具体的社会生活中，个体很难通过自身经历熟悉所有的文化来适应社会生活环境，人类的大部分行为都是观察学习的结果。作为信息交流的一个衍生功能，闲聊行为有助于个体适应自己生活的圈子。在信息时代来临之前，个体知识的获得主要通过代与代之间传承，典型的例子如手艺人对自己师傅技艺的学习，主要是依靠师徒之间语言的交流。

闲聊行为作为一种最常用的方式，在人与人之间发挥作用。当人们听到关于其他人的信息时，可以简单地将听到的信息作为自己的信息再转述给别人。许多社会文化，尤其是交际文化，都通过闲聊行为来传递。孩子们通过聆听父母编造的"课程"学习他们的文化，如怎样和邻居相处以及掌握必要的规则，遇到紧急情况该如何采取行动等。

Baumeister、Zhang 和 Vohs 认为，闲聊行为一个重要的功能是帮助人们学会如何在自己的文化环境（圈子）中生活，即学会社会规范和掌握外部社会生活的信息[9]。为了证明这个观点，他们列举了几个例子，包括两个成人关于电话推销员如何骗人的信息交流以及一个母亲告诫孩子其他孩子在马路上乱跑而发生车祸等。这些构成了对个体生活环境中一些经验的日常交流，包括允许什么和禁止什么——闲聊行为传递了个体在未来该如何行动的信息。Feinberg、Willer、Stellar 和 Keltner 的研究表明，当被试目击了不公平的事件后，他们会有一个强烈的负性情感唤起，感觉自己就是受害者，之后会积极地卷入闲聊行为，向他人阐述事件发生的经过，以避免更多的人受到伤害[10]。因此，闲聊行为所涉及的内容在很大程度上使得人类熟悉自己文化中的禁忌，明白闲聊行为所谈论对象行为的适宜性。人类正是通过大量的闲谈来不断地修正自己的行为，适应社会文化。作为文化适应的有效策略，闲聊行为避免了人类重复性错误的发生，减低了人类的自我消耗，促进了个体的生存适应。

（三）心理健康和治疗

闲聊行为可能与人格中的神经质相关，因为它常常伴随着消极情绪的表达，或者是焦虑的体验。因此，闲聊行为是一种特殊有效的心理健康和治疗手段。一些研究者认为，闲聊行为的目的之一就是"发泄怒气，舒缓压力"。从心理分析角度看，个体要通过情感宣泄使心理保持健康。早期的精神分析学家想方设法通过多种途径使来访者"宣泄"自己内心压抑的内容，而压抑常常伴随着对权威人物的敌意。在这个意义上，闲聊行为有益于身心健康，是人们解决焦虑、抑郁等症状的有效途径。Feinberg 等人研究发现，当个体遭遇或体验到挫折产生负性情绪后，卷入闲聊行为会使负性情绪得到一定程度的释放[11]。闲聊行为缓解了人们的敌意和恐惧，转移潜在的愤怒，同时，削弱了个体和他人的直接冲突，为失败者提供了一种间接表达攻击性的途径，有利于发泄不满情绪。因此，当人们进行闲聊行为时，在一定程度上缓解了社会带给人们的潜在压力。而且，弱者可以通过发动或参与闲聊行为发泄对权威的不满，平复心情，缓解社会制度不完善造成的不公平感。一个健康开放的社会或团体会允许闲聊行为的存在和健康发展，当人们主动放弃或被迫停止闲聊行为时，这个社会或团体就处于危险之中。另外，闲聊行为提供的信息可以减低人们对危险情境的猜测，提供确定性，降低个体的焦虑水平。

闲聊行为的主要动机还包括共享私密信息和"适应性的防御机制"。一方面，对信任的人倾诉私人的想法、愿望以及担心和焦虑，可以缓解个体的压力。当个体掌握了一些当前不为人知的信息时，他会迫切地想要和亲密朋友分享。另一方面，闲聊行为源于融入式需要，是一种适应性的防御机制，通过分享价值观、兴趣、情感憎恶，个体可以顺利融入依赖情感或私人关系所维系的群体，提升自己的自我认同感和社会认同感。他们会体验到自己归属于某一群体的强烈感受，激发自我存在感，形成稳定的自尊。而且，在以情感或私人关系维系的团体中，个体感受不到来自垂直管理团队的等级压力，激发了普遍意义上交流的多样化，以获得存在感。Watson 的研究表明，自体感受或自我意识较为淡薄的个体常常通过对他人负性的闲聊行为（即贬低他人）来构建自己的生活方式，增强自我的存在感，即通过与谈话者的交流贬低第三方的吸引力，同时得到来自交流者的支持和赞赏，肯定自身存在的价值，形成自尊和自我概念[12]。低自我感受的个体常常采取消极的应对方式，而闲聊行为成为他们缓解压力与焦虑以及应对生活困难的重要手段，也是获得存在感、差异感的重要方式，他们需要通过闲聊行为来与外界保持情感上的联系。

另外，闲聊行为还具有娱乐或休养功能。对许多个体而言，进行闲聊行为的唯一理由就是娱乐。闲聊行为和其他形式的交流方式如说谎、谣言以同样方式满足人类某方面的情感。闲聊行为为人们提供基本的娱乐形式和源泉，它所带来的快感刺激人们总是自觉卷入其中，它对单调生活具有调节作用，满足了个体对掌握秘密所带来"先知"体验和知晓秘密后可能会形成"权力"情境的无限遐想。

（四）友谊

合作是社会生活的基本技巧，信任是合作的基础。闲聊行为可以拉近人与人之间的距离，了解自己的合作者是否值得信任，能够建立和增强友谊与亲密感。随着与闲聊行为对象逐步达成共识，参与闲聊行为的双方会慢慢地步入"志同道合"的境界，从而巩固双方的信任关系。Giardini认为，闲聊行为一个重要的功能就是凸显自己所从属的派别或组织[13]。在通常情况下，关系好的人总是聚在一起进行闲聊行为，通过对社会规范的分享，双重的信息交换，建立起区分"亲密"和"疏远"的差异。团体共有的知识、规则、党派和文化都可以作为交流对象值得信赖的标志。因此，身份信息在闲聊行为中很重要，表明身份暗示着你的立场，是否可以成为特殊信息共享的对象。另外，闲聊行为也可能是对自身文化的一种认同，如在获悉谈话对象是自己的同乡、校友时，谈话马上活跃起来，许多共同关注的东西和已经建立的模式瞬间全部被激活。讲话者通过分享交流内容传递给听话者自身的情感容纳性信息，即两个人愿意交流，表明他们在某一方面互相接纳，在透露信息时，讲话者会得到对方的情感支持，使双方关系变得融洽。因此，闲聊行为内容的具体性可以作为两个人关系亲密的佐证。在进行闲聊行为时，人们对共同敌人会很快达成批评的"共识"，产生相同的情感体验；但是，当涉及其中一人的朋友或亲戚时，当事人会尽力保护关于朋友或亲戚的负性信息，以维护他们的名誉。

另外，在群体水平上，组织外个体很难简单地理解组织内个体之间的闲聊行为。有时，组织内部成员会故意使用团体所特有的话语体系进行交流，排除外人的参与。例如，"老乡们"会在交流"特殊信息"时使用自己的方言，即使他们交流的信息无足轻重，依旧会潜意识地排斥外人。此外，重要信息的交流可能仅限于少数几个核心成员，他们故意放低音量，贴近对方，以显示亲密感。但是，Jaeger等的研究发现进行闲聊行为的频率与亲密朋友的数量呈现"倒U型曲线"的关系，一个适度的闲聊行为者拥有最多的亲密朋友，而不进行闲聊行为或闲聊行为过密的个体则几乎没有朋友[8]。同时，他们发现，很少参与闲聊行为的个体对"社会支持"的需求较高，而闲聊行为较多的个体则在"是否值得信赖"上受人质疑。闲聊行为和社会吸引力之间存在着负性相关。

（五）社会影响力

闲聊行为的社会影响力包含两方面的含义。一方面，"闲聊"的传播速度和不可控对社会个体形成管控和制约。例如,"寡妇门前是非多"是对特殊身份个体社会交往行为的管制。闲聊行为的积极方面是赞成某些行为,而消极内容则发挥社会制裁作用。闲聊行为是有效的社会制约机制,它是控制自由散漫行为的一种非正式装置,表现出一定影响力。人们对消极闲聊行为所谈论的对象形成坏的印象,减少对他(她)的喜爱程度。"人言可畏",就是闲聊行为发挥作用的表现,它在一定程度上禁止人们违反社会规范。而且,闲聊行为所蕴含的力量超出人们的想象,只有置身其中的个体才能清晰地意识到这种力量的强大。Watson认为,闲聊行为通过对个体自性产生一个负面影响(即自我存在感的否定)而使闲聊行为的"对象"饱受折磨[12]。因此,闲聊行为的社会规范力可以有效地指导人们按照群体既定原则规范、制约个人的非法或不道德行为。Ellwardt等发现,成为闲聊行为"受害者"的个体常常无法控制自己所处的社会环境及得到别人的信息和信任别人,难以与他人建立合作关系,无法维持积极的人际关系和好的名声[5]。因此,在工作场所,个体常常采取合作行为并遵守基本的团体规范和道德要求。

另一方面,人们通过社会分工、角色地位等方面的差异形成信息不对等而产生影响力。即处在优势"地位"的人们通过掌握社会行为规则和事物发展核心信息形成对他人的影响。例如,教师对学生的影响。"一个有影响的人"在所属群体中具有相对大的影响力。他们是团体规范的知识库,他们的观点在群体追求一致过程中具有更大权重,在自己的领域具有较强的指导性。他们通过是否提供信息、提供给谁、提供多少来施加影响。Giardini和Conte认为,闲聊行为的内容体现了人与人之间的信任程度,而这种信任潜在地表明个体互相之间的影响以及社会控制[14]。个体通过信任建立联系,组成搭档,传递有效的信息,交流合适的内容。由于闲聊行为交流的随意性和方便性,如果信息虚假,则很容易被识别。闲聊行为可以随时检验信息提供者是否真诚,并形成有效控制。一个常常提供真实信息的个体表现出在团体内部的影响力。因此,在群体层面,通过闲聊行为对团体内部成员个人名誉信息的传播是一种广泛的、有效的和低成本的惩罚,有助于对团体内部的合作进行行为控制,维持社会秩序。而在个体层面,自我监控较强的个体非常在意他们出现在大众面前的形象以及他们参与闲聊行为后的得失,他们会依据闲聊行为的内容进行印象管理,形成个人在群体中的影响力。

(六)生存功能

进化生物学认为,闲聊行为具有生存功能,目的在于解决和处理人类生存的社会两难困境。社会生活的复杂多样要求人类在群体行为上具备合作特质,以获取群体利益的最大化。但是,在个体行为层面,每个人首先为自己谋取私利,他们会欺骗合作者,损害集体利益。个体的自私行为成为集体利益的破坏者,个体利益和集体利益的损耗对比构成了社会的两难困境。因此,个体的适应或者种族的进化(能够在社会中存活下来,能够将自己的基因更多传播)需要掌握当前社会中有关生存的信息,尤其是关于对手的信息,而私人信息只能通过闲聊行为获得。有时,斗争的双方通过互派卧底来达到信息收集的目的。因此,闲聊行为提供必要的生存信息,人类通过闲聊行为掌握亲戚、对手、配偶、情人、子孙、搭档、高官的信息,以完成利益分配,实现有效的社会适应。同时,由于合作是人类社会生存的基础,在合作之前,了解合作者过往的名声非常重要。Sommerfeld等人指出，个体通常依据对方声誉来决定是否与对方建立和发展合作关系[15]。如果合作者的信息已经广为人知，协作和交易就较为简单同时趋向稳定；如果还不了解合作者的信息，通过与第三方交流来掌握资料是人们经常使用的低成本的、有效的方式。

语言为人类团体提供了一个有效的途径来维持社会一致性，促进社会稳定和进步。语言协助社会信息进行有效交换，它不仅促进信息大范围的交流，也大大加快了信息传播的速度。为了维持社会的正常运作，人类需要区分谁是敌人、谁是朋友。因此，闲聊行为的进化生存功能是为了解决更大团体的社会适应问题，解决社会两难困境。闲聊行为强迫人们在社会性合作和自私自利行为之间做出选择——不合作就意味着生存空间的缩小。因此，与人类其他保留下来的行为相似，闲聊行为的存在是生物适应的必然，是自然选择的结果。Feinberg等将其称为亲社会闲聊行为[10]。对个体的负性信息的交流一方面是为了警告和制止其他人采取同样的反社会行为或者剥削（侵犯）行为，另一方面防止族群内部成员成为受害者，孤立采取侵犯行为的个体，保障族群之间的合作和生存。

（七）社会比较

Wert和Salovey认为，闲聊行为的主要功能是个体对社会比较信息的产生和传递[7]。人们对第三方进行闲聊常常是交流社会比较信息，而且比较多数是在内心默默进行，并不将自己和闲聊对象进行言语上的直接对比。同时，比较常常发生在与闲聊行为者处于或经常处于同一水平的个体之间。比较的主要目的在于个体希望在与他人的对比中获得对自己的客观评价，了解自己在哪些方面做得好，在哪些方面做得不好，提升自己的自尊、自我效能感；同时，通过比较获得自己在组织或群体中的位置，引导自己的行为；更为重要的是，通过向下的社会比较可以获得稳定的幸福感。对社会比较功能的佐证是个体常常在意和自己身份信息（年龄、性别、阶层、收入、职位）相似的人对自己做出的评价，他们的评价让个体患得患失，但是高于或者低于自己水平个体的评价则对自身心理产生的影响较小。

当个体的自尊或自身地位受到威胁时，他们会频繁地发动闲聊行为，进行社会比较。尤其是女性，她们在进行同性之间的竞争时，闲聊行为的频率会增加，通过在言语上不断地贬低谈话对象，以提升自己的竞争力。进化的观点认为，人们为了避免直接攻击所带来的困境，会通过闲聊行为进行社会比较从而表达潜在的敌意和不满。与潜在的竞争对手（情敌）的社会比较常见而频繁，它会激发人们的妒忌心理，诱发人们不断地发动关于对方的闲聊行为。一方面，通过贬低对方的外貌或人品来缓解自己的焦虑和妒忌；另一方面，可以了解自己的不足。因此，社会比较是每个社会人都无法避免的现象，是个体了解自身的一种重要途径。而闲聊行为作为社会中一种比较常用的方法在群体合作时不断出现，内容主要涉及与自己相类似的其他团体成员的信息，以此做出定位进行自我认识。

四 影响闲聊行为内容和频率的因素

（一）年龄

不同年龄段的人，闲聊的内容有所不同。在对青少年观察研究中发现，青少年的闲聊行为内容可以区分为积极和消极两个方面，但是在年幼群体中，闲聊行为主要交流负性信息。这表明，成熟在闲聊行为发展中扮演重要角色。随着年龄增长和社会经验获得，人们会自觉地约束自己闲聊行为的频率和内容。同时，人们也会隐藏自己的真实感情，不会像年幼儿童那样自由表达自己的想法。当人们内心不喜欢某个人，又参与了关于这个人的闲聊行为时，迫于社会压力，他们可能会表明自己喜欢他。或许这就是为什么随着年龄增长，人们会慢慢减少闲聊行为中负性信息比例的一个原因。另一个原因可能是当闲聊内容传递给"被谈论的第三方"时，不同年龄的人会做出不同的反应。年幼儿童并不觉得别人说自己坏话给自己带来什么伤害，但是成年人则比较重视别人对自己的评价。

Massar、Buunk 和 Rempt 对成年女性的研究表明，不同年龄阶段的女性卷入闲聊行为的频率不同，自我报告对闲聊行为的参与程度不同[16]。年龄较轻的女性由于具有较强的异性吸引力和生育价值，她们更关注自己的名誉，尤其是性行为方面的名声，她们会更多地卷入闲聊行为来破坏她人的名誉，提升自我的异性吸引力；而年龄较大的女性则不具有同样的动机频繁地参与闲聊行为。异性吸引力在女性年龄和她们参与闲聊行为的趋势之间发挥中介作用，就同一年龄阶段的女性而言，吸引力大的女性参与闲聊行为的频率更高。但是，Gutierres、Kenrick 和 Partch 认为，随着年龄的增长，女性会经历一段在异性吸引力方面比较"煎熬"的时期，她们会增加对其他女性闲聊行为的频率[17]。在与有吸引力的同性在一起时，她们会降低自身对潜在婚姻对象的评定等级，她们借助对潜在敌人的"攻击"来恢复自身的异性吸引力和生育价值。上述两种对立结果还需要进一步的证据。而 Fisher 和 Cox 的结论可能会对后续研究有一些启发[18]。他们发现，在男性对潜在对手进行贬低时，年轻女性的话语更有"杀伤力"，而年长女性可能会知觉到交流的后果主动减少这方面的内容。

（二）性别

性别是最为惯常的影响闲聊行为内容的因素。女性可以就生活中的琐事、人物进行细致的交流，而男性迫于压力更多谈论公众人物。女性更多地谈论和她们关系比较近或者比较熟悉的个体，而男性则更倾向于交流距离较远个体的信息。Nevo 等人的研究表明，男女两性在和朋友交换信息时存在三个方面差异，即社会信息、成就和外貌形体[19]。男性将对社会信息（如社会地位）的交流作为增进双方友谊的中介手段，通过对信息的控制来体现社会网络的亲疏。而且，男性也更倾向于交流个人成就（诸如职位、薪水、能力）方面的信息，他们更喜欢和较为熟悉的人进行比较。女性之间的闲聊更多聚焦在他人身上，而男性更多地关注自我，诸如自己的社会地位、状态和他人的对比。

同时，女性更希望通过闲聊行为来构建和维持自己的社交网络，而男性则更关注自我展示。男女之间闲聊行为的不同可能源于性别进化方面的差异。男性更多地将对话作为自我提升的手段，从而对同事或朋友进行打击，尤其是有女性在场时，就像是自己给自己做广告一样，"更多地炫耀，以赢得更多的笑声"。这时，交流也变得更具有侵犯性、竞争性和政治性。而女性则更多交流关于外貌形体方面的信息。对外貌形体方面信息的交流严重影响到女性的自我展露能否成功以及交流双方关系是否足够亲密。女性更关注同龄同性个体的相貌，她们主动卷入关于她人相貌、形体方面的闲聊行为中。另外，虽然男性之间很少主动对他人进行评价，而且自我报告很少卷入闲聊行为，但是，只要有女性在场，他们就会主动参与其中。McAndrew、Bell 和 Garcia 证实，女性可以和自己的同性好友以及异性好友进行信息共享，而男性则只喜欢和自己的异性好友进行闲聊行为[20]。同时，女性更愿意卷入对同性别个体（尤其是情敌）的评价，她们谈论她人的频率是男性的三倍，她们也更容易唤醒对情敌的嫉妒和厌恶。

在交流内容的效价方面，女性倾向于交流负性信息，对别人评头论足，而男性鉴于对自身性别角色的认知，交流内容以中性居多。对不同性别的个体交流第三方的负性信息，社会规范持微妙的态度。在一些有关男女社会角色的文献中，闲聊行为大致被认为是"女人的专利"或者"女孩的话题"，社会道德并不持苛刻的批评态度。男性会因为女性的言辞而降低对其他女性各方面的评价，但是并不影响他对信息提供者的吸引力和容貌形体的评价。而男性在进行闲聊行为时，社会规范赋予的压力不同。一个过分沉溺于谈论周围人的男性，他生活的圈子将会对他持一种排斥的态度，降低对他各方面的评价。一个总是制造和传递负性信息的男性，在社交场合会缺乏影响力和亲和力。

（三）社会阶层

社会阶层也影响闲聊行为内容和频率。处在一定社会阶层的人依据自己在群体中的角色决定是否参与闲聊行为，或参与闲聊行为的频率。处在上流社会的人，一定程度上会限制自己卷入闲聊行为的概率和动机。他们恪守"言多必失"的格言，努力要求自己尽量不参与闲聊行为。这一方面是迫于社会规范的压力，另一方面囿于他们自身的身份。他们可能隐藏自己最为真实的感情，闲聊行为的内容多是关于他人的积极的信息。而处于社会底层的人，社会赋予他们更迫切的压力，他们整天忙于生计，工作目的就是满足最基本的生存需要。他们对社会规则破坏所承担的压力较小，因此，闲聊行为内容更多涉及社会的不公正，以消极信息居多，而一些公众人物或知名人物就成了他们发泄情感的对象。

五、小结

闲聊行为是一种复杂的人类行为，具有促进人类生存的积极意义。当人们进行闲聊行为时，他们很难讲清楚闲聊行为的动机。人们总是同别人进行闲聊行为，同时又尽力避免成为闲聊行为的对象。闲聊行为在一定程度上限制人们的自由，要求人们按照社会标准来行动。虽然闲聊行为的影响力随个人不同而变化，但是大多数人会遵守至少是表面上的许多规则，并用来保护自己作为团体成员的身份。当他们想要违背这些规则时，有趣的是，他们也会首先采取闲聊行为的方式，而不是正式反击。

同时，闲聊行为是一种较为常见的、重要的社会心理现象。无论个体对它秉持怎样的态度，人类每天都会卷入其中。它牵涉到人类心理的各个层面，从无意识到意识，从需要、动机到思维、语言和人格特征，从个体心理到群体心理和文化心理。年龄、性别、职业、教育程度、社会角色和社会文化等，都会对闲聊行为发生影响。闲聊行为具有重要的、积极的社会功能。要研究闲聊行为，揭示闲聊行为的心理机制，需要综合心理学各分支学科的知识，甚至要综合社会科学各个研究领域的知识。更为重要的是，要找到适合研究闲聊行为的方法，因为只有在研究方法上有所突破，闲聊行为研究才能取得丰硕的成果。此外，随着互联网的普及，闲聊行为的"私密性"正受到冲击和挑战，许多毫无依据的评价性信息已经干扰了人们的正常生活，如何应对这些新情况的变化，是否需要惩治信息传播者以及信息传播的基本心理需求都值得研究者进行深究。

〔参考文献〕

[1] Levin J, Arluke A. An exploratory analysis of sex differences in gossip [J]. Sex Roles, 1985 (3/4): 281-286.

[2] Dunbar R I M, Marriott A, Duncan N D C. Human conversational behavior [J]. Human Nature-an Interdisciplinary Biosocial Perspective, 1997 (8): 231-246.

[3] Grosser T J, Lopez-Kidwell V, Labianca G. A social network analysis of positive and negative gossip in organizational life [J]. Group & Organization Management, 2010 (2): 177-212.

[4] DiFonzo N, Bordia P. Rumor psychology: social and organizational approaches [M]. Washington, D. C: American Psychological Association Press, 2007.

[5] Ellwardt L, Labianca G, Wittek R. Who are the objects of positive and negative gossip at work? a social network perspective on workplace gossip [J]. Social Networks, 2013 (2): 193-205.

[6] Litman J A, Pezzo M V. Individual differences in attitudes towards gossip [J]. Personality and Individual Differences, 2005 (4): 963-980.

[7] Wert S R, Salovey P. A social comparison account of gossip [J]. Review of General Psychology, 2004, 8 (2): 122-137.

[8] Jaeger M E, Skleder A A, Rosnow R L. Gossip, gossipers, gossipees [M] // R F Goodman, R F Ben-Zeev. Good Gossi. Kansas: University Press of Kansas, 1994.

[9] Baumeister R F, Zhang L Q, Vohs K D. Gossip as cultural learning [J]. Review of General Psychology, 2004, 8 (2): 111-121.

[10] Feinberg M, Willer R, Stellar J, et al. The virtues of gossip: reputational information sharing as prosocial behavior [J]. Journal of Personality and Social Psychology, 2012 (5): 1015-1030.

[11] Feinberg M, Cheng J T, Willer R. Gossip as an effective and low-cost form of punishment [J]. Brain and Behavioral Sciences, 2012 (1): 25.

[12] Watson D C. Gossip and the self [J]. Journal of Applied Social Psychology, 2011 (7): 1818-1833.

[13] Giardini F. Deterrence and transmission as mechanisms ensuring reliability of gossip [J]. Cognition Process, 2012 (supple 2): 465-475.

[14] Giardini F, Conte R. Gossip for social control in natural and artificial societies [J]. Simulation: Transactions of the Society for Modeling and Simulation International, 2012 (1): 18-32.

[15] Sommerfeld R D, Krambeck H, Semmann D, et al. Gossip as an alternative for direct observation in games of indirect reciprocity [J]. PNAS: Proceedings of the National Academy of Sciences, 2007, (104): 17435-17440.

[16] Massar K, Buunk A P, Rempt S. Age differences in women's tendency to gossip are mediated by their mate value [J]. Personality and Individual Differences, 2012 (1): 106-109.

[17] Gutierres S E, Kenrick D T, Partch J J. Beauty, dominance, and the mating game: contrast effects in self-assessment reflect gender differences in mate selection [J]. Personality and Social Psychology Bulletin, 1999 (9): 1126-1134.

[18] Fisher M L, Cox A. The influence of female attractiveness on competitor derogation [J]. Journal of Evolutionary Psychology, 2009 (7): 141-155.

[19] Nevo O, Nevo B, Derech-Zehavi A. The development of the tendency to gossip questionnaire: construct and concurrent validation for a sample of Israeli college students [J]. Educational and Psychological Measurement, 1993 (4): 973-981.

[20] McAndrew F T, Milenkovic M A. Of tabloids and family secrets: the evolutionary psychology of gossip [J]. Journal of Applied Social Psychology, 2002 (5): 1064-1082.

第四编

CHAPTER 4

民族文化篇

加强民族心理学研究,促进中国心理科学繁荣
——民族心理学专栏前言

张积家

[摘　要]　民族心理学是心理学的重要分支。冯特在建立个体心理学的同时,也建立了民族心理学。但与蓬勃发展的个体心理学比,民族心理学的发展在我国还不尽如人意,许多基本概念并不清晰,学科定位不清晰,研究方法不确定,学科发展也非常孱弱。尽管如此,民族心理学在我国还是有了一定发展。要加强民族心理学研究,首先要做的就是民族学界和心理学界的整合。应该整合民族学界和心理学界的研究者、研究内容、研究类别和研究方法,改变目前这两种训练的人互不沟通、各行其是的局面。应该加强民族心理学的理论建设。理论构建不仅要形成宏观的、具有中国特色的民族心理学的理论体系,还应该构建对于民族心理的某些特定方面的微观的理论解释。应该破除过时的、陈腐的观念,如"文化中心主义"和"文化沙文主义"。总之,在建设社会主义和谐社会进程中,加强民族心理学的研究,有助于不同民族之间的交流和理解,有助于增进我国乃至世界上不同民族之间的团结与友谊,更能够繁荣中国的心理科学。

[关键词]　民族心理学;前言
[原　载]　《心理科学进展》2012年第8期,第1139—1144页。

在中国心理学会理事长杨玉芳研究员和《心理学进展》主编隋南研究员两位先生的共同促成下,《心理科学进展·民族心理学专栏》面世了。作为组稿人,受编辑部之邀,为这一组文章写一个前言。

民族心理学研究是心理科学研究的应有之义。在心理学建立之初，冯特就花了近20年的时间完成了10卷本巨著《民族心理学》，内容涉及语言、艺术、神话、社会、法律、文化和历史。冯特将"民族"理解为种族共同体，民族心理学和个体心理学一样，是心理学的基础分支。个体心理学以个体为研究对象，民族心理学以群体为研究对象；个体心理学研究人的简单心理过程，民族心理学研究人的高级心理过程。民族心理学可以弥补个体心理学的不足，使心理学的研究体系更加完善。冯特认为，人的心理既有自然因素，又有社会因素，民族心理是社会因素的结果，是人类文化的成果。生理心理学是一门实验科学，但实验并不适用于研究高级心理过程。人的高级心理过程不可避免地同语言、神话和风俗习惯等社会产物联系在一起，并从中得到反映。因此，通过对各种社会文化产物的分析，可以揭示高级心理过程发生发展的规律。他写道："在实验法无能为力的地方，幸而还有另外一种对心理具有客观价值的辅助手段可资利用。这种辅助手段就是精神的集体生活的某些产物，这些产物可以使我们推断出一定的心理动机，属于这些产物的主要是语言、神话和风俗。"[1]

虽然冯特对民族心理学给予了充分的重视，但是，与个体心理学的发展比，民族心理学的发展状况却不尽人意。第一，"民族"的概念就不清晰。有学者认为，冯特的《民族心理学》应该译为《民俗心理学》[2]。时至今日，我国民族学界还在沿用斯大林在《马克思主义和民族问题》中对民族的定义：民族是人们在历史上形成的一个有共同语言、共同地域、共同经济以及表现在共同文化上的共同心理素质的稳定的共同体[3]。这一定义中的四个特征在我国民族学界引起了长期争论，并在我国民族识别的过程中表现出某些不适应性。而且，在西方心理学中，民族心理学均具有种族心理学的特征，而种族心理学一直都在寻求解释和证明"科学种族主义"假设的合理性，试图用科学的方法证明不同的种族在智力、人格乃至进化水平上存在着差异[4]。由于"民族"的概念不清晰，"民族心理学"的内涵和外延也就不清晰。"民族心理学"究竟是广义的，还是狭义的？广义的民族心理学应该包含世界上的一些主要的民族，而狭义的民族心理学只包括少数民族。广义的看法容易模糊个体心理学与民族心理学的界限，而狭义的看法无疑会缩小民族心理学的视野。第二，民族心理学的研究对象也不清晰。民族心理学的研究对象是民族心理，对于这一点，多数的研究者没有异议。对民族心理的理解却众说纷纭。如戴桂斌[5]认为，民族心理由民族心理素质（包括民族的性格与能力）和民族心态（如民族朴素的社会信念、价值观念及民族情趣等）组成。李尚凯[6]认为，民族心理由民族心理素质、民族心理状态和民族自我意识组成。其中，民族心理素质包括民族认知、思维、气质、性格等；民族心理状态包括民族价值观念、情绪、情感、兴趣、爱好等；民族自我意识包括民族认同、自豪感、自信心等。李静[7]认为，民族心理包括各民族的民族意识、认知结构、思维方式等。徐黎丽[8]认为，民族心理包括民族心理过程和民族个性心理特征。民族心理是特定民族认识、情感、意志等心理过程及能力、气质、性格等个性心理特征的结合体。张世富[9]认为,民族心理包括民族认知、民族意识、民族情感、民族意志、民族性格、民族品德和民族气质等。尹可丽[10]认为,民族心理学的研究对象是族群社会心理,而不是一般的民族心理。民族心理学研究并非一般心理规律和意义的研究,而是具有特殊性和具体性的研究,是在社会实际场景中,在社会活动和人际交往中才能完成的研究。这显然缩小了民族心理学的研究领域。第三,民族心理学的学科定位亦不明确。民族心理学究竟属于哪个学科?这一问题并未解决。心理学研究者认为,民族心理学虽然以民族为研究对象,但其内容决定了它属于心理学科。民族学研究者认为,民族心理学虽然在研究内容上偏重于心理学,但其研究对象是民族,因此应该属于民族学的范畴。第四,民族心理学的研究方法不确定。已经采用的有历史文化分析法、实地调查法、观察法、访谈法、问卷法、测量法和实验法。总的来看,历史文化分析法、实地调查法、观察法、问卷法和测量法是民族心理学的研究方法没有问题。但将实验法运用于民族心理学研究,一是缺乏传统,因为心理学的创始人冯特就认为实验法不适用于民族心理学的研究;二是无论从历史发展看,还是从研究现状看,实验研究至今并未成为民族心理学研究的主流[9][11]。由于存在着上述问题,导致我国民族心理学的发展无论是就研究队伍而言还是就研究水平而言均处于弱势:个体心理学在中国心理学研究领域里一枝独大,枝繁叶茂,顶天立地,而作为个体心理学的孪生兄弟的民族心理学则显得形体羸弱,枝叶凋零,相形见绌。

然而,无论如何,在中国心理学界内部,民族心理学的声音虽然羸弱,却一直都在发展。例如,在理论建树方面,陈大齐1919年发表了《民族心理学的意义》,李子光1924年发表了《论民族的意识》,梁乙真1924年发表了《从心理学现实论民族气节》,蒋舜年1936年发表了《中华民族的心理建设》[9]。与此同时,一批采用传统的民族心理学方法的研究也相继出现,张耀翔1922年发表了《文学家之想象》,分析了我国古代文学家生平著作中视觉或听觉字样的多少,以测验其富于何种想象。张耀翔于1923年发表了《癖》,根据中国古代的名人传记(如刘伶好酒、陶渊明好菊、王羲之好鹅等)进行分析,认为癖是嗜好之变态。张耀翔1923年发表了《国人之迷信》,收集了我国民间流传的迷信685条,如鹊鸣吉、鸦鸣凶等,从中分析迷信的起源和中国传统社会的心理状态。萧树堂1923年发表了《史籍迷信随笔》,将《史记》《汉书》及魏、晋、唐、宋、明等史书中迷信若干条,分为谶纬、占梦经和征异三类,考察了中国古代人民的社会心理。程俊英1922年发表了《诗人之注意及兴趣》,分析了李白、杜甫和白居易等150位诗人的2075首诗,将诗题加以分类研究,认为诗人的注意纯出于自发,其自发注意即兴趣。欧阳湘和程俊英1923年发表了《杂色》,共收集到古今书籍中的颜色字463种,分类为红、黄、绿、青、蓝、紫、白、黑。陶德怡1924年发表了《善恶字汇》,从《康熙字典》中收集善(如仁、礼)、恶(如奢、淫)字汇共882字,分门别类地进行分析研究,以考察中国人的善恶心理和行为优劣[12]。20世纪三四十年代,一批运用测验法的民族心理研究也相继出现,如童润之1929年发表了《中国民族的智力》。章益1933年发表了《两个民族间伦理观念的比较研究》。肖孝嵘1937年发表了《中国民族的心理基础》,对中国、美国、日本的成人和儿童做比较,指出中国人在智慧上并不弱于美国人和日本人,在社会品质方面与美国人亦无显著差异[12]。总的来看,1949年以前的中国民族心理学研究主要属于广义的民族心理学，主要研究汉族的心理特点。1949年以后，我国台湾地区和香港地区的心理学家仍然坚持这一方向，比较著名的有杨国枢对中国人的性格及其现代化所做的研究。瞿海源与杨国枢1974年发表了《中国人的现代化》。其后，杨国枢提出了"社会取向"的看法，并将其定义为适合描述中国人行为的一种倾向。黄国光1984年发表《中国人的社会心理》一文，提出了"人情与面子"的理论模式。何友辉从20世纪70年代起对"面子""仁、义、忠、孝""缘分""怨""报恩与复仇""自我"等中国人的重要而且独特的心理与行为进行了探讨[12]。

改革开放以后，中国内地的民族心理学出现了新的繁荣，但研究内容以少数民族的心理为主，属于狭义的民族心理学研究居多。如张世富从20世纪80年代开始的对云南西双版纳地区的克木人、基诺族、哈尼族和拉祜族青少年品格的长达20多年的比较研究[13]；沙毓英[14] 研究了摩梭人语言和思维；左梦兰和魏銀[15] 对汉族、傣族、景颇族儿童的概念形成进行了比较研究；韩忠太和傅金芝[16] 出版了《民族心理调查与研究——基诺族》专著；顾海根、岑国桢和李伯黍等在20世纪80~90年代对蒙古族、维吾尔族、壮族、苗族、土家族、彝族和藏族儿童的道德发展进行了比较研究[17][18]；杨东、金钊、黎樱、张进辅和张庆林[19] 对汉族社区少数民族的文化疏离感进行了研究。与此同时，一些深度的理论探讨也开始出现，如熊锡元[20] 发表了《略论民族共同心理素质》，后来又发表了《民族意识与祖国意识》[21]；张世富[2] 出版了《民族心理学》；徐黎丽[8] 发表了《关于民族心理学研究的几个问题》；李静[22] 发表了《民族认知结构研究的心理学取向》。此外，对具体民族心理特点的研究也相继出现，如熊锡元在20世纪80年代对回族、傣族的共同心理素质进行了研究[23][24]；荣丽贞[25] 对蒙古族的祭祀风俗进行了心理分析；苏世同[26] 和周兴茂[27] 论述了苗族的主体心理结构和共同心理素质；石国义[28] 发表了《水族传统文化心理思辨》；银军[29] 发表了《试探侗族共同心理素质》，等等。近年来，由于文化心理学和文化认知神经科学的兴起，人们开始运用脑科学的方法来研究民族心理。在这一方面，韩世辉等近年来对中国被试和西方被试关于自我的认知神经差异的研究[30]，Siok、Perfetti、Jin和Tan[31] 对中国儿童阅读障碍的文化根源的研究，颇为引人瞩目。

在本专栏中，总共收录了13篇论文。可以分为三组：① 国内外传统的民族心理学研究的综述；② 从语言认知的角度对民族心理的探讨；③ 汉民族特有心理研究的综述。

在第一组中，《我国西南少数民族心理研究的基本状况》一文综述了我国西南少数民族心理研究的发展与现状。在我国，少数民族分布最多的区域有二，一是西南地区，二是西北地区。这两个地区的民族心理研究资源最为丰富。文章介绍了我国西南地区少数民族心理研究的历史、主要内容和作者的思考，为今后的研究提供了有益的启示。《近年来国内民族认同研究述评》综述了近年来国内民族认同研究的内容，如民族认同的内涵、民族认同与国家认同的关系，以及民族认同与文化适应、心理健康的关系等，并指出了存在问题和未来的研究方向。《内隐理论与群体关系》一文介绍了内隐理论及与群体关系的相关实证研究，并指出这种理论在改善和促进群体关系的实践中的作用，以内隐理论为中介，可以减少刻板印象和偏见，培育良好的群体关系。《少数民族的认知方式》综述了对少数民族认知方式的跨文化研究，并对未来的研究做了展望。《少数民族压力应对研究的文化视角》总结了少数民族压力应对研究的4种文化视角（压力应对的跨文化研究、文化适应的压力应对研究、宗教应对研究、中国传统文化的应对思想研究），并对不同的研究视角做了很好的评述。《民族刻板印象威胁效应》介绍了民族刻板印象威胁效应及其机制，为未来研究提供了一个崭新的视角。

在第二组中，主要综述了从语言、文化影响认知的角度对民族心理的研究探讨。无论是维果茨基的社会文化历史理论，还是沃尔夫的语言关联性假设，还是第二代认知科学，无不重视语言对于认知的影响和作用。《颜色词与颜色认知的关系——基于民族心理学的研究视角》综述了国内外关于颜色词影响颜色认知的研究，揭示了使用不同语言的不同民族的颜色认知差异。《从亲属词分类看民族语言对民族心理的影响》一文综述了不同民族的亲属称谓系统、婚姻制度和亲属制度对亲属关系认知的影响，揭示了不同民族的亲属关系认知的特点。《东巴文认知研究对心理语言学的贡献及展望》综述了国内对纳西族的文化遗产——东巴文的认知研究，体现了少数民族语言心理研究的独特贡献。《少数民族双语者的语言表征和语言联系》集中介绍了少数民族双语者的语言认知特点，为少数民族儿童的双语教育提供了启示。

第三组文章主要综述了汉民族所特有的心理现象研究。"老乡心理效应"是近年来提出的一个新概念。老乡心理的本质是祖籍族群认同。中国人的老乡心理表现在离开家乡到外地后对家乡的怀念、对家乡人的依恋、对家乡方言的认同、老乡之间的相互帮助行为乃至老乡之间的组织行为。《中国老乡心理效应的理论探索与实证研究》一文对老乡心理效应进行了富有启发性的探索和研究，扩展了民族心理学的研究领域。"中国区域跨文化心理学"也是近年来出现的一种新的研究取向。中国区域跨文化心理学是以文化学、社会学、人类学、人文地理学、社会心理学、跨文化心理学等学科理论为基础，比较研究中国城乡区域、地理区域、历史区域、行政区域、生态区域等文化区域居民的个体心理和群体心理共同性和差异性的学科。《中国区域跨文化心理学理论探索与实证研究》一文对这一方面的研究做了综述，颇具启发性。汉族存在着明显的方言现象。方言地区的人们往往是方言和普通话两种语言并用的双言者。双言者是单语者还是双语者？使用双言对于讲话者的认知有无影响？有何种影响？双言者对于普通话和方言持有何种语言态度？《方言与普通话并用：双言心理研究述评》对这一方面的研究做了全面的综述。

由于组织者的能力和资源所限，本专栏中的文章只能够反映我国民族心理研究的部分现状，许多有价值的研究未能在专栏中体现。专栏中介绍的文章也难以全面地反映我国民族心理学研究的全貌和水平，以管窥豹、坐井观天、挂一漏万和以偏概全的现象在所难免。如果能够起到"嘤其鸣矣，求其友声"的作用，也就相当令人欣慰了。

三

2011年，中共中央发出了《关于进一步繁荣发展哲学社会科学的意见》，强调，在全面建设小康社会、开创中国特色社会主义事业新局面、实现中华民族伟大复兴的历史进程中，必须进一步提高对哲学社会科学重要性的认识，大力繁荣发展哲学社会科学。民族心理学属于哲学社会科学的范畴。因此，加强民族心理学研究是繁荣哲学社会科学的重要举措。

加强民族心理学研究，首先应该做的就是民族学界和心理学界的整合。应该整合民族学界和心理学界的研究者、研究内容、研究类别和研究方法，改变目前这两种训练的人互不沟通、各行其是的局面。目前，在研究内容上，民族学界重视民族心理的宏观研究，心理学界重视民族心理的微观研究，正确的方向应该是宏观研究和微观研究的有机结合。在研究性质上，民族学界重视定性的质的研究，心理学界重视定量的量化研究，正确的方向应该是质的研究和量的研究的相互补充。在研究方法上，民族学界主要使用实地调查法，它是民族学研究最基本和最主要的方法。实地调查法不是一种单纯的方法，而是包含了许多具体的方法，如观察法、访谈法、问卷法、谱系调查法、自传调查法、跟踪调查法、文物文献收集法等。除此之外，跨文化比较研究法、历史文献研究法和数理统计法也成为民族学界的研究者经常使用的方法。心理学界的研究者则经常采用规范的研究方法，如测量法和实验法。近年来，认知神经科学的方法（如 ERPs 和脑成像方法）、生理心理学方法（如基因分析）也开始运用于民族心理学的研究。民族心理学的发展已经突破了心理学创始人冯特所设立的局限，大量采用实验法和定量研究已经成为民族心理学的发展方向。因此，研究方法的整合也势在必行。

其次，应该加强民族心理学的理论建设。理论对于具体科学研究的指导作用不言而喻。但是，从目前的状况看，我国的民族心理学研究还缺乏成熟的理论作为指导。在民族学界，时至今日，斯大林提出的"民族共同心理素质"的概念仍然占统治地位，而斯大林关于民族和民族心理的观点显然存在着不少有待商榷之处。事实上，还存在着众多的理论可以供研究者借鉴。例如，维果茨基的社会文化历史理论[32-34]；列昂节夫的活动理论[35]；列维-斯特劳斯的亲属结构理论[36][37]；沃尔夫的语言关联性假设[38][39]；Slobin[40] 的"我说故我思"理论；社会建构理论[41-42]；环境话语理论[43-44]；民族认知结构理论[22]；具身认知理论[42][45-47]，等等。在中国，费孝通先生的"差序格局"理论在描述中国人的人际关系方面也颇值得重视[48-51]。理论的构建不仅要形成宏观的、具有中国特色的民族心理学的理论体系，还应该构建对于民族心理的某些特定方面的微观的理论解释。

最后，应该破除某些过时的、陈腐的观念，如"文化中心主义"和"文化沙文主义"。民族心理学的研究离不开对于民族文化的探讨。文化本无优劣之分。每一民族的文化都是这一民族的前辈在长期的历史发展过程中主动选择的结果。文化相对主义认为，文化是不同的认知方式、不同的知觉和理解世界的方式。文化深藏于人们的头脑之中。文化相对主义主张，只有"以当地人自己的观点"才能够实现对于文化的准确理解；所有的文化都理应受到平等的尊重；所有的文化都是对现实的同等有效的解释[43]。在民族心理学的研究中，要注意克服"西方本位"和"汉族本位"的倾向，注意防止将西方人和汉族人对于世界的理解和行动视为人类的规范，而将其他的理解和行动视为异端。列维-斯特劳斯认为：没有一个标准可以绝对地评判一种文化优于另一种文化。任何一种文化都存在着合理性——一种在历史中表现为必然性的合理性，每一种文化都不能为另一种文化所取代。所有的文化都对人类历史有所贡献。尽管各种文化对本身和别的文化所做的表述远远不同，有时甚至是对立的，但绝不是互不了解的。它们在世界上非但不是孤立的，恰恰是相互合作的。任何文化，无论多么微不足道，都是人类共同财富的持有者[52]。民族心理学的研究者应该承认文化的多样性，主张每种文化都有存在的价值，能够以欣赏的心态和肯定的眼光看待不同民族的文化，既不要颐指气使地对其他民族的文化指手画脚和说三道四，也不要以"怜悯的心态"和"善良的心肠"企图让其他民族的文化尽快地同主流文化达到融合和统一。这是民族心理学的研究者尤其应该警惕的。《周易》中说："圣人感人心而天下和平"，"与天地相似，故不违；知周乎万物，而道济天下，故不过；旁行而不流，乐天知命，故不忧"。《中庸》中说："致中和，天地位焉，万物育焉。"应该以欣赏之心、淡定之心、包容之心、平等之心对待不同民族的文化，对待具有不同心理过程和心理特点的不同民族的人们。

总之，在建立社会主义和谐社会的进程中，加强民族心理学的研究，有助于不同民族之间的交流和理解，有助于增进我国乃至世界上的不同民族之间的团结与友谊，更能够繁荣中国的心理科学，其重要性怎样强调都不过分。我们期待着民族心理学研究的春天的来临。

〔参考文献〕

[1] 李静. 民族心理学研究 [M]. 北京：民族出版社，2005.

[2] 张世富. 民族心理学 [M]. 济南：山东教育出版社，1996.

[3] 斯大林. 斯大林选集：上卷 [M]. 北京：人民出版社，1979.

[4] 万明钢，李艳红，崔伟. 美国民族心理学研究的发展历史 [J]. 民族教育研究，2006（6）：55-61.

[5] 戴桂斌. 略论民族心理 [J]. 青海社会科学，1988（1）：86-90.

[6] 李尚凯. 论民族心理之研究 [J]. 新疆师范大学学报（哲学社会科学版），1991（1）：27-33.

[7] 李静. 加强民族心理学研究 [N]. 光明日报（理论版），2003-11-09.

[8] 徐黎丽. 关于民族心理学研究的几个问题 [J]. 民族研究，2003（6）：95-103.

[9] 张世富. 民族心理学的研究内容、任务及方法 [J]. 安阳师范学院学报，2005（1）：57-61.

[10] 尹可丽. 族群社会心理：民族心理学的研究对象 [J]. 贵州民族研究，2006（4）：85-89.

[11] 韩忠太，傅金兰. 论民族心理学的研究方法 [J]. 贵州民族研究，1992（2）：

134-140.

[12] 杨鑫辉. 心理学通史 [M]. 济南：山东教育出版社，2000.

[13] 张世富. 云南西双版纳四个民族青少年品德形成研究（1980—2001）[J]. 西北师大学报（社会科学版），2002（1）：90-94.

[14] 沙毓英. 从摩梭人的词汇看人类概念的发展 [J]. 心理学报，1996（3）：328-333.

[15] 左梦兰，魏锒. 7-11岁汉族、傣族、景颇族儿童概念形成的比较研究 [J]. 心理学报，1988（3）：260-267.

[16] 韩忠太，傅金芝. 民族心理调查与研究——基诺族 [M]. 贵阳：贵州教育出版社，1992.

[17] 顾海根，岑国桢，李伯黍. 汉族与少数民族儿童道德发展比较研究 [J]. 心理科学，1987（5）：1-6.

[18] 顾海根，岑国桢，李伯黍. 行为责任判断的跨文化比较研究 [J]. 心理发展与教育，1994（2）：1-6.

[19] 杨东，金钊，黎樱，等. 汉族社区少数民族的文化疏离感研究 [J]. 社会学研究，2009（3）：187-207.

[20] 熊锡元. 略论民族共同心理素质 [J]. 民族研究，1983（4）：1-7.

[21] 熊锡元. 民族意识与祖国意识 [J]. 民族研究，1992（1）：14-16.

[22] 李静. 民族认知结构研究的心理学取向 [J]. 民族研究，2004（6）：10-19.

[23] 熊锡元. 试论回回民族共同心理素质 [J]. 思想战线，1986（2）：28-34.

[24] 熊锡元. 傣族共同心理素质探微——民族心理研究之五 [J]. 思想战线，1990（4）：54-60.

[25] 荣丽贞. 蒙古族祭祀习俗与民族心理浅述 [J]. 内蒙古社会科学，1987（6）：35-37.

[26] 苏世同. 论苗文化与苗族主体心理的建构 [J]. 吉首大学学报（社会科学版），1991（4）：15-19.

[27] 周兴茂. 论苗族的共同心理素质 [J]. 湖北民族学院学报（哲学社会科学版），2000（3）：29-32.

[28] 石国义. 水族传统文化心理思辩 [J]. 贵州民族研究，1998（1）：64-66.

[29] 银军. 试探侗族民族心理素质 [J]. 贵州民族研究，1992（1）：58-64.

[30] 韩世辉，张逸凡. 自我概念心理表征的文化神经科学研究 [J]. 心理科学进展，2012（5）：633-640.

[31] Siok W T, Perfetti C A, Jin Z, et al. Biological abnormality of impaired reading is constrained by culture [J]. Nature, 2004（431）：71-76.

[32] 列夫·谢苗诺维奇·维果茨基. 思维与语言 [M]. 李维，译. 杭州：浙江教育出版社，1997.

[33] 张萌，张积家. 维果茨基的心理语言学思想述评 [J]. 华南师范大学学报（社会科学版），2006（1）：122-128.

[34] 王光荣，杨晓萍．文化的阐释：维果茨基学派心理学解读［J］．宁夏大学学报（人文社会科学版），2009（4）：172-174．

[35] 张世英．关于 A. H. 列昂节夫活动理论的历史形成、基本思想和对它的评价［J］．心理学报，1985（1）：23-30．

[36] 克洛德·列维-斯特劳斯．结构人类学［M］．张祖建，译．北京：中国人民大学出版社，2006．

[37] 肖二平，张积家．亲属结构理论及对摩梭人亲属关系研究的启示［J］．华南师范大学学报（社会科学版），2010（2）：74-82．

[38] 本杰明·李·沃尔夫．论语言、思维和现实——沃尔夫文集［M］．长沙：湖南教育出版社，2011．

[39] 张积家，刘丽虹，谭力海．语言关联性假设的研究进展——新的证据与看法［J］．语言科学，2005（3）：42-56．

[40] Slobin D I. From "thought and language" to "thinking for speaking" [M] // J J Gumperz, S C Levinson. Rethinking linguistic relativity. Cambridge：Cambridge University Press，1996．

[41] 叶浩生．社会建构论及其心理学的方法论蕴含［J］．社会科学，2008（12）：111-117．

[42] 叶浩生．社会建构论与质化研究［J］．自然辩证法研究，2011（7）：75-79．

[43] 凯·米尔顿．环境决定论与文化理论：对环境话语中的人类学角色的探讨［M］．袁同凯，周建新，译．北京：民族出版社，2007．

[44] 乔纳森·波特，玛格丽特·韦斯雷尔．话语和社会心理学：超越态度与行为［M］．肖文明，吴新利，张擘，译．北京：中国人民大学出版社，2006．

[45] 李其维．"认知革命"与"第二代认知科学"刍议［J］．心理学报，2008（12）：1306-1327．

[46] 叶浩生．有关具身认知思潮的理论心理学思考［J］．心理学报，2001（5）：589-598．

[47] 薛灿灿，叶浩生．具身社会认知：认知心理学的生态学转向［J］．心理科学，2011（6）：1230-1235．

[48] 费孝通．乡土中国［M］．上海：上海人民出版社，2007．

[49] 阎云翔．差序格局与中国文化的等级观［J］．社会学研究，2006（4）：201-213．

[50] 翟学伟．再论"差序格局"的贡献、局限与理论遗产［J］．中国社会科学，2009（3）：152-158．

[51] 李恭忠．"江湖"：中国文化的另一个视窗——兼论"差序格局"的社会结构内涵［J］．学术月刊，2011（11）：30-37．

[52] 克洛德·列维-斯特劳斯．种族与历史·种族与文化［M］．于秀英，译．北京：中国人民大学出版社，2006．

亲属结构理论及对摩梭人亲属关系研究的启示

肖二平 张积家

[摘　要]　亲属结构理论是列维-斯特劳斯结构人类学的基础。本文介绍了亲属结构理论的产生,从亲属关系的原子结构和运行机制两个方面综述了亲属结构理论的主要思想,并对摩梭人的亲属关系进行了结构主义解读,最后提出结合结构主义观点和心理学方法研究摩梭人亲属关系的新视角。

[关键词]　列维-斯特劳斯;亲属结构理论;摩梭人

[原　载]　《华南师范大学学报(社会科学版)》2009年第2期,第74—82页。

2009年10月30日,当代著名的人类学家列维-斯特劳斯逝世了。列维-斯特劳斯是结构人类学的创始人,也是当代最有影响的人类学家。在哀悼这位伟大的思想家的同时,人们缅怀他对人类思想和文化发展所做出的杰出贡献。列维-斯特劳斯关于亲属、语言、神话、象征论原则和文化的理论对当代思想界产生了重大影响。其中,亲属结构理论是结构人类学的基础。本文既是对列维-斯特劳斯亲属结构理论的评介,也借鉴这一结构理论来思考摩梭人的亲属关系,以此来纪念这位大师。

一、亲属结构理论的产生

在亲属结构理论提出之前,人类学研究中占统治地位的是摩尔根的社会进化理论和功能-结构主义观点。摩尔根是亲属制度研究的开创者。他通过问卷和田野调查,研究了印第安人的亲属制度,于1871年发表了《人类家族的血亲和姻亲制度》,并在此基础上完成了他最负盛名的著作《古代社会》(1877)。摩尔根以唯物史观阐述了原始社会的发展规律,提出了社会进化理论。亲属关系分类制度是摩尔根的最大发现与贡献。他将亲属称谓制度分为两类:类别式和说明式。类别式亲属制度将亲属称谓区分为若干范畴,不加以说明。不计亲疏远近,凡属于同一范畴的人即使用同一亲属称谓,反映了群体与群体之间的亲属关系;说明式亲属制度对亲属或用基本称谓说明,或将基本称谓结合起来说明,使每个人与自身的亲属关系都各不相同,反映了个体与个体之间的亲属关系。[1]布朗是功能-结构主义社会人类学的代表。他认为,亲属制度等于原始部落的社会结构,亲属关系形成的基础是家庭，在核心家庭基础上形成的世系群只是人际关系的一种形式。他从功能-结构论出发将自然科学的方法运用到人类文化研究中，认为亲属结构必须从生物学意义上建立起来的单个家庭的最简单结构开始，把家庭看作由父亲、母亲及孩童组成的基本单位。亲属关系以夫妻关系为基础，任何社会的亲属关系网络都可以简单地归结为夫妻之间的"二元关系"所建立的基本家庭的延伸。[2]

与社会进化理论和功能-结构主义观点不同，列维-斯特劳斯首先关注作为两性关系典范的原始亲属关系的形成过程及基本结构。他否认摩尔根把生物学事实当作人类认识结果的观点，否认功能-结构主义把由父母、子女形成的生物学家庭作为亲属关系基础的立场，主张在亲属结构研究中，应抛弃功能-结构分析法。他指出，把亲属关系的基本结构简单地归结为夫妻之间的"二元关系"，忽视了亲属关系中包含的极其复杂的社会性和生物性的相互关系及其相互交错的关系网络；忽略了隐含于其中的相互渗透的自然和文化的组成因素；忽视了形成和改变亲属关系的内在因素及亲属关系再生产的基本机制；忽略了亲属关系能够持续存在并不断延续和更新的根本动力。他认为亲属结构分析应该从亲属关系得以建立的婚姻关系着手，将亲属关系看成一种"社会关系"。亲属关系反映的不单纯是夫妻关系而是一种社会关系，必须从整个社会的角度去分析。列维-斯特劳斯的这一看法闪烁着历史唯物主义的光辉，和马克思主义经典作家的看法一致。马克思指出：人的本质并不是单个人所固有的抽象物。在其现实性上，它是一切社会关系的总和。[3] 马克思和恩格斯还指出，生命的生产——无论是自己生命的生产（通过劳动）或他人生命的生产（通过生育）——立即表现为双重关系：一方面是自然关系，另一方面是社会关系；社会关系的含义是指许多个人的合作。[4] 列维-斯特劳斯将亲属关系归结为社会关系，揭示了亲属关系的本质，找到了理解纷繁复杂的亲属现象的钥匙，也抓住了亲属关系研究的关键。

列维-斯特劳斯以社会文化人类学和结构语言学为基础来构建结构人类学的思想体系。社会文化人类学强调田野工作的重要性，注重某一社会群体的结构和功能，试图发现人类社会生活的通则，揭示人类文化的本质。列维-斯特劳斯广泛吸收和继承了西方文化人类学的观点，提出了结构的定义："结构或'社会结构'这个术语与经验实在并无关系，而是与依据经验实在建立的模型有关。……社会结构是在社会关系的基础上建立起来的，是一种适用于任何社会研究的方法。"[5] 他成功地将结构语言学中的符号论和结构主义用于诠释和重建人类学，创造性地提出了适用于人类学、社会学及其他人文社会科学领域的结构主义的原则和方法。他认为结构主义的原则包括以下内容。① 系统性：结构大于要素的总和。结构先于要素。只是由于结构，要素才获得意义、功能和性质；不服从结构，要素就不成其为要素。② 封闭性：系统之间无重叠关系。要素不能既属于某一系统，又属于另一系统。每一系统都有其独特的结构原则，这些原则之间不存在继承、融合关系。从一个系统到另一系统之间的变化是跨越断裂层的飞跃。结构之间有共时性，没有历时性。③ 文化性："文化先于自然"。结构是人的活动造成的，但不是人的有意识创造，而是人的文化特征。各种现象、事物的结构是文化的产物。文化背景改变了，人们对结构的看法也改变了。④ 集体下意识："社会先于个人"。社会结构是人的文化本质，而人的文化本质存在于集体下意识中。列维-斯特劳斯认为，从本质上看，结构主义是一种方法论[6]。结构主义的方法包括：① 认识的对象不是事物的现象。而是它的内在结构。结构与经验事实无关，而与模式有关。结构是理性给予的。② 应该把认识的对象看成一种整体的结构。组成结构的要素相互联系，自行调整，要素发生变化，整体也相应地发生变化。③ 整体大于部分。整体的意义不能从个别成分中找到关系，比要素更重要。④ 社会与人的关系，是整体与部分的关系，人只是社会结构的一部分，他（她）没有单独的决定作用。⑤ 共时性研究比历时性研究更重要。共时性研究是整体观和系统观的必然延伸[7]。虽然列维-斯特劳斯主张结构是理性给予的有主观唯心主义之嫌，但他对于整体与部分、文化与自然、个人与社会的看法无疑是正确的。正是在上述思想指引下，列维-斯特劳斯进行了卓有成效的亲属关系研究，并在此基础上提出了亲属结构理论。

 亲属结构理论的主要思想

（一）亲属关系的原子结构

1. 亲属结构的基本要素及其关系

列维-斯特劳斯采用结构主义方法，将亲属关系视为一个结构。在《关于亲属关系的原子的思考》中他写道："一个真正最根本的亲属关系的结构——即一个亲属关系的原子，假如可以这样叫的话——是由一个丈夫、一个妻子、一个子女和丈夫从中娶到妻子的那个群体的一个代表所构成的。"[5] 这里"丈夫从中娶到妻子的那个群体的一个代表"即舅舅。父亲、母亲、舅舅和孩子是亲属结构的四个基本要素，任何社会的亲属关系都由这四个基本要素构成。亲属结构包括与这四个基本要素对应的四种亲属关系：① 夫妻关系；② 兄弟姐妹关系；③ 父母和子女的关系；④ 舅舅和外甥的关系。这四种关系形成一个"四方系统的关系网络"。亲属关系系统中呈现的各种亲属关系，如姑侄、叔伯、表兄弟姐妹和堂兄弟姐妹关系等，都是由最基本的"亲属原子结构"演化而来的。

列维-斯特劳斯认为亲属结构的基本要素之间的四种关系实质上是由血缘关系、继嗣关系和姻缘关系相互交错地运作所保障的。血缘关系具有自然和社会的双重性质，亲属结构是以最自然的血缘关系为基础建立的社会基本关系网络，从血缘关系出发，产生了一系列由简单到复杂的社会规范制度体系。因此单纯的生物学血缘关系并不能构成人类的亲属关系，还必须吸收具有社会意义的关系网络，即继嗣关系和姻缘关系，才能确保人类社会的亲属关系能以文化的特质存在并维持下去。这三种内在关系贯穿于一切亲属关系之中，人类只有通过这三种内在关系及其相互联系，才能形成活生生的亲属关系网络，使亲属关系能够一代一代地传承下去，从而保证社会本身的持续再生产。

2. 亲属关系的两大系统

列维-斯特劳斯指出，在亲属的"四方系统的关系网络"中又可以进一步区分出两大系列的亲属现象：① 由不同的称呼语词所表达的亲属关系语词系统；② 由亲属的相互态度构成的亲属关系态度系统。在《语言学与人类学中的结构分析》中，他写道："自从有了摩尔根的工作以来。我们就知道亲属称谓形成系统，可是我们一直不知道这些称谓是做什么用的。由于对这种初始局面缺乏认识，对亲属称谓所做出的分析大多陷入不折不扣的同言重复。这种同言重复只说明显而易见的东西，忽略了尚未被认识的东西。"[5] 他认为，亲属关系不仅需要靠生物学关系来维持，而且需要靠语言的反复使用加以巩固。结构人类学把语言看成社会和文化的基础因素，把语言中呈现的固定结构看成社会和文化基本结构的原型。没有语言称呼系统的传承及其连续的沟通过程就不会使建立起来的亲属关系巩固下来。各种社会关系都要靠语言沟通中的相互确认和共识才能在社会生活中维持下来。因此，亲属之间的相互语词称呼，构成了实际亲属关系的重要组成部分。他认为，所有使用亲属关系语词系统的个体或群体，由于语词所表达和所指谓的特定关系，行为上受到了语词规定的约束。"亲属语词不仅是某种社会学的存在，而且也是说话的因素"。使用这些语词就等于"做"这些语词所规定的关系规则。个体在使用这些亲属关系语词时，实质上也隐含着实行由亲属关系所要求的不同态度，如尊敬或亲近、权利或义务、亲情或敌意等。这些蕴含在语词意义中的亲属之间不同态度的因素，包含着比语词称呼关系更重要的心理、情感和社会关系因素。它们在保障亲属关系的维持和运作上起着更为重要的作用，使亲属群体具有一定的凝聚力、稳固性和均衡性，因而关系到亲属关系的维持和运作。他认为，语言使用构成复杂的社会关系和文化创造活动的基础。列维-斯特劳斯的这些看法同马克思主义经典作家的观点一致。恩格斯指出：父母、子女、兄弟、姊妹等称谓并不是简单的荣誉称号，而是一种负有完全确定的、异常郑重的相互义务的称呼，这些义务的总和便构成这些民族的社会制度的实质部分。[8] 这些观点也同 Wittgenstein 的"语词意义就是它在语言中的使用"[9]、Austin 的"话语的重心不在于传递信息而在于行动"[10] 和 Searle 的"说话即行事""意义等于某种行为"的观点[11,12] 一致，反映了 20 世纪中期以后现代西方哲学的时代精神。

列维-斯特劳斯对心理学有着特殊的偏爱。他认为，为了分析亲属之间的态度系统在亲属关系中所起的调节作用。必须进一步区分两个不同层次的态度系列。第一层次是扩散开的、非结晶化和非制度化的态度。这是语词系统在亲属之间的心理层面的反映或变形；第二层次的态度系列总是伴随或补充第一层次的态度系列，构成了由各种禁忌所审核的结晶化和被规定了的制度以及由各种固定化的仪式所表达的规则。第二层次的态度系列远非单纯的亲属语词称呼关系的直接反映，而是更深刻的亲属关系因素在社会生活中的沉淀，在克服和解决由语词称呼关系建立的亲属关系网络的各种矛盾上起着非常重要的调节作用。

（二）亲属关系的运作机制

人类的创造活动具有普遍性和持续性，表明各种创造活动中蕴含着稳固的思想创作模式。任何社会关系的产生及运作。都在一定思维模式的基础上进行。同时，社会关系的产生和运作，离不开同一社会中人类的基本实践和基本沟通结构及其语言基础。人类社会的建构以两性关系的建构及其再生产为基础。因此，列维-斯特劳斯首先研究原始人亲属关系的形成过程及其基本结构。

1. 交换机制

列维-斯特劳斯认为亲属制度的基本结构导源于社会集团之间的彼此嫁女，即互惠性的"交换女人"。在人类社会中，本着禁止近亲繁殖的原则，人类婚姻被视为围绕着女性的一种交换体系，包含本集团向外集团输送女性，同时外集团也向本集团返还女性这一互惠原理。他指出，所有婚姻都由限定交换和一般交换两种基本结构组合而成，限定交换指两个集团之间直接交换女性；一般交换指一个集团获得女性、另一个集团赠予女性，通常表现为三个或者多个社会集团之间的单向嫁女。如三个社会集的通婚关系为：A 嫁女给 B，B 嫁女给 C，C 嫁女给 A，由此构成一个环形的间接交换模式[13]。在人类社会中，亲属结构得以存在和维持下去的最基本条件是男人之间进行女人交换的可能性；而男人之间的女人交换，绝不像动物中的公母关系那样简单，要严格地受社会规范制约。即男人之间的女人交换，不只是两性之间的性交关系，不只是为了满足两性之间的本能性欲，而是一种有社会和文化条件限制的人际关系，是一种具有社会文化意义并履行社会义务的行为。

2. 乱伦禁忌

亲属关系使人类逐渐远离自然并真正地同动物区分开来，形成了独特的社会生活和文化体系。当人类从自然向文化过渡时，人类不同于动物的地方就在于人与人之间的关系并不像动物那样没有任何社会规范制约。人际关系的第一类最原始和最基础的社会规范，便是在两性关系领域中奠定的亲属关系规范。亲属基本原子结构的最原始和不可化约的性质，归根结底是乱伦禁忌普遍作用的直接结果。亲属结构中的舅甥关系以及乱伦禁忌的普遍性调节作用，正是为了保障亲属基本关系的存在和再生产，保障一个男人能够从另一个男人所提供的女儿或姐妹中获取女人，保障男人之间的女人交换得以存在和维持，使整个社会关系不断地再生产。

列维-斯特劳斯以结构语言学为基础对乱伦禁忌作了结构性的解释。他把乱伦禁忌视为人类的普遍规则，视为文化与自然相区别的最小限度条件。基于结构语言学的意义，他将亲属关系看成一种语法结构，认为乱伦禁忌是指在人类社会中，男人只能从别的男人那里得到女人，后者以女儿或姐妹的形式将女人让渡给前者。乱伦禁忌规定了男人之间进行女人交换的条件：不允许在同一家族、同一种族、同一部落中进行女人交换，即不允许在同一血缘关系中发生男女之间的性交关系；如果违反了此规定就会遭受整个家族、种族和部落的惩罚和制裁。这一规定之所以重要，是因为它累积了人类世代相传的珍贵经验，是用血的教训换来的。乱伦禁忌同舅甥关系相辅相成。舅甥关系是为了保障同一部落的男人能够源源不断地从与之毫无血缘关系的另一个部落（即舅舅的部落）中得到新一代的女人。从舅舅所属的部落得到的女人实际上就保证了乱伦禁忌实行的可能性。通过乱伦禁忌的制定和监督，亲属关系的再生产才能够顺利进行。列维-斯特劳斯认为，乱伦禁忌与其说是禁止与母亲、姐妹或女儿通婚的法则，不如说是反映人们将母亲、姐妹或女儿交给他人的法则。这显然能够使人认识到乱伦禁忌的实质正是男子最大限度地延长自己及其妻子之间的亲属关系的愿望，造成了社会的不断进步。

3. 二元对立

列维-斯特劳斯把一切文化创造活动都放在人与自然、社会与文化的关系中加以分析。他认为。原始人在神话中表达的信息是以二元对立的方式表现出来的。其中最有意义的是介于二元对立之间的中间环节即"中介"因素。二元对立如果没有适当的中介，就无法和谐地构成一个稳定的文化产品和文化形式。二元对立及其中介可以具体表现为各种各样的自然和文化因素。列维-斯特劳斯在《生食与熟食》中写道："烹调活动是天与地、生与死、自然与社会之间的中介。"[14] 各个不同的饮食文化之间通过不同的烹调方式作为中介而相互区别，构成了不同的"饮食三角结构"：烧烤食物与生食之间的中介是火；滚煮食物与生食之间的中介是水和容器；熏制食物与生食之间的中介是空气。各种中介或者是自然界的物品或者是文化产品和文化手段。自然和文化的成分及其呈现程度决定了文化产品在从自然向文化过渡中所保持的"距离"；而二元对立因素及其中介的距离，又因不同的文化及其创作过程而有所区别。任何文化产品和文化创造活动都以二元对立及其中介的区别而产生出千百万种形形色色的变形，从而使人类的文化呈现出多种多样的形式。

列维-斯特劳斯采用对立的二元思想来分析亲属关系。他认为亲属关系的对立，与其说是两种女性的对立，不如说是男性对女性所持有的两种关系的对立。如被让渡的女性（姐妹或女儿）与被获得的女性（妻子）之间的对立，是血族女性和姻族女性的对立；获得的集团必须还礼，出让的集团可以提出要求，这种互惠性的结构是从这一原始对立中建构起来的。四种基本亲属关系也服从二元对立的原则：夫妻关系与兄弟姐妹关系对立；父子关系与舅甥关系对立。如果夫妻关系好，兄弟姐妹关系则相对较差；如果父子关系亲密，舅甥关系则相对疏远；反之亦然。同样，如果兄弟姐妹之间存在着一种极其严格的克制，夫妻关系则缺乏克制；父子关系与舅甥关系是建立在男人之间的，在一种情况下以严厉为特征，在另一种情况下则不严厉，或者以相互依赖或独立为特征。孩子对舅舅和父亲的态度也是对立的：在父子关系亲密无间的群体里，舅甥关系严谨不苟；如果父亲是家庭的权威，舅舅就会受到无拘无束的对待[5]。

、亲属结构理论对摩梭人亲属关系研究的启示

（一）摩梭人的亲属结构及其特征

20世纪以来摩梭人的婚姻家庭和亲属关系成为国内外学者所关注的热点。摩梭人生活在云南宁蒗和四川盐源交界处的泸沽湖畔，因为有独特的母系家庭和阿注婚姻而著称于世。"摩梭"是其他民族对纳西族的称呼。据考证纳西先民是先秦时期游牧于河湟一代的古氐羌人，战国时期陆续南迁，到达今甘孜州地区后主要分成了两条不同路线：一支从南部直接进入丽江成了今日的纳西人；另一支则从南部向东进入今凉山州，再转入其南部并定居于川滇边境成了今日的摩梭人[15]。新中国成立前摩梭人和纳西人均被称为"摩梭"；新中国成立初期进行民族识别时，云南境内的摩梭人被归并为纳西族，四川境

内的摩梭人被归并为蒙古族[16]。目前，摩梭人的民族归属仍然是学术界一个悬而未决的问题。

1. 摩梭人母系家庭结构的特点

摩梭人的家庭结构与婚姻模式直接相关。阿注婚姻是一种特殊的婚姻模式，这种模式的建立符合习惯法，为社会所承认，而且满足了延续后代的需要。摩梭人婚姻模式的发展主要经历了以下几种形式：20 世纪 60 年代，摩梭人普遍实行初期对偶婚阶段的阿注婚姻；80 年代，出现了少量的专偶制婚姻家庭，阿注婚姻仍然占主导地位；近年来摩梭人逐渐向一夫一妻制过渡。婚姻模式的发展变化直接促成了家庭模式的变化：阿注婚姻形成并延续了母系制大家庭；专偶婚促成并维持了母系父系"双系"并存的家庭；一夫一妻制婚姻发展了父系制家庭，从而在摩梭社会中形成了父系制家庭、母系制家庭、双系制家庭并存的婚姻家庭形式[17]。

摩梭母系家庭通常由一个始祖母及其姐妹的后裔组成。每一代人都是家庭中上一代女性成员的子女，男性成员的子女则属于其阿注的母系家庭。在摩梭母系家庭中，兄弟不内娶，姐妹不外嫁，配偶双方各居母家，诸姐妹所生子女与母亲及其兄弟姐妹、外祖母等母系家庭成员共同生活，血统按母系来计算，财产按母系来继承。[18]

2. 摩梭人亲属关系的特点

摩梭人独特的婚姻和家庭模式导致他们的亲属关系也与众不同。摩梭母系家庭中的成员都是同一母系血缘的亲人，没有父系血缘的成员。因此，家庭中不存在翁婿、婆媳、妯娌、姑嫂、叔侄等亲属关系。摩梭人的孩子出生后摆满月酒时，母亲会邀请父亲出席并确认亲子关系；在一般重大节日时子女也必须拜见父亲。但是父亲并无义务管教和供养自己的子女，却有义务管教和供养姐妹的子女。在摩梭家庭中，舅舅享有男性的崇高地位。母亲及其兄弟姐妹有抚养和教育晚辈的责任和义务，父亲的角色由舅舅来充当，晚辈有赡养母亲、舅舅、姨母的义务。孩子出生后，由母系家庭的长辈共同抚养，对母亲及其姐妹并无亲疏之别，常使用同一个称谓——"阿咪"；对家中不同"阿咪"所生的子女，都视为亲兄弟姐妹。因此，在摩梭母系家庭中亲密的舅甥关系与冷淡的父子关系形成了鲜明的对比。正如恩格斯所说：舅舅与外甥的特殊亲密关系，起源于母权制时代，这是在很多民族中都可以看见的。[8]

（二）亲属结构理论对摩梭人亲属关系研究的启示

1. 摩梭人亲属关系原子结构的结构主义解读

亲属结构理论为理解摩梭人独特的亲属关系提供了一把钥匙。依据亲属结构理论，可以将摩梭人的亲属关系结构视为"亲属关系原子结构"的一种变形。摩梭人的亲属结构既不同于主流父系社会的亲属关系结构，也不同于列维-斯特劳斯所描述的原始部落的亲属关系结构，而是具有自己的特色。

亲属关系原子结构的四种基本关系在摩梭社会中都有独特的体现。① 夫妻关系：在摩梭人的语言中，虽然有类似于夫妻的词汇和观念，但与主流社会的"一夫一妻"的婚姻截然不同。周华山分析了二者之间的差异[19]：他们不一定同住，经济上相互独立，不是社会的最基本的单位，并非从一而终，情欲并非独占，非生母居住制，无法律契约。② 兄弟姐妹关系：摩梭人的兄弟姐妹共同生活，并不区分堂/表兄弟姐妹，母亲及其姐妹所生的子女均一视同仁。他们把自己的生母、生母的姐妹、生母兄弟的伴侣一概视作"自己的母亲"，把自己的子女、自己姐妹的子女，一概视作"自己的子女"。③ 父子关系传统的观点认为，摩梭人"知母不知父""即使知父也仿如陌路人"。周华山通过访问调查发现，事实并非如此，而是"知父、认父而不亲父"[19]。父亲在成年礼、春节、满月酒与葬礼等重要事件中扮演着必不可少的角色，但不与子女同住，而是住在自己母系的家屋里，关系相对疏远。④ 舅甥关系：舅舅在摩梭家庭中享有男性最高的荣誉与地位。由于父亲不与自己同住，孩子经常得不到父亲的教诲，却无时无刻不沐浴于舅舅的恩泽之下。舅舅充当了父亲的角色[20]，舅甥关系尤为亲密。

摩梭人独特的亲属关系形成了独特的亲属语词系统和亲属态度系统。和发源[21] 对摩梭亲属称谓进行了归纳，共有 27 种基本称谓，主要以母系制亲属称谓为主，反映了历史上母系制家庭的主导地位。随着一夫一妻制父系家庭的出现，父系亲属称谓的使用也逐渐增多，大部分是沿用母系亲属称谓或采取叙述方式称呼，从而形成了一称多用、母系和父系称谓相互交错的状况[18]。一种语言中亲属称谓的构成和使用特点反映了使用该语言的民族的社会文化特点，体现了语言和文化的关系。从摩梭人亲属称谓的特点可见，摩梭社会正在经历由母系社会向父系社会的转变。亲属称谓规定了人们在社会中的行为和态度规范，同时也包含了个人对社会中所拥有的权利和责任。在传统的摩梭母系家庭中，女人的身份不是妻子或媳妇，而是母亲或姐妹；男人的身份不是父亲或丈夫，而是舅舅或兄弟。在摩梭人的亲属关系中，血缘关系是第一原则，兄弟姐妹关系强于阿注关系，舅甥关系强于父子关系。究其原因，是由于母系制（特别是走婚制）造成的。和一般的母系社会不同（在较为常见的母系社会中，男人"嫁"到妻子所在部落，如傣族平民的"从妻居"），在摩梭人家庭中，父亲不是家庭的主要成员，除了在晚上去女方家走婚以外，父亲不和母系家庭的成员一起生活。于是，舅舅便取代了父亲在家庭中的地位，发挥着男主人的功能（性功能除外）。母亲和舅舅共同担负着维持家庭的责任。

2. 摩梭人亲属关系运作机制的结构主义解读

按照列维-斯特劳斯的观点，交换机制（特别是交换女人的机制）是家庭得以维持的因素。但是，在摩梭社会中，交换的对象不是女人，而是男人。因此，摩梭人亲属关系的运作机制是主流文化中亲属关系运作机制的镜像。所交换的也不是男人的全部，而是男人的性爱功能和生育功能。虽然如此，交换必须进行，不然家庭就难以维系。因此列维-斯特劳斯揭示的交换原则依然适用于摩梭社会，只不过是改变了交换对象（由交换女人变为交换男人）和交换形式（由全人的交换变为人的部分功能的交换）而已。之所以如此，也是因为摩梭社会是母系社会，血缘关系以母系来计算，继嗣也是以女性血缘的线索来进行的。因此，交换的对象只能是男人。男人虽然生活在母亲的家庭中，但必须同另一家庭中的女性结成性关系。结成这种二元对立关系的中介不是别的，正是"走婚"

这一特殊的婚姻形式。因此,在摩梭社会中,乱伦禁忌仍然是决定亲属关系的不二法则。周华山认为害羞文化是摩梭人避免乱伦关系的文化机制。害羞文化严禁血缘亲属之间走婚,甚至严禁血缘亲属之间谈论任何与性有关的话题。这种强烈的防御机制使小孩自幼产生了强烈的道德感,只要在血缘亲属面前听到任何跟性有关的词汇,就会感到强烈的不安而马上离开,会良久害羞而不能平服,从而令血缘亲属之间的性关系难以发生。因此,害羞文化所针对的不是性活动本身,而是乱伦禁忌;所避免的不是男女关系,而是血缘亲属之间的异性关系;它所打压的不是所有的亲属关系,而仅限于血缘亲属之间的性行为[19]。

由于在摩梭社会中交换的对象不是女人,而是男人,所以,交换在摩梭社会中还有另外一种更为复杂的形式——男人的责任和义务的交换。在摩梭社会中不仅交换女人的性对象——男人,同时也交换男人对后代的管理权和抚养义务,交换男人对长辈的赡养义务。因为在主流的父系社会中,父亲负责管理子女,对子女有抚养义务,子女长大后要赡养父亲。但是,在摩梭社会中子女由舅舅管理,舅舅有抚养外甥的义务;外甥长大以后,有义务赡养舅舅而不是赡养生父。其实这也是一种交换:如果我负责抚养和管理你的子女(我的外甥),那么,作为报答,你也应该抚养和管理我的子女(你的外甥);如果我赡养我的舅舅(你的生父),那么,你也应该赡养你的舅舅(我的生父)。这种关系虽然不是直接地对应。但是,从整个社会交换的结果来看,首先抚养和管理别人孩子的男人的孩子最终也会得到另一个男人的抚养和管理;首先赡养别人生父的男人的生父,最终也会得到另外一个男人的赡养。

按照结构主义的原则,只是由于结构,要素才获得意义、功能和性质,不服从结构,要素不成其为要素;要素不能既属于某一系统,又属于另一系统。这一观点在摩梭人的亲属关系的发展变化中也得到了深刻反映。对泸沽湖地区的考察表明,近年来,越来越多在外工作的摩梭男人感觉到"累"。这种"累"反映了在转型时期摩梭人亲属关系结构的变化,反映了舅权与父权、甥责与子责的强烈冲突。一方面,在现代摩梭人的生活中,舅权依然强大,但与此同时父权也在觉醒。在外面工作的摩梭人一般都组建了一夫一妻制的家庭,他们一方面要担负起小家庭的经济生活,承担起养育和管理子女的责任;另一方面还要负责管理和养育自己的外甥。一方面,甥责依然存在,成年男性仍然是母系大家庭的主要经济来源,需要赡养自己的舅舅;另一方面,现代观念的影响又使他们觉得也应该赡养自己的生父。总的现状是:母权和舅权依然强大,但父权在觉醒;甥责依然根深蒂固,但子责在觉醒。根据"四方系统的关系网络",婚姻家庭要持续稳定,夫妻-兄弟姐妹、父子-舅甥之间的对立关系必须处于一种平衡的状态。在传统摩梭家庭的亲属关系中,夫妻关系弱,兄弟姐妹关系强,父子关系弱,舅甥关系强,两对关系之间可以找到一个平衡点,因而传统的摩梭婚姻家庭制度才得以保持。而在当代摩梭家庭的亲属关系中出现了不平衡:夫妻关系开始变强,兄弟姐妹关系并不示弱;父子关系逐渐亲密,舅甥关系依然强大。这种不平衡必将直接影响到摩梭人的传统婚姻家庭制度的稳定。因为作为一个男人,他不能既属于母系家庭的要素(作为舅舅和外甥),又属于现代家庭的要素(作为父亲和儿子)。于是,就赫然出现了不少青年男女纷纷脱离大家庭、建立小家庭的现象。这仅仅是一个开始,它昭示着摩梭人婚姻家庭发展的趋势。

四、新视角：结构主义观点和心理学方法的结合

（一）已有亲属关系的心理学研究

亲属关系研究在很大程度上依赖于亲属词研究。亲属词可以通过两条途径来影响个体对亲属关系的认知。一是通过语言标记影响认知。不同语言对亲属关系有不同的标记，作不同的区分。例如，汉语亲属词标记父系和母系，纳西语亲属词则标记辈分。二是通过语言范畴和原型影响认知。不同语言的亲属称谓系统对亲属划分的类型不同，不同亲属类型又与一定的态度和行为相联系。所以，讲不同语言的人对相同亲属会有不同的态度。

综观20世纪以来国内对亲属词的研究，主要存在4种研究取向：历史比较语言学取向、描写主义语言学取向、文化语言学取向和认知心理学取向[22]，其中认知心理学取向正成为亲属关系研究的一种新视角。从2001年开始，张积家等人利用因素分析法、自然分类法和多维标度法对亲属词的概念组织作了共时性研究，发现不同民族、不同年龄、不同文化的人，亲属词的概念结构有不同的维度[23-27]。亲属的亲密程度既受血统和婚姻关系影响，也受感情因素影响[23]；亲属词的典型性既受亲属词的语义特征影响，也受个体的生活经验和学科背景影响[27]。不同民族亲属词概念结构的差异与其婚姻家庭制度、文化和语言有关[25]。

（二）对未来研究的展望

从摩梭人亲属关系的现有研究看，在繁荣的表象下存在不少挑战。一是由于理论和方法的局限，亲属关系研究较为单一。20世纪以来人类学家尝试将西方人类学理论和方法与田野调查结合起来研究摩梭人的亲属关系，并取得了不菲的成绩。代表性作品有《永宁纳西族的母系制》（1983）[28]、《无父无夫的国度？》（2001）[19]、《永宁纳西族的阿注婚姻和母系家庭》（2006）[18]等。但是综观以往的研究，很少有人从结构主义的观点去着手研究因而也无法从整体的角度把握摩梭人的亲属关系的全貌。Sturrock指出："在利用各种有关亲属制度、图腾制度和神话等经验材料方面，结构主义的方法是最合适的。"[29]因此，这不能不说是一个缺憾。已有研究的方法也主要局限于田野调查，以描述为主，对揭示现象之下的本质有局限性。二是商品经济的发展对摩梭文化的冲击在近年来有加剧的趋势。随着泸沽湖地区旅游资源的开发，也随着民族地区的现代化进程的加速，商品经济及其文化大量地涌入泸沽湖地区。商品经济的发展直接撼动了摩梭母系文化赖以存在的经济基础[30]。摩梭母系大家庭是自给自足的自然经济要求土地和劳动力高度集中的产物。商品经济改变了摩梭人依赖土地生存的状况使母系大家庭的存在价值受到了考验，出现了母系家庭小型化的趋势，双系家庭和父系小家庭增多了。青年男女的婚姻家庭观念也在发生着急剧的变化：固定专偶走婚和结婚的比例越来越高，走婚男女之间的关系也越来越亲密，男人开始负担女人的部分经济责任及对孩子的养育责任，

改变了以往父亲与子女之间的淡漠关系[31]。商品经济改善了摩梭人相对封闭的生活环境，但受周边父系文化的影响，妇女在家庭中的传统地位开始出现下降，出现妇女"当家不做主"的现象，家庭的管理权也逐渐由男性掌握。这对摩梭的母系文化是一个不容忽视的瓦解力[30-32]。这一切冲击仅仅是开始，如果不注意保护，也许在不久的将来，摩梭的母系文化将逐渐消逝。

因此，以列维-斯特劳斯的亲属结构理论为基础，将人类学方法和心理学方法结合起来研究摩梭人的亲属关系，从深层次探讨其本质，有着重要的学术价值和现实意义。列维-斯特劳斯在亲属关系原子结构网络中区分出亲属语词系统和亲属态度系统。可见，他并不把亲属关系单纯地归结为经验所能观察到的有形的人际关系及现象，还包括语言使用领域和思想情感及态度在内的无形的人际关系及现象。这些都与心理学有着十分密切的关系。因此，可以从语词和态度两大系统入手，来考虑未来研究的方向。

研究表明，人们头脑中的概念组织和分类学组织有较大的差异[33]。亲属词一经形成就会成为一种特殊的社会现实和思维现实影响着人对亲属关系的认知。因此可以从认知心理学的角度，采用自由分类法来探讨摩梭人亲属词概念结构的特点，通过与汉族、纳西族亲属词概念结构的比较，了解不同民族亲属词概念结构的差异，揭示家庭结构、婚姻制度、文化和语言对亲属关系认知的影响。由于时代背景的不同，年轻一代的摩梭人和老一代的摩梭人的亲属词概念结构也必然存在差异。这些差异将反映当代商品经济对摩梭文化的冲击。

亲属之间的相互态度表明亲属关系的存在和执行状况，关系到亲属关系的存亡和维持。态度是指"个体对人、对事、对周遭所持的一种具有持久性与一致性的倾向"[34]，这种倾向无法直接观测，却可以由个体的外显行为来推测。态度测量可以通过外显评估法和内隐评估法来进行。外显评估法包括行为观察、访谈和问卷调查等，人类学研究也常常采用此类方法。然而，人们有时不能清楚地意识到自己对亲属关系的态度，或者不愿意显露自己的态度倾向。此时，态度就是内隐的，采用间接的内隐评估法则更为有效。常用的内隐评估法包括心理生理学技术（如皮肤电和瞳孔直径测量）、投射技术、启动和内隐联想测验等[35]。因此可以结合外显评估法和内隐评估法来测量摩梭人对基本亲属关系的第一层次态度的倾向，包括阿注之间的依恋，子女与母亲、父亲、舅舅的亲密程度，个体对在家庭中扮演的角色的态度，对在家庭中拥有的权利和承担的义务的态度，以及对生育、教育子女的态度等。通过与汉族及其他民族比较，了解摩梭社会中的母权、父权和舅权的本质及其发展变化。

亲属关系网络的维持，一方面要靠习惯和情感来调节，另一方面要靠规定、制度和各种仪式的形式来实行和保证。这种由各种禁忌和制度以及由各种固定化了的仪式所体现的是第二层次的态度系列。对于第二层次的态度的认识属于人的无意识范畴，很难通过直接访谈法去研究。采用内隐的投射测验、情景测验及心理生理学的技术，能够有效地测量摩梭人的内隐态度，从而有助于破译如"害羞文化"等乱伦禁忌的机制。

随着不同学科领域的相互渗透，摩梭人亲属关系的研究在理论与方法上的多样性将得到进一步的加强。以结构主义的观点为指导，采用心理学的方法研究摩梭人的亲属关系，不仅可以揭示摩梭人亲属关系的独特性，进一步丰富亲属关系的理论，揭示亲属关系的内在本质，也能对摩梭文化的保护提供有益的启示。这也是对列维-斯特劳斯的最好的纪念。

〔参考文献〕

[1] 路易斯·亨利·摩尔根. 古代社会 [M]. 杨东莼，马雍，马巨，译. 北京：商务印书馆，1977.

[2] Radciufe-Brown A R. The stucy of kiship sytems [J]. The Journal of the Royal Anthropological Institute of Great Britain and lreland，1941（17）：1-18.

[3] 马克思. 关于费尔巴哈的提纲（Ⅱ）[M] //马克思恩格斯选集（1）. 北京：人民出版社，1972.

[4] 马克思，恩格斯. 费尔巴哈Ⅲ [M] //马克思恩格斯选集（1）. 北京：人民出版社，1972.

[5] 克洛德·列维-斯特劳斯. 结构人类学 [M]. 张祖建，译. 北京：中国人民大学出版社，2006.

[6] 赵敦华. 现代西方哲学新编 [M]. 北京：北京大学出版社，2001.

[7] 胡绳. 中国大百科全书（哲学Ⅰ）[M]. 北京：中国大百科全书出版社，1987.

[8] 恩格斯. 家庭、私有制和国家的起源（Ⅱ）[M] //马克思恩格斯选集（4）. 北京：人民出版社，1972.

[9] Wittgenstein L. Philosophical investigations：the German text with a revised English translation（3rded）[M]. MA：Blackwell Publishing Ltd，2001.

[10] Austin J L. How to do things with words [M]. NewYork：Oxford University Press，1962.

[11] Searle J R. Expression and meaning：studies in the theory of speech acts [M]. 北京：外语教学与研究出版社，2001.

[12] 陈俊，张积家. 从言语行为理论谈管教信息的机制及效能 [J]. 华南师范大学学报（社会科学版），2005（3）：113-119.

[13] Howard M C. Contemporary cultural anthropology（5thed）[M]. Boston：Little Brown，1986.

[14] 克洛德·列维-斯特劳斯. 神话学：生食和熟食 [M]. 周昌忠，译. 北京：中国人民大学出版社，2007.

[15] 李绍明. 论川滇边境纳日人的族别问题 [J]. 社会科学研究，1983（1）：96-101.

[16] 李星星. 川镇边"纳日"人族称问题的由来与现状 [M] //杨尚孔，白郎. 四川纳西族与纳文化研究. 北京：中国文联出版社，2006.

[17] 徐亦亭. 永宁纳西族摩梭人的婚姻家庭和发展趋势 [J]. 云南民族大学学报（哲学社会科学版），2003（4）：144-146.

[18] 詹承绪,王承权,等.永宁纳西族的阿注婚姻和母系家庭[M].上海:上海人民出版社,2006.

[19] 周华山.无父无夫的国度[M].北京:光明日报出版社,2001.

[20] 彭兆荣.西南舅权论[M].昆明:云南教育出版社,1997.

[21] 和发源.纳西族的婚姻家庭与亲属称谓[J].云南民族学院学报,1995(2):38-45.

[22] 岳嫣嫣.二十世纪以来汉语亲属词研究方法述评[J].南方论刊,2008(8):49-50.

[23] 张积家,陈俊.大学生亲属词概念结构的研究[J].社会心理研究,2001(4):25-30.

[24] 张积家,陈俊.汉语亲属词概念结构再探[J].语言科学,2004(3):77-86.

[25] 张积家,和秀梅.纳西族亲属词的概念结构[J].心理学报,2004(6):654-662.

[26] 张积家,李斐.汉族儿童亲属词概念结构发展研究[J].应用心理学,2007(1):55-60.

[27] 张积家,林娜.汉语亲属词典型性评定的影响因素[J].语言文字应用,2009(2):93-103.

[28] 严汝娴,宋兆麟.永宁纳西族的母系制[M].昆明:云南人民出版社,1983.

[29] 约翰·斯特罗克.结构主义以来:从列维-斯特劳斯到德里达[M].渠东,李康,李猛,译.沈阳:辽宁教育出版社,1998.

[30] 徐斌.现代社会对泸沽湖摩梭文化的冲击[J].中央民族大学学报(哲学社会科学版),2006(4):45-49.

[31] 张利.四川泸沽湖摩梭旅游经济发展与婚姻家庭的承继与变迁[J].贵州民族研究,2008(2):148-157.

[32] 陈斌.旅游发展对摩梭人家庭性别角色的影响[J].民族艺术研究,2004(1):67-71.

[33] Collins A M, Loftus E F. Spreading activation theory of semantic processing[J]. Psychological Review, 1975(82): 407-428.

[34] 张春兴.现代心理学[M].台北:东华书局,1986.

[35] Lewis R. Aiken.态度与行为:理论、测量与研究[M].何清华,雷霖,陈浪,译.北京:中国轻工业出版社,2008.

论民族心理学研究中的十种关系

张积家

[摘　要] 中国的民族心理学要获得长足的发展,就必须在科学观和方法论上有重要的突破,就应该正确处理好十种关系,即民族学研究取向与心理学研究取向的关系,质的研究范式和量的研究范式的关系,科学观与文化观的关系,历史与现实的关系,传统与现代化的关系,人类共同心理特征与民族特异心理特征的关系,个体与群体的关系,态度与行为的关系,外显与内隐的关系,政治与学术的关系。一种综合的、包容的、折中的、交叉的、整合的研究取向和研究范式更有利于民族心理学研究的繁荣与发展。

[关键词] 民族心理学；研究；关系
[原　载] 《华南师范大学学报（社会科学版）》2016年第1期,第44—50页。

一、引言

2015年,对于中国民族心理学的研究者而言,是一个值得纪念的年份。2015年3月6日,中国人类学民族学研究会心理人类学专业委员会成立大会暨首届学术研讨会在兰州大学召开；2015年6月8日,教育部民族教育发展中心"民族心理与教育重点研究基地"——在中国人民大学挂牌成立,并召开了第一届学术研讨会；2015年7月3日,中国心理学会民族心理学专业委员会成立大会和首届学术研讨会在内蒙古师范大学召开。这三个标志性的事件,意味着民族心理学作为一门学科已经高调地进入了政府、研究者和民众的视野。

民族心理学是一门历史悠久的学科。早在19世纪后期,心理学的创始人冯特在创建了个体心理学之后,又花了20年的时间,出版了10卷本的《民族心理学》。然而,受实证主义科学观的影响,个体心理学在得到了快速的发展的同时,民族心理学由于其鲜明的人文倾向却发展缓慢,始终未进入心理学的主流。在我国,民族心理学的发展亦举步维艰。民国时期只出现了少量的民族心理学论著；在新中国成立后的很长一段时间里,民族心理学研究处于停滞状态。20世纪80—90年代，老一辈心理学家潘菽[1]、高觉敷[2]、荆其诚[3]、张厚粲[4]、刘兆吉[5]、李伯黍[6]、林仲贤[7]、陈永明[8]、燕国材[9]、彭聃龄[10]、杨金鑫[11]、左梦兰[12]、张世富[13]、傅金芝[14]、沙毓英[15]等人在汉族心理和少数民族心理研究方面取得了显著成绩。但是，作为一个学科，民族心理学还十分孱弱，人们对它的认识还缺乏足够的自觉。20世纪90年代，认知神经科学出现后，大批研究者为之所吸引，民族心理学研究进入了相对沉寂的时期。尽管如此，仍然有一批研究者在继续努力。例如，李静出版了《民族心理学》[16]，万明钢等人开展了少数民族民族认同的研究[17]，郑雪与陈中永考察了我国不同民族的认知操作、认知方式与生态文化的关系[18]。蔡笑岳开展了西南少数民族的智力与文化适应的研究[19]，周爱宝考察了回族大学生自我参照中的阿訇参照效应[20]，植凤英等人探讨了在民族心理学研究中如何实现质与量的整合[21]，李杰等人研究了蒙古族双语者的语言表征与加工特点[22]，尹可丽等人考察了景颇族初中生的民族社会化觉察及其特征[23]。至于我本人，开始时是由于对东巴文感兴趣而进入了民族心理学研究领域，从2004年起，我们课题组先后对纳西族[24-33]、摩梭人[34-39]、藏族[40-41]、彝族和白族[42-44]、羌族[45]、傣族[46-47]、基诺族[48]、鄂伦春族[49]、傈僳族和普米族[50]的心理了进行研究。2012年，我受时任中国心理学会理事长杨玉芳研究员和《心理科学进展》主编隋南研究员的委托，在《心理科学进展》上主持了"民族心理学专栏"，共发表了13篇论文，引起了国内广泛的注意[51]。同年，在西安举行的全国心理学大会上，我与蔡笑岳共同主持了首届民族心理学论坛。在2014年北京全国心理学大会和2015年天津全国心理学大会上，我又与高兵、尹可丽等人组织和主持了民族心理学论坛。今年应《中国社会科学报》之邀，我主持了"民族心理学专栏"，分期发表民族心理学论文。目前已经发表了15篇。这些工作均属于推动我国民族心理学研究发展之努力。本专栏亦是这种努力的一部分。

民族心理学虽然是一门历史悠久的学科，但是，它的一些元科学问题并未得到很好的解决。对于民族心理学的研究对象、研究范式、研究方法、学科特点均有过很多讨论，却均无定论。这种状况可能还会延续很长时间。这不是因为民族心理学的研究者缺乏智慧，而是因为民族心理学是一个与方方面面都有着极其错综复杂关系的学科。余以为，在当前，中国民族心理学要获得长足的发展，必须正确处理好十种关系。

（二）民族心理学研究必须正确处理的十种关系

（一）民族学研究取向与心理学研究取向的关系

在民族心理学发展史上，一直就存在着两种不同的研究取向：民族学研究取向与心理学研究取向。心理学研究取向是冯特开创的，许多心理学家，如弗洛伊德、麦独孤和勒庞为之做出了贡献。民族学研究取向是与马林诺夫斯基、列维-布留尔、博厄斯及本尼迪克特和米德的名字联系在一起的[52]。心理学研究取向不仅推进了民族心理学的发展，还催生了两门相邻的学科——文化心理学与跨文化心理学。民族学研究取向亦催生了两门相邻的学科——文化人类学与心理人类学。由于民族心理学是跨人类学、民族学与心理学两大学科门类的交叉学科与综合学科,因此,这两种研究取向的关系如何将直接影响民族心理学的健康发展。在我国,心理学取向的民族心理学研究者大多分布在师范院校、综合大学和科研院所,民族学取向的研究者大多分布在民族类院校、社会科学院和政府机构。过去,这两种研究取向之间是互不联系、互不沟通的。为了使我国的民族心理学研究能够健康发展,一方面这两种研究取向之间应该相互尊重,切莫相互轻视;另一方面也应该加强这两种研究取向之间的交流和沟通,尽早结束目前存在着的"各说各话"的局面。两种研究取向之间应该相互学习、共同发展。令人欣喜的是,无论是隶属于中国心理学会的民族心理学专业委员会,还是隶属于中国人类学民族学研究会的心理人类学专业委员会,目前都由两种研究取向的人员组成,这无疑有助于两种研究取向的学者的交流与整合。

(二)质的研究范式与量的研究范式的关系

民族心理学的两种研究取向的研究者所采用的研究范式不同。民族学研究取向的研究者一般采用质的研究范式,主要从事定性研究。这方面的代表作有:国外的如本尼迪克特的《菊花与刀》[53]、米德的《萨摩亚人的成年》[54],国内的如柏杨的《丑陋的中国人》[55]、严汝娴和宋兆麟的《永宁纳西族的母系制度》[56]。心理学研究取向的研究者一般采用量的研究范式,主要从事定量研究,这方面的代表作有:国内的如左梦兰与卢潘的《儿童认知发展的跨文化研究》[57]、陈中永的《中国多民族认知活动方式的跨文化研究》[58]、蔡笑岳的《西南少数民族青少年智力发展与教育》[59]、张海钟的《中国区域跨文化心理学研究:理论探索与实证研究》[60]、张积家的《纳西族-摩梭人语言文化心理研究》[61]、植凤英的《多元文化背景下民族地区青少年心理和谐及教育对策研究》[62],等等。当然也有整合两种研究取向的研究。如韩忠太的《民族心理调查与研究——基诺族》[63]、李静的《民族交往心理的跨文化研究》[64]。在研究方法层面,民族学研究取向的研究者大多采用田野调查、文献分析、谱系调查、案例分析等质性的研究方法,心理学研究取向的研究者更多地采用心理测量等量化的研究方法。近年来,采用实验法研究民族心理的论著有了显著增加[65]。我们课题组的民族心理研究大多采用实验法。实验法能够方便地操纵自变量,有效地控制无关变量,精准地测量因变量,可以做因果关系推论,因而能够提高研究的科学性、严谨性、精确性,也有利于提升民族心理学研究成果的科学水平和发表层次。那种认为民族心理研究不适合采用实验法的看法是片面的,也为大量的研究范例所证伪[66]。在分别采用不同的研究范式和研究方法的同时,一些研究者也在探寻民族心理学自身的研究方法。例如,李静提出了"田野实验法"。田野实验法是指在田野场景中研究民族心理,其核心是参与观察与深度体验,以影响民族心理的主客观因素为自变量,以民族心理和行为为因变量。这种研究方法由于因果关系明显,故有实验法的特点;又由于研究变量是在田野中发生的,而且不由实验者来设定和操控,研究人员只是利用现成的条件,因而减少了人为的操控,可以获得真实的材料和较高的效度。一个村庄、一个社区或一个地域均是开放的实验室,生活与居住于其中的"人"可以视为研究对象。田野实验法遵循"在一起"的原则,研究者要与研究对象同吃、同住、同劳动[67]。还有的研究者提出,在研究初期可以通过质的研究方法（如田野调查）去发现问题，然后设计实验去揭示影响民族心理的因素与行为反应的因果关系[21]。

（三）实证主义的科学观与解释学的文化观的关系

民族心理学是心理学与人类学、民族学的交叉学科、综合学科，而心理学与人类学、民族学的哲学基础并不相同。在心理学领域，实证主义的科学观一直占有绝对的优势，而在人类学、民族学领域，则盛行着解释学、现象学的文化观[52]。根据实证主义的科学观，世界是以统一的、有层次的方式组织的，科学是以还原论为特征的，人类的心理是以生理和生物的结构和过程为基础的。不同民族的心理具有共性，心理规律独立于文化与情境。根据解释学和现象学的文化观，人类的心理高度依赖于所处的文化与情境，心理规律是文化特异的。研究者应该深入到民族文化中去，研究在不同文化下人们的行为和心理特点，并且从文化与情境对行为的影响中去寻求对研究结果的解释。这两种观点各有所长，也各有所短，如何兼顾？需要研究者的深思熟虑。总的看法是：在研究中，既应该坚持民族心理学研究的客观性，努力提高研究的科学性、实证性，又要重视社会与文化对于人类心理的影响，在提出研究假设和解释研究结果时，应该以该民族特有的历史与文化作为基础。

（四）历史与现实的关系

民族是一个历史的范畴。任何民族在历史上都有一个发生和发展的过程。一个民族的共同心理特征也是在历史中形成的，是一个民族的社会生活条件和发展过程的反映。民族意识、民族认同、国家认同、民族关系、民族和谐与民族冲突均是历史地产生的。因此，在民族心理学研究中，不仅要用发展变化的观点看问题，而且要用历史的观点看问题。要理解一个民族为什么会有这样或那样的心理特征，就要去了解这个民族的历史和文化，并且设身处地地用这个民族成员的眼光去看世界，才能够真正理解和把握这个民族的心理特点，民族之间的相互尊重和相互理解才有可能。德国解释哲学家伽达默尔认为，人文科学不可避免地具有历史相对性和文化差异性。历史涵盖了主客观关系：历史不是客观的，因为历史是人的一部分，人不能在历史之外或历史之上认识历史，必须在历史之内认识历史；历史又不是主观的，因为它先于人的反思预先决定了反思的对象和方向。伽达默尔将这种涵盖了主客观关系的历史叫"效果历史"。他还提出"理解界域"的概念，认为理解是理解界域和理解处境的互动，处境是历史的产物，人始终处在处境之中，并在处境中理解。处境是人的理解范围的界限，这种界限叫界域；界域是理解在其中悠游并随着理解而移动的生成变化的过程。理解是人存在的基本模式，也是一种创造过程。语言是理解的媒介，它表达了人和世界的关系，人总以语言的方式去拥有世界，每一种语言就是一种特殊的世界观。因此，承认语言的多样性和复杂性就承认了世界的多样性和丰富性。伽达默尔的这些观点对民族心理学研究者把握民族心理学研究中历史与现实的关系具有重要的参考价值。

（五）传统文化与现代化的关系

民族心理学有广义与狭义之分。广义的民族心理学以世界上所有的民族为研究对象，狭义的民族心理学仅以少数民族为研究对象。在我国心理学史上，民国时期的民族心理学研究主要以汉民族心理为研究对象，新中国成立后的民族心理学研究大多以少数民族心理为研究对象。在少数民族心理研究中，经常会遇到的问题是传统与现代化的关系。毋庸置疑，民族心理学研究要有利于少数民族的民族文化的传承与保护，但是少数民族同胞亦有追求现代化的权利。民族文化的传承和保护与现代化之间有时会形成矛盾与冲突。少数民族同胞多分布在祖国的边疆，随着现代化的发展，一方面，越来越多的少数民族同胞来内地求学与谋生，他们不可避免地要融入异文化之中；另一方面，随着西部大开发和旅游发展，大量的内地人群涌入到少数民族地区，他们在带来资金、技术的同时，也带来了大量的异文化，特别是现代化的异文化，这些现代化的异文化会给当地的少数民族传统文化带来不小的冲击。如何处理好传统文化与现代化的关系，不仅是一个理论问题，还是一个亟待解决的实践问题。我们的研究表明，在现代化浪潮的冲击下，无论是少数民族的传统文化，还是汉族的传统文化，都在不知不觉地发生变化。例如，对亲属词空间隐喻的研究表明，汉族亲属制度虽然是父系制，但汉族被试对待父系亲属与母系亲属的空间隐喻已经无明显的区分，他们均属于汉族人的"圈内人"；由于独生子女占优势，当代汉族大学生对不同辈分的亲属词有上下空间意象图式，即他们具有"尊老"意识，他们对同辈亲属却无左右空间意象图式，即他们并没有"敬长"意识。他们能够接受"孝"的行为准则，却难以接受"悌"（敬兄长）的行为准则。摩梭人在传统上不知父或不亲父，但是，当代摩梭中学生对父系亲属（爸爸、爷爷、奶奶等）存在内外空间意象图式，他们将父系亲属（如爷爷、奶奶、伯伯等）视为"圈内人"，这显然是由于文化变迁的缘故[36]。

（六）人类共同心理特征与民族特异心理特征的关系

民族心理学要研究民族的心理特征，这一类心理特征是一个民族共有的，对民族成员而言，它们是心理的共性；但是，对全人类而言，它们又是民族特异的、文化特异的，是心理的个性。一方面，作为类存在物，不同民族的人的心理具有共性，即古人所说的"心同此心，理同此理"。例如，亲属之间具有高亲密度，亲属之间血缘关系越近，亲密度就越高，个体就越容易做出利他行为。另一方面，当这种共同性运用到具体民族时，就要受社会和文化制约。例如，在我国，汉族亲属制度属于父系制，摩梭人的亲属制度属于母系制。对汉族人而言，父亲与个体之间的血缘关系比个体与舅舅之间的血缘关系更近，因而父亲比舅舅更亲；而对摩梭人而言，由于舅舅承担教养外甥的责任，个体与舅舅生活在一起，因而舅舅反而比父亲更亲，摩梭人即使知父也不亲父，这就是民族特异心理特征。再如，汉族人实行一夫一妻制，摩梭人实行走访制，汉族人的夫妻之间是亲属，摩梭人的阿注之间是朋友[37]。这也是民族特异心理特征。德国语言学家洪堡特认为，语言是世界观的体现。语言是人类精神力量的表现形式，不同语言是人类精神的不同方式、不同程度的自我显现的结果。根据美国语言学家、人类学家萨丕尔和沃尔夫提出的语言关联性假设，语言影响人的思考方式，讲不同语言的人以不同方式来思考[68]。不同民族有不同的语言，因而也有不同的心理特点。然而，不同民族之间毕竟有许多心理特征是相同的，否则，不同民族之间就难以沟通和理解。因此，在民族心理学研究中，既要看到不同民族之间的共同性，也要看到不同民族之间的特异性。人类心理如果没有共同性，心理学就不能成为一门科学；不同民族的心理如果没有特异性，民族心理学也就无立足之地。

（七）个体心理与群体心理的关系

民族心理学是与个体心理学相对应的。个体心理学以个体为单位，民族心理学以群体为单位，民族心理学研究不同民族的心理规律与心理特点。然而，群体是由个体组成的，在研究一个民族的心理特点时，研究者所接触的仍然是一个个活生生的、具体的个体。这些个体来自不同的群体，因而就不可避免地打上了群体的烙印，他们是不同群体中的个体，而不是中性的个体。然而，个别人的心理特点就能够代表整个群体？不一定。在与不同民族的成员相处时，最忌讳受刻板印象影响，而刻板印象的形成与观察者或研究者以个体替代群体有关。因此，在民族心理学研究中，特别应当防止受知觉类别效应影响。知觉类别效应是指概念（词）对知觉的影响。研究发现，不同的事物如果被贴上相同的标签，人们随后就更容易等同地对待它们。Goldstone发现，分类学习会导致人们对有关维度敏感化。而类别一旦形成，类别内会发生紧缩效应，人们会有意无意地缩小或忽略类别内成员之间的差异；类别间会发生扩展效应，人们会扩大类别间成员之间的差异[69]。在民族心理学研究中，切忌给不同民族贴上不同的标签，特别是负性标签，要防止以偏概全，以局部来代替整体。

（八）内隐与外显的关系

在民族心理学研究中，往往要涉及不同民族对不同事物的态度，如对自我、对他人、对社会、对本民族与他民族的文化的态度。这些不同态度也是民族心理学的研究对象。对这些不同态度，研究者往往通过不同的心理测量工具和调查问卷来获得。然而，研究表明，人的外显态度和内隐态度往往存在很大的差异，甚至完全相反。例如，如果你询问美国白人是否具有种族歧视的态度，他会肯定地回答"没有"；但是如果你让他选地段买房子，一个区域完全由白人居住，另一个区域多数由有色人种居住，对方如果毫不犹豫地选择完全由白人居住的区域，就说明他具有种族歧视的态度。我们的研究表明，如果进行外显自尊测试，回族被试（没有本民族的语言和文字）的得分显著高于苗族被试（有本民族的语言但很少或不使用苗文）和汉族被试（有本民族的语言和文字），然而。如果进行内隐自尊测试，回族被试的得分却显著低于苗族被试和汉族被试。因此，在民族心理学研究中，只有将被试的外显态度与内隐态度结合起来，才能够把握被试的真实态度。

（九）态度与行为的关系

态度不等同于行为。态度只是行为的心理准备状态，是否产生与态度一致的行为还取决于许多主客观因素，如能力与情境因素。正好像生育意愿不等于生育行为一样，人的态度和行为之间经常会出现不一致。例如，在我国，许多少数民族的领导干部和知识分子对学校的民族语言教育持非常积极的态度，他们在许多场合都呼吁要重视少数民族语言的教育，但是与此同时，他们很可能会将自己的或亲属的子女送到汉语学校中，因为这样会使自己的或亲属的子女将来在高考和社会竞争中占有更大的优势。在美国，有研究者让一对华人夫妇游历美国，事先咨询了100多家宾馆和酒店问他们是否愿意接待这对夫妇，结果均表示不愿意，然而，事实上，当这一对华人夫妇去入住时，只有两家酒店拒绝。在民族心理研究中，研究者必须对态度与行为的不一致有足够的重视，应该审慎地对待各种态度调查得来的结果。

（十）学术与政治的关系

"民族"在我国的语境下属于政治的范畴。我国在历史上就是一个多民族国家，因此，民族问题从来就不仅仅是学术问题，它同时也是政治问题。例如，汉代与唐代的"和亲"，清代的满蒙联姻。甚至在电视剧《芈月传》中芈月与义渠王私通的目的也与政治有扯不清的关系。在中国历史上，特别是秦统一以后在国家政权中均设有负责少数民族事务的机构，秦朝设典客，汉代改为大行令、大鸿胪，隋、唐、宋、明设鸿胪寺，清代设理藩院，民国时期设蒙藏委员会，新中国成立后设国家民族事务委员会。因此，民族心理研究必须处理好学术与政治的关系。无论何时，民族心理学的研究都应该做到"三个有利于"：有利于学术发展，有利于民族团结，有利于国家稳定。2014年5月，习近平总书记在第二次新疆工作会议上指出：要坚定不移坚持党的民族政策、坚持民族区域自治制度。要高举各民族大团结的旗帜，在各民族中牢固树立国家意识、公民意识、中华民族共同体意识，最大限度团结依靠各族群众。各民族要相互了解、相互尊重、相互包容、相互欣赏、相互学习、相互帮助，像石榴籽那样紧紧抱在一起。民族心理学研究者一定要认真学习党和国家关于民族问题的方针、政策，要努力当好党和政府关于民族工作的智库，为中华民族伟大复兴做出贡献。

民族心理学之所以要处理好如此复杂的关系，其根本原因在于民族心理的复杂性、敏感性和民族心理学的交叉性、综合性。有鉴于此，那种单一的、非此即彼的研究取向和研究范式可能不适用于民族心理学研究，一种综合的、包容的、折中的、交叉的与整合的研究取向和研究范式更有利于民族心理学研究的繁荣与发展。

〔参考文献〕

[1] 潘菽，高觉敷. 中国古代心理学思想研究 [M]. 南昌：江西人民出版社，1983.

[2] 高觉敷. 中国心理学史 [M]. 北京：人民教育出版社，2009.

[3] 王大珩，荆其诚，孙秀如，等. 中国颜色体系研究 [J]. 心理学报，1997（3）：225-233.

[4] 张厚粲，王晓平. 中国儿童认知能力的性别差异发展倾向：韦氏儿童智力量表结果分析 [J]. 心理科学，1996（2）：65-70.

[5] 刘兆吉文集编委会. 刘兆吉美育心理文艺心理研究文选 [M]. 重庆：西南师范大学出版社，2003.

[6] 顾海根，岑国桢，李伯黍. 汉族与少数民族儿童道德发展比较研究 [J]. 心理科学，1987（5）：1-6.

[7] 林仲贤，张增慧，韩布新，等. 3-6岁不同民族儿童颜色命名发展的比较 [J]. 心理学报，2001（4）：333-337.

[8] 陈永明，彭瑞祥. 汉语语义记忆提取的初步研究 [J]. 心理学报，1985（2）：162-169.

[9] 燕国材. 中国教育思想史 [M]. 济南：山东教育出版社，2004.

[10] 彭聃龄. 汉语认知研究 [M]. 北京：北京师范大学出版社，2006.

[11] 杨鑫辉. 中国心理学思想史 [M]. 南昌：江西教育出版社，1994.

[12] 左梦兰，卢溶. 儿童认知发展的跨文化研究 [M]. 昆明：云南教育出版社，1990.

[13] 张世富. 云南4个民族20年跨文化心理研究——议青少年品格的发展 [J]. 心理学报，2003（5）：690-700.

[14] 傅金芝. 基诺族性格特征的初步研究 [J]. 心理科学，1991（3）：22-28.

[15] 沙毓英，秦稚华. 基诺族初中学生的性格特点和发展及其与当地汉生的比较 [J]. 心理学报，1995（1）：54-60.

[16] 李静. 民族心理学 [M]. 北京：民族出版社，2009.

[17] 万明钢，王亚鹏. 藏族大学生的民族认同 [J]. 心理学报，2004（1）：83-88.

[18] 郑雪，陈中永. 认知操作和认知方式与生态文化因素的关系 [J]. 心理学报，1995（2）：152-158.

[19] 胡兴旺，蔡笑岳，吴睿明，等. 白马藏族初中学生文化适应和智力水平的关系 [J]. 心理学报，2005（4）：497-501.

[20] 周爱保，张奋，马小凤，等. 阿訇参照效应的文化差异：基于提取诱发遗忘范式的探讨 [J]. 心理学报，2015（6）：757-764.

[21] 植凤英，张进辅. 论民族心理学研究中质与量的整合 [J]. 民族研究，1997（6）：33-40.

[22] 姜淞秀，李杰，刘兴宇，等. 不同熟练度双语者非语言任务转换的差异——来自ERP证据 [J]. 心理学报，2015（6）：746-756.

[23] 尹可丽，包广华，钱丽梅，等. 景颇族初中生的民族社会化觉察及其特征 [J]. 心理学报，2016（1）：36-47.

[24] 张积家，和秀梅. 纳西族亲属词的概念结构——兼与汉族亲属词概念结构比较 [J]. 心理学报，2004（6）：654-662.

[25] 张积家，和秀梅，陈曦. 纳西象形文字识别中的形、音、义激活 [J]. 心理学报，2007（5）：807-818.

[26] 张积家，谢书书，和秀梅. 语言和文化对空间认知的影响——汉族和纳西族大学生空间词相似性分类的比较研究 [J]. 心理学报，2008（7）：774-787.

[27] 张积家，王娟，刘鸣. 英文词、汉字词、早期文字和图画的认知加工比较 [J]. 心理学报，2011（4）：347-363.

[28] 王娟，张积家，谢书书，等．结合东巴文学习汉字对幼儿汉字字形记忆的影响［J］．心理学报，2011（5）：519-533．

[29] 谢书书，张积家．习惯的空间术语对纳西族和汉族大学生空间参考框架的影响［J］．心理科学，2009（2）：331-333．

[30] 张积家，刘丽虹，陈曦，等．纳西语颜色认知关系研究［J］．民族语文，2008（2）：49-55．

[31] 谢书书，张积家．知觉表征和语义表征在语言认知中的作用［J］．华南师范大学学报（社会科学版），2011（6）：127-134．

[32] 谢书书，张积家，岑月婷，等．从认知角度探查纳西东巴文的性质［J］．华南师范大学学报（社会科学版），2014（4）：43-51．

[33] 和秀梅，张积家．3-6岁纳西族儿童颜色命名能力的发展［J］．华南师范大学学报（社会科学版），2009（1）：145-148．

[34] 肖二平，张积家，王娟，等．摩梭人亲属词的概念结构——兼与汉族、纳西族亲属词的概念结构比较［J］．心理学报，2010（10）：955-969．

[35] 张积家，王娟，肖二平，等．文化和情境影响亲属词的概念结构［J］．心理学报，2013（8）：825-839．

[36] 和秀梅，张夏妮，张积家等．文化图式影响亲属词语义加工中的空间隐喻——来自汉族人和摩梭人的证据［J］．心理学报，2015（5）：584-599．

[37] 肖二平，张积家，王娟．摩梭走访制下的阿注关系：是亲属还是朋友？［J］．心理学报，2015（12）：1486-1498．

[38] Zhang J J, Lin N, Li D G. Mosuos' awareness of taxonomic relations in word associations, lexicon decisions and semantic categorizations [J]. Scandinavian Journal of Psychology, 2012 (3): 191-199.

[39] 王娟，张积家，林娜．纳日人颜色词的概念结构——兼与纳西人颜色词概念结构比较［J］．中央民族大学学报（哲学社会科学版），2010（2）：87-93．

[40] 张积家，崔占玲．藏-汉-英双语者字词识别中的语码切换及其代价［J］．心理学报，2008（2）：136-147．

[41] 崔占玲，张积家．藏-汉-英三语者语言联系模式探讨［J］．心理学报，2009（3）：208-219．

[42] 张启睿，和秀梅，张积家．彝族、白族和纳西族大学生对基本颜色词的分类［J］．心理学报，2007（1）：18-26．

[43] 谢书书，张积家，和秀梅，等．文化差异影响彝、白、纳西和汉族大学生对黑白的认知［J］．心理学报，2008（8）：890-901．

[44] 王娟，张积家，刘翔，等．彝族人、白族人的亲属词概念结构——兼与摩梭人的亲属词概念结构比较［J］．华南师范大学学报（社会科学版），2012（1）：45-54．

[45] 李惠娟，张积家，张瑞芯．上下意象图式对羌族亲属词认知的影响［J］．心理学报，2014（4）：481-491．

[46] 张积家, 杨晨, 崔占玲. 傣族亲属词的概念结构 [J]. 华南师范大学学报（社会科学版）, 2010 (6): 41-48.

[47] 陈穗清, 张积家, 崔占玲. 傣族青少年生活满意度与父母教养方式、应付方式的关系 [J]. 贵州民族研究, 2011 (1): 148-154.

[48] 崔占玲, 刘烨, 张积家. 基诺族中学生亲属词的概念结构及其成因 [J]. 心理科学, 2012 (4): 916-920.

[49] 杨群, 张积家. 鄂伦春语基本颜色词的分类——兼论语言、文化与智力对颜色认知的影响 [J]. 满语研究, 2014 (1): 61-67.

[50] 王娟, 张积家, 和秀梅, 等. 傈僳族、普米族高中生基本颜色词的概念结构——兼与摩梭高中生基本颜色词概念结构比较 [J]. 大理学院学报, 2013 (7): 13-19.

[51] 张积家. 加强民族心理学研究, 促进中国心理科学繁荣 [J]. 心理科学进展, 2012 (8): 1139-1144.

[52] 种媛. 跨学科视角下民族心理研究的分歧与整合 [J]. 西北师大学报（社会科学版）, 2014 (6): 36-41.

[53] 鲁思·本尼迪克特. 菊花与刀 [M]. 孙志民, 马小鹤, 朱理胜, 译. 北京: 光明日报出版社, 2005.

[54] 玛格丽特·米德. 萨摩亚人的成年——为西方文明所作的原始人类的青年心理研究 [M]. 周晓红, 李姚军, 译. 杭州: 浙江人民出版社, 1988.

[55] 柏杨. 丑陋的中国人 [M]. 北京: 人民文学出版社, 2008.

[56] 严汝娴, 宋兆麟. 永宁纳西族的母系制度 [M]. 昆明: 云南民族出版社, 1983.

[57] 左梦兰, 卢潜. 儿童认知发展的跨文化研究 [M]. 昆明: 云南教育出版社, 1990.

[58] 陈中永. 中国多民族认知活动方式的跨文化研究 [M]. 沈阳: 辽宁民族出版社, 1995.

[59] 蔡笑岳. 西南少数民族青少年智力发展与教育 [M]. 重庆: 西南师范大学出版社, 2007.

[60] 张海钟. 中国区域跨文化心理学研究: 理论探索与实证研究 [M]. 北京: 人民出版社, 2012.

[61] 张积家. 纳西族-摩梭人语言文化心理研究 [M]. 北京: 中国人民大学出版社, 2016.

[62] 植凤英. 多元文化背景下民族地区青少年心理和谐及教育对策研究 [M]. 北京: 人民日报出版社, 2015.

[63] 韩忠太. 民族心理调查与研究——基诺族 [M]. 贵阳: 贵州教育出版社, 1992.

[64] 李静. 民族交往心理的跨文化研究 [M]. 北京: 中国社会科学出版社, 2010.

［65］蔡笑岳，罗列，何伯锋．我国西南少数民族心理研究的基本状况［J］．心理科学进展，2012（8）：1145-1151．

［66］和秀梅，张积家．充分发挥民族院校优势，积极开展民族心理研究［J］．民族教育研究，2013（6）：50-56．

［67］李静．田野实验法适宜民族心理研究［N］．中国社会科学报，2015-07-21．

［68］张积家，刘丽虹，谭力海．语言关联性假设的研究进展——新的证据与看法［J］．语言科学，2005（3）：42-56．

［69］R L Goldstone. Influences of categorization on perceptual discrimination［J］．Journal of Experimental Rsychology，1994（2）：178-200．

充分发挥民族院校优势,积极开展民族心理研究

和秀梅　张积家

[摘　要]　我国的民族心理研究存在明显问题：民族的概念模糊；民族心理学的研究对象不清晰；民族心理的研究方法单一，研究问题缺乏针对性；民族心理的研究人才匮乏，分布分散。上述问题导致我国的民族心理研究发展缓慢。在推动民族心理研究发展方面，民族院校具有明显优势：大多数民族院校地处民族地区，教育对象主要是少数民族学生，许多教师来自少数民族，具有明显的资源优势；民族院校具有民族学学科，以民族作为研究对象，具有特有的学科优势；民族院校是多元文化的汇聚地，各民族文化交流和融合，具有跨文化心理研究优势。欲发挥民族院校的民族心理研究优势，领导重视是前提，开展校际、校地联合是捷径，将民族学的方法和心理学的方法统合是关键。

[关键词]　民族院校；民族心理；优势

[原　载]　《民族教育研究》2013年第6期，第50—56页.

胡锦涛同志在党的十八大政治报告中指出：全面正确贯彻落实党的民族政策，坚持和完善民族区域自治制度，深入开展民族团结进步教育，加快民族地区发展，促进民族和睦相处、和衷共济、和谐发展。[1] 要全面贯彻党的十八大精神，使我国各民族之间真正能够做到和睦相处、和衷共济和和谐发展，就要加强各民族之间的交流，增进不同民族之间的相互理解、相互包容和相互支持。要做到这一点，就要了解不同民族的心理倾向和心理特征。因此，加强民族心理研究就显得十分重要和必要。

民族高等教育是以少数民族和民族地区的学生为主要教育对象而实施的高等教育，担负着研究民族理论和民族政策、传承和弘扬各民族的优秀文化、培养少数民族的高素质人才、为少数民族和少数民族地区发展服务的重要任务。[2] 在民族心理研究方面，民族院校具有特有的优势，肩负着重要的使命。充分发挥民族院校的优势，积极开展民族心理研究，是民族院校面临的一项重要而且迫切的任务。

在心理学创建之初，民族心理研究就受到了研究者的关注。心理学的创始人冯特花了约20年的时间出版了10卷本的《民族心理学》，内容涉及语言、艺术、神话、社会、法律、文化和历史，标志着民族心理学成为一个独立的心理学分支。冯特将心理学分为两个方面：一是个体心理学，二是民族心理学。个体心理学以人类个体为研究对象，民族心理学以人类群体为研究对象；个体心理学研究人的简单心理过程，民族心理学研究人的高级心理过程。冯特认为，民族心理学可以弥补个体心理学的不足，使心理学的研究体系更加完善。[3]

中国民族心理学的发展道路可以分为4个阶段。① 起步阶段：从20世纪初到新中国成立，相关研究刚开始，研究体系尚未形成。在此阶段，出现了一些有影响的论文。例如，陈大齐发表了《民族心理学的意义》（1919），李子光发表了《论民族的意识》（1924），肖孝嵘发表了《中国民族的心理基础》（1937）。[4] ② 初步发展阶段：从新中国成立到改革开放前，民族心理研究在民族政策的影响下逐渐展开，但由于受条件限制，在研究内容、研究方法以及解决现实问题上未出现重大突破。③ 快速发展阶段：从改革开放到20世纪末，研究对象扩大到多个民族的儿童认知、个性、儿童及青少年品德形成、社会心理等领域。④ 巩固提高阶段：从21世纪初起，党和国家重视民族心理的研究，希望民族心理研究能够为国家提供政策决策依据和参考。研究者从民族学和心理学的立场出发，对民族心理进行了大量的理论与实证的研究，为少数民族心理研究做出了突出的贡献。[5]

虽然我国的民族心理研究取得了一定的成绩，但是与其他的心理学分支相比，民族心理研究的发展还存在着相当大的差距。民族心理研究发展缓慢，究其原因，主要有以下几点。

（一）"民族"的概念模糊

冯特将民族理解为种族共同体，如阿拉伯民族、日耳曼民族。因此，在西方心理学中，民族心理学均具有种族心理学的特征，而种族心理学一直都在试图用科学的方法证明不同种族在智力、人格乃至进化水平上存在着差异。[6] 新中国成立后，我国的民族学界一直沿用斯大林对民族的定义：民族是人们在历史上形成的一个有共同语言、共同地域、共同经济以及表现在共同文化上的共同心理素质的稳定的共同体。[7] 这一定义的几个特征在我国民族学界引起了长期的争论，并在我国的民族识别过程中表现出某些不适应性。按照此定义，共同地域和共同经济生活是形成共同文化及共同心理素质的前提，但有些民族既无共同地域，也无共同经济生活，却有极强的民族认同感，如吉卜赛民族。因此，共同语言、共同文化便成为民族的最基本的特征。[4]

与冯特的狭义的"民族"概念比，广义的"民族"是指文化共同体或政治独立体（即民族国家）。属于文化共同体的"民族"如"汉族"。汉族不是一个单一民族，而是一个在历史发展中以华夏为主干融合许多其他族群（如"胡"、"羌"、"蛮"、"夷"等）之后形成的，其特点是讲汉语、写汉字、具有华夏民族的意识。属于政治独立体的"民族"如"中华民族"。因此，在我国，广义的民族心理研究应该包括对汉族的特有心理倾向和特有心理特征的研究，而不应该仅包括对少数民族心理的研究。[8] 由于"民族"的概念不清晰，"民族心理学"的学科定性也存在着争议。有学者认为，民族心理学建立在普通心理学与社会心理学的基础之上，既要以心理学的理论为指导，又要采用心理学的研究方法，还要以社会学、人类学、民族学的材料为参照。[9] 有学者认为，民族心理学虽然偏重于心理学的内容，研究对象却以民族作为基础，因此应该属于民族学的范畴。更为常见的提法是：民族心理学是民族学与心理学的综合性、交叉性的学科。[10]

（二）民族心理学的研究对象不清晰

民族心理学的研究对象是民族的心理现象及其规律。但是，由于"民族"的概念不清晰，"民族心理学"的学科定位不明确，"民族心理"的内涵和外延也不清晰。[11] 研究者对民族心理有不同的看法。戴桂斌认为，民族心理包括民族心理素质和民族心态。[12] 李尚凯认为，民族心理包括民族心理素质、民族心理状态和民族自我意识。[13] 张世富认为，民族心理包括民族认知、民族意识、民族情感、民族意志、民族性格、民族品德、民族气质等。[4] 徐黎丽认为，民族心理包括民族心理过程和民族个性心理特征。[10] 尹可丽提出，民族心理即族群社会心理。民族心理研究并非一般心理规律和意义的研究，而是有着特殊性和具体性的研究，是在社会场景中，在社会活动和人际交往中才能完成的研究。[14]

中国有56个民族，不同的民族既具有共同的心理特征，也具有特殊的心理特征；各少数民族间存在相同的心理特征，同一民族的不同群体（如根据年龄、性别、职业、宗教、阶层等构成的群体）也存在不同的心理特征。因此，我国的民族心理研究既要重视不同民族的共同心理特征的探讨，也要重视不同民族的特殊心理特征的揭示，特别是不应该忽视对民族内部的个体心理的研究。[5] 这样才能够在民族互动的过程中求同存异，避免文化中心主义和文化沙文主义，避免以己之心，度人之腹。

（三）民族心理的研究方法单一，研究问题缺乏针对性

目前，民族心理的研究方法趋向于把民族学和心理学的研究方法综合起来。张世富认为，文献档案法、跨文化研究法、调查法、观察法、实验法都适用于民族心理研究。[4] 虽然实证研究已经成为我国少数民族心理研究的主流，但绝大多数研究者还是采用心理测量法，实验法所占的比例极其有限。即使采用心理测量法，往往也是采用少数民族的调查数据对比全国的常模。[15] 实验研究至今并未成为民族心理研究的主流。在研究问题上，缺乏针对民族特点的研究。

（四）民族心理研究人才匮乏，分布较散

民族心理研究者需要具有民族学、心理学、社会学、人类学等多学科知识。一些心理学研究者由于缺乏民族文化知识，很难在民族心理研究中做到游刃有余；一些民族学研究者由于缺乏心理学的理论与方法，很难取得高水平的研究成果。相比较而言，民族

心理是投入大、难度高、产出困难的研究领域:被试选取难,研究耗时多,成果产出慢,影响因子低。多方面的知识、方法储备和投入产出的不对称,使得许多研究者对于民族心理研究望而却步,造成民族心理研究人才匮乏。[8] 少量的民族心理学研究者亦分布在民族学、语言学和心理学等不同学科,分布于广袤的边疆地区,分布于高校、科研院所、政府机关等不同单位,难以形成合力开展规模大、周期长、质量高的研究。

由于存在着上述问题,导致我国的民族心理研究,无论就研究队伍而言,还是就研究的数量和水平而言,均处于弱势地位。而民族院校所具有的优势,有利于解决目前我国民族心理研究存在的诸多问题。

据国家民族事务委员会统计,目前,全国有 13 所民族院校,具有博士学位授予权的有 4 所,具有硕士学位授予权的有 12 所,有 3 个博士后流动站、27 个博士学位点、189 个硕士学位点;中央民族大学已经进入国家"211 工程"和"985 工程"的建设行列。[16] 开展民族心理研究,民族院校具有特殊的优势,主要体现在以下几个方面。

(一)民族院校多数地处民族地区,教育对象主要是少数民族学生,许多教师来自少数民族,具有明显的资源优势

民族院校在民族心理研究方面具有明显的资源优势。这种资源优势主要体现在三个方面。① 民族区域的优势。民族院校主要分布在少数民族聚居的边疆地区,利用这种区域优势,许多民族院校与地方政府建立了联合研究基地,开展了许多民族心理研究的项目,为深入、广泛和系统地开展民族心理研究提供了有利条件。例如,中南民族大学建立了南方少数民族研究中心,以其对南方少数民族的研究在民族学界、人类学界享有盛誉。中心组建以来,研究的视野不断扩大,在民族学、民族史、民族经济、民俗学等领域均取得了重要的研究成果。[17] ② 少数民族生源的优势。地处民族地区的民族院校以少数民族学生为主要教育对象,具有少数民族生源的优势。不在民族地区的民族院校,也汇聚了众多的少数民族学生。据统计,到 2007 年,13 所民族院校在校生总数已超过 19 万人;在国家民委所属的 6 所院校中,全日制在校生总数已达到 10 万人;少数民族学生的比例占到 65%。[16] ③ 少数民族研究者的优势。民族院校的许多教师来自少数民族,他们通晓本民族语言,熟悉本民族文化,对本民族有较多的感性经验。民族院校的这些资源优势为民族心理研究创造了良好条件。

(二)民族院校具有民族学学科,以民族作为研究对象,具有特有的学科优势

民族院校一般都设有民族学学科。"民族学"是民族院校的优势学科,它是由民族文化、民族语言、民族理论与政策、民族经济、少数民族史和少数民族艺术等为核心而形成的特色学科。目前,很多民族院校都以民族学为优势学科,在科学研究方面取得了可

喜成绩。例如，中央民族大学在中国少数民族语言文学领域研究语种最多、领域最广，涉及了55个少数民族、5大语系、80多种语言。[18] 贵州民族学院积极传承和弘扬贵州少数民族文化，坚持把优秀民族文化资源纳入科研工作，在少数民族语言文化、民族习惯法、"傩"文化、水书文化等领域具有明显优势。[19] 这些院校取得的科研成果充分体现了民族院校的民族学学科优势。在民族学学科中，民族心理是应有之部分。如果能够将这种优势扩展到民族心理研究领域，一定会促进民族院校民族心理研究的繁荣。

（三）民族院校是多元文化的汇聚地，各民族文化交流和共存，具有跨文化心理研究优势

民族院校具有多元文化的跨文化心理研究优势。多元文化是不同文化形态之间的美美与共，使文化主体开始从区域文化走向全球文化和现代化。但民族文化的现代化不是文化的同质化，更不是文化的统一化，它是在保持民族特色的基础上，充分吸收和利用现代科技带来的文明成果，所体现的是一种现代、文明的生活方式，一种秩序、和谐的生存状态。我国的56个民族千百年来在社会生产和生活中创造了多种多样的民族文化。[20] 民族心理与民族文化具有天然的联系。民族心理的本质是民族所具有的文化特质，民族心理研究的魅力就在于彰显它的文化品性。[5] 民族院校是多民族学生的聚集地，同时也是多民族文化交汇之地。利用民族院校的多元文化优势，可以为跨文化心理研究提供便利条件，从而将民族院校打造成民族心理研究的中心和基地。

民族院校在民族心理研究方面具有明显优势，理应发挥这种优势，提高民族心理研究水平。

（一）领导重视是民族院校发挥民族心理研究优势的前提

民族心理体现了一个民族的精神世界。不了解一个民族的心理倾向和心理特征，就谈不上对一个民族的深度认知，在跨民族、跨文化交际中也难免会犯以己度人的错误。因此，民族心理是民族学应有之部分，民族心理研究是民族研究的重要内容。民族院校的领导应该对民族心理研究的重要性有清醒认识，对民族院校的民族心理研究优势有深刻认识，自觉地将民族心理研究作为科研兴校的重要方面，将民族院校在民族心理研究方面的潜在优势转变为现实优势。然而，就目前的情况来看，即使在一些重点民族院校，民族心理研究在科学研究中所占的比例是少之又少，这不能不说是一个缺憾。

（二）校际、校地联合是发挥民族院校民族心理研究优势的捷径

鉴于目前我国民族心理研究人才缺乏、分布较散的现状，在民族心理研究中，积极开展校际、校地联合就显得十分必要。同一地区的民族院校之间、民族院校和非民族院校之间均可以就某一民族的心理开展合作研究，组建校际民族心理研究会，建立学术交流平台。民族院校应加强同地方政府部门、咨询机构的合作，共同开展一些项目，既能够解决研究经费的困难，产生"接地气"的研究成果，又能够提升学校为地方的经济、社会和文化发展服务的功能。

（三）研究方法的统合是发挥民族院校民族心理研究优势的关键

民族心理研究是在民族学和心理学的切合点上，运用民族学的方法和心理学的方法，探求民族的各种心理表现，揭示民族心理发生发展的规律，进而研究各民族相同或相异的心理特点及其发展变化。[21] 欲充分发挥民族院校在民族心理研究方面的优势，提高民族心理研究水平，研究方法的统合是关键。

民族心理研究不仅需要民族学的方法，也需要心理学的方法。已经采用的有历史文化分析法、观察法、访谈法、问卷法、测量法和实验法。总的来看，历史文化分析法、实地调查法、观察法、问卷法和测量法是民族心理学的研究方法没有问题，但将实验法运用于民族心理的研究，一是缺乏传统，因为心理学的创始人冯特就认为实验法不适用于民族心理研究；二是无论从历史发展来看，还是从研究现状上看，实验研究至今并未成为民族心理学研究的主流。[22]

心理学之所以能够取得今天的成就，实验法功不可没。实验法能够方便地操纵自变量，有效地控制无关变量，精准地测量因变量，因而可以做因果关系推论。那种认为民族心理研究不适合采用实验法的看法是片面的，也为大量研究范例所证伪。民族院校欲提高民族心理研究水平，必须大力采用实验法。这种看法已为越来越多研究者所认同。例如，万明钢等认为，民族认同研究可以同时采取多种研究方法，将定性研究和定量研究结合起来。如将民族学深度访谈法与心理学的实验法结合起来，将被试的内隐态度和外显态度综合进行研究，研究结果可以相互验证，从而得出准确结论，提高研究的推广效度。[23]

进入 21 世纪以来，张积家及其研究团队运用实验法，在民族心理研究领域取得了可喜成绩。

例如，在亲属词和亲属关系认知方面，运用自由分类法，考察汉族、纳西族、傣族、彝族、白族、基诺族等民族的亲属称谓概念结构，揭示不同民族亲属称谓概念结构的维度，揭示语言、文化、家庭婚姻制度和情境对亲属关系认知的影响。[24-31]

在颜色认知方面，运用自由分类法考察彝族、白族、纳西族的基本颜色词分类，发现这 3 个民族大学生的基本颜色词分类与汉族大学生的分类既有共性又有差异。分类的标准与不同民族的颜色文化一致；[32] 采用颜色相似性判断、颜色分类和颜色记忆任务，考察纳西语言中"蓝"与"绿"混用对颜色认知的影响，发现缺少"蓝"、"绿"区分的语言现象导致纳西族大学生对蓝和绿的辨别能力和记忆能力均低于汉族大学生；[33] 通过相似性比较、再认任务，考察彝族、白族、纳西族、汉族 4 个民族大学生对黑白的认知，发现彝族、白族、纳西族和汉族大学生对黑白的认知存在差异，这种差异反映不同民族的颜色文化对颜色认知的影响；[34] 采用颜色命名任务考察纳西族 3~6 岁儿童颜色命名，发现纳西族儿童的颜色命名特点既与认知发展有关，也与纳西族的语言、文化有关；[35] 采用分类任务考察纳日人（摩梭人）颜色词概念结构，发现纳日人与纳西人对颜色词分类存在差异，体现了语言、文化和生活环境对颜色认知的影响。[36]

在空间认知方面，采用空间词分类法考察纳西族大学生和汉族大学生的空间词概念结构和空间认知主题，发现汉族和纳西族大学生在空间认知上的差异主要表现在"水平/垂直"维度上，与语言和文化的差异一致，说明语言和文化对空间认知具有重要影响；[37] 采用摸箭头和动物排列任务，发现纳西族大学生比汉族大学生在判断物体空间位置时更多地使用绝对参考框架，与他们描述空间关系时习惯使用的术语一致。[38]

在民族语言认知方面，采用色词干扰任务考察纳西东巴文的识别，发现字形首先被激活，其次是语义被激活，字音的激活不明显，表明纳西东巴文认知主要走形→义之路；[39] 采用知觉相似性判断、语义一致性判断，以及命名和分类任务考察英文、汉字、东巴文、甲骨文和图画的认知加工，发现东巴文还处于形意文字阶段，还未发展成为类似于汉字的意音文字，在认知性质上更类似于图画；[40] 通过对纳西东巴文黑色素字的研究，发现知觉表征和语义表征在黑色素字认知中同时被激活，知觉表征激活的强度取决于材料性质和任务要求；[41] 让汉族幼儿结合纳西东巴文学习汉字，发现纳西东巴文对幼儿汉字字形记忆具有明显的促进作用，[42] 这种促进作用既表现在有意学习中，也表现在伴随学习中；[43] 采用词汇联想、词汇决定和语义分类法考察摩梭人的分类学联系，由于在摩梭语中以基本水平概念为主，缺乏上属水平概念（类别概念）和下属水平概念，所以摩梭人的分类学意识比汉族人明显弱，[44] 这一研究为语言影响甚至决定思维提供了证据。

在少数民族学生英语学习方面，运用语码转换法考察藏-汉-英三语者三种语言之间的语码切换及其代价，发现藏-汉-英三语者在字词识别中的语码切换代价主要受语言熟练程度影响；[45] 运用图片命名法考察藏-汉-英三语者词汇与语义表征的特点，发现三种语言的语义属于分布式共享表征，并受语言熟练程度、媒介语影响，表现出词汇与共享概念的不对称性，三种语言的词汇独立表征；[46] 运用跨语言长时重复启动范式考察藏-汉-英三语者三种语言的联系模式，发现藏语和汉语为概念中介联系模式，汉语和英语为词汇联系模式，藏语和英语没有直接联系，语言熟练程度、语言相似性和学习媒介语影响藏-汉-英三语者的语言联系模式；[47] 采用图片命名法考察藏-汉-英三语者言语产生中的词汇选择机制，发现被试选择熟练语言词汇时，即使两种任务语言不相似，也采用特定语言选择机制；选择熟练语言与相对熟练但不相似语言的词汇时，采用非特定语言选择机制；语言熟练程度和语言相似性共同影响双语者的词汇选择机制。[48] 研究结果对少数民族学生的外语教学具有重要的参考价值。

随着科学技术的发展，民族心理研究开始采用事件相关电位（ERP）、功能性磁共振成像（fMRI）等方法。例如，贾磊采用 ERP 技术对民族刻板印象的内隐激活与外显加工的认知神经机制进行分析，发现两者的神经加工机制不同。[49]

总之，我国的民族心理研究虽然存在诸多问题，但民族院校在民族心理研究方面亦具有诸多的优势。发挥民族院校的优势，采用科学的研究方法，提升民族心理研究的水平，将民族院校建成民族心理研究的中心和基地，为党和国家的民族政策制定提供依据，为各民族的和睦相处、和衷共济与和谐发展服务，是民族院校义不容辞的任务。

〔参考文献〕

[1] 胡锦涛. 坚定不移沿着中国特色社会主义道路前进,为全面建成小康社会而奋斗[M]. 北京:人民出版社,2012.

[2] 闫建敏,宋海斌,孙晓天. 民族高校师资队伍结构特点及其发展策略研究[J]. 民族教育研究,2010(1):65-72.

[3] 李静. 民族心理学研究[M]. 北京:民族出版社,2005.

[4] 张世富. 民族心理学的研究内容、任务及方法[J]. 安阳师范学院学报,2005(1):55-61,77.

[5] 阿拉坦巴根,姜永志. 我国民族心理学研究的文化魅惑:价值与使命[J]. 山西师范大学学报,2012(5):135-137.

[6] 万明钢,李艳红,崔伟. 美国民族心理学研究的发展历史[J]. 民族教育研究,2006(6):55-61.

[7] 斯大林. 斯大林选集:上卷[M]. 北京:人民出版社,1979.

[8] 植凤英,张进辅. 我国民族心理学研究的困境及出路[J]. 广西民族研究,2007(4):7-11.

[9] 孙玉兰,徐玉良. 民族心理学[M]. 北京:知识出版社,1990.

[10] 徐黎丽. 关于民族心理学研究的几个问题[J]. 民族研究,2002(6):95-103.

[11] 张积家. 加强民族心理学研究,促进中国心理科学繁荣[J]. 心理科学进展,2012(8):1139-1144.

[12] 戴桂斌. 略论民族心理[J]. 青海社会科学,1988(1):86-90.

[13] 李尚凯. 论民族心理之研究[J]. 新疆师范大学学报,1991(1):27-33.

[14] 尹可丽. 族群社会心理:民族心理学的研究对象[J]. 贵州民族研究,2006(4):85-89.

[15] 秦素琼,吕志革,邹平. 中国少数民族心理研究的25年回顾与反思[J]. 广西师范大学学报,2007(4):95-98.

[16] 易永忠. 民族地区高等教育发展趋势探析[J]. 黑龙江民族丛刊,2009(3):182-185.

[17] 李然. 院校科研基地建设与发展策略——以中南民族大学南方少数民族研究中心为例[J]. 湖南农机,2007(4)62-64.

[18] 白龙. 浅析民族院校对民族文化传承起到的作用[J]. 经济管理者,2010(16).

[19] 刘平. 论民族院校的办学定位——以贵州民族学院为例[J]. 科教导刊,2012(2):63-64.

[20] 范婷婷. 多元文化背景下家庭教育与少数民族文化传承问题[J]. 黑龙江民族丛刊,2009(6):169-172.

[21] 张进辅. 关于西南民族心理研究的构想[J]. 西南师范大学学报,2006(3):

74-78.

[22] 韩忠太, 傅金芝. 民族心理调查与研究——基诺族 [M]. 贵阳: 贵州教育出版社, 1992.

[23] 万明钢, 高承海, 吕超, 等. 近年来国内民族认同研究述评 [J]. 心理学科学进展, 2012 (8): 1152-1158.

[24] 张积家, 陈俊. 汉语亲属词概念结构再探 [J]. 语言科学, 2004 (1): 77-86.

[25] 张积家, 和秀梅. 纳西族亲属词的概念结构——兼与汉族亲属词概念结构比较 [J]. 心理学报, 2004 (6): 654-662.

[26] 张积家, 李斐. 汉族儿童亲属词概念结构发展研究 [J]. 应用心理学, 2007 (1): 55-60.

[27] 张积家, 杨晨, 崔占玲. 傣族亲属词的概念结构 [J]. 华南师范大学学报, 2010 (6): 41-48.

[28] 王娟, 张积家, 刘翔, 等. 彝族人、白族人的亲属词概念结构——兼与摩梭人的亲属词概念结构比较 [J]. 华南师范大学学报, 2012 (1): 45-54.

[29] 崔占玲, 刘烨, 张积家. 基诺族中学生的亲属词概念结构及其成因 [J]. 心理科学, 2012 (4): 916-920.

[30] 肖二平, 张积家, 王娟, 等. 摩梭人亲属词的概念结构——兼与汉族、纳西族亲属词的概念结构比较 [J]. 心理学报, 2010 (10): 955-969.

[31] 张积家, 王娟, 肖二平, 等. 文化和情境影响亲属词的概念结构 [J]. 心理学报, 2013 (8): 825-839.

[32] 张启睿, 和秀梅, 张积家. 彝族、白族和纳西族大学生的基本颜色词分类 [J]. 心理学报, 2007 (1): 18-26.

[33] 张积家, 刘丽虹, 陈曦, 等. 纳西语颜色认知关系研究 [J]. 民族语文, 2008 (2): 49-55.

[34] 谢书书, 张积家, 和秀梅, 等. 文化差异影响彝、白、纳西和汉族大学生对黑白的认知 [J]. 心理学报, 2008 (8): 890-901.

[35] 和秀梅, 张积家. 3—6岁纳西族儿童颜色命名能力的发展 [J]. 华南师范大学学报 (社会科学版), 2009 (1): 145-148.

[36] 王娟, 张积家, 林娜. 纳日人颜色词的概念结构——兼与纳西人颜色词概念结构比较 [J]. 中央民族大学学报, 2010 (2): 87-93.

[37] 张积家, 谢书书, 和秀梅. 语言和文化对空间认知的影响——汉族和纳西族大学生空间词相似性分类的比较研究 [J]. 心理学报, 2008 (7): 774-787.

[38] 谢书书, 张积家. 习惯的空间术语对纳西族和汉族大学生空间参考框架的影响 [J]. 心理科学, 2009 (2): 331-333.

[39] 张积家, 和秀梅, 陈曦. 纳西象形文字识别中的形、音、义激活 [J]. 心理学报, 2007 (5): 807-818.

[40] 张积家, 王娟, 刘鸣. 英文词、汉字词、早期文字和图画的认知加工比较 [J]. 心理学报, 2011 (4): 347-363.

[41] 谢书书, 张积家. 知觉表征和语义表征在语言认知中的作用——以东巴文黑色素字为例 [J]. 华南师范大学学报（社会科学版）, 2012 (6)：127-134.

[42] 王娟, 张积家, 谢书书, 等. 结合东巴文学习汉字对幼儿汉字字形记忆的影响 [J]. 心理学报, 2011 (5)：519-533.

[43] 王娟, 张积家, 谢书书, 等. 内隐学习中东巴文促进幼儿汉字字形记忆的研究 [J]. 心理科学, 2013 (1)：145-149.

[44] Zhang J J, Lin N, Li D G. Mosuos' awareness of taxonomic relations in word associations, lexicon decisions and semantic categorizations [J]. Scandinavian Journal of Psychology, 2012 (53)：191-199.

[45] 张积家, 崔占玲. 藏-汉-英双语者字词识别中的语码切换及其代价 [J]. 心理学报, 2008 (2)：136-147.

[46] 崔占玲, 张积家. 藏-汉-英三语者词汇与语义表征研究 [J]. 心理科学, 2009 (3)：559-562.

[47] 崔占玲, 张积家. 藏-汉-英三语者语言联系模式探讨 [J]. 心理学报, 2009 (3)：208-219.

[48] 崔占玲, 张积家, 顾惟忱. 藏-汉-英三语者言语产生中的词汇选择机制 [J]. 现代外语, 2009 (1)：51-58.

[49] Siok W T, Perfetti C A, Jin Z, et al. Biological abnormality of impaired reading is constrained by culture [J]. Nature, 2004 (2)：71-76.

[50] 贾磊. 民族刻板印象研究 [D]. 重庆：西南大学, 2010.

中华民族共同体认同的心理建构与影响因素

张积家 冯晓慧

[摘　要]　铸牢中华民族共同体意识的核心在于建构中华民族共同体认同。个体通过与社会互动产生个体认同，再经过个体与社会互相渗透，与所属群体产生合一感，进而产生民族认同，最后通过重新范畴化转变对族群间边界的感知，将内群体和外群体转变为一个共同的、包摄水平更广的上位群体概念——中华民族共同体。中华民族共同体认同受个体和群体两方面因素影响，个体因素包括年龄、个体心理差异和跨文化敏感性，群体因素包括群体大小、感知相似性与相对原型性、群际接触。未来研究应注重实证研究，多采用量化研究方法，同时加强对小少民族、跨界民族、族际通婚者及其子女、民族走廊的研究。

[关键词]　个体认同；民族认同；中华民族共同体认同；心理建构

[原　载]　《民族教育研究》2021年第2期，第5—14页，中国人民大学报刊复印资料《民族问题研究》2021年第8期全文复印。

一、引言

习近平总书记指出：加强中华民族大团结，长远和根本的是增强文化认同，建设各民族共有精神家园，积极培养中华民族共同体意识。中华民族共同体是我国各族人民在长期历史发展中形成的政治上团结统一，文化上兼容并蓄，经济上相互依存，情感上相互亲近，你中有我、我中有你、谁也离不开谁的民族共同体。铸牢中华民族共同体意识，核心是建构中华民族共同体认同。只有努力使各族人民把"中华民族"当作最核心、最根本的认同，才是中国未来民族问题的出路。[1] 从心理学角度看，中华民族共同体认同是个体在认知上明确认可自己是中华民族共同体的一员，在情感上对中华民族共同体产生依恋和偏爱，在意志上怀抱实现中华民族伟大复兴的共同目标，在行为上积极进取，克服困难，维护国家统一和民族团结。

如何建构中华民族共同体认同？学者各抒己见。杨鹍飞认为，中华民族共同体认同既是民族认同，也是国家认同，更是共同体认同。[2] 邓新星认为，建构中华民族共同体认同需要进行中华民族历史命运共同体认同锻造、中华民族国家政治共同体认同建构、中华民族经济利益共同体认同形塑和中华民族精神文化共同体认同模铸。[3] 代宏丽和敖日格乐提出，应从制度、物质、思想、社会、法治诸基础铸牢中华民族共同体意识。[4] 研究者多从宏观角度探讨如何建构中华民族共同体认同。然而，认同源自心理，认同是个体对"我是谁？""我属于哪个群体？"等问题的回答。因此，应注重从心理角度研究中华民族共同体认同的建构。目前，只有少量的相关研究。陈立鹏和段明钰认为，中华民族认同形成过程可分为认识阶段、冲突阶段和内化阶段。[5] 佐斌和秦向荣提出，对中华民族认同由家庭认同发展而来，民族认同有阶段性。[6] 本文拟从意识层次角度出发，探讨个体如何在保持独特性的同时产生民族认同，在民族认同基础上如何建构中华民族共同体认同，以及中华民族共同体认同形成受哪些因素影响，探寻中华民族共同体认同研究的方向。

二、中华民族共同体认同的心理层次

中华民族共同体意识属于意识范畴，中华民族共同体认同亦如是。无论是从个体发展角度看，还是从意识内容的广度和深度看，人类意识都分层次。个体意识是人类意识的核心。个体首先产生个体意识（自我意识）；在社会化过程中，个体被赋予民族身份，萌生民族意识。由于各族人民共同生活在名叫"中国"的国度中，有共同的历史条件、物质基础、精神文化和价值追求，因此有了共同身份，即"中国人"。随着跨民族交流日渐增多，会产生中华民族共同体意识。如此一来，对中华民族每一个个体而言，就有双重民族身份：每个人既是某民族的一员，也是中华民族的一员。不同民族个体间会产生认同，即中华民族共同体认同。随着全球化进行，中国与世界上其他国家间交往不断增多，个体与不同国家的人打交道经验增加，认识到各国人民命运与共，在追求本国利益的同时也应兼顾他国的合理关切，促进共同利益发展，由此产生人类命运共同体意识。因此，人类意识可分为四个层次——个体意识、民族意识、中华民族共同体意识和人类命运共同体意识（见图1）。这种人类意识层次论在中国有特别重要的意义，它与费孝通提出的中国人人际关系的"差序格局"理论[7] 有相通之处。

认同源于意识。共同体认同源于共同体意识。费孝通提出，中华民族是包括中国境内56个民族的民族实体，56个民族结合成为一个相互依存、统一而不可分割的整体。在这个民族实体中，所有的归属成分都有高一层次的民族认同，有共休戚、共存亡、共荣辱、共命运的感情和道义。[8] 这就是民族认同的多层次论。中华民族作为高层次的群体概念，反映各民族的共同意愿，体现各民族的根本利益，涵盖中国各民族的整体特点。

（一）从个体认同到民族认同

个体（自我）认同分为两个维度：个体认同与对所属群体认同。自我认同并非与生俱来。米德认为，"自我"是一种社会结构，无法想象它产生于社会经验之外。个人在与

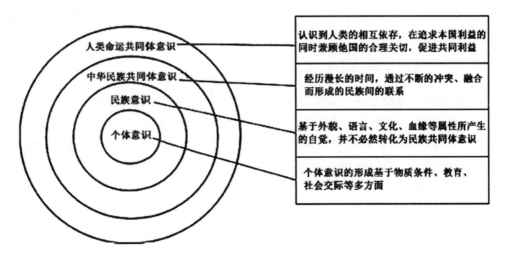

图 1 人类意识的层次

社会群体持续互动中获得关于"自我"的观念。在这一过程中,个体不断调整自己以适应所属社会群体和环境。"自我"意识源于同他人接触,只有当他人的"自我"存在并进入个体经验时,个体自我才存在并进入经验。即个体通过自我认同建构来明确自我身份,产生个体认同,识别我群的同一性和他群的差异性,进而产生群体认同。这是个体融入内群体的心理建构,也为个体融入他群体提供心理基础。然而,个体认同要求保持本身的独特性,以区别于他人,群体认同要求与他人保持共性,从而维持群体稳定。从这一角度看,个体认同与群体认同同时存在于人的自我认同中,又相互矛盾。[9]

特纳的自我归类理论指明了个体解决个体认同和群体认同之间矛盾的方法。[10] 自我归类理论源于社会认同理论。[11] 泰费尔将群体分为内群体和外群体,内群体是个体所归属的群体,大到国家、民族,小到社团、班级,外群体与之相对,是个体所属之外的群体。泰费尔认为,每一个体都有积极认同的需求,通过积极的社会比较,为内群体提供了较高的主观声望,从而产生了积极的内群体认同。内群体为群体成员提供了自尊、归属感、社会支持等心理利益,因此会对内群体表现出明显的偏爱,同时,群体成员为了保护自己从内群体中获得的心理利益不受破坏,会对外群体表现出敌对和厌恶态度。[12] 自我归类理论的核心是去个性化。自我归类是建立个人同一性和社会同一性,与个人同一性相比,社会同一性变得更加突出,所以自我归类便趋向于去个性化。即个体更趋向于把自己看成社会类别的成员,较少把自己作为一个不同的个体。但在现实情境中,个体意识不会因为融入群体而消失,否则族群内成员便不会有矛盾和冲突。

斯万等提出认同融合概念。认同融合是一种发自内心的与群体的合一感,这种合一感源于个人自我和社会自我间的可渗透性。[13] 自我归类理论认为,社会自我与个人自我此消彼长,群体行为使社会自我凸显,个体因此进行去个性化过程。但个人自我不因融入群体受到抑制,个人自我与社会自我相互渗透、相互强化,群体成员的个性与共性同样重要,共同使群体紧密相连,使融合有稳定性,形成后不容易消解。[14] 据此,个体通过与社会互动产生个体认同,再经过个体与社会的互相渗透,与所属群体产生合一感,产生民族认同。从个体认同到民族认同是一个相对自然的发展过程,虽然二者之间需要整合，但随着年龄增长和社会经验增加，到青年期，绝大多数个体最终会完成自我同一性，即完成民族社会化过程。

（二）从民族认同到中华民族共同体认同

中华民族共同体不是一个新概念，它有广泛的历史基础。梁启超提出"中华民族自始本非一族，实由多民族混合而成"[15]，这是在面对民族危机时，首次提出"中华民族"概念。孙中山号召"五族共和"，在对外事务中多次使用"中华民族"这一术语。[16]习近平总书记提出"中华民族共同体"的概念，强调中国各民族是"同呼吸、共命运的整体"[17]。可见，中华民族共同体是一个不断发展的概念。中华民族共同体认同建构在中华民族每一成员的个体认同与民族认同之上，由于多数民族个体并不具有丰富的跨文化生活经验，因此，中华民族共同体认同不是一个自然发展的过程，需要各民族成员在共同心理基础上不断铸造。在此过程中，共同的经济、社会利益是基础，法律和制度是保障，学校教育和社会教育亦发挥着极其重要的作用。那么，个体由民族认同上升到中华民族共同体认同的心理基础是什么？

盖尔特纳等提出的共同内群体认同的心理模型理论认为，个体可以通过重新分类转变对族群间边界的感知，将原本所属内群体和所属之外的外群体转变为一个共同的、包摄水平更广的上位群体概念，即共同内群体。个体可将对原来群体的积极情感延伸到新形成的上位的共同内群体，减少对先前外群体的歧视和冲突。[18] 共同内群体认同可增加对外群体的积极情感及宽恕、自我表露和帮助等积极行为[18]，增加亲社会动机和群体成员的亲密感[19]，增加群际共同性和相似性感知[20]，促进民族心理融合水平[21]，还可减少民族歧视[22]，减少群际冲突和竞争[23][24]，减少群际威胁[25]。个体改变族群边界的关键在于重新范畴化。社会分类是个体基于共享相似性将他人分为不同群体的主观过程。[26] 个体在社会分类时会自动地形成内外族群之分。然而，社会分类不是固定不变的，民族作为社会分类维度，可通过重新范畴化改变原有分类形成的族群边界，扩大内群体范围，将原有外群体纳入其中，形成共同内群体。重新范畴化过程在接触初期可能改变不显著，但随着接触深入，群体相似性会逐渐凸显。[27]

形成共同内群体认同并不意味着放弃原有的族群认同。多维迪奥等提出双重认同来完善共同内群体认同模型。双重认同是指个体同时保持对原有内群体认同以及共同内群体认同。一方面，原有群体的文化价值对个体十分重要，另一方面，原有群体身份，尤其民族身份，是一种高水平知觉线索，个体不希望或不可能放弃原有群体身份，否则就容易引发认同威胁与认同混乱，加剧群际偏见。相较于要求个体仅保持单一群体认同，强调双重认同可有效地改善对外群体态度。[28] 盖尔特纳等发现，以双重身份描述自己的群体成员对其他种族和民族的态度与那些以原有群体身份定义自己的人相比更积极。[29]

（三）中华民族共同体认同的心理表征

个体通过个体认同发展到民族认同再发展到中华民族共同体认同，建构了多层次认同体系。个体如何将多层次认同体系表征在心理中？对人类意识形成而言，客观事物信息输入人脑中进行转换，然后输出意识，通过社会实践发挥意识的能动性反作用于客观事物。对中华民族共同体认同建构而言,认知是认同的基础,个体需要对客观事物充分认知,才能产生高层次认同。离开对中华民族客观现实的认知,中华民族共同体认同就是无源之水。表征是人类编码、加工、存储、提取外界信息的重要载体。大脑不能直接加工外界信息,必须将其转换才能为智力活动提供材料。个体在建构中华民族共同体认同时,要将外界信息表征为某种形式,才能对其进行加工。个体通过家庭、学校、社会交往、大众传播、政治符号等社会化媒介习得中华民族共同体知识,并感知其存在样态。[30]

中华民族共同体知识是群体成员共识性知识体系的重要组成部分。社会表征即群体成员共享的观念、意向和知识,这种思想的共识形态由社会产生,并由社会沟通成为"共同意识"。莫斯科维奇将社会表征界定为:某一群体共享的价值、观念及实践系统,即共识性知识体系,它有两种功能:① 为个体在世界中生存定向;② 提供社会交流及对现实世界与个体、群体分类的符号,实现人际沟通。[31] 符号表征是社会表征的关键部分,共识性知识借由符号表征,将其映射至个体心理。与此一致,集体记忆作为一种共识性知识的符号表征,影响中华民族共同体认同。集体记忆是对过去事物形成的群体共同表征,它承载了个体与群体的联结。集体记忆联结中华民族不同的民族群体。[32] 麻国庆提出,中华民族共同体记忆源自并不断影响民族互动和认同,而跨境、跨海的共同记忆与中华文化认同密切联系。在不同层级的区域体系中,集体记忆对共同体形成和认同有重要影响。[33] 王明珂从集体记忆中分离出历史记忆,认为在集体记忆中,有一部分以该社会认定的"历史"形态呈现与流传。人们借此追溯社会群体的共同起源及历史流变,以诠释该社会人群各层次的认同与区分。历史记忆是民族根基性情感产生的基础。对中华民族共同体的共识性知识的符号表征不仅包括集体记忆及历史记忆,也包括中华民族的传统美德、图腾、仪式和庆典等。[34]

对中华民族共同体的根基性情感是中华民族共同体认同心理表征的第二个重要成分。在族群认同领域,一直就存在着根基论(原生论)、工具论(场景论)和建构论的争论。根基论认为,族群认同来自天赋或原始性的亲属情感联系。族群身份具有先赋性,这种族群情感纽带是"原生的"甚至是"自然的"。原初或根本的族群认同对族群形成有决定作用。[35] 费伦认为,族群成员资格主要由血统确定,族群成员对群体资格具有意识,共享并珍视独特的文化,有群体共享的"并非完全构建的而是有一定现实基础的"历史。[36] 范·登·伯格认为,人类社会基于亲属关系组织起来,族群也如此。族群可以喻为扩展的亲属群体,主要基于共同的祖先,不管是真实的还是臆想的。[37] 对族群成员而言,原生性的纽带和情感根深蒂固,是非理性的、下意识的。虽然学界对根基论有诸多批判,却未否认这种情感存在。即使主张建构论的韦伯也认为,族群"对共同血统抱有主观信仰;这种信仰对于群体构建肯定具有重要意义"[38]。在历史发展中,中国各民族的自称从"黄帝子孙"到"炎黄子孙"到"中华民族"再到"中华民族共同体",说明中华民族共同体缘于地缘的相通和血脉的相连。这种根基性情感的扩展与迁移是中华民族共同体认同的重要表征。中华民族是大家庭,各民族都是大家庭的成员,他们之间的关系是兄弟关系。56个民族像石榴籽一样,紧紧拥抱在一起。"家庭隐喻"和"石榴籽隐喻"生动体现了中华民族根基性的情感联系。

三、中华民族共同体认同的影响因素

在多民族国家中,由单一民族认同上升到民族共同体认同并非共性。史密斯区分了两种民族建构的模式:西欧的"市民模式"及亚洲和东欧地区的"族群模式"。市民模式包括四个要素:① 历史形成的领土;② 法律和政治共同体;③ 成员在法律和政治上的平等权利;④ 共同的文化和意识形态。族群模式包括三个要素:① 对血统和谱系的重视超过基于领土的认同;② 在情感上具有强大感召力和动员效果;③ 对本土文化传统(语言、价值观、习俗和传统)的重视超过法律。在"族群模式"基础上整合而成的国家与西欧原发型的"民族国家"存在认同基础的重大差别。[39] 对上位的民族共同体认同不是自然而然地形成的。个体获取自身所属民族身份是相对自然的过程,但民族意识并不必然转化为中华民族共同体意识。中华民族共同体的形成与发展受许多因素影响,可从个体和群体两方面探讨。

(一)影响中华民族共同体认同的个体因素

1. 年龄

个体一出生就被赋予中华民族共同体成员身份。然而,个体在婴幼儿时期不能意识到所属群体,随着年龄的增长,才逐渐产生对中华民族共同体认同。昆塔纳等提出,民族认同自童年期开始,幼儿用物理术语来理解民族或种族概念,如服装和肤色;然后是文字特征,如语言;再后是非文字的种族社会观点,包括对种族社会影响的认识,如偏见。到青春期,个体才有能力全面地理解一个族群,培养族群意识,探索族群的含义。因此,青春期是个体建构民族认同的重要阶段。[40] 埃里克森(E. H. Erikson)认为,同一性是青春期人格发展的核心,它为个人提供稳定的自我意识。[41] 青少年在完成自我同一性建构的同时,也伴随着民族认同建构。萨宾·法兰奇等发现,民族认同的两个成分——群体自尊和群体声望随着青少年的年龄增长呈上升趋势。[42] 但青春期结束并不代表民族认同建构的完成。Xiang Zhou 等发现,在入学前两年,少数民族大学生对本民族认同的探索和承诺呈递增趋势。[43]

随着年龄的增长,个体如何形成中华民族共同体认同?佐斌等提出,在婴儿期和儿童早期,儿童还不将自己视为中华民族的一部分;10~11岁时,逐渐对中华民族有清楚认识,能用语言描述中华民族行为的特点,说出中华民族的象征物,出现对中华民族的偏爱;10岁以后,会发现中华民族共有的信念、态度、价值观,并将其积极内化。[6] 因此,应加强对学生的中华民族共同体认同教育。

2. 个体心理差异

群体由成员构成,个体差异对中华民族共同体认同有重要影响。中华民族共同体认同包括认知和情感两个维度。认知维度包括价值观及社会适应能力,情感维度包括归属感与态度。价值观是衡量个体与群体亲密度的重要指标。个体的价值观与所属群体的价值观可能不符,因此,与群体共识一致程度高的个体认同水平高。社会适应是社会或文化倾向的转变,即人的认知、行为方式和价值观随社会环境变化发生相应变化。适应能力强的个体面对复杂文化环境时更能保持积极心态,不会发生认同混乱。归属感是群体成员对所属群体的依恋和投入,对群体有强烈归属感的个体认同水平也较高;对所属群体态度越积极,认同水平越高。

菲尼等基于探索和投入提出四种民族身份认同状态:认同分散、认同排斥、认同延缓和认同获得。对种族探索包括了解一个人的群体及对生活的影响。对族群投入意味着对本民族有明确归属感,对本民族有积极态度和自豪感。族群认同状态源于探索与投入状况。认同分散是最不成熟的状态,个体对所属群体既缺乏探索,也缺乏投入,个体对本族缺乏兴趣和了解。认同获得是最成熟的状态,个体努力理解族群成员身份含义,在理解基础上对群体有明确的归属感。认同排斥是指没有探索的投入,个体表现出自豪感和归属感,却未探究或质疑过群体成员身份的意义。认同延缓的个体正在努力地了解本族,但仍不清楚族群身份的含义,或对所属群体表现出矛盾心理。[44]

3. 跨文化敏感性

跨文化敏感性是指面对其他文化时对文化差异重要性的感知,对异文化的思想和行为的理解。跨文化敏感性高的人思想开放,思维具有变通性,愿意接受不同思想,能够根据所处情境调整行为。[45] 研究发现,跨文化敏感性对朝鲜族学生的本族认同和汉族认同均有正向促进作用。[46]

(二)影响中华民族共同体认同的群体因素

1. 群体规模和群体地位

小群体成员比大群体成员表现出更多的内群体偏爱和外群体偏见。这是因为小群体成员更关注自身群体的独特性,一旦形成上位的共同内群体,他们极可能不占主流,容易产生认同威胁。大群体成员不会抵制上位认同,因为这不会威胁到他们的群体独特性。高地位群体成员比低地位群体成员表现出更多的偏爱和偏见,重新范畴化形成的上位共同内群体会带来高地位群体成员对身份地位的保护和低地位群体成员的身份增强。高地位群体成员通常会被鼓励保持独特性,对本群体认同感更强,不愿与低地位群体产生联系,重新范畴化带来失去身份地位的风险可能引发身份保护危机,加强其群体认同并产生更大的群际偏见。相比之下,重新范畴化会引发低地位群体成员的身份提升动机,他们更可能接受一个共同的上位群体身份,因为与高地位群体成员共享一个身份会增强他们的集体自尊。

双重认同可通过保护群体成员的不同身份解决重新范畴化带来的问题。应允许人们在分类水平上将以前的外群体成员视为内群体成员,同时保护他们群体的独特性。双重认同对小群体尤其重要,无论他们的相对地位如何。对高地位小群体,通过重新范畴化失去地位的风险会减轻,双重认同保护他们原有的子群体身份,减弱群际偏见。低地位小群体亦不会在双重认同下感到威胁,因为他们可在不丧失子群体身份情况下获得地位的提升。对大群体而言,情况有所不同。高地位大群体对双重认同反应可能不太积极。[47] 根据群体投射模型,他们可能将自己群体的属性投射到上位群体,歧视地位低的小群体成员。因此,培养一种共同的内群体认同可能使高地位大群体成员表现出群体间偏见。相比之下,低地位大群体会表现出共同内群体偏爱,因为重新范畴化提升了他们的地位。[48]

双重认同有利于铸牢中华民族共同体意识。每一民族都有独特的饮食、服饰、风俗、习惯、文化、艺术、建筑风格等。各民族成员基于本民族认同,保持这些差异有利于丰富中国文化。但各民族亦要保持对祖国、中华民族和中华文化的高度认同,这是使各民族交流融合、繁荣发展的前提。不仅少数民族要加强对中华民族共同体认同,汉族同样也要加强。作为中华民族共同体的主体民族,汉族成员更应积极与少数民族接触,了解和尊重少数民族。

2. 感知相似性与相对原型性

族群有内外之分。每一族群都有独特性,群体间差异造成族群划分。但当群体间差异危及群体内在核心时,群体成员会感觉到群体间差异威胁到对内群体的认同,会试图通过对外群体的敌意来捍卫和维护群体身份。因此,在构建上位的共同内群体时,子群体能否感知与共同内群体的相似性十分重要。相似性促进人际及群体间的吸引力,促进积极关系,感知的差异会导致贬低与歧视。[49]

感知相似性用以衡量相对原型性。原型是群体凝聚的核心,是判断内群体和外群体的标准。子群体会将自身的属性和价值观投射到共同内群体原型上,认为他们的群体是典型的和积极的,外群体是非典型的甚至是消极的。相对原型性用以衡量子群体成为共同内群体的典型程度,或子群体成员是否拥有代表共同内群体的身份。当社会规范或国家政策等影响性力量建立的共同内群体原型出现偏颇(如以原型贴合度为子群体划分等级)或与成员认知相悖时,会导致部分子群体身份边缘化。[27] 应从两方面防止子群体间产生消极关系。首先,不同群体对自身代表共同内群体原型程度理解不同,高地位群体或大群体倾向于增加其自身属性的价值,认为其更能代表共同内群体。这极易威胁到低地位群体和小群体的独特性,使他们对共同内群体产生抵触。其次,不同群体对共同内群体原型看法不同。解决办法是建立共同内群体的包容性和多元性,包容性可被概念化为共同内群体的复杂而模糊的表现形式,是一种"未定义的"原型,将群体间感知的差异定性为可接受的。穆门代等提出,原型可以是明确的或不明确的,可由一个维度定义,也可由多个维度定义,群体成员在原型维度上的分布可小可大。[48] 基于"未定义的"原型,群体间差异的可接受度增加了,不同群体对共同内群体原型的内向投射减少,对不同子群体产生更积极的态度。

由于长期的民族间文化交流,中华民族已经形成"你中有我,我中有你"的多元一体文化格局。中华文化的原型源于各民族,不仅整合了汉族优秀文化,也整合了少数民族优秀文化,从而保证各民族都感知自身文化与中华文化的相似性,促进各民族和谐融洽的群际关系,为各民族对中华民族共同体认同奠定了基础。

3. 群际接触

群际接触是指不同群体成员间的交流与互动。积极有效的群际接触可降低群际偏见，提高群际信任，消解群体边界。消极接触维持偏见或降到更低水平，巩固对其他群体的刻板印象并加强对他们的消极态度。Allport 认为，群际接触促进群际关系和谐有四个条件：共同目标、平等地位、群际合作、不同群体成员间的接触受到国家和法律支持。[50] 佩迪格鲁和特罗普发现，群际友谊是改善族群关系的重要变量。[51] 群际友谊不仅有共同目标、共同愿景、群际合作、地位平等、权威支持等特点，还有高亲密度、相似兴趣、自愿接触等积极特性。群际友谊有利于自我表露，而自我表露是群体间积极交往的重要中介。[52] 群际友谊可以改善群际态度，促进对外群体成员的喜欢、支持与尊重，以及信任、肯定和积极评价。群际友谊有强烈的积极情感联系，可以跨时间、跨情境地稳定存在。[53] 研究发现，群际友谊效应在少数民族学生身上表现得更明显。[54]

群际接触有多种形式。直接接触是群体成员通过面对面方式或媒介方式产生的；拓展性接触是了解到内群体成员与外群体成员是朋友；准社会接触是观看电视剧、电影或娱乐节目中内群体成员和外群体成员交往；替代接触是观察内群体成员与外群体成员互动；想象接触是想象自己与外群体成员互动。这些接触方式都有利于减少外群体偏见，增加对外群体成员的信任。[55] 从接触内容看，各民族成员主要通过文化接触相互了解。语言是文化的载体，民族语言承载着民族的思想、情感与意识，贮藏着民族的历史与记忆，是构成民族的基本要素之一。语言是群际接触的媒介。语言接触是不同语言承载的文化之间相互融合的过程。语言不仅是族群认知的途径和方式，也影响族群认同。应重视语言在群际接触中的作用。

中国各民族分布广泛且拥有不同的文化与语言。虽然直接接触是改善群际关系的最有效手段[56]，但要求所有民族成员直接接触并不现实，应促进各民族成员的间接接触。由于各民族拥有不同的语言，语言不同无疑会造成交流阻碍。因此，推广国家通用语言文字是促进各民族积极接触的前提。

四 研究展望

目前，对中华民族共同体认同建构的探讨主要由马克思主义理论、民族学、人类学等学科的学者进行，心理学和教育学的学者参与较少。在现有研究中，理论探讨多，实证研究少。研究多采用质性研究方法。中华民族共同体认同还可以采用量化研究方法。一方面，对中华民族共同体认同研究可采用测量法，如史慧颖等[57]和赵玉芳等[21]编制了中华民族认同问卷。群际接触问卷、民族刻板印象（外显）范式自我报告、IOS 自我报告、社会距离测量等也可以用于中华民族共同体认同研究。另一方面，可采用实验法进行研究。实验法分为外显法和内隐法。外显法测量个体意识到且愿意承认的外显态度，内隐法测量自动激活的无意识的内隐态度。外显法可通过最简群体范式划分内外群体，或采用自然内外群体，进行不同的任务，再测定群体态度和行为。[58] 内隐法包括启动范式、内隐联结测验（IAT）、Go/No-go 联结任务（GNAT）、外部情感西蒙作业（EAST）、群体参照的提取诱发遗忘范式、加工分离范式等。

在被试选取上，一要关注小少民族的中华民族共同体认同。小少民族可能更看重自身的独特性，对中华民族共同体认同会与大民族有许多不同之处。有研究表明，大群体通过想象接触可投射外群体更多的积极特质，小群体在想象接触后对外群体的投射并未提高。[59] 二要关注跨界民族。跨界民族由于族群身份的特殊性，面临文化民族（种族或族群）与政治民族（国家民族或民族共同体）关系的考量，中华民族共同体认同也有特殊性。[60] 三要关注族际通婚者及其子女。一般说来，族际通婚有助于民族交融，有利于通婚者及其子女的中华民族共同体认同，但族际通婚与共同体认同关系复杂，其影响是积极的还是消极的要视许多主客观因素而定。[61] 无论如何，族际通婚为考察共同体认同提供了极佳视角。四要加强民族走廊研究。石硕发现，在藏彝走廊，不同民族间交往有两个突出特点：一是民族观念淡薄、民族界线模糊；二是文化普遍持包容态度。[62] 研究民族走廊中各民族的共同体认同可为中华民族共同体认同建构提供众多的启示。

〔参考文献〕

[1] 马戎. 族群，民族与国家构建 [M]. 北京：社会科学文献出版社，2012.

[2] 杨鹍飞. 中华民族共同体认同的理论与实践 [J]. 新疆师范大学学报（哲学社会科学版），2015（1）：83-94.

[3] 邓新星. 论中华民族共同体认同感的建构 [J]. 西北民族大学学报（哲学社会科学版），2016（5）：8-14.

[4] 代宏丽，敖日格乐. 习近平新时代中华民族共同体理论的多维阐释 [J]. 云南民族大学学报（哲学社会科学版），2020（5）：5-11.

[5] 陈立鹏，段明钰. 铸牢中华民族共同体意识的几点思考——心理学的视角 [J]. 中国民族教育，2020（1）：17-20.

[6] 佐斌，秦向荣. 中华民族认同的心理成分和形成机制 [J]. 上海师范大学学报（哲学社会科学版），2011（4）：70-78.

[7] 费孝通. 乡土中国 [M]. 上海：上海人民出版社，2007.

[8] 费孝通. 中华民族的多元一体格局 [J]. 北京大学学报（哲学社会科学版），1989（4）：1-19.

[9] 乔治·H. 米德. 心灵、自我与社会 [M]. 赵月瑟，译. 上海：上海译文出版社，1992.

[10] Turner J C, Hogg M A, Oakes P J, et al. Rediscovering the social group: a self - categorization theory [M]. Oxford, UK: Blackwell, 1987.

[11] Tajfel H, Turnaer J C. An integrative theory of intergroup conflict [M] // Austin W G, Worchel S. The social psychology of intergroup relations. Monterey, CA: Brooks/Cole, 1979.

[12] Nelson T D. Handbook of prejudice, stereotyping, and discrimination [M]. New York: Psychology Press, 2009.

[13] Swann W B, Gomez A, Seyle D C, et al. Identity fusion: the interplay of personal and social identities in extreme group behavior [J]. Journal of Personality & Social Psychology, 2009 (5): 995-1011.

[14] Swann W B, Jetten J, Gomez A, et al. When group membership gets personal: a theory of identityfusion [J]. Psychological Review, 2012 (3): 441-456.

[15] 梁启超. 历史上中国民族之观察 [M] //梁启超. 饮冰室合集. 北京: 中华书局, 1936.

[16] 孙中山. 孙中山选集 (上) [M]. 北京: 人民出版社, 2011.

[17] 王南湜. "共同体"命题的哲学阐释 [N]. 光明日报, 2019-08-12 (15).

[18] Gaertner S L, Dovidio J F, Anastasio P A, et al. The common ingroup identity model: recategorization and the reduction of intergroup bias [J]. European Review of Social Psychology, 2011 (1): 1-29.

[19] Hopkins N, Reicher S D, Khan S S, et al. Explaining effervescence: investigating the relationship between shared social identity and positive experience incrowds [J]. Cognition & Emotion, 2015 (1): 20-32.

[20] Ng Y L, Kulik C T, Bordia P. The moderating role of intergroup contact in race composition, perceived similarity, and applicant attraction relationships [J]. Journal of Business and Psychology, 2016 (3): 415-431.

[21] 赵玉芳, 梁芳美. 共同内群体认同促进民族心理融合: 双向度测量与SCI—IAT检验 [J]. 西北师大学报 (社会科学版), 2019 (3): 99-107.

[22] Banfield J C, Dovidio J F. Whites' perceptions of discrimination against blacks: the influence of common identity [J]. Journal of Experimental Social Psychology, 2013 (5): 833-841.

[23] Dovidio J F, Gaertner S L, Saguy T. Another view of "we": majority and minority group perspectives on a common ingroup identity [J]. European Review of Social Psychology, 2007 (1): 296-330.

[24] Nadler A, Halabi S. Intergroup helping as status relations: effects of status stability, identification, and type of help on receptivity to high-status group' shelp [J]. Journal of Personality and Social Psychology, 2006 (1): 97-110.

[25] 党宝宝, 高承海, 杨阳, 等. 群际威胁: 影响因素与减少策略 [J]. 心理科学进展, 22 (4): 711-720.

[26] Deaux, K. Categories we live by [C] //Wiley S, Philogene G, Revenson T A. Social categories in everyday experience. Washington D C, US: American Psychological Association, 2012.

[27] 管健, 荣杨. 共同内群体认同: 建构包摄水平更高的上位认同 [J]. 西北师大学报 (社会科学版), 2020 (1): 39-49.

[28] Dovidio J F, Gaertner S L, Saguy T. Commonality and the complexity of "we": social attitudes and social change [J]. Personality & social Psychology Review, 2009 (1): 3-20.

[29] Gaertner S L, Rust M C, Dovidio J F, et al. The contact hypothesis: the role of a common ingroup identity on reducing intergroup bias among majority and minority group members [C] //Nye J, Brower A. What's social about social cognition. Newbury Park, CA: Sage, 1996.

[30] 青觉, 赵超. 中华民族共同体意识的形成机理、功能与嬗变——一个系统论的分析框架 [J]. 民族教育研究, 2018 (3): 5-13.

[31] Moscovici S. La psychanalyse: son image et son public [M]. Paris: Presses Universitaires de France, 1976.

[32] 管健, 郭倩琳. 共享, 重塑与认同: 集体记忆传递的社会心理逻辑 [J]. 南京师大学报 (社会科学版), 2020 (5): 69-79.

[33] 麻国庆. 记忆的多层性与中华民族共同体认同 [J]. 民族研究, 2017 (6): 47-57.

[34] 王明珂. 历史事实, 历史记忆与历史心性 [J]. 历史研究, 2001 (5): 136-147.

[35] 王琪瑛. 西方族群认同理论及其经验研究 [J]. 新疆社会科学, 2014 (1): 55-62.

[36] Fearon J. Ethnic structure and culture diversity by countr [J]. Journal Economic Growth, 2003 (2): 195-222.

[37] Van Den Berghe P L. The ethnic phenomeno [M]. New York: Praeger, 1987.

[38] 马克斯·韦伯. 经济与社会: 第一卷 [M]. 阎克文, 译. 上海: 上海世纪出版集团, 2010: 512.

[39] Smith A D. National identity [M]. London: Penguin Books, 1991.

[40] Quintana S, Castaneda-English P, Ybarra V. Role of perspective-taking abilities and ethnic socialization in development of adolescent ethnic identity [J]. Journal of Research on Adolescence, 1999 (9): 161-184.

[41] Erikson E. Identity: youth and crisis [M]. New York: Norton, 1968.

[42] French S E, Seidman E, Allen L R, et al. The development of ethnic identity during adolescence [J]. Developmental Psychology, 2006 (1): 1-10.

[43] Xiang Z, Lee R M, Syed M. Ethnic identity developmental trajectories during the transition to college [J]. Developmental Psychology, 2018 (1): 157-169.

[44] Phinney J S, Jacoby B, Sil V A C. Positive intergroup attitudes: the role of ethnic identity [J]. International Journal of Behavioral Development, 2017 (5): 478-490.

[45] Bhawuk D P S, Brislin R. The measurement of intercultural sensitivity using the concepts of individualism and collectivism [J]. International Journal of Intercultural Relations, 1992 (4): 413-436.

[46] 汪新筱, 张积家. 跨文化敏感性影响朝鲜族学生的文化适应策略: 民族认同的中介作用 [J]. 民族教育研究, 2018 (5): 125-131.

[47] Gonzalez R, Brown R. Dual identities in intergroup contact: group status and size moderate the generalization of positive attitude change [J]. Journal of Experimental Social Psychology, 2006 (6): 753-767.

[48] Mummendey A, Wenzel M. Social discrimination and tolerance in intergroup relations: reactions to intergroup difference [J]. Personality and Social Psychology Review, 1999 (2): 158-174.

[49] Bar-Tal D. Group beliefs: a conception for analyzing group structure, processes, and behavior [M]. New York: Springer, 1990.

[50] Allport G W. The nature of prejudice [M]. Cambridge, MA: Addison-Wesley, 1954.

[51] Pettigrew T F, Tropp L R. A meta-analytic test of intergroup contact theory [J]. Journal of Personality and Social Psychology, 1990 (5): 751-783.

[52] 管健. 跨民族友谊: 铸牢中华民族共同体意识的积极路径 [J]. 西南民族大学学报（人文社科版）, 2020 (4): 217-222.

[53] Pettigrew T F, Tropp L R, Wagner U, et al. Recent advances in intergroup contact theory [J]. International Journal of Intercultural Relations, 2011 (3): 271-280.

[54] 陈晓晨, 赵菲菲, 张积家. 跨民族友谊对民族态度的影响及其作用机制 [J]. 民族教育研究, 2018 (6): 96-103.

[55] Dovidio J F, Eller A, Hewstone M. Improving intergroup relations through direct, extended and other forms of indirect contact [J]. Group Processes & Intergroup Relations, 2011 (2): 147-160.

[56] Pettigrew T F, Christ O, Wagner U, et al. Direct and indirect intergroup contact effects on prejudice: a normative interpretation international [J]. Journal of Intercultural Relations, 2007 (4): 411-425.

[57] 史慧颖, 张庆林, 范丰慧. 西南地区少数民族大学生民族认同心理研究 [J]. 民族教育研究, 2007 (2): 34-38.

[58] 宋仕婕, 佐斌, 温芳芳, 等. 群体认同对群际敏感效应及其行为表现的影响 [J]. 心理学报, 2020 (8): 993-1003.

[59] Stathi S. Imagining intergroup contact promotes projection to outgroups [J]. Journal of Experimental Social Psychology, 2008 (4): 943-957.

[60] 刘永刚. 跨界民族成员的身份认同与公民身份建构 [J]. 西北民族大学学报（哲学社会科学版），2014（5）：121-127.

[61] 王奇昌. 对当代中国族际通婚问题的思考 [J]. 中南民族大学学报（人文社会科学版），2017（3）：20-23.

[62] 石硕. 藏彝走廊多民族交往的特点与启示 [J]. 中华文化论坛，2018（10）：3-8.

中国民族心理学百年流变与前瞻

尹可丽　张积家

[摘　要]	中国民族心理学历经了百年的断续发展，已经初步形成学科化的知识体系与规训制度。梳理民族心理学的价值取向、学术流派及研究领域在中国发生的嬗变，本文认为中国民族心理学在价值取向上发生了两种转向：从研究人类生活共同体心理发展的共性转向研究民族共同体心理发展的个性，从揭示人类心理发生发展规律转向关注当下的社会服务与实践。在中国民族心理学内部，形成了心理人类学研究、跨文化心理学研究、文化与思维关系研究、中国特色民族心理研究等学术领域。未来中国民族心理学将随着国家社会的需求不断开辟新的研究主题，将阐释民族心理规律与服务国家的民族社会实践双重任务紧密结合。
[关键词]	民族心理学；心理人类学；跨文化心理学；中国特色民族心理学
[原　载]	《民族教育研究》2021年第6期，第47—57页。

中国民族心理学从20世纪初萌生，进入21世纪后呈现出初步繁荣，表明这一学科在历经百年断续发展后取得了一定成就。中国民族心理学在知识生产与人才培养方面已经建立起规范化制度。2014年，中国心理学会成立民族心理学专业委员会，中国人类学民族学研究会成立心理人类学专业委员会。民族心理学的全国性学术会议连年召开，多个杂志开设了民族心理学专栏，学术成果开始大量涌现，学术水平有了较大提高。一些高校心理学科开设了民族心理学的硕士、博士培养方向和课程。这表明，民族心理学的学科化发展已初步在中国大地上形成。

改革开放以来，中国学者从未停止过对民族心理学的理论探讨。如对民族心理学的元理论[1-2]、对象与内容[3-4]、范式与方法[5-7]等问题的审视与反思。民族心理学研究什么？民族心理学的研究主题与心理学其他分支是否有区别？民族心理学的方法能否促进有创见性、有实践价值的知识获得？这些追问反映民族心理学在兴旺外表下仍存在尚待厘清的深层次理论困境与分歧。[8]中国民族心理学的发展历程就是在试图解决这种困境与分歧的努力过程中学科价值取向、学术流派、研究内容和方法发生流变的结果。

一、中国民族心理学的百年流变

（一）价值取向之变

民族心理学的价值取向是研究者对民族心理学的价值期待、选择、追求的心理和行为倾向。冯特撰写了十卷本《民族心理学》，标志着民族心理学的诞生。沿着冯特的道路来考量民族心理学价值取向的嬗变，是理解中国民族心理学发展的可行途径。

1. 从研究人类生活共同体心理发展的共性转向研究民族共同体心理发展的个性

冯特指出，民族心理学形成于19世纪中期且呈现出两种不同意义：① 对不同民族智力、道德和其他精神特点之间关系的研究，以及这些特点对政治、艺术和文学精神之影响的研究；② 以心理学为基础，将关于人的心理发展的语言、宗教、风俗等分门别类的研究合成一个统一体。拉扎鲁斯和斯汤达尔首先引入"民族心理学"来指称这一新知识领域。他们于1859年创办《民族心理学和语言学》杂志，要求从心理学认识民族精神的本质。冯特与19世纪中期民族心理学研究者有截然不同的方向，他指向发生心理学，即人类心理发展史。可见，民族心理学在形成之初，在研究方向上就发生了较大改变，从以勾画不同民族特征为目的转向对人类心理发展史的关注。民族心理学研究人类生活共同体创造出来的精神产物。[9] 因此，冯特的民族心理学的价值取向是人类生活共同体早期心理发展的共性，超越了个体、群体、国家的范畴。

中国民族心理学在发轫之初未采取研究人类生活共同体心理发展的研究取向，而是延续了19世纪中期研究不同民族的智力、道德与精神特点的研究取向，研究对象并非人类生活共同体，而是国家民族共同体。20世纪初，中国学者研究中华民族的智力、心理基础、民族意识和民族气节；抗战时期，中央大学心理学系进行了"比较民族心理学之研究"[10]，发现中国人的智慧不弱于美国人和日本人，社会品质与美国人亦无差异。这些研究体现出亟须改变国运的中国人通过勾画中华民族特征来提高国民的反省性、自强精神以求奋发图强。

20世纪50年代至90年代，中国心理学家围绕中国各民族共同心理素质这一主题，掀起了民族心理调查的浪潮。这一浪潮及21世纪的民族心理学的发展，包含以下三种意义。① 延续了中国人国民心理共同性的考察。如沙莲香对中国人国民性的研究[11]，孙隆基对中国文化深层结构中"良知系统"、人格的分析[12]。② 勾画中国具体民族心理的共同性。回族[13]、傣族[14]、苗族[15]、侗族[16]、基诺族[17] 等民族的共同心理素质、主体心理结构得到研究。③ 比较不同民族的心理差异。从国民心理共同性转向某一民族心理共同性，再转向不同民族间的心理差异性，是中国民族心理学从20世纪80年代至21世纪20年代的优势研究取向。代表性成果如左梦兰等对多民族儿童认知发展的比较研究[18-19]，张世富对西双版纳四民族的心理发展研究[20-21]，李静对西北地区民族交往心理的跨文化研究[22]，张积家等对不同民族的语言、颜色认知、亲属词认知的比较研究等[23]。

2. 从揭示人类心理的发生发展转向关注当下的社会服务与实践

冯特的民族心理学旨在揭示人类社会由原始走向文明的至关重要的心理因素。他认为，高层次的心理价值和心理积淀并非源于个人，而是源于"民族"中多人的结合和互动。"民族"包括家庭、阶层、氏族、群体，是集合概念，人类心理生活的概念都与之联系，因此有决定性的意义。[9] 通过描述原始人类的语言、神话、艺术、风俗习惯的外部特征，考察决定原始生活的心理因素；对不同文明发展阶段的人类思想、信仰和行为，给出心理学解释；揭示从原始时代到文明时代全人类的心理发生过程，是冯特民族心理学的方法和路径。

冯特将眼光放在人类的童年，中国民族心理学却将眼光聚焦于当下；冯特欲揭示人类心理发生史，中国民族心理学的核心概念及领域却伴随多民族国家的社会、政治、文化、经济发展而创生和更新，突出应用取向。中国民族心理学的这种价值取向受美国民族心理学影响。美国民族心理学的发展历程与美国社会的政治、经济、文化发展密切相关[24]，以跨文化比较和批判性思维考察不同种族/民族在认知、智力、情绪、动机行为、社会化、社会知觉与社会认知方面的不同，将成果应用于健康、商业决策、移民问题、教育、海外工作与服务等[25]。当下的中国民族心理学，在追求心理学服务于国家社会的应用价值方面表现得更加突出。在民族心理学研究中，理论与实践脱节受到较多批判[26]。有学者提出，无论何时都应坚持做到"三个有利于"：有利于学术发展，有利于民族团结，有利于国家稳定[2]。应树立民族平等意识、强调民族团结与文化认同理念，构建"中华民族共同体意识"，"从心出发"构建和谐社会，是中国民族心理学重要的社会目标[7]。

（二）学术流派与研究领域之变

中国民族心理学从未有过流派之说。冯特对民族心理学与民族学、社会学的区别与联系做过分析，认为社会学通常只在研究现代文化生活时涉及心理学。民族心理学强调"民族"是社会基本创造物得以产生的决定因素。民族学不仅涉及各民族现状，还关注其起源、变迁及分化过程。民族心理学以民族学成果为基础，但其心理学兴趣决定其研究侧重于心理发展问题[9]。因此，民族心理学从产生开始，便具有交叉学科性质，学术流派也具有多学科色彩。

1. 作为学科的民族心理学学术流派之辨

1）民族学的民族心理学与心理学的民族心理学之辨

在民族心理学研究实践中，一直就存在着民族学的民族心理学与心理学的民族心理学[1]。作为交叉学科，民族心理学需要研究者兼具民族学、心理学、社会学、人类学等多学科的广博知识。近年来，民族心理学涉及的学科进一步扩大，与民族心理学相邻相关学科有本土心理学、文化人类学、心理人类学、文化心理学和跨文化心理学[27]。多学科属性也导致民族心理学与其他学科界限模糊，带来民族心理学内持不同学科定位者在价值取向、研究内容与研究方法上的分歧。

人们对学科内不同学科定位者的各行其是、互不借鉴多有批判，呼吁民族学和心理学加强交流与合作[1]；呼吁相邻学科相互借鉴，达成各学科在理论、方法、思路等方面的优势互补；呼吁加强学科间沟通与协商[28]；呼吁通过学科间合作与借鉴，确定民族心理学的应有范式。值得欣喜的是，在国内近年来召开的民族心理学会议中，民族学、人类学与心理学研究者常会聚一堂，对共同感兴趣的问题进行研讨，民族学、人类学取向的研究者开始使用心理学的方法与技术，心理学取向的研究者也开始关注民族学、人类学关注的领域和问题，学科整合趋势得到明显加强。

2）心理人类学与跨文化心理学之辨

心理人类学与跨文化心理学是从各自角度研究民族心理的两大分支。美国民族心理学分为心理人类学与跨文化心理学两个流派[29]，区别首先在于研究范式不同。心理人类学的基本范式是观察和理解，要求研究者不仅具有熟练技巧，而且具有直觉能力和心理再现的才能。跨文化心理学的基本范式是实验和统计，要求研究者具有提出假设、设计与控制实验条件，采用统计推断分析结果以检验假设的能力。

心理人类学是在文化人类学中加入心理分析成分发展起来的，却突破了"文化与人格"框架。心理人类学的研究领域包括：儿童社会化比较研究、精神病及与之相关的"意识变态"的民族文化特点分析、文化影响知觉和思维的民族学研究、民族性格研究、心理健康规范的民族文化特点及不合规范行为的研究等[29]。跨文化心理学产生的动因是心理学家意识到任何心理学规律原则上都应经受跨文化检验，典型工作是努力证实某一心理学规律是否具有普遍性，以及在不同文化环境中的实施特点。跨文化心理学是各心理学分支对人类文化多样性的反映[29]。由于心理人类学中"民族性格"研究也采用测验法，并十分重视抽样，心理人类学与跨文化心理学的界限也并非泾渭分明。

2. 学术流派及研究领域的产生与发展

从20世纪70年代末至今，中国民族心理学明显呈现出心理人类学与跨文化研究两大领域，并且产生了新的分支方向。

1) 中国的心理人类学研究

心理人类学对社会生活的生态环境和经济条件及文化内部的变异形态和不同文化间交往都予以考虑[29]。这一研究取向重视已有理论，并且通过田野调查得到新发现，发展出适合解释所研究民族的在场性新理论。相较于跨文化心理学，其理论基础更扎实，方法论更严谨。例如，许烺光以西镇（大理州喜州镇）人为汉族典型，研究西镇人的人格，其著作《祖荫下：中国人的文化与人格》[30]在世界人类学界产生巨大影响。但在20世纪50年代民族识别后，喜州镇人的白族族属使许烺光的研究受到质疑。60年后，就西镇人是汉族还是白族，韩忠太在田野调查基础上结合文献研究，对此问题做出回应，再次证实西镇人的汉族族源[30]。又如，韩忠太根据对珠江源头黄泥河右岸布依族群在民族识别中"一种自称、三种民族"的田野调查，提出族群认同可以替代"共同心理素质"成为民族识别标准[31]。这些研究在理论追求与方法上体现出心理人类学特征。

2) 中国的跨文化心理学研究

跨文化心理学研究的重要价值在于探索人类心理的共性。20世纪80年代至90年代末，中国民族心理学出现考察皮亚杰儿童思维发展阶段论、西方人格理论、认知风格、智力测验等是否适合中国各民族儿童的跨文化心理研究。这也是为什么在20世纪虽然有大量民族心理学研究成果出现，却未形成中国民族心理学的本土理论的重要原因。因为在跨文化心理学研究中，决定因素与其说是理论，毋宁说是方法论。跨文化心理学研究者把民族看成研究参数，其属性与性别、年龄、职业、社会地位等相同[29]。在此阶段，中国积累的民族心理学成果，表面上看是对中国不同民族的思维、人格等心理要素进行比较，实则是对西方心理学理论的跨文化验证、拓展与补充。如，1991—2015年，采用90项症状自评量表对少数民族大学生心理健康调查的研究有74项，如此多的成果仅为了证明SCL-90在中国有跨文化适用性[32]。

3) 中国的文化与思维关系研究

文化与思维关系研究介于心理人类学与跨文化心理学之间。该流派同民族学科并无渊源关系[29]，其理论基础源于语言学和心理学。语言学基础是从洪堡特到萨丕尔和沃尔夫的语言学理论[33-36]。概念隐喻理论亦是该流派的重要理论基础之一。[37] 心理学基础是维果斯基的社会文化历史发展理论[38]。颜色认知、空间认知、时间认知、亲属关系认知、文化与语言对认知和人格的影响是研究重点。该流派主要采用实验法，认为实验法可做因果关系推论[39]。表1以张积家团队20年来的研究为例，展示了这一流派取得的成果。在多年研究基础上，张积家提出颜色词与颜色认知关系的相互作用理论，认为颜色认知包括物理-生理、认知-智力、社会-文化三个层次，涉及物理、生理、认知、智力、语言和文化六个因素，三个层次六个因素相互作用；[83] 提出新的语言关联性理论，认为语言塑造大脑，影响认知，构建民族；语言不仅影响记忆，还影响知觉，影响甚至决定思维。[36] 语言还影响人格，包括认知能力、认知方式、人格特征、自尊、自我和认同等。[84] 张积家等还对马林诺夫斯基的功能主义文化论做出修正：认为文化不仅满足人的需要，还促进人的心理能力提高和人格特点形成。在每一文化中生活的个体，会形成与文化相一致的心理能力和人格特点，反过来又促进文化的发展与提高。[75]

表1 文化与思维的关系研究进展（以张积家团队研究成果为例）

领域	问题类别	具体研究
民族语言文字认知	东巴文认知 双语和双言认知	东巴文的认知性质与加工机制 东巴文在当代的认知价值 双语者和双言者的语言表征、语言联系和词汇选择机制 双语者的语码切换及其代价 正字法深度和语境对汉族、维吾尔族大学生汉字词认知的影响

续表

领域	问题类别	具体研究
语言和文化对认知的影响	颜色认知	颜色词分类与颜色词概念结构 语言和文化对颜色认知的影响 颜色隐喻 语言和文化影响颜色认知的脑机制
	空间认知 亲属关系认知 认知功能	语言和文化影响空间认知 空间隐喻影响朝鲜族敬语词加工 亲属词分类和亲属词概念结构 隐喻在亲属词语义加工中的作用 语言和文化影响个体情境下和社会情境下的认知功能
语言和文字对人格的影响	自尊 思维方式 情侣关系与乱伦禁忌 自我 族群认同	语言和文字对自尊的影响 宗教和经济状况对思维方式的影响 语言和文化对情侣关系与乱伦禁忌的影响 语言和文化对自我结构的影响 语言演变差异和方言/族群名称对方言群体族群认同的影响

4）中国特色民族心理学研究

这类研究有如下特点：第一，对建立中国特色民族心理学进行理论思辨或实证研究；第二，虽然有借鉴或使用西方理论，目标却是创立符合中国社会的新理论或开发新的研究工具。

（1）中国民族心理学的元理论。学者关于这一领域的一些基本问题达成了共识。比如，在研究目标上包括"顶天立地"的学科目标，"一方水土"的本土目标，"民族在场"的工具目标，"渐行渐近"的行动目标，"从心开始"的社会目标；[7] 民族心理学需要综合、包容、折中、交叉、整合的研究取向和范式。[27] 应处理好民族学研究取向与心理学研究取向、质的研究范式和量的研究范式、科学观与文化观、历史与现实、传统与现代化、人类共同心理特征与民族特异心理特征、个体与群体、态度与行为、外显与内隐、政治与学术等关系。[2] 这些理论观点对引领研究者探索中国特色民族心理学产生了较大影响。

（2）生态文化理论。郑雪与陈中永[85] 发现，一定的生态环境和生存策略要求社会群体发展出与之相适应的认知操作和认知方式，社会结构的紧密性和社会化倾向对认知操作和认知方式起制约作用，现代化因素对认知操作和认知方式的发展有促进作用。[86] 现代化程度不同的农耕者和工商业者的认知方式有差异；[87] 生产方式（农耕、游牧、狩猎、商业）影响各民族成人的认识方式；[88] 现代化进程促进民族心理演变，民族心理又促进或阻碍现代化进程。[89]

（3）民族认同研究。该方向解决的问题集中在四个方面。其一，从历史与文化脉络出发，探索中国各民族认同的特征及形成。涉及汉族[90]、壮族[91]、白族[92]、蒙古族[93]、回族[94]、土家族[95]、瑶族[96]、苗族[97]、维吾尔族[98]、羌族[99] 等民族及未识别族群，如摩梭人[100]。其二，从实证角度探索民族认同类型，代表性分类有主流文化认同、积极民族认同及消极民族认同；[101] 本族认同与中华民族认同的双认同理论得到较多验证。[102] 其三，探索民族认同的个体、群体意义，民族认同与国家认同的关系。研究表明，民族认同与国家认同有关，社会公正信念在民族认同和国家认同和谐共生中有重要作用。[103] 双文化认同整合影响个体在多文化背景中的心理调适、文化框架转换、认知方式和认知复杂性及创造性，对群际关系有重要影响。[104] 个体对两种文化认同整合良好时创造力高。[105] 民族认同与心理健康的关系得到较多关注。[106] 其四，民族本质论对民族认同的影响也得到关注。持有强民族本质论观点的个体感知到的群际差异更大；[107] 与民族社会建构论者比，民族本质论者的民族边界更固化、跨民族交往动机水平更低、对外群体持有更多的刻板印象和偏见；[108] 民族接触通过增加民族间的文化相似性感知、降低内群体文化认同而减弱民族本质论信念；[109] 民族本质论影响跨民族交往，民族本质论信念与接触数量、接触质量呈负相关，与民族间社会距离呈正相关，加强民族社会建构论是促进跨民族交往的重要举措。[110]

（4）民族社会化。民族社会化是个体社会化的重要内容。[111] 张世富研究西双版纳克木人、基诺族、哈尼族等民族青少年的道德社会化[20-21][112-113]，发现道德社会化对儿童成为本民族一员发挥重要作用。父母向孩子传递的最重要的民族社会化信息是"促进和睦"；[114-115] 教师向学生传递的最重要的民族社会化信息是民族政策、促进和睦；[116] 青少年同伴间会因为好奇、民族间文化差异等发生更多的对民族习俗、艺术、标志物等的讨论。[117] 民族社会化对民族认同有促进或削弱作用，促进和睦、文化社会化与中华民族认同正相关，促使不信任、偏见准备的作用相反。[115] 在民族社会化对青少年心理健康的影响中，本族认同与中华民族认同是重要中介变量。[118]

（5）中华民族共同体意识的要素、心理机制及培育。民族心理学界积极开展对中华民族共同体认知、认同的理论探讨及培育路径研究。有学者认为，民族共同体意识包括民族共同体认同、持有的积极情感与维护民族共同体团结统一的行为倾向。[119] 个体通过与社会互动产生个体认同，再经过个体与社会互相渗透，与所属群体产生合一感，形成民族认同，最后通过重新范畴化转变对族群间边界的感知，将内群体和外群体转变为共同的、包摄水平更广的上位群体概念——中华民族共同体。[120] 也有学者认为，中华民族共同体意识包括中华民族认同及共同体成员对中华民族利益的认识与维护，由认知、情感、意志维度构成。[121] 从民众对中华民族共同体的认知及态度，可探索中华民族共同体意识的社会心理形成机制[122]。有学者提出将中华民族共同体意识从抽象转化为具体的表征语义符号，镶嵌到心理空间中，最终使心理空间再生产转化为爱国热情。[123] 管健和方航提出铸牢中华民族共同体意识的五条路径：培育共同体意识、扩大族际交往、促进交叉分类、涵化共同体记忆基础、促进民族地区志智双扶。[124] 通过培养跨民族友谊来促进中华民族共同体意识成为学界共识。[125-126]

（6）民族交往交流交融与民族团结心理。民族交往心理的构成要素包括民族交往需要动机、民族认知、民族情感、民族意识以及民族交往行为。[127] 李静对西北地区民族交往心理进行了跨文化研究。[22] 民族交往交流交融的社会心理基础是社会互动过程、民族交往心理结构、文化适应策略和群际接触。[128] 社会分类、民族内隐观、民族认同、民族刻板印象、民族偏见与民族歧视、群际威胁和群际接触是影响民族交往交流交融的重要社会心理因素。[129] 跨民族友谊与积极外民族态度关联，"友谊效应"在少数民族学生中更明显；民族态度的情感维度比认知维度更易改变；跨民族友谊通过群际焦虑的中介作用影响民族态度。[130] 影响跨民族友谊的因素包括种族/民族多样性、居住方式、个体的民族内隐观等。让不同民族的青少年结成同伴，以学、讲本族故事，听他族故事的方式传递文化社会化信息，发现听同伴讲民间故事能够缩短与其他民族的心理距离，增进多民族心理融合。[131]

民族团结心理也被作为专门问题研究。民族团结心理由认知、情感和行为表征三要素组成。民族团结的认知和价值判断可以划分为自发的、教育的、政策运用三个层次；民族团结情感体现为友谊感、信赖感、一体感，并伴随有彼此沟通、交流的愉快体验[111]。调查表明，云南各族青少年形成了民族团结理论与政策知识，养成了与民族团结相关的积极情感，表现出对中华民族文化的高度认同及对中华民族的强烈归属感，构筑了健康良好的交往交流关系[132]。民族团结教育活动对少数民族学生的民族团结知识记忆有重要影响，少数民族学生对民族团结知识的掌握，间接影响中华文化认同和不同民族学生之间的交往[133]。

二、对中国民族心理学的前瞻

（一）由低水平、繁茂芜杂走向高水平、有机整合

在中国心理学大家庭中，民族心理学还处于弱势、低水平和繁茂芜杂的状态。万明钢等对2000—2005年[134]、蒋强等对2003—2012年[135] 文献计量分析表明，民族心理学的论文数量少，心理学9种主要期刊发文量只占总数的0.58%，民族学13种主要期刊发文量只占总数的0.338%；研究范围广（几乎涉及所有少数民族）但对象狭窄（主要关注中学生和大学生）；研究方法单一，模仿国外和运用国外量表的研究多，创新性研究少；研究思路以少数民族与汉族比较为主，对理论问题关注不足。党的十八大以来，"中国梦"的执政理念为民族心理学快速发展提供了重要契机，"一带一路"倡议为其快速发展提供了重要推动力。改革开放以来各族人民的生活水平、精神面貌发生了翻天覆地的变化，如何进一步维护民族团结，铸牢中华民族共同体意识，中华民族共同体认同、国家认同是关键。一批高水平的学者正将研究兴趣转向民族心理学领域。在不久的将来，我国的民族心理学将走向高水平、有机整合。

（二）由"小众"走向"大众"

在中国心理学学科体系中，民族心理学仍是一个"小众"学科，主要表现在以下几方面。

（1）研究对象"少"。主要研究中国少数民族心理，对中华民族的主体——汉族人心

理的研究一般不计算在内。改革开放以来，中国内地出现了大量的中国心理学思想研究，汉语和汉字认知心理研究，中国人的知觉与记忆、情绪、能力与人格研究，中国人的心理发展研究，这些研究都以中国人的心理为对象，应属于广义的民族心理学研究。但目前的学科分类不这样认为。这就大大缩小了民族心理学的研究对象的范围。中国心理学家也少有人研究国外的主体民族和少数民族，从未出现过像《菊花与刀》那样以国外民族为研究对象的著作。这种现状既与中国在世界上的大国地位极不相称，也很难满足"一带一路"倡议和中国和平崛起的需要。

（2）研究队伍"小"。研究人员主要分布在西南、西北、华南等地，稳定的研究群体正在形成中。事实上，民族心理研究不是心理学家的专利，民族学、人类学、教育学、社会学、历史学、文学、艺术学等人文学科的研究者均可参与，民族心理学的研究队伍亟须扩大。可以预期，随着国家和民众的重视，民族心理学将会由"小众"学科发展成"大众"学科。

（三）由重视民族差异心理研究走向重视民族共同心理研究

在研究取向上，新中国成立后的民族心理研究重在发现不同民族的心理差异，跨文化比较是主要研究范式。随着党和政府对铸牢中华民族共同体意识的强调，未来的民族心理学应将重点转向以发现共同性为主。

党的十八大以来，中华民族共同心理研究日益成为研究重点。在我国，多民族共同心理的最高层次是中华民族共同心理。中华民族共同心理的核心是中华民族共同体意识。在2021年民族工作会议上，习近平总书记提出将铸牢中华民族体意识作为民族工作的主线，促进各民族的交往交流交融，构筑中华民族共同精神家园。因此，在继续关注少数民族心理研究的同时，未来的民族心理学将以中华民族共同心理作为研究主线，重点研究如何确立全体国民的中华民族共同体意识，同时也重视研究世界上的主体民族和少数民族的心理。如果将中华民族共同心理视为中国人心理发展的历史结果，会得到更开阔、包容、先进的思辨空间。21世纪20年代后的中国民族心理学，将开辟中华民族共同心理发展史的研究领域。

当下，中国民族心理学研究正逐渐从关注民族个体与群体的心理规律转向服务于国家民族的社会实践。已有研究虽然在民族交往与民族团结心理方面积累了一些成果，但是，随着国家脱贫战略的实施，也带来了新的挑战。这一问题同样也是其他学科的热点，如何体现本学科对此问题研究的独特价值与意义，还需要更多努力。

三、结语

中国民族心理学的未来发展，寄希望于更多后继研究者成长为优秀的民族心理学家。未来的民族心理学家，应该具备以下特征。

首先，能正确处理三种关系：爱本民族与爱中华民族、爱国与爱党、爱中华民族与爱人类的关系。每一个中国人都有被国家认可的民族身份，又有一个共同身份——中华民族的一员。民族认同具有多层次性，56个民族是基层，中华民族是高层。处理好爱本民族与爱中华民族关系的研究者，才能以全局意识理解作为中华民族一员的使命与担当。社会主义中国赓续了中华千古文明，将爱国与爱党联系起来，才能更好地理解中国的民族政策与未来发展目标。爱党、爱国、爱中华民族，不是要搞狭隘民族主义，而是心系民族、国家、人类，有人类命运共同体意识。在学术上，也要处理好三种关系：多元与一体的关系，共同性和差异性的关系，民族意识与中华民族共同体意识的关系。

其次，要具备三种能力，即解读文化、历史与政策的能力，理解民族心理学多个流派观点的能力，理论的创新意识与实践能力。

再次，要拥有三种情感，即对中华文化的热爱，对深层文化心理的好奇，对促进人类美好生活的热情。

最后，当下的民族心理学研究者要做到"五个坚定不移"：坚定不移地铸牢中华民族共同体意识，坚定不移地研究学好用好国家通用语言文字，坚定不移地弘扬中华民族优秀传统文化，坚定不移地落实好"五个认同"，坚定不移地走学科融合、兼容并蓄的发展道路。

〔参考文献〕

[1] 徐黎丽. 关于民族心理学研究的几个问题 [J]. 民族研究，2002（6）：95-103，110.

[2] 张积家. 论民族心理学研究中的十种关系 [J]. 华南师范大学学报（社会科学版），2016（1）：44-50，189.

[3] 张世富. 民族心理学的研究内容、任务与方法 [J]. 昆明师专学报，1992（1）：6-12.

[4] 尹可丽. 族群社会心理：民族心理学的研究对象 [J]. 贵州民族研究，2006（4）：85-89.

[5] 韩忠太，傅金兰. 论民族心理学的研究方法 [J]. 贵州民族研究，1992（2）：134-140.

[6] 植凤英，张进辅. 论民族心理学研究中质与量的整合 [J]. 民族研究，2007（6）：33-40，108.

[7] 李静. 当代民族心理学的研究范式 [J]. 西南民族大学学报（人文社会科学版），2018（11）：215-222.

[8] 姜永志，七十三. 中国民族心理学研究的本土化：方向与问题 [J]. 华南师范大学学报（社会科学版），2016（1）：59-65，190.

[9] 威廉·冯特，刘世能. 民族心理学：语言、神话和风俗 [J]. 民族译丛，1992（1）：23-27.

[10] 张世富. 民族心理学的研究内容、任务及方法 [J]. 安阳师范学院学报，2005（1）：57-61，77.

[11] 沙莲香. 中国民族性 [M]. 北京：中国人民大学出版社，2012.

[12] 孙隆基. 中国文化的深层结构 [M]. 桂林：广西师范大学出版社，2004.

[13] 熊锡元. 试论回回民族共同心理素质 [J]. 思想战线, 1986 (2): 28-34, 61.

[14] 尹可丽. 傣族的心理与行为研究 [M]. 昆明: 云南民族出版社, 2005.

[15] 苏世同. 论苗文化与苗族主体心理的建构 [J]. 吉首大学学报（社会科学版）, 1991 (4): 15-19.

[16] 银军. 试探侗族民族心理素质 [J]. 贵州民族研究, 1992 (1): 58-64.

[17] 韩忠太, 傅金芝. 民族心理调查与研究: 基诺族 [M]. 贵阳: 贵州教育出版社, 1992.

[18] 左梦兰, 魏镱. 7—11岁汉族、傣族、景颇族儿童概念形成的比较研究 [J]. 心理学报, 1987 (3): 38-45.

[19] 左梦兰, 魏镱, 傅金芝. 10—15岁汉族和傣族儿童认知发展的比较 [J]. 心理科学通讯, 1986 (2): 1-9.

[20] 张世富. 云南西双版纳四个民族青少年品德形成研究（1980—2001）[J]. 西北师大学报（社会科学版）, 2002 (1): 90-94.

[21] 张世富, 阳少敏. 云南4个民族20年跨文化心理研究: 议青少年品格的发展 [J]. 心理学报, 2003 (5): 690-700.

[22] 李静. 民族交往心理的跨文化研究 [M]. 北京: 中国社会科学出版社, 2010.

[23] 张积家. 民族心理学 [M]. 上海: 华东师范大学出版社, 2019.

[24] 万明钢, 李艳红, 崔伟. 美国民族心理学研究的发展历史 [J]. 民族教育研究, 2006 (6): 55-61.

[25] 埃里克·B.希雷, 戴维·A.利维. 跨文化心理学: 批判性思维和当代的应用: 4版 [M]. 侯玉波, 等译. 北京: 中国人民大学出版社, 2013.

[26] 王皓宇. 不忘初心任重道远: 我国民族心理学的研究价值和使命探讨 [J]. 贵州民族研究, 2017 (12): 42-46.

[27] 胡平, 张积家. 学科比较视角下民族心理学的研究理路与发展趋势 [J]. 华南师范大学学报（社会科学版）, 2016 (1): 51-58, 190.

[28] 阿拉坦巴根, 姜永志. 我国民族心理学研究的文化魅惑: 价值与使命 [J]. 山西师大学报（社会科学版）, 2012 (3): 134-137.

[29] A.C.彼得罗娃, 刘敦健. 现代美国民族心理学的基本流派: 心理人类学与跨文化研究 [J]. 民族译丛, 1991 (1): 28-33.

[30] 韩忠太. 走出祖荫: 六十年后的西镇人 [J]. 民族研究, 2010 (6): 21-30, 107-108.

[31] 韩忠太. 一种自称, 三个民族: 对黄泥河右岸布依族群民族识别的再调查 [J]. 云南民族大学学报（哲学社会科学版）, 2012 (3): 5-10.

[32] 辛素飞, 刘丽君. 少数民族大学生心理健康水平的变迁: 横断历史研究的视角 [J]. 青年研究, 2019 (2): 27-37, 94-95.

[33] 威廉·冯·洪堡特. 论人类语言结构的差异及其对人类精神发展的影响 [M]. 姚小平, 译. 北京: 商务印书馆, 2017.

[34] 爱德华·萨丕尔. 语言论 [M]. 陆卓元, 译. 北京: 商务印书馆, 1985.

[35] 本杰明·李·沃尔夫. 论语言、思维和现实：沃尔夫文集 [M]. 高一虹，等译. 长沙：湖南教育出版社，2001.

[36] 张积家. 语言认知新论 [M]. 广州：广东高等教育出版社，2010.

[37] 张积家. 容器隐喻、差序格局与民族心理 [J]. 西南民族大学学报（人文社会科学版），2018（5）：214-221.

[38] 列夫·维果茨基. 思维与语言 [M]. 北京：北京大学出版社，2010.

[39] 和秀梅，张积家. 充分发挥民族院校优势，积极开展民族心理研究 [J]. 民族教育研究，2013（6）：50-56.

[40] 张积家，和秀梅，陈曦. 纳西象形文字识别中的形、音、义激活 [J]. 心理学报，2007（5）：807-818.

[41] 谢书书，张积家，岑月婷，等. 从认知角度探查纳西东巴文的性质 [J]. 华南师范大学学报（社会科学版），2014（4）：43-51，181.

[42] 王娟，张积家，谢书书，等. 结合东巴文学习汉字对幼儿汉字字形记忆的影响 [J]. 心理学报，2011（5）：519-533.

[43] 张积家，林娜，章玉祉. 结合东巴文学习汉字促进智障儿童的汉字学习 [J]. 中国特殊教育，2014（6）：14-19.

[44] 崔占玲，张积家. 藏-汉-英三语者词汇与语义表征研究 [J]. 心理科学，2009（3）：559-562.

[45] 崔占玲，张积家. 汉-英双语者言语理解中语码切换的机制：来自亚词汇水平的证据 [J]. 心理学报，2010（2）：173-184.

[46] 崔占玲，张积家，顾维忱. 藏-汉-英三语者言语产生中的词汇选择机制 [J]. 现代外语，2009（1）：51-58，109.

[47] 张积家，张凤玲. 熟练粤语-普通话双言者听觉词的语言表征 [J]. 心理与行为研究，2014（4）：433-440，468.

[48] 张积家，崔占玲. 藏-汉-英双语者字词识别中的语码切换及其代价 [J]. 心理学报，2008（2）：136-147.

[49] 张积家，王悦. 熟练汉-英双语者的语码切换机制：来自短语水平的证据 [J]. 心理学报，2012（2）：166-178.

[50] 杨群，王艳，张积家. 正字法深度对汉族、维吾尔族大学生汉字词命名的影响 [J]. 心理学报，2019（1）：1-13.

[51] 杨群，张积家，范丛慧. 维吾尔族与汉族的大学生在汉语歧义词消解中的语境促进效应及反应抑制效应 [J]. 心理学报，2021（7）：746-757.

[52] 张启睿，和秀梅，张积家. 彝族、白族和纳西族大学生的基本颜色词分类 [J]. 心理学报，2007（1）：18-26.

[53] 王娟，张积家，林娜. 纳日人颜色词的概念结构：兼与纳西人颜色词概念结构比较 [J]. 中央民族大学学报（哲学社会科学版），2010（2）：87-93.

[54] 张付海，杨晓峰，方燕红，等. 生活环境和宗教文化对蒙古族基本颜色词概念结构的影响 [J]. 华南师范大学学报（社会科学版），2016（1）：112-118，191.

[55] 张积家，刘丽红，陈曦，等. 纳西语颜色认知关系研究 [J]. 民族语文，2008 (2)：49-55.

[56] 张积家，孟乐. 语言和颜色文化对蒙、汉大学生颜色认知的影响 [J]. 华南师范大学学报（社会科学版），2018 (5)：59-69，191.

[57] 杨群，张启睿，冯意然，等. 语言和文化影响颜色认知：直接语言效应抑或间接语言效应？[J]. 心理学报，2019 (5)：543-556.

[58] 谢书书，张积家，和秀梅，等. 文化差异影响彝、白、纳西和汉族大学生对黑白的认知 [J]. 心理学报，2008 (8)：890-901.

[59] 张积家，龙潞娇，王婷，等. 颜色文化差异影响道德的黑白隐喻表征及行为选择 [J]. 广西民族研究，2021 (2)：70-81.

[60] 谢书书，张积家，朱君. 颜色范畴知觉效应发生在大脑两半球：来自纳西族和汉族的证据 [J]. 心理学报，2019 (11)：1229-1243.

[61] 张积家，谢书书，和秀梅. 语言和文化对空间认知的影响：汉族和纳西族大学生空间词相似性分类的比较研究 [J]. 心理学报，2008 (7)：774-787.

[62] 汪新筱，张积家. 朝鲜语敬语词加工中的空间隐喻和重量隐喻：语义信息与语法信息的双重作用 [J]. 外语教学与研究，2020 (6)：880-892，960.

[63] 张积家，和秀梅. 纳西族亲属词的概念结构：兼与汉族亲属词概念结构比较 [J]. 心理学报，2004 (6)：654-662.

[64] 肖二平，张积家，王娟，等. 摩梭人亲属词的概念结构：兼与汉族、纳西族亲属词的概念结构比较 [J]. 心理学报，2010 (10)：955-969.

[65] 张积家，杨晨，崔占玲. 傣族亲属词的概念结构 [J]. 华南师范大学学报（社会科学版），2010 (6)：41-48，155.

[66] 王娟，张积家，刘翔，等. 彝族人、白族人的亲属词概念结构：兼与摩梭人的亲属词概念结构比较 [J]. 华南师范大学学报（社会科学版），2012 (1)：45-54，159.

[67] 王丹，龙潞娇，张积家. 英语亲属词的概念表征：历史文化和思维方式的双重作用 [J]. 华南师范大学学报（社会科学版），2018 (5)：70-79.

[68] 李惠娟，张积家，张瑞芯. 上下意象图式对羌族亲属词认知的影响 [J]. 心理学报，2014 (4)：481-491.

[69] 和秀梅，张夏妮，张积家，等. 文化图式影响亲属词语义加工中的空间隐喻：来自汉族人和摩梭人的证据 [J]. 心理学报，2015 (5)：584-599.

[70] 汪新筱，严秀英，张积家，等. 平辈亲属词语义加工中长幼概念的空间隐喻和重量隐喻：来自中国朝鲜族和汉族的证据 [J]. 心理学报，2017 (2)：174-185.

[71] 张积家，付雅，王斌. 文化影响亲属词性别概念加工中的空间隐喻与重量隐喻：来自彝族、白族和摩梭人的证据 [J]. 心理学报，2020 (4)：440-455.

[72] 王婷，关宇霞，关红英，等. 鄂伦春族的视空间工作记忆能力优势：生态环境和生产方式的影响 [J]. 心理学报，2018 (10)：1094-1104.

[73] 王婷，王丹，张积家，等. "各说各话"的语言经验对景颇族大学生执行功能的影响 [J]. 心理学报，2017 (11)：1392-1403.

[74] 王婷, 植凤英, 陆禹同, 等. 侗歌经验对侗族中学生执行功能的影响 [J]. 心理学报, 2019 (9): 1040-1056.

[75] 郭人豪, 王婷, 张积家. 多元语言文化对个体情境下与社会情境下认知转换功能的差异性影响: 来自锡伯族的证据 [J]. 心理学报, 2020 (9): 1071-1086.

[76] 乔艳阳, 张积家, 李子健, 等. 语言影响汉、苗、回族大学生的内隐自尊和外显自尊 [J]. 民族教育研究, 2017 (3): 73-78.

[77] 乔艳阳, 张积家, 李子健. 宗教和经济对民族文化及思维方式的影响: 以景颇族为例的文化混搭效应探析 [J]. 西南民族大学学报 (人文社会科学版), 2018 (8): 199-204.

[78] 肖二平, 张积家, 王娟. 摩梭走访制下的阿注关系: 是亲属还是朋友? [J]. 心理学报, 2015 (12): 1486-1498.

[79] 肖二平, 张积家. 生物进化与文化对乱伦禁忌内隐态度的影响: 来自汉族人与摩梭人的证据 [J]. 华南师范大学学报 (社会科学版), 2018 (5): 80-88.

[80] 杨群, 冯意然, 张积家. 父亲参照效应的语言与文化差异: 来自提取诱发遗忘的证据 [J]. 心理学报, 2019 (3): 304-315.

[81] 王斌, 付雅, 张积家. 语言和文化对自我参照条件下提取诱发遗忘的影响: 来自汉族人和摩梭人的证据 [J]. 心理学报, 2019 (4): 450-461.

[82] 伍丽梅, 张积家, 孟乐, 等. 语言演变差异与族群/方言名称对族群信息加工的影响: 以广东三大汉语方言为例 [J]. 心理学报, 2021 (9): 944-959.

[83] 张积家, 方燕红, 谢书书. 颜色词与颜色认知的关系: 相互作用理论及其证据 [J]. 心理科学进展, 2012 (7): 949-962.

[84] 张积家, 于宙, 乔艳阳. 语言影响人格: 研究证据与理论解释 [J]. 民族教育研究, 2017 (4): 74-82.

[85] 郑雪, 陈中永. 认知操作和认知方式与生态文化因素的关系 [J]. 心理学报, 1995 (2): 152-158.

[86] 陈中永, 郑雪. 中国多民族认知活动方式的跨文化研究 [J]. 内蒙古师大学报 (哲学社会科学版), 1995 (4): 25-33.

[87] 郑雪. 中国人认知方式发展的趋势与现代化的关系 [J]. 社会学研究, 1995 (1): 59-64.

[88] 郑雪. 汉、黎、回、蒙古和鄂温克族成人认识方式的比较 [J]. 民族研究, 1996 (1): 26-32.

[89] 郑雪. 现代化与中国民族心理的演变 [J]. 心理学探新, 1993 (2): 16-20.

[90] 王明珂. 华夏边缘: 历史记忆与族群认同 [M]. 上海: 上海人民出版社, 2020.

[91] 梁茂春. "跨界民族"的族群认同与国家认同: 以中越边境的壮族为例 [J]. 西北民族研究, 2012 (2): 40-52, 20.

[92] 王文光, 张曙晖. 利益、权利与民族认同: 对白族民族认同问题的民族学考察 [J]. 思想战线, 2009 (5): 5-8.

[93] 萨仁娜. 河南蒙古族的"藏化"与族群认同的变迁 [J]. 西北民族论丛, 2014 (1): 251-265.

[94] 王玲霞. 符号表征与族群认同: 以文化符号解读旧村回族的族群认同 [J]. 回族研究, 2014 (4): 76-81.

[95] 王远新. 青海同仁土族的语言认同和民族认同 [J]. 中央民族大学学报 (哲学社会科学版), 2009 (5): 106-112.

[96] 梁茂春. 跨越族群边界: 社会学视野下的大瑶山族群关系 [M]. 北京: 社会科学文献出版社, 2008.

[97] 蒋立松. 苗族"鼓社祭"中的族群认同整合: 以黔东南 J 村为例 [J]. 原生态民族文化学刊, 2015 (2): 102-106.

[98] 李晓霞. 试析维吾尔民众的国家认同、民族认同与宗教认同 [J]. 北方民族大学学报 (哲学社会科学版), 2009 (6): 11-17.

[99] 王明珂. 羌在汉藏之间: 川西羌族的历史人类学研究 [M]. 北京: 中华书局, 2008.

[100] 王娟, 张积家, 肖二平, 等. 摩梭中学生的民族认同及其影响因素 [J]. 华南师范大学学报 (社会科学版), 2016 (1): 105-111, 191.

[101] 万明钢, 王亚鹏. 藏族大学生的民族认同 [J]. 心理学报, 2004 (1): 83-88.

[102] 佐斌, 秦向荣. 中华民族认同的心理成分和形成机制 [J]. 上海师范大学学报 (哲学社会科学版), 2011 (4): 68-76.

[103] 周爱保, 侯玲, 高承海. 民族认同和国家认同的和谐共生: 社会公正信念的作用 [J]. 西南民族大学学报 (人文社会科学版), 2015 (7): 87-91.

[104] 杨晓莉, 闫红丽, 刘力. 双文化认同整合与心理适应的关系: 辩证性自我的中介作用 [J]. 心理科学, 2015 (6): 1475-1481.

[105] 杨晓莉, 鲁光颖. 开放性在认同整合与创造力关系中的调节作用 [J]. 宁波大学学报 (教育科学版), 2020 (2): 111-119.

[106] 高承海, 撒丽. 青少年民族认同的发展状态与心理适应的关系 [J]. 西北师大学报 (社会科学版), 2017 (2): 106-110.

[107] 高承海, 万明钢. 民族本质论对民族认同和刻板印象的影响 [J]. 心理学报, 2017 (2): 231-242.

[108] 高承海, 万明钢. 改变民族内隐观可促进民族交往与民族关系 [J]. 民族教育研究, 2018 (4): 21-26.

[109] 高承海, 王荣霞, 孙中芳. 民族接触减弱民族本质论: 文化认同与文化相似性的中介作用 [J]. 心理科学, 2020 (2): 445-451.

[110] 杨晓莉, 刘力, 赵显, 等. 民族本质论对跨民族交往的影响 [J]. 心理科学, 2014: 445-451.

[111] 尹可丽, 尹绍清. 民族团结心理的研究内容与方法建构 [J]. 云南民族大学学报 (哲学社会科学版), 2008 (3): 26-29.

[112] 张世富. 云南省西双版纳傣族自治州克木人和基诺族的青少年品德形成的调查研究 [J]. 心理学报, 1982 (4): 459-465.

[113] 张世富. 云南省西双版纳傣族自治州拉祜族和哈尼族的青少年品德形成的调查研究: 跨文化心理学的探讨 [J]. 心理学报, 1984 (4): 447-454.

[114] 尹可丽, 包广华, 钱丽梅, 等. 景颇族初中生的民族社会化觉察及其特征 [J]. 心理学报, 2016 (1): 36-47.

[115] 尹可丽, 杨玉雪, 张积家, 等. 双向偏见引发冲突情境下自我归类对民族社会化觉察的影响: 来自景颇族、傣族和汉族初中生的证据 [J]. 心理学报, 2017 (2): 253-261.

[116] 尹可丽, 田江瑶. 教师的民族社会化实践与青少年民族认同的关系 [J]. 民族教育研究, 2019 (2): 115-121.

[117] 王孟君, 尹可丽, 杨杨. 傣族青少年同伴文化社会化类型特征及发生情境 [J]. 社区心理学研究, 2018 (1): 119-134.

[118] 尹可丽, 李鹏, 包广华, 等. 民族社会化经历对藏族青少年积极心理健康的影响——民族认同与自尊的中介作用 [J]. 华南师范大学学报 (社会科学版), 2016 (1): 78-84, 190.

[119] 张积家. 民族共同体意识如何产生与发展 [J]. 中国民族教育, 2017 (4): 17.

[120] 张积家, 冯晓慧. 中华民族共同体认同的心理建构与影响因素 [J]. 民族教育研究, 2021 (2): 5-14.

[121] 陈立鹏, 薛璐璐. 民族心理距离视域下铸牢中华民族共同体意识的路径研究 [J]. 中央民族大学学报 (哲学社会科学版), 2020 (6): 34-40.

[122] 姜永志, 侯友, 白红梅. 中华民族共同体意识培育困境及心理学研究进路 [J]. 广西民族研究, 2019 (3): 105-111.

[123] 胡平, 韩宜霖. 心理空间视阈下中华民族共同体意识培育路径初探 [J]. 贵州民族研究, 2020 (6): 150-154.

[124] 管健, 方航. 铸牢中华民族共同体意识的结构面向与心理路径 [J]. 西北民族研究, 2020 (4): 17-21.

[125] 陈晓晨, 赵菲菲, 张积家. 跨民族友谊对民族态度的影响及其作用机制 [J]. 民族教育研究, 2018 (6): 96-103.

[126] 杨晓莉, 赵佳妮. 跨民族友谊的影响因素及其形成措施 [J]. 甘肃高师学报, 2018 (6): 99-101.

[127] 梁静, 杨伊生. 我国民族互嵌关系格局下跨民族友谊研究的本土化反思 [J]. 西南民族大学学报 (人文社会科学版), 2021 (1): 205-212.

[128] 李静, 于晋海. 民族交往交流交融及其心理机制研究 [J]. 西北师大学报 (社会科学版), 2019 (3): 91-98.

[129] 姜永志, 白红梅, 李敏. 民族交往交流交融的社会心理促进机制及实现路径: 基于社会心理学的视角 [J]. 西南民族大学学报 (人文社会科学版), 2018 (7): 212-218.

[130] 高承海. 促进民族交往交流交融的社会心理路径与策略［J］. 西南民族大学学报（人文社会科学版），2020（7）：215-221.

[131] 尹可丽，赵星婷，张积家，等. 听同伴讲民间故事增进多民族心理融合［J］. 民族教育研究，2020（1）：60-70.

[132] 尹可丽，尹绍清，龙肖毅. 云南青少年民族团结心理与教育［M］. 中国社会科学出版社，2018.

[133] 尹可丽，张敏，张积家. 民族团结教育活动对少数民族学生中华民族认同及族际交往的影响［J］. 民族教育研究，2016（3）：57-63.

[134] 万明钢，赵国军，杨俊龙. 我国少数民族心理研究的文献计量分析2000～2005［J］. 心理科学进展，2007（1）：185-191.

[135] 蒋强，孙时进，李成彦. 2003—2012年民族心理文献计量学研究：基于国内主要心理学和民族学期刊［J］. 西南民族大学学报（人文社会科学版），2014（4）：189-197.

容器隐喻、差序格局与民族心理

张积家

[摘　要]　容器隐喻是空间隐喻的子类，通常使用容器类图式表征事物的相似性或是否在同一类别内。采用容器隐喻研究范式研究社会关系认知，能够发现群体间社会关系认知的差异并追溯其原因。众多因素影响容器隐喻，差序格局是其中之一。差序格局理论与容器隐喻有共通之处。在多民族背景下研究容器隐喻，不仅能够证实差序格局理论的心理现实性，还能够为我国"一带一路"的"民心相通"工程提供科学理论和合理政策建议，推进民族心理学的发展。

[关键词]　容器隐喻；差序格局；民族心理

[原　载]　《西南民族大学学报（人文社会科学版）》2018年第5期，第214—221页。

一、相关概念与研究历史

（一）隐喻的概念

什么是隐喻？在心理学上，隐喻代表概念形成方式，代表一种深层次认知机制。隐喻是从容易理解、具体、有形、容易界定的始源域概念映射难以理解、抽象、无形、难以界定的目标域概念，从而实现抽象思维[1]。

隐喻研究历史分为修辞学、语义学和现代认知科学三个阶段[2]。修辞学阶段从公元前300年至20世纪30年代，集中描述隐喻的修辞效果，认为隐喻与语言的本质无关。语义学阶段从20世纪30年代至70年代末，认为隐喻是本体和喻体基于共同点建立起来的联系。这两个阶段都将隐喻看作是特殊语言现象，未考虑其思维本质。自20世纪80年代起，认知科学将隐喻看作是人类建构概念系统的手段[3]，隐喻研究才走向科学化。例如，采用启动范式研究时间空间隐喻，探究空间概念启动对时间概念加工的影响。Ishihara等认为，人类对时间的空间表征有一条心理时间线，左对应过去，右对应未来。如果实验中出现的空间与时间关系同时间的空间表征一致，反应时就短，正确率就高。

这种时间与空间的联结被称为空间-时间联合编码效应[4]。这类研究通过被试行为随实验操纵变化来推测隐喻形成。Lakoff 与 Johnson 认为，在人类语言中，隐喻使用极为频繁。"人类的一生可能会使用几千万个隐喻"[1]。Lakoff 将隐喻看作是人类认知的基本方式，隐喻反映思维的本质[5]。具身认知理论认为，概念植根于人的动作系统和知觉系统中，单词含义源于身体的知觉与运动[6]。人类通过动作和知觉理解概念，身体和环境经验在认知中有重要作用。概念形成依赖对身体部位、空间关系、力量、运动的感知，概念理解是感知觉和运动经验的心理重演[7]。

（二）空间隐喻与容器隐喻

由于大多数隐喻都通过知觉与运动形成，故空间隐喻最常见，也最基础。人类认识世界始于空间中的相对位置与位移，通过个体与事物在空间中形成的上下、左右、前后、远近、内外、中心和边缘等位置关系来表达对事物的认知，使空间概念与抽象概念建立联结。空间隐喻是个体使用空间概念来理解或表示其他概念[8]。有三类空间隐喻：① 方位隐喻，即用方位词表征抽象概念，如用"上/下"表示代际关系，用"高/低"表示社会地位，用"前/后"表示过去与未来；② 距离隐喻，即用距离概念表征抽象概念，如用"长/短"表征时间久暂，用"远/近"表示个体与他人关系的亲密度；③ 容器隐喻，即用容器状意象图式表征抽象概念，主要用来表征事物类别、个体与他人间的亲密度等[1]。一般来说，与个体亲密度高的人在同一容器内，与个体亲密度低的人在同一容器外；相同类别事物在同一容器内，不同类别事物不在同一容器内。当实验中出现的他人/事物与容器的配对符合容器隐喻时，被试反应更快，如不符合，被试反应变慢。

（三）差序格局

"差序格局"是费孝通在《乡土中国》中提出的概念[9]。差序格局是有关中国传统社会人际关系的理论，反映中国传统人际关系的本质。在以血缘、姻缘和地缘为中心的中国传统社会背景下，差序格局有如下特点。

1. 以个人为中心

费孝通说：差序格局就好像把一块石头丢在水面上之后一圈圈推出去的波纹，每个人都是他社会影响所推出去的圈子的中心[9]。这些人际关系圈子拥有共同的中心点，那就是自己，与自己构成社会关系的他人按照与自己的亲密度排在不同圈子的不同位置上。他人与自己之间的绝对距离代表个体与他人关系的亲密度。在一定距离内，离中心距离近，就是"圈内人"；在该距离外的，就是"圈外人"。个体用不同态度对待圈子内外的人[10]。

2. 体现儒家的伦理观念

费孝通指出：我们儒家最考究的是人伦，伦是什么呢？我的解释就是从自己推出去的，和自己发生社会关系的那一些人里，所发生的一轮轮波纹的差序。"伦"就是个体间的"差序格局"[9]。例如，儒家讲求"亲亲"和"爱有差等"。孔子说："仁者，人也，亲亲为大。"孟子说："亲亲，仁也"；"亲亲而仁民，仁民而爱物。"因此，"亲亲"是人伦的基础，是道德的出发点。在此基础上，"爱有差等"。"爱有差等"承认人与人之间关系存在差别，由于血缘、姻缘、地缘不同，人不可能无差别地对待每个人，只能保持有差等的爱，从而保证社会秩序的良好运行。费孝通说：孔子最注重的就是水纹波浪向外扩张的"推"字。他先承认一个己，得加以克服于礼，克己就是修身。顺着这个同心圆的伦常，就可以向外推了。从己到家，从家到国，由国到天下，是一条通路[9]。

易中天认为，内外有别，亲疏有差，长幼有序，贵贱有等，这四者是中国古代伦理的基础[11]。在中国传统社会中，家（家庭、家屋）是最基本的单位，扮演着极为重要的角色[12]。中国传统伦理以家为中心，由家扩展到家族、氏族和民族。家、家族、氏族、民族都是以血缘和姻缘为经纬组织起来的人际关系网络。在这种网络中，个人对亲属不仅应爱护，还应爱得深一些[13]。对亲属是亲爱，对民众是仁爱，对万物是怜爱。爱有多寡、浓淡、厚薄，标准是血缘。血缘关系近，爱就深厚；血缘关系远，爱就淡薄。这叫作"血浓于水"[13]。爱有顺序：孔子说："弟子入则孝，出则弟，谨而信，泛爱众而亲仁。"。即，首先爱父母，其次爱兄弟，再次爱朋友，最后"泛爱众"。孟子说："事，孰为大？事亲为大。守，孰为大？守身为大。不失其身而能事其亲者，吾闻之也；失其身而能事其亲者，吾未闻之也。""人人亲其亲、长其长，而天下平。"这叫作"亲疏有别"。孟子认为，人的品德修养也应按照明善、修身、悦亲、信于友、获于上、治民的顺序前进[14]。

3. 体现中国传统社会的资源分配方式

中国传统社会以农业为主。家庭集生活、子女教育、经济生产、情感维持和社会保障为一体，父权是核心。权力归属和家庭财产与资源分配严格遵循血缘等差秩序。血缘关系、姻缘关系和地缘关系就成为中国社会关系认知的基础。家族资源按血缘关系来继承，生活、生产与消费以家庭为单位开展，合作者一般为血亲与姻亲的家族成员或以地缘为基础的邻里。在这种生产生活方式基础上，血缘关系、姻缘关系和地缘关系就具有权威性，形成了个人对它们的认同和效忠[15]。

二、容器隐喻的研究现状

近年来，越来越多的研究者对隐喻感兴趣。这是由于隐喻代表概念形成的机制，研究范围非常广泛，几乎所有概念都可成为隐喻研究的主题。而容器隐喻研究正处在滥觞阶段。

Boot 和 Pecher 发现，当两张图片属于同一类别且被一个大边框框住时，被试反应更快；当两张图片不属于同一类别且被两个边框分别框住时，被试反应更快[16]。这说明，容器隐喻对类别认知起易化或促进作用。由于容器隐喻用容器意象图式来表征事物是否属于同一类别，能够体现对社会关系的认知与分类，因而学者们围绕这方面的研究也较多。张积家和陈秀芹发现，当中国大学生称外国人为"老外"时，优势动机是"贬低与排斥";当外国人听到中国人称他们"老外"时,最主要的心理感受是被欺负和不尊重[17]。我们又从容器隐喻角度对汉语的谦词与敬词进行研究,要求被试判断屏幕上出现的是敬词还是谦词,词汇出现的位置或在圆圈外、或在圆圈内。结果发现,谦词在圆圈内呈现语义加工迅速,谦词在圆圈外呈现语义加工迟缓,说明汉语母语者对谦词语义加工存在"圈内隐喻一致性效应"。当敬词在圆圈内和圆圈外呈现时,反应时却无差异。这说明,汉语母语者的敬词使用特点是"谦内"与"内外皆敬"。李惠娟在研究汉语亲属词的容器隐喻时,给被试在圆圈不同位置(圈内/圈边缘/圈外)上呈现不同亲密度的亲属词,发现当亲密度高的亲属词出现在圆圈内时,反应更快,错误率更低;当亲密度低的亲属词出现在圆圈外时,反应时更短,正确率更高。亲属关系性质类似于容器,与己身有血缘关系的亲属被归入容器内,与己身无血缘关系的亲属被归为容器外,即存在"血亲-容器内,姻亲-容器外"隐喻[18]。

和秀梅等考察在汉族人和摩梭人的亲属词语义加工中的容器隐喻。他们认为,汉族是父系社会。对汉族被试来说,父系亲属词与"内"联系更紧密,母系亲属词与"外"联系更紧密。摩梭人实行母系制,亲属词的容器隐喻与汉族人相反,母系亲属词更多地与"内"联系,父系亲属词更多地与"外"联系。通过操纵亲属词在圆圈内、圆圈边缘、圆圈外出现的位置和亲属词类型(父系、母系),比较在不同条件下的反应时和正确率。对摩梭人而言,母系亲属词呈现在圆圈中心时反应最快,呈现在圆圈边缘时反应次之,呈现在圆圈外时反应最慢。对汉族人而言,父系亲属词呈现在圆圈中心或圆圈外时反应比摩梭人快,呈现在圆圈边缘时两个民族的反应时差异不显著。这表明,汉族人和摩梭人在亲属概念(父系、母系)的容器隐喻上存在差异。这种差异与两个民族的亲属制度、民族文化关系十分紧密,体现出两个民族对父系亲属与母系亲属认知的巨大差异[19]。

自我是近年来心理学研究的热点领域。人类的自我概念存在明显的文化差异。人类记忆存在显著的自我参照效应,对与自我有关的加工导致最优的记忆成绩。朱滢等的研究表明,中国人有关自我的记忆成绩并不优于与母亲有关的记忆成绩,说明在中国人的自我中包含母亲的成分[20-22]。周爱保等发现,宗教文化中的重要他人(阿訇)可被回族大学生整合到自我中,在提取诱发遗忘加工中产生阿訇参照效应[23]。这说明,西方人的自我属于个体型,中国人的自我属于整体型、网络型,符合容器隐喻的特点。

三、影响容器隐喻的因素

由于容器隐喻更多的是用容器来表示事物的分类,因此,从社会认知角度看,影响人际关系认知的因素就是影响容器隐喻的因素。影响容器隐喻的因素主要有以下几种。

(一)差序格局

差序格局是表示个体人际关系亲疏的模型。该模型以"己"为中心,他人依照与个体的亲密度不同位于与个体不同距离的圈子上。虽然圈子以"己"为中心,但在中国人身上，并不单纯地指个体一人。因为在中国传统社会中，"己"代表一种关系集合，"己"的发展就是不断建立与更新社会关系的过程。"己"在"家"的范畴内，不仅包括个体，还包含关系亲近的家人甚至朋友。然而，英美国家人的自我中却不包括父母、好朋友、同事等，只包括他自己。这些发现符合差序格局理论。与"己"的概念比，中国人"家"的概念就更有伸缩性。"家人"可以指自己妻儿老小的小家庭，"家门""家屋"可以扩展到由叔伯子侄等组成的大家族，"自家人"更可以把任何关系亲密的人都包罗到"家"的概念内，使他们成为"自己人"。例如，汉族人喜欢结干亲、拜把子，谓之"金兰之交"。在汉语语用中，也有称朋友为"兄弟"的。因此，中国人的"家"就像一个圆圈，圈住了自己及与自己有亲密关系的人。实际上，以"己"为中心的差序格局，就是以血缘关系、姻缘关系、地缘关系、学缘关系等为经纬组织起来的圆圈状社会关系网络。在人际交往中，他人与个体距离愈近，在差序格局中就愈靠近中心，个体与他人就愈容易形成亲密人际关系；反之，他人与个体距离愈远，在差序格局中就愈远离中心，个体与他人就愈容易形成淡漠人际关系。

　　差序格局的圈式结构与容器隐喻十分契合。当将人际关系理解为空间概念时，语言中就出现了带有"近、远、内、外"等词素的隐喻表达，如"近亲、远亲、内人、外甥"等[24]。"内/外"是容器隐喻在人际关系亲疏上的投射，"内"表示个体与对象关系亲近，"外"表示个体与对象关系疏远。对象与自己同在一个容器内，关系自然亲近；对象与自己隔着容器，关系自然疏远[25]。因此，研究容器隐喻可以证明差序格局理论的心理现实性。例如，贾彦德在研究汉语亲属词时首先将汉族亲属关系分层，一层关系亲属为近亲属，他们与己发生直接联系；二层关系亲属经由某个一层关系亲属与己发生间接联系；三层关系亲属经由某个二层关系亲属与己发生间接联系。张积家和陈俊表明，亲属分层理论具有心理现实性，亲属亲密程度与亲属关系层数相关非常显著：亲属关系层数愈少，亲属亲密程度愈高，而且按照亲属所处亲属关系层数可预言其亲密度[26]。张积家等发现，在汉族[27]、摩梭人[28]、傣族[29]、基诺族[30]、羌族[31]的亲属词概念结构中都存在"亲属的亲密程度"维度，而"亲属的亲密程度"由亲属间的血缘关系与感情联系共同决定。在其他民族中，藏族存在"相同骨系/非相同骨系"维度，爱尼族存在"直系/旁系"维度[31]，维吾尔族存在"近亲/非近亲"维度[32]，均说明中国许多民族的亲属关系的确具有差序格局。王丹和张积家研究发现，在英民族的亲属词概念结构中，存在"血缘/非血缘"维度，这意味着英民族的亲属概念结构也存在差序格局[33]。

（二）宗教

　　我国是宗教信仰多元的国家。不同民族的宗教信仰不同，会影响其对社会关系的认知。张积家与和秀梅发现，在纳西族亲属词概念结构中存在"同辈/异辈"与"照顾者/被照顾者"维度，未出现明显的差序格局。"儿子、孙子、侄子、外甥、内侄、养子、女儿、孙女、侄女、外甥女、内侄女、养女"这些亲属与个体的亲属关系层数不同，却能很自然地与"爷爷、外公、奶奶、外婆"分在一起，构成"被照顾者"的类[34]。纳西族的原始宗教是东巴教，东巴教注重和谐、崇拜自然、信仰祖先，其教义的核心为"和合"，即"和谐"，主张人与万物保持和谐状态，认为不同民族是兄弟，人与动物也是兄弟，充满原始共产主义精神。在这种精神影响下，纳西族亲属词概念结构中出现"照顾者/被照顾者"维度，抑制了差序格局的出现。

王娟等人还发现，在白族亲属词概念结构中有"性别"维度，这与白族文化的女神崇拜有关[35]。女神崇拜使得白族的母性文化得到完整保存[36]。在白族的民间文学、神话传说、风俗习惯、宗教传统中，母性文化都有充分的体现[37]。

（三）语言

语言影响认知，也影响容器隐喻。恩格斯指出：父母、子女、兄弟、姊妹等称谓并不是简单的荣誉称号，而是一种负有完全确定的、异常郑重的相互义务的称呼。这些义务的总和便构成这些民族的社会制度的实质部分。[38] 列维-斯特劳斯也认为，人类亲属关系不仅需要生物学关系来维持，还需要通过语言的反复使用来巩固。因此，亲属称谓系统就构成亲属关系的重要组成部分。所有使用亲属关系语词系统的个体和群体，由于亲属关系语词所指谓的特定关系，在行为上受到亲属关系语词规定的约束。他说："亲属语词不仅是某种社会学的存在，也是说话的因素。"个体或群体使用这些语词，就等于要"做"这些语词规定的规则，实行这些亲属语词要求的不同态度[39]。这些观点均被实证研究证实。张积家与和秀梅发现，纳西族亲属词具有类别式特点，同一辈分的人使用同一称谓。在亲属词分类时，"辈分"就成为最重要的分类维度[34]。和秀梅等发现，维吾尔族在亲属词分类时，除不重视辈分外，也不区别父系和母系。维吾尔语亲属词属于类别式，比起汉语亲属词，维吾尔语亲属词数量少，形式简单，既无父系与母系区分，也不区分堂亲与表亲。由于维吾尔语与汉语的亲属词不同，比起汉族人，维吾尔族的亲属概念结构也呈现出独特之处[32]。

张付海采用群体参照范式考察语言对蒙古语-汉语双语者自我的影响。实验1用计算机给被试呈现人格特质词，有蒙古语和汉语两个版本。在学习阶段，有4种参照条件：自我参照、蒙古族参照、汉族参照和美国人参照。结果表明，在汉语媒介下，自我参照＝汉族参照＞蒙古族参照＞美国人参照；在蒙古语媒介下，自我参照＝蒙古语参照＞汉族参照＞美国人对照。实验2采用oddball范式，目标刺激是小圆，标准刺激是大圆，偏差刺激是用两种语言媒介呈现的人名（熟悉度最高的汉族名字、蒙古族名字和外国人名字），记录N2与P300。结果表明，在汉语媒介下，蒙古族人名与汉族人名引起的N2与P300反应类似，与外国人名引起的N2与P300反应差异显著；在蒙古语条件下，蒙古族人名与外国人名引起的N2与P300反应类似，与汉族人名引起N2与P300反应差异显著。作者认为，在汉语媒介下，人名激活的是中华民族共同体意识，蒙古族与汉族同属于中华民族共同体，与自我更接近，均属于"自己人"，外国人成为"他者"；在蒙古语媒介下，人名激活是世界共同体意识，蒙古族在历史上有过辉煌的历史，蒙古族及其涵化民族分布于世界各地，此时，外国人就成为"自己人"，汉族人就成为"他者"。这一结果既体现了语言对容器隐喻的影响，更体现了普及国家通用语言文字的重要性[40]。

（四）生产生活方式

摩梭人具有独特的生活方式，其婚姻制度是一种走访制度，俗称"走婚"。走访与家庭分离是走婚制的最鲜明特点:摩梭男性在晚上到女方家里住宿,第二天清晨返回自己的家庭。无论男女,均属于母系家庭成员,在母系家庭生产和生活。摩梭人几代共居,形成以母系血缘为基础的大家族,家庭成员由外婆、舅舅、母亲及其兄弟姐妹、自己的子女和姐妹的子女构成。这就是在摩梭人亲属词概念结构中有"亲属的亲密程度"和"辈分"维度,却未区分血亲与姻亲或父系与母系的原因[28]。生产生活方式亦影响亲密关系性质。肖二平和张积家从性吸引和利他行为考察摩梭人和汉族人对亲属、阿注/情侣、朋友和陌生人的情绪反应和行为倾向。实验1要求分别想象与亲属、阿注/情侣、异性朋友或陌生人发生性关系,然后评定体验到的情绪。实验2要求评定是否愿意帮助处于困境中的亲属、阿注/情侣、朋友或陌生人。研究发现,两民族的乱伦禁忌存在民族差异,汉族人对与亲属发生性关系的厌恶感强于摩梭人。与汉族人比,摩梭人更愿意帮助亲属、朋友或陌生人,但当对象是阿注/情侣时,汉族人更愿意做出利他行为。汉族人对待情侣更像对待亲属,摩梭人对待阿注更像对待朋友。因此,摩梭走访制下的阿注关系本质上是朋友关系,与主流民族的夫妻关系有本质不同[41]。维吾尔族的祖先回纥人以游牧为生,他们逐水草而居,居住地随季节变化,不断迁徙,很少三代、四代人同堂。即使有叔、伯所生的兄弟姐妹,但不共同吃住,因此不可能产生堂弟弟、堂姐妹之类的称谓。因此,维吾尔族人重视核心家庭,不区分父系和母系[32]。王丹等发现,在英民族亲属词概念结构中,亦存在"核心家庭成员/非核心家庭成员"维度。英民族在历史上也是游牧民族,自古以来就以小家庭生活方式为主,主要亲属即为核心家庭成员,核心家庭成员的重要性不言而喻[33]。

(五)思维方式

王丹等人认为,英民族擅长抽象思维和分析思维,提倡用理性和科学方法探寻事物本质,思维方式以分类学思维、本质思维为主。因此,英语亲属词数量少,反映的亲属关系更概括;英民族亲属词分类标准是"血亲/非血亲"与"核心家庭成员/非核心家庭成员",反映亲属关系的血缘性质与契约性质,直指亲属关系的本质。汉民族擅长具象思维和关联思维,这一点可从繁杂具体的亲属称谓中看出来。也就是说,在亲属词分类中,汉族人更注重亲密关系、姻亲关系而非纯血缘关系,体现出人与人之间"关系"的作用[33]。

四、容器隐喻、差序格局与民族心理研究

容器隐喻在民族心理研究中有十分重要的意义。在多民族背景下研究容器隐喻,不仅能为差序格局理论提供证据,还能为"一带一路"的"民心相通"工程提供科学理论和合理建议,能更加深入地了解民族心理,促进民族团结,推进民族心理学发展。

(一)研究容器隐喻有助于深刻了解中国文化的本质

费孝通在1947年就提出"差序格局"理论。这一理论在社会学界有广泛学术影响,在心理学界却少有人关注。容器隐喻研究为这一理论提供了初步实验证据并将为其提供

进一步证据。事实上,中国传统社会(特别是汉族社会)是一个"圈子"社会。有各种各样的"圈子",如学术圈、演艺圈、亲属圈、朋友圈;有各种各样的"门",如"师门"、武术与戏剧中的"派";有各种各样的"友",如"戏友、牌友、战友、病友"乃至"狱友"。从大处讲,在当代中国,还存在城乡二元体制,如"农村人、城里人";即使都生活在城市中,也存在"体制内"与"体制外"的区分。这些"圈子、门、派、友、体制"的共同特点都是以"己"为中心,由近及远,组成纷繁复杂的人际关系网络。汉语中描述容器隐喻与差序格局的表达比比皆是,如"血浓于水","打仗亲兄弟,上阵父子兵","是亲三分向,是火就热炕","隔层肚皮隔层山,十层肚皮不相干"。中国人的老乡观念较强,有"老乡见老乡,两眼泪汪汪"的说法。张海钟等研究表明,老乡心理也是一个圆轮式结构,即以自己父母或自己出生地的村和社区为中心,向外画圆,一圈一圈地向外推,越往外,感情越淡化,越往里,感情越深[42]。他们还发现,参照本省(市)人的回忆成绩好于其他参照条件[43]。因此,在中国乡土社会中生活,坚持"疏不间亲"和"入乡问俗",是重要的人际交往原则。在中国历史上,凡是具有家族性、师生性的军队往往都具有很强的凝聚力和战斗力,如岳家军、戚家军、曾国藩的湘军、李鸿章的淮军等,这些都体现了容器隐喻与差序格局的作用。可以毫不夸张地说,中国人的集体主义取向在很大程度上是由容器隐喻和差序格局共同决定的:宏观上,中国人在人际交往中重视容器隐喻;微观上,在同一"容器"内部,又存在差序格局。

(二)研究容器隐喻有助于了解不同民族的族群心理,增进民族认同

我国有56个民族,每一民族都有独特之处。多样化的民族文化造就多样化的人际关系,多样化的人际关系又造就多样化的族群心理。不同民族有不同婚姻家庭制度,信仰不同宗教,有不同风俗与习惯,因此就有了不同的区别自己人与他人的方式。了解这些区分自己人与他人的方式,有助于增进不同民族间交往,使不同民族能和睦相处。社会心理学研究表明,面孔识别有本族效应。个体对本族人面孔比对不熟悉的异族人面孔有更好再认[44]。情绪心理学研究发现,人类情绪面部表情识别具有群体内优势效应:当情绪由本文化群体内成员表达时,更容易被识别[45]。民族认同是最重要的族群现象之一。心理学家对民族认同做了大量研究,揭示了许多影响民族认同的因素[46]。但仍有问题值得研究。例如,在我国,民族间通婚产生了许多跨民族的"民族团结家庭",在这些家庭出生的孩子身上,不同民族的血缘比例可能不同。他们对父亲所属民族与母亲所属民族的认同是由血缘比例决定,还是由父母赋予的民族标签决定?换言之,遗传因素与语言因素对民族认同分别具有怎样的影响?又如,民族识别时,生活在云南境内的摩梭人被划为"纳西族",生活在四川境内的摩梭人被划为"蒙古族"。研究表明,摩梭人对摩梭人有较高的认同感,对蒙古族和纳西族认同感均较低[47]。再如,生活在喀纳斯湖地区的图瓦人的语言属于突厥语系,但在其人种基因中未发现有突厥血统。对图瓦人的族源,一直以来众说纷纭。有人认为,他们是成吉思汗西征时遗留下来的士兵繁衍的后代;喀纳斯村的年长者却说,其祖先是500年前从西伯利亚迁移而来,与俄罗斯的图瓦人属同一民族;还有人认为,图瓦人的基因与北美先住民相似。民族认同研究可以为这一问题的解决提供线索。事实上,民族认同的重要心理基础就是容器隐喻。中国有26个跨界民

族。跨界民族包括一切因政治疆界与民族分布不吻合而跨国界居住的民族。采用容器隐喻与差序格局理论研究跨界民族的民族认同，对了解跨界民族心理亦有重要价值。

（三）研究容器隐喻有助于树立中华民族共同体意识

党的十九大报告提出：深化民族团结进步教育，铸牢中华民族共同体意识，加强各民族交往交流交融，促进各民族像石榴籽一样紧紧抱在一起。中华民族是民族共同体。56个民族同呼吸、共命运，作为国家统一之基、民族团结之本的就是中华民族共同体意识。要实现中华民族伟大复兴，就要积极培育中华民族共同体意识，各族人民的团结奋斗才能具有可靠的政治基础、思想基础和社会基础[48]。

民族共同体是在一定地域内形成的具有特殊历史文化联系、稳定经济活动特征和心理素质的民族综合体。民族共同体意识由成员对民族共同体认同、持有的积极情感与维护民族共同体团结统一的行为倾向组成，通俗一点说，就是意识到各民族共处于同一容器（疆界）内，同呼吸、共命运。中华民族共同体符合容器隐喻，有三点理由。一是经过几千年历史嬗变，中国各民族已经形成"你中有我，我中有你"的地理、历史与文化格局。我国各民族分布特点为大杂居、小聚居，共同生活在名为"中国"的"容器"中。现存各民族也是历史上民族融合的结果。如汉族从来就不是一个单一种族，而是一个文化概念。汉族在历史上融合了众多少数民族。现代汉语也不是几千年前华夏语的孤立发展，而是融入大量少数民族语言的语音、词汇甚至句法。少数民族语言亦深受汉语影响，部分民族甚至以汉语为通用语。二是我国不同民族的根本利益一致。我国实行各民族一律平等、在少数民族聚居区实行民族自治政策，消除了民族压迫与民族歧视。三是我国各民族具有共同愿景。

容器隐喻虽然是语言现象，在民族团结教育中却有重要价值。容器隐喻可以恰切和形象地说明中华民族是共同体，各民族同胞是兄弟，因此是民族团结教育的好素材。通过理解容器隐喻，明确中国是中国各民族的共同家园，中华民族优秀传统文化是各民族的共同精神故乡。56个民族兴则中国兴，56个民族发达则中国发达，56个民族幸福则中国幸福，56个民族有希望则中国有希望。要像爱护珍贵容器一样，爱护各民族的共同家园，爱护民族团结的大好局面。

（四）研究容器隐喻有助于建立人类命运共同体意识

人类命运共同体意识是指一个国家在追求本国利益时要兼顾其他国家的合理关切，在谋求本国发展的同时促进各国共同发展。人类共处于一个地球上，各国共处于一个世界中。党的十九大报告强调要推动构建人类命运共同体。人类命运共同体是关于人类社会的新理念。面对复杂的世界经济形势和全球性问题，任何一个国家都不可能独善其身，孤立主义与贸易壁垒没有出路。从隐喻角度看，人类命运共同体就是全人类同处于一个"容器"（地球及其周围空间）之内。各个国家只有平等相待，合作共赢，坚持不同文明之间兼容并蓄、交流互鉴，承载全人类共同命运的"地球之舟"才能平稳前行[49]。如何排除冷战思维与孤立主义，建立和发展人类共同体意识，容器隐喻研究也能提供一些启示。

（五）研究容器隐喻和差序格局有助于民族心理学的学科建设

容器隐喻和差序格局既是思维方式，又是研究范式。它们对民族心理学发展既有理论意义，又有实践价值。要建立中国特色民族心理学，容器隐喻与差序格局为我国民族心理学研究提供了重要研究思路与研究空间。例如，容器隐喻与差序格局的心理机制如何？容器隐喻与差序格局的脑机制如何？影响容器隐喻与差序格局的因素还有哪些？如何加强中华民族共同体意识？国家通用语言文字在建立中华民族共同体意识中的作用如何？遗传、生理与社会文化因素在民族认同和中华民族共同体意识发展中的地位与作用如何？如何在"一带一路"建设中真正做到"民心相通"？如何丰富容器隐喻和差序格局的研究范式？这些问题都值得去研究。

〔参考文献〕

[1] Lakoff G, Johnson M. Metaphors we live by [J]. Ethics, 1980 (2): 426-435.

[2] 束定芳. 试论现代隐喻学的研究目标、方法和任务 [J]. 外国语（上海外国语大学学报），1996 (2): 9-16.

[3] 胡胜高，谭文芬. 西方隐喻研究理论概述 [J]. 重庆三峡学院学报，2010 (6): 104-108.

[4] Ishihara M, Keller P E, Rossetti Y, et al. Horizontal spatial representations of time: evidence for the STEARC effect [J]. Cortex, 2008 (4): 454-61.

[5] Lakoff G. Women, fire, and dangerous things [M]. Chicago: University of Chicago Press, 1987.

[6] 叶浩生. 具身认知：认知心理学的新取向 [J]. 理科学进展，2010 (5): 705-710.

[7] 王洪刚. 体验性、创造性与关联性：习语理解和加工的认知基础 [J]. 外语学刊，2005 (6): 51-55.

[8] Lakoff G, Turner M. More than cool reason: a field guide to poetic metaphor [J]. Journal of Aesthetics & Art Criticism, 1989 (3): 260.

[9] 费孝通. 乡土中国 [M]. 北京：北京出版社，2004.

[10] 柴玲，包智明. 当代中国社会的"差序格局"[J]. 云南民族大学学报（哲学社会科学版），2010 (2): 44-49.

[11] 易中天. 闲话中国人 [M]. 北京：华龄出版社，1996.

[12] 韦政通. 中国的智慧 [M]. 长春：吉林文史出版社，1988.

[13] 张积家，陈俊. 汉语称呼语概念结构的研究 [J]. 语言文字应用，2007 (2): 41-49.

[14] 张积家. 论孟子的品德心理学思想 [J]. 华南师范大学学报（社会科学版），2002 (2): 103-110.

[15] 孙立平. "关系"、社会关系与社会结构 [J]. 社会学研究，1996 (5): 20-30.

[16] Boot I, Pecher D. Representation of categories: meta-phorical use of the container schema [J]. Experimental Psychology, 2011 (58): 162-170.

[17] 张积家, 陈秀芹. "老外"到底意味着什么？[J]. 语文文字应用, 2008 (1): 58-66.

[18] 李惠娟. 汉语亲属词的空间隐喻表征——来自行为和 ERP 的证据 [D]. 广州：华南师范大学, 2015.

[19] 和秀梅, 张夏妮, 张积家, 等. 文化图式影响亲属词语义加工中的空间隐喻——来自汉族人和摩梭人的证据 [J]. 心理学报, 2015 (5): 584-595.

[20] 朱滢, 张力. 自我记忆效应的实验研究 [J]. 中国科学, 2001 (6): 537-543.

[21] 张力, 周天罡, 张剑, 等. 寻找中国人的自我——一项 fMIR 研究 [J]. 中国科学（C 辑）, 2005 (5): 472-478.

[22] 张力. 中国人关于母亲的联想不同于美国人——来自范围假设的证据 [J]. 北京大学学报（自然科学版）, 2005 (6): 941-949.

[23] 周爱保, 张奋, 马小凤, 等. 阿訇参照效应的文化差异：基于提取诱发遗忘范式的探讨 [J]. 心理学报, 2015 (6): 757-764.

[24] 卢凯军, 邵军航. 汉文化人际关系的空间隐喻机制 [J]. 浙江海洋学院学报（人文科学版）, 2012 (1): 31-36.

[25] 陈家旭. 英汉隐喻认知对比研究 [D]. 上海：华东师范大学, 2004.

[26] 张积家, 陈俊. 大学生亲属词概念结构的研究 [J]. 社会心理研究, 2001 (4): 25-30.

[27] 张积家, 陈俊. 汉语亲属词概念结构再探 [J]. 语言科学, 2004 (1): 77-86.

[28] 肖二平, 张积家, 王娟, 等. 摩梭人亲属词的概念结构——兼与汉族、纳西族亲属词的概念结构比较 [J]. 心理学报, 2010 (10): 955-969.

[29] 张积家, 杨晨, 崔占玲. 傣族亲属词的概念结构 [J]. 华南师范大学学报（社会科学版）, 2010 (6): 41-48, 155.

[30] 崔占玲, 刘烨, 张积家. 基诺族中学生的亲属词概念结构及其成因 [J]. 心理科学, 2012 (4): 916-920.

[31] 肖二平, 张积家. 语言影响亲属关系认知 [N]. 中国社会科学报, 2017-08-14.

[32] 和秀梅, 张积家, 马若蕾. 维吾尔语亲属词的概念结构 [J]. 中国民族学, 2014 (2): 109-119.

[33] 王丹, 张积家. 英语亲属词的概念表征：思维方式和历史文化的双重作用 [J]. 华南师范大学学报（社会科学版）, 2018 (5): 70-79.

[34] 张积家, 和秀梅. 纳西族亲属词的概念结构——兼与汉族亲属词概念结构比较 [J]. 心理学报, 2004 (6): 654-662.

[35] 王娟, 张积家, 刘翔, 等. 彝族人、白族人的亲属词概念结构——兼与摩梭人的亲属词概念结构比较 [J]. 华南师范大学学报（社会科学版）, 2012 (1): 45-54.

[36] 周凯模. 民间仪式中的女性角色、音乐行为及其象征意义——以中国白族"祭本主"仪式音乐为例 [J]. 音乐艺术, 2005 (1): 64-71.

[37] 何志魁. 互补与和谐: 白族母性文化的道德教育功能研究 [M]. 桂林: 广西师范大学出版社, 2009.

[38] 恩格斯. 家庭、私有制及国家的起源 [M] //马克思恩格斯选集: 第 4 卷 [M]. 北京: 人民出版社, 1972.

[39] 肖二平, 张积家. 亲属结构理论及对摩梭人亲属关系研究的启示 [J]. 华南师范大学学报 (社会科学版), 2010 (2): 74-82.

[40] 张付海. 语言影响人格: 文化框架的适应性转换——来自蒙—汉双语者行为及电生理证据 [D]. 北京: 中国人民大学, 2017.

[41] 肖二平, 张积家. 摩梭走访制下的阿注关系: 是亲属还是朋友? [J]. 心理学报, 2015 (12): 1486-1498.

[42] 姜永志, 张海钟. 老乡心理: 一项新的群体心理研究 [J]. 西北民族大学学报, 2013 (2): 182-188.

[43] 张鹏英, 张海钟. 群体参照视野下的老乡心理效应实验研究 [J]. 文化学刊, 2009 (1): 8-17.

[44] 张晶, 赵怡佳, 张积家. 面孔识别中的本族效应 [N]. 中国社会科学报, 2016-06-21.

[45] 刘红艳, 张积家. 情绪面部表情的组内优势效应及其理论 [J]. 神经疾病与精神卫生, 2008 (1): 70-73.

[46] 万明钢, 高承海, 吕超, 等. 近年来国内民族认同研究述评 [J]. 心理科学进展, 2012 (8): 1152-1158.

[47] 王娟, 张积家, 肖二平, 等. 摩梭中学生的民族认同及其影响因素 [J]. 华南师范大学学报 (社会科学版), 2016 (1): 105-111.

[48] 徐贵相. 积极培育中华民族共同体意识 [N]. 人民日报, 2015-11-30.

[49] 曲星. 人类命运共同体的价值观基础 [J]. 求是, 2013 (4): 53-55.

集体记忆与国家认同

——以推进铸牢中华民族共同体意识为视角

郭人豪 张积家

[摘　要]　本文简要梳理了国家认同、民族认同与集体记忆之间的关系，以推进中华民族共同体意识为视角，认为需要从集体记忆与国家认同的理论高度助力西藏维护祖国统一、加强民族团结。从集体记忆与国家认同的心理学视角来阐释国家治理背景下的西藏发展和民族交往，提出历史教育和"五个认同"是铸牢中华民族共同体意识的凝聚力量，是推进实现中华民族伟大复兴的有效路径。

[关键词]　铸牢中华民族共同体意识；国家认同；集体记忆；民族关系

[原　载]　《中国藏学》2021年第1期，第54—58页。

中华民族共同体意识是国家统一之基、民族团结之本、精神力量之魂。中央第七次西藏工作座谈会强调，面对新形势新任务，必须铸牢中华民族共同体意识，西藏工作必须坚持以维护祖国统一、加强民族团结为着眼点和着力点。要深入开展党史、新中国史、改革开放史、社会主义发展史教育，深入开展西藏地方和祖国关系史教育。要挖掘、整理、宣传西藏自古以来各民族交往交流交融的历史事实，引导各族群众看到民族的走向和未来，深刻认识到中华民族是命运共同体，促进各民族交往交流交融[1]。

一、民族认同与国家认同、集体记忆的关系

我国是统一的多民族国家。在中央民族工作会议上，习近平总书记指出：各民族共同开发了祖国的锦绣河山、广袤疆域，共同创造了悠久的中国历史、灿烂的中华文化[2]。

民族认同主要指一个民族的人们对其自然及文化倾向性的认可与共识[3]。若要了解一个民族，人们通常会下意识地通过观察其体态特征和文化表象加以分类，比如将他们的肤色、五官比例，或者是他们的风俗文化、服饰、建筑等加以归类整理而得到一个客观的印象。心理学家在阐释民族特殊心理状态时，也会用民族的传统特征来解释其心理

成因。英国学者埃德蒙·利奇在其《缅甸高地诸政治体系》中讨论到缅甸北部的掸族和克钦族在客观层面上并没有什么差异，而当地的民族划分主要是根据克钦等族的自我认知划分的[4]。受其思想启发，1969年，挪威人类学家弗雷德里克·巴斯提出了"族群边界论"，即"族群"体现于与其他族群的互动关系中，族群的边界不一定是地理概念上的边界，也可以是"社会边界"[5]。由此研究为始，族群的划分逐渐由遵循客观原则朝主观认同理论方向转变。整体来看，文化认同是民族认同的根本，体现在心理情感和行为实践上，反映人们的群体归属、亲疏远近。在文化认同的基础上，形成与其相关的、复杂的民族心理活动，如价值理念、审美好恶、善恶是非、情感态度、心理意识等。

国家认同是指一个国家的公民对自己祖国的历史文化传统、道德价值观、理想信念、国家主权等的认同，即国民认同[6]。国家认同与社会秩序密切相连，国家认同的水平直接影响着国家长治久安和社会稳定，国家认同根植于国家的各民族、群体、公民、个人。在多民族国家，国家认同与民族认同是相辅相成、相互促进的。国家认同具有更加广泛的内涵、更长远的谋划和更高的利益诉求，需要进一步引导民族认同上升为国家认同，积极推动民族利益与国家利益相一致。研究我国的国家认同，就需要探讨各族人民对中华人民共和国、中华民族、中华文化、中国共产党、中国特色社会主义的倾向性情感态度和归属认知。

王明珂在对华夏集体记忆、历史记忆的研究中，将集体记忆的特点总结为四个方面：记忆是一种集体行为，人们从社会中得到记忆；社会群体有其对应的集体记忆，借此维护群体的延续；记忆往往是基于其心理倾向从而存在选择性甚至可以是完全错误的；群体记忆的传承依赖于媒介，包括仪式、风俗等集体活动[7]。族群内个体通过共同的集体回忆，增强族群内部凝聚力，由此构建并传承族群认同所需的族群群体记忆，其所需要的也并不一定是真实详尽的历史记录，而是包含了感情的神话传说、民间习俗、祭祀庆典等等。

同时，集体记忆还存在着遗忘、重构与分层，这些过程也会影响集体记忆的发展。人的心智、感情等要素在集体记忆的维持和传承中起到了重要作用。以汉族的发展历史为例，普遍认为华夏文明的雏形起源于公元前2000年前后的气候变迁。考古学家苏秉琦在20世纪90年代曾提出著名的"满天星斗说"，认为中国大地上新石器时代的发展模式是遍地开花式的。其后在商、周争夺政治权势的过程中，经不断对抗、融合，逐渐形成了"华夏"的概念。最终在战国时期与北方南下的游牧族群（戎狄）对抗的过程中建立起了最初的"民族边界"。因此"华夏"这一概念本就可以说是诸多不同地区、不同时期的文明融合后的产物，是集体记忆不断遗忘、重构之后的结果。

心理学家研究发现，记忆是一种集体社会行为，社会群体或组织都有其相应的历史记忆和集体记忆，记忆本身就具有群体性、相互影响性和带动性[8]。将集体记忆的概念置入国家认同研究之中无疑是一种值得关注的研究方法。国家认同是基于一种集体记忆，集体记忆是国家认同构建的中间媒介，群体认同是个体与群体之间相互作用的结果。工业革命以来，民族国家成为世界的主要风向，在旧有的社会制度下，知识、文化主要集中于社会上层，百姓"目不识丁"。据此来说，一个民族所能拥有的民族认同、集体记忆也仅存于社会顶层群体，而平民对于整个族群、国家的集体记忆不会太多，也难以构成明确的区别意识。相对而言,马克思认为资产阶级破坏了族群间情感的纽带而转向理性主义,从而需要将过去的分散、自给自足的社会族群统一为整体,创造边界以维持内部的垄断而维持长期稳定的公共秩序[9]。在近代民主和民族国家的概念下,宗族或皇室被罢黜或消灭,个人以自由意志为象征成为国家的基本组成部分,因此民众教育所推动的共同历史观教育,便构成现代国家的民族凝聚力的基石。

人心是最大的政治,共识是奋进的动力。最终能使不同血缘、文化、外貌特征的人团结在一个共同国家下,必须经历一个由个人记忆堆叠起的集体记忆,由无数的个人认同、民族认同到国家认同的过程。在多民族的国家认同进程中,集体记忆需要修复完善、正本清源,强化宣传引导,讲清楚区域发展、民族交往、宗教演变、文化传承、语言演化等历史,将个体记忆凝聚为集体记忆,唤起个体对国家的认同感,强化国家认同。

二、中华民族与各民族关系

中华民族是在长期的历史发展过程中形成的。统一多民族国家的发展是历史的选择,是多年来各族人民不断奋斗、不断交往交流交融发展的结果。20世纪初,梁启超发表《中国史叙论》《论中国学术思想变迁之大势》,首次提出了"中国民族""中华民族"的概念,并将中国民族的演变分为三个历史时期:从黄帝到秦统一为"中国民族自发达、自竞争、自团结之时代",秦统一后至清代乾隆末年为"中国民族与亚洲各民族交涉、繁赜、竞争最激烈之时代","自乾隆末年以至于今日"为"中国民族合同全亚洲民族与西人交涉、竞争之时代"[10],简要地阐明了中华民族交往发展的历程。"中华民族"是一个历史的和文化的概念,泛指在中国境内生息繁衍的各民族[11],从钱穆的"中国因四围有天然的屏障,他的文化自始便走上独立发展的路径"[12],到费孝通"中华民族多元一体格局"理论[13],都强调了因中国特殊的地理环境,经过长期的历史发展,塑造了多元民族文化,交融发展成了中华民族。《中国大百科全书》写道:"中华民族是中国各民族的总称。分布在中国大陆、香港、澳门和台湾省。总人口133774.3万(2005年),约占世界总人口的五分之一。"[14] 这里的定义涉及国家、民族、疆域、人口四个要素,中华民族的构建是建立在56个民族根本利益一致基础上的整合过程。

西藏自古就是中国的一部分,藏族是中华民族命运共同体的一员,西藏各族人民的命运始终同祖国的命运紧紧相连。藏族和其他民族的祖先,从远古就生活在西藏高原上,并与中国内地建立了广泛的联系,为中华民族命运共同体的形成与发展做出了重要贡献[15]。7世纪,文成公主进藏加强了西藏与内地的交往交流。13世纪,元朝将西藏纳入中央政府行政管辖。明朝基本沿袭元朝对西藏地方的管理制度,在政治上实施多封众建,经济上发展茶马互市,促进了西藏与其他地区的贸易和往来。清朝,由理藩院(清末改为理藩部)主管西藏事务,建立了驻藏大臣、金瓶掣签、噶厦等制度,颁布《钦定藏内善后章程二十九条》,加强对西藏的管理。民国时期,中央政府继续对西藏实施主权管辖,先后设立蒙藏事务局、蒙藏院、蒙藏委员会,派驻藏办事长官履行驻藏大臣职权。1949年中华人民共和国成立后,把坚持各民族一律平等、团结、互助、友爱和共同发展、共同繁荣作为解决民族问题、处理民族关系的基本原则。在1951年和平解放西藏、1959年民主改革后,于1965年成立西藏自治区,正式实行民族区域自治制度,充分保证少数民族在国家生活中享有当家做主的权利。西藏作为以藏族为主体的少数民族自治区,全区还有汉族、门巴族、珞巴族、回族、纳西族等45个民族,其中藏族和其他少数民族约占91.83%[16]。经过几十年的探索实践,西藏自治区各族人民加强与内地各族人民的交往交流交融,实现了共同团结奋斗,共同繁荣发展。

中央民族工作会议指出:中华民族和各民族的关系,是一个大家庭和家庭成员的关系,各民族的关系,是一个大家庭里不同成员的关系。中国56个民族在长期的历史进程中,不断交往交流交融,形成了平等团结、互助和谐的社会主义民族关系。民族关系与国家建构的研究,其最终目的还是要回归现实,阐明个人意识与集体记忆之间的关系,认识历史记忆在族群认同中的重要性,从而在相互理解中寻找一条各民族间平等、团结、互助、和谐的发展之道。

三 推进铸牢中华民族共同体意识的路径

共同体是建立在有关人员本能的意识、习惯或者与思想有关的记忆之上的身份归属,有血缘共同体、地缘共同体和精神共同体等基本形式[17]。中华民族共同体的基本内涵可以概括为:我国各族人民在长期历史发展中形成的政治上团结统一,文化上兼容并蓄,经济上相互依存,情感上相互亲近,你中有我、我中有你、谁也离不开谁的民族共同体,是建立在共同历史条件、共同价值追求、共同物质基础、共同身份认同、共有精神家园基础上的命运共同体[18]。中华民族共同体本身具有国家认同、民族认同的含义和内在要求。

党的十八大以来,习近平总书记立足中国统一的多民族国家的基本国情和实现中华民族伟大复兴中国梦的宏伟战略,在第二次和第三次中央新疆工作座谈会、中央第六次和第七次西藏工作座谈会、中央民族工作会议,以及党的十九大和十九届四中、五中全会等会议上,多次谈到"中华民族共同体",中华民族共同体的概念正式从学术话语体系进入国家的政治话语体系。一是强调牢固树立和大力培育中华民族共同体意识。2014年5月,在第二次中央新疆工作座谈会上,习近平总书记首次提到,要在各民族中牢固树立中华民族共同体意识。2014年9月,中央民族工作会议提出,加强中华民族大团结,长远和根本的是增强文化认同,建设各民族共有精神家园,积极培养中华民族共同体意识。2015年8月,中央第六次西藏工作座谈会提出,要大力加强民族团结,促进各民族群众相互了解、相互帮助、相互欣赏、相互学习;要大力培育中华民族共同体意识,广泛开展民族团结进步宣传教育和创建活动。二是提出铸牢中华民族共同体意识并将其写入党章。2017年10月,党的十九大报告指出,全面贯彻党的民族政策,深化民族团结进步教育,铸牢中华民族共同体意识,加强各民族交往交流交融,促进各民族像石榴籽一样紧紧抱在一起,共同团结奋斗、共同繁荣发展。"铸牢中华民族共同体意识"的概念正式形成,内涵不断丰富发展。党的十九大还将"铸牢中华民族共同体意识"作为习近平新时代中国特色社会主义思想的重要内容写入党章,成为新时代党全面治国理政的行动纲领。三是把铸牢中华民族共同体意识作为国家治理的显著优势长期执行。2019年10月，中共十九届四中全会及其审议通过的《中共中央关于坚持和完善中国特色社会主义制度 推进国家治理体系和治理能力现代化若干重大问题的决定》提出，坚持各民族一律平等，铸牢中华民族共同体意识，实现共同团结奋斗、共同繁荣发展是我国国家制度和国家治理体系具有的显著优势之一，强调要坚持不懈开展马克思主义祖国观、民族观、文化观、历史观宣传教育，打牢中华民族共同体思想基础。2020年10月，中共十九届五中全会审议通过的《中共中央关于制定国民经济和社会发展第十四个五年规划和二〇三五年远景目标的建议》指出，要坚持和完善民族区域自治制度，全面贯彻党的民族政策，铸牢中华民族共同体意识，促进各民族共同团结奋斗、共同繁荣发展。

新时代，我们讲中华民族共同体，主要包括中华民族"国家统一"共同体、中华民族"民族团结"共同体、中华民族"繁荣发展"共同体、中华民族"民族复兴"共同体[19]。铸牢中华民族共同体意识是国家长治久安、促进民族团结繁荣发展、实现中华民族伟大复兴的必然要求，也是维护西藏社会稳定、社会发展的必然要求。

首先，坚持贯彻落实党中央新时代治藏方略，发挥社会主义制度优越性，统筹各方资源，加快西藏经济社会高质量发展，巩固和拓展脱贫攻坚成果，缩小发展差距，实现全面建成小康社会和现代化发展，让各族群众真切感受到实实在在的实惠和利益，为铸牢中华民族共同体意识奠定坚实的物质基础。其次，加强"五个认同"是西藏铸牢中华民族共同体意识的核心要求。多民族国家的国家认同与民族认同总是交织在一起[20]。在我国，对中华民族的认同是与对中华人民共和国、中华文化、中国共产党和中国特色社会主义认同相统一、密不可分的。再次，进一步深化改革开放，扩大西藏地区与周边国家和地区的交往交流，依托"一带一路"倡议和新时代西部大开发战略，通过经济贸易、产业投资、教育文化、体育艺术、旅游开发、对口支援等方面发展，带动人员、资金、资源的频繁交流发展，创造新时代的民族交往交流交融佳话，增进国家认同、民族团结和繁荣发展，夯实铸牢中华民族共同体意识的社会基础。最后，要根据不同民族、不同年龄人群的心理特点，做好历史事实、发展成果的宣传教育。加大有关教育教学资源、教材教辅、文艺作品的编写开发制作力度，推进中国共产党史、新中国史、改革开放史、社会主义发展史，以及西藏地方和祖国关系史、西藏各民族交往交流交融的历史进教材、进课堂、进社区、进头脑，引导各族群众看到民族的走向和未来，深刻认识到中华民族是命运共同体，促进各民族交往交流交融。联系西藏发展实际，加强改革开放、脱贫攻坚、对口支援、经济社会发展等方面取得的成就和变化的宣传教育，用群众身边的实例讲好中国故事、西藏故事，不断增强各族群众的获得感、幸福感，从而增强中华民族归属感、认同感、尊严感、荣誉感。最后，在全社会广泛深入开展理想信念教育，教育引导各族群众坚定拥护中国共产党的领导，树立中国特色社会主义共同理想，增强中国特色社会主义道路自信、理论自信、制度自信、文化自信，为实现中华民族伟大复兴凝聚磅礴力量。

〔参考文献〕

[1] 习近平在中央第七次西藏工作座谈会上强调：全面贯彻新时代党的治藏方略 建设团结富裕文明和谐美丽的社会主义现代化新西藏 [N]．人民日报，2020-08-30.

[2] 中央民族工作会议暨国务院第六次全国民族团结进步表彰大会在京举行 习近平作重要讲话 [EB/OL]．http：//cpc.people,com.cn/n/2014/0929/c64094-25762843.html? from＝singlemessage&isappinstalled＝0.

[3][6] 贺金瑞，燕继荣．论从民族认同到国家认同 [J]．中央民族大学学报（哲学社会科学版），2008（3）：5-12.

[4] 埃德蒙·利奇．缅甸高地诸政治体系 [M]．杨春宇，周歆红，译．北京：商务印书馆，2010.

[5] 弗雷德里克·巴斯．族群与边界——文化差异下的社会组织 [M]．李丽琴，译．北京：商务印书馆，2014.

[7] 王明珂．华夏边缘 [M]．上海：上海人民出版社，2020.

[8] 李静．共同的记忆：铸牢中华民族共同体意识的心理途径 [J]．中国民族教育，2020（12）：22.

[9] 马克思，恩格斯．马克思恩格斯选集：第一卷 [M]．北京：人民出版社，2012.

[10] 统战百科：中华民族称谓的由来 [EB/OL]．http：//tyzx.people.cn/n/2014/0508/c372202-24992346-2.html.

[11] 王鉴．国家治理视角下的中华民族共同体意识教育 [J]．中国教育科学，2020（1）：18-27.

[12] 钱穆．中国文化史导论 [M]．北京：商务印书馆，1994.

[13] 费孝通．中华民族多元一体格局 [M]．北京：中央民族大学出版社，1999.

[14] 中国大百科全书总编辑委员会．中国大百科全书·民族卷 [M]．2版．北京：中国大百科全书出版社，2009.

[15] 中华人民共和国国务院新闻办公室．民族区域自治制度在西藏的成功实践 [EB/OL]．http：//www.gov.cn/zhengce/2015-09-06/content_2925719.htm.

[16] 西藏自治区统计局．西藏自治区2010年第六次全国人口普查主要数据公报 [N]．西藏日报，2011-05-04.

[17] 斐迪南·滕尼斯．共同体与社会 [M]．林荣远，译．北京：商务印书馆，1999.

[18] 马虎成．不断增强"五个认同"，铸牢中华民族共同体意识 [N]．中国民族报，2018-04-08.

[19] 王鉴．国家治理视角下的中华民族共同体意识教育 [J]．中国教育科学，2020（1）：18-27.

[20] 郝亚明．心理学视角下的国家认同与族群认同关系探究 [J]．南开学报（哲学社会科学版），2019（6）：71-81.

种植小麦培育了中国北方的个人主义文化?
——结合作物种植史和移民史对中国南北方文化差异的思考

张积家　乔艳阳

[摘　要] 托尔汉姆等人提出的"稻米理论"在心理学界、文化人类学界引起了较大反响。他们认为,中国北方温度较低、水资源少,更适合种植小麦,这种种植方式对个体之间的合作要求低,更容易产生个人主义文化;中国南方温度较高、水资源充足,更适合种植水稻,这种种植方式对个体之间的合作要求高,更容易培养集体主义文化。"稻米理论"在解释中国南北方文化差异时存在着明显不足:首先,倡导集体主义的儒家文化产生于中国北方传统小麦种植区;其次,托尔汉姆等人以为当代中国南方人和中国北方人的祖先也是南方人和北方人,这种看法缺乏历史观,忽略了对中国南北方文化差异具有重要影响的北方少数民族内迁和中原汉族南迁的历史,也忽略了近现代国民革命军北伐、红军北上抗日和解放战争期间解放军南下的历史,会对有关中国南北方人的文化价值取向的因果关系推论产生负面的影响。之所以如此,是由于"稻米理论"的提倡者不了解中国的作物种植史和移民史,进而对在历史中形成的中国的南北方人作了静态的理解所致。

[关键词] 个人主义;集体主义;种植史;移民史;文化

[原　载] 贵阳学院学报(社会科学版)2018年第5期,第32—39页。

"个人主义/集体主义"(individualism/collectivism)代表了两种大相径庭的价值取向,是哲学、社会学、人类学、教育学和心理学的热点问题。一般认为,西方人更多地持有个人主义的价值取向,如认为个人目标优先于集体目标,与他人交往时强调基于理性的分析和比较;而在东方社会中,人们更多地具有集体主义的价值取向,如认为集体利益高于个人利益,强调群体成员之间关系的重要性[1]。在心理学中,研究者探讨了东西方的"个人主义文化/集体主义文化"的形成原因。尼斯贝特等人认为,西方的个人主义文化根植于古希腊文明和基督教信仰,东亚的佛教文化和儒家文化造就了东方的集体主义思想。古代中国是农耕文明,在农业生产中形成了"顺应自然,敬畏自然"的"天人合一"思想,主张"天道"与"人道"一致,逐步形成了中庸思想,坚持整体分析,推崇辩证思维;而古希腊的生态环境更适合打猎、捕鱼,更需要人与自然斗争,因而形成了"主客二分"思想,擅长局部分析,注重按属性分类,并利用规则解释行为[2-3]。还有的研究者从社会生态的角度探寻"个人主义文化/集体主义文化"的成因。例如:病原体流行理论认为,在环境中流行病病菌的传播程度决定该地区的文化。某些国家传染病高度流行导致成员在与陌生人打交道时需要格外小心,久而久之便形成了孤立、封闭、交际狭窄的集体主义文化。研究发现,在历史上,病原体的流行程度与集体主义文化和社会的低开放性具有明确的关系[4]。

在这些理论中,托尔汉姆等人 2014 年发表在《Science》上的论文《Large-scale psychological differences within China explained by rice versus wheat agriculture》(《由稻麦种植引起的中国内部的大规模心理差异》)提出的"稻米理论"最为新颖,也颇具影响力。他们从北京、福建、广东、云南、四川和辽宁 6 个省市选取了来自 28 个省市区的 1162 名汉族大学生,测试他们的思维特点、社会关系以及对"朋友/陌生人"的赏罚行为。在思维特点测验中,要求对三个词语如"萝卜-兔子-狗"分类。结果显示,来自种植水稻较多的南方地区被试更可能做出基于关系的分类,如将"萝卜"和"兔子"分为一组;而来自种植小麦较多的北方地区被试更可能做出基于属性的分类,如将"兔子"和"狗"分为一组。在社会关系测验中,测验者要求被试画出自己的社会网络,分别用圆圈来表示自己与他人。通过测量被试所画出的代表自己、代表朋友的圆圈的大小,就可以得到个体对自我的隐性测量。研究发现,来自水稻种植区的人更可能把自己画得比他人小。研究者还评估了被试对待朋友和陌生人的不同行为。让被试想象如下情况:"朋友或陌生人的诚实行为帮助自己赚了钱,是否奖励?"或者"朋友或陌生人的欺骗行为使自己赔了钱,是否惩罚?"结果显示,与来自小麦种植区的人相比,来自水稻种植区的人更可能奖赏朋友,避免惩罚朋友。这说明,水稻种植区被试更具备集体主义文化,表现为对朋友更忠诚,在交往中不突出自我,具备整体型思维;小麦种植区被试更具备个人主义文化,表现为对朋友更加苛刻,在交往中更凸显自我,具备分析型思维。研究者还统计了不同种植区的离婚率、专利项目等反映个人主义和集体主义文化特点的指标,得出了相似的结论。为了排除南北方温度、方言等差异,研究者还在稻麦种植分界线上选取了 224 名来自四川、重庆等 5 地农场的被试,并按农场的水稻或小麦种植面积予以重新分组,再次测试,得到了相似的结论[5]。托尔汉姆等人认为,造成上述现象的原因是历史上上述地区的种植方式存在着差异:中国南方温度、湿度较高的地区更适合种植水稻,在灌溉及栽培技术都不发达的情况下,必须通过个体间的合作才能完成,导致该地区的文化具有集体主义的特点,并在相当长的时间内保持;中国北方温度低、干燥的地区更适合种小麦,对个体间的合作要求低,导致该地区的文化具有个人主义的特点,并一直保持至今。托尔汉姆等人所选的被试大多并无农业种植经历,但作者认为,只要他们的地区具有较长的水稻/小麦种植历史，无论该地区现在是否仍然种水稻或小麦，都会具备相应的文化及心理特点[5]。即这种历史性的社会生态因素对人们的心理及行为的影响存在着滞后效应。这与Cohen（科恩）等人提出的文化功能性自主运行方式的假设相类似，即，文化一经产生，就会通过社会实践、交流、建立制度以及形成文化产品等活动保持下来，当个体置身于文化环境中时，会对文化环境形成表征，并通过类似的实践活动予以表达，实现文化的循环和保持。例如：在美国南部，存在着一种荣誉文化，重视个人的名誉，主张争强好胜，这种文化最初是因为该地区的人们从事狩猎活动而形成的。虽然如今在该地区狩猎活动已经不存在，但荣誉文化仍然保存下来。个体的文化信念、价值观可以在不断的实践活动中塑造出相应神经通路或者行为模式，并以生物或行为的方式遗传给下一代[6-8]。"稻米理论"提出以后，在社会科学界引起了很大的反响，并且得到了一些研究者的支持。Henrich（亨里奇）认为，该理论可以解释为什么工业革命在英国发生——该国的气候更适合发展畜牧业和小麦种植业，其成员更可能具备个人主义、分析思维的特点，更有利于科学的发展和发明创造[7]。

与大多数心理学理论相比，"稻米理论"不是考察心理现象的近因，而是努力地从远端因素中去寻求因果关系，其结果为文化心理学特别是当代中国文化变迁的研究提供了新的思路，具有重要的理论意义及现实价值。但是，由于"稻米理论"的提倡者不了解中国的主粮作物种植史和移民史，导致作者在运用这一理论来解释中国的南北方文化差异时，存在着明显的缺陷和不足。为此，笔者查阅了我国的小麦和水稻种植史，查阅了中国古代史、近代史和移民史，以期能够更好地说明这一问题。

一、中国小麦和水稻种植史

（一）中国小麦种植史

早在古代的殷商时期，现在的鲁西南地区就已经是重要的麦作区。到了春秋时期，小麦的栽培技术又有了新的发展，不同的小麦品种已经有记载。例如，在《诗经·鲁颂》中，就有"稙稚菽麦"的表达，"稙"是麦的早种，"稚"是麦的晚种，说明此时在鲁国已经有了小麦的早播和晚播之分。《汉书·食货志》也有"圣人于五谷最重麦与禾也"的记载。史料显示，历史上的山东地区的主要农作物还包括大豆、高粱、玉米等，水稻并非该地区的主要农作物[9]。到了西汉时期，小麦的种植得到了大力推广，甚至引起了皇帝重视，如汉武帝"遣谒者劝有水灾郡种宿麦"（《汉书·武帝纪》），汉安帝"诏长吏案行在所，皆令种宿麦蔬食，务尽地力"（《后汉书·孝安帝纪》）。据记载，当时的麦已经有了大麦与小麦、"旋麦"（即春麦，当年种，当年收）与"宿麦"（即冬麦，秋冬种之，经岁乃熟）之分。到魏晋时，北方的主要作物是粟和麦，随着北方的移民迁入，南方也开始有了少量的小麦种植。南朝刘宋元嘉二十一年（444年），诏令"南徐、兖、豫及扬州、浙江西属郡"种麦。此后，小麦也成为南方的重要农作物。在隋唐时期，根据韩鄂的《四时纂要》，稻麦的种植比以前更有所增加，并且在全国范围内形成了"南稻北麦"的生产格局。在两宋时期，大量的北方汉人南迁，对小麦的需求进一步增加。文献显示：

"建炎之后，江、浙、湖、湘、闽、广，西北流寓之人遍满。绍兴初，麦一斛至万二千钱，农获其利，倍于种稻。而佃户输租，只有秋课，而种麦之利，独归客户。于是竞种春稼，极目不减淮北。"这说明，南方的小麦种植面积扩大是受北方人的影响，北方移民"佃户""客户"因为可以"只有秋课"，进一步扩大了小麦的种植面积。

（二）中国水稻种植史

有学者认为，在中国，水稻的种植起源于以下地方：一是江西万年仙人洞到鄱阳湖流域；二是湖南武陵桃花源到彭汕头遗址；三是浙江河姆渡到宁绍平地区[10]。还有学者认为，中国水稻起源地是云南高原，并以此为中心向其他地区扩散[11]。在先秦时期，从全国范围看，北方以种植较耐干旱的粟、麦为主，南方由于雨量充沛，以种植水稻为主。《尔雅》记载，当时稻有两种[12]。《周礼》中的"九谷"为黍、稷、秫、稻、麻、大豆、小豆、大麦、小麦。在秦汉时期，水稻的种植就更加普遍。如张衡在《南都赋》中记录的水稻品种就有"华芎重秬，滍皋香秔"。另据史料记载，当时的稻类有6种，可见该时期的水稻种植已经有了较大的进步。在魏晋南北朝，南方仍然以种植水稻为主，水稻栽培技术有了更大的发展。据《齐民要术》记载，此时的北方已经有旱稻种植，水稻品种有24个。中唐以后，南方的稻米岁运达到300万石，出现了"赋出于天下，江南居十九"的情景。可见，当时的水稻已经在国民经济中扮演重要的角色。元代以后，人们对水稻的各个类型已经有了充分的认识，并且在栽培、灌溉等技术上实现了重大的突破。明末宋应星的《天工开物》对水稻特性有"凡稻防旱藉水，独甚五谷"的说法，对水稻灌溉有"天泽不降，则人力挽水以济……其湖池不流水，或以牛力转盘，或聚数人踏转"的描述。在清代前期，人们选育出了大量的优良水稻品种，如乾隆时期官修的《授时通考》就载有16省的水稻良种3429个[12]。

总的来看，在中国历史上，"北麦南稻"的格局一直就存在着。特别应该指出的是，具有集体主义文化特点的儒家思想是产生于中国的北方——早在春秋时期就有小麦种植的齐鲁大地。许多著名的儒家学者，如强调"礼"与"仁"的孔子，提出"性善说"和"民贵君轻"的孟子，提倡"天人感应"的董仲舒，号召"为天地立心，为生民立命，为往圣继绝学，为万世开太平"的张载，都出生并成就于中国的北方，这一事实是与稻米理论直接相冲突的。此外，如果文化差异是由历史上的主粮作物种植差异所致，那么，托尔汉姆等人在对被试进行属于水稻种植区或小麦种植区分类时，就应该更多地查阅并提供相关省份的主粮作物种植史料，而不仅仅是以现行各省的耕地面积作为参考。

移民对南北方文化的影响

（一）中国移民史举要

移民对文化的影响同样不可忽视。据史料记载，中国古代有四次大规模的由北向南的移民潮：秦朝时期、魏晋南北朝时期、唐朝时期和南宋时期。从秦汉开始直至元末，跨度长达一千多年，主要是北方黄河流域的汉人南迁至长江流域及更远的地区，蒙古高原及东北、西北的牧业或半牧业的少数民族不断内迁至黄河流域。这一移民潮虽然时有起伏，但始终未停止过，而且以上述四个时期为高峰。

秦灭楚后，有一次大规模的向南征伐和移民。《淮南子》载："又利越之犀角、象齿、翡翠、珠玑，乃使尉屠睢发卒五十万，为五军，一军塞镡城之领，一军守九嶷之塞，一军处番禺之都，一军守南野之界，一军结馀干之水，三年不解甲弛弩。使监禄无以转饷，又以卒凿渠而通粮道。以与越人战，杀西呕君译吁宋。而越人皆入丛薄中，与禽兽处，莫肯为秦虏。相置桀骏以为将，而夜攻秦人，大破之，杀尉屠睢，伏尸流血数十万，乃发适戍以备之。""越"是指岭南地区。秦始皇发五十万众以图越之"犀角、象齿、翡翠、珠玑"，遭受了巨大损失。但是，这场战争最终还是取得了胜利，达到了"南兼百越"的目的，并且"与越杂处十三岁"。这些移民比当地的居民具有更高的生产技能和文化水平，他们将先进的生产手段和生产技术传入当地，所以影响深远。在魏晋南北朝时期，移民主要体现为北方少数民族的内迁和中原汉族的南迁。在北方少数民族内迁方面，西晋时以匈奴、鲜卑、羯、羌、氐为代表的塞北游牧民族趁中原"八王之乱"、国力衰弱之际，占领了北方，陆续建立了自己的政权，与南方的汉族政权形成了对立。这种异族统治使得很多汉人南迁。例如，在东晋十六国时期，中国北方的11个割据政权都由匈奴、鲜卑、羯、氐、羌等少数民族建立。以匈奴为例，据《晋书》记载，在三国时期，匈奴主要活跃在"祁""蒲子""新兴""大陵"等地，即河东、并州等地。但是，从汉武帝时起，匈奴人就不断地从河西走廊和蒙古高原迁入汉地，东汉初已经有数十万人。在鲜卑人击败匈奴占领了蒙古高原之后，除了西迁和并入鲜卑的匈奴人以外，匈奴的主体移至今内蒙古南部、陕西北部和山西北部。经过三国、西晋和东晋十六国时期，匈奴人的分布更广，人数也有了明显的增加。尤其是在十六国前期，几乎遍布北方各地。但是，经过与汉、鲜卑等民族融合，到了隋唐时期，匈奴作为一个民族已经销声匿迹[11]。但在魏晋以后，世人的民族观越来越朝着重文化、轻血缘方向转化，胡族统治者对汉文化的认同、学习和大力提倡，极大地缩短了与汉族士人的距离感。到北魏时，北方政权已经成为北方人士心中的正统，这进一步加速了北方各民族的融合[13]。在汉族南迁方面，西晋时的"八王之乱"使黄河流域沦为战场，边疆的少数民族不断内迁，并在汉族政权羸弱时起兵反晋，"夷夏之辨"和异族入侵之初的杀戮使得汉族统治阶级、民众仓皇出逃。当东晋政权在建康建立后，南方更吸引了众多的北方移民，史称"永嘉南迁"。在这一时期，移民的绝对数量和占总人口比例在历史上都是空前的[11]。据估计，截至南朝宋灭亡，南渡的人口共九十余万，约占当时全国人口的六分之一。这一时期的移民主要集中于安徽、湖北、四川及江苏等地，而且南迁的移民在当地拥有较高的社会地位，对当地的经济、文化发展起到极其重要的作用。谭其骧说："尝统计《南史》列传中人物，凡七百二十八人（后妃、宗室、孝义不计），籍隶北方者五百有六人，南方但得二百二十人""中原遗黎南渡，虽为民族一般之趋势，然其间要以冠冕缙绅之流为尤盛"[14]。在东晋的中原人眼中，南方乃自然环境恶劣、经济文化落后、生活方式野蛮之地；但是，到了南北朝中期，不仅北方移民的后裔已经视南方为乐土，就是北方居民也开始了解了南方的瑰丽山川、丰富物产和灿烂文化。

唐代移民也体现为北方少数民族的内迁和中原汉族的南迁。在中原汉族南迁方面，天宝年间的安史之乱给中原地区带来了惨重破坏,河北就出现了"农桑井邑,靡获安居,骨肉室家,不能相保"的情景。洛阳以东至徐州一带是"宫室焚烧,十不存一。百曹荒废,曾无尺椽,中间畿内,不满千户。井邑榛荆,豺狼站嗥"的景象。与之不同,秦岭—淮河以南,虽然也屡有战事,但都很快结束,因而破坏程度要小得多。而且,由于南方物产丰富,土地充裕,无疑是躲避战乱的好去处。于是,中原人民纷纷向南逃难,出现了"三川北虏乱如麻,四海南奔似永嘉"的大迁徙。南迁从安史之乱开始,一直持续到五代时期结束。彼时,受藩镇势力、农民起义的影响,北方一直动乱不堪,南方则相对和平,经济迅速发展,导致国家的经济重心南移。南北方人口已经变为"南重北轻"。在北方少数民族内迁方面,在隋、唐、五代时期,居住在西北边境的少数民族继续向内地迁移,构成了历史上的又一次大规模民族迁移,对当时及以后的中国政治、经济、文化产生了十分重要的影响。移民主要以突厥、回鹘、吐蕃、党项、契丹等西北和西域少数民族为主,主要分布在甘肃、陕西、河南、河北等地。例如,河北道(今河北省和河南省黄河以北部分)少数民族已经在当地人口中占了相当比例,而且当地汉人也受其习气影响,甚至出现了"天下指河朔若夷狄"之说。唐朝军队的成员,无论是将领还是普通军人,都有不少来自内迁的少数民族。如玄宗时唐军主要将领除郭子仪是汉人外,哥舒翰是"突骑施首领哥舒部落之裔也",高仙芝"本高丽人也",李光弼的先人是"契丹之酋长"。宋代的移民也以中原汉人的南迁和北方少数民族的内迁为特点。在北宋时期,契丹、女真族人的内迁促进了北方各民族的融合。如在辽国与北宋对峙时期,为了巩固在燕云十六州的统治,辽朝迁入由契丹人组成的宫卫军户,并设在南京(今北京市)、西京(今山西大同市)、奉圣州(今河北涿鹿县)、平州(今河北卢龙县)诸宫卫提辖司达37个,共领契丹人约2.2万户、11万人[15]。在燕云地区势力最大的三个家族中,耶律氏、萧氏皆是契丹人。当北宋联合女真人灭辽时,原以为可以利用燕人的民族感情,却受到燕人驳斥:"南朝每谓燕人思汉,殊不思自割属契丹已近二百年,岂无君臣父子之情?"说明当地的汉人在民族感情上已经认同契丹人。创建金朝的女真完颜部最初活动在黑龙江阿城一带,在占领中原以后,为了巩固对北方的统治,将130余猛安(金朝军政合一的社会基层组织编制单位)迁入中原,占大定二十三年(1182年)猛安总数一半以上。大定二十三年,每猛安人口(女真人及契丹人、奚人)平均为23830余口,130余猛安至少有近300万人口[16]。大批女真人移居中原,与汉人交错居住,对双方都产生了较大的影响。一方面,该地区的汉人生活习惯出现了"民亦久习胡俗,态度嗜好与之俱化,最甚者衣装之类,其制尽为胡矣"的现象。另一方面,汉族的经济文化、生活习俗又深深影响了女真人。如金朝统治者在移民初期制定了许多旨在保持女真文化的规定,但这些规定未能防止女真人被汉人融合,最后连这些规定也被废弃了。当蒙元统治者来到中原时,女真人、契丹人、奚人在经济文化、风俗习惯方面与汉人已经无多大区别,女真人已经把中原视为故乡。蒙元统治者也就不再区分汉、女真、契丹、奚,一律称之为"汉人"了[11]。在北宋的"靖康之乱"之后,中原汉人出现了第三次大规模的南迁移民潮,数量在百万以上,对北方的影响尤大。例如,开封是北宋时的最大城市,但在靖康元年(1126年)后出现"弥望悉废墟"的萧条破败景象。据学者估计,在这期间,移民的总数可能达500万人,对南方的经济、文化发展产生了极大的影响。江南及江西、福建等移民较多的地区发展为全国经济文化水平较高的区域,境内的绝大多数平原和丘陵都获得了开发,开始向海拔较高的山区发展。据《元史》记载,至元二十八年(1291年),北方各省的人口只占全国人口的14.8%。移民加强了唐后期五代形成的全国人口分布和经济文化地位的"南重北轻"的格局,这种格局一直维持至近代[11]。

在明清及近代,我国还发生过诸如闯关东、走西口等大规模的移民,但基本方向是从中心区向边疆、从平原向山区迁徙。例如,明末清初的战争使四川的人口出现了锐减,彼时,来自湖北、湖南、福建、广东等地的移民蜂拥而至,形成了由东向西的又一次移民潮,即史上有名的"两湖两广填四川"。又以云南为例,明清时期是汉民入滇的高潮期。明朝初期,由于驻扎在云南的元朝旧部拒不投降,朱元璋命大军对诸夷进行镇压,使当地的少数民族人口锐减,进而为移民提供了条件。这些移民中包括军事移民、犯罪移民、民人移民、民商迁移等,为中原儒家文化在云南的传播提供了便利。以明代为例,明朝大规模向云南移民主要发生在洪武永乐时期,最早的移民是当时征滇的30万明军,他们中的大多数留在了云南屯垦戍边。沐英平定云南之后,又回朝带回250万移民,沐英之子沐春又移来30万南京人,加上当时来屯戍云南的军民,沐春主持的移民有50万之众。这些数字尽管可能有些夸大,但学者估计,明初入滇的汉族人约为120万,而当时云南总人口不过200多万。在元末,云南还是以少数民族为主的边疆省,大规模移民之后,情况发生了变化。此后的几百年间,昆明的汉族人都说自己的祖籍是南京。由于南京籍的人太多,昆明一度被称为"小南京"。直到清末,昆明还有不少南京市井习俗。汉人移民以后,通过开设学校、举办祭孔等文化活动,使得儒学思想和文化传统在当地发扬光大[17]。到清末时,由于沙俄等国不断攫取我国东北地区,使得统治者被迫开放了东北"禁区",于是,成千上万的山东人、河北人流向东北,形成了"闯关东"的局面[11]。但是,上述移民都是在北方区域内、南方区域内完成的。

在当代,比较大的南北方人口迁移主要有三。一是发生在20世纪20年代的北伐战争和发生在20世纪30年代的红军北上抗日,大批南方青年来到北方,并在中国的西北建立了革命政权,壮大了革命力量。二是发生在20世纪40年代晚期的解放战争中,大批的北方战士和北方干部来到了南方,被称为"大军南下"和"南下干部"。据估计,光山东籍的南下干部就有十万之众。这些南下干部漂泊千里,夙兴夜寐,励精图治,把自己的热血和智慧都浇灌在江南的土地上,还将儿女也留在南方的土地上。"北上"与"南下"进一步融合了中国南北方文化。三是改革开放以后,由于广东在改革方面走在全国前列,进一步吸引了一些人来南方创业,在很长一段时间内形成了人才、人口与资金的"孔雀东南飞"局面。据统计,仅广东一省,近年来外来人口就在2000万以上,深圳市外来人口占80%以上,其中不乏大量的北方人。这种人口流动与迁徙必然会对南北方文化的融合产生重要的影响。

(二)移民对南北方文化的影响

总之,秦至元末的移民主流是北方黄河流域的汉人南迁至长江流域及更远地区,蒙古高原、东北、西北的牧业或半牧业民族不断进入黄河流域。尽管明清时也有过大规模的移民,但移民主要是在南方和北方的区域内进行的,再未发生北方与南方之间的大规模人口迁移。历史上的移民潮给我国南北方的文化传播、文化产品及遗传基因等方面都带来了不可估量的影响，这些因素最终都会影响南北方的个人主义/集体主义的价值取向。

首先，大规模的移民潮为游牧文化在北方传播、儒家文化在南方传播提供了重要的条件。古代北方多个少数民族迁入，特别是在东晋十六国、南北朝、五代十国、辽金及元朝时期，这些少数民族都建立了自己的政权，甚至统一了北方乃至全国，这就促进了少数民族与汉族的融合。比如，在北魏时期，北方政权已经成为北方人士心中的正统[13]。在唐代，由于少数民族在河北一带人口中占了相当大的比例，当地的汉人受其习气影响较重。在金朝时期，大量的女真人移居中原，使汉人出现"民亦久习胡俗，态度嗜好与之俱化"的局面；金人学习和接受汉族文化知识，以至于元朝在统一北方后，将"契丹、女真、奚人"都视为汉人。因此，与南方相比，北方更体现为一种将平原文化与草原文化、农耕文化与畜牧文化、华夏文化与胡族文化相"叠合"的文化混搭过程，具有个人主义价值取向特点的游牧文化使得北方文化更具有个人主义的特点。在南方，由于移民的社会地位高，掌握行政权力，文化、经济优势大，先住民为了迎合上层移民的需要，或者出于对先进文化的仰慕和效仿，会主动地学习移民的语言与文化，因此更可能保留了传统的、更具有集体主义特点的中原文化或儒家文化。比如，客家文化就是以儒家文化为核心，并在此基础上融合了一些当地民族文化而形成的。客家是汉族的一个民系或"族群"，客家人是始于秦末至宋初的南迁汉人在闽、粤、赣交界地区融合畲峒山区的少数民族形成的。在历史上，客家人有五次大的迁徙：第一次发生在西晋"八王之乱"时期；第二发生在东晋"五胡乱华"时期；第三次发生在南宋时期，从宋高宗南渡直至南宋灭亡；第四次发生在明末清初，清朝入主中原以后，客家人的祖先举义反清，失败以后分散至各地；第五次发生在太平天国失败后。太平天国运动以客家人为基本队伍，天京陷落以后，起义军受到剿杀，百姓纷纷逃匿。战乱又使客家人开始了大迁徙，分别迁至海南、广西、福建等地，甚至去国外谋生。因此，"客家"作为一个汉族民系的称谓，是一种文化概念。客家人又被称为客籍人、新民、来人。由于客家人客居各地而不忘本，故常有"东方吉卜赛人"之称。因此，与当今的北方文化相比，客家文化反倒是继承了较多的中原文化传统或儒家文化传统[18]。

其次，我国的南北方文化差异在艺术、音乐、语言等文化产品上也多有表现。文化产品（语言、音乐、艺术等）本质上是群体共享文化表征的产物，是文化的外在表现。南北方文化产品差异在本质上反映了南北方文化的差异[8]。比如，在文风方面，游牧民族内迁使得中原文风增添了粗犷豪放的气质，表现出"词义贞刚，重乎气质"的特点；南方文风表现出"贵于清绮"的特点。只要比较一下唐诗与宋词，这种风格差异就不难发现。在书法方面，北方文字表现出"书迹鄙陋，加以专辄造字，猥拙甚于江南"的特点。在音乐方面，北方曲调胡乐色彩浓重，多有雄健豪迈的特点；南方曲调风格多缠绵悱恻，多以男女恋情、游子离人为描写对象，以至于南北朝时期北方统治者认为必须到中原以外的地方才能够寻找到"华夏正声"。在语言方面，由于北方汉人南迁，导致许多南方地区至今仍然保有北方语系的特点。比如，在南宋时期，在杭州城中，北方特别是开封的移民数量众多，皇帝宗室、文武高官、官商大贾、文人学士等上层人士也在其中，使得北方移民拥有较高的社会地位和经济、文化优势，假以时日，杭州方言被有明显开封话特点的方言取代。时至今日，杭州方言还属于有北方味的半官话，与杭州毗邻地区的方言迥然不同[11]。当今四川、云南、贵州的汉族人所讲的方言也属于官话方言，即广义的北方话。

最后，移民导致南北方人在生物基因方面也存在差异，进而对南北方文化价值取向产生影响。有研究者认为，从北方游牧民族南迁开始到隋朝统一北方时的200多年里，汉族与各少数民族的界限已经很小，形成了一种包容汉族与少数民族的"北人"。彼时，"北人"和"南人"（南方汉人）的差异比北方汉族与少数民族的差异更大。在宋、辽、金时期，北方地区为少数民族统治，契丹、女真、渤海等北方少数民族与北方汉族继续融合，"北人"和"南人"差异继续扩大[11]。这一观点也得到了其他研究者的支持。有研究者认为，汉人的眼瞳呈深褐色，与鲜卑人融入汉族有关。北魏建立以后，拓跋宏大刀阔斧进行改革，衣汉服，说汉语，用汉姓，促进了北方各民族的大融合[19]。还有的研究者认为，在中国，并不存在着纯种的汉族人。根据DNA检测的结果，甚至连汉族的概念都难以成立。研究发现，客家人反倒是比较多地继承了中原文化传统，现在却成了少数族群。还有人从姓氏的角度研究我国的民族融合状况，发现历史上进入中原的少数民族几乎全改称汉姓。如"刘"是中国第四大姓氏，有6460万人（2015年统计数据），占全国汉族人口的5.38%。许多刘姓人源自北方的游牧民族。汉高祖刘邦实行和亲政策，以皇室宗女下嫁匈奴单于为妻。按胡俗，贵者皆从母姓，故匈奴单于的子孙常自称姓刘。在五胡十六国、魏晋南北朝及五代十国时期，匈奴刘氏建立过众多的国家。在西晋，刘渊建立了汉国，刘曜建立了赵国，刘屈孑建立了夏国。在隋唐以后，匈奴刘氏又建立过一个朝代（后汉）、两个政权（北汉和南汉）。这些匈奴刘氏所建立的政权名称多冠之以"汉"，试图表明他们是纯正的中原王朝的后裔。改姓刘的还有铁弗、稽胡、独孤氏、西域胡、乌桓、龟兹等少数民族的上层。北魏孝文帝也将鲜卑独孤氏改为刘氏。在隋唐五代时期，刘姓又融进了不少沙陀人。宋代部分契丹人和党项羌也改姓刘，包括大辽王室的耶律氏。在元明清时期，女真族、蒙古族及台湾地区的少数民族也纷纷改姓刘[20]。可见，现今的刘姓有相当一部分源自少数民族。李姓是中国第一大姓，约有9530万人，占汉族人口的7.94%（2015年统计数据）。在李姓人群中，许多人源自少数民族或有少数民族血统，包括唐朝的李世民家族。因此，总的来看，汉族是一个混血族群，与其说它是一个血缘符号，毋宁说它是一个文化符号。汉族，更多的是一种文化概念，而非血缘概念。更为重要的是，南北方的生物遗传差异会对该地区的文化差异产生重要的影响：基因与文化相互作用，塑造了个体的大脑及神经结构，进而影响人的行为。研究显示，有广泛流行病史的地区往往具有集体主义文化，在上述地区同样可以发现高频率的与抑郁、焦虑有关的5-HTTLPR的S等位基因[21]。Kitayama等人也发现，多巴胺D4受体基因在文化塑造脑机制进而影响行为方面具有关键作用[22]。

三、结语

许多研究者认为，"离开移民史，就不会有完整的文化史"[11]。笔者并不试图否认"稻米理论"的合理性，相反，"稻米理论"构思新颖，为文化心理学、文化人类学提供了有意义的理论解释，为理解历史性的社会生态因素对文化产生及变迁的影响提供了重要的理据。但是，当用这种主粮作物种植差异来解释中国南北方的个人主义/集体主义文化差异时，"稻米理论"就缺乏历史观。首先，强调顺应、劝诫、具有集体主义文化特点的儒家思想并非产生于中国的水稻种植区，而是产生于中国北方——早在春秋时就有小麦种植的齐鲁大地，这一事实与"稻米理论"直接相冲突。其次，在中国出现的大规模移民潮对南北方文化都产生了至关重要的影响，无论是从生物遗传、文化产品还是文化传播的角度看，中国北方更可能具备"游牧文化"的个人主义价值取向，这会对相关理论的因果推论和结论推广都造成影响。因此，忽略甚至无视这种大规模的移民史，以为当代的南方人和北方人其祖先亦是南方人和北方人，对中国当代南北方人作静态的理解，进而单纯地将中国南北方的文化差异归因于水稻或小麦的种植，有失公允，并会对理论的正确性和变量间的因果关系推定造成严重的负面影响。虽然作者在正文及补充材料中也考虑到干扰变量的影响，并在相关材料中试图按现在的狩猎民族在各省的比例来分组，进而检验游牧文化是否影响了结论。但这种方法也存在问题：事实上，中国并不存在纯种的汉族人。从本质上说，当代的汉族人是以古老华夏各族为基础，融合了大量其他民族的族群。汉族作为世界上人口最多的民族，依靠的不是自然增长，而是其他民族不断融入的结果[11]。这种移民通过影响文化传播、生物基因等途径影响了南北方人的文化价值取向。在文化传播方面，在北方，少数民族的内迁对当地文化造成影响，使得北方文化表现出将平原文化与草原文化、农耕文化与畜牧文化、华夏文化与胡族文化相叠合的文化混搭特点。但在南方，北方移民的社会地位高，文化、经济优势大，更可能保留了更为传统的、更具备集体主义特点的中原文化或儒家文化。从生物遗传的角度看，包容汉族与少数民族的"北人"和"南人"之间在人格特征、体质等方面都存在着越来越大的差异[11]。许多研究发现，这种基因差异确实影响当地文化的价值取向，[21-22]进而通过各种社会交往、实践活动一直保存下来，并影响至今。因此，仅用现在的狩猎民族在各省的比例来排除历史上的移民、游牧民族对当地文化的影响就显得缺乏历史观，甚至可以说是"刻舟求剑"。笔者认为，正确的做法是借助生物遗传学或遗传人类学手段，诸如古代DNA提取技术或Health-Carter体型测定法等，找到属于游牧民族的特定基因或体质特征，并按该特征在特定地区的分布频率来分组，进而来计算或排除移民对中国南北方人价值取向的影响[23-24]。

文化作为一个松散的结构，其内部不同心理构念之间仅存在松散的联系和相关，并不具有明显的逻辑性。因此，某种文化行为和价值取向可能是由几种不同的因素共同决定的，是一个文化混搭的过程，而不是单一的深层结构所致。

〔参考文献〕

[1] 刘邦惠,彭凯平. 跨文化的实证法学研究：文化心理学的挑战与贡献 [J]. 心理学报, 2012 (2): 413-426.

[2] Nisbett R E. The geography of thought: why we think the way we do [M]. New York: Free Press, 2003.

[3] Nisbett R E, Peng K, Choi I, et al. Culture and systems of thought: holistic versus analytic cognition [J]. Psychological Review, 2001 (2): 291-310.

[4] Fincher C L, Thornhill R, Murray D R, et al. Pathogen prevalence predicts human cross-cultural variability in individualism/collectivism [J]. Proceedings of the Royal Society B-Biological Sciences, 2008 (1640): 1279-1285.

[5] Talhelm T, Zhang X, Oishi S, et al. Large-scale psychological differences within China explained by rice versus wheat agriculture [J]. Science, 2014 (6): 603-608.

[6] Kim H S, Sasaki J Y. Cultural neuroscience: biology of the mind in cultural contexts [J]. Annual Review of Psychology, 2014 (1): 487-514.

[7] Henrich J. Rice, Psychology, and innovation [J]. Science, 2014 (344): 593-594.

[8] Lamoreaux M, Morling B. Outside the head and outside individualism-collectivism: further meta-analyses of cultural products [J]. Journal of Cross-cultural Psychology, 2012 (2): 299-327.

[9] 陈冬生. 山东历史上主粮作物的农家品种资源 [J]. 古今农业, 1997 (3): 53-64.

[10] 张佩琪. 论水稻起源的环境条件与历史背景 [J]. 农业考古, 1998 (1): 62-69.

[11] 葛剑雄,曹树基,吴松弟. 简明中国移民史 [M]. 福州: 福州人民出版社, 1993.

[12] 周跃中. 试谈中国古代农作物种类及其历史演变 [J]. 吉林农业 (C版), 2010 (8): 1-3.

[13] 李晓麟. 十六国时期北方士人与胡族政权研究 [D]. 天津: 南开大学, 2007.

[14] 谭其骧. 晋永嘉丧乱后之民族迁徙 [J]. 燕京学报, 1934 (15): 51-76.

[15] 韩光辉. 辽代中国北方人口的迁移及其社会影响 [J]. 北方文物, 1989 (2): 72-80.

[16] 吴松弟. 金代东北民族的内迁 [J]. 中国历史地理论丛, 1995 (4): 139-153.

[17] 李晓斌. 清代云南汉族移民迁徙模式的转变及其对云南开发进程与文化交流的影响 [J]. 贵州民族研究, 2005 (3): 172-177.

[18] 贺超. 客家文化与现代文明 [J]. 江西社会科学, 2007 (1): 145-148.

［19］沈波. 对鲜卑族种属的多角度探析［J］. 赤峰学院学报（汉文哲学社会科学版），2010（11）：6-7.

［20］http：//www.360doc.com/content/10/0207/17/67138_15374325.shtml.

［21］Chiao J Y，Blizinsky K D. Culture-gene coevolution of individualism-collectivism and the serotonin transporter gene［J］. Proceedings of the Royal Society B，2010（277）：529—537.

［22］Kitayama S，King A，Yoon C，et al. The dopamine D4 receptor gene (DRD4) moderates cultural difference in independent versus interdependent social orientation［J］. Psychological Science，2014（6）：1169-1177.

［23］郑连斌，陆舜华，丁博，等. 中国 29 个族群体型的比较［J］. 解剖学报，2012（1）：130-134.

［24］徐智. 中国西北地区古代人群的 DNA 研究［D］. 上海：复旦大学，2008.

［25］Marquez R C，Ellwanger J. Independent and interdependent self-construals do not predict analytic or holistic reasoning［J］. Psychological Reports，2014（1）：326.

［26］陈咏媛，康萤仪. 文化变迁与文化混搭的动态：社会生态心理学的视角［J］. 中国社会心理学评论，2015（9）：224-263.

［27］Oyserman D，Lee S W S. Does culture influence what and how we think Effects of priming individualism and collectivism［J］. Psychological Bulletin，2008（2）：311-342.

［28］Varnum M，Grossmann I，Kitayama S，et al. The origin of cultural differences in cognition：the social orientation hypothesis［J］. Current directions in Psychological Science：A Journal of the American Psychological Society，2010（1）：9-13.

［29］Morris M W，Chiu C Y，Liu Z. Polycultural psychology［J］. Annual Review of Psychology，2015（1）：631-659.

族群边缘：中华民族共同体心理发展研究的最佳视角

张积家　冯晓慧

[摘　要]　个体通过社会分类，自动形成了不同的族群。处于族群边界的个体或群体构成了族群边缘。在族群边缘，族群的特征被凸显了出来，正处在民族共同体的形成之中，因而成为观察和理解民族共同体心理形成和发展的最佳视角。在我国，处于族群边缘的群体包括跨界民族、族际通婚者及其子女、走廊民族、港澳台同胞及海外华人、人口众多民族的不同支系或民系、未识别民族和族别识异的民族、双文化者。历史记忆、共同语言、根基性情感、民族内隐观和民族认同是族群边缘研究的重要领域。

[关键词]　族群；族群边缘；民族共同体

[原　载]　《教育文化论坛》2022 年第 4 期，第 55—70。

中华民族源远流长，从炎黄部落到周朝与秦朝的两次"大一统"，再到梁启超提出"中华民族"的概念，及至习近平总书记提出"中华民族共同体"的概念，可见中华民族共同体自始至终是由多个民族混合而成的。不同的民族由外貌、历史、语言、文化等客观的或想象的边界来界定。费孝通指出，中华民族的主流是由分散、孤立的民族单位经过接触、混杂、联合和融合，形成了一个相互依存又各具个性的多元统一体[1]。单一民族或者处在族群的中心，人们很难与其他民族或族群接触，因而较少出现民族意识。因此，必须重视处在族群边缘的个体与群体，他们是民族或融合或分裂或消亡的经历者，因而成为中华民族共同体心理发展研究的最佳视角。

一、族群边缘的概念

要讲清楚什么是族群边缘，首先要明确族群和族群边界的概念。

（一）族群的概念

个体先天就存在着将人分为不同群体的本能。社会分类是个体基于共享相似性将人分为不同群体的过程[2]。族群是社会分类的结果。族群作为一种分类法引起了广泛的关注。综观学者们对族群的定义，总体上可以分为三种取向：客观特征取向、主观情感取向和折中取向。

客观特征在社会分类时具有重要作用。历史、外貌、语言、习俗等固定的和客观的特征是区分族群的重要标准。族群认同是个人对所属群体的客观特征的认可。Naroll 指出，族群由客观的语言、文化、社会组织等特征来定义，植根于人类共同体的早期历史中，是一种继承的人类关系[3]。根据《麦克米兰人类学词典》，族群是这样一群人，他们或者是自成的，或者是从其他群体分离而成的，与其他共存或交往的群体有不同的语言、种族或文化特征；族群包含这些群体的交互关系和认同过程[4]。然而，只重视客观特征而忽视主观因素的做法受到了质疑。在现实生活中，信仰同一宗教、共享同一语言、拥有同一肤色等的人分属于不同群体的例子俯拾皆是，说明很难通过客观的特征做出准确的族群划分。客观论者常常为了强调族群文化的同一性和独特性，忽视了文化内部的差异以及文化间的交流和影响，过分强调族群的静态不变的性质，而无视其动态变化的特性[5]。从主观的角度出发，族群及其认同注重个体对本族群的主观心理、态度、感受及外在的行为。例如，Weber 主张，族群是群体由于体质类型、文化相似，或者是由于共同的记忆，对共同世系抱有的一种主观信念，这种信念促进非亲属社区关系的延续[6]。Barth 综合了主客观因素，提出族群是这样的群体：在生物上具有极强的自我延续性，分享基本的文化价值，有自我认同和他人认同的成员资格[7]。

国内学者引入族群概念之后即开展了本土化的研究。在《人类学词典》中，族群被定义为一个由民族和种族自己集聚而结合在一起的群体[8]。孙九霞将族群界定为在较大的社会文化体系中由于客观上具有共同的渊源（世系、血统、体质等）和文化（相似的语言、宗教、习俗等），主观上自我认同并被其他群体区分的一群人[9]。在将族群的概念与中国的实际相结合时，族群与民族的关系引发了争论。徐杰舜认为，族群与民族存在着差异：族群强调文化性，民族强调政治性；族群显现学术性，民族显现法律性；族群的概念使用宽泛，民族的概念使用狭窄——尽管族群的概念使用起来灵活方便，却不能够完全代替民族的概念[10]。王伟将民族与族群之争归纳为两个方面：一是民族与族群的范围，二是民族的政治诉求与族群的文化诉求[11]。李祥福认为，民族概念适于中华民族，族群概念适于中华民族的 56 个民族及其支系[12]。王明珂认为，族群指一个族群体系中的所有层次单位（如汉族、客家人、华裔美国人）；民族指族群体系中主要的或最大的单位（如汉族、大和民族、蒙古族、羌族等）[13]。民族和族群的概念是互补的，并不相互矛盾或者冲突。因此，不应该拘泥于定义的束缚，应该从面对的人群出发，从多元的、互动的角度分析和把握纷纭复杂的族群现象[14]。

（二）族群边界的概念

民族或族群的最重要功能是划分我群和他群。族群边界是用来区分族群的特征，这些特征有一些是客观的，但大多是想象的。正因为如此，安德森才将民族称为"想象的共同体"。安德森认为，区别不同共同体的基础，并非它们的虚假/真实性，而是被想象的方式。民族被想象为本质上有限的共同体，这是因为即使是最大的民族，其边界也是有限的，因为没有任何一个民族会将自己想象为等同于全人类[15]。这就涉及族群边界。从最直接的意义讲，地理边界是族群划分的重要因素，但更应该注重社会边界。群体内成员在与他群成员接触时，一般不会因为接触到不同的特征而改变自身的族群认同，这是因为族群的文化内核是维持本族群认同的根本原因，亦是确定本族群成员资格及排除他群成员的核心标准。Barth 认为，族群并不是在共同文化基础上形成的，而是在文化差异基础上建构的过程。维持族群的关键因素是自识归属和他识归属的特征。个体使用族群身份将自己与他人分类并且互动，在组织意义上形成了族群。族群取决于族群成员的认定，形成族群的最主要因素是边界，而不是语言、文化、血统等内涵。当族群被定义为有归属性和排他性的群体时，族群的本质就很清晰了：它取决于边界的维持。在族群单位和文化相似性与差异之间并不存在着简单的对应关系，文化特质并非"客观"差异的总和，而只是当事人认为这些特质有意义。一些文化特质被当事人用作差异的标志和象征，而其他文化特质被忽略了，在一些关系中根本差异甚至被淡化或被否认。因此，族群边界是个体所持的用来划分族群的特征，特别是文化特征[7]。周大鸣认为，文化是维持族群边界的基础，包括语言、文化、宗教、民族英雄、服饰、节日、宗族与姓氏、饮食传统等[14]。重视文化边界，不代表忽略其他特征的作用。兰林友提出，族界标识包括集体名称、共同血统、语言、宗教、体质外表或特定文化特质，甚至团结感、与领土的联系等[16]。王明珂强调，族群并非完全由文化传播与生物繁衍"生成"，而是在特定环境中由人群内对外的互动关系造成的。在形成民族的过程中，最重要的是重组历史记忆以及重新界定族称的内涵[13]。

族群边界确定了划分内外族群的标准。这种划分也可能具有副作用。在国家整合的背景下，界定族群就显得特别重要。国家整合，是指在一定时间内将自主与有相对距离的人群整合至国家的结构中。此时，同一族群成员多半会强调社会文化的同质性，忽视差异性[16]。强调族群边界，显然与民众的利益相背离。我国是统一的多民族国家，各民族同属于中华民族，如果将中国各民族之间的关系视为"我们—他们"的关系，无疑会将"你中有我，我中有你，谁也离不开谁"的中华民族的一体关系变成彼此异己的关系[17]，从而损害中华民族的一体性，不利于民族团结和国家稳定。中国早期研究者也是在世界性的国族主义、相关的民族概念与新学科知识的引导下，在以华夏作为核心、以四裔作为边缘的传统"中国"概念的基础上，借助民族分类与民族政策的施行，再造华夏边缘，将以往被排除在华夏资源共享体系以外的"蛮夷"以及不堪受歧视而称自己祖上来自湖广、江西、南京的"汉人"纳入各少数民族之中，并且以国家的力量与政策来调整资源分配与维持社会秩序[18]。

（三）族群边缘的概念

边缘是迥异于边界的概念。边缘的本义是周边的部分、沿边的部分，所对应的英文词是 edge、periphery 和 margin；边界的本义是领土单位或国家地区之间的界线，所对应的英文词是 boundary。边界强调区分与划分。族群边界是将不同族群区分开来的标准线。边缘是与中心相对的概念。Shils 认为，每一社会都有"中心"和"边缘"。中心由两种制度组成，一种负责施展权威，另一种通过教会、学校、出版社等来创造和传播文化符号。边缘的一部分是接受命令和信念的阶层,他们自身不能够创造信念或者推动信念的传播;另一部分是在报酬、尊严、利益分配上处于较低层级的人。社会的任一阶层或者部分越是权力低下,报酬菲薄,创造性弱,较少拥有从中心散逸出来的文化,难得被中心制度系统的权力持续触及的群体,就可以说越边缘。中心属于价值和信念的领域。它是符号秩序的中心,也是信念秩序的中心,符号、价值和信念支配着社会。中心与边缘有四种互动模式:① 中心主宰和渗透边缘;② 中心与边缘相距遥远,边缘被放任自流;③ 中心与边缘有一定程度的自足;④ 中心与边缘彼此亲近,人们有大致平等的感觉[19]。Fiedmann提出了"中心-边缘"模式,认为在若干区域之间会使个别区域率先发展形成"中心",其他区域因为发展落后成为"边缘",而且中心处于统治地位,边缘处于依附地位[20]。刘大可在研究客家文化时也使用"中心"与"边缘"的概念,"中心"指巨姓大族,"边缘"指小姓弱房[21]。许可峰也使用"核心"与"边缘"的概念,并提供了中心与边缘的第五种互动模式,即在中华民族发展中,前期常出现"中国居内以制夷狄,夷狄居外以奉中国"的"肃慎来贡"模式,后期常出现"夷狄入内,入主中原"模式,即"走向核心";再从中心扩散,即"走向边缘"。其中,既有军事的杀戮和征服,也有文化的碰撞与整合,体现了中华民族多元一体化发展的"双向核心化"过程[22]。上述作者的"中心"(核心)和"边缘"概念均是指社会或共同体的中心与边缘。

历史学家阿诺德·汤因比指出,不同民族往往都存在着"自我中心"错觉。例如,西方人经常称与自己有着不同文明的族群为"土著";犹太人视自己为上帝的唯一"选民",称其他不同文明的人为"异教徒";希腊人称与自己文化不同的其他民族为"蛮族"[23]。在中国,古代的华夏族也视其他民族为"夷蛮戎狄",因此才有了"华夷之辨""夷夏有别"和"夷夏之防"。正是由于存在着这种"自我中心"错觉,以往的人类学、民族学对中华民族的研究多是从主体民族(汉族)的视角出发,沿着由中心向边缘扩展的方向来进行。麻国庆指出,已有对中国及周边国家、地域、少数民族的人类学研究,往往从儒教、华夏等中原或中心角度分析。"华夷秩序"、"朝贡体系"及"天下"观念建构起"中国之中的中国"和"中国之外的中国"的"中心"与"边陲"的对应体系。因此,由于"从周边看中心"视角缺失,不可避免地存在着民族中心主义和文化中心主义的偏见[24]。王明珂提出的边缘视角避免了仅从中心看边缘的视角的缺陷,认为边缘是观察和理解族群现象的最佳位置,要回答"什么是中国人",应该从"华夏边缘"去寻找答案,凝聚中国人的最主要力量来自对华夏边缘的维持,而不完全依赖华夏内部的文化一致性[13]。

族群边缘的概念亦不等同于边缘族群的概念——边缘族群更多是指与主体族群相对的概念。例如,在中国古代,相对于华夏族,夷、狄、戎、蛮均属于边缘族群;在当代,远在新疆的图瓦人,远在西藏的夏尔巴人,远在东北的使鹿鄂温克人,均属于边缘族群。边缘族群不仅是指地理位置偏远的族群,更是指远离现代性社会模式和状态的族群。边缘族群的主要特征是社会文化生活还处在传统的内生性发展阶段,现代性很少介入或者刚刚介入,与现代的族群相比,往往还表现出对现代化的不适应,在向现代化迈进的过程中处于不利地位。边缘族群的人数往往比较少,与人口较少民族联系在一起[25]。

但是,族群边缘的概念也并非与边缘族群的概念完全相悖:从社会或者民族共同体的角度来看，边缘族群处于社会或民族共同体的边缘；族群边缘是从族群的角度来看，个体或者群体处在不同族群的交界处。因此，笔者对族群边缘做出如下定义：族群边缘是指处于不同族群边界地带的个体或者群体，在他们身上，族群边界不是很清晰，即自我与他者的界限不是很清晰，出现了既属于这一族群又属于另一族群的情况，他们的族群身份（血缘身份、文化身份）与公民身份存在着矛盾或者不一致之处，其族群认同的状况甚为复杂。他们或者正处在族群的形成或者分化之中，或者是血缘与文化的"混血儿"，或者正在整合成一个更大的共同体。在他们身上，既具有我群的特征，又具有他群的特征，其族群的客观特征是如此，其族群的主观心理也是如此。

二、族群边缘研究的意义

在中国长期的历史发展中，各个民族并不是一成不变的，而是处于族群边缘的个体或者群体通过接触与融合形成了中华民族。因此，研究族群边缘，首先是铸牢中华民族共同体意识的需要。从心理角度来说，个体在民族认同基础上，通过重新范畴化，转变对族群边界的感知，将原来的内群体（本民族）和原来的外群体（其他民族）转变为一个共同的、包摄性更广的上位群体的概念——中华民族共同体，进而产生了中华民族共同体认同。人类的社会分类并不是固定不变的，民族作为社会分类的维度，可以通过重新范畴化，改变原有分类所形成的族群边界，扩大内群体的范围，将原来的外群体纳入其中，形成共同内群体[26]。由于处在族群边缘的个体或者群体的族群边界本来就不是很清晰，并不是泾渭分明，因此，一方面，处在族群边缘的个体或者群体会更容易发现族群之间的相似性，更容易形成共同内群体观念，更容易产生共同内群体认同；另一方面，如果他们的身份（血缘身份、文化身份、公民身份等）中充满了矛盾和对立，其族群认知也会出现明显的不协调或者冲突，其族群认同就会处于一种不确定、迷茫和不稳定的状态。

王明珂就以处在中国或者"华夏"边缘的人为对象来研究中华民族的发展。"华夏边缘"既是指时间、地理的边缘，也是指认同的边缘。例如，在春秋时期，处于华夏东南边缘的吴国人，由非华夏变成了华夏，因而处于华夏的边缘[13]。又如，魏晋南北朝之后的北方"汉人"和"胡人"，也处在族群的边缘，华夏族在当时被称为"南人""岛夷"或者"宋人"。在《隋唐制度渊源略论稿》中，陈寅恪指出：全部北朝史中凡关于胡汉之问题，实一胡化汉化之问题，而非胡种汉种之问题。当时之所谓胡人汉人，大抵以胡化汉化而不以胡种汉种为分别，即文化之关系较重，种族之关系较轻，所谓有教无类者也。在《唐代政治史述论稿》中，陈寅恪对他的"种族与文化"观又作了进一步阐述：汉人与胡人之分别，在北朝时代文化较血统尤为重要。凡汉化之人即目为汉人，胡化之人即目为胡人，其血统如何，在所不论。一为其人之氏族本是胡类，而非汉族；一为其人之氏族虽为汉族，而久居河朔，渐染胡化，与胡人不异。前者属于种族，后者属于文化。质言之，唐代安史乱后之世局，凡河朔及其他藩镇与中央政府之问题，其核心属于种族文化之关系也。[27]在《元白诗笺证稿》中，他又重新申述：种族之分，多系于其人所受之文化，而不在其人所承之血统。[28] 陈寅恪所说的"种族"，实为"民族"，因为"种族"（race）是生物学、体质人类学的概念，主要考虑生物学因素，涉及人类种群对自然生态环境的适应关系，是生物科学的研究对象[29]。种族是指"基于共同血缘的人们的地域群体这种血缘关系表现在身体外表上有着许多类似的特征"[30]，或"一群在他人看来具有共同的生理特征并在遗传上截然不同于他人的人"[31]，即在体质形态上具有某些共同遗传特征的人群。民族（ethnicity）是文化人类学术语，主要考虑文化因素，涉及人类社会文化群体（ethnic group）与生态环境（包括自然生态和文化生态环境）的互动关系，是社会科学特别是行为科学的研究对象[28]。

据《新唐书》记载：幽州"俗谓禄山、思明为'二圣'，弘靖惩始乱，欲变其俗，乃发墓毁棺，众滋不悦"。安禄山、史思明均是胡人，系唐朝的叛臣，而幽州百姓却视之为"圣人"，说明他们已经不把"民族"和"正统性"联系在一起了。经过辽国两百多年的统治，幽云汉人的"胡化"现象更加明显，在体格上与北方游牧民族非常相似，剽悍尚武，故"天下指河朔若夷狄然"。幽云汉人的生活习俗也逐渐与游牧民族接近，到了宋哲宗朝，服饰变化竟至"哀哉汉唐余，左衽今已半""衣服渐变存语言"的程度。随着宋辽对立时间延长，幽云汉人的"夷夏观"亦发生变化，"华夷之辨"在汉族和少数民族的交往中愈发不重要，"实力"标准更加有用，政治态度呈现出强烈的世故化倾向，对华夏族也无太深的民族认同感，无论是对辽、宋、金还是对别的政权，完全从利益出发，左右叛附。《金史》记载，帝称："燕人自古忠直者鲜，辽兵至则从辽，宋人至则从宋，本朝至则从本朝，其俗诡随，有自来矣。虽屡经迁变而未尝残破者，凡以此也。"南宋马扩也说："燕云汉人随事俯仰，契丹至，则顺契丹，夏国至则顺夏国，金人至则顺金人，王师至则顺王师，但营免杀戮而已。"辽朝官员王介儒和王仲孙亦对宋使马扩说："南朝每谓燕人思汉，殊不思自割属契丹已近二百年，岂无君臣父子之情？""谚语有之：一马不备二鞍，一女不嫁二夫，为人臣岂事二主？燕中士大夫，岂不念此？"在北宋末年，宋朝背弃与辽的盟约，同金达成海上之盟，联手灭辽，夺回了幽云十六州。幽云汉人对此普遍心存不满，怨恨宋人背信弃义。宋人对幽云汉人亦持排斥态度，称他们为"番子"。后来，金军南侵，宋人更加猜忌幽云汉人，以致发生了屠杀幽云汉人的事件。

在《羌在藏汉之间》一书中，王明珂以羌人为例，从边缘的视角来阐释民族的交融与发展：无论是"藏文化"，还是"汉文化"，但凡哪一方变得强势、具有发展前途时，羌人就会认同哪一方的文化，逐渐融入其他民族的文化圈中。"羌人"与"羌族"是一个不断变迁的"边缘"，他们与青藏高原东缘的一些部落、村寨人群是华夏的族群边缘，也是吐蕃与藏族的族群边缘。因此，羌族在历史上延续的并非一个民族，而是一个多层次的核心与边缘的群体互动关系。"羌族"的历史或者被解体为华夏与藏族的边缘变迁史，"羌族"文化亦被描述为易变的、多元的、模糊的。正是这些历史主体的变迁与不确定性以及文化的模糊性，说明在汉、藏之间或在汉与非汉之间，原来有一个漂移的、模糊的族群边缘，在近代国族主义影响下，才转化成汉、羌、藏、彝各民族之间的族群界线[32]。费孝通也指出，在中华民族的形成过程中，汉族与羌族的作用恰好相反：汉族以吸纳为主日益发展壮大，羌族则以供应为主，壮大了别的民族，很多民族（包括汉族）均从羌人中得到了血液[33]。中华人民共和国成立以后，我国开展了民族识别工作，从官方角度将各个族群区分开来，形成了明确的族群边界。然而，在族群关系中，一旦主观标准界定了族群边界，处于族群内的人就不用经常强调自己的文化内涵，反而在族群边缘，族群特征却经常被强调。人们会强烈地坚持一种认同，遗忘另一种认同，这种现象在族群核心难得见到，在族群边缘却是司空见惯，族群边缘因而成为观察和理解族群现象的最佳位置[13]。生态学家亦发现，在两个或多个不同生物地理群落的交界处，结构复杂，不同生境种类共生，种群密度变化大，某些物种活跃，生产力高，这被称为边缘效应[34]。边缘效应虽然源于生态学，亦适用于其他领域，作为多个族群相互接触、碰撞、摩擦、交融的族群边缘同样会表现出复杂的动态变化。

在族群边缘，可以更好地观察族群的动态变化。王明珂指出，族群边界的形成与维持是在特定的资源竞争关系中为了维护共同资源而产生的，客观资源环境的改变造成了族群边界的变迁[13]。族群边界发生了变化，族群边缘亦随之变化。例如，在扶贫工程中，易地搬迁的少数民族居民的地理边界发生了变化，族群边缘亦随之发生变化，本来难以与外界接触的封闭村落，搬迁至适宜生存发展之地，扩大了与外界的接触，受到了更多的他族文化与生存方式的冲击。

族群的中心与边缘在不同的时空背景下具有不同的含义。从中华民族的角度看，边疆是中华民族的族群边缘。从古至今，边疆一直是各国交往交流的前沿，也是各族群产生矛盾、冲突的复杂之地。因此，探究位于中华民族与他国边缘的边疆族群亦势在必行。从各民族的角度看，处在两个或多个族群交汇带的族群和个体即族群边缘，研究他们能够揭示出民族共同体心理的形成规律和影响因素。例如，穿青人是明朝汉族征南将士与当地土族的后代，融合了汉族与当地民族的特点，他们自认为与当地的汉族人有别，其传统服饰尚青色，普遍使用贵州通行的官话。穿青人迄今仍然要求承认其为少数民族，这种诉求产生的心理原因值得探究。

与位于族群中心的个体或者群体比较，位于族群边缘的个体或群体，由于与其他群体接触，族群的特征更加突出，同时更容易受到他族文化的冲击，族群身份与族群认同在复杂的变化中生成，因而对中华民族共同体的意识性不同。处于中华民族共同体中心的个体或者群体，其血缘身份、文化身份与共同体身份更加一致，不存在或较少存在矛盾与冲突；处于中华民族共同体边缘的个体或者群体，其血缘身份、文化身份与共同体身份存在着较多的不一致，其共同体认同的形成过程更加复杂，也存在着较多的冲突，如跨界民族，甚至文化身份本身也存在着矛盾与冲突，如蒙回、藏回。因此，族群边缘比族群中心更能够揭示出更多的有关族群本质的信息，原生论、工具论、建构论和民族主义理论在族群边缘能够得到更明显的体现，更能够揭示出族群与民族共同体建设的规律性。

边缘研究也是文化人类学和心理人类学的重点研究领域，从摩尔根、马林诺夫斯基、米德、列维-斯特劳斯到费孝通、林耀华、王明珂，莫不如是。例如，摩尔根研究原始社会人类的社会制度、姻亲制度、氏族制度，写出了名著《人类家族的血亲和姻亲制度》《古代社会》，系统提出了家庭进化理论、亲属词分类理论和人类文明发展阶段理论。马林诺夫斯基深入大洋洲调查，提出了功能主义的文化论。玛格丽特·米德深入南太平洋萨摩亚群岛考察，写出了《萨摩亚人的成年人》，并研究新几内亚的三个原始部落，写出了《三个原始部落的性与气质》。列维-斯特劳斯深入巴西雨林，研究原始民族，写出了《忧郁的热带》《野性的思维》《结构人类学》《图腾制度》等名著，创立了结构主义人类学。费孝通1935年深入广西大瑶山考察瑶族的社会组织，最终提出了中华民族多元一体格局的理论。林耀华曾经对大小凉山的彝族和川康地区的藏族进行过人类学考察。王明珂对华夏及其边缘人群——由"戎狄蛮夷"到少数民族进行历史与人类学探索，多次深入羌族地区考察，写出了名著《华夏边缘》《羌在藏汉之间》，提出了历史记忆确定族群边界的理论。

三、处在族群边缘的群体

（一）跨界民族

跨界民族又称为跨境民族，是指分布在不同国家或地区的同一民族。国家作为民族集合体，是由不同的民族发展、创造而来的，但国家的创建往往晚于本国的族群形成。在现代国家未确立之前，各民族由于生存、发展形成的地理分布往往与国家领土范围不一致，跨界民族由此产生。跨界民族有三个属性：① 成员的族群身份相同；② 成员在两个或两个以上的国家分布，具有不同的国籍；③ 成员在跨国区形成了聚居区[35]。我国有33个跨界民族。跨界民族处于不同国家，使用同样语言，宗教信仰相同，风俗习惯相同或相似，加上临近边界，其国家认同有如下特点。① 复杂性：与同族群的外国人接触时会出现群体交叉分类。② 模糊性：民众血缘意识强，地域认同意识浓厚，更多地关注血亲、姻亲及族属，国家认同和国民身份认同淡漠；③ 不稳定性[36]。郑宇和曾静发现，边民跨国流动方向与国家认同选择及强弱变化具有一致性，它们相互表征甚至互为因果；影响边民跨国流动及国家认同的因素高度重叠，包括国家政策、国际关系、社会政治运动、生存安全、经济资源与发展状况、民族认同、传统文化等；跨国流动主要是具有迁徙传统或生存面临重大威胁的群体，其国家认同的易变性较为突出[37]。何明分析了西南边疆半个多世纪的跨国流动，认为边疆民族因同一民族跨界而居形成与他国同族居民的社会文化网络，使得以地缘为基础、族缘为纽带的跨国流动便利频繁，国家认同不稳定[38]。

（二）族际通婚者及其子女

族际通婚是指不同民族成员间的相互联姻，是与族内婚对应的婚姻形式，又称跨族通婚。如果说族群依靠边界来维持，族内婚就是最明显而且牢固的边界。埃里克森认为："假如族群间互相通婚的倾向继续，一个最终的结果可能是正如我们今天所知道的族群性终结。"[39] 辛普森和英格尔认为，不同群体间的通婚率是衡量任一社会中人们之间的社会距离、群体间接触性质、群体认同强度、群体相对规模、人口异质性及社会融合过程的敏感指标[40]。有学者认为，当两个民族间的通婚率达到10%以上，民族关系就较好[41]。在我国，族际通婚有汉族与少数民族通婚和少数民族之间通婚两种类型。第七次全国人口普查表明，广西的族际通婚户数占总户数的42.5%，比2010年增长了30%，是广西民族团结进步示范区建设的最成功之处[42]。而在新中国成立之前，广西的各民族之间不仅族际通婚率低，即使在同一民族的不同支系之间也较少通婚。例如，在广西金秀县，生活在大瑶山的瑶族五个支系（茶山瑶、坳瑶、盘瑶、花蓝瑶、山子瑶）之间在新中国成立之前就很少通婚。受宗教信仰、语言文化、风俗习惯等影响，族内婚一直是多数民族实行的婚姻制度。改革开放以来，随着我国的高速发展，各民族的交流交往交融的深入，族际婚姻的范围和规模在不断扩大，一些民族的族际通婚率甚至高达80%以上，如鄂伦春族（86.19%）、赫哲族（84.13%）、俄罗斯族（83.20%）。另一些民族仍然保持很低的族际通婚率，如维吾尔族（1.05%）。半数民族的族际通婚率为10%～30%，12个民族的族际通婚率超过了50%。两个民族发生一定规模和相当比例的族际婚，一般需要具有如下条件：文化同化程度较高，民族之间无语言障碍，宗教上互不冲突或者至少彼此能够容忍，成员之间具有很多的社会交往机会，彼此之间无整体性的偏见与歧视，群体与家庭对族际通婚不持反对态度[43]。即如果两个族群的通婚率高，就意味着两个族群之间互相认同，不仅仅是夫妻双方，而且包括家人、朋友乃至社会的互相认同。影响族际婚姻有许多因素，客观因素如族群规模大小、居住地域、历史传统、语言和宗教的差异大小等，主观因素如通过婚姻改变地位和生活的动机等。对族际婚姻，民族学和社会学有少量研究，多是统计分析，心理学界对族际婚姻几乎没有研究。族际婚姻的动机如何？族际婚姻的生活满意度、幸福感怎样？族际的文化融合或文化冲突状况和过程如何？这些问题目前都缺乏深入研究。

与族际婚姻相联系的是族际通婚者的子女，他们更是处于族群的边缘。他们是血缘与文化的"混血儿"，他们的族群身份如何确定？父母在确定子女的族群身份时会考虑哪些因素？他们的族群认同状况如何？他们在心理上是否存在文化的融合或者冲突？他们是否持有民族歧视与民族偏见？血缘比例与族群资格（语言标签）对族际婚姻子女认同的影响孰轻孰重？他们的中华民族共同体意识水平如何？这些问题都值得研究。

（三）走廊民族

"民族走廊"是指一定民族或者族群长期沿着一定的自然环境（如河流或山脉）向外迁徙或流动的路线。在民族走廊内，保留着众多族群的历史与文化沉淀。费孝通最早提出"藏彝走廊"的概念，认为"这条走廊……是历史与语言科学的宝贵园地"[44]。他指出，中华民族聚居区由六大板块和三大走廊构成，六大板块是指北部草原区、东北高山森林区、青藏高原、云贵高原、沿海区、中原区，三大走廊是指河西走廊、藏彝走廊和南岭走廊。板块与走廊相互联结，板块相对稳定，走廊相对流动，更应该深入研究[45]。这一学说涉及中华民族多元一体格局的形成与发展，对整合中华民族既具有重要的学术价值，又具有重要的现实意义[46]。研究走廊民族，可以看到各民族的起源、民族间文化交流的历史和结晶，亦可以解决民族间交往带来的族群交往与族群认同问题。我国现有六大民族走廊：藏彝走廊、河西走廊、南岭走廊、苗疆走廊、武陵走廊和辽西走廊。周大鸣指出，每一走廊都展现了族群分化、整合及重组的族群互动模式，并以南岭走廊的苗、瑶、畲、客家人的个案展示了同源性族群的分化历程，以藏彝走廊的白马藏族展现了独特的动态性族群认同与互动模式，以西北走廊的土族等说明了族群互动的多元性与频繁性[47]。

民族走廊既是多族群、多文化的边缘,也成为多元文化的中心。例如,从中原文化圈的视角来看,河西走廊是边缘,因为它远离华夏的中心;从蒙古高原文化圈和西域文化圈的视角看,亦是边缘;从青藏高原文化圈的视角看,还是边缘。因此,河西走廊就成为多重文化的边缘地带,也是多元文化的交汇地带。正因为河西走廊属于多个中心的边缘,反而形成了一个新的"中心"[48]。这一"中心"牵制了周边的不同文化圈,既保持了多样文化的形态,又发生了多方面的整合,表现出多元一体的格局。在走廊地区,多民族混杂,既存在着多元的语言、宗教信仰、风俗习惯,又形成了许多超越民族界线的共同点,如共同文化符号、共同审美偏好、共同价值取向等,生动体现了美美与共与和而不同。

(四)港澳台同胞及海外华人

近代以来,我国香港与澳门地区一直作为中华文明的桥头堡,迎接着西方文化的冲击。由于长期受西方从文化到政治制度的影响,少数当地人对祖国与中华民族的认同状况复杂甚至淡薄。Hong等人发现,某些香港本质论者的社会身份难以转变,很难从香港人认同转化为中国人认同,个体对社会群体形成了僵化的、静态的观点,对外群体持有偏见[49]。多年的殖民统治造成了香港、澳门地区与内地的文化差异。英国具有典型的个人主义文化,葡萄牙在集体主义上与中国没有显著区别[50],中国是具有集体主义文化色彩的国家,因此,在回归以后,澳门地区与内地之间的关系平稳、和谐,香港地区与内地之间却存在着较多的冲突,一些人甚至出现了"港独"的分裂主义倾向。我国台湾地区由于历史原因,当地民众虽然认同与大陆同胞同出于一脉,拥有共同的历史记忆,但在政治制度认同上有难度。海外华人已经归属于其他国家,其公民身份与国人不同,但也难以脱离中华文化影响。漫长的历史造就的中华文化赋予了共同的价值信念,对中华文化的认同已经深植于个人的脑海中,各国的唐人街就是最好的例证。

(五)人口众多民族的不同支系或民系

在我国人口众多的民族中,存在着不同的支系或民系,这些支系或者民系也具有族群边缘的特征。例如,客家人是秦末至宋初南迁的汉族人在闽、粤、赣交界处融合当地先住民形成的汉族民系,二者融合形成了独具魅力的客家文化。一方面,客家人是最具有华夏特征的汉族分支,客家话是古汉语的活化石。客家人在迁入地居住了多年乃至数十代,却一直保持着"客"之身份,"客家"称谓时刻提醒着成员其祖根不在所居地,其先祖是中原士族。这种祖根意识在客家文化中随处可见。客家人对中原文化和中原人具有强烈的认同[51]。另一方面,客家人的许多文化习俗也与主流的汉文化有异。例如,客家人的围屋就结合了中原的古朴遗风和南方文化的地域特色。在历史上,客家妇女不缠足。《清稗类钞》中说:"客家妇女向不缠足,身体硕健,而运动自如,且无施脂粉及插花朵者,日出而作,日落而息。"客家人居住在山区,男女都有光脚的习惯,不缠足的客家女可以农作,亦可以行军打仗,以至曾国藩及清军称太平军中的客家女为"大脚蛮婆"。一个"蛮"字,说明了在当时中原人眼中,客家人还不属于正宗的华夏族。又如,白马藏族和嘉绒藏族是藏族的分支,他们亦处于族群边缘。关于白马藏族的族源,有氐族说、藏族说、羌族说、羌氐说和其他族说[52]。费孝通说："平武藏人"，在历史上并非藏族的可能性是存在的。[53] 白马语与藏语的差别大于藏语方言之间的差别。DNA 测试亦表明，白马人的基因与羌族接近而与藏族稍远[54]。嘉绒藏族居住在甘孜、阿坝、雅安、凉山等地，讲嘉绒语，从事农耕。1954 年前，嘉绒人都被视为一个独立的民族。关于嘉绒藏族的族源，格勒认为，是唐代西山诸羌部落在吐蕃东进时形成的，主要族源是羌人[53]。德吉卓嘎认为，嘉绒藏族是夷民族的后裔[55]。嘉绒文化与其他藏族支系的文化不同。无论如何，嘉绒藏族都处于族群边缘。

（六）未识别民族和族别识异民族

未识别民族是指未被中华人民共和国政府认定为独立民族的族群。20 世纪 50 年代初，我国要求识别的民族有 400 多个，到 1979 年，总共识别了 56 个民族。被归为未识别民族或被省、自治区、直辖市认定为少数民族但尚未明确是单一少数民族的国民，居民身份证上会填写人群的名称，如"穿青人""摩梭人""土生葡人"等。在我国，未识别民族人口约有 64 万[56]。未识别民族往往被归为另一民族，如克里雅人被归为维吾尔族，顾羌人、茂人、木雅人、尔苏人、纳木依人、尔龚人被归为藏族，图瓦人、布里亚特人被归为蒙古族，回辉人被归为回族，载瓦人被归为景颇族，克木人被归为布朗族，苦聪人被归为拉祜族，等等。还有一些未识别民族被归为不同的民族，如龙家人被归为汉族、白族、布依族，瓦乡人被归为苗族、土家族、汉族。在已识别的民族中，也存在着一个民族被界定为两个甚至多个民族的情况，这被称为"族别识异"，如珠江源头黄泥河右岸的布依族被识别为水族、布依族和壮族[57]，普米族被识别为普米族、纳西族和藏族。又如，生活在泸沽湖沿边的摩梭人，也处于族群边缘，在民族识别时，生活在泸沽湖云南一侧的族群被确定为纳西族，生活在泸沽湖四川一侧的族群被确定为蒙古族，他们的民族认同状况值得关注[58]。

未识别民族和族别识异民族显然也处于族群边缘。未识别民族的民族文化往往没有得到很好的保护，他们长期游离于国家的民族政策之外，特殊的身份导致他们难以享受国家对少数民族的优惠政策，一直处于被主流社会忽视甚至不为人知的尴尬环境中，缺乏民族和国家的归属感[57]。未识别民族和族别识异民族的认同也趋向于复杂化与动态变化中，个体往往采取策略达到认知平衡：他们或者对国家给定的民族身份与自认的民族身份进行心理区隔化处理，使两种身份互不干扰，各自按照国家政策的逻辑与族群文化的逻辑来运作；或者进行心理重塑，既然无法改变国家给定的民族身份，就改变自己的认知与行为，从而达到认知平衡。

（七）双文化者

双文化者是指具有文化双重性的人或把自己同时归类为不同文化群体的人（如"我是华裔美国人""我是中国人，也是美国人"）[59]。双文化者是接触并内化了两种文化的人，两种文化在不同情境下指导其思维、情感和行为[60]。个体整合了两种文化的行为规范，组成了一种行为技能或者形成了一种文化模式，以便在两种文化之间有效地转换。2022 年北京冬奥会期间，运动员谷爱凌的国籍就引发了许多讨论，她是中美混血儿，很长时间在美国生活,能够说一口流利的英语与普通话,她既爱美国又爱中国,因此可以归为双文化者。双文化者古已有之,例如,辽、金、元代的"汉人"与"燕人",清代的"蒙八旗"与"汉八旗",当代的藏回与蒙回,入了外籍的华人,等等。Hong 等将我国香港地区和美国的华裔大学生随机分配至三种条件:① 中国文化属性图片(如长城、龙)启动;② 美国文化属性图片(如自由女神、米老鼠)启动;③ 中性图片(无任何文化意义的风景画)启动。然后,考查他们在不同条件下对模糊事件归因。分析发现:与中性启动组比,文化启动组都出现了内外归因差异,这说明呈现不同文化线索时,个体可以基于线索做出与文化情境相适应的行为。Hong 提出文化框架转换模型,认为双文化者的文化知觉丰富、复杂,对每种文化都有完整的知识结构,个体可以根据文化线索做出与文化情境一致的反应,根据情境需要转换文化框架。转换的效率依赖于文化构念网络的可用性、可通达性和情境适用性[61]。应当指出的是,双文化者不等同于双语者。双语者是熟练运用两种语言交流的人。一些双语者并未内化第二语言的文化,是单文化双语者。他们在学校环境中学习第二语言,未接触第二语言的文化环境,第二文化的知识与自我认同并无关联,并未内化第二语言的文化。

四 族群边缘研究的重要领域

(一)历史记忆

记忆是一个心理学概念,具有社会意义的"记忆"往往与族群有关。王明珂区分了几种有社会意义的"记忆":① 社会记忆,是指一个社会中借各种媒介保存、流传的"记忆";② 集体记忆,是指在社会记忆中有一部分经常在社会中被集体回忆,最终成为社会成员分享之共同记忆;③ 历史记忆,是指在一个社会的集体记忆中,有一部分是以社会认定的"历史"形态呈现与流传的。人们借此去追溯社会群体的共同的起源及其历史流变,诠释社会人群的认同和区分[55]。在历史记忆中,最重要的是族群"历史"的起始部分,即该族群的"起源历史",如"英雄徙边记""弟兄祖先故事"以及"根意识"。一个民族或族群的形成与延续,依赖于成员之认同与"异族概念"的延续与变迁。基于集体记忆与群体认同的关系,可以探讨族群认同如何借由成员对群体起源的共同信念来凝聚,以及认同变迁如何借由历史失忆来达成。与历史记忆有关的概念是"结构性失忆"(又称"谱系性失忆")和"被操控的记忆"。英国人类学家 Gulliver 在研究非洲 Jie 族的亲属结构时发现,他们的家族发展(融合或分裂)多是由特别记得一些祖先及忘记另一些祖先来达成的[62]。

Paul Ricoeur 探讨了"被操控的记忆",认为一个社会的意识形态可以通过不同的运作层次来影响成员的历史记忆:在深层,创造的叙事、光荣和耻辱的叙事、奉承和畏惧的话语创造了符合意识形态的叙事结构,通过叙事功能,记忆被归并到同一性的构造中;在表层,官方的历史、被教授的历史、被学习的历史、被庆祝的历史进一步增援了强制的记忆化[63]。王明珂认为,族群由族群边界来维持,族群边界的形成与维持源于族群间的资源共享与竞争,当资源变化时,族群边界亦发生变化,为了确保新族群内的和谐关系，历史记忆将会发生改变，从而巩固成员对新生族群的认同。在新族群内部，弱势群体被强势群体影响，接受该群体的历史记忆。例如，汉代江南吴地的华夏人相信，春秋时吴国王室的祖先为"周太伯"，而在周太伯到来之前，当地是一片蛮荒，人们对良渚文化以来的精致文明出现了失忆。王明珂将文献与口述历史视为"历史记忆"的表现形式，认为研究者需要了解留下记忆的"社会情境"及"历史心性"——前者指在一个社会中人群的资源共享与竞争关系，后者指在"历史记忆"中所遵循的选材与述事模式。他还认为，社会情境、历史心性以及二者的变迁，都是研究者想要探索的"历史事实"[64]。处于族群边缘的群体不断变化，如处于汉族与藏族之间的羌人，一部分融入了汉族，一部分融入了藏族，还有一部分成为今天的羌族。探究这些边缘不断变化的群体的历史记忆，有助于了解族群的发展与演变，发现民族共同体形成的规律。

（二）共同语言

人类在本质上归属于固定的族类共同体，这些族类共同体是由"语言、血缘和土地"等要素构成的[65]。语言是认知的中介或工具。语言塑造大脑，影响认知，构建民族，是一个民族生存和发展的最重要的社会现实[66]。不同的民族在与环境的互动中创造了语言。语言是文化的载体，承载着一个民族的思想、情感与意愿，贮藏着一个民族的历史与记忆，是一个民族的民族精神的无意识流露，因而成为构成民族的基本要素之一。

中国是一个多民族、多语言的国家。在我国人口中，母语为汉语的超过了95％。但汉语包括北方官话、赣语、吴语、湘语、粤语、客家话、闽语七大方言，而且我国东南各省的汉语方言之间差别甚大，说不同方言的人彼此之间甚至难以通话。在中国少数民族中，约有6000万人在使用本民族的语言，占我国少数民族总人口的60％以上；约有3000万人在使用本民族的文字。我国有55个少数民族，除了回族和满族转用了汉语及汉字以外，其余53个民族使用了80余种语言——这些语言属于5个不同的语系，22个民族使用了28种民族文字[67]。总之，我国的语言状况错综复杂。在多种语言并存的条件下，我国的民族语言可以分为强势的语言和弱势的语言、主体民族的语言和非主体民族的语言、复杂语言环境的语言和简单语言环境的语言[68]、非正式场合的语言和正式场合的语言。面对如此复杂的语言环境，推广国家通用语言文字，保证各族人民的信息畅通，是我国各族人民生存发展的保障，亦是中华民族共同体建构的必然选择。

我国的语言关系可以分为两种：国家通用语言与少数民族语言之间的关系，普通话与方言之间的关系。我国绝大多数人口的母语是汉语方言和少数民族语言，母语认同是社会身份认同的重要标志之一。在一个多语社会或者多语国家里，国家通用语言承担着较多的社会交际功能，成为学业语言或工作语言，少数民族语言和方言承担着较多的文化认同功能，成为日常交流语言，二者互相补充。因此，我国虽然推广国家通用语言文字，但各民族都有使用和发展自己语言文字的权利，要科学地保护各民族的语言文字。总的来看，我国的语言关系在总体上是和谐的，各民族的语言文字都能够得到使用和发展。

语言认同对中华民族共同体的形成起着难以估量的作用。中华民族多元一体格局的形成与发展过程，在语言上就体现为我国各民族的语言之间相互影响，各民族同胞之间相互学习和使用彼此的语言的过程。在这一过程中,汉语和汉字成为各民族间的通用语言文字,各少数民族的语言和文字纷纷借用、汲取汉语的元素,汉语也汲取了许多少数民族语言和文字的元素。当不同民族的经济社会交往、文化交流日益频繁时,不同民族的语言会在日益频繁的接触、借用和交融中走向趋同[69]。语言是文化的载体,推广国家通用语言文字必然会带来中华文化的流传,共同语言认同会促进共同文化认同,进而促进中华民族共同体认同。因此,以共同语言来建构中华民族共同体认同是不可或缺的途径。

处于族群边缘的人群最需要国家通用语言文字。他们是民族交往交流交融的践行者,共同语言是媒介。族群边缘多为多民族交互的地带,和谐的语言关系带来了和谐的民族关系。戴庆厦发现,云南省元江县羊街乡是多民族乡,人口多的民族有哈尼、汉、彝、拉祜族苦聪人,他们在使用母语的同时,普遍兼用普通话,不少人还兼用哈尼语。他们根据场合、对象自如地转换语码,从不觉得不同语言间存在着矛盾和冲突[70]。开放包容的语言态度带来了和谐的语言关系,促进了和谐的民族关系。新疆地区的锡伯族人兼用锡伯语、汉语、维吾尔语和哈萨克语,是名副其实的多语者,被称为"翻译天才",他们与周边民族关系良好,并且还发展出良好的认知转换能力和联合行动能力[71]。

(三)根基性情感

Shils 首先提出了根基性情感的概念:"当一个人在思考家庭归属感和依附感的强度时,很明显,这种归属感和依附感不仅是因为家庭成员是一个人,而且是因为其具有某种特殊的、重要的关系特征,这只能用根基(primordial)一词来形容……这不仅是互动的功能需要,而且是因为其具有某种基于血缘纽带的不可或缺的重要性。"在一个现代国家中,虽然公民纽带是主要的社会联系,但家庭、宗教和族群的原生纽带在社会生活中仍然很重要,这种情感并非源于社会的互动,而是具有既定性的和难以言说的重要意义[72]。Geertz 提出,新兴国家的人民不是通过理性化社会的公民纽带联结在一起,而是来自根基性情感,该情感来自亲属传承的既定资赋。一个人生长在群体中,获得了血缘、语言、习俗、种族、宗教及其他文化属性,通过这些原生纽带,群体成员联系起来[73]。Alexander 认为,族群特性与族群认同建立在真实的或者被感知的原生特质之上,即共同的种族、宗教和民族的起源,当然也包括语言等其他的文化属性和一个地域性的共同祖先[74]。Fearon 认为,族群具有以下特征:① 成员资格主要是由血统来确定的;② 成员对群体资格具有意识;③ 成员之间共享独特的文化特征;④ 成员对这些文化特征非常珍视;⑤ 具有实在的或者记忆中的母地;⑥ 群体共享"并非完全构建的而是有一定现实基础的"历史[75]。Kaufman 认为,族群相信具有共同的血统、共同的历史记忆和共同的文化元素(如宗教和语言),并有对特定地域的依附(即使是历史的和感伤的)[76]。Van den Berghe 认为,人类社会基于亲属关系组织起来,族群可以喻为扩展的亲属群体——族群基于共同的祖先,不管是真实的还是臆想的。对族群成员而言,原生的纽带和情感是根深蒂固的和非理性、下意识的。共同血缘在多数情况下是想象的,但想象一旦产生,就可以唤起亲属般的情感。族群认同也可能被操纵、使用和剥削,但它必须与具有族内通婚和共同历史经验的既定人群联系起来[77]。王明珂指出:"族群成员间的根基性情感,来自'共同祖源记忆'造成的血缘性共同体想象。……族群认同是人们从其生长的社群中所得到的社会文化身份，根深蒂固，因而难以改变。"[13] 兰林友指出，因为族群是以亲属关系、邻里、共同语言和关于超自然的信仰以及该群体起源的叙事和神话，甚至包括神圣归属感这些原生要素为基础，族群认同主要来自天赋或原生性的情感纽带[16]。总之，根基论认为，族群认同来自天赋或原始性的亲属情感联系，这种情感纽带是"原生"的甚至是"自然"的，原初或根本的族群认同对族群形成具有决定作用[78]。以此根基性情感来凝聚群体，其目的在于宣称、巩固或扩张该群体的资源，界定可以分享此资源的人群的边界。

根基论过度强调族群认同的根基性，难以解释族群认同的灵活性与工具性，是一种静止的、自然主义的族群认同观[17]。Henry指出："原生论者把族群喻为各种各样的石头组成的社会的'墙'，在这些石头之间，有着清晰和持久的群体边界，每一个群体都有其特殊的、不会改变的构成性特征，扩展的亲属关系被看作是把群体结合起来的关键要素，并嵌入了情绪性的力量。"[79] 虽然学术界对根基论有着诸多批判，却并未否认根基性情感的存在。韦伯认为，族群"对共同血统抱有主观信仰"，这种信仰对群体的构建肯定具有重要意义[80]。在历史发展中，中华民族的自称从"黄帝子孙"到"炎黄子孙"到"中华民族"再到"中华民族共同体"，说明中华民族共同体缘于地缘的相通和血脉的相连，这种根基性情感的扩展与迁移是中华民族共同体认同的重要表征，而处于族群边缘的个体或群体是最能够体现出根基性情感的扩展与迁移的人群[81]。

（四）民族内隐观

内隐理论是一般民众在日常生活中形成的，以某种形式保留在个体头脑中的关于某一事物或现象的观点与看法，即对所处世界的朴素解释[82]。民众对民族划分的解释与看法就是民族内隐观。主要有两种不同的民族内隐观：民族本质论与社会建构论。民族本质论认为，任何事物都有特殊的本质，它们内在于事物，可以解释事物如何反应（行动）[83]。族群具有根深蒂固的本质，决定了人们的心理与行为特征，这种特征不因为人为干预而改变。种族、族群差异是由生物本质决定的，生物本质决定了族群成员的稳定的人格特征[84]。社会建构论则把关注的焦点从个体内部世界转移到人际互动领域，关注人们之间的互倚性和联合行动，主张民族仅是在历史情景中由于社会、政治因素建构起来的，民族分类是动态可变的，所观察到的差异并不能够反映族群的本质[82]。

民族内隐观对社会认同与群际关系影响巨大，当对人的某些属性持有不可变的观点并且将这种特性赋予特定的群体时，这些人就将社会身份视为不可改变的实体。这时，社会认同心理效应就被加强，群体边界就被固化。但是，当对人的某些属性持可变的观点时，社会身份不被视为确定不变的实体，社会认同心理效应将被弱化，群际关系就得到改善[85]。因此，民族本质论者会表现出更多的刻板印象和群际偏见。研究表明，民族内隐观影响个体对种族信息的编码和对种族差异的知觉，影响少数民族个体对主流文化的适应和文化框架的转换[86]。因此，在构建中华民族共同体时，应该注意不同民族与个体的民族内隐观：持民族本质论观点的人在构建中华民族共同体时会存在某些困难；而持社会建构论的观点将有利于铸牢中华民族共同体意识，有利于培养积极的民族关系。

不同的群体往往持不同的民族内隐观:处于族群边缘的群体更可能持社会建构论观点,处于族群中心的群体更可能持民族本质论观点。这是由于处于族群边缘的群体与其他民族接触更多,并且持开放包容态度,群际接触增加对群际共同性和相似性的感知,可以减少差异感[87]。处于族群中心的个体或群体不需要或者很少需要与其他民族接触,他们更可能持民族本质论观点;大群体成员更可能持民族建构论观点,小群体成员更可能持民族本质论观点,以提高族群身份的重要性。当小群体的身份被忽视时,他们要利用民族本质论强调或凸显身份,以便保持文化的独特性;大群体并不抵制与其他群体的融合——因为这不会影响到他们的文化独特性;低地位群体更可能持社会建构论观点,高地位群体更可能持民族本质论观点——因为高地位群体成员通常会被鼓励保持独特性,对本族群的认同感更强,不愿与低地位群体产生联系。低地位群体成员与高地位群体成员共享身份会增强集体自尊,达到身份提升的目的。

自我知觉理论认为,个体的态度与信念多半取决于对自己行为的觉知[88]。人是通过自己的行为和行为情境了解自己的态度的。态度是在事实发生后用来使已经发生的事实产生意义的工具。据此推论,处于族群边缘的个体或者群体由于自身民族身份的边缘性和建构性,他们更可能对民族或族群持社会建构论观点,因为他们当中的许多人本身就是民族融合的产物,本身就具有建构性,因而更容易产生中华民族共同体意识。

(五)族群认同

族群认同是指群体成员同所属群体的合一感。处在族群边缘的个体或群体,其族群认同的情况复杂多变。

跨界民族源于同一族群,拥有共同的血缘、历史、文化、语言、信仰、习俗等,在长期历史发展中形成了民族意识,对本民族具有强烈的认同感。然而,由于处于不同的国家,被赋予了不同的公民身份,从而产生了不同的国家认同。意识层次论认为,个体首先产生自我意识,进而产生民族意识,最后才产生共同体意识或者国家意识[26]。因此,在民族认同向共同体认同或国家认同发展时,跨界民族的文化身份与公民身份就很容易发生冲突,尤其在存在着以本民族为主体民族的国家更是如此。例如,朝鲜族的民族主体在国外,而且是在两个不同的国家;类似的例子还有哈萨克族、柯尔克孜族、乌孜别克族、俄罗斯族、傣族等民族。因此,跨界民族的民族认同和国家认同应该成为铸牢中华民族共同体意识研究的重点。

在不同民族之间,高通婚率意味着族群间互相认同,因此,处于不同通婚率的族群的族际通婚者及其子女的民族认同值得关注:首先,族际通婚者对本民族和配偶所在民族的认同感如何;其次,族际通婚者与族内婚者对本民族及他民族的认同感是否不同;最后,族际通婚子女的身份认同与文化认同如何。李丽琴发现,藏汉混合家庭中的长辈多数还保留着各自的民族意识,以及对本民族的历史、文化、语言、习俗的认同,第二代、第三代就出现了民族意识模糊。民族意识模糊影响个体或群体的认同感及归属感,相应地也使个体或群体出现了身份的多元化、角色的多重化[89]。由于族际通婚者及其子女存在着多元文化认同,所以可能具有更高的中华民族共同体认同。

在民族走廊，各民族的多元文化认同是民族共同体研究的重要内容。处于多元文化交汇处的走廊地区人民，在主观上民族观念淡薄，在客观上民族界线模糊，对不同民族的文化持包容态度，各民族在文化上"你中有我、我中有你"[90]。在这方面，处于藏彝走廊的藏回就是最好的例证。藏回或者在血缘上"一样一半"，即父母的一方是藏族，另一方是回族；或者在婚姻上"一样一半"，夫妻的一方是藏族，另一方是回族；或者在文化上"一样一半"，即身为回族却操藏语、穿藏服、住藏式房子，中午喝酥油茶，吃糌粑、奶渣和牦牛干巴[91]。藏族与回族之间边界模糊，他们既认同藏族，又认同回族，是两个民族互相认同的结果，也是两种文化互融的体现。因此，走廊民族可能存在着更高水平的中华民族共同体认同。

我国港澳台同胞及海外华人的共同体认同情况较为复杂。港澳台同胞与海外华人同内地（大陆）同胞族群身份（文化身份）一致，同属于中华民族，但公民身份不同。我国台湾地区同胞、海外华人所处政体与我国内地（大陆）不同，我国香港与澳门地区的政体与内地之间亦有差异。因此，其在铸牢中华民族共同体意识过程中产生的心理反应难免与内地（大陆）民众有异。漠视这种不同，一味地追求整齐划一，会造成南辕北辙的效果。在新的历史时期，我国在统一战线领域仍然存在着两个范围的联盟：① 在内地（大陆）范围内，存在着以爱国主义和社会主义为政治基础，以"五个认同"为纽带，团结全体的劳动者、建设者和爱国者的联盟；② 在内地（大陆）范围外，存在着以爱国和拥护祖国统一为政治基础，团结港澳台同胞和海外华侨华人的联盟。重视与港澳台同胞和海外华人之间求同存异，发现最大"公约数"，方能铸牢多元一体的中华民族共同体。

五、结语

在2021年的中央民族工作会议上，习近平总书记将铸牢中华民族共同体意识作为民族工作的主线。在此形势下，铸牢中华民族共同体意识成为我国今后一个时期内民族心理研究的核心领域。族群边缘为中华民族共同体心理发展研究提供了最佳的视角，让人们得以了解处于族群边缘的个体或群体呈现出的错综复杂的现状：既存在着和谐友爱的民族关系，也存在着不和谐的声音。族群边缘的群体之间的文化碰撞时刻在发生，永不停歇。透过族群边缘，能够明晰建构和谐民族关系的途径和影响因素，揭示中华民族共同体形成与发展的规律，从而更好地铸牢中华民族共同体意识。

〔参考文献〕

[1] 费孝通. 中华民族的多元一体格局 [J]. 北京大学学报（哲学社会科学版），1989（4）：3-21.

[2] Dovidio J F, Gaertner S L. Intergroup Bias [M] //Fiskes T, Giblbert D T, Lindzey G. Handbook of social psychology. Hoboken, NJ: John Wiley&Sons, Inc, 2010.

[3] 王明珂. 华夏边缘：历史记忆与族群认同 [M]. 台北：允晨文化实业股份有限公司，1997.

[4] 周大鸣. 论族群与族群关系 [J]. 广西民族学院学报（哲学社会科学版），2001(2)：14.

[5] 陈心林. 族群理论与中国的族群研究 [J]. 青海民族研究，2006（1）：5-10.

[6] 李远龙. 认同与互动：防城港的族群关系 [M]. 南宁：广西民族出版社，1999.

[7] 弗里德里克·巴斯. 族群与边界 [J]. 广西民族大学学报（哲学社会科学版），1999（1）：16-27.

[8] 吴泽霖. 人类学词典 [Z]. 上海：上海辞书出版社，1991.

[9] 孙九霞. 试论族群与族群认同 [J]. 中山大学学报（社会科学版），1998（2）：23-30.

[10] 徐杰舜. 论族群与民族 [J]. 民族研究，2002（1）：12-18.

[11] 王伟. 中国特色"民族"概念的意涵探析 [J]. 中央民族大学学报（哲学社会科学版），2020（3）：40-48.

[12] 李祥福. 族群性研究的相关概念与基本理论 [J]. 广西民族学院学报（哲学社会科学版），2000（5）：17-20，139.

[13] 王明珂. 华夏边缘：历史记忆与族群认同 [M]. 北京：社会科学文献出版社，2006.

[14] 周大鸣. 关于中国族群研究的若干问题 [J]. 广西民族大学学报（哲学社会科学版），2009（2）：2-10.

[15] 本尼迪克特·安德森. 想象的共同体：民族主义的起源与散布 [M]. 吴叡人，译. 增订版. 上海：上海人民出版社，2016.

[16] 兰林友. 论族群与族群认同理论 [J]. 广西民族学院学报（哲学社会科学版），2003(3)：26-31.

[17] 沈培建. 再论"族群"：一个被误解和误用的理论 [J]. 吉林师范大学学报（人文社会科学版），2019（5）：1-17.

[18] 王明珂. 由族群到民族：中国西南历史经验 [J]. 西南民族大学学报（人文社会科学版），2007（11）：1-8.

[19] 爱德华·希尔斯. 中心与边缘：宏观社会学论文集 [M]. 甘会斌，余昕，译. 南京：译林出版社，2019.

[20] Friedmann J. Regional development policy: a case study of venezuela [M]. Cambridge: MIT Press, 1966.

[21] 刘大可. 中心与边缘：客家民众的生活世界 [M]. 北京：社会科学文献出版社，2012.

[22] 许可峰. 核心与边缘：清代前中期民族文教政策研究 [M]. 北京：民族出版社，2017.

[23] 阿诺德·汤因比. 历史研究：上卷 [M]. 郭小凌,王皖强,杜庭广,等译. 上海：上海世纪出版集团, 2010.

[24] 麻国庆. 作为方法的华南：中心和周边的时空转换 [J]. 思想战线, 2006 (4)：1-9.

[25] 关丙胜. 以中国图瓦人看风险社会中的当代边缘族群 [J]. 新疆社会科学（汉文版）, 2008 (2)：107-112.

[26] 张积家,冯晓慧. 中华民族共同体认同的心理建构与影响因素 [J]. 民族教育研究, 2021 (2)：5-14.

[27] 陈寅恪. 隋唐制度渊源略论稿唐代政治史述论稿 [M]. 北京：商务印书馆, 2011.

[28] 陈寅恪. 元白诗笺证稿 [M]. 北京：商务印书馆, 2015.

[29] 彭华. 陈寅恪"种族与文化"观辨微 [J]. 历史研究, 2000 (1)：186-188.

[30] 尼·切博克萨罗夫,伊·切博克萨罗娃. 民族·种族·文化 [M]. 赵俊智,金天明,译. 北京：东方出版社, 1989.

[31] 戴维·波普诺. 社会学 [M]. 刘云德,王戈,译. 沈阳：辽宁人民出版社, 1987.

[32] 王明珂. 《羌在汉藏之间》前言 [J]. 宁德师范学院学报（哲学社会科学版）, 2008 (3)：30-36.

[33] 费孝通. 中华民族多元一体格局 [M]. 北京：中央民族大学出版社, 2018.

[34] 王如松,马世骏. 边缘效应及其在经济生态学中的应用 [J]. 生态学杂志, 1985 (2)：40-44.

[35] 石茂明. 跨国苗族研究：民族与国家的边界 [M]. 北京：民族出版社, 2004.

[36] 于海涛. 试论跨界民族国家认同的特点 [J]. 兵团教育学院学报, 2012 (4)：7-10.

[37] 郑宇,曾静. 跨国民族流动与国家认同构建——以云南省文山州马关县箐脚村苗族为例 [J]. 北方民族大学学报（哲学社会科学版）, 2010 (4)：24-29.

[38] 何明. 国家认同的建构——从边疆民族跨国流动视角的讨论 [J]. 云南师范大学学报（哲学社会科学版）, 2010 (4)：24-27.

[39] T.H.埃里克森. 族群性与民族主义：人类学透视 [M]. 王亚文,译. 兰州：敦煌文艺出版社, 2002.

[40] 马戎. 西方民族社会学经典读本——种族与族群关系研究 [M]. 北京：北京大学出版社, 2010.

[41] 马戎. 西方民族社会学的理论与方法 [M]. 天津：天津人民出版社, 1997.

[42] 彭远贺,严立政,王思欢. 就是一家人共做一家事,广西各民族之间通婚非常普遍 [EB/OL]. http://mzw.gxzf.gov.cn/gzyw/mzdt/t9407167.shtml.

[43] 李晓霞. 中国各民族间族际婚姻的现状分析 [J]. 人口研究, 2004 (3)：68-75.

[44] 费孝通. 关于我国民族的识别问题 [J]. 中国社会科学, 1980 (1): 198-200.

[45] 费孝通. 谈深入开展民族调查问题 [J]. 中南民族学院学报, 1982 (3): 2-6.

[46] 李绍明. 藏彝走廊研究中的几个问题 [J]. 中华文化论坛, 2005 (4): 177-181.

[47] 周大鸣. 民族走廊与族群互动 [J]. 中山大学学报 (社会科学版), 2018 (6): 153-160.

[48] 李建宗. 走廊地带多重边界叠合与多民族共同体生成——兼论河西走廊区域研究范式与民族学意义 [J]. 思想战线, 2018 (4): 17-26.

[49] Hong Y Y, Coleman J, Chan G, et al. Predicting intergroup Bias: the interactive effects of implicit theory and social identity [J]. Personality and Social Psychology Bulletin, 2004 (8): 1035-1047.

[50] 若昂·特奥多西粤, 安东尼·洛巴洛. 葡萄牙和中国的领导力实践 [J]. 学海, 2013 (4): 18-24.

[51] 伍丽梅, 张积家, 孟乐, 等. 语言演变差异与族群/方言名称对族群信息加工的影响——以广东三大汉语方言为例 [J]. 心理学报, 2019 (9): 944-959.

[52] 蒲向明. 近三十年来白马人研究状况述论 [J]. 北方民族大学学报 (哲学社会科学版), 2009 (5): 77-81.

[53] 孙宏开. 白马语是藏语的一个方言或土语吗? [J]. 语言科学, 2003 (1): 65-75.

[54] 格勒. 古代藏族同化、融合西山诸羌与嘉戎藏族的形成 [J]. 西藏研究, 1988 (2): 22-30.

[55] 德吉卓嘎. 试论嘉绒藏族的族源 [J]. 西藏研究, 2004 (2): 51-56.

[56] 蒋欣然. 未识别民族权利保护问题探析 [J]. 柴达木开发研究, 2014 (2): 42-45.

[57] 韩忠太. 一种自称三个民族——对黄泥河右岸布依族群民族识别的再调查 [J]. 云南民族大学学报 (哲学社会科学版), 2012 (3): 5-10.

[58] 王娟, 张积家, 肖二平, 等. 摩梭中学生的民族认同及其影响因素 [J]. 华南师范大学学报 (社会科学版), 2016 (1): 105-111, 191.

[59] Nguyen A D, Benet M V. Biculturalism unpacked: components, measurement, individual differences, and outcomes [J]. Social and Personality Psychology Compass, 2007 (1): 101-114.

[60] Hong Y, Morris M W, Chiu C, et al. Multicultural minds: a dynamic constructivist approach to culture and cognition [J]. American Psychologist, 2000 (7): 709-720.

[61] 杨晓莉, 刘力, 张笑笑. 双文化个体的文化框架转换: 影响因素与结果 [J]. 心理科学进展, 2010 (5): 840-848.

[62] Gulliver P H. Tradition and transition in east Africa: studies of the tribal element in the modern era [M]. London: Routledge and Kegan Paul, 1969.

[63] 保罗·利科. 记忆, 历史, 遗忘 [M]. 李彦岑, 陈颖, 译. 上海: 华东师范大学出版社, 2018.

[64] 王明珂. 历史事实, 历史记忆与历史心性 [J]. 历史研究, 2001 (5): 136-147, 191.

[65] Stephen M. Language and minority rights: ethnicity, nationalism and the politics of language [M]. New York: Routledge, 2008.

[66] 张积家. 语言认知新论 [M]. 广州: 广东高等教育出版社, 2010.

[67] 周庆生. 中国"主体多样"语言政策的发展 [J]. 新疆师范大学学报 (哲学社会科学版), 2013 (2): 32-44.

[68] 黄行. 论国家语言认同与民族语言认同 [J]. 云南师范大学学报 (哲学社会科学版), 2012 (3): 36-40.

[69] 李秀华. 语言·文化·民族: 民族语言认同与民族共同体的建构 [J]. 西北民族大学学报 (哲学社会科学版), 2018 (2): 13-18.

[70] 戴庆厦. 语言关系与国家安全 [J]. 云南师范大学学报 (哲学社会科学版), 2010 (2): 1-6.

[71] 郭人豪, 王婷, 张积家. 多元语言文化对个体情境下与社会情境下认知转换功能的差异性影响——来自锡伯族的证据 [J]. 心理学报, 2020 (9): 1071-1086.

[72] Shils E. Primordial, personal, sacred and civil ties: some particular observations on the relationships of sociological research and theory [J]. The British Journal of Sociology, 1957 (2): 130-145.

[73] Geertz C. The interpretation of cultures [M]. New York: Basic Books, 1973.

[74] Alexander J. Core solidarity, ethnic outgroup, and social differentiation: a multidimensional model of inclusion in modern societies [M] //Dofney J, Akiwowoa. National and Ethnic Movements. London: Sage, 1980.

[75] Fearon F. Ethnic structure and cultural diversity by country [J]. Journal of Economic Growth, 2003 (2): 195-222.

[76] Kaufman S. Modern hatreds: the symbolic politics of ethnic wars [M]. Ithaca, NY: Cornell University Press, 2001.

[77] Van Den Berghe P L. The ethnic phenomenon [M]. NewYork: Praeger, 1987.

[78] 王琪瑛. 西方族群认同理论及其经验研究 [J]. 新疆社会科学, 2014 (1): 55-62.

[79] 左宏愿. 原生论与建构论: 当代西方的两种族群认同理论 [J]. 国外社会科学, 2012 (3): 107-114.

[80] 马克斯·韦伯. 经济与社会: 第一卷 [M]. 阎克文, 译. 上海: 上海人民出版社, 2019.

[81] 张积家, 冯晓慧. 中华民族共同体认同的心理建构与影响因素 [J]. 民族教育研究, 2021 (2): 5-14.

[82] Levy S R, Stroessner S J, Dweck C S. Stereotype formation and endorsement: the role of implicit theories [J]. Journal of Personality and Social Psychology, 1998 (6): 1421-1436.

[83] 丁道群, 叶浩生. 人格: 从本质论到社会建构论 [J]. 心理科学, 2002 (5): 628-629.

[84] 高承海, 万明钢. 内隐理论影响社会认同 [N]. 中国社会科学报, 2018-09-05.

[85] Hong Y, Chao M M, Sun N. Dynamic interracial/intercultural processes: the role of lay theories of race [J]. Journal of Personality, 2009 (5): 1283-1310.

[86] 于海涛, 张雁军, 金盛华. 种族内隐理论: 回顾与展望 [J]. 心理科学, 2014 (3): 762-766.

[87] Ng Y L, Kulik C T, Bordia P. The moderating role of intergroup contact in race composition, perceived similarity, and applicant attraction relationships [J]. Journal of Business and Psychology, 2016 (3): 415-431.

[88] Bemd J. Self-perception theory [J]. Advances in Experimental Social Psychology, 1972 (6): 1-62.

[89] 李丽琴. 族际通婚对族群认同的影响——以贵德县加莫台村为个案 [J]. 青海民族大学学报（社会科学版）, 2010 (1): 65-69.

[90] 石硕. 藏彝走廊多民族交往的特点与启示 [J]. 中华文化论坛, 2018 (10): 4-8.

[91] 白志红. 藏彝走廊中"藏回"的民族认同及其主体性——以云南省迪庆藏族自治州香格里拉县"藏回"为例 [J]. 民族研究, 2008 (4): 58-65.

应重视多民族共同心理研究

张积家

[摘 要] 长期以来,"民族心理"主要意指单一民族的心理或少数民族的心理,这种指称方式具有片面性。民族心理不仅指单一民族的心理和少数民族的心理,还包括多民族的共同心理。我国是一个多民族国家,在56个民族中,一些民族在心理上具有共同性。多民族共同心理的最高层次是中华民族共同心理。发现多民族共同的心理特点与人格特征,有助于对民族地区的人们产生概括性的认识,在处理民族关系时更具有自觉性与主动性。

[关键词] 多民族共同心理;研究

[原 载] 《中国民族教育》2017年第6期,第16页。

新中国成立后,我国的"民族心理"主要特指"少数民族心理"。无论是民族学界的"民族共同心理素质"研究,还是心理学界的"民族共同心理"研究,莫不如此。这种特指方式有其必要性,但也有缺陷。它偏重于单一民族心理的研究,忽略多民族共同心理的研究,有"只见树木,不见森林"之嫌。

人类的心理是分层次的:最基础层次是个体心理,它是差异心理学的研究对象;最高层次是人类共同心理,它是普通心理学的研究对象。单一民族心理与多民族共同心理则处于中间层次,是民族心理学的研究对象。民族心理学不仅应重视单一民族心理研究,也应重视多民族共同心理研究。

历史学和文化学研究表明,在我国56个民族中,一些民族在生产方式和文化传统上具有较大的相似性。例如,在内蒙古与东北地区,一些少数民族如蒙古族、鄂温克族、鄂伦春族、赫哲族等,都以游牧渔猎为主要生产方式并有信奉萨满教的文化传统。这些民族拥有相似的思维方式与人格特征。又如,在我国南方地区,许多少数民族均以农耕为主要生产方式,受汉文化影响深,如壮族、畲族、土家族等,其思维方式与人格特征也与汉族接近。发现多民族共同的心理特点与人格特征,有助于对民族地区的人们产生概括性的认识,在处理民族关系时更具有自觉性与主动性。

在我国,多民族共同心理的最高层次是中华民族共同心理。中华民族是一个多民族共同体。中华民族共同心理是对中华民族共同体这一客观存在的反映。中华民族共同心理不等同于汉族人的心理,虽然汉族在我国人口中占了绝大多数。中华民族共同心理不仅为汉族人所拥有,也为少数民族同胞所拥有。例如,儒家文化在中华民族历史上为许多少数民族所认同。例如,北魏孝文帝(鲜卑族)称孔子为"文圣尼父",西夏仁宗(党项族)尊孔子为"文宣帝",元代成宗(蒙古族)尊孔子为"大成至圣先师",清代顺治皇帝(满族)称孔子为"大成至圣先师文宣王",至康熙时又恢复为"大成至圣先师"。其中,固然有统治者维护统治的动机在起作用,但孔子的一些思想为各民族的人们所认同,也是不容置疑的事实。我们曾经做过一项实验,让蒙古族大学生在汉语环境下与蒙古语环境下列举他们理想的人格特征,发现所列举出的人格特征并不相同,但有相当一些特征是在两种语言环境下均被提到的。这说明,蒙汉民族共同推崇的理想人格特征的确存在。

以往,中华民族共同心理被称为"中华民族精神"或"中华民族共同心理素质",具体可以表现为热爱祖国、勤劳勇敢、热爱和平、不屈不挠、团结互助、诚实守信、重德务实、家国情怀、自强不息,等等。中华民族共同心理现在有时又被称为"中国智慧",比如发现"中国智慧"才能更好地讲好"中国故事"。

过去,中华民族共同心理的研究以思辨性研究居多,政治学者与文化学者参与较多,民族学者与心理学者参与较少,研究者往往众说纷纭,莫衷一是。有关中国人心理的实证研究亦存在着以汉族人心理来替代中华民族共同心理的现象。然而,研究中华民族共同心理的重要性却不言而喻。

中华民族共同心理是中华民族共同精神家园的重要组成部分,是中华民族精神的结晶。它既是中国各民族团结的心理基础,又是中华民族凝聚力的源泉,既是中华民族生存与发展的根基,又是中华民族伟大复兴的重要推力。

民族共同体意识如何产生与发展

张积家

[摘　要]	民族共同体意识是民族共同体成员对民族共同体的认同、持有的积极情感与维护民族共同体团结统一的行为倾向的统一体。民族共同体意识的产生与发展分为三个阶段：自在阶段、自为阶段和自觉阶段。民族共同体意识的形成与发展取决于许多主客观因素，如民族间的交往与接触、共同的愿景与理想、主体民族或占统治地位民族的态度与行为、政府的民族政策与教育等。
[关键词]	民族共同体意识；产生；发展
[原　载]	《中国民族教育》2017 年第 4 期，第 17 页。

民族共同体是一定地域内形成的具有特殊历史文化联系、稳定经济活动特征和心理素质的民族综合体。民族共同体意识是民族共同体成员对民族共同体的认同、持有的积极情感与维护民族共同体团结统一的行为倾向的统一体。

民族共同体意识的产生与发展不是一蹴而就的，可以划分为三个阶段。这三个阶段可以用费孝通的"各美其美，美人之美，美美与共，世界大同"的16字箴言描述。

第一阶段，自在阶段。黑格尔认为，"自在"即潜在之意。在哲学上，"自在"指独立存在，即一事物区别于他事物。这一阶段民族共同体意识的特点是"各美其美"。即在民族共同体发展初期，成员的本民族意识强，民族共同体意识弱。在民族共同体之内，不同民族成员之间只有少量的接触，只有浅层次的物质交往，缺乏深层次的精神交流。不同民族成员之间或多或少地存在负面的民族刻板印象。

第二阶段，自为阶段。"自为"即展开显露之意。这一阶段民族共同体意识的特点是在"各美其美"基础上出现了"美人之美"。随着民族共同体内部不同民族之间接触的增加，跨民族交往的深入，不同民族成员有了共同的经济活动，采用共同的国家通用语言文字，不同民族的成员开始以欣赏的眼光看待其他民族的制度及文化，开始体认其他民族的价值体系、文学与艺术，开始认识到不同民族对于民族共同体的重要性，跨民族友谊逐渐取代了民族偏见、民族歧视与民族冲突，各民族之间开始能够和睦相处，互利互惠。

第三阶段，自觉阶段。自觉是主观能动性加反思。这是民族共同体意识发展的较高阶段，特点是"美美与共"。在这一阶段，民族共同体内各民族从和睦相处、相安无事发展到和衷共济、和谐发展，各民族有了共同的理想、价值体系与世界观。各民族之间通过相互交往与学习，做到"你中有我，我中有你，谁也离不开谁"。在实现民族共同体目标过程中，意识到"一个民族也不能掉队"，"一个民族也不能少"。当民族共同体意识空前提高，民族共同体成员开始出现共同心理素质，如中华民族的热爱和平、吃苦耐劳、忠于祖国、以礼待人。在我国，"中华民族"的概念由梁启超在20世纪初提出，在抗日战争中最后形成。新中国成立后，在党和政府的民族政策指引下进一步发展，达到了民族共同体意识的最高发展阶段。

民族共同体意识的形成与发展取决于许多主客观因素。一是民族间的交往与接触。交往与接触有助于消除民族隔阂，摒弃民族偏见，化解民族冲突。二是共同的愿景与理想。它反映民族共同体内各民族的根本利益，反映他们的共同欲求，如中华民族伟大复兴的中国梦。三是主体民族或占统治地位民族的态度与行为。主体民族或占统治地位的民族如果能对其他民族持平等的立场、尊重的态度、宽容的心态、爱惜的情感，有利于民族共同体意识的形成。反之，民族歧视、民族压迫将导致民族共同体意识丧失，民族主义意识增强，最终导致民族共同体瓦解。苏联解体就是例子。殷鉴不远，值得重视。四是政府的民族政策与教育。新中国成立后，我国实行民族平等，在民族地区实行民族自治，重视民族团结教育，对中华民族共同体意识的发展起到了很好的作用。

浅谈文化适应的中国特色

张积家

[摘　要]　文化适应是指不同文化群体在持续的文化接触中导致一方或双方的文化模式发生变化的现象。文化适应包括心理适应与社会文化适应。我国的文化适应也具有特色：① 一体多元，和衷共济；② 和而不同，相互尊重；③ 相互适应，和谐发展。把握我国文化适应的特色，对民族教育具有重要启示。

[关键词]　文化适应；中国特色

[原　载]　《中国民族教育》2017年第9期，第17页。

　　文化适应是指不同文化群体在持续的文化接触中导致一方或双方的文化模式发生变化的现象。文化适应包括群体层面和个体层面。群体层面指两个群体在文化接触中发生的文化模式的变化。个体层面指个体在不同文化接触中发生的心理与行为的变化。与文化适应有关的概念有文化涵化、文化融合、文化融入、跨文化适应。文化适应的结果包括心理适应与社会文化适应，前者指个体的心理状态达到满足和平和，后者指个体习得了新文化环境所必需的技能。

　　我国是一个多民族、多族群的国家，文化适应也具有中国特色。

　　特色之一是"一体多元，和衷共济"。我国不同民族、族群的文化虽然不同，但经过千百年的接触、交流、摩擦甚至冲突，不同民族、族群之间还是有着较多的了解，相互学习也从未中断过，形成了"你中有我，我中有你，谁也离不开谁"的局面。在党的民族政策指引下，各民族、族群的根本利益高度一致，中国成为各民族的共同家园，"民族团结"是国家的主旋律，多民族、多族群的人一起学习、工作、生活，有共同的愿景，形成了"一体多元，和衷共济"的大好局面。国家推广通用语言文字，更加速了这一文化涵化、文化融合的过程。当不同民族、族群的个体来到其他民族、族群生活的地区时，认知上有准备，情感上易认同，行为上易适应，由"文化冲击"带来的适应压力会小许多。这与西方文化适应研究聚焦的移民文化适应有着根本不同。

　　特色之二是"和而不同，相互尊重"。我国实行民族平等、民族自治政策。国家鼓励各民族和而不同，相互尊重。国家倡导的文化适应不仅在于习得新文化环境下的各类行为技能，还在于能够很好地传承本民族文化；不仅要求个体认同移入地文化，还允许和鼓励个体保持对原文化的认同。根据社会身份认同理论，个体的文化身份分为整合、同化、分离、边缘化四种类型。我国文化适应的目的是整合，不是同化，更不是分离与边缘化。少数民族同胞在适应汉文化的同时可以保留对本民族文化的认同。文化适应的结果是个体成为双文化个体。

特色之三是"相互适应，和谐发展"。传统文化适应的研究主要关注移民迁入新文化环境中的适应过程，这是单向的文化适应。我国各民族、族群的文化适应是双向的：少数民族个体来内地学习与工作，汉族人也在少数民族地区工作与生活，相互间都有文化适应的过程。少数民族同胞有主动适应汉文化的需求，汉族同胞亦有主动适应少数民族文化的需求，在此基础上，和睦相处，和谐发展。我国各民族存在"大散居，小聚居"、交错杂居的特点，为相互的文化适应创建了有利条件。

当前，研究不同民族、族群间相互的文化适应理应成为我国文化适应研究的重点，对民族教育亦有重要启示。民族教育既应强化中华民族共同体意识，也应正确对待不同民族、族群的族群意识；既应培养学生的民族认同意识，也应培养学生合理的民族分界意识，汉族同胞应欣赏少数民族的历史与文化，尊重少数民族的习俗与禁忌；既应加强国家通用语言文字的普及，又要做好少数民族语言文字的传承工作；既要关爱少数民族同胞，又要注意避免变相的民族歧视。这样，才有利于培养出双文化个体，民族团结才会有坚实的心理基础。

应重视少数民族学生的民族社会化

张积家

[摘　要]　民族社会化是使个体成为所属民族成员的过程。它是民族发展和文化传承的心理基础,也是个体民族认同的关键来源。民族社会化的来源有家庭、同伴、学校及社会等。中国少数民族青少年的家庭民族社会化除了存在文化社会化、偏见准备和促使不信任外,还存在促进和睦、接触他族等。同伴与学校,民族地区学校的思想政治课、历史课、语文课,丰富多彩的教育活动与文化活动,在少数民族学生民族社会化中均发挥着重要作用。

[关键词]　少数民族学生;民族社会化
[原　载]　《中国民族教育》2018年第6期,第11页。

　　民族社会化是使个体成为所属民族成员的过程,对一个民族的发展和文化传承非常重要。

　　民族社会化是民族发展和文化传承的心理基础,也是个体民族认同的关键来源。个体对本民族的学习和探索伴随着民族社会化而产生。民族社会化的来源有家庭、同伴、学校及社会等。在家庭中,父母传授给子女有关本族与他族的文化,指导子女处理民族间的交往问题,是显性的民族社会化;家庭中富有民族文化特色的建筑、摆设、服饰、音乐、食物等,潜移默化地影响儿童,是隐性的民族社会化。国外研究表明,父母传递的民族社会化信息主要有:① 文化社会化,包括文化知识、文化传统和文化自豪感;② 偏见准备,让孩子认识到自己属于少数族群,有可能遭遇种族主义偏见;③ 促使不信任,教育孩子警惕来自不同种族、民族或文化背景的人;④ 平等主义,强调族群在文化、权利上的平等。近年来,尹可丽等人对云南的汉、彝、藏、佤、傈僳、白、傣、壮、哈尼、苗、纳西等11个民族10309个学生调查发现,中国少数民族青少年的家庭民族社会化除了存在文化社会化、偏见准备和促使不信任外,还存在促进和睦、接触他族等。促进和睦是指父母对孩子强调族际交往中要友好和睦地相处,是父母向孩子传递最多的信息。接触他族是指父母教给孩子其他民族的民族传统、习俗。这说明,我国少数民族家庭民族社会化的总体情况良好,民族团结政策已经化为少数民族家长的自觉行动。但也应看到,在少数民族家长传递给儿童的民族社会化信息中,仍然存在偏见准备与促使不信任等负面信息。因此，应该对少数民族家长进行民族社会化教育，鼓励他们多向孩子传递促进和睦、文化社会化、接触他族的信息。

同伴与学校在少数民族学生民族社会化中亦发挥重要作用。不同民族的学生在一起学习与生活，就是民族社会化的过程。广东省江门市培英高级中学对来自新疆8个民族的内高班学生实行"民汉混住"的管理模式，一个宿舍中既有新疆生，又有本地生。实践表明，新疆生的普通话水平迅速提高，学业进步明显，变得更加乐观、开朗、自信、包容，彻底改变了刚入学时认为自己与汉族同学是"两个世界的人"的看法。

民族地区学校的思想政治课、历史课、语文课应发挥好民族社会化的主渠道作用。教师在教学中应该向学生传递正面的民族社会化信息，多让学生接触各民族团结互助、和睦相处的信息，引导学生正确看待不同民族在历史上的冲突，多强调不同民族之间你中有我、我中有你、谁也离不开谁的道理。尹可丽等人发现，与单一民族学校的学生相比，多民族学校的学生从父母那里获得更多的促进和睦信息、更少的不信任信息。在多民族地区与多民族学校，民族社会化不能仅针对少数民族学生，汉族学生也存在民族社会化过程，应该鼓励汉族学生主动同少数民族学生接触与交往，培养跨民族友谊。跨民族友谊能够促进学生社交能力发展，改善学生的民族态度，是一种理想的群际接触形式。

开展丰富多彩的教育活动与文化活动也是促进少数民族学生民族社会化的重要举措。例如，位于吉林省延边朝鲜族自治州的延吉市师范附小常举办民族运动会，让不同班级的学生以其他民族的名义组成代表队参加运动会，学生穿上其他民族的服装，从事其他民族的体育活动。学生参与民族运动会的过程，其实就是文化社会化的过程。学生以不同民族的身份参与运动会，也是经历平等主义教育与民族团结教育的过程。

重视培养学生的跨文化敏感性

张积家

[摘　要]　跨文化敏感性是在跨文化交往中个体理解和欣赏文化差异的积极情绪能力，反映个体对文化差异的敏感度。跨文化敏感性可以通过教育来提高。如何提高学生的跨文化敏感性？一要具有跨文化意识，二要通过交往与接触积累跨文化经验，三要培养学生正确的跨文化态度，四要培养学生的跨文化行为能力。

[关键词]　跨文化敏感性；培养

[原　载]　《中国民族教育》2018年第10期，第11页。

　　跨文化敏感性是在跨文化交往中个体理解和欣赏文化差异的积极情绪能力，是跨文化交际能力的核心成分，它促使人在跨文化交往中产生合适和有效的行为。跨文化敏感性反映个体对文化差异的敏感度。在面对他文化群体中的人时，个体能否感知到文化差异，能否认识到文化差异的重要性，能否理解他族文化中的人的思想和行为，都属于跨文化敏感性范畴。在面对他文化时，跨文化敏感性高的人会采取理解和接受的态度；在面对文化冲击时，他们思想开放，行为变通，能够根据所处情境调整行为，灵活处理各种压力事件。对移民与留学生的研究表明，个体的跨文化敏感性越高，跨文化适应越好，在国际交往与族际交往中产生误判的可能性也越小。我们的研究表明，跨文化敏感性对少数民族学生的本民族认同和汉族认同均有正向促进作用。跨文化敏感性高的学生倾向于采取整合的文化适应策略。提高个体的跨文化敏感性有助于提高跨文化交往能力，进而促进民族团结。

　　跨文化敏感性可以通过教育来提高。国外研究发现，对小学生进行多元文化知识教育能显著提高跨文化敏感性，和平教育课程能提高大学生的跨文化敏感性。尹可丽等人发现，民族团结教育活动对少数民族学生的民族团结知识记忆有重要影响，民族团结教育活动通过学生对民族团结知识的掌握，间接影响中华文化认同和不同民族学生间交往。我国是一个多民族国家，不同民族有不同文化背景。在民族交往中，交往双方在风俗习惯、行为特点和思想观念方面的差异会导致文化冲突，影响交往顺利进行。因此，民族团结教育应重视跨文化敏感性培养。培养跨文化敏感性不仅涉及少数民族学生，也涉及汉族学生。

如何提高学生的跨文化敏感性？首先，要具有跨文化意识。在国内，虽然不同民族同属中华民族，但中华民族是"一体多元"，在不同文化中成长起来的人有不同心理。在国际上，虽然不同国家的人同属人类命运共同体，但他们毕竟讲不同语言，有不同社会制度与文化，心理上千差万别。在跨文化交往中，一方面要坚信"心同此心，理同此理"，具有同情心与同理心，相信人类在基本需要、基本认知、基本情感和基本态度方面存在共性，学会"将心比心"和"设身处地"，坚持"己所不欲，勿施于人"；另一方面，要承认不同文化中人们的需要、认知、情感和态度上存在差异，防止"以己之心，度人之腹"、以己文化之好恶臆测他文化之好恶。我们的研究表明，不同民族和不同文化间不仅在社会认知、社会态度、社会情感上存在差异，在基础认知和基本人格上也存在差异。不同民族的人对颜色、时间、空间的认知存在差异，对生命、死亡、金钱、财富的认知亦不同，其认知方式、思维类型和自我结构不同。培养学生的跨文化意识，一要通过多元文化教育，让学生掌握多元文化知识；二要通过交往与接触，积累跨文化经验。其次，要培养学生正确的跨文化态度，杜绝"文化中心主义"和"文化沙文主义"。文化无优劣之分，要平等地尊重所有文化，承认差异，容纳多样，以平等之心、包容之心、欣赏之心对待具有不同文化的人。既不要颐指气使地对他文化指手画脚、说三道四，也不要以"怜悯的心态"和"善良的意图"试图让民族文化与主流文化尽快达到融合和统一。最后，要培养学生的跨文化行为能力。要让学生掌握不同民族的礼仪，通晓不同民族的风俗、禁忌，在与不同民族、不同国家的人打交道时，做到彬彬有礼，切莫自我中心和"不拘小节"。

文化类型影响个体基本认知范畴

张积家

[摘　要]　个体通过掌握民族语言来形成民族基本认知范畴。文化类型不同，语言的基本词汇不同，所形成的基本认知范畴也不同。基本认知范畴构成讲话者的原初概念结构。基本认知范畴是个体概念系统的"纲"，是个体形成复杂概念结构的起点。个体以基本认知范畴概念为经纬来组织概念系统。了解不同文化、讲不同语言的人的基本认知范畴具有重要理论意义和重要实践价值。

[关键词]　文化类型；基本认知范畴；影响

[原　载]　《中国社会科学报》，2022年3月10日。

讲不同语言的人对世界的认知是否相同？人类思维是否具有同一性？讲不同语言的人之间能否相互理解？对此，语言普遍论和语言相对论有不同看法。语言普遍论认为，语言只是思维的输入/输出系统，讲不同语言的人在核心概念上有一致性，人类思维有同一性。语言相对论却认为，语言影响甚至决定思维，讲不同语言的人对世界有不同看法。近年来，随着心理语言学与跨文化心理学研究的深入，越来越多的证据支持语言相对论。

（一）　游牧民族的基本认知范畴不同于农耕民族

人类文化可分成狩猎-采集文化、游牧文化、农耕文化和工业文化。不同文化有不同的生态环境和生产方式，在此基础上产生了不同语言。语言集中反映了文化的结构，即生活在某种文化下的人们对世界的认知。个体通过掌握民族语言来形成民族认知范畴。文化类型不同，语言的基本词汇不同，所形成的基本认知范畴也不同。

丁石庆论述过游牧民族语言的基本认知范畴。游牧文化是游牧民族与草原生态相互适应及适应成果的总和。游牧民族的语言记录了游牧民族认知世界的成果，体现了游牧民族的基本认知范畴。游牧民族的基本认知范畴有如下特点：特别关注草原上的生物，以细腻的语言来分类和命名；以畜牧业词汇为核心组织相关言语形式；以与游牧生活密切相关的物体为喻体产生一系列隐喻、象征。游牧民族的词汇有如下特征。一是丰富性。反映游牧文化生活的词语在数量上比农业、狩猎业和其他行业的词汇丰富得多，且占绝对优势。二是广泛性。畜牧业词汇分布广泛，既涉及畜牧业生产技术、牲畜名称、衣食住行等物质文化领域，也涉及制度文化及精神文化领域。三是系统自足性。以游牧文化为核心的词汇自成体系，在语义结构上形成独具特色的网络层级体系。四是生成性。游牧民族长期同牲畜打交道，畜牧业词汇产生早，使用范围广，出现频率高，是口语或书面语中常使用的词汇，由此派生出许多新词、新义，生成能力强。五是原生性。畜牧业词汇是游牧民族生产、生活经验的历史积累。这些词汇是游牧民族语言的固有词汇。对游牧民族而言，牲畜既是生产工具，又是生活资料。牲畜的双重性导致在游牧民族的语言中形成了一个特殊词汇群——家畜名称。家畜名称在畜牧业词汇中占据非常特殊的地位。例如，突厥语和蒙古语普遍重视大畜，包括对马、牛、骆驼、羊等的驯育。在游牧民族的语言中，家畜名称有如下特征。一是数量大。如在哈萨克语中，家畜名称约占畜牧业词汇的60%左右。二是构成独立的语义场。四畜或五畜构成的语义场自成一体，有显著的层次性。三是有丰富的语义范畴。家畜名称的语义类型十分细腻，分为年龄、性别、毛色、形体、步法、是否怀胎、阉割与否等范畴。游牧民族多属于"马背民族"。马被视为畜中之王。在语言中，与马的名称、毛色、形体、步态等相关的词语非常丰富，隐喻、表征形式构思独特，创意精巧，紧扣游牧生活主题。在蒙古语中，根据五种家畜的形体特征或形体结构的特征创造出来的词语很多。一般来说，将粗大笨拙的事物同牛联系，如"牛枪（大炮）"；把形体高大又灵敏的事物跟马比较，如"马勺（大勺）"；把形体高大且笨拙的事物同骆驼联系，如"驼豆（蚕豆）"；把形体小且不敏捷的事物与羊联系，如"羊熊（短腿熊）"；把小巧玲珑或精心制作的事物跟小羊羔或小山羊比较，如"羊羔茶（精制茶）""山羊号（小法号）"。这种对事物的命名方式在游牧民族中十分普遍。游牧民族长期同牲畜打交道，家畜的形体、秉性、作用、特征成为思维的起点。当遇到新的事物或现象时，便运用家畜的特点去认知，并根据与事物最接近的某种家畜的特征来命名。这样形成的词语，成为游牧民族的基本认知范畴，具有鲜明的民族文化特点。

在农耕民族的语言中，与农耕有关的事物或现象占基础地位，其词汇量丰富，影响范围大、程度深。例如，侗族以种植水稻为主，许多节日名称与水稻种植有关，如播种节、尝新节、关秧门节等。在汉语中，与农耕相关的词汇如"庄稼、肥料、养分、农田、果实、成果、播种、良种、禾苗、收获、丰收、精华、培育、耕耘、成长、及时雨、稻粱谋、社稷、饱满、茁壮"等在语言中占相当大比例，涉及物质生活和精神生活各领域，由此产生的联想、隐喻、俗语、谚语在语言中比比皆是。又如，汉族人信奉土地爷，崇尚黄色，而黄色正是土地的颜色。汉族人将祖国视为母亲，祖国与土地联系在一起。土地有生长功能，母亲也有生长功能，二者形成特殊的隐喻与联想关系。又如，用"种子"喻指后代，称坏孩子为"孬种"，将亡国称为"灭种"，把教师比作"园丁"，将学生称作"学苗"。因此，与农耕有关的事物及术语构成农耕民族的基本认知范畴。类似地，在现代术语中，"合格、产品、次品、设计、成本、原料、包装、程序"等，构成工业文化中人们的基本认知范畴。

（二）了解基本认知范畴具有重要意义

基本认知范畴是个体最早掌握的概念。个体在基本认知范畴的基础上，通过联想、相似性比较、隐喻等形式掌握其他概念，形成认知结构。基本认知范畴不同，所形成的认知结构也存在差异。例如，游牧民族的亲属称谓不区分父系与母系，具有类别式特点，核心家庭占主导地位。这是因为游牧民族常迁徙，逐水草而居，亲属之间交往少；农耕民族聚居，亲属之间距离近，交往多，需要细分，故亲属称谓以说明式居多。游牧民族不盖房子，住帐篷，草原上土壤浅薄，其个体很难理解"基础扎实"和"根深叶茂"之类的词汇。研究表明，不同民族的亲属词、颜色词、空间词、时间词的概念结构维度不同，与不同民族的基本认知范畴不同有很大关系。

基本认知范畴构成讲话者的原初概念结构。个体知识以概念网络形式存储在讲话者头脑中。学习者形成新概念要以概念网络中已有概念节点为基础，将新概念与之联系。这种联系可以是下位的、上位的和并列的，个体通过同化和整合形成新的概念结构。基本认知范畴就成为个体概念系统的"纲"，成为个体形成复杂概念结构的起点，个体以基本认知范畴概念为经纬来组织概念系统。

既然不同文化的民族有不同的基本认知范畴和原生概念结构，那么，处于不同文化中、讲不同语言的人之间能否相互理解？回答是：可以相互理解，但一定要了解对方的基本认知范畴。这样才能以对方的眼睛来看世界，从而达到心灵相通。反之，语言沟通就会产生障碍。例如，一位牧民问一位来自农耕地区的人："你家的牲畜都平安吗？"对方却以"我不养家畜"作答，这显然是误答，因为对方是在问候。一位汉族人指着一个孩子对来自牧区的人说："一看就知道是谁家的种。"对方亦不知所云。如果说"一看就知道是谁家的羊羔"，对方马上就可以理解。

了解不同文化、讲不同语言的人的基本认知范畴既具有重要理论意义，也具有重要实践价值。理论上可厘清语言、文化与认知的关系，实践上可为跨文化交际提供指导。了解学生的基本认知范畴对民族教育也有重要启发意义。奥苏伯尔写道："假如我不得不把全部的教育心理学归纳为一条原理的话，我将一言以蔽之：影响学习的唯一的最重要的因素就是学习者已经知道了什么，探明这一点，并据此进行教学。"民族教育工作者一定要了解学生的基本认知范畴，并在教学中引导学生运用基本认知范畴去消化、理解新知识。要做到这一点，教育者首先要了解学生的母语和母文化，了解学生所属民族的生态环境、生产方式、历史文化和风俗习惯，清楚不同民族在生态环境、生产方式、历史文化和风俗习惯方面的差异，明确国家通用语言文字（其产生基础是农耕文化）和少数民族语言文字（其产生基础既有农耕文化，也有游牧文化或狩猎-采集文化）的异同及其导致的基本认知范畴差异。其次，在国家通用语言文字学习中，要给学生提供相应的汉文化知识和具身经验，让学生通过体认、隐喻、联想等方式来理解新概念，并使之与学生的基本认知范畴发生联系。这样，学生的新旧知识就可以相互作用，合理的认知结构才能迅速形成，国家通用语言文字学习才能卓有成效，民族教育才能取得好的效果。

民族意识与中华民族共同体意识之关系

张积家　张姝玥

[摘　要]　民族意识与中华民族共同体意识之间具有多维度的关系。从意识内容看，有层次论、首位论和主干论；从意识来源看，中华各民族的民族意识是中华民族共同体意识的原材料，中华民族共同体意识是各民族共同意识的结晶；从意识形成过程看，民族意识形成的基础是共同的历史记忆和由亲属关系衍生出来的根基性情感，而中华民族共同体意识的形成过程从心理上看则是一个重新分类的过程；从意识形成路径看，民族意识形成是个体实现民族社会化的过程，是相对自然的心理发展过程，而共同体意识的产生离不开各民族的交往交流交融，在很大程度上需要教育引导和法律保障，是一个有意识的自觉加工过程；依据两种意识的水平高低，民族意识和民族共同体意识可以呈现出四种关系——双强模式、弱强模式、双弱模式和强弱模式。

[关键词]　民族意识；中华民族共同体意识；关系。

[原　载]　《中国社会科学报》，2022年5月19日。

习近平总书记在中央民族工作会议上指出，要正确把握中华民族共同体意识和各民族意识的关系。民族意识是个体或群体对自身及群体的认知，是基于外貌、语言、文化、血缘等属性所产生的自觉，其核心是民族认同。民族意识是在各民族文化特点基础上形成的民族心理状态，是个体自我意识的升华。中华民族共同体意识是个体或群体对中华民族共同体的心理反映，是对中华民族共同体的认知、情感和行为倾向的统一体。中华民族共同体意识是经历了漫长时间，通过不断的冲突、融合形成的民族间联系，是一种基于"中华民族""中华民族共同体"概念认知的、具有价值倾向性的政治文化心理范畴。把握好民族意识和中华民族共同体意识之间的关系十分重要。

一、多维度看待两种意识之间的关系

从意识内容看,民族意识与中华民族共同体意识之关系主要有三种观点。一是层次论。费孝通提出,在中华民族多元一体格局中,56个民族是基层,中华民族是高层。中华民族是一个高层次认同的民族。高层次认同并不一定要取代或排斥低层次认同,二者可以并行不悖,还可以在不同层次认同基础上各自发展原有的特点,形成多语言、多文化的整体。二是首位论。习近平总书记指出,要引导各民族始终把中华民族利益放在首位,本民族意识要服从和服务于中华民族共同体意识,同时要在实现好中华民族共同体整体利益进程中实现好各民族具体利益。这表明,中华民族共同体意识在意识中居于首位,中华民族共同体意识与民族意识之间的关系是源与流、主与次的关系,是服从与服务的关系。三是主干论。习近平总书记指出,各民族优秀传统文化都是中华文化的组成部分,中华文化是主干,各民族文化是枝叶,根深干壮才能枝繁叶茂。民族意识的核心是民族认同,中华民族共同体意识的核心是中华民族共同体认同。中华民族共同体认同包括对伟大祖国、中华民族、中华文化、中国共产党、中国特色社会主义的认同。其中,对中华文化的认同是最深层次的认同。据此推论,中华民族共同体意识是主干,各民族意识是分支。上述三种观点并不矛盾,它们分别从意识的结构、地位与重要性、组成要素三方面阐明民族意识与中华民族共同体意识之关系。

从意识来源看,中华各民族的民族意识是中华民族共同体意识的原材料,中华民族共同体意识是各民族共同意识的结晶。人出生后,先有个体意识,然后才产生民族意识,通过各民族之间交往交流交融,最后才产生中华民族共同体意识。

从意识形成过程看,民族意识形成的基础是共同的历史记忆(特别是关于民族起源的记忆,无论这种记忆是客观历史事实还是主观虚构的产物)和由亲属关系衍生出来的根基性情感;中华民族共同体意识的形成过程从心理上看则是一个重新分类过程,即个体将原来的内群体和外群体重新分类到一个更大的共同的内群体中,因而中华民族共同体意识是一个族群边界模糊化或族群边界扩展化的结果。

从意识形成路径看,民族意识的形成是个体实现民族社会化的过程,是将自己归类进某一文化群体的过程,其心理基础是个体的归属需要。因此,民族意识的形成是一个相对自然的心理发展过程。只要个体在一定民族文化环境中生活,在一定民族群体中成长,民族意识就会自然而然地产生出来。当个体同外民族成员接触时,会很容易地将自我与他者区别开来。由于个体并不一定具有同其他民族进行跨民族、跨文化交往的经验,因此民族意识并不必然地转化为民族共同体意识。个体和群体共同体意识的产生离不开各民族的交往交流交融,其在很大程度上还需要教育引导和法律保障,因而它不是一个自然发展的过程,而是一个有意识的自觉加工过程。

二、按照意识水平高低形成四种模式

依据两种意识的水平高低,民族意识和民族共同体意识可以呈现出四种关系:双强模式、弱强模式、双弱模式和强弱模式。民族意识与中华民族共同体意识之关系按照两种意识水平高低也可以形成这四种模式。

双强模式，即强民族意识与强中华民族共同体意识。在多民族国家中，主体民族及其成员通常具有很强的民族意识和民族共同体意识。在单一民族国家中，如果只存在一个政体，主体民族与民族共同体就有着大部分的重叠，其成员就会既具有很强的民族意识，也具有很强的民族共同体意识；但如果在单一民族国家中存在两个或多个政体，或者一个民族分居于两个不同的国家，而且在两个国家中均属于主体民族，其民族意识与民族共同体意识就是分离的。双强模式也可以出现在民族国家的统治民族身上。中国的"大一统"思想最早见于华夏族。董仲舒将其上升到"天地之常经，古今之通谊"高度。"大"即高度重视，"一统"即以一统之，包括地理上国土统一、政治上高度一致、时间上江山永固、民族上"华夷一家"。在元朝、清朝、东晋十六国、五代十国时期，少数民族统治者既有很强的民族意识，也有很强的民族共同体意识。

弱强模式，即弱民族意识与强中华民族共同体意识。这种模式属于稳定模式。汉族是一个"和而不同"的民族，内部差异巨大。在中华民族历史发展中，汉族作为一个核心，像滚雪球一样，吸收了众多民族成分，成为一个文化民族（费孝通语）。从历史记忆角度看，汉民族的历史文化与中华民族的历史文化在很大程度上是重合的，民族特征只作为个人的基本信息显现，思想意识因文化认同的国家指向而表现出"弱民族意识强国家意识"的模式，对国家的认同感往往强于渐被忽略的民族感。因此，汉族在整体上呈现出"弱民族意识强中华民族共同体意识"的"弱强"关系。北方汉族人尤其如此，这一点在历史上少数民族南下时尤为明显。汉族人对文化的认同胜于对民族的认同。从孔子的欲居九夷到魏晋南北朝时期的胡汉融合，均说明了这一点。走廊地区的民族和族际通婚率很高的民族也会出现这种模式。例如，在藏彝走廊，不同民族呈现互嵌式的居住模式，民族融合度非常高，那里的人们民族意识薄弱，中华民族共同体意识却很强。在广西民族地区，苗、瑶、侗、壮、汉等民族的通婚率非常高，一个三代同堂的家庭中往往有三个民族成员，有四至五个民族成员的家庭亦不罕见。那里的人们对民族很少持民族本质论观点，更多持社会建构论观点，中华民族共同体意识非常强，广西也因此被列为"民族团结进步示范区"。

强弱模式，即强民族意识与弱中华民族共同体意识。这种模式属于不稳定模式，一般出现于文化体系相对完整的少数民族中。在国际上，英国的苏格兰人、爱尔兰人，加拿大的魁北克人，中东的库尔德人等，均属于这种模式。在中国，一些少数民族由于血缘、文化等本质性的原因，体现为区域性、习俗性的文化影响生活，使其保存了相对完整的文化体系，并且以民族归属为意识所向。这些少数民族的民族认同感强，国家认同感相对弱。一旦受到外来事件或突发事件的冲击，国家意志体现出祖国与其他国家的区别时，就会强化这些民族的国家认同，促成其对国家的支持及理解，进而形成中华民族共同体意识。除了血缘等本质性的原因外，少数民族身份的工具性特征也是重要原因。我国实行民族区域自治制度，政策利益偏向于少数民族尤其是小少民族。少数民族的优惠政策使得民族身份具有工具性和利益性，在同等条件下，少数民族身份会为其带来更多的政治、经济及文化利益，因此，身份的工具性强化了一些少数民族的民族意识。跨界民族也可能属于这一模式。我们对国内外佤族的研究表明，国内外佤族对本民族有很强的认同感，国外佤族更认同国内佤族，也认同汉族和拉祜族，但对自己所在国的国家观念相对淡漠。

双弱关系，即弱民族意识与弱中华民族共同体意识。这种模式也属于不稳定模式。"港独"和"台独"就是最明显的例子，他们既不认同汉族，也不认同中华民族，其族群认同体现出地域性、分裂性的特点。二者均从宣传"本土意识"开始，不承认自己是汉族人和中国人的身份，主张独立，企图分裂祖国。

明确民族意识与中华民族共同体意识之关系的四种模式，有助于加深对铸牢中华民族共同体意识工作的全面理解。一方面，应在全体国民中进行铸牢中华民族共同体意识教育，构建好"国家统一之基、民族团结之本和精神力量之魂"；另一方面，也应重点关注民族意识与民族共同体意识的强弱模式和双弱模式，既要反对狭隘民族主义和极端民族主义，更要重视同分裂势力进行坚决斗争。

开展民族群体艺术活动 铸牢中华民族共同体意识

王 婷 张积家

[摘 要] 民族群体艺术是民族感情的具体化，具有符号功能。少数民族同胞在民族群体艺术的创造和发展过程中不断注入民族情感和民族特色，使其成为"中华文明的精神标识和文化精髓"，成为"中国话语和中国叙事体系"的一部分。充分发挥民族群体艺术的工具功能，让特定民族群体艺术活动成为寄托群体情感和传输民族认同的纽带。少数民族群体艺术包括音乐、舞蹈、戏曲等诸多类别。借助民族群体艺术活动，启动处于隐性状态的集体潜意识，能够直接影响对民族共同体的认知、情感等心理要素，是铸牢中华民族共同体意识的重要方式。

[关键词] 民族群体艺术活动；中华民族共同体意识；铸牢

[原 载] 《中国社会科学报》，2022年12月22日。

我国是一个多民族国家，不同民族都继承了丰富的优秀民族文化传统，这些民族文化传统都是中华优秀传统文化的组成部分。民族群体艺术活动作为少数民族群众在社会生活实践中的智慧创作，是民族群体思维的反映，也是民族智慧的结晶。借助民族群体艺术活动，能够启发各族人民的文化认同，增强中华民族的凝聚力，缩短不同民族之间的心理距离，从而为铸牢中华民族共同体意识助力。

人需要与他人合作，个体的社会性、赞同、地位和权力等目标的实现，都离不开他人的协助。铸牢中华民族共同体意识，更需要体现不同民族之间的"我中有你、你中有我"。近年来，基于现实生活中的人际互动研究是理解人类社会性的重要方式，研究的成果为铸牢中华民族共同体意识提供了启示。

研究表明，个体间的共同行动可以增强凝聚力，促进合作和信任等亲社会行为的发生。共同行动是指两个或两个以上的个体为了达成共同目标协作完成某一行动，此时群体间就形成了一种"注意力联盟"，合作的双方需要根据时间和空间的变化互相协调，提前预测对方的动作。共同行动的个体的注意力被引导到同伴身上，促进对同伴的感知，加强社会联结，促进亲社会行为的发生。研究发现，与同伴同步移动会提高对同伴所讲内容的记忆，非同步移动则会提高对自己所讲词汇的记忆。在完成共同活动后，参与者增加了对同伴的相似性感知，对同伴更具有同情心。这表明，共同行动时人们会更多地关注彼此，并且将这种协调视为群体相似性和团结的标志。同步活动的个体形成了一个有共同目标的社会单位，并且在互动后展现出更多的亲社会行为。一句话：同步活动增强了人的人际同步性。人际同步性在生活中的表现叫作"心有灵犀"，它是指在人际交往中，人们会有意无意地产生言语、行为动作、生理指标上的同步现象。人际同步性往往出现在夫妻、师生和朋友等亲密关系中。同步活动-亲社会联结在神经和化学层面也得到了证实。功能磁共振成像（fMRI）的数据表明，同步活动对亲社会性的影响与大脑奖赏系统中尾状核的激活有关。奖赏信号又由多巴胺和阿片类物质释放介导。内啡肽也与社会联系有关。内啡肽水平在群体同步划船以后更高。对探戈舞的研究发现，随着音乐舞动会降低皮质醇水平，跟随舞伴舞动会增加睾丸激素的水平。催产素是另一种参与社会联结的候选物质，表现为在音乐互动以后水平增加。基于此类研究，研究者通过操纵群体间的运动同步性来增加个体间的社会联结。

音乐合奏与群体舞蹈是一种非语言的交流手段。研究发现，共同演奏音乐会激发个体的亲社会行为。在民族文化中，音乐和舞蹈是重要的群体仪式（如祭祀、婚礼、打猎或战斗准备）的组成部分，这些仪式通常被认为是维持团体身份的必要条件。因此，音乐演奏逐步演变成了一种促进社会联结和群体凝聚力的工具，最终增加了亲社会群体行为和合作行为。克什纳等人组织了96名4岁儿童参与一个3分钟的互动游戏。按互动形式分为音乐组和非音乐组，两组儿童具有相同的社会性和语言水平，区别仅在于是否有唱歌、跳舞或演奏乐器等音乐互动。在完成互动游戏以后，测试儿童是否愿意帮助同伴并合作解决问题。结果发现，共同参与音乐活动促使孩子们表现出更多的亲社会行为，即自发地与他人合作和帮助同伴。研究发现，与听音乐、读诗或一起看电影相比，在完成集体唱歌以后，以色列的男性在囚徒困境游戏中表现出更多的合作意愿，在信任问卷中的得分更高。与不唱歌或者"异步"唱歌相比，在一起合唱后，美国学生在合作和公平游戏中的得分更高。共同音乐活动使参与者保持对集体意图和共同目标的持续视听表征，有效地满足了人类与他人分享情感、经验和活动的内在需要，最终会增加个人的亲社会承诺，促进表演者的后续合作。音乐往往比语言更具有可预测性，通过身体动作的同步和声音的混合，实现了多人之间的协调。因此，可以将音乐活动作为提高群体凝聚力的工具。

科卡尔等人进一步探究了共同音乐活动调节亲社会行为的神经机制。18名女性非音乐人参与实验，分别与两名实验人员完成共同敲击节奏任务。结果表明，在与鼓伴同步击鼓时，参与者的双侧尾状核的活动增加。在同步击鼓过程中，右侧尾状核的活动量能够有效地预测个体的亲社会承诺水平。相对于"非同步"的鼓友，参与者对"同步"的鼓友表现出更多的亲社会承诺，这一效应在更容易掌握节奏的参与者中表现更加强烈。研究表明，人际同步活动与大脑的奖赏系统有关，同步击鼓也是一种社会奖赏，能够促进同步个体之间的亲社会行为。

民族群体艺术是民族感情的具体化，具有符号功能。少数民族同胞在民族群体艺术的创造和发展过程中不断注入了民族情感和民族特色，它们也就成为党的二十大报告所说的"中华文明的精神标识和文化精髓"，成为"中国话语和中国叙事体系"的一部分。

如果能够充分发挥民族群体艺术的工具功能，便可以让特定的民族群体艺术活动成为寄托群体情感和传输民族认同的纽带。少数民族群体艺术包括音乐、舞蹈、戏曲等诸多类别。借助民族群体艺术活动，启动处于隐性状态的集体潜意识，能够直接影响对共同体的认知、情感等心理要素，是铸牢中华民族共同体意识的重要方式。我国少数民族的群体艺术资源非常丰富。例如，在侗族地区，侗族大歌闻名遐迩。几乎每个寨子都有多个以家族为单位自然形成的歌班。与专业的声乐训练不同，侗歌源于民间，唱于民间。侗歌的演唱独具特色。它是无指挥、无伴奏、多声部、自然和声的民间合唱形式。侗歌的多声部结构表现出高度和谐感，在音响效果上体现出和谐与统一，体现人与自然和谐共处的哲学理念。由于合唱能够促进合作、信任等亲社会行为产生，因此可以将侗歌这种艺术形式推广普及，增加群体成员间的交流与互动。

南方少数民族的铜鼓艺术集造型、装饰、音乐、舞蹈与歌谣艺术于一体。铜鼓是中国南方众多民族在历史上广为使用的礼器与乐器。中国的铜鼓文化主要分布在广西、广东以及贵州、云南等地区，是少数民族艺术活动的重要载体。目前，广西壮、瑶、苗、彝等民族地区仍然保持着使用铜鼓的习俗。例如，广西东兰县的铜鼓文化历史悠久，被誉为"世界铜鼓之乡"，当地人仍然对铜鼓具有深厚的感情，还保存着敲击、使用铜鼓的习俗。共同击鼓活动对亲社会行为的积极影响也在研究中得到了证实。刘涛等学者借助功能近红外光谱技术（fNIRS）同时扫描了9名参与者在共同击鼓任务期间的额颞叶激活。参与者在以下三种条件下完成击鼓活动：不考虑其他人的随机击鼓（随机条件）；在没有其他外部提示情况下，协调团队节奏共同同步击鼓（团队条件）；跟随节拍器共同击鼓（共享条件）。结果发现，在团队条件下，鼓拍同步性的主客观测量值更高，成员感觉到更高的相互依赖性。fNIRS数据显示，在团队条件下，参与者在大脑左侧颞顶联合区和内侧前额叶皮质中表现出更高的人际神经同步和更高的整体网络效率。这表明，共同击鼓活动形成了团队的共享心理表征，使信息在整个团队中高效交换，这也为铸牢中华民族共同体意识提供了更加切实可行的进路，即挖掘并弘扬铜鼓艺术，传承丰富铜鼓表演活动，充分发挥民族群体艺术的感染能力和价值理想。可以推论，藏族的锅庄舞、瑶族的黄泥鼓、朝鲜族的长鼓等都可以运用于学校和民众的各民族群体艺术活动中，并会产生类似的效果。因此，应借助优秀的民族群体艺术活动，促成各民族间积极有效的群际接触，提高群际信任，消解群体边界，如此既能传承中华优秀传统文化，又可以建设中华民族共有的精神家园，这种"民族的科学的大众的社会主义文化"，能够"激发全民族文化创新创造活力，增强实现中华民族伟大复兴的精神力量"，也有利于铸牢中华民族共同体意识。